書物の声 歴史の声

平川祐弘

勉誠出版

平川祐弘決定版著作集◎第33巻

平川祐弘。　福岡女学院大学学生、上崎（旧姓 林田）佳代子作切絵

目次

書物の声　歴史の声

II 東大駒場学派……233

III 日本語空間の外へ——文化の三点測量 335

変化球

春夏秋冬

七十五字で書くエッセイ

座標…… 573

ニッポン人の忘れ物…… 597

凡例

一、本著作集は平川祐弘の全著作から、著者本人が精選し、構成したものである。
一、本文校訂にあたっては原則として底本通りとしたが、年代については明確化し、明かな誤記、誤植は訂正した。
一、数字表記等は各底本の通りとし、巻全体での統一は行っていない。
一、各巻末に著者自身による書き下ろしの解説ないしは回想を付した。
一、各巻末には本著作集のために書き下ろした諸家の新たな解説や回想を付すか、当時の書評や雑誌・新聞記事等を転載した。

底本

『書物の声　歴史の声』はもと弦書房、二〇〇九年刊から出た単行本のタイトルだが、第三十三巻全体のタイトルとしても、また本巻第一部の題としても用いた。一連の随筆ははじめに『熊本日日新聞』木曜夕刊に「書物と私」の題で二〇〇三年四月三日から二〇〇九年六月二十五日まで三百十四回連載した。弦書房の単行本はその中から百七十五点（他に二点）だけ収録したものだが、本著作集の第一部には二百五十四点（他に三点）収録してある。『熊本日日新聞』から新しく収録した随筆七十九点には目次に＊印をつけた。なお＊印をつけてあるが135佐伯彰一『神道のこころ』は『環』二〇一四年冬号から新しく拾った。

第二部『伏字のない世界』の『異人・偉人・国士・大学者　渡部昇一の思い出』は『歴史通』二〇一七年七月特別号。『「正道」示した渡部昇一氏を悼む』は『産経新聞』二〇一七年六月二十七日朝刊。「弥次郎兵衛」は森川宗弘氏編集のミニコミ紙『せれね』に一九九七年から、ただし『諸外国病気体験記』は最初『健康』に寄稿した三点をまとめたものである。「平川祐弘が読む」は主として『熊本日日新聞』に一九九六年五月から一九九七年にかけて書いた書評と『東京新聞』に書いた書評から拾った。パンゲ『自死の日本史』は竹内信夫訳ちくま学芸文庫の解説。「にしひがし」は『公明新聞』一九八五年。「変化球」は匿名寄稿で『毎日新聞』に一九八五年から一九八六年にかけて。「春夏秋冬」は自衛隊関係者の『朝雲新聞』に二〇〇五年四月から二〇〇六年三月まで。「七十五字で書くエッセイ」は二十数年に及ぶ付き合いがあった奈須田敬『ざっくばらん』から拾った。最初に一九八二年カナダで書いた。田中外相批判は二〇〇三年三月一日に書いた。「座標」は『世界週報』に二〇〇三年九月から二〇〇六年、ただし『日本の国柄にふさわしい憲法を』は『日本の息吹』の二〇一五年二月号に載せたものである。「ニッポン人の忘れ物」は『日本経済新聞』に一九九一年一月五日から一九九一年三月二十三日。最終回の記事については別途巻末に掲載してある。「日曜論壇」は『熊本日日新聞』に一九九二年から一九九三年にかけて掲載した。

なお『平川祐弘書誌』は『平川祐弘著作集』第三十四巻に掲載の予定である。

書物の声　歴史の声

第一部　書物の声　歴史の声

はじめに

私は一九八〇年代後半、まだ現役の教師だったころ、東大出版会の雑誌『UP』に「なつかしい本」という連載を毎月掲げた。それを二〇〇一年、随筆集『日本をいかに説明するか』（葦書房、『平川祐弘著作集』第三十巻）に収めたところ、どうやら評判が良かったらしい。続けて「書物と私」という題で『熊本日日新聞』に毎週連載するよう今度は依頼された。こうして二〇〇三年四月から木曜夕刊に書き始めた。前回も一年の連載予定が倍に延びたが、今回は一年という当初の予定がなんと六年三ヵ月に及んだ。一本に編むに際し三百十四点中、文章は百七十七点ほどを選び、挿絵は九十点ほどを選んだ。

この随筆集は内容に応じ三部に分かれる。第Ⅰ部「書物と私」は書物にまつわる個人的な思い出で、本よりも本をきっかけとする回想が多いが、それでも世間の読書案内の一助になれば有難い。特殊な書物についての記事は一般性に欠けるので、いささか惜しいが、割愛した（この著作集版では何点か復活した）。

第Ⅱ部「東大駒場学派——一コンパラティストの回想」はより自覚的に自伝的な記録を拾い、学者の生態にふれた。東大名誉教授と呼ばれるが、総合図書館を除いては私は本郷の赤門学派と無縁の者で、東大駒場学派の一人である。実は二〇〇九年、元学生の一人がそんな題のゴシップ物語を書いて私を槍玉にあげたので、自分が駒場の生え抜きであるという出自《しゅつじ》を前よりも強く自覚するにいたった。旧制一高以来、同じく東大とはいえ前期一・二年も後期三・四年も、大学院比較文学比較文化修士課程も博士課程も、ずっと駒場キャンパスで私は育ち、かつ教えた。在籍は十六歳から六十歳までである。学者の近親交配（インブリーディング）といわれそうだが、そうも言えない。その間、十数年を諸外国で学んだり教えたりしていた。そんな若い日の私を一女子学生が「あなたは国際孤児ね」というから「ああそうですよ」と答えた。しかしよく聞けば「国際乞食」と失礼なことを言っていたのであった。

そんな私は学者として旧帝国大学風の一国至上主義というか、一国一言語単位の枠内に留まる、ナショナルな専門家とは違うインターナショナルないしはインターカルチュラルな学問研究の道を進んだ。第Ⅱ部の題のコンパラティストとは比較研究者の意味である。相手を知り己を知ろうとする者の謂《いい》である。敗戦後四年、占領軍の意を体した南原繁以下が旧制高校を廃止した時、駒場の地に旧制一高の良き面を維持しようとした教授たちの努力で少数精鋭教育の後期課程である教養学科が設立された。一学年の定員六十名、前田陽一教授以下が非常な熱意を傾けて教育に当たった。日本の高等教育が悪しき平準化にさらされた当時、それに抗した教育である。その選ばれた教授による選ばれた学生のための教育は実に充実していた。そんな後期二年半の訓練を前田先生や外国人教師から受けたお蔭で、昭和二十年代の末、私はいちはやく留学することを得た。フランス側の奨学金は一年で切れてしまった敗戦国の貧乏学生であったけれども、それでもなお働きながら仏独英伊に学ぶことができた。比較研究者たらんとするからには複数の言葉をマスターしなければ比較はできない。そのごく常識的な前提に立って勉強したのである。一つにはどのように論文を書けばよいかわからず五里霧中だったこともあるが、私は自己流にオーソドックスな基礎訓練を積んだつもりだった。それを徹底したために帰国後かえって異端児の印象を与えてしまったのだろう。「世の中にはフランス語や英語やドイツ語はあるけれど「比較語」などはないですよ」と笑われてしまった。要するに「おまえには就職はないぞ」という意味であった。

だが第二の開国と称しながらその実は鎖国状態だった敗戦後の日本を脱出して、自分の力量を生かして、そんな複数国体験を積むことができた私は例外的な幸福者だった。物質的には貧窮していたが精神的には贅沢をしていた。おかげで、就職についてはたいへん遅れはしたけれども、次々と学術発表をすることができた。もともと自信の強かった私は結局しかるべき地位につくこともでき、それなりの貢献もしたと思うが、いま振返ってみると、それは半ば偶然の賜物だったという気がしないでもない。後年、母校のみかフランス、北米、中国、台湾でも招かれて教えた。そんな私は、誤解のないように述べておくが、国際主義を奉ずる比較研究者 comparatist である。日本生まれの人文学者でありながら、私が外国学者に伍して、比較的に気楽に、自信を持って接しているらしい風が、外国に対して最初から位負けしている、学問的にももてない人の目には「平川はナショナリスト」と映じたのに相違ない。私は奉職していた当時の東大駒場キャンパスでは、在外体験のもっとも長い一人であった。本書にも外国人の思い出は多い。

第Ⅲ部「日本語空間の外へ——文化の三点測量」はそのような次第で、戦後日本の閉鎖的な言語空間の外へいちはやく出、戦後論壇の主流派とはやや異なる体験を積んだ一日本人が、過去現在の歴史や文化や時事にまつわる考察を述べた。国際文化関係を表からも裏からも眺め、三点測量するようつとめた文章である。いずれも発表順とは別に今回書物に編むに際して並べ直した。

私は修士論文を新書版で刊行した時から、学術作品を芸術作品と化して、多くの読者に読み得る形で、発表することに留意した。『平川祐弘著作集』を見ていただけばおわかり願えるが、還暦で定年となる一九九二年以前の東京大学時代も、定年以後の福岡女学院時代も、また教職を去った二〇〇七年以後の今日も、発表媒体がたとい文芸雑誌やオピニオン雑誌であろうとも、学術的な著作を多く書いてきた。いいかえると自己を直接表に出すことを控え目にしてきた。それが今回は新聞連載の『書物と私』という、題に「私」とあることからもわかるように、私語りをさせていただいた。一冊にまとめるに際し、記事の取捨選択について友人や家人の意見も徴し、いろいろたしなめられた。自己主張が過ぎはしないかという御注意である。しかしいまさら書き改めるのもいかがなものか。強いて釈明すれば、人間多少自己中心的に調子に乗って書いてこそ筆も踊るのであろう。それに振返ってみると、外国でも過度の自己抑制はせず、講演会場でも教室でもいつも前に座って、積極的に語りかけ、質問し、質問に応ずる自分であったからこそ、彼の地の社会にも溶け込みやすかったのであろう。それで一度発表した私見はほぼそのまま再録した。御無礼の段もあろうかとは思うが、読者諸賢の御寛恕を乞う次第だ。

人間、自己について語るのははしたない。しかし率直に細部を語らない限り、アカデミック・ライフの機微《きび》は伝わらない。それで遠慮せず、筆のおもむくままに、過去を語り――その中にはここで言わなければ世に知られずに埋もれてしまうエピソードもあるだろう――、また大学研究室運営の骨《こつ》も述べさせていただいた。新聞連載の長所は、こんな機会がなければ、私の脳細胞の奥に眠ったまま消えてしまったに相違ない過去が、筆を走らせるにつれ次々とよみがえった点にある。長期の連載を許し励ましてくれた『熊本日日新聞』の読者と編集者各位にあらためてお礼申し上げる。

複眼的考察などと称しているが、著者の眼は右も左もずいぶん歪んでいるとお感じの読者も居られるであろう。なにとぞ眉に唾をつけてお読み願いたい。ただひそかに思うのは、東京のマスコミが流布《るふ》したに過ぎない世間の説や常識とずれているところにも、私の説や知見の価値はひょっとしてあるのかもしれない。私が日本の通念とは焦点の位置を異にする、より広い知的体験を求めてきたからであろうか。森鷗外もいうように、学者に課せられた使命はその学識でもって新聞の惰性的な常識を破ることにもあるのであろう。そんな蟷螂《とうろう》の斧を振りかざすがごとき平川祐弘の背景や学問の姿が、このようなエッセイ集を通して見えてくるのも一興であろう。またありし日の東大駒場の、国際文化関係論と私が再定義するところのコンパラティスムの学問の場の実態は、このようなものであったかとおわかり願えるに違いない。紋切型の儀礼の辞を述べないことが、時にはかえって礼儀作法にかなう場合もあろうかと思い、こんな感懐を率直に述べ、まえがきに代えさせていただく。往年、大学を去るに際し、百年後を思い余白に記した一詩をここに録し、皆さまへの御挨拶とする次第である。

その頃になれば私はいない、
だがまだこの世に地球だけは残っていて欲しい、
君たちのためにも、君たちの国のためにも、
また君たちの敵のためにも。

「百年経てば、人びとの眼も変り、心も変る」
イギリスの詩人はそう言っている。
だが争いが消えるとは思えない。きっぱりと
保証はできない。明日が今日よりよくなるなどと。

その頃になれば世間は私を忘れるだろう、
だがそれでもやはり草葉の蔭で祈るだろう、
君たちやその子と
その子の友だちが住むこの青い地球のために。

I 書物と私

ROMANO GUARNIERI
METODO
DI
LINGUA ITALIANA
PER GLI STRANIERI
A CURA
DELL'UNIVERSITA ITALIANA
PER STRANIERI
PERUGIA

1 読み直して面白い本

私は一九三一年、羊年の生まれだ。満洲事変が始まった昭和六年である。「書物と私」という記事を週一回書き始めた二〇〇三年春はまだ七十一歳だったが、その記事を取捨選択《しゅしゃせんたく》して単行本を編む二〇〇九年秋は七十八歳である（『平川祐弘著作集』第三十三巻に編み直す二〇一七年は八十六歳である）。比較研究者と称して東西の書物を縦横に読んできた。といってもこの「縦横に」は「縦横無尽に」の意味ではない。縦書きの日本文も横書きの西洋文も読んできた、というだけだ。そんな書物と私の関係を綴ることで、あわせて私が生きてきた時代も語らせていただく。

誰でもそうと思うが、なつかしい本は幼年時に読んだ本に多い。外国の書物も幼いころ日本語訳で読んだ本が頭に鮮明に刻まれている。沢山外国語が出来るといわれるけれど、そういう意味では私は日本語族だ。

幸い本が子供の手の届く辺りにある家庭に生まれた。父は大日本人造肥料株式会社課長。小学校入学の際、親の職業を聞かれ、そう答えたから覚えている。当時は肥料というと糞尿《ふんにょう》のこやしが主体だったから、人造肥料などというと、けしからぬ連想が浮かぶ。東京高師附属小学校の面接で先生たちが「そんな会社あるのかね」と左右をかえりみて笑った。しかし父は内地ばかりか朝鮮でも硫酸アンモニア製造の工場を建設していた。留守家族の世話は母がする。紙芝居を見る許しは出ない。近所の長屋の子と一緒に遊ぶ機会はなかった。十歳上の姉と、早生まれで学年は三つ違う兄がいたから、私が字を覚えたのは早かった。幼稚園のころから本を読み出した。テレビもなかったから書物が楽しみだったのである。

家には「小学生全集」があった。高学年向き青本のルパンと地下鉄サムが一冊になった巻が面白かった。全集と共に届いた本箱は今も家にあるが、中身はない。それで今回読み直そうと近所の図書館へ行ったが、昭和初年の「小学生全集」はもう置いてない。いや夢中になって読んだ『岩窟王』も『噫、無情』もない。

従兄の家で『鉄仮面』を読んで心を躍らせたことを思い出し、図書館で借りようとしたら、『鉄仮面』にはデュマ作とボアゴベ作があるという。両方とも借りたが、新訳が冗長で、新鮮でない。前に読んだ『鉄仮面』がどちらの作なのかもわからなかった。

では昔読んだ本を読み直すのは退屈なことか。そうはいえない。子供の時に読んで、面白く、大人になって読み直してなお面白い本こそが傑作だとハーンは言った。同感だ。後に読み直して感心する一冊の本に私は小学三年生の時に出会った。『家なき子』がそれである。

2　『家なき子』

子供にとって親は大切だ。しかし早く独立して外へ行きたい気持もある。フランスの作家マローの『家なき子』のさまざまな旅行や生活が少年の心をとらえるのは、読む側にも自力で暮らしたい、好きな仲間と一緒に旅へ出たい、という秘めたる願望があればこそだ。これが私の記憶に刻まれた最初の本だが、表紙に「サン・ファミーユ」と原題が片かなで記されていた。このSans Familleの英語直訳はWithout Familyだが、英訳本で題はNobody's Boyになっている。これは「親のない子」よりずっとショッキングで、少年がさながら捨て猫のようだ。ところがルミは、育て親としあわせな幼時を過ごしたから、人間に対する信頼感がある。養母との関係は自然で温かい。ルミが泣けば、そばにバルブレン母さんがいて、優しく腕の中に抱きしめてくれる。おかげで周囲にたいするベーシック・トラストが少年に育《はぐく》まれた。だから捨て子で旅芸人に売られたルミだけど、ひねくれてない。私が読んだ日本語訳に『少年ルミと母親』と楠山正雄が自分で題をつけたのは、子供にとって何が大切かを訳しながら感じたからだろう。ではその「母親」とは誰か。生みの親か育ての親か。物語の後半でそれとわかる生みの母は印象稀薄だ。『少年ルミと母親』と聞くと、フランス中部の貧村でルミを育ててくれたバルブレン母さんが私にはまず思い出される。クレープを焼く場面が真っ

先に念頭に浮かぶ。

東大で定年が近づいた時、自分がフランスから教わったもので何が大切だったか、と考えた。戦後流行の寵児《ちようじ》だったサルトルなどより『家なき子』だという気がした。パリから挿絵入りの原書を取り寄せてフランス語の授業で教えた。旅芸人ヴィタリスに連れられて旅に出、雨の降る夜、乏しい食事の後、農家の納屋《なや》に泊まる。羊歯《しだ》の茂みに足元をいれても凍えたルミの体は温まらない。その時犬のカピが少年に近づいて手を嘗《な》めはじめる。ルミは嬉《うれ》しくなって犬の首を抱え、その冷たい鼻にキスする。カピは息のつまったような鳴き声をたてたが、前足を少年の手に預けおとなしくなる。ルミは心中で叫ぶ「自分はもう一人ぼっちではない。友だちがいる」。そこを教室で読んで、かつてこの節でほっと嬉しかった幼い日の気持が六十に近い私の胸にあざやかに蘇《よみがえ》った。

『家なき子』を教えたクラスに同僚の娘がいた。よく出来たが、卒業旅行に北仏へ行って絵葉書《えはがき》をくれた。数年後同僚に会ったら「君が熱心にフランス語を教えてくれたものだから、娘はフランス人に取られてしまったよ」と多少非難がましいような顔をして笑った。

3　『怪人二十面相』

私が小学校に上がったのは昭和十三年だが、その七月六日、担任の池松良雄先生が「明日はなんですか」と聞いた。「七夕《たなばた》」という答えを期待したのだろうが、「シナ事変開始一周年記念日」と私が答えたものだから、先生は一瞬黙った。それではおませだったのかというと、そうでもない。保護者参観の授業があり、先生は後で父母と面談する。翌日「平川さん、お母さんからなんと言われましたか」と先生が聞く。「声が小

『怪人二十面相』の背景に用いられた戦前の東京駅

さいから、語尾をはっきりするように、と言われました」。先生が母に伝えた注意を私は繰り返したが、そう答える語尾がすでにかすれていた。そんな私だっただけに、口頭で答えるより文章で書く方が好きだった。

池松先生は四年後にはジャワへ陸軍司政官として赴任する平均的な愛国日本人だが、軍国主義ではなかった。修身の時間に何をしたかというと、教科書はさっとすませて、後は靴をスリッパのようにはいてパタパタ教室を歩きながら、『怪人二十面相』を朗読してくれた。子供は皆聞き入った。

江戸川乱歩描く昭和十年代の麻布の富豪のお邸が不気味なくらい立派で、陰影に富んでいる。南洋へ雄飛して消息不明となった息子が帰ってくるとの連絡で一家は大喜びだ。だがそれは息子に化けた怪人二十面相だった。犯人はさらに外務省要人に扮して東京駅のホテルで明智小五郎と対決する。そんな海外にまでひろがるハイカラな背景にひきこまれた。そうした設定は今の子供にとっても新鮮なのだから、戦前の少年読者が驚いたのは当然だ。『怪人二十面相』は建築史的にも価値ある大衆文芸といえよう。変装が心理的に盲点をついている。化け方が知的で面白い。犯人が悪者という気がしない。怪人を追う明智小五郎は名前がいい。格好もいい。子分の小林少年が国宝の仏像に化ける。犯人が盗みに成功したと思って仏像を取り出すと、仏像がやおら腕をのばしてピストルを突きつける。そんな取り合わせが奇抜で面白い。

四年の時新しく担任になった花田哲行先生は修身の時間に子供たちに俳句を作らせた。私の作文をほめてくれた。その年、平川家は木更津の近くで夏を過ごした。海軍機が飛び、東京湾に艦隊が集結し、夜、沖から浜辺をサーチライトで照らしたりする。で夕涼みの浴衣《ゆかた》の若者が「探照燈のあかりで新聞が読めたぜ」と得意気だった。しかしそれが一家揃って過ごした最後の避暑となった。「優等生の作文」と冷やかす読者もいるだろうが、当時の綴り方もここに揚げさせていただく。

4　松蟲取《まつむしとり》

花田先生は昭和二十年四月十四日、東京大空襲の夜、家を焼かれた。教え子の作文だけは持って熱風の竜巻の間を逃げた由だ。「平川君の作文をいつか国語教科書に載せるから」といわれたが、企画は実現しなかった。だが私の作文は幸い何点か残っている。戦時下だったけれども、昭和十八年まで高師附属小学校の雑誌『学校と家庭』はまだ出ていたからだ。作文が載るたびに子供心に嬉しかった。一年上にも文章がよく載る女の子がいて、淡いあこがれを抱いた。作文の好きな子は、自分で書くだけでなく、他人の作文を読むのも好きになる。

「松蟲取」は昭和十六年夏を房総の大貫《おおぬき》で過ごした時の思い出だ。一緒に遊んだ家族で存命者はいまは私一人だ。その浜辺で永野修身軍令部総長がお孫さんの手を取って海水浴をしていたのを思い出す。その日海軍大将は褌《ふんどし》ではなく水泳パンツをはいていた。

寒い程海から風が吹く。燈台が、ぱあつ、ぱあつ、とついたり消えたり、ちらちら見える。町の光が海にうつつて、きれいに見える。と、青白い線が空を切つた。探照燈だ。雲がぼうっと見えた。きつと横浜の方から照らして居るのだらう。ざあ、ざぶんと波の音が聞えて来た。

「静かに、静かに。」

松蟲取りである。前の草むらで、チンチリン、チンチロリンとさかんに鳴いて居るのだ。そつと後の方へ廻つて、くわい中電燈を照らしたらチンと、鳴きかけて鳴き止んでしまつた。道の向かふの家で、「キヤツ。」「あつはゝゝゝ。」「これなに。」とさわいで居る。にぎやかな家だ。

あつちでも、こつちでも、チンチリン、チヨンギース、すいつちよ、すいつちよ、ときりぎりすや、馬おひが鳴いて居る。月がぼんやり見える。

「ちよつと、見つけた、見つけたよ。」「えつ。」「ほら、いゝ。」「えつ、どれ。」「そこに居るぢやないか、目が悪いなあ。」「もつとくわい中電燈近づけて。」

僕は、五糎《センチ》位に近づけた。松蟲は目がくらむのか、動かうともしない。忽《たちま》ち手がぱつと、うごいた。やつぱり松蟲だ。長いひげ、小さな目や口、口のまはりに、くの字がたの物が四つ位とりまいて居る。羽の波形の小さいのは雄だ。産卵管がついて居ない。

この松蟲は、今でも生きて居て、一緒に取つて来たきりぎりすの後を追ふやうに、「チツチリン、チンチロリン」と鳴いて居る。

5 『敵中横断三百里』

小学生の頃、夢中になったのは山中峯太郎だ。最初に読んだのは『敵中横断三百里』。

明治三十八年、日露両軍は奉天の南、沙河《さか》をはさんで東西四十里にわたって睨《にら》み合って対陣する。一月二日旅順が陥落した。日本軍は乃木大将の第三軍が北上して戦列に加わるのを待っている。それに対しロシア軍はここで総攻撃を加えるつもりなのか。それとも露軍全前線の後方約三十里の東清鉄道の要衝、鉄嶺まで「予定の退却」を試み、その鉄嶺から最後の大攻撃を断行するつもりなのか。奉天か鉄嶺か。その敵側の計画次第で我方の作戦も変わる。このロシア軍の大軍略を探るには、鉄嶺の様子を見れば明白にわかるだろう。

それで建川美次《たてかわよしつぐ》中尉が五名の部下とともに一月九日、馬に乗って遠く敵軍の背後へ挺身斥候隊として出発する命令を受けた。

実際この通りだったかどうか知らない。しかし著者山中は陸軍士官学校卒、在学中に中国留学生と親交を深め、中国革命に身を投じ、ために陸軍大学退校を命ぜられ、文筆の人となったというではないか。少年の私は全文実録のつもりで読んだ。建川中尉ならロシア兵や中国人に正体を怪しまれずにロシア語も中国語も話せるのだ、と勝手に信じていた。そしてこんな山中節に興奮した。

――さらばゆけ！　はるかなる鉄嶺へ！　すなわち、敵全軍の心臓を探れ！　わが建川挺身斥候は、このもっとも重大な任務を果そうとするのだ。しかも、わずかに六騎、これこそ鬼神も泣く壮烈無比の大冒険でなくてなにか！

山中峯太郎『敵中横断三百里』　樺島勝一の挿絵による版画

樺島勝一の挿絵《さしえ》もすばらしかった。頭巾と外套《がいとう》に身を包んだ兵士が馬に跨り蕭条《しょうじょう》たる雪景色の中を進んで行く。凛《りん》とした満洲の厳冬の雰囲気が枯木の間から伝わってくる。

一月十七日ついに鉄嶺に着く。月夜、停車場を小山から見下ろすと、機関車とも十九両の列車の前六両に将卒が、後の十二両に物資を載せて三十分ごとに南下して行く。ロシア軍が鉄嶺に拠ることをせず、兵力を奉天へ集中していることは一目瞭然だ。帰途、敵軍と小競り合い、沼田一等卒を失ったが、斥候隊は二十四日、日本軍の最右翼にたどり着く。そこで安心して四十時間昏々《こんこん》と眠りとおした。そんな結びも印象的だった。ロシア軍の捕虜となって露都に送られた沼田が戦後生還し、彼にも勲章を授けられたことも意外な事として記憶された。

私にとって日露戦争は遠い昔のことだった。それだけに昭和十五年、建川中将、すなわち往年の建川斥候長が駐ソ大使に任命されたと新聞で見て驚いた。

6 雨ニモマケズ

家庭環境と読書にふれたい。末っ子の私は早く字を覚えた。母や姉が教えてくれたお蔭だろう、学校に上がる前から『国史の光』という本を読み出した。その本をいま一度手にとってみたいものだ。

面白いのは林髞の『私たちの体』を小学三年の頃に読んで「耳の筋肉は随意筋」と知ったことで、それで耳を動かそうとしたら本当に動いた。今でも耳を動かしては、孫を笑わせている。兄の浩正は東京高校尋常科の時、松岡譲『敦煌物語』を借りてきた。各国探検隊の話で子供心にわくわくしたが、小学四年の私が読みきらぬうちに兄は学校に返してしまった。後に平凡社の世界教養全集に入った折に買い求めたものの、読みさしてそれきり読んでない。子供心に覚えた魅力が大人になると失せてしまう書物もある。

兄が通っていた七年制の東京高校の尋常科は今の中学に当たるが、都会風の洗練と知的雰囲気があった。大東亜戦争の真っ最中だけれども、ナチス・ドイツやソ連と違って、日本には狭《せば》まりはしたが、言論の自由は残っていた。反軍主義の河合栄治郎の『学生と教養』などを兄は勤労動員の合間に読んでいた。花巻病院長だった佐藤隆房が「はじめは後輩であり、それから親友となり、逝きて畏友となった賢治さん」の思い出を記した『宮沢賢治』も兄は買ってきた。今は私の手元にある。昭和十八年の出版だから色は悪いが「日輪と山」の絵も載っている。先日花巻で宮沢賢治記念館を訪ねたので帰京するや読み返した。記念館では『フランドンの豚』の特別展示をしていたが、迫力もユーモアも社会批判もあり、印象に残った。『注文の多い料理店』とか『山猫軒』とか西洋料理にまつわることとも、賢治は巧みに作品に生かしている。それのみか実際農学校の生徒に盛岡の日成軒というレストランでご馳走している。その時の賢治は背広にネクタイをつけ帽子も靴も調和していて一生のうちでいちばん整った姿だったという。しかし後年の賢治は動物質のものは食べず牛乳もみな吐瀉《としゃ》してしまったから、満三十七歳の若さで死んでしまった。

私のような賢治死去の二年前の昭和六年に生まれた都会育ちでも、フル・コースの洋食を食べたのは実は昭和二十九年が初めてだ。留学生試験に通ったら父が「食べさせてやる」と連れて行ってくれたが、馴れぬ洋食だからアントレーでもう満腹してしまって父に馬鹿にされた。戦後十年間の日本は戦前よりもよほど貧しかった。「雨ニモマケズ」の詩には「一日ニ玄米四合ト味噌ト少シノ野菜ヲタベ」とあるが、戦中戦後の配給は二合三勺で、それすらも遅配となった。賢治の詩が、戦後もいよいよ偽善的な文部省の役人の手で「玄米二合」と小学校教科書では勝手に改められていた。

7　納戸の日本文学全集

三木卓氏は芥川賞を取る前、河出書房で世界文学全集の担当だった。『神曲』翻訳を出す際、私は氏に世話になった。詩人の氏は誇りが高く、それだけに渡世《とせい》の仕事を卑下《ひげ》して「全集のセット販売など家具売りと同じです」と言った。「世間の人は家具を揃えると同じ気持で全集も買う。内容には別に関心はないのです」。昭和四十年前後の話で、文学全集は売れに売れた。だからそんな自虐的な悪態も言えたのだ。ではどの程度売れたのかというと、東大助手だった私の年間の給料より『神曲』翻訳の印税収入の方が多かったほどである。これは一つは給料があまりにも低かったせいで、ドル換算で月百ドル以下だった。しかし世間が文学全集を買い揃えた、テレビ以前の時代が私にはなつかしい。かりに親が虚栄心で買ったにせよ、家に全集があれば、子供は勝手に読むものだ。

かくいう私は小学四年の時、納戸《なんど》に現代日本文学全集を発見した。親が昭和初年に円本を買っておいてくれたからである。夏休み『夏目漱石集』と『徳冨蘆花集』を持ち出した。この改造社版はルビが振ってある。すると十歳の子供にも読める。たとい全部はわからずとも『坊つちやん』も『猫』も面白くてたまらない。では何がひきつけるのか。以前は気づかなかったが、それはリズムだ。漱石は頭がいい。言葉がピチピチしている。回転が速いから文章に律動感がある。自然主義作家の愚図と違う。それが江戸っ子漱石と、田舎者文士の決定的相違だ。

『特別科学組』(大修館)に戦時下の私の中学二年の疎開日記を載せたことがある。(これは『平川祐弘著作集』第三十四巻に収める)。そしたら「平川さんは子供の時『坊つちやん』を読んでたでしょ」と同僚の板倉武子さんに看破された。日記や作文にリズムが乗り移っている、と指摘されて、はっとした。成程そうだ。子供も、内容だけでなく、文章に引かれるのだ。考えてみれば、坊っちゃんの正義感など手前勝手なものだ。それなのに世間はなぜあんな坊っちゃんの肩を持つのか。読者は大人も子供も、漱石のいい気な調子の筆にまんまと乗せられたのである。

読書とは一種の陶酔だ。だが教室で長年教えて、大学に入学してから伸びる学生の家にはやはり書物があり、小さい時から多くの良書に触れた者たちだ、と感じている。受験技術だけに長《た》けた英才は東大法科に多い。新聞社説のような模範解答を言えば、それでいいと思っている。官僚向きかもしれないが、真の英才の名に値しない。親子や夫婦の間に豊かな会話のない人が一国のエリートなどであろうはずはない。なにとぞ次代を背負う人は本が手近にある家庭から出てもらいたい。私はそう願っている。

8 『吾輩は猫である』

江藤淳は洞察力があった。『漱石とその時代』で『吾輩は猫である』の冒頭の一行「吾輩は猫である。名前はまだ無い」に秘められた意味を説き明かした。そこに親に捨てられた夏目金之助自身の捨猫にも比すべきアイデンティティーにまつわる不安を見抜いたのである。猫に名前が無いなど当たり前と思っていた私は上《うわ》っ面《つら》な読書をしていたわけだ。

『吾輩は猫である』を小学生が読んでわかるはずがない、という指摘は確かにその通りだろう。しかし大人だって皆が皆、江藤淳のような突っ込んだ読解はできない。しかしそのことは裏返していうと、『猫』は全てがわからずとも良いのである。一知《いっち》半解《はんかい》でも面白いのだ。だとすると十歳の子供だって抱腹絶倒する部分はいくらでもある。ここでは一部研究者のように七面倒くさいことはいわず、子供心にもなぜ『猫』が面白いかを再吟味したい。

逆説的だが漱石は漢語を使うから子供をもひきつけるのだ。猫を煮て食う書生は「人間で一番獰悪な種族」とある。この獰偏に寧の字が「どう悪」と平仮名、それも新仮名遣いで書かれたら、それほど獰猛《どうもう》な感じはせず印象に残らない。ところが子供はこの漢字は書けないが、ルビで「だうあく」と振ってあるから発音はできる。そして書生の凶暴性を誇張した言い方のおかしみも視覚に訴える表意文字から感じ取る。

書生に対する車屋の黒猫の写生は「僅かに午を過ぎたる太陽は、透明なる光線を彼の皮膚の上に抛《な》げかけて、きらきらする柔毛《にこげ》の間より眼に見えぬ炎でも燃え出づる様に思はれた」とすばらしい。猫が苦沙弥《くしやみ》先生の水彩画をくさす言葉を信じて読者は写生画も下手にきまってると思っている。がどうして、漱石の文筆による猫の写生は秀逸である。「吾輩は波斯《ペルシヤ》産の猫の如く黄を含める淡灰色に漆《うるし》の如き斑入《ふい》りの皮膚を有して居る」。子供はこの文字による描写で実物の猫を思い浮かべることはできないかもしれない。しかし「吾輩」が自慢していることは確実に感じとれる。そしてそれを感じていればこそ、主人が写生した猫が眼がなくて「盲《めくら》猫だか寝て居る猫だか判然しない」様に笑うのである。近頃「盲」は差別語だと言い立てる正義派がいるが、しかし正義派の皆さんには済まないが、ここで「眼の不自由な猫だか」と書き改めるわけにはいかない。そんな頭の不自由な真似はできない。先日「捨猫」と『図書新聞』に書いたら「拾猫」に改められた。英語でも拾った「落し物」を届けに行ってlostでなく「拾い物」foundといえ、といわれたことがある。さては日本の言語検閲もついにここまで来たかと怯《おび》えたら、単なる誤植とのことだった。

9　徳冨蘆花『思出の記』

肥後の土地を舞台とし、大江義塾をモデルとした、徳冨蘆花の『思出の記』は私の少年の日の愛読書だ。昭和生まれの多くの都会育ちと同様、私には狩りの体験がない。だがそれでも、西山先生の漢学塾の若者の兎狩りの描写には心が躍った。いま読んでも愉快だ。「秋が黄に金に紅《くれなゐ》に紫に鳶《とび》にあらゆる彩色の限りを尽くした落葉木の枝を押分け葉を打ちはらひ声を上げて登る心地。網近くまで追ひつめて、如何《どう》かと思って居る時、何処からか「獲れた!」と云ふ声がして、吾れ知らず棒を振って勝鬨《かちどき》をあげる時の心地、網番をして、攻め寄する勢子《せこ》の叫びのもう間近になるに、兎のうの字もかけて来ず、あゝ駄目と落胆する時、突然がさがさがさと樹叢《やぶ》が鳴って、覗く鼻先へ淡褐色《たんかつしょく》の飛影がちらり、思はず網に飛び込んで二つ三つ網ながらにとんぼ返る兎《やつ》を樹蔭から飛びかゝって押へる時の心地」。その昔、占春園や戸山ガ原で紅白両軍に分かれて擬戦《ぎせん》をして遊んだ私自身の少年時代がなつかしく思い出される。「兎追ひしかの山、小鮒《こぶな》釣りしかの川」の小学唱歌がおのずと口に浮ぶ。

育英学舎の記述も学業の熱気を伝えて秀逸だ。洋学者の駒井先生が招かれて教えに来るが、初めは他国者の先生に対しいやがらせが続く。だがそれこそが文明開化の時代というものだ。授業内容は一新し、英語の授業も始まる。スマイルズ著中村正直訳『西国立志編』が『論語』『孟子』にとって代わる。ギゾー『欧洲文明史』が頼山陽『日本外史』にとって代わる。自由民権の思想が滔滔と地方にも流れこむ。教場で駒井先生が議長となって擬国会が開かれる。「あゝ其頃は実に今思ひ出しても愉快な時代であった。世の中はどんなものとも知らず、吾一身の上にも広い世間の上にも進歩の代償は如何程貴《たか》いものとも知らず、師《し》は若く、弟《てい》は幼なく、共に理想の光明界を指してまっしぐらに進んで居た」

そんな学校生活の間に親友松村の家庭で過ごした穏やかな一カ月の休暇。「家は富に潤《うるほ》ひ、人は徳に潤って居た」とある。良いではないか。この言葉に接すると、敗戦国の貧乏留学生を夏一カ月ノルマンディーの別荘へ招いてくれた人の徳を私は思わずにはいられない。

後年、都会へ出て三十四歳となった著者は生まれ故郷を偲《しの》ぶ。「如何にいます父母」と歌にはあるが、父は早く死んだ。だが「夢は今もめぐりて、忘れがたき故郷」。その懐旧の情に包まれて綴られたのが蘆花の『思出の記』という自伝的小説である。

10　正岡子規と生の讃歌

正岡子規は夏目漱石と同い年で明治維新の前年に松山で生まれた。二人は東京大学で知り合った。漱石は松山中学教師時代、子規に兄事し、毎日のように俳句をこしらえた。だが兄貴面《づら》していたが、子規は二十歳で喀血《かっけつ》し、大学も中退、友人の秋山真之や漱石が洋行すると聞いて、病床でひとり泣いた。そして漱石あてに「全滅も遠からずと推量被致候《いたされ》」と次の歌を送った。

年を経て君し帰らは山陰の
　わかおくつきは草むしをらん

死を覚悟した子規のユーモアは「全滅も遠からず」という軍隊用語を用いたところにも出ている。だがその子規は志のある明治の青年だった。二十代で俳句の復興革新の大業をやりとげた。三十歳で脊髄《せきずい》を冒され、腰はまったく立たず、カリエスは開口して漏膿《ろうのう》し、痛苦を伴う。それでも死ぬ前の日に、句を作った。

をとゝひの糸瓜《へちま》の水も取らざりき
糸瓜咲《さい》て痰《たん》のつまりし仏かな
痰《たん》一斗糸瓜の水も間に合はず

これが子規がこの世に留めた名残の句である。へちま水は古来咳止めの薬として用いられ、根岸の正岡家の庭にも糸瓜は植えてあった。痰《たん》がつまった喉仏の仏と日本人が死人を呼ぶ仏という言い方とを懸けて、自分が死に際にあることを言っている。そこには自己客観視の笑いがある。多量の喀血をさらに大袈裟《げさ》に「痰《たん》一斗」と言ってみせた。もうなにをしても間に合わない。こうして子規は明治三十五年九月十九日、満三十五歳で亡くなった。だが死ぬまでの数年間、病床にありながら写生趣味を加えた言文一致の文を書くことを実践し、九月十四日の朝に次の文を高浜虚子に口授《くじゆ》した。

「朝蚊帳《かや》の中で目が覚めた。尚半ば夢中であつたがおいおいといふて人を起した。……雨戸を明ける。蚊帳をはずす。此の際余は……喉が渇いて全く湿《うるは》ひの無い事を感じたから、用意の為枕許の盆《ぼん》に載せてあつた甲州葡萄《ぶだう》十粒程食つた。何ともいへぬ旨さであつた。金茎《きんけい》の露一杯といふ心持がした。」

「金茎の露一杯」が何を意味するのか、子供の頃も今も私は知らない。しかしこの漢語をまじえた文章が美しい。そして甲州葡萄が実にうまそうだ。子規は病床にありながらなお人生を讃えている。口授は『坊っちやん』の読者に聞き覚えのある松山の方言を写生してこう終わる。「筆記し了《を》へた処へ母が来て、ソップは来て居るのぞなといふた。」

11 『福翁自伝』

文壇での作家評価と世間の評価との間にはギャップがある。文壇政治が横行する文壇の評価が正しいのかというとそうは言えない。世間のサイレント・マジョリティーの常識的判断の方が正しい場合はいくらでもある。「自分は文学を愛するから、文芸雑誌は買わず、文芸評論家の文章は読まない」という友人がいるが、一理も二理もある。

昭和初年、早稲田の出身者が文壇を牛耳《ぎゅうじ》っていた頃、改造社の現代日本文学全集が刊行され一冊一円の円本は大ヒットした。売れに売れて六十三巻まで出した。第一巻は『明治開化期文学集』で、慶応大学の創立者福沢諭吉の文章も拾われている。ただし『かたわむすめ』と『世界国尽』の巻之一、計三ページというお粗末な割り当て。それに対し早稲田文学部の創設者坪内逍遥には第二巻の一冊まるごと五〇三ページの割り当て。逍遥は文学者だが諭吉は文学者でない、と編集者は認定したのだ。日本文学史の番付はこうして定まった。だが文学は職業作家だけのものではない。文学は文士が書くもの、と頭から決めてかかるところにすでに党派心が働いている。

文学史が文壇史であっていいはずはない。私の見るところ、明治文学の最高傑作の一つは福沢諭吉の自伝だ。いや、『福翁自伝』こそ世界自伝文学の傑作と確信している。米国の自伝文学の白眉といわれる『フランクリン自伝』と『福翁自伝』を並べて教えてみるがいい。米国の学生は「すべてのヤンキーの父」フランクリンの方が面白いと言い張るだろう。だが日本の学生は岩波文庫で読み比べる限り、福沢に手を挙げるだろう。いずれにせよ、両者が東西の自伝文学の横綱だということは確かだ。そんな『福翁自伝』を日本の文学史から閉め出してしまった人の料簡の狭さが歎かれてならない。派閥人事は政治の世界だけではない。もっとも弟子を連れて散歩するなど、慶応の福沢も派閥づくりとは無関係ではなかったようだが。

では近頃、文壇の番付と世間の静かなる多数の評判と著しくずれる作家は誰か。市民大学で教えてみるがいい。鷗外や漱石について的を射た感想を述べるお年寄りで、大江健三郎がわからないという不安を打ち明ける人がいる。大江は初期は良かった。だが学生作家でいきなり有名人となった悲しさ。実生活の体験に乏しい。観念で書く。文体は翻訳調。そう私が説明しても「でもノーベル賞ですよ」とお年寄りは自信なげだ。そこで私はシュリプリュドム以下の名をあげる。すると皆さん誰もそんなノーベル賞作家はご存知ない。「ほら御覧なさい。死んだらじきに忘れられます。文学界における大江と政界における土井たか子は並行現象です。戦後平和主義のヒロインは護憲を唱え北朝鮮の肩まで持ったが、国会議長まで昇りつめた。片や大江は時流に敏感で、文化大革命となれば紅衛兵、大学紛争となれば造反学生を持ち上げる。ノーベル賞まで昇りつめた。が日本の文化勲章の方は拒んだ。そんな良心的ポーズは信用ならない。大江は裸の王様の一人です。」

12 『フランクリン自伝』

アメリカ文学史家は十八世紀米国を代表する作品は『フランクリン自伝』だと言っている。しかし日本の国文学史家で十八世紀日本を代表する作品が新井白石の自伝だと言った人はない。明治日本を代表する作品が福沢諭吉の自伝だと書いた人もない。では『折たく柴の記』や『福翁自伝』が日本語作品としてそれほど価値はないのか。それで国文学史で論じないのか。というとそうではない。フィクションでない自伝は文芸作品に非ず、と頭から決めてかかって国文学史で扱わないのだ。門前払いなのである。だが日本語作品としてフィクションだけが価値がある、という見方は偏狭ではないか。早稲田出の自然主義作家の自伝的告白である私小説は尊ぶに値するが、慶応の福沢諭吉の自伝は尊ぶに値しないという区別に根拠はあるのか。

そうした日本における偏向を「小説帝国主義」と呼んで批判した評論家は佐伯彰一氏だ。私も佐伯氏に刺戟されて、フランクリンと福沢諭吉の自伝を『進歩がまだ希望であった頃』（『平川祐弘著作集』第八巻）と題して比較論評した。するとそれを読んで、福沢が世の文士にもてない理由がわかるという読者がいた。福沢は飲酒とか臆《おく》病とか自分の欠点をあけすけに語っている。だがこと女性関係に関しては、なにも告白していない。これが自然主義作家の自伝的告白と決定的な相違だというのだ。

なるほどフランクリンの場合、彼は商売女との関係を告白し、「金がかかり、悪い病気の心配もあり、それが怖ろしかった」。そして情婦の選択について若者に忠告し、商売女や若い女は避け「より経験に富んでいる年増《としま》を相手にしろ。女は色香《いろか》が衰えると、心ばせをよくしようとし、人にけどられぬよう慎重になる。用心深い。年増なら子供ができる心配もない。」その先にはここには書けない女の下半身やガードルの下の部分についての考察が続く。この文章は長い間『フランクリン全集』から削除されていた。フェミニストがその考察についてなんと言うか知らない。がフランクリンがフランクで率直な男だったことだけは確かだ。

それにしても国文学史家に聞きたい。フランクリンと比べて品行方正な福沢はただそれだけで文筆家として失格なのか。それとも別の理由があるのか。そんな自伝無視を助長してきた日本文壇の小説至上主義をいつまでも放置しておいて良いのか。自伝軽視は人間軽視につながる。だが悲しいかな、閉鎖的な文壇関係者の価値観は変わらない。惰性的に今も続いている。

13　森田思軒訳『十五少年』

徳川時代末の日本は実は当時の世界で識字率の一番高い国民だった。漢字仮名混じり文の方が漢字だけの中国文より読みやすかったから、字の読めない者も少なかったのである。十九世紀は日本の方が中国より読書大国であった。では漢字が全くない方が良いかというと、そうではない。大和言葉だけで作られた和歌は行きづまり、漢語を取り入れ、取り合わせをふやしたことで、俳句は新天地を開いた。明治の日本はそれにさらに西洋文化が漢語化されて加わった。鷗外や漱石が作家として優れているのは西洋文の発想を漢字仮名混じり文で表現した点にある。

ヴェルヌ『十五少年』　レオン・ブネットの挿絵の一部を版画化した

人間の知性はある程度複雑なコンビネーションを楽しむようにできている。目に訴える表意文字の漢字と、耳に訴える表音文字の仮名を混ぜて用いる混交語であることが日本語の一大特色だ。そのために同一の漢字を音で読んだり訓で読んだりする難点も生じたが、しかしこのオンとクンの識別はルビさえふれれば解決する。昭和初年の改造社「現代日本文学全集」は総ルビだったから中学一年生の私にも読めた。外国からの留学生にも古本でこれを買うことを薦めている。

日本文の良し悪しは、漢字と仮名の混ぜ方次第に左右される。漢字は自分では書けずとも、読んで意味の見当がつきやすい。「どうもう」より「獰猛」と漢字で書く方が凶暴性ははっきりする、と前に書いた。ジュール・ヴェルヌの『十五少年』は漢字の使用の巧みな森田思軒の明治二十九年の訳文が、表現力といいリズムといい、断然優れている。

一例を示そう。難破した少年たちは島に人はいないかと探しに行き「斉《ひと》しく悚然《しやうぜん》として足を停めぬ。川の上《ほとり》の一株《しゆ》の巨《おほ》ひなる山毛欅《ぶなのき》ありて、其の下《もと》に一堆《たい》の白骨横《よこた》はり臥《ふ》せり。是れ蓋《けだ》しかの洞《ほら》の主《あるじ》たりし薄命の人の遺骸なるべし」。波多野完治は昭和二十六年こう訳した。「とつぜん、止った。恐ろしさに、足は一歩も前に進まない。大きなぶなの、こぶだらけの根の間の土に、人間の骨が散らばっていたのだ――。この洞穴に、数年にわたって住み、ついに世を去っていった不幸な人の骨である。故郷から遠く離れ、死んでも、墓さえも無いとは、なんと寂しい生涯であろう」。波多野さんには悪いが、まのびした訳である。

パリ大学で教えていたころ、原作『二年間の休暇』の子供向けフランス語版を中学生の長女のために求めた。親がまず読んだがどうも迫力がない。最初、縮小版だからつまらないのかと思ったが、そうではなかった。漢語を巧みに点綴《てんてつ》し、めりはりの利いた思軒訳の方が、視覚聴覚の双方に訴える点で、ヴェルヌのフランス語原文よりも、文芸的絶対価値が優れていたのである。

この本は少年に自助の精神を植えつける。しかし釣りや狩りだけで実際に子供たちが二年間生きのび得るか否かは別問題だ。

14　十五少年の疎開日記

私は第三次東京夜間大空襲の夜に金沢へ疎開した。中学二年の日記から引用する。

「昭和二十年五月二十五日　金　晴

家を立つ。これから一年もいや何年も別れるかわからないとは一つも思へない。上野でサイレンを聞く。大編隊との事、汽車は少し早く上野を起って田端付近で停る、やがて光った敵機が相ついで帝都に侵入してくる、焼夷弾、もえる敵機、やがて段々危険が迫ったやうに思はれる、とうとう破片の一つが汽車のすぐ側に落ちた。車掌が、注意しに廻ってくる、心配の一時が過ぎ去って、かすかにサイレンが鳴った、空が赤い」

満十三歳の私は東京高師附属中学校特別科学組に選抜された級友十五名と金沢第四高等学校の北寮へ向

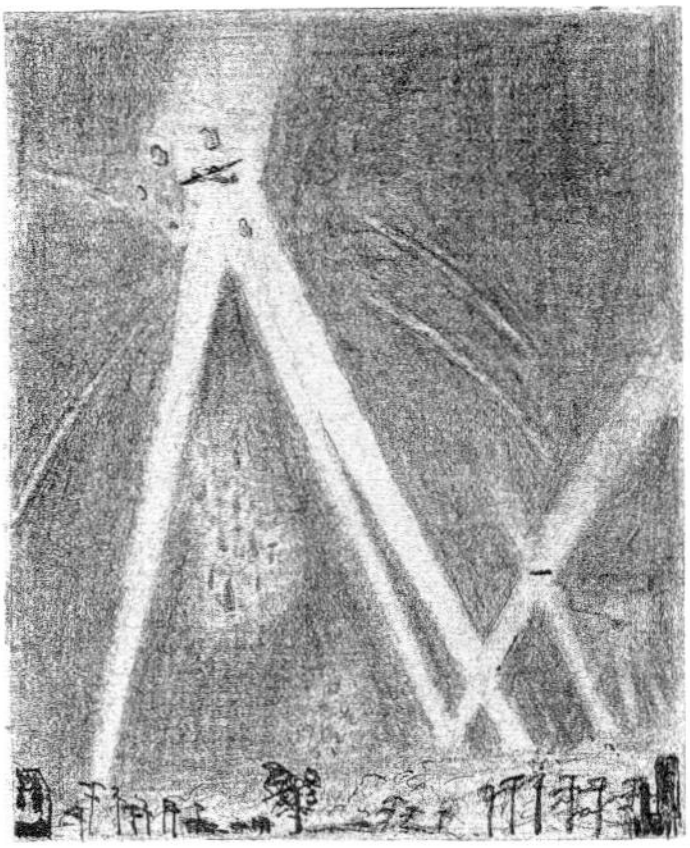

B29爆撃機の東京西南部空襲。　昭和二十年四月十六日夜

かったのだが、仲間をヴェルヌの十五少年に擬していた。それで心を躍らせて親元を離れたのである。だが食糧不足の疎開生活で、たちまちひどい有様になった。いじめもある。親から送られた小包の食糧を上級生にまきあげられる者も出てくる。

「七月八日　日　曇時々雨

外出を止めて、昨日着いた荷物の豆を食ふ。僕が組の者に豆をおごってゐるやうだ、大きなかんを、古山と平田で、食ひ尽くす。昼のうどんは味がついて居なかった、いよいよひどくなって来たやうである。午後、生田に着いた、乾パンを一ダース貰ふ。今日の日記はまるで食物の話のやうである。少し手紙を書く。近頃体の各所がつって困った」

当時は塩も不足した。八月十日、ソ連参戦の翌日、金石《かないわ》の海岸へ泳ぎに行ったら「沖のきれいな水をこの樽に入れてきて」と頼まれた。塩や醤油が不足して海水をまぜて調理に用いていたのである。下痢に悩まされたのは海水の苦汁《にがり》のマグネシウムのせいだと後年になって合点した。だが下着を汚した少年など悲惨なものだ。無人島に漂着したヴェルヌの十五少年も食糧確保が第一である。私たちは非常用に米一升持参したが、母は一升五合持たせてくれた。腹が減ってその非常米を食ってしまった者は悲惨だった。私は五合は食べた。小使部屋の囲炉裏《いろり》に茶筒《ちゃづつ》を突っ込んで飯を炊いたのは、上級生から飯盒《はんごう》を借りると分け前を取られたからである。化学の実験と同じ要領の炊飯《すいはん》であった。だが残りの一升はリュックサックの奥にするめと共に八月十五日まで手をつけずに取っておいた。それだけ意志的だった。日記をつけたのも自分で自分を管理していたからだろう。同級生と連れ立って郊外の農家へ、お上《かみ》の目をぬすんでかぼちゃを買いに行った。一箇一円五十銭で闇の取引に成功したのは私だ。それが八月十五日午前のことだ。十六日午前六時十六分の汽車で金沢を発ち、直江津、長野と乗り換えて、もちろんかぼちゃも抱えて十七日の午前二時半上野へ着いた。そこで山手線の始発に乗って、焼け残った渋谷区西原の家に戻った。再会を喜んだ父が井戸水を汲んで、蜂蜜をとかして飲ましてくれた。(空襲の挿絵は当時の日記から)

15　菊池寛『恩讐の彼方に』

敗戦から十日ほど経った昭和二十年八月下旬、菊池寛の『恩讐《おんしゅう》の彼方に』が放送で朗読された。主君殺しの大罪を働いた市九郎は悪事に悪事を重ねるが、あまりの浅ましさにいたたまれず、明遍上人に必死の教化《きょうげ》を求める。そして仏道に帰依し、衆生済度《さいど》のために身命を捨てる決心をし、旅に出る。

「享保九年の秋であった。彼は赤間《あかま》ヶ関《せき》から小倉《こくら》に渡り、豊前《ぶぜん》の国宇佐八幡宮を拝した後、山国《やまくに》川を遡《さかのぼ》って耆闍崛山《きじゃくっさん》羅漢寺に詣でんものと、渓谷に添うて辿《たど》った。筑紫《つくし》の秋は、駅路の宿り毎《ごと》に更《ふ》けて、雑木の林には櫨《はじ》赤く爛《ただ》れ、野には稲《いね》黄色く実り、農家の軒には、此の辺の名物の柿が、真紅《しんく》の珠《たま》を聯《つら》ねて居た」

川沿いで死人のために回向《えこう》を頼まれる。鎖渡《くさりわた》しという山国川第一の難所で憂き目にあった馬士《まご》であった。市九郎は岸壁を鎖にすがって渡り終えた。その刹那《せつな》、心に大誓願がきざした。この絶壁に隧道《ついどう》を開鑿《かいさく》しようと一念発起したのである。勧進に誰も応じない。市九郎は一人で取りかかった。「到頭気が狂ったか!」人々は嗤《わら》った。一年たち二

富有柿

年たった。世間の嘲笑はいつか驚異に変わった。九年目、二十二間に達した時、里人はこの事業の可能なことに気がついた。数人の石工が雇われた。だが刳《く》り貫きが成就に近づいた十九年目、非業《ひごう》の横死《おうし》をとげた主君の遺児実之助《じつのすけ》が現われる。了海と名乗る僧は人殺しを懺悔《ざんげ》して諸人済度《しょにんさいど》の事業に打込んでいる、と聞きつけたのだ。了海は打たれる覚悟をする。しかし石工たちが大願成就まで待ってくれと哀願した。洞窟に響く槌《つち》の音と悲壮な念仏の声に心打たれ、実之助もまた石工に伍して仕事に加わる。こうして敵《かたき》と敵とが並んで槌を振るい始めた。

そして了海が掘り出して二十一年目、実之助が了海にめぐりあって一年六ヶ月目の延享三年九月十日、了海が振り下ろした槌が最後の岸壁を破った。その時、小さい穴から月の光に照らされた山国川の姿が歴々と映った。敵と敵とは手をとりあって感激の涙にむせぶ。「いざ実之助殿、約束の日じゃ。お斬りなさい」と了海は言う。だが実之助にはもはや彼を敵として殺すことなど思いも及ばぬことであった……。

朗読を聞いて、「復讐心を捨てよ」とさとしているのだな、と子供心に感じた。それはアメリカ占領軍が日本の放送を管理する以前のことだった。誰がこの朗読を企画したのだろう。復讐よりも復興こそが大切だ。なにとぞ『恩讐の彼方に』をアラブ世界へも放送で流してもらいたい。菊池寛のアラビア語訳を拵えて日本からイラクへ送る復興援助物資の中に入れておいてもらいたい。

16 『風と共に去りぬ』

フセイン政権崩壊後のイラク人は何を通してアメリカを理解するのだろうか。敗戦後の中学二年の日本人がアメリカを理解したのはなによりも先ず『風と共に去りぬ』を通してであった。東京も一面の焼け野原と化したが、南部のアトランタも戦火で焼けた。だが戦後にはたちまち復興の息吹もあった。八月十六日早朝、金沢を出て帰京した私が十七日朝、上野から新宿への山手線の車窓から見てはっとしたもの、それは空爆直後は見渡す限り赤茶けていた東京に緑の草が生えていたことだった。

戦争未亡人も出た。孤児も出た。夜の女も出た。食料不足は深刻だった。昭和二十一年六月、十五人の組で「弁当が御飯の人」と先生にいわれて手をあげたが、そんな三人の一人である自分が恥ずかしかった。ほかの生徒の弁当は何だったのだろう。芋だったのか、メリケン粉の代用食だったのか。だがインフレの戦後には希望もあった。日本人は雑草のヴァイタリティーで生き延びた。混乱の時代を生き抜こうとするしたたかなスカーレット、闇市《やみいち》の時勢《じせい》の雄《ゆう》レット・バトラー、そうした男女の魅力は忘れがたい。友人もみんな共感をもって『風と共に去りぬ』をむさぼり読んだ。そしてヴィヴィアン・リーやクラーク・ゲーブル演ずる生命力溢れる映画を見た。「明日はまた明日の陽が照るのだ」という生き方を日本人は良しとした。

だが昨今の米国で作者マーガレット・ミッチェルは評価されない。作中の黒人女中マミーは献身的にオハラ家に仕えた。「マミーは象のような小さな賢い眼をした、体の大きな老女だ。皮膚が黒びかりに光っている。黒人ではあるが、マミーの礼節を重んじる気持と自尊心は強かった」。作者は乳母を褒《ほ》めている。だがそこに「黒人ではあるが」という留保があり、人権派はそこに噛みつく。それは「黒人は本来礼儀知らずで自尊心もない」という無言の前提を作者が承認しているからだ、といって難癖をつける。

スカーレット・オハラ

それと似た場合がラフカディオ・ハーン描く仏領西インド諸島の黒人乳母だ。ユーマは一八四八年の黒人暴動の際、自分が母代わりに育てた白人の令嬢を庇《かば》い通して、黒人側に寝返らない。暴徒に館は焼かれユーマは白人一家と運命を共にする。マミーは脇役だが、このユーマは主役だ。そんなユーマは以前は独立派の黒人から非難さ

れた。しかし人種的連帯より人間的連帯の方が尊い。読者は本能的にユーマを良しとする。いまでは黒人家庭で女の子にユーマと名付ける人も出て来た。ハーンは黒人たちの間で愛読されている。プロテスタント系擬似人権派に多い偽善がハーンにはないからであろう。私はそんな仏領西インド諸島の人々が好きである。

17　島崎藤村『夜明け前』

二十一世紀生まれの子供にとって、戦前は遠い別世界だろう。第二次大戦終結は二〇〇九年からかぞえて六十四年前に当たる。同じように昭和六年生まれの私にとって、明治維新前ははるか遠い別世界だった。大政奉還の一八六七年は私の誕生の年からかぞえてやはり六十四年前に当たる。そんなコンパスの輪をぐるっと描いて、日本の歴史を大観したい。

大戦の勃発を憶えているのは、父が昭和十四年ドイツにいて、直ちに難を避けてノルウェーのベルゲン経由でアメリカに渡ったからだ。そのころ照国丸が英仏海峡で機雷に触れて沈没した。

子供心に明治以前は別の日本という断絶感があった。維新の後に生まれて良かった、という感触があった。便利な昭和時代に生きている、と学校で習ったまま信じていたからだろう。江戸時代は私にはよくわからなかった。明治時代とは日本語までまるで違っていた。改造社の現代日本文学全集も明治から始まっている。

そんな私が明治維新と敗戦という二つの変革を重ねて見たのは、兄にすすめられて昭和二十年秋、島崎藤村『夜明け前』を読んだからである。国史の時間には尊皇攘夷派が正しくて開国和親派は悪者のように習ったが、『夜明け前』に出てくる攘夷派や神道家は固陋《ころう》である。敗戦後、私たちは戦中の軍部支配の不合理を盛んに口にした。五・一五や二・二六事件の将校も固陋な昭和維新の志士としか思えなかった。弁護する人もいるが、世界を敵にして国を敗戦に追い込んだ連中は愚かであった。

藤村はパリの客舎で日本を外から眺めた。幕末に渡仏した開明派の栗本鋤雲の『暁窓追録』に感動した。それは私自身も後に留学生として海外で覚えた感動であった。地理的な移動は歴史的視野を拡大する。若い時西洋かぶれだった藤村はパリに来て父と和解した。国学者の強がりも共感できたからだろう。藤村は十九世紀日本を通史として観察するようになる。儒学・国学・蘭学を交錯裡に並べて見た。聖徳太子は日本人の目を中国に向けて仏教文化を取り入れたが、福沢諭吉は日本人の目を西洋に向けて近代文明を取り入れた。そのように巨視的に見れば、大正デモクラシーも（そして敗戦後の改革も）維新以来の、いや蘭学者以来の近代化運動の継続であることがわかるだろう。

骨太の歴史観を持つ作家藤村は、父の生涯を馬篭《まごめ》の本陣の青山半蔵の生涯として書いた。その魅力は歴史の大転回を木曾路の宿場を通して克明に描いたところにある。私たちが歴史を習うのは受験勉強の年代本位の教科書を通してではない。また党派的なイデオロギーで歪められた史観によってではない。『夜明け前』など血の通った文章を通してである。

18　漱石の俳句

明治二十六年十一月十七日、熊本市坪井西堀端町で、そわそわと一晩中眠らずにいたラフカディオ・ハーンは、男子安産と聞いて躍り上がり、嬉しさのあまり産婆にキスした。ハーンが日本に帰化して小泉八雲となる決心をしたのはこの一雄の誕生がきっかけである。

ハーンが英語教師の職を辞した一年半後の明治二十九年、同じ第五高等学校へ教えに来た人が漱石で三十歳、着任早々結婚した。その熊本時代の漱石にまつわる句を読んで、西洋の詩と何がどう違うか考えてみたい。正岡子規は祝福の句を贈った。

　蓁々《しんしん》たる桃の若葉や君娶《めと》る

「しんしんたる」は葉の繁る様で『詩経』の祝婚歌「桃之夭夭、其葉蓁蓁」を踏まえた御挨拶《ごあいさつ》である。ともかく目出度い。鏡子夫人と新居を合羽町に構えた。間数は八間あった。

　明月や十三円の家に住む

俳句は日記を凝縮した文学という側面をもつ。一家の主人となった漱石の気持はこうして記録された。荒正人は『漱石研究年表』で「半ば自嘲の句」というが私はそうは思わない。鏡子は時々病んだ。次の病気がヒステリーだとも思わない。句には人情も感傷もある。

　枕辺や星別れんとする晨《あした》

詞書にあるが、「あした」即ち星が消える朝まで漱石は「内君の病を看護し」た。誹諧を解さぬ西洋人も頑《かたく》なフェミニストも、妻君へのこのいたわりを良しとするだろう。明治三十二年五月三十一日、熊本で第一子の筆子が生まれた。ハーン家と違って夏目家では産婆が間に合わない。

　安々と海鼠の如き子を生めり

漱石はこの期に及んでもランプに火をつけない。「なまこ」と俳句では詠んだが、漱石は暗中を模索して異様な触覚で新生児にふれた。「ぷりぷりした寒天のやうなもの」と後年『道草』の中では分娩で狼狽《ろうばい》した自分を書いている。西洋でも田舎ではつい先年まで産婆が取り上げた。だが早産にせよ安産にせよ、こうした詩情は西洋にはない。客観視もここまで徹底するとユーモアもある。ほっとした安堵感《あんどかん》もある。感傷を排する非人情の俳諧は物を見る目を養う。

年の暮れには家族を残して小天《おあま》温泉に旅した。次の句は冬景色であるが、漱石の心中の景色でもある。

天草の後ろに寒き入日かな

これは東西に共通するインプレショニズムである。それでもやがて冬も去った。次の句は水前寺で、庭はいまほどきれいに刈り込んでなかっただけにかえって風情《ふぜい》があった。

湧くからに流るゝからに春の水

19　『詩経』の英訳

四書五経と聞くと、難しい中国古典と敬遠する向きが多い。かくいう私もその一人だった。第二次世界大戦末期、歴史も漢文も教えない特別科学組に選ばれた時は大喜びで小躍りした。一組十五人、もっぱら理科と英語の授業。勤労動員も免除。それでいい気になって「ちんぷん漢文」と漢文教師を小馬鹿にした。そんな理科少年だったくせに、それが『詩経』を取り上げるとは我ながら厚かましい。しかし漢籍の知識が全面的に後退したのは日本だけではない。中国でも韓国でもそうである。だが漱石の結婚を祝して子規が「蓁々《しんしん》たる桃の若葉や君娶《めと》る」の句を贈った時、当時の日本の学士ならそれが『詩経』を踏まえたことは自明だった。

桃之夭夭
灼灼其華
之子于帰
宜其室家
桃之夭夭
其葉蓁蓁
之子于帰
宜其家人

桃の夭夭《ようよう》たる
灼灼《しゃくしゃく》たるその華
この子ゆきとつがば
その室家《しつか》に宜ろしからん
桃の夭夭たる
その葉は蓁蓁《しんしん》たり
この子ゆきとつがば

その家の人に宜ろしからん

今の読者には英語の方がわかりやすい。アーサー・ウェイリーは最後の四行をこう訳した。

Buxom is the peach-tree;
How thick its leaves!
Our lady going home
Brings good to the people of her house.

訳者の手腕は古代中国のフォーク・ソングをいかにも民謡らしく平明な英詩とした点にある。ただし一語だけ新解釈を加えた。「若々しい」を意味する「夭夭」をbuxomという珍しい英語に変えて字眼《じがん》としたのである。「バクソム」は「丸ぽちゃで美しい、色つやの良い」という意味で、肉付きの良い桃にも、ふっくらした婦人にも似合いの形容詞となる。西洋の読者は豊胸の美女を連想するに相違ない。髪の毛も濃い花嫁である。それにしてもウェイリーの英訳は詩的で肉感的で美しい。Buxomは連想的にはpeachの樹でなく果《み》を修飾している、と私は感じる。その英訳から日本語に移すとこうなる。

丸ぽちゃで美しい、色つやの
良い桃の樹
その葉はふさふさと茂る、
この新婦が嫁ぐ家には

めでたいことが多かろう。

20　上田敏『海潮音』

時は春、
日は朝《あした》、
朝《あした》は七時、
片岡に露みちて、
揚雲雀《あげひばり》なのりいで、
蝸牛《かたつむり》枝に這ひ、
神、そらに知ろしめす。
すべて世は事も無し。

小学二年の孫がブラウニングの詩を声をあげてそらんじている。この詩は追い駆け言葉のようになっているから覚えやすい。上田敏の訳詩集『海潮音』には日本語詩としても真にすばらしい訳詩があるが、この『春の朝』もその一つだ。原詩はこうである。

The year's at the spring,
And day's at the morn;
Morning's at seven;
The hill-side's dew-pearled;

The lark's on the wing;
The snail's on the thorn;
God's in His heaven—
All's right with the world!

英詩よりも訳詩の方が詩として優れている。そんな気がしてならない。「年は春」より「時は春」の方が良い。そのことは敏も感じていた。「神、そらに知ろしめす」という古風な日本語が詩をきちんと締めている。お天道《てんとう》様が照っていて「すべて世は事も無し」万事結構である。となるとなんだか神道《しんとう》の神様でも良いという気がする。めでたい。

私は大学一年の時、課外ゼミで島田謹二先生からこの詩をお習いした。先生が九十二歳で亡くなられる数日前、老人ホームにお訪ねすると先生のノートに「揚雲雀」と書いてある。お通夜の席の話では、それは先生が脚を鍛えようと散歩に出、ファミリー・レストラン「すかいらーく」の看板を認めてそう書かれた由だが、お見舞いに参上した私はそうとも知らず「『海潮音』ですね」といった。すると先生は返事の代わりに「片岡に露みちて、揚雲雀なのりいで」と吟ずるがごとく歌うがごとく暗誦された。先生は詩が好きであった。実に多くの詩を暗記していた。西洋輸入のはやりの詩の理論は云々するが、ろくに詩も覚えてないやりの若手教授連と、島田先生はその点が違っていた。先生は本物だった。

21　室生犀星『我が愛する詩人の伝記』

中学で島崎藤村の七五調の詩を習った。

わきてながるゝ
やほじほの
そこにいざよふ
うみの琴
しらべもふかし
もゝかはの
よろづのなみを
よびあつめ
ときみちくれば
うらゝかに
とほくきこゆる
はるのしほのね

最後が七七で終わり、リズムが春の潮《うしお》のように湧き上がる。そこがいい。教科書に載せるのはこのような定評ある作品に限るがいい。そういうにはわけがある。私は大学院で比較文学課程に関係した。ある時、一人の学生が恥ずかしそうに「私、日本の近代詩がよくわかりません」と助手の私に訴えた。するともう一人が「わかったような振りをしていますが、実は私もわかりません」と告白した。文系の大学院ともなると、周囲は文学通ばかりがいるようで、偉そうな先輩の中で勉強すると、自分だけわからない、という強烈な不安に襲われるらしい。その詩を見せてもらって、私が言った、「こんな詩はわからない方が普通ですよ。良い詩はもっとわかりやすいはずだ」しかし納得しない。その詩人は教科書にも載っている。それだから良い詩のはずだ、と学生たちは思い、わからぬ自分は駄目なのだ、と落ち込んでいたのである。

私が詩を読みだしたのは、一高生だった昭和二十三年、島田謹二先生が夏休みに『鑑賞抒情名詩選』を評釈してくださったからだ。森鷗外訳の『花薔薇』『ミニョン』などすばらしかった。藤村は『初恋』の林檎は清新だが、ほかは田舎くさかった。島田先生は石上露子の『小板橋』も感情をこめて朗読された。私の好みにあったのは木下杢太郎で『春の夜の大雪』や『街頭初夏』の

紺の背広の初燕
地をするやうに飛びゆけり

など口ずさんだ。そのころ北原白秋の『明治大正詩史概観』も読んだ。昭和四年、改造社が現代日本文学全集の一冊として『現代日本詩集』を出した時の付録だ。だがその本に集められた詩はおおむねつまらない。それより森鷗外の『於母影』、上田敏の『海潮音』、永井荷風の『珊瑚集』など訳詩の方が日本語詩としても優れている、と感じた。高村光太郎もヴェルハーレンの訳詩が良かった。水道のない我が家で風呂を立てようとポンプで井戸を汲みながら詩を暗誦していたら、上京した従兄にお経を唱えていると勘違いされた。

詩人が詩人を語って見事な一冊は室生犀星の『我が愛する詩人の伝記』だ。堀辰雄を語って、これは友情の書である。息子思いの堀の母親の思い出など読んで有難く尊い。立原道造の人を語って、これも友情の書である。軽井沢の室生家の庭先にあらわれる好青年の描写は、詩人の眼そのものだ。「立原もその友人も笑った。若い人が住めば茶の間もわかやいで見え、雑誌とか本とかが鳥のように翼をひろげていた。」犀星は「立原は手紙を書くことに於て名人である。……悉く原稿にあふれた文章がその日に書く手紙にあふれ注いでいた感じがあった」と評した。学生時代の私は立原のソネットよりも日記や手紙に惹かれた。

私が記憶する詩を語って光る文章としてほかに『日本及び日本人』の浅野晃の評釈もある。昭和四十年代の雑誌連載だが本にならなかったので、読み返すことができない。心残りだ。誰か本に編まないものか。すばらしいのは富士川英郎先生で萩原朔太郎の魅力を語って委曲を尽くしている。

22 金素雲『日よ日よ紅え日よ』

世の中には翻訳詩の方が自作の詩より優れている人がいる。「山のあなたの空遠く」の翻訳で知られる上田敏などその例だ。柳田國男は敏の「まちむすめ」という創作詩に非常に感心し、暗誦したが、私が暗誦したのは専ら敏の訳詩集『海潮音』の方である。英国のウェイリーの中国詩英訳も良い。驚嘆すべき異例は金素雲の場合で、本人は外国語である日本語に朝鮮の詩を訳したが、これが絶品だ。世界文学史上の一つの奇跡といっていい。

金素雲が日本語に訳した朝鮮の詩や民謡がすばらしいことは読む人だれもが知っている。

鮒の子は　河に
どじょうの子は　泥に
おいらは　母さんのふところに

これは子供の歌だが、次の「おいら」は男の子だろうか。それとも「むすめご　ひろえ」などというのは好色な大人だろうか。

梨　梨　落ちる

娘子　ひろえ
　おいらが　味見る

食い気がいかにも朝鮮らしい詩と化している。

なに　なに　食べた
豚肉　食べた
なに箸で　食べた
鉄箸《かなばし》で　食べた
誰と誰と　食べた
俺がひとり　食べた
ブー　ブー　豚の子

第二次世界大戦以前の日本の田舎だと、肉食の習慣がそれほどなかったせいか「豚肉　食べた」という類の民謡はなかったようだ。次の詩は朝鮮風俗の紅いチマの点描で鮮やかとなる。「捲くれるに」あらいや、チマが捲くれてしまうじゃないの、という最後の一行がエロティックで情趣をただよわせる。

雨よ雨　降るな
庭の石が　汗かくに、
風よ風　吹くな

紅いチマが　捲くれるに

朝鮮は儒教社会でお堅いかというとそうでもない。男女の民衆風俗はおおらかだ。

なんとしましょぞ
梨むいて出せば
梨は取らいで
手をにぎる

そして偉そうにもったいをつける儒者も坊様も、世間は裏でくすくす笑っている。

論語読むのが
みな儒者ならば
念仏上手は
みな　ほとけ

金素雲詩集『日よ日よ紅え日よ』がかりん舎（札幌市豊平区平岸三条九－二－五－八〇一）から出た。「紅え」は「あけえ」と大きな声で発音する。

日本語に移された二十九の詩に、浅野由美子が力強い躍動感のある挿絵を添えている。土臭い詩に力のある木版画が見事に唱和している。中公新書から『金素雲「朝鮮詩集」の世界』を出した林容沢仁荷大学教授が言葉の足りた正確な解説を書いている。

詩の中には「おのれ　おのれ　遁《に》げてゆくのは　倭将清正」などという一節もあるから、熊本の読者は困ったような顔をするだろう。しかしもっとずっと困った人は「親日文学者」などとレッテルを貼って、金素雲を認めない側の人の党派根性なのだろう。

23　帯の言葉

「元旦を前にして」と題してこんな訳詩を年賀状に送ったことがある。

この晩は毎年毎年耳を澄まして聞いたものだ。
爆竹が夜明けまで鳴るのを一つも聞き落とすまいとして。
だが今年の歳末、ぼくは聞くにたえない、
雄鶏が鳴けばこれでいよいよ六十になる。
この祭りのどんちゃん騒ぎももう終った、
まだ少し時間が残されているとすれば、正に最後の一刻だ。
ただ鶏もぼくの気持を察したとみえて、なかなか口を開かない、
だからまだ五十九だ、今この詩を書いているこのぼくは。

この詩もふくむ『袁枚――「日曜日の世紀」の一詩人』という書物を出す時、沖積舎の主人のO氏が「帯の言葉は大切です。読者は本を手にとって帯で内容の見当がつくので、売行きも左右されます。三島由紀夫は自分で書いたそうです」といわくありげな表情で言った。ははあ、これは「ご自分で帯の言葉をお書きく

ださい」という意味だなと察して、表に私はこう書いた。

皆さん、垣根の外から聞いてください、
笑い声のいちばん盛んな処がすばらしい詩人袁枚のお宅です。
閑雅な生きる歓びは
いま息吹とともによみがえります。

——訳者

O氏は「読み方がわからないから、袁枚にルビを振りたい」ともいう。なるほどわかるまい。だが表紙や背中の漢字にルビがついては見端《みば》が悪い。それで裏の帯にこう書き足した。「袁枚はエンバイと日本語で読む。Yuan Mei と英語で綴る。十八世紀中国の代表的文人で、裕福に、楽天的に、八十過ぎまで、のびのびと暮らした。詩はその日常をうたって滋味と諧謔に富む。この一種の詩日記に記された清朝中期の社会はのどかで平和だ。桃源郷のような田園風景もかいまみられる。『源氏』を訳した英国の東洋学者ウェイリーは袁枚を愛したが、私も好きだ。英訳も参照しながら袁枚を日本語近代詩によみがえらせたのが本書である」

小豆色の帯に白い文字は悪くない。造本が気に入った。だがおそろしいのは大学図書館だ。登録の時、帯を取ってしまう。折角の苦心の言葉も消える。だが帯よりさらに残念なのはカバーだ。カバーの絵は恵山の泥人形で、中国から来た留学生の土産だ。それを家内がスケッチした。いってみれば君と我との人生の形見だ。それも図書館職員の手で、取って剝がされて捨てられるかと思うと、無念だ。幸い図書館によっては、カバーや帯の重要性を認識して、表紙の裏に貼り付けて保存してくれるらしい。カバーも帯も大切だ。造本それ自体が美術品である詩集の、切っても切れない一部なのだ。

24　本居宣長『うひ山ぶみ』

十八世紀の中国・朝鮮・日本の三国を思想史見地から比較して興味深いのは、日本では漢学という学問世界の主流のほかに国学と蘭学という別の有力な二学派が頭をもたげてきたことである。清朝中国や李朝朝鮮が科挙の試験で漢学支配を不動のものとしていたことに比べて、漢学・国学・蘭学が競い合った徳川時代の日本は、複数の考え方が共存していたという事実そのことによって、中・朝両国よりも考え方の自由の幅が大きかった。東アジアの諸国民の中で日本人には思想上の取捨選択の可能性がはるかに大きかったのである。それには漢字仮名混じり文という日本人が用いる表記法そのものも貢献していた。新井白石は漢学者として漢詩を作り漢文で著述することにたけていたが、母から教えられた和文も好み、自伝『折たく柴の記』は和文で書いた。和歌をよむこともあった。さらに白石は西洋語こそ解さなかったが、日本の洋学の父ともいうべき人でもあった。

しかし敗戦後の私は、国学などというのはナショナリスティックなお山の大将の思想だろう、と思ってずっと読まないでいた。漢学・国学・蘭学の三つの学派の中で、私は蘭学の後裔《こうえい》の洋学者の系譜に連なる一人と自覚していた。そんな西洋志向の二十代の私だったが、五年間のヨーロッパ留学から帰って、本居宣長を読んで一驚した。『うひ山ぶみ』に説かれている教えはすこぶるまともである。宣長は思弁的アプローチは斥ける。宣長の、文章から迫る方法はフランスのエクスプリカシオン・ド・テクストそのままだ。「まづ大かた人は、言《ことば》と事《わざ》と心《こころ》と、そのさま大抵相かなひて、似たる物」であるから「後世にして、古の人の、思へる心、なせる事をしりて、世の有さまを、まさしくしるべきことは、古言・古歌にある也」と言語的アプローチを重んじる。古代の考え方を知りたければ「いにしへの歌を学びて、古風の歌をよみ、古の文を学びて、古へぶりの文をつく」るがいい、という。そんな教育方針は、西洋文化をよく理解したければ原語で読むだけでなく西洋語で文も書くがいい、という戦後の東大駒場後期課程の教育方針そのものだ。

そしてその指導方針が良い。初めて学問の山に踏みこもうとする大学院生に向けて私は「学問は、他から強制してそれをせよとは言えない。たいていの場合、自分から考えている方法にまかすべきである」と宣長を読んで聞かせた、「学のしなじなは、他よりしひて、それをとはいひがたし。大抵みづから思ひよれる方にまかすべき也。いかに初心なればとても、学問にもこころざすほどのものは、ほどほどにみづから思ひよれるすぢは、必ずあるものなり。学びやうの次第も、一わたりの理によりて、云々してよろしと、さして教へんは、やすきことなれども、そのさして教へたるごとくにして、果してよきものならんや」

中国留学生が東大で学位を取り、日本の大学に就職した。その劉岸偉博士は私にならって最初の授業に『うひ山ぶみ』を読んだ、とのことだった。

25 杉田玄白『蘭学事始』

平川家で私が神棚を設けたのはいつだったろう。五十歳頃から私は神道に関心を抱いた。いまでは私たちに底流する神道的感受性をきちんと把握しなければ日本文化はわからない、と感じている。『源氏物語』や夢幻能に仏僧は登場する。だが折伏《しゃくふく》すべき物の怪《け》は佛教以前から底流する宗教的心性だ。

しかし以前はそんな問題関心はおよそなかった。敗戦後に学生生活を送った者の常としてghostly Japanすなわち日本の霊的なるものへの評価は低かった。神道とか国学といった戦中に国家主義と結びついたものへの警戒心もあった。そんな洋学派の私は英仏伊独の言葉を熱心に勉強し、その国々へ留学した。諭吉や漱石などの先輩がどのように西洋文化を吸収したかに関心があった。西洋の衝撃に対して近代日本がどのように応答したかを鷗外の場合に即して調べ、『和魂洋才の系譜』（『平川祐弘著作集』第一巻、第二巻）を書いたのは、当時の自分の根本的関心事を研究の中心に据えたからである。その外来文化摂取の系譜をさかのぼれば、十九世紀の洋学者、十八世紀の蘭学者に連なる。杉田玄白『蘭学事始』はその発端を記録して真に貴重だ。玄白は「漢学にて人の智見開けし後」だから日本で蘭学の普及も速かったのだ、と観察した。「和魂漢才」の前体験があったから「和魂洋才」も容易だったのだ。

外国人はそこまで見通せない。というか日本人とてもよくわかっていない。なぜアジアの国で明治日本だけがいちはやく近代化したか、その秘密を知りたがる。私は北京や台北やパリへ教えに行くたびに、岩波文庫で『蘭学事始』を教えた。大陸の周辺に位置する日本人は文明は西から海を渡ってくる、と感じていた。それだから熱心に漢学を学んだのだし、西洋医学が中国医学より優れていると知るや、漢方から蘭方へと切り換えたのだ。中国の学生は愛国心から東洋医学の優越をすぐ口にする。熱心な彼らは感冒で発熱しても薬を呑んで授業に出て来る。「君が呑んだ薬は中薬か西薬か」と聞くと必ず西洋の薬だ。「ほれ見ろ」と笑う。魯迅すらも中華思想を免れなかった。西洋医学の翻訳紹介は日本より中国が先だと言った。それは藤野先生が日本における解剖学の発達史を紹介した際見せた最初の本が唐本仕立だったからそう信じたのだろう。しかしそれは中国人の手になる漢訳ではない。『解体新書』は杉田らの手でオランダ語から和文でなく漢文に訳されたのだ。十八世紀の日本では漢文こそが学術文だったのだ。

杉田玄白

昭和十三（一九三八）年、日本政府が洋書の輸入取り締まりを始めるや、竹山道雄は『蘭学事始』を論じることで、禁書政策の愚をついた。巨視的な目で見れば日本の西洋研究者や比較研究者の多くはみな玄白の精神的子孫なのである。

26　対訳叢書

戦前と戦後と生きたおかげで一身二生の体験をした。戦前の軍部右翼が主導した日本至上主義の過ちについてはよく説かれる。だが戦後日本を支配した新聞左翼の異常については反省の声が聞かれない。それが私には不満だ。たとえば『朝日新聞』しか購読しない人は、自分は戦後民主主義者で正義派だと思っている。が実はそれは単に朝日という左翼の意見に染められただけかもしれない。現に私がこう書くだけで戸惑う読者も出るだろう。『朝日』しか読まぬ人は『朝日』こそが不偏不党で正義だと思っているからだ。だが客観的に判断するには、閉ざされた情報空間の外に出て日本を見直さねばならない。

私自身は昭和二十年代末から外国新聞を読む生活に入った。国外へ出たからだ。もっともそれで世界がわかると思ったら大間違いだ。外地で外字新聞を読む人はいる。しかしフランス贔屓《びいき》が『ル・モンド』を、中国礼賛者が『人民日報』を読むだけでは駄目だ。『ワシントン・ポスト』だけでは米国一辺倒になるだろう。なぜ特定国への一辺倒が多いのか。それは日本人で複数の外国社会に通じる人が少ないからだ。いいかえると、複数の外国語ができ、複数の外国に留学した人が少ない。日本はその種の人材を必要とするが、不足している。それは戦後の教育改革で第二外国語開始の年齢が十八歳に上がった。私は旧制度のお蔭で十六歳から第二、十七歳から第三外国語を学び出した。十八歳の私は、ブラウニングやニーチェを習う時、パリのオービエ書店から出ている英仏対訳本や独仏対訳本を教室へ持参した。助手だった私は東大図書館にその対訳叢書を揃えたが、その後それを使って勉強してくれた学生はいただろうか。私は東大を六十歳の定年で去った後、女子大学で『源氏物語』をウェイリーの英訳と比べながら教えた。日本の古文も英文も同時に習えるので頭のいい女子学生はたいへん喜んだ。

外国語を習うのに近道はない。十代半ばはもう赤ん坊ではないから、外国語は文法から習うが良い。説明は日本人の方が効率的だ。最初は英和辞書の方が英英辞書よりわかりやすいのと同じ原理だ。原書講読は外国語読解の訓練だが、同時に母国語表現の訓練でもある。外国語を知らなければ母国語も実はよくわからない。単なる外国語会話より芝居を読む方がよい。内容があれば一石二鳥だ。その先は外人教師についたり、外人の家で生活するがよい。日本国内でも外人の家庭に子供を預けてはどうか。日本人は国際主義を口にする割には外人を自宅に招かない。大学生ともなれば外国人の友達も欲しい。親しくなれば、建前とは違う本音も聞きだせる。新聞特派員にも外国人の本音を聞き出して欲しい。

だが米国人とは英語で、中国人とは中国語で、韓国人とは韓国語で会話できるような人が揃っている家庭は日本にはまだないだろう。残念なことである。

27　ハーンとクローデルのお地蔵さま

英国人の父とギリシャ人の母の間に生まれたハーンは、ダブリンで瞼《まぶた》の母と生き別れた。父が母に辛く当たったからだと四歳の少年は思いこんだ。両親に捨てられた混血児はみじめだった。そんなハーンだったから、来日して横浜で西洋人の父親に捨てられた混血の少女を見て思わず「この子は死者の世界でお地蔵様に保護される方がまだしもましではないか」と叫ぶ。お地蔵様は大きな袖の中におまえを隠してくださるだろう。少女の運命を思って随筆『地蔵』でそんな悲痛な思いを述べた。ハーンが日本で真っ先に地蔵に惹かれたのは、お地蔵さまは子供を保護してくれるからである。ハーンが加賀《かか》の潜戸《くけど》を訪ねた記述や『日本人の微笑』で京都の一夜を思いかえす節は忘れがたい。ハーンが眺めていると、十歳くらいの子がハーンの脇へ駈けてき、お地蔵さまの前で小さな両掌《りょうて》をあわせると、頭を垂れ、ちょっとの間黙ってお祈りした。男の子は遊び仲間からたったいま別れてきたばかりらしい。はしゃいだ遊びの楽しさがその童顔にまだ光っていた。そしてその子の無心の微笑は石のお地蔵さまの微笑に不思議なくらい似ていた。ハーンは一瞬その子とお地

甲斐京子さまの暑中見舞いのお葉書のお地蔵様（依子模写）

蔵さまと双子であるかと思った。そして考えた。「銅でできた仏像の微笑も、石に刻まれた仏像の微笑も単なる写生ではない。仏《ぶっ》師《し》がその微笑によって象徴的に示そうとしたもの、それは日本民族の微笑の意味を説明するなにかであるにちがいない」

こうした記述は、自分のみじめな幼年時代との対比で、日本が子供に優しい国であることをハーンが肯定的に把握したことを示している。ハーンは地蔵に代表されるような日本の宗教的雰囲気に好意的理解を示し、それが彼の日本論の基調となった。

そんなハーンを読んだせいか、駐日フランス大使クローデルは日光の戦場ヶ原へまがる角に立つ半眼のお地蔵さまを『百扇帖《ひゃくせんちょう》』に次々とうたった。芳賀徹の訳を掲げる。

台座の上のお地蔵さまは
目をつぶる
真昼どき　光まばゆくて
目をつむる男のように

そしてハーンが見た少年と同じように、地蔵さまの頬も昼間の余熱にまだほてっている。

夜　この石の仏に頬よせよ
そして感ぜよ　いかばかり

今日一日の熱かりしかを

地蔵は起源の国のインドでは大人の菩薩《ぼさつ》だったが、中国を経て来日する間に子供の菩薩へと変身し、土俗的な道祖神《どうそじん》と習合《しゅうごう》した。カトリック詩人クローデルはもともと佛教嫌いだったが、知らず知らずのうちにそんなお地蔵さまは別扱いしたのだった。

28　チェンバレンとハーン

明治時代の西洋の日本解釈者はバジル・ホール・チェンバレンとラフカディオ・ハーンが双璧《そうへき》である。ともに一八五〇年生まれだが、明治六年二十二歳で来日のチェンバレンが明治二十三年三十九歳で来日したハーンより十七年の長があった。日本語の出来がまるで違った。チェンバレンは『古事記』を英訳し『日本事物誌』を著わした。西洋の日本研究者はおおむねチェンバレンを高く評価し、日本人は小泉八雲ことハーンを好む。『怪談』は魅力的だ。昨今の英語のできない大学生もハーンをテキストにすると授業についてくる。

ハーンは妻小泉節子に日本語を朗読させ、それを聞きながら英語で物語にしたてた。『鏡の乙女』The Mirror Maiden は『当日奇観』の「古井《こせい》の妖鏡《ようきやう》」の翻案だが、井戸の底で年のころ二十ばかりの「女のなまめけるが粧飾《そうしよく》いとうるはしく粧《よそほ》ひてあり」。その女が誘惑するから人が次々と井戸で溺れる。原作とハーンの翻案を比べてみよう。神官が調べに行く。はたして「水の表面には、二十くらいの若い女の姿が、くっきりと映っているのが見えた。女は化粧しているようだった。唇に紅をさすのがはっきり見えた」。ハーンの文飾の巧みはこの最後の一句にある。原作にない he distinctly saw her touching her lips with béni をおぎなったのだ。これが文学における潤色《じゅんしょく》の好例である。このハーンの補筆で古井戸の主の鏡の精が生き生きと女によみがえった。

ハーンは我が国を材料に次々と英語作品を書いたが、日本に関心の薄い西洋読者に読んでもらうためには芸術的工夫をこらさねばならぬことを心得ていた。その機微《きび》をハーン自身が「パンにジャムをたくさん塗らねばならない」とチェンバレンに報じた。

文芸作品の潤色は許される。問題は日本人論などの部分にもそうした潤色が見られる点である。『英語教師の日記から』で、松江でも熊本でも「生徒間の物騒な喧嘩というものを見かけたことがない」と述べた。だが西洋の生徒ほどでないにせよ喧嘩はやはりあった。同時期の漱石の『坊つちやん』には松山の師範学校生と中学生間の物騒な喧嘩が描かれている。日本人の徳性を讃えたいあまりに、ハーンは時に贔屓《ひいき》の引き倒しをしてしまった。

ではチェンバレンは正確か。『日本事物誌』で『古事記』『万葉集』『源氏物語』の文学的価値を全面的に否定し、神道は宗教の名に値せずといい、邦楽は音楽の名に値せず聞くにたえないと言った。こうした判定を下す英国人学者をちやほやする人の気が知れない。二〇〇四年はハーン没後百年に当たる。命日の前日の九月二十五日の東大駒場を皮切りに各国の学者を招き「チェンバレンとハーン——日本認識のギャップの根源を探る」という会議も開かれる。日本ではハーンの方が愛されているが、国外ではチェンバレンの方が権威がある。今後世界の日本学界でこの二人のどちらに軍配があがることか。次に私は「チェンバレンとウェイリー——『源氏物語』評価のギャップの根源を探る」という会議も考えている。その結果が今から楽しみである。

29 『ある保守主義者』

万一の場合を考え、手術を受けに入院する前に、形見に朗読をテープに入れておくこととした。その際、自作の詩のほかに小泉八雲も読みたい。とすれば『ある保守主義者』の最終章にしたい。一旦は祖国に背を向けた明治の一自由思想家が、長年の西洋滞在の後、船に乗っていま日本へ回帰してくる。

「それは一点の雲もない四月のある朝、日の出のすこし前であった。暁闇《ぎようあん》の透明な大気を通して青年はふたたび故国の山々を見た。——彼方《かなた》遠くの高く尖《とが》った山脈《やまなみ》は、インク色をした海のひろがりの中から、黒く菫《すみれ》色をして聳《そび》え立っていた。流浪《るろう》の旅からいま母国へ彼を送り届けようとする汽船の背後では、水平線はゆっくり薔薇《ばら》色の焰で満たされつつあった。甲板には外人船客が出て、こよなく美しいといわれる太平洋から望む富士山の第一景を眺めようと心待ちにしていた。皆は長く続く山脈をじっと見つめていた。そして深い夜の中から峨々《がが》たる山岳の輪郭がおぼろげに見える上のあたりをじっと見まもっていた。そのあたりでは星がまだかすかに燃えていた。しかしそれでも富士山はまだ見えなかった。「ああ」と皆に訊《き》かれた高級船員が微笑して答えた、「皆さんは下の方ばかり見過ぎますよ。もっと上を、もっとずっと上を御覧なさい」。そこで皆は上を、ずっと、ずっと上の、天の中心の方を見あげた。すると力強い山頂が、いま明けなんとする日の光の赤らみの中で、まるで不可思議な夢幻《ゆめまぼろし》の蓮《はす》の花の蕾《つぼみ》のように、紅《くれない》に染まっているのが見えた」

その光景を見て、皆心打たれてひとしくおし黙る。

すばらしい印象描写ではないか。朝明けに見る富士山を描くことで、ハーンは日本人の祖国への回帰の心理を見事に描いた。だが注意すべきは、熊本時代のハーン自身が祖国への回帰——「西洋への回帰」の情に深くとらわれていたからこそこの洞察も可能だったという点である。そしてそのハーンの思いは幼年時代の母の姿と重なる。彼が一度は忘れようとつとめたもの、一旦は捨てさったものの面影が心の眼に見えてくる……

長い西洋生活の後、私自身もフランス船で相模湾を北上し、横浜港に帰って来た。五年間着用せずに取っておいた新しいワイシャツを着、両親や友人の出迎える中、船のタラップを降りた。いまこの文章を書く間にも、故人の声が聞え、母の嬉しそうな顔が浮かぶ。私も日本へ回帰した。しかし外国に背を向けるような、排他的な祖国への回帰はしなかった。また日本を貶《おとし》めることもしなかった。そんな私は父母や祖国の恩愛を深く感じつつ、生きて今日に及んでいる。

インターナショナリズムは根無し草の国際主義ではない。健全なナショナリズムの上に築かれてこそ、外国人との対等な会話も可能となる。中国留学生が「日本への回帰」のこの一節をほめた時、私はその信念を強くした。

30　虫の音

来日西洋人は日本嫌いと日本好きに分かれる。日本が嫌いな人は邦楽は無論、日本の物音そのものも嫌いになるらしい。チェンバレンは日本学者の代表と目された英国人だが「東洋人が楽器をギーギー鳴らしたり、声をキーキー張り上げるのは、音楽といえたものではない。なにとぞ三味線や琴は火にくべて貧乏人がそれで暖《だん》を取るようにさせたい」と平気で悪態《あくたい》をついた。そして本場でワグナーを聴きたいからと結局日本を去った。それに対し小泉八雲ことハーンは笙《しよう》、篳篥《ひちりき》などは「初めのうちは西洋人の耳には全然面白くもない。ところが何回も聞いているうちに味わいが次第にわかるようになる。いやそれどころか日本古来の音楽にはそれなりの妖しいまでに美しい魅力があることがわかってくる」と述べた。

沈黙を引き裂く笛の音で能は始まる。クローデルは鼓《つづみ》や撥《ばち》の音や謡《うたい》の声に感じ入った。ところが能は退屈で拷問に近いという人もいる。在日西洋人で西洋音楽というか西洋文化しか認めない人は今も多い。いや日本でも音楽は西洋のクラシック、演奏も指揮も西洋人に限るという人が以前は多かった。そういう固定観念の持主は自分の耳で聴かず頭から邦楽を排除した。

内藤高『明治の音』（中公新書）によると、明治初年に日本奥地を旅したバードは邦楽を即断的に退けたばかりか、宿の女中の返事の大声、客の甲高い笑い、按摩《あんま》の笛、拍子木などことごとく耳障りで「真に悪魔的だ」と書いた。ロティも三味線に騒音を感じた。長崎では蟬がうるさくて不快で、それが日本の悪印象に寄与したらしい。それに対し蟬に詩を感じた人はハーンで、虫をこれほど愛《め》ずる国民はギリシャと日本にしかいないと東大の講義で述べた。そして蛍や蟬にまつわる俳句に言及した。

しかし中国でも虫を飼う。だからハーン説はあやしいと私はかねて思っていた。ところが台湾大学の朱秋而教授によると「蟋蟀《こおろぎ》を捕まえたら、庭の草むらに放してやるがいい。孫よ、秋雨のやんだ後、ひんやりとして寝付けない夜は、母さんの懐の中で、そのきれいな声に静かに耳をかたむけるがよい」捕得垂憐放草庭、雨後過涼難寐際、阿嬢懐裏好閑聴と菅茶山が詠んだような漢詩は中国にないという。中国では虫の音はただ詩人の心情を表わす景物として詠まれた。「秋鳴く虫」は中国詩人に悲哀の情を呼び起こす。しかし「それを美しく楽しいものと聞く耳を持たなかった」

人は文化的先入主で音楽を聞く。慣れという決められたコードに従って音を理解する。だが米国南部で街の物売りの声に耳をとめたハーンは、日本でも朝の物売りの声に耳を澄ました。松江大橋を渡る下駄の音、洞光寺の鐘の音に心を躍らせたハーンは、明治の音を美しく書き留めてくれた。私たちにとって懐かしい小泉八雲である所以である。

31　橋の上

熊本近郊の寺へ行く途中、白川の丸くそった橋の上で、ハーンは老車夫に停まるよう命じた。夏空の下、灰色の河床を水が笑いさざめきながら流れている。前方の道は蛇行して森や里を抜け向こうの青い山脈まで延びている。背後には町がよこたわりお城の美しい鼠色の輪郭が浮きあがる。「町中に住むのと違って、あの夏の日のように遥かに望めば熊本はお伽話の都である」

すると老車夫の平七が額を拭いながら「二十三年前」と話し出した。「ここに立って町が燃えるのを見ま

した。城中の兵士が薩摩の兵隊と戦争をした。町が焼け、兄がこの先の村で百姓していたから、私はこの橋までひとりで逃げてきました。ところがここで止められてしまった」

蓑を着た百姓が三人、欄干に寄り掛かってる。一人がじろりと振り向いて「お前はここに残る」とそれだけ言った。平七ははっとした。蓑の下に長い刀を握っている。薩摩の者だ。怖ろしかった。動けば殺される。じっとしていた。長い間誰一人平七に声もかけなければ目もくれない。じっと橋の上から水面を見つめている。すると馬の足音が聞こえ、士官が馬を走らせて来た。三人は川面を見るふりをしていたが、馬が橋にさしかかるや振り向きざま躍りかかり、一人は手綱をとらえ、一人は士官の腕を押さえ、三人目はその首を斬った。「みな一瞬の事でした。一言も言わなかった。死体を欄干《らんかん》越しに川の中へ投げ込んだ。一人が馬を威勢よくひっぱたくと馬は村の方へ逃げていった。私は膝《ひざ》ががくがく震えた。誰も口を利かない。暫《しばら》くして馬の足音が聞こえた。また一瞬のうちに首を刎《は》ねた。こうして三人殺された」

そこで侍は目もくれず立ち去り、平七は死に物狂いで市中へ逃げ帰った。薩摩の軍は退却中で、入れ代わりに官軍がはいり、それから平七も仕事にありついた。草鞋《わらじ》を届ける役目だった。だが橋の上のことは戦争が済んで何年か後まで誰にも言わなかった。ハーンが「またなぜ黙っていたのですか？」とややくどく尋ねると、平七は答えた、「口外したら悪いではないですか。恩知らずではないですか」。その言葉がハーンの胸にこたえた。

待ち伏せて三人を斬《き》る話なら西部劇にでもありそうだ。それと違う余韻が残るのは、人力車夫の「恩知らずではないですか」の一言である。これはどこまで実話でどこまで作り話なのだろう。西南戦争を二十二、三年前としたのは短編発表の年にあわせたので、ハーンが五高で教えたのは戦後十六、七年の頃である。昨今の一部の人なら百姓に扮した薩摩の侍は単なる人殺しだと悪く言うかもしれない。だが自分ごときは眼中になかった侍に平七はそれとは違うなにか恩義を感じたのである。「その非難が私の胸にこたえた」というハーンの言葉にはある洞察を得た感じがする。それも彼の日本発見の一齣《ひとこま》だったのであろう。

32　イタリア女子留学生イレーネ

一九七五年、東大の比較文学の大学院で私はハーンを取り上げた。院生の中には海外帰国子女もいる。ハーンのような平易な英語作品を教えたら才媛が退屈するのでないか、と不安であった。だが日本で小泉八雲として知られるこの作家についてきちんとした研究が存外少ない。東大英文科には、本郷で教えたハーン関係の資料がずいぶんあるのだが、そのハーンすらきちんと調べていない。「トウダイモトクラシ」とはこのことだなと思った。それで私は大学院でハーンが『怪談』を英文で書くに際し、日本の原話をどう改めたか、その過程から調べ始めた。

私は仏伊語が専門で、そんな人間が院生に英語の教材を用いることも不遜に思えた。私はハーン関係の研究書を公費で注文することも遠慮した。が授業に結構新味があったとみえ、比較文学大学院では火曜の三限四限の芳賀徹と私のクラスに出席者が集中した。中にイタリアから来た女子留学生もいた。熱心で、日仏会館で講演した時も聴きに来て、ふだんは彼女と日本語以外を使わない私がフランス語で話したものだから、ひどく感心した。

ある時ハーンの『人形の墓』を読んだ。熊本時代の作品で、十歳の娘が語る身上話である。貧しい職人の家で父が死に、続けて母が死んだ。一家から同じ年に二人死人が出た際は三人目も死ぬという。そんな時は亡くなった二人の墓の脇に小さな藁人形を入れた墓を立て戒名を刻まねばならない。がその金もない。そうしたら母の四十九日の日、一家に残されたただ一人の稼ぎ手の兄も「母さんが袖を引張る」とうわ言をいいだし、日が沈むころ息を引き取った。祖母が泣きながら娘の頭をなでて歌う、「親のない子と浜辺の千鳥、日暮れ日暮れに袖しぼる」――教室にも緊張がはりつめ、イレーネが眼に涙を浮かべている。「ハーンは日本の庶民を語ることで世界の人の心を打つ作品を書いた」と私はあらためて感じた。

イレーネには八王子のセミナーハウスで東大や東外大の学生にイタリア語を特訓した時も手伝ってもらった。後に東京芸大に就職、八王子で知り合った日本人学生と結婚、双子を出産した。だが不幸にも離婚した。以前ならそうした際、子供の養育は母に任されたであろうが、男女平等の世の中だ。父親の親権も尊重される。双子の一人を父に取られては大変とパニックした彼女は、二人の子を抱いて、職も捨て、イタリアへ帰国した。しばらく音信不通となったが、日本大使館で働きながら子供を育てていると人づてに聞いた。あれから二十年が経つ。イタリアへ講演に出向いた私は大使公邸でイレーネに再会した。イタリア最高のエリート校であるピーサの高等師範学校の文科と理科に双子はそれぞれ合格した、と誇らしげだった。「あなたは頭が良かったから」といったら「あの子たちの父親も頭が良い人でしたから」と答えた。かつては子の親権をめぐって裁判で争った前夫に対するその言葉に私はほっとした。温かい気持がした。彼女に私のハーン研究の一冊『オリエンタルな夢』を渡し、ローマ駅前でバスに乗る彼女を見送って別れた。

33　柳田國男『清光館哀史』を問い直す

学生だった川田順造は昭和三十年代、最晩年の柳田國男のお宅へ伺って一対一で話を聞いた。ユーモアに富む柳田の、聞き上手、話し上手の魅力に感銘を受けた。晩年の柳田は暇もあったのか、ご無沙汰していると「暫く見えませんが其の後如何、また話しに来給へ」と葉書をよこした。こうして六十歳年上の賢人の謦咳《けいがい》に接し得たことは貴重だった。

私が東大駒場で比較文学の助手だった頃、アフリカ帰りの川田が文化人類学の大物助手として着任した。学生時代、川田は学問と詩が渾然《こんぜん》と溶けあった柳田の文章を繰返し味読《みどく》したが、盲従はしなかった。それだからこそ川田は文化人類学者として大成したのだ。この年になって『陸中、浜の月夜』という論文で柳田の『清光館哀史』の真偽を問い直している（『風の旅人』7）。

国語教科書にも載った清光館の話はいまや有名だ。柳田は大正九年、陸中小子内《りくちゅうおこない》で月夜の浜辺で盆踊りを見た。踊り手が繰返し歌っていたのが「なにヤとやーれ、なにヤとなされのう」という言葉だと六年後に再訪した際わかった。古くから伝わるこの歌を柳田は解説した。「要するに何なりともせよかし、どうなりとなさるがよいと、男に向って呼びかけた恋の歌である。但し浅はかな歓喜ばかりでもなかった。どんなに働いてもなお迫って来る災厄、如何に愛しても忽ち催す別離、数限りも無い明朝の不安があればこそ、はアどしょぞいな、といってみても、あア何でもせい、と歌ってみても、依然として踊りの歌の調は悲しいのであった」。かつて清光館の宿屋の細君は黙って笑うばかりで歌詞を教えてくれなかった。たとい話したとしても、通りすがりの一夜の旅の者にこの心持ちはわからぬということを知っていたのではないまでも感じていたからだ、と柳田はしめくくる。

だがアフリカで口頭伝承の調査体験を重ねた川田は七十歳に近い今、柳田の優しい思い込みによる感情移入のこの断定はミスリーディングと考える。それで清光館跡を平成十六年訪ねて土地の人に聞き、九十四歳の郷土史家中村英二氏を高齢者施設に会いに行く。「なにヤとやーれ」「なにやどやら」はどうやら女が男を誘う歌ではない。「南無とやら、南無となされの、南無とやら」の変形ではないか、と中村さんは考える。そもそも土地の人にも歌詞の意味がわかっていたわけではない。柳田に答えなかったのは「しらなかったけえ、答えなかったんだべ」と小子内の人は川田氏の問いに答えた。さもありなん。

これは私の推測だが、ハーンの山陰の盆踊りの記述に心動かされた柳田は、詩人の筆で陸中の盆踊りを中心に、没落した宿屋の話を哀史に仕立ててしまったのだ。ロマン派詩人柳田が僻地《へきち》の人を見る眼は、ハーンによっても不知不識の間に作られていたのである。

34　小泉八雲『盆踊り』を問い直す

フランスの軍人作家ロティは一八七三年からセネガルに滞在し『アフリカ騎兵物語』を書いた。ハーンはそこに描かれたバンバラ族の祭りの踊りに感嘆し、英訳した。ロティから異郷を見る感受性を学んだハーンは、一八九〇年来日するや、伯耆《ほうき》の盆踊りを情感あふれる筆で記録した。ポルトガル人モラエスはそれに触発されてさらに徳島の盆踊りを一九一四年に書いた。ハーンを愛読した柳田國男は一九二〇年と二六年、自国の中の異郷小子内を訪ねて盆踊りを記した。川田順造は「『清光館哀史』を問い直す」でその柳田解釈の是非にふれた。

ではハーンの『盆踊り』の是非はどうか。私も問い直すことにした。ハーンはチェンバレン宛には「鉄道で神戸に行きました。そこから人力車で山また山を越え、稲田の谷間を抜けて日本を横断しました。四日間の旅でした」と書いた。横浜から船でなく汽車で行った、とわざわざ報じたのは東京・神戸間の鉄道が全通したのが明治二十二年七月一日、船旅よりこの鉄道の方がニュース性があったからだ。といっても貧乏なハーンだ。通訳同行の人力車はいまなら差し詰めハイヤーだ。高くつく。明治二十三年八月下旬、神戸でなく姫路から人力車で松江に向かったに相違ない。神戸・姫路間は明治二十一年十二月から鉄道が開通していた。九月七日『山陰新聞』には「予（松江中学校雇教師ヘルン氏）が東京より陸路当県に来りしとき道すがら瞥見する所にてハ当県に近づくほど神社の多くして仏閣の滅ずるが如き観ありし……」「途中にて盆踊を一見せしに中々面白しなど咄し居れり……」。ハーンの『盆踊り』は筆が旅の感動にふるえている。私も車でハーンの中国山脈越えの道を辿ることとした。

兵庫や岡山のどこを通ったかはわからない。美作《みまさか》街道を犬挟《いぬばさり》峠から鳥取県に下ったようだ。中山町の西山繁雄氏の考証によると、ハーンが天狗の面を見たのは関金町山口の矢送神社だという。百十一の石段がある。ハーンのローマ字に誤りもある。**Yu-Asaki-jinja** とは大栄町妻波の岩崎神社だ。旅に出て三日目だろうか、上市に泊った。通訳の真鍋晃が誤って **Kami-Ichi** と教えたが正しくはウワイチで、今の中山町だ。そこの妙元寺の境内で見た盆踊りの様は講談社学術文庫の仙北谷晃一訳に美しく訳されている。昔はもっと若い人も踊ったろうが、いまは土地の熱心家がハーンが書きとめた歌詞もまぜて踊ってくれる。ハーンがいう「死者たちの祭り」や精霊送りの盆踊りとはやや違うかもしれない。太鼓も新しくなった。庭の一隅でじっと見守ってくださるお地蔵様も手が欠けてない。後年の寄進らしい。だが小泉八雲現象ともいうべきハーン先生を偲ぶ盆踊りは、この二〇〇四年九月三十日、ハーン没後百年の国際会議に松江に集う内外の人々を必ずや和《なご》ませるだろう。

35　絵馬

日本では宗教系の私立学校を除けば宗教教育はしない。だから多くの人は自分は無宗教と思っている。だが日本人は生活を通して神道に親しんでいる。初詣《はつもうで》に行く。子供が生まれればお宮参りをする。仏教徒も神道的感情をわかち持っている。新幹線の窓から富士山が見えれば、美しいと思い畏敬の念を覚える。それも広い意味での神道の感情である。

日本では各宗教が役割分担をする。誕生や日の出や豊年祭のようなめでたい行事は神道と、葬式は仏教と結びつく。父が亡くなった時、私は

二つの絵馬、能舞台の作り物

電話帳で父の宗派の寺を探し坊様に来てもらった。葬式仏教と形骸化が非難されるが、日本におけるキリスト教も似たもので、結婚式は神前よりチャペルで行う者が増えた。日本の若者は、キリスト教徒でなくとも、ウェディング・ドレスで、讃美歌で式をあげたいのだ。それはファッションとしての宗教だが、実は『源氏物語』中の仏教も流行の要素が強い。舶来の宗教は高級感がありそれで尊ばれる。お能でも鬼を退治する役は仏僧だ。しかし夕顔や葵上に取りつくのは仏教以前の怨霊《おんりょう》で、深層心理の中では土着の物の怪《け》が一番恐ろしい。平安朝の坊様や山伏が唱えるのはお経や呪文だが、千年後にはやはり神妙な顔をしたイデオロギーの祭司が、相手を折伏《しゃくぶく》しようと舶来の思想や語録を唱えたりする。

そんな外来思想尊重の日本だが、神道を扱う文学もないわけでない。能の神舞物がそれで、先日明治神宮で『絵馬』が上演された。絵馬《えま》とは祈願のために社寺に奉納する馬の絵の額《がく》である。勅使が伊勢神宮に詣でると、日照りを願う白い絵馬を持った老人と、雨を占う黒い絵馬の老女が登場し、それぞれの絵馬を掛け争う。それがしまいに仲良く「二つの絵馬を掛けて、万民楽しむ世となさん」と納まる。実は男女は伊勢の二柱の神なのだ。この能には五穀豊穣《ごこくほうじょう》の泰平をことほぐ日本人の信仰心があらわれていて、のどかでめでたい。

後場では天照大神が後シテとして登場する。しかしアマテラスは悪神を懲《こ》らすために岩戸へ隠れてしまう。日蝕に由来する神話に相違ないが、天鈿女命《アマノウズメ》の舞いや、手力雄命《タヂカラヲ》の力で岩戸がまた開き、天照大神は再び外にあらわれて「国土も豊かに月日の光の、のどけき春こそ久しけれ」と終わる。お寺に仏像のある仏教と異なり、社に神像のない神道だから、天照大神を初めて見て、舞台とはいえ不思議な感じがした。しかし神宮の森の夜の帰り道、すがすがしい感じが胸中に残った。

西洋で首相がキリスト教会へ行くのを憲法違反だなどという非常識な裁判官はいない。それなのに日本で首相の神社参拝は違憲だといわんばかりの判事がいる。敗戦後、国家は神道を財政的に保護しない。政教分離とはそのことで、首相の神社仏閣教会への参詣を法律的に禁ずるものではない。しかし国の援助は受けずとも敗戦後六十年、神道は栄えている。私はそんな日本の宗教習俗が好きである。

36　柳田國男『故郷七十年』

松岡家のひ弱な子として明治八年に生まれた柳田國男は十三歳で利根川べりの布川《ふかわ》で医者を開業している長兄のもとに預けられた。その辺りではどの家も二児制で男児と女児もしくは女児と男児しかいない。國男が「兄弟八人だ」というと布川の人は「どうするつもりだ」と目を丸くした。布川は前にひどい飢饉に襲われた地方で、食糧が欠乏した場合の調整は死以外にない。日本の人口は西南戦争のころまでは凡《およ》そ三千万で、これは近年の人工妊娠中絶ではなく、もっと露骨な方式が採られてきた。河畔の地蔵堂に絵馬が掛けてあり「その図柄は、産褥《さんじょく》の女が鉢巻を締めて生まれたばかりの嬰児《えいじ》を抑えつけているという悲惨なものであった。障子にその女の影絵が映り、それに角《つの》が生えている。その傍に地蔵様が立って泣いているというその意味を、私は子供心に理解し、寒いような心になったことを今も憶えている」

この長兄が茨城で再婚し医者を開業したのは、二十歳で故郷兵庫県辻川の近村から嫁をもらったけれども、二夫婦は住めない小さな家で、兄嫁は実家に逃げ帰ってしまったからである。母がきつい人で「天に二日なし」当時の嫁姑の争いは姑の勝ちだった。この家の小ささという運命から國男の民俗学への志も源を発したと本人は書いている。また飢饉のことが念頭にあって農商務省にはいらせた、かつそれでこの学問に自分をかり立てたとも書いている。

柳田國男　布川の頃、明治二十一年五月

柳田國男は最晩年この『故郷七十年』という生い立ちの記を世に出した。民俗学者が語る田舎の暮らしの細部が新鮮だ。嫁盗みにもいろいろある。「ボオタ」とは「奪うた」の意味で、家計不如意で嫁入り支度ができない時、娘の両親も承知で掠奪婚の形を取る。そんな男女関係にふれ「昔は親だけが勝手に決めて、泣きながら嫁《ゆ》くなんていわれてきたのは、こうしないとロマンスが面白くないからで、「親の許さぬ」などというのは、義太夫道徳がこしらえてしまったもので、まったく文学の罪というの外はない」。こうして世間の思い込みとはよほど違う昔の様が語られる。柳田は「八十余歳の今も幼い日の私と、その私をめぐる周囲の動きとはなおまざまざと記憶に留って消えることはない」。

喚起力に富む連載は息切れせず、連想が次々と湧く。だが担当記者もまさかこれほど豊かな記憶力の世界が展開するとは予期しなかったであろう。一地方新聞が八十三歳の老人に連載を依頼した英断が名著を生んだ。『故郷七十年』はどうやら柳田が民俗学の道に進んだいわれをまずなによりも自分で自分に説明しようとした物語であったようである。それが起筆の言葉「幸いに時が熟したので、神戸新聞の要請をいれ、ここに『故郷七十年』を連載することにした。それは単なる郷愁や回顧の物語に終るものでないことをお約束しておきたい」の意味であるらしい。

37　漱石『こころ』の絆

「私は私の過去を善悪ともに他《ひと》の参考に供する積《つもり》です。然し妻《さい》だけはたった一人の例外だと承知して下さい。私は妻には何にも知らせたくないのです。私が死んだ後でも、妻が生きてゐる以上は、あなた限りに打ち明けられた私の秘密として、凡てを腹の中に仕舞つて置いて下さい」。これは漱石の『こころ』の先生が学生である私にあてた遺書の一節で、先生は私に「妻が己れの過去に対してもつ記憶を、成るべく純白に保存して置いて遣りたいのが私の唯一の希望なのです」と述べた。「己れの」は「妻自身の」の意味で、戦前近藤いね子はそれをMy only wish is to keep her memory of the past as pure as possibleと英訳した。遺書で明かされたように先生は若いころ同じ下宿にいた友人Kと恋愛問題で競争者となりKを出し抜いてお嬢さんをものにした。今の先生の奥さんである。だが出し抜かれたKは自殺する。先生はその罪の意識にさいなまれ何年も後に自殺しようとする。がその理由を妻に知らせたくない。秘密を妻に明かすのは残酷に過ぎるからだ。ところで戦後エドウィン・マクレランは同じ箇所をMy first wish is that her memory of me should be kept as unsullied as possibleと英訳した。全体としては英語が母語のマクレラン訳の方が出来はいい。しかし「己れの」をof meとした解釈について彼は西洋人らしい誤りを犯した。というのは男女の関係に彼は重きを置き過ぎたのである。一般論として自殺する夫の妻の夫に対する記憶が純白でありうることなどあり得ない。理由も告げず妻を残して死ぬのは一種の裏切りだ。ところが東洋流に誠実な先生にとっては、友人Kの友情を裏切ったことの方が夫婦の信頼関係を裏切るよりもはるかに深刻な罪なのだ。マクレランは夫は自殺に際しても「己れの」すなわち夫の過去に対して妻がもつ記憶をなるべく純白に保存させようとするロマンティックな願いを抱いているものと想定した。しかし先生は夫婦の愛より男と男の友情を上位に置いていたのである。妻は夫から気配りは受けたが、人間として一人前の扱いは受けなかった。妻は自分がその原因となった二つの悲劇的な自殺についても無知のまま後に残された。このように妻になにも知らせずに死ぬことは思いやりのある態度といえるだろうか。それともこれも所詮、漱石によるフィクションの可能性の一実験と見るべきであろうか。

漢詩文で一番大切な主題は男と男の友情だが、英詩文で一番大切な主題は男と女の愛情である。日本で最初に英文学教授となった漱石は当初その違いに戸惑った。だが最初の近代作家として作中に男女の関係を扱った。がその漱石が最後に『こころ』で示したのは男同士の友情とその変奏としての先生と弟子という男同士の信頼関係の優位であった。漱石山房でも妻より弟子を大事にした作家は『こころ』でも夫婦の絆でなく先生と私という師弟の絆を一番大事にしたと見るべきではあるまいか。そんな文化的背景の相違への認識不足もあってマクレランの誤訳は生じたに相違ない。

38　ハーンと漱石の密接な関係

夏目漱石の明治四十二年の作『永日小品』の一つの『蛇』を学会で芳賀徹が読解した。

「木戸を開けて表へ出ると、大きな馬の足迹《あしあと》の中に雨が一杯堪《たま》つてゐた。」叔父さんと子供の金之助が雨の日、鰻《うなぎ》を取りに行く。泥で足の抜き差しに都合が悪い。「やがて手桶の尻をどつさと泥の底に据ゑて仕舞つた。」ふだんは「見ても奇麗な流れであるのに、今日は底から濁つた。下から泥を吹き上げる、上から雨が叩く、真中を渦《うづ》が重なり合つて通る。」少年を巻き込みそうな渦で不安である。「廣い田の中にたつた二人淋《さび》しく立つた。雨許《ばか》り見える。空は茶壷《ちやつぼ》の蓋《ふた》の様に暗く封じられてゐる。その何処からか、隙間《すきま》なく雨が落ちる。ざあつと云ふ音がする。」身に着けた笠と蓑、四方の田にあたる音、そして「向ふに見える貴王《きわう》の森に中《あた》る雨の音も遠くから交つて来るらしい。叔父さんは河の真中に腰を据ゑて、貴王の森を正面に、川上に向つて、網を卸した。雨脚《あまあし》は次第に黒くなる」

するとちらりと光った模様に「長さの感じがあつた」網の柄《え》を握っていた叔父の手が弾ね返るように動いた。続いて長いものが叔父の手を離れ、重たい縄のような曲線を描いて向うの土手の上に落ちた。と思うと草の中からむくりと鎌首を一尺ばかり持ち上げ、蛇がきっと二人を見た。「覚えてゐろ」と声がした。だが少年は「今、覚えてゐろと云つたのは貴方《あなた》ですか」と問う。叔父は「誰だか能く分らない」と答えて妙な顔をした……。

貴王の森を江戸切絵図の『内藤新宿新屋敷辺之図』で調べると「鬼王稲荷」と出ている。芳賀の話に聞き惚れた私は、余韻の身内に響く内に行ってみた。三方を高いビルに囲まれた稲荷社の庭から十数本の銀杏《いちょう》が十階までも伸びている。大樹の群がビルのガラスに反射する夕日に黄ばみ、西風に怒って唸りを立てる。鬼王だか貴王だかの森はまだ生きていた。森はハーン旧居から一丁足らずだから、晩年のハーンもこの壮観を見たに相違ない。

こんな地縁だけでない。夏目漱石はさまざまな面でラフカディオ・ハーンと密接に結ばれていた。二人は日本の英語英文学の歴史の中で、大学教授であるとともに作家としても名を残したもっとも優れた二人である。ただし一八五〇年生まれのハーンは一八六七年生まれの漱石のことはほとんどなにも知らない。しかし十七歳年下の漱石は他の誰よりもハーンを強烈に意識した。それというのも漱石は奇縁とも呼べるほどハーンの後を追った人で、熊本の第五高等中学校でも、ハーンが去った一年半あとに英語教授として赴任した。漱石はるか九州まで都落ちした明治二十九年、ハーンは逆に上京し、漱石の母校帝大英文科の教壇に立った。漱石はその後熊本で四年暮らし、ロンドンで二年学び、明治三十六年帰朝した際、今度は自分が押し出すような恰好でハーンを帝大からほうり出した。だが学生は後任の漱石の理論づくめの講義に不満で、ハーンの英文学講義のすばらしさをいまさらのように懐かしんだ。学生たちはハーンを競望崇敬《けいぼうすうけい》していた。そんなハーンとの比較で漱石は自己の不適任を感じてしまう。友人菅虎雄あてに西洋文学の教授には「西洋人デナクテハ駄目ダヨ」と書いた。ふだんは妻に学問上の話などおよそしたことのない漱石が思いつめた、あらたまった顔をして鏡子夫人に言った、

「小泉先生は英文学の泰斗でもあり、また文豪として世界に響いたえらい方であるのに、自分のやうな駆

け出しの書生上りのものが、その後釜《あとがま》に据わつたところで、到底立派な講義ができるわけのものでもない。また学生が満足してくれる道理がない」（夏目鏡子『思ひ出の記』(1)）。そのように、一旦は辞職まで考え、なにかと不快がつのっていたからこそ、明治四十年、漱石は教職を捨てて、喜んで朝日新聞社の招きに応じたのである。朝日入社第一作の『虞美人草』で大学人という俗物に筆誅《ひっちゅう》を加えたのは、当時の漱石がアカデミック・ジョブに対し抱いていた悪感情を吐露《とろ》したものにちがいない。

ところが人間は不思議なものである。その同じ漱石が、文壇的名声も確立し、気持にゆとりの出た明治四十一年になると、五年前の帰国直後には猛烈な悪口をいった英国の生活を懐かしみ始め、回顧的な好随筆を書くようになる。そして同様に東京大学についても『三四郎』という大学生小説を暖かい眼差しで書くようになる。そしてその小説中に「某氏」が一読して自身とわかるような、こんなことを述べたのである。

「大学の外国文学科は従来西洋人の担当で、当事者は一切の授業を外国教師に依頼してゐたが、時勢の進歩と多数学生の希望に促されて、今度愈々本邦人の講義も必須課目として認めるに至つた。そこで此間中から適当の人物を人選中であつたが、漸く某氏に決定して、近く発表になるさうだ。某氏は近き過去に於て、海外留学の命を受けた事のある秀才だから至極適任だらう」

取るに足らぬ一節だから今日の読者は誰も目にも留めないだろう。ジェイ・ルービンは『三四郎』の英訳者だが、一度質問してみたら、こんな一節を英訳したことなど記憶にもなかった。しかしハーンの解任に反対してストライキまでやらかした明治三十六年に東大英文科に在学した人たちにはこの一文は異様に映じたに相違ない。とくに「多数学生の希望に促されて」の一節を読んだ時は、我と我が目を疑ったであろう。それは事実と全く逆のことが書かれていたからである。多数学生の希望はハーンの留任だったのだ。漱石ともあろう人が、たといフィクションとはいえ、なぜこんな自己満悦に近い記事を書いたのか。

そこで私は考えた。こんな思い切ったことが書けたについては、漱石にハーンに対する自信回復に近いなにかが明治四十一年の秋以前にあったからに相違ない。それが探偵調査にも似た私の一連の追跡の始まりである。いままで別々の書物の中で発表してきたことをこの機会にとりまとめて述べさせてもらうと、漱石は作家として立った。そして創作家として立つに際してもハーンを強烈に意識した。英文学者としてはともかく創作家としては先輩ハーンを凌駕《りようが》したい。そんな気持がどこかに潜んでいたのだろう。それで明治四十一年の春から夏にかけてハーンが書いたと同じテーマを意図的に選んでそのヴァリエーションともいうべき小品を次々と書いたのである。

まず五月にはハーンの『草ひばり』を念頭に漱石は『文鳥』を書いた。(2) 書斎でハーンは虫を飼い漱石は小鳥を飼う。いずれも孤独な作家の伴侶である。作者はその生きものを通して自分の人生や男女の愛をそこはかとなく語り、自分の仕事と自分の命を語る。季節の推移も秋から冬にかけてで同じである。小さな生きものの存在が作者にとって意外に大きなものになりつつあった頃、直接的には気の利かぬ女中のせいで、間接的には実は飼主の不注意で、殺してしまう。死んでいなくなって、その存在があらためて、作者にも読者にも感じられる草ひばりや文鳥である。やり場のない気持もあって、ハーンも漱石も、一旦は生き物の死の責任を女中に転嫁した。が女中を責め過ぎて、すまぬことをした、と内心で感じる。その点もほぼ同じである。

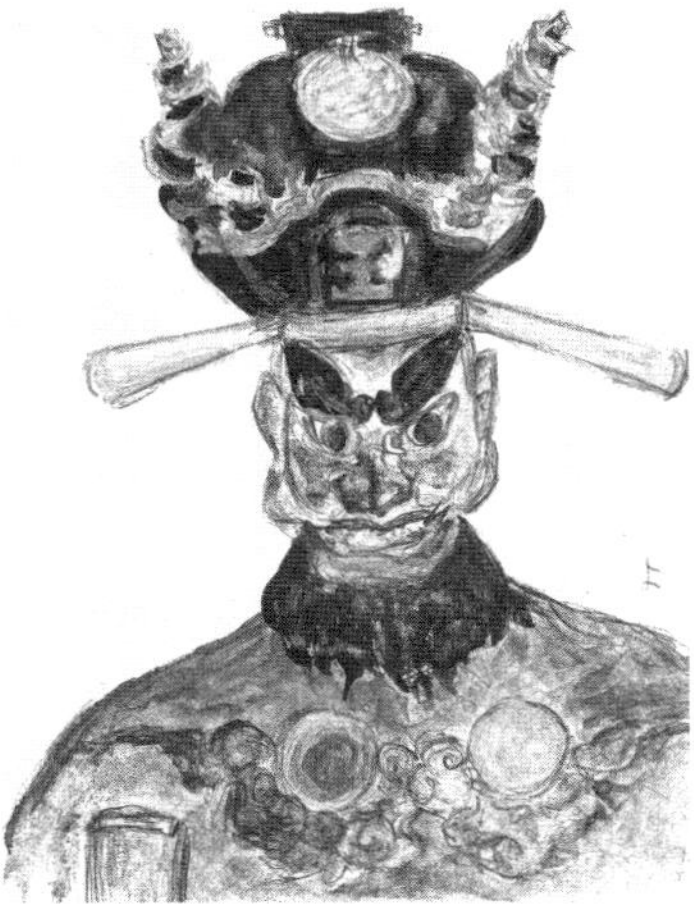
内藤新宿太宗寺の閻魔像

怪談に深い関心を寄せた点でも、創作家漱石はハーンとすこぶる似ていた。ハーンは『怪談』の『お貞《てい》の話』でいまわの際に再会を誓った女との再会を人情話に仕立てた。すると漱石は『夢十夜』の「第一夜」で同じテーマを扱って非人情の話に仕立てた。これは明治四十一年の初夏の作である。両者の共通点はこうだ。男が女の枕元に呼ばれる。

病気の女は自分が死ぬということを自覚していて「もう死にます」と冷静に男に告げる。もう覚悟は出来ているらしい。男が慰めの言葉を掛けると、女はまた逢いに来るから待っていてくれろ、と男に言う。男はうべなうが、女との再会に確信が持てるわけではない。それでも死に行く女の気持を傷つけまいとして「待っている」と約束する。女の両の眼は閉じて女は死んだ。男は女の菩提《ぼだい》を弔い、女との約束を守り、毎日待っている。歳月はいつしか過ぎ、希望はもうないかと思われたころ、二人は意想外な再会をとげ、話は終わる。筋はこのように両作品とも同じだが、競争意識のあった漱石は、同じテーマでありながら、後味のまったく異なる、非人情のメルヘンに仕立てた。その異同の詳細はよそで詳述したので(3)ここでは繰り返さない。

さらに大切な共通点は漱石もハーンと同様、父親に捨てられた子だったということである。そのような深刻な心理的外傷を持つハーンが、持田浦の民話を用いて「子供を捨てた父」を書くと、同じような過去を持つ漱石は『夢十夜』の「第三夜」でその同一主題のヴァリエーションをやはり怪談風に書いた。「丁度こんな晩だったな。……御前がおれを殺したのは」と子供が大人の声でいうところまで両作品は同じである。(4)

ついでにいうと、怖い雰囲気は冒頭に掲げた『蛇』の場合もそっくりである。ハーンと漱石の密接な関係についてそんな先入主があるものだから、「覚えてゐろ」は蛇の声だ、ハーンの捨てられる赤子が大人の声を出したのと同じ筆法だ、と私は感じた。もっとも筆法が同じだからといって、『蛇』を書いた漱石がハーンの手法を利用したとまでは言い切れない。この際、余計な比較論はしない方が賢明だ。(5)

ただここで言えることは、漱石はハーンと同一主題について芸術的ヴァリエーションを短期間に次々と書くことで、芸術家としてのアイデンティティーを確認し得たということであろう。あるいは自分の方がハーンよりも腕前は上だ、というひそかな自負心さえ抱いたのではあるまいか。自分の方が一枚上手だという漱石の内なる自信が、先に引いた『三四郎』の中での自己満悦に近い発言を許したのに相違ない。

『蛇』という小品はすばらしい。「この「覚えてゐろ」はなんと訳したものだろう」と芳賀徹が漱石の文章を嘗め尽くすように評釈した挙句にいうから「フランス語なら Tu me reconnaîtras と怖い声でいうだろう」と私は答えておいた。

(1) 夏目漱石夫人鏡子が松岡譲の助けを借りて昭和四年に『漱石の思ひ出』を出したのも、小泉八雲夫人節子が三成重《みなりしげ》敬《ゆき》の助けを借りて大正三年『思ひ出の記』を出した先例に刺戟されてのことであろう。
(2) 詳しくは「ハーンの『草ひばり』と漱石の『文鳥』」、『ラフカディオ・ハーン——植民地化・キリスト教化・文明開化』(『平川祐弘著作集』第十四巻)を参照。
(3) 詳しくは「江戸風怪談から芸術的怪談へ」、『オリエンタルな夢——小泉八雲と霊の世界』(『平川祐弘著作集』第十三巻)を参照。
(4) 詳しくは「子供を捨てた父——ハーンの民話と漱石の『夢十夜』」、『小泉八雲——西洋脱出の夢』(『平川祐弘著作集』第十巻)を参照。
(5) なおハーンの代表作の一つに『心』があり、漱石の代表作に『心』がある。前者は日本人の心を説き明かすようなエピソードを多く含み、後者は「先生」の心の秘密が説き明かされる心理小説である。しかし両者は質的に甚だ違う。この場合も漱石がハーンの作品の標題を利用したとは言い切れないから、比較論などはしない方がやはり賢明だろう。

39　ポーとボードレール

島田謹二教授は私の先生で、講義は熱気があった。単に面白いなどという以上の度外れた迫力があった。旧制高校風にドイツ語で評すればデモーニッシュで、私も惹《ひ》きつけられた。昭和二十三年、全寮制の第一高等学校は六月、端境《はざかい》期になると寮食堂に米がない。それで食料休暇となる。田舎へ帰る者は帰る。私は寮に残った。だがそんな授業中止の時、島田先生は鷗外の『即興詩人』を講義した。もちろん単位と関係ない。教室は一杯で廊下に溢れた。だが語りと文章とは別だ。『展望』に出た島田謹二『即興詩人』論に魅力がない。私はなにかはぐらかされた気がした。

ポーの講読は大学で他クラスにもぐって聴いた。島田氏は英詩も日本語詩も独特の節回しで朗読する。

Edgar Allan Poe

『アナベル・リイ』など詩の訳は悪くない。だが島田著『ポーとボードレール』は、これも正直いって面白くなかった。あれから五十六年が経ち、ポーとその仏訳者ボードレールのことを私はなかば忘れかけていた。すると里見繁美熊大助教授がハーンのニューオーリンズ時代の文筆活動を検証し（西川盛雄編『ラフカディオ・ハーン』九州大学出版会）、ハーンがボードレールのポー仏訳の美点・欠点をいちはやく指摘したと述べている。読んで一驚した。ハーンの指摘が言葉に即して実に鋭いからだ。大学へ行きそびれたハーンだが、どうして英語、フランス語、クレオール語、日本語のニュアンスをあれだけ精確につかめたのだろう。子供の時、母親がギリシャ語で周囲の英語と違い、二重言語生活に早くから慣れたこともあるだろう。その母から離され、他人の表情をうかがい、人の気持を忖度《そんたく》しながら生きたことも、深く関係しているだろう。里子や養子に出された夏目金之助、早く孤児となった川端康成が、そのねじれた幼年時代ゆえに、他人の心理のひだをさとく了解したのと、ハーンは共通している。だがそんな境遇で育ったからといって、そんな子がみんなハーンのように、他人の気持ちをさとく了解する人になるわけでもない。

　翻訳家としてのボードレールを見事に論評したハーンは、彼自身もまた十九世紀フランス文学の名訳者であった。近頃の米国では百年以前に出たハーンの手になるゴーチエ、フロベールなどの英訳が次々とリプリントされている。日本の出版文化が浅いと思うのは、名訳の復刻が絶えてないことだ。翻訳部門の読売文学賞受賞作など早く再版してもらいたい。名訳はいい。私は大学のフランス語クラスでモーパッサンをハーンの英訳もあわせて読みながら授業した。教師も学生も一石二鳥を心掛けるべきだ。人生は長いようで長くない。

　島田論文は必ずしも面白くないと述べたが、誤解されないよう付け加えたい。先生が学者としてのアイデンティティーを確立したのは、東大定年後に出した『ロシヤにおける廣瀬武夫』によってである。あれこそが島田謹二の会心作だ。

40　詩論とナショナリズム

「やまとうたは、ひとのこゝろをたねとして、よろづのことの葉とぞなれりける。花になくうぐひす、みづにすむかはずのこゑをきけば、いきとしいけるもの、いづれかうたをよまざりける。ちからをもいれずして、あめつちをうごかし、目に見えぬ鬼神をも、あはれとおもはせ、おとこ女のなかをもやはらげ、たけきものゝふのこゝろをも、なぐさむるは歌なり」

これは和歌の本質とは何か、を説明した紀貫之の『古今集』仮名序である。十世紀初頭に書かれた。当時の日本は漢文化の影響を深くこうむって、宮中では漢詩文がもてはやされた。だがそのような平安時代に、紀貫之はあえて和歌の功徳《くどく》を説いた。「やまとうたは」とは「からうた」すなわち漢詩に対する自己主張である。『古今集』には真名序もあって紀淑望は漢文で和歌の功徳を「天地ヲ動カシ、鬼神ヲ感ゼシメ」と述べた。

朝鮮半島の人は日本人以上に漢詩文を熱心に学んだ。文事にたずさわる人としての誇りがあり、上流の男はもっぱら漢文で表現した。それでも思いのたけは母語でなければ表現しがたい。十七世紀になると金萬重が「朝鮮人は自国の詩文を捨てて漢文という他国の言葉を学んでいるが、それではよく似ているとしても鸚鵡《おうむ》の言葉でしかない」と言った（『西浦漫筆』）。もっとも金萬重はこの主張を漢文で述べ、そこでも詩の功徳を「動天地、通鬼神」と言った。紀淑望も金萬重も漢詩文を斥け、自国語の詩歌を讃える時に、中国の『詩経』大序の言葉を借りたのは多少の滑稽なしとしない。

しかし同様な主張は西洋でも見られた。ダンテはラテン語を駆使した外交官だが、十四世紀初頭にイタリア人も日常用いる母語で詩を書くべきだ、と主張した。もっともダンテもこの『俗語論』をラテン語で書いた。フランス人のデュ・ベレーは十六世紀にイタリア人スペローニのイタリア語詩論を真似て、フランス人はラテン語でなくフランス語で詩を書くべきで、人間は外国語では心底の感情は表現できない、と述べた。

これからの地球社会ではグロバリゼーションが進行し、国際政治・貿易・金融も科学もインターネットも使用言語は英語となるだろう。日本人もいよいよ英語の習得を求められるだろう。我国も英語文化の植民地になるかもしれない。英語は確かに大切だ。だがそうなればなるほど、心のたけを日本語で述べたい人も出てくる。ナショナルな詩論とは言語的ナショナリズムのあらわれであり、日本人のアイデンティティーの主張なのである。しかし平安朝専門の国文学者に私がこんな話をしても一向に通じない。そうしたら驚いたことにモンゴルの留学生がすばやく私の言わんとするところを理解した。漢文化という中心文化の重圧の下で暮らしている彼らは、漢文や漢詩でなく自国語で思いのたけを述べたいという周辺文化の国日本の人の思いをわが事として共感したからである。

41 ロンサールとアニミズム

おい、木樵《きこり》、少し手を止めろ、
お前が地面に打ち倒しているのは樹ではないぞ、
お前見えないのか、血が滴《したた》っているのが、
厚い樹の皮の下に生きていたニンフたちの血が？

これはロンサールが故郷のガチーヌの樫《かし》の森へ寄せた詩の冒頭である。フランス滞在五年目、私はこのルネサンスの詩人が好きになった。自分と性《しょう》の合う詩人とついに巡り会えた、と胸が躍った。十六世紀といえば室町時代の末に当たる。だがその頃の日本人よりロンサールやデュ・ベレーの方にずっと親しみを覚えた。彼らの内面世界がアット・ホームに思われたから、彼らの詩を訳すことに非常な喜悦《きえつ》を覚えた。

ドイツから商事会社の友人が車でフランス中部の城めぐりをしようと遊びに来たから、喜んで案内した。ロンサールの館《やかた》や彼の恋人が住んだタルシーの館などゆかりの地を丹念にまわった。そのポソニエール紀行のことは私の修士論文『ルネサンスの詩』（『平川祐弘著作集』第十九巻）にも書いてある。運転した友人は大ロワール川沿いの大きな城を見るつもりだったろうが、こうした際は地図を見る者の一存で行先も決まる。小ロワール川のほとりの小ぶりの館を私はしげしげと眺め、森や泉をめぐった。

ロンサールが愛したカサンドルの館

ところで右の詩を読めば、今の人は環境破壊へ抗議したと理解するだろう。文学史家は文藝復興期の学者詩人はギリシャ文化を愛したから古代神話に出てくるニンフを愛したと解釈するだろう。しかし平川解釈は異なる。自然界で踊り歌う美しい妖精の名を詩人が口にしたのは、ロンサールが山野・河川・樹木・洞穴などが生き生きと息吹いており、そこに精霊が住んでいると感じたからに違いない。山川草木《さんせんそうもく》に神が宿ると信じ樹霊を崇めるのは日本の神道だが、広くはアニミズムという。フランス中部の豊かな土地で育ったロンサールは自然に命を感じた。そんな感情が先にあったからこそ、それで後で書物から仕入れたニンフとか水の精とかもまた爽やかに舞うことができたのである。キリスト教以前のフランスはゴールと呼ばれ、宗教はドルイド教で樹木の霊を信じた。そのケルトのアニミズムの宗教はキリスト教によって滅ぼされた。シャルトルなどの聖地は丘の上にあったドルイド教の寺を破壊しその跡にキリスト教の大聖堂を建てた。西洋人はそんなアニミズムは低級な宗教と思っている。しかし詩を分析するのに地水火風の四大《しだい》が有効というバシュラールの説がはやったことは、そんな生気をはらんだ感情がフランスになお根強いことを示している。いま思い返すと留学生の私は、自己の内なる神道的感受性でもって、ロンサールの詩にあらわれる半獣神や森の精や川の女神と遊んでいたのだ。そんな読み方が間違いだったとは実は今も思っていない。世間は笑うかもしれないが、それが日本に一本の足は根ざした比較研究者たる所以だと信じている。

おゝベルリーの泉
美しい泉よ、おまえをいつくしむ
水の精を　水よおまえは
源の岩穴の奥に隠すよ、

O fontaine Bellerie,
Belle fontaine, cherie
De nos Nymphes, quand ton eau
Les cache au creux de ta source,

42　アランの『語録』

アランは日本暦でいうと生まれは明治元年で漱石世代だが、亡くなったのは昭和二十六年、私が大学三年の時だ。あの頃は昼は東大、夜は日仏学院でフランス語の学習に励んでいた。だからアランは私の時代の思想家という感じがする。文章も明晰だ。哲学学者という感じがしない。それだけ親しい存在でもある。もっとも近年は哲学専門家に無視されているらしいが、私は七面倒くさい哲学専門家の方を逆に無視することにしている。

アランはフランスの西の町ルーアンの高校教師を勤めた。戦前の日本で大学が少なかった頃、高等学校に名物教師がいたようなものだ。後にパリのアンリ四世高校へ移ってからも、ルーアンの地方紙『デペーシュ』に書き続けた。これは『熊本日日』より部数も少ない。そこに書き出したのは四十歳で、それから三十数年書き続けた。これは大した事だが、さらに敬服すべきは彼のコラムが「プロポ」すなわち「語録」と題され後に本にまとめられ全国的に読まれたことだ。私が持っている本は、留学時代の友人アラン・コルナイユが別れ際にくれた。名前にちなんでの記念だ。アランは姓でなく名前で、哲学者アランも本名はエミール・シャルティエという。

プレヤッド版の『アラン語録』に序を寄せたモーロワは「私見ではこれは世界一素晴らしい書物の一冊だ」と書いた。モーロワはルーアンでアランの哲学の授業に聞き惚れた高校生だから過褒《かほう》かもしれない。今の日本でも同じだが、若者が深く感化されるのは十代の末だ。その時期に平易な言葉で考えるヒントを与えてくれる教師は貴重だ。新聞コラムの連載も高尚な思想内容を平明に書き表わす訓練となった。毎日二ページ書いた。読者は小説より先に彼のコラムを読んだ。アランは哲学を文学に、文学を哲学に変えた、と評された。なるほど世の哲学教授の論文はおおむね味気ない。四季折々の感触は不在だが、彼の語録にはそれがある。キリスト教を信じないが、秋深い万聖節《ばんせいせつ》の時分には「死者を崇めることは良い慣習である」と我々の内なる故人との対話の意味を説く。「死者は我々に忠告を与え、気持を伝える。それが出来るためには我々が祖先の霊の言うことに耳を傾けねばならぬ。聴く耳を持たねばならぬ。それらは我々の内にひそんでいる。

それらはすべて我々の内でいきいきと生きている」「死者崇拝は人間がいるかぎり世界中いたるところで行なわれる。これだけが崇拝の名に値する。神学などはその装飾というか道具であるに過ぎない」「あらゆる死者はその価値に応じて神となる。そして残された生者に故人に対する愛情があるかぎり、故人には誰であれなんらかの価値は見出される」

日本の哲学教授は誰もこうした日常のことの意味を説かない。春秋の神道の大祭の時にも黙っている。しかしこれこそが死にまつわる哲学なのである。私たちが神社にお参りする際に覚える気持も、これとほぼ同様なのである。

43 『マッテオ・リッチ伝』

一九八〇年パリ第七大学で講演した時「ムシュー・ヒラカワは文化と文化が交錯するところを扱う専門家である」と紹介されて、うまいことを言う、と思った。entrecroisement de cultures というフランス語だった。私は修士論文にルネサンス期の先進国イタリアと後進国フランスの心理的関係、博士論文に西洋と日本の関係を『和魂洋才の系譜』で扱った。

西洋と日本の関係と並行して、西洋と中国の関係もしたいと思い、西洋人で初めて本格的に儒教を学んだ宣教師リッチのことも調べ始めた。Ricci は一五五二年生まれのイタリア人イエズス会士で一六一〇年北京で死んだ。西洋ではシェイクスピア、日本では家康の同時代人で、利瑪竇《りまとう》の漢名で中国では知られる。それまで利瑪竇は日本には彼の漢文著述によってしか知られていなかった。それで私は彼の伊文の手紙を基に西洋人が初めて鎖国下の北京にはいりこんだ経路をたどった。『マッテオ・リッチ伝』の第一巻は一九六九年に平凡社の東洋文庫から出た。日本は外国から教えを説きに来る人を歓迎するが、中華の国は孔子の教えを学びに来る人を歓迎する。第二巻は『天主実義』などリッチの漢文著作の内容も調べた。第三巻はリッチの欧文の中国報告が西洋に与えた刺戟伝播について考察した。全三巻が出たのは一九九七年。三十年の歳月がかかった理由は、中国の言葉も多少習い、北京に長期滞在してから研究をしあげようと心に期していたからである。学術書を平易に書くよう心がけたが、反響が少なくて淋しかった。日本の西洋学者にとっては漢字名前が多過ぎ、東洋学者にとっては片仮名名前が多過ぎ、いずれの側の守備範囲をも越えたからであろう。カトリック信者は見方が違うと黙殺したのであろう。もっとも中国訳・韓国訳は出たが。

日本における西洋文明受容研究の補助線になると考え、中国における天主教受容を調べたのだが、いわゆる改宗者のキリスト教信仰の実態は、西洋人宣教師の報告内容とおよそ異なる。「天主とは何ぞ、上帝なり」「天主とはすなはち儒書に称する所の上帝なり」などが奉教士人といわれた徐光啓たちの解釈である。キリスト教の天と儒教の天は同じであるが故に、儒者も敬天愛人の教えを奉じて良しとしたのである。

明末の士人でさえキリスト教理解は実はこの程度だったのだ。ましてや日本の農民に一神教の超越神などわかったはずはない。マリア様も観音様もさして区別しなかったというのが実相だったに違いない。『隠れキリシタン』については古野清人の研究（至文堂）が的を射ている。しかし車で天草をめぐって各地の案内図にはがっかりした。説明が安直で、古野教授らの学問結果とはおよそ異なる文面だったからである。キリシタンについてはカトリック側の宣伝を鵜呑《うの》みにすべきではない。また日本側も観光の売り物にすべきではない。しかしその昔「和平演変」を謀って殺害された連中を四百年後には殉教者とか聖人とかに奉りたがる人が一方に居るものだから、他方にはそんな記念碑まで造ることを認めて、それを観光資源の一つに仕立ててしまう、信仰とはお

マリア観音

よそ無縁の人がもう一方には出て来るのであろう。

私はリッチの書いたものでは『交友論』が一番すなおで好きである。キリスト教の天は儒教の天と同じだと言い張ってまで信仰を拡めようとした宗教的支配欲には卑しむべきものがあると感じている。

44 『宣教師ニコライの日記』

今年も蜜柑を送られた。おいしい豊前《ぶぜん》のみかんである。この種の贈物はほんとうに嬉しい。送り主は岡本榮一さんで、岡本農場のみかん箱には蜜柑にまつわる詩や歌が印刷してある。それは時に『古事記』だったり、時に『万葉集』だったりする。

橘は実さへ花さへその葉さへ
枝《え》に霜降れどいや常葉《ときは》の樹

すばらしい出だしのめでたい歌ではないか。四十年前に柑橘《かんきつ》類の伝播《でんぱ》とそれにともなって詠まれた橘の詩やオレンジの歌を私は調べた。東南アジア原産の柑橘類が我国に渡来した故事は伝説によっても知られる。田道間守《たぢまもり》は勅を奉じ海を渡り橘を得て帰朝した。しかし垂仁天皇はすでに亡く「常世《とこよ》の国のときじくのかくの木の実を持ちて参上りて侍《さもら》ふ」と叫び哭《な》いて先帝のみあとをしたって死んだ。大伴家持はそうして伝わった橘が今では「国も狭《せ》に生ひ立ち栄え」ている、と歌っている。

そんな柑橘類にまつわる詩を調べ随筆集『東の橘　西のオレンジ』（『平川祐弘著作集』第二十八巻）に収めたら、それを読んで以来、岡本さんは律儀に毎年みかんを送ってくれる。調べてくれたことに対する謝礼だという。私はこの岡本さんにまだ会ったことはない。しかし一度だけ相談に応じたことはある。ロータリー・クラブの一員として岡本さんは共産主義体制崩壊後のロシアへ行き、老人の貧しさに心をいためた。ついてはロシアに寄付したいがどの窓口がよいかわからない、という。共産主義が盛んなころ宣伝の窓口だった日ソ友好協会の後身など信用できない。それで私はこんな提案をした。中村健之介教授がロシアの図書館で眠っていた『宣教師ニコライの日記』を発見し、ロシア語原文を北大図書刊行会から一九九四年に出版した。この日記の文化史的価値は東京のニコライ堂建築にも劣らぬものがある。ニコライは明治維新の七年前に来日、日本語を学びロシア正教を宣教したが、日本文化を研究しロシアに伝えた。日露戦争の最中もニコライ堂に踏みとどまった。唯物論のソ連邦が崩壊した今、あらためて思い出されるのはニコライの人と業績である。一部三万円する『宣教師ニコライの日記』をロシアの教会や研究機関や図書館へ寄贈したらいかがだろう。

　岡本さんは即座に百二十冊自費で買いあげ寄贈した。これは宣教師ニコライに対する日本の謝意である。ロシア人の著作を日本の学問で解明し、日本で出版し日本人の善意で贈ったことが尊い。この美しい大冊は（一冊の目方が二・六キロ）彼地では「まるで宝物のように」歓迎されているという。ニコライの思い出は日露の間でいちばん信用のおける友好の橋である。彼はその日記によって愛した二つの国にいまも橋を掛け続けているのだ。日記は抄訳も出たが、簡略には中村健之介『宣教師ニコライと明治日本』（岩波新書）で知ることもできる。今年も蜜柑が贈られてきてそんな佳話をあらためて思い出す次第だ。

材木座の夏蜜柑

45　新渡戸稲造『武士道』

武士道とは何か。第二次大戦中の日本軍将兵には武士道を重んじない者がいた。婦女暴行を働いた兵士は畜生道に落ちた者だ。修羅場《しゅらば》でそうした兵士が出るのは避けがたい。だが昭和の日本軍のより大きな問題点は、そうした部下を必ずしも厳罰に処さずに大目に見た点にあったのではないか。武士道を重んずる限り、身内の悪に目をつむってはならない。

しかし身内の悪を直視することと、中国側の主張する日本軍の悪事、たとえば彼らのいう「南京大屠殺」を認めることとは同じでない。その点も注意したい。南京で日本軍が三十万の無辜《むこ》の民を殺害したという中国側の「憎日」教育をまともに受け取ってはならない。白髪三千丈式の数字についてはその根拠を質《ただ》さねばならない。外国側の誇大な反日宣伝に同調することは良心的でもなんでもない。真の日中友好のためにも、根拠のない数字は認めてはならない。

と同時に次の点も言い添えたい。戦争中の日本軍が残虐行為を一切犯さなかったと言い張るのも間違いだ。武士道を心得た司令官は部下の悪事をきちんと罰するが、同様に学問の公平を心得た学者は自国の是も非も、他国の正義、不義もきちんと見定める。自虐的に日本を貶める左翼御用の歴史家も誤りだが、自愛的に日本を持ち上げる評論家的学者も問題だ。

近ごろ新渡戸稲造『武士道』（岩波文庫）がよく読まれている由だ。では新渡戸の『武士道』とはいかなる書物か。自衛隊のイラク派遣に際して隊員にこの書物をすすめる国際関係論の学者がいたが、その主張は正しいのか。中国人留学生が来日して私のもとで新渡戸について論文を書くという。私はその学生に新渡戸について研究するには日本語だけでなく英語もできなければ実像はつかめない、と注意した。『武士道』は西洋で暮らし西洋人を妻としたニトベが、西洋人に対して日本にも誇るに足る倫理があるとしてBushidoを語ったものである。外国にさらされた明治の日本人が自己のアイデンティティーを強調した英語著述だ。稲造は武士の子であったから、父祖伝来の道徳を「武士道」として語ったのである。新渡戸は日本の例をあげ、それに相応する西洋の例を引き、日本の武士道は西洋の騎士道の等価物であることを強調する。日本が「いかに違うか」を言い立てずに「いかに似ているか」の説明に努力する。そのように共通点を探し求めたのは日本や日本人が西洋にアクセプトされることを新渡戸が強く望んだからであろう。新渡戸は外国人より侮《あなど》りを受けたくないと気張って『武士道』を書いた。問題はその気張りのために無理を言っているのではないか、という点である。

46　松王丸とアブラハムの子イサク

母のお伴で最初に見た歌舞伎が『菅原伝授手習鑑《すがはらでんじゅてならひかがみ》』だ。新渡戸稲造は英語で書いた『武士道』で、報恩のため松王丸とその妻が一子小太郎を菅秀才の身替りとしたこの話を讃えた。新渡戸の弟子、矢内原忠雄の訳はこうだ。「菅原道真は讒言《ざんげん》の犠牲となったが、無慈悲なる彼の敵はこれをもって満足せず、彼の一族を絶やそうと計り、その子いまだ幼かりし者の所在を厳しく詮議して、道真の旧臣源蔵なる者が密かにこれを寺小屋に匿《かくま》いいる事実を探り出した。幼き犯人の首引渡せとの命令が源蔵に渡されし時、源蔵のまず思いついた考えは適当なる身代りを見出すことであった」。そのとき小太郎が母に連れられて登場する。主君の御子菅秀才と同じ年頃の上品な少年である。「幼き君と幼き臣との酷似を、母も知り少年自身も知っていた。我が家の奥にて二人は祭壇に身を捧げ」る誓いを立て、源蔵の寺子屋に入門したのだ。そうとは知らぬ源蔵は心ひそかにこれと決め、その子の首を代りに討って差し出す。検視の役人——それはほかならぬ松王丸なのだ——が首を受取りに来、源蔵が差出す首を静かにためつすがめつした後「紛《まぎら》いなし」と言い放った。その夜、母は待っている。舅《しゅうと》は道真の恩顧を蒙ったが、夫松王丸は事情余儀なく敵方に従った。そして道真の家族を知る者として首実検の役目を命ぜられた者なのだ。その松王丸は、我が子の首を見るつらい役目をしとげて帰宅し、妻に呼びかけた、「女房喜べ、倅は御役に立ったわ、やい!」

ブルネルレスキの彫刻イサク

『菅原伝授手習鑑』を見て、なんというクサイ芝居かと私は反撥した。ところが新渡戸は、松王丸の子の身替りはアブラハムがイサクを献げた話と同様に意味深いとする。私の反応は逆だ。二つの話は共に不快だ。聖書のイサクの話も歌舞伎同様マゾヒスティックだ。イサクと呼ばれた子は父をどう見たか。矢内原伊作は『若き日の日記』に父忠雄との葛藤《かっとう》を記した。息子は「キリスト教以外はすべて邪教だ」と断言する父、「あのキリスト者以外の人間を人間ともみない排他的な口調」に反撥する。「父のあの眼の険《けわ》しさ、あれはどうしても憎悪の眼だ。単なる軽蔑ではもはやない。私はあの眼の故に父を嫌悪し、憎みさへする」。学生の私も矢内原忠雄先生の信仰に由来する過激さに病的なものを感じた。息子伊作の日記を読んで、私が反撥したのにはやはりそれだけのわけがあったのだ、とあらためて感じた。

考えてみると、新渡戸が松王丸について強弁したのは、彼がキリスト者としてイサクの犠牲を肯定せねばならぬ立場に立たされたからだろう。矢内原伊作のような立場に立たされた子供にとっては、聖書のイサクの話も残酷なクサイ話に変わりはない。日本を弁護する新渡戸の『武士道』の論に時に無理があると私は感じるが、世の中には信仰のために人間性の自然をも歪める人がいるのではあるまいか。

47　カンドウ神父

フランス語を習う上で恩になった先生の一人はカンドウ神父だ。言葉よりもっと大切なことを習った。週三日、大学の放課後日仏学院に通ったが、その時一番熱心に聴いたのが神父の授業だ。滋味豊かで、五十分の講義の終わりに必ず落ちがあった。それだから私たちは哲学講談と呼んだ。神父には『S・カンドウ一巻選集』（春秋社）もあるが、あの講義の魅力にはとても及ばない。こんな話もされた。

カンドウ青年は第一次大戦に士官として出征した。ヴェルダンで塹壕の近くに泉を見つけた。敵の陣地からも三十メートルと離れていない。こっそり汲みに行くが猛烈な射撃を浴びる。するとドイツ語のできる兵隊が塹壕からおどり出て、両手にバケツをふりながら「おい見ろ。武器は持ってないぞ。あそこに水が湧いてる。水はみんなのものだ。君たちも行ったらどうだ。その間おれたちも打たないから」そして悠々と出かけると相手も打たなかった。この男が無事に帰ってくると、向こうの塹壕からもドイツ兵が立ち上がり、オウといいながらバケツをふっている。こちらもオウと答えると、ノッシノッシと泉に向かって行った。帰りがけ、白い歯の輝く笑顔をわれわれにふり向けてうなずいたのが忘れられない。最初にバケツをさげて出た者の勇気は敵味方ともあっぱれだ。しかし報告したら軍法会議ものだ。カンドウ士官は黙っていた。

第二次大戦では第二の祖国への愛情ゆえに対日情報勤務を断わり、再び対独戦に出征、戦車に腰を轢かれた。ヴァチカンで負傷を癒していたが、昭和二十年は日本語を忘れぬために日記は日本語で記した。日本の形勢は非だ。こうなったのも「軍部が日本を本来の上昇の道から外らさせた」からである。来たるべき敗北は「日本人の優越感の内のまやかし的なものを明るみに出すだろう。明治以来の精神的発展と技術的進歩において、どのくらい世界の他の国々に依存していたかが分るだろう」。原爆投下の報に接するや「アメリカ人は恐るべき道徳上の責任を歴史に対して背負いこんだ」。八月十日「スイス放送は、日本は天皇の大権が保たれ尊重されるという条件で降伏を承知する、というニュースを伝えた。この敗北によって、私はこの国民に対してさらに

カンドウ神父

愛着を感じる」。そして八月十五日が過ぎると書いた。「皇室は敗戦後もきっと存続する。戦争を終結させた天皇の命令は、天皇の権威を弱めるどころか、彼をその祖父明治天皇の高さにまで引き上げた」。外国人日本研究者でカンドウ神父のように日本語のできる人を見たことがない。昭和天皇について日本左翼の言説を繰り返す米国左翼の学者はいるが、カンドウ神父のような洞察ができた人は少ない。

48　島田謹二『ロシヤにおける廣瀬武夫』

秀才と目されながら「まだこれという仕事がない」人文系の教授が多い。それはおおむね学者としてのアイデンティティーが何か摑めなかったからだ。島田謹二先生は戦後東大に新設された比較文学課程の初代主任だったが、会心の仕事をされたのは実は東大を去る年になってからのことで、比較研究者として丁字戦法にも似た方向転換を行なった。それというのは外国の影響を探るフランス派比較文学の方法を、文士に対してでなく、海軍軍人の外国体験の分析に応用したのである。そうすることで「男のなかの男。軍神の美名の下に軍国日本と共に葬り去るにはあまりに惜しい」廣瀬武夫のロシヤでの生活がはっきり見えてきた。これによって島田氏は日本の比較研究者として自己確立することができた。

世間が安保闘争で騒然とした頃、島田氏は執筆に打ち込んだ。すると廣瀬の郷里竹田出身の学生から電報が飛びこんだ。「タカラノヤマナリ。フミ」旅順港外怨みぞ深し、閉塞船を沈めてボートで帰る途中、砲弾の直撃を浴び肉塊一片を残して戦死した廣瀬に遺骨はない。廣瀬神社の御神体は行李で、そこから手紙がたくさん見つかった。中からヒロセの戦死を悼むロシヤの令嬢から廣瀬の兄嫁へあてた悔み状も出てきたというのである。竹田へ急行した先生はこの一等史料を読み解いた。私どもも教室で読んで深く感動した。血の通った廣瀬の人間像はこうして復元されたのである。発見者の深田発子さんが島田氏とともに資料を探ると、パヴロフ博士一家との写真が出て来た。廣瀬の横の人こそ廣瀬を慕うアリアズナだ。そう思った先生は口述した。「年は十八才になったばかり。背はあまり高くない。豊頬で、スラヴ人好みの愛嬌のあるかわいい顔をしている。肌は白い。目はキラキラかがやく褐色、髪は亜麻色。気立ては明るい」。ところがその後、写真の人はなんと海軍候補生とわかった。すると島田先生は、この廣瀬に兄事したヴィルキトゥキー候補生を「額ひろく、知性すぐれ」と書き「女と見まごうような優しい美青年」と書きそえた。しかし人違いとわかった後も、先生はアリアズナの記述はそのままの文章で残した。それはその後出て来た彼女の写真の意志の強そうな表情にそぐわない。まえがきで先生は「いちいち関係文献を引照こそしないが、一語一句学問的なうらづけがあるつもりである」と述べた。だがこんな空想に基づいた女性描写も混じっている。やはり出典を示す注は、こんな主情的な記述の混入をチェックするためにも必要だ。島田氏は私の師だが、学問的に全て正しいとは思わない。司馬遼太郎や江藤淳の歴史物を西洋の学者が必ずしも信用しないのはこうした学問的手続きが不備だからだ。

島田教授を批判したが、私は弟子である。斎藤実、鈴木貫太郎、山梨勝之進、堀悌吉など海軍関係者を外国との交渉過程においてとりあげた。また予科練の育ての親で、硫黄島玉砕の際、米国大統領あてに日英両文の遺言を書いて戦死した市丸利之助少将のことも調べた。市丸の『米国大統領への手紙』（『平川祐弘著作集』第七巻）は第二次世界大戦中に日本軍人がその志を堂々と述べた数少ない文章である。私は市丸利之助中将の伝を書くことで散華した世代への感謝と慰霊の微意を伝えることができた気がしている。『市丸利之助歌集』は長女市丸晴子氏の手で編まれ、戦後六十一年、郷里の佐賀の出門堂から世に出た。嬉しく有難い。

豊後竹田の姫達磨

香水MITSOUKO

49　ミツコ

日本海海戦百年、この歴史的大事件に世界の作家、評論家がどのように反応したかをパリのOmnibus書店が大冊にまとめ二〇〇五年に世に出した。題して『ツシマをめぐって』(*Autour de Tsoushima*)という。そこにはいっている対馬の日本海海戦を扱った小説『ラ・バタイユ』を読み直して懐かしかった。著者ファレールは一八七六年生まれ、ロティより一世代若い。二人は共にフランス海軍の将校で作家だが、ロティが鹿鳴館時代の皮相的な西欧化の日本を小馬鹿にしたのと違い、ファレールはバルチック艦隊を撃破した日本を満腔《まんこう》の敬意をこめて書いている。

私は昭和二十年代末に留学したが、敗戦国のインテリの卵として、祖国に対する自信がおよそ持てなかった。パリ到着後まだ二ヵ月、友人もできず孤独に悩んだ。それだけに明治の日本人が外国人に対し堂々と振舞っている様を読んで感銘深かった。日本海海戦前夜、士官は九州で待機する。聯合艦隊参謀秋山真之は佐世保に妻を呼んだ。我国は小松宮依仁親王もブレスト海軍兵学校出身だが、小説の主人公依坂大尉もフランスに学んだ。夫人はパリの社交場裡で洗練された光子である。夫妻は華族としての義務と心得、長崎で洋館を借りサロンを開いて列強の名士と交際している。十年前、三国干渉で苦汁《くじゅう》を飲まされた日本は、欧米がまた何を言うかと警戒し、文明国として振舞おうとしている。特派員として来日した作家のジャック・ロンドンなど日本の勝利は黄禍だとすでに米国に向け言い立てている。それで依坂侯爵夫妻は英国観戦武官や米国の富豪夫人、イタリアの色男や清国の大官も招いて社交につとめ、かつ情報も仕入れている。こんな場面も記されている。

「依坂大尉は上品に笑うと妻光子の手に接吻した。しかしフランス人画家はそのしぐさに不器用な硬さがあるのに気づいた。依坂侯爵は毎日妻の手に接吻しているのではあるまい。客人の鋭い視線がそれを見破ったことに気がついたからだろう。侯爵はいきなり強い声で話し始めた」

微妙な観察だ。西洋化した日本人には外人用の顔と家庭用の顔とがある。ファレールはその外面《そとづら》の下にあるものを見てとった。依坂は光子にもトルコ製煙草の箱は差し出すが、火を点けるのは忘れている。日本男児がなにもそんな気障《きざ》な真似までして西洋人に取り入る必要はないという非難はすでに小説中でも薩摩隼人《さつまはやと》の口から出ていた。だがそれまでして西洋に溶け込もうとした明治の先輩に私は感心した。そしてパリ生活に溶け込めない自分を恥じた。

日露戦争当時ファレールは在日しなかった由だが、先のような記述が日本人夫妻を実際観察した人の手になることは確かだろう。ちなみにゲランの香水の名Mitsoukoはこのミツコに由来する。早川雪洲やシャルル・ボワイエの名演で『ラ・バタイユ』の映画は無声・有声とも大ヒットしたという。一度見たいものだ。

50　『鈴木貫太郎自伝』

島田謹二教授は、比較文学の影響研究の方法を軍人の海外体験に応用することで、近代日本研究に新視界を開いた。その島田著『ロシヤにおける廣瀬武夫』に刺戟され司馬遼太郎は、軍人と文学者をあわせ扱いながら、明治を見直すことに成功した。秋山兄弟と正岡は同郷だから関係はとくに深かったのである。『坂の上の雲』は多くの読者を獲た。

だが世間は、終戦内閣総理大臣鈴木貫太郎と子規が同じ慶応三年生まれと聞くと意外に思う。昭和二十年八月十五日に日本を救った鈴木は「坂の上の雲」世代の一人で、秋山真之の親友である。日本海海戦では魚雷艇でロシヤの戦艦二隻を撃沈した。その大勇の人鈴木は日本の実力のほどをよく心得ていたから、ワシン

昭和二十年四月組閣当日の鈴木貫太郎

トンやロンドン会議の軍縮に賛成した。二・二六事件で襲われたのは、鈴木が軍部の独走を抑えようとしたからである。またそれだからこそ昭和二十年四月五日、首相となるや昭和天皇と心をあわせ軍部をおさえ、和平回復に成功したのである。米国では鈴木は無能な首相のようにいわれているが、誤りだ。私もその間の経緯を『平和の海と戦いの海』（『平川祐弘著作集』第六巻）で検証しかつ英文でも発表した。

鈴木の人柄は自伝に如実に出ている。犬養首相暗殺の五・一五事件の後始末について、一国の宰相を暗殺した者に対し死刑に処さなかったからこそ二・二六事件も起きたと述べ、そんな減刑のために日本の政治の大綱《たいこう》が断ち切られた、と見ている。自伝はそうした国家の綱紀《こうき》の問題についても、私的な事についても教えるところがまことに多い。一見些事に見えることも書いてある。世のサラリーマンも共感する話もある。

露都から鈴木がベルリンへ戻ったら中佐に進級していたが、下級の者が先に進級している。薩摩の出身でない自分は海軍部内で不当に扱われたと感じた鈴木は憤慨して友人に言った。「小栗などは海軍大学で自分が教えた。経歴から見ても、日清戦争の功績から見ても、おれはなにも劣ってない。まずいのは顔だけだ。海軍がこんな事をするなら馬鹿げている。国家に尽くすことは何処でもできる。おれは御免蒙る。病気と称して日本に帰る」。

下宿に帰ると父の手紙が着いていた。無心の父は息子が中佐に進級したことを喜び、日露の国交が切迫している今こそ国家のために尽くさねばならぬ、と書いてある。それではっとした。進級が遅いなどと小さな事を言うのは間違っている。「あの時一時の怒りにかられて帰国したら今の鈴木貫太郎はいないことになったろう」。

私も人よりだいぶ遅れて助手になり、下級の者で先に助教授となった者の試験の監督もさせられた。腹が立ったが、そのとき姉が「弟は二人とも東大につとめて羨ましい」と手紙を書いてよこした。「助手になったって上に昇る保証はないポストなんだよ」と心中で呟いたが、それやこれやで鈴木貫太郎自伝のこんな一節も記憶しているのである。

51　竹山道雄『昭和の精神史』

マッカーサーは「捕虜に残虐行為を加えた者、それを許した敵の現地司令官に対する刑罰は容認するが、戦いに敗れた国の政治的指導者に犯罪の責任を問うという考え方は、私にはきわめて不快だった」と『回想記』に書いた。敗けるような戦争に踏みきった東条首相の責任を日本人が問うのはまだわかる。本人もそれについては罪万死に値すると思っていた。だが敵国側が犯罪人として敗戦国の指導者を死刑に処して良いことか。

戦前の日本の最大の問題は人口だった。島国で土地は限られているのに人口は増大する。米国やオーストラリアは黄色人種の移民を受け付けない。となれば日本人は満洲へ行くよりほかはない。すると日中の間で衝突が起こる。起こると米国は中国の肩を持つ。日本人が反米的になったのは当然だ。だが、だからといって大陸へ力づくで進出すべきではなかった。日本の愚かさは、その進出が軍部の独走でなされたことだ。しかも関東軍の手で満洲国が成立するや新聞は歓呼した。すると国民もまた歓呼した。政府の意向を無視し、統帥権を盾に軍部が勝手な真似をしたのは明治憲法に欠陥があったからでもあるが、しかしなにより新聞が軍部を支持したからである。昨今すべての戦争責任を昭和天皇になすりつける歴史学者がいるが、そんな左翼史観のなれのはての説明で納得するのは、頭の良くない外国人かその類《たぐい》だけだろう。

竹山道雄『ビルマの竪琴』（中央公論社版）
猪熊弦一郎の表紙から

犬養首相を暗殺した五・一五事件の「純粋な青年将校」を新聞が褒め称え、軍法会議で裁判長が死刑判決を言い渡せなくなった時、日本は不吉な道へ落ち込んだ。東京裁判で異色の少数意見を述べたレーリング判事はそんな考え方を述べる竹山道雄の英語に耳を傾けた。竹山の『昭和の精神史』はどうして日本が戦争への道にはまったかを考えた著書だが、竹山が五・一五事件の裁判当時、伯父の枢密顧問官岡田良平とかわした会話が出ている。

「青年将校は死刑になるべきでしょう」

老人は情としては忍びないが、死刑にしなくてはならぬ、という。竹山が「そうと決ったら、仲間が機関銃をもちだして救けにくるから、死刑にはできないといいますが」

「そうかもしれぬ」と老人はうなずいて、黙った。そして、顔をあげて身をのりだし、目に口惜しそうな光をうかべて語気あらくいった。「もしそんなことになったら、日本は亡びる」

若い竹山は「亡びるとは大袈裟だなあ」と思った。しかし後に空襲のころよくこれを思い出した「やっぱりあれは大袈裟ではなかった」

東条や天皇をヒットラーにみたてて日本の開戦への道を説明したがる外国人は多いが、安直だ。どうして戦争になったのか。関係者の回顧録を広く読み、自分の頭で考えた竹山の本には、内外の人とのさりげない会話が魅力を添えている。

52　グルー大使の『滞日十年』

「天皇制が悪い」日本が敗北した時、内外の一部の人は声高に叫んだ。だが日本人の大多数は、昭和天皇が軍の反対を抑え八月十五日に終戦の詔勅を出したからこそ、命ながらえたと感じた。それだから共産党が「天皇打倒」と呼号しても、日本人は革命運動についていかなかった。「独占資本が戦争の原因だ」一部社会科学者の説明は知識青年にはもっともらしく響いた。しかしそんなマルキスト流の説明にも私は納得しなかった。戦後十年、竹山道雄『昭和の精神史』が出た時は、成程と思ったが、念のため竹山が同書に引用した戦時指導者の回想録の類を片端から読んだ。当時留学帰国後の私は定職がなくて暇だったからそんなチェックもできた。それになぜ戦争へ突入したのか、その経緯を是非とも確かめたかった。非常勤で英語を教えた時、ルーズベルト大統領が議会に対日参戦を求めた演説を教室で読んだ。演説の推敲過程から米国民をこれでもか、これでもかと反日にかきたてる彼の凄腕を感じた。外務省研修所でフランス語を教えた時はドゴール『回想録』も読んだ。だが一番感銘深かった書物はグルー『滞日十年』で、英語で読んだ。

"How we loved him, and admired and respected him."
—Joseph Grew on the murder of Viscount Saito

Ten Years in Japan は米国大使が日本へ赴任の途中、五・一五事件で犬養首相暗殺のニュースに接した一九三二年から、日米戦争が勃発し一九四二年、交換船で帰国するまでの十年間の記録だ。東京の米国大使館が日本の軍部の台頭や悪化する日米関係をどのように観ていたか、実によくわかる。圧巻は二・二六事件の報告だ。グルー大使は前の晩、大使館に斎藤実夫妻、鈴木貫太郎海軍大将を

招待し、映画も見せた。その翌朝斎藤前首相は殺され、鈴木大将は瀕死の重傷を負った。グルーは危険もかえりみず斎藤邸に弔問に行く。これは人間としての儀礼だが外交官としての情勢把握もかねていたに相違ない。大使の弔辞に対し斎藤夫人春子は、死ぬ前夜楽しい会を開いて主人に最後の喜びを与えてくれた礼を静かに述べた。日本女性の精神美について聞いてはいたが、いま目前に世の婦人の鑑《かがみ》となるような武士の妻を見てグルーは歎美の念を禁じえない。手の包帯は夫人が反乱軍将士の闖入《ちんにゅう》の際、身をもって夫君を庇った際の傷であるという。グルーは一九四四年という太平洋戦争の最中に刊行した本書の中で、日本には平和のために命を惜しまず努力した人がいたのだ、と繰返し書いた。大使は日米の和平を良しとする勢力が日本にもいたのだと米国民に知らせようとしたのである。「私はそうした日本人を敬愛し、尊敬し、感嘆した」。だが戦時下の米国で率直にそう述べたグルーは「日本人に騙されたのだ」と米国内で猛烈に叩かれた。そして日本が降伏するやグルーは米国務省を追われた。しかしグルーは鈴木貫太郎が首相になるやこれが日本の終戦内閣となると予測した人である。そしてそれは的中した。『滞日十年』の巻頭にはお孫さんのブランコを漕いでいる斎藤実のにこやかな和服姿の写真が載せてある。その品位ある温容は忘れ難い。

53　軍人歌人市丸利之助

日本海軍航空隊の草分け市丸利之助《りのすけ》少佐は大正十五年、霞ヶ浦で訓練中墜落、命はとりとめたが三度大手術を受けた。

大腿の骨頭を無み右足の
　肉の衰へ見れば悲しも

退院後自宅でお守りをする赤ん坊がよちよち歩き出すともう追いつけない。この体で公務に復帰できるかと呻吟《しんぎん》した。

病蹴り起たん起たずば遅れなん
　命の限り益良夫われは

市丸が人間として立派なのはこの強制された三年の休暇を善用したことにある。宗教書も読んだ。短歌も学んだ。だが同期生はすでに出世している。昭和四年、杖をつき辞職覚悟で人事局へ出頭した。すると思いも寄らぬ職務を海軍は市丸に用意していた。予科練設立責任者である。それから五年間、市丸は積極的能動的な少年航空兵の性格の養成に当たった。「高い樹の根は深い」と最初の三年は飛行機に乗せず、全人教育を目指した。第二次大戦を戦った各国の空の勇士で歌も詠めたのは予科練一期以下のみだろう。彼等が緒戦《しょせん》で挙げた赫々たる戦果は世界に知られた。

アルバムを繰ればうれしや戦へる
　顔其多く神さびて見ゆ

南方第一線で市丸司令官機が交戦することもある。

見かへれば敵は六機のボオイング
　弱敵と見てまとひつくかな

その前線基地に内地の便りが届く。

妻の子の又友よりの文つきぬ
何れを先によまばとぞ思ふ

市丸少将自身は一年ごとに前線指揮と内地勤務を繰り返す。昭和十八年秋マリアナ基地から帰還した。

わが国の富士の高嶺の浮ぶ見ゆ
伊豆七島の続く彼方に

死を覚悟した市丸は富士に国土の永遠を求めたのであろう。牧野原基地勤務の一年は富士を多く詠んだ。昭和十九年八月、市丸は木更津から最後の任地へ飛ぶ。

既にして富士ははるかに遠ざかり
機は一文字南の島

その先、市丸が富士を歌うことはない。航空戦隊司令官は硫黄島の地下壕で戦い、玉砕したからである。立派な軍人歌人である。前にふれた『市丸利之助歌集』には市丸が戦地で右腕を失った予科練三期の尾崎才治を励ましたこんな歌が出ている。

一腕を失ひ得たるもののある
　面魂を吾れ君に見る

晴子氏のお話によると、尾崎は左手でなんでもやり立派な字も書き、予科練の同窓会に「雄飛会の母」といって市丸未亡人も招いてくださったとのことである。

54　西のかた焼野のかなた

市丸利之助司令官が富士百歌を詠もうとして果たさず、戦死したことは前にふれた。大陸から帰還した時、

木更津の海越しに見し朝日さす
　富士の麗容我忘れめや

昭和十八年秋マリアナ基地から帰還した時、

南浜の空より急に帰り来て
　打ち見る富士ぞ尊かりける

牧野原基地に市丸第一三連空司令官は勤務する。

大井川橋を隔てていさぎよく
　富士の姿を仰ぐ秋かな

飛行機が雲を抜けて上空へ出た時の印象、

垂れこめし雲中腹に凝結し
　忽ち白く抜け出づる富士

紺青の駿河の海に聳えたる
　紫匂ふ冬晴れの富士

『市丸利之助歌集』に集められたこのような富士讃歌八十二首を繰り返し読むうち、私もまた昭和二十年の富士山を思い返さずにいられない。敗戦の年の晩秋、私は小石川の東京高師附属中学校から目白駅まで歩き、新宿で乗り換え、京王線の幡ヶ谷駅から西原の家まで歩いた。その道から、一面の焼野原の彼方、西の地平線に富士山が見えたのである。爆撃で工場は壊れ、煙突から煙も上らず、空は澄んでいた。そんな夕べ、遠くに浮かぶ富士は中学二年生の瞼《まぶた》に深く印象された。今でも思い浮かべることができる。国は敗れても霊峰は美しかった。昔のまま気高く残っている。そんな感慨もあった。年をとるにつれ、富士山を眺めて覚える感動も神道的感情なのだ、といつしか自覚するようになった。私もまた富士に永遠を求める一人かもしれない。こんなことも思い出す。

原子爆弾が広島に落とされた直後、クローデルは『さらば、日本！』という一文をしたため、この国の現在の没落の責任を軍部に求めた。「確かに、他の人々と同じように私もあの軍部の残忍さ、不実、凶暴性を非難する」。だがそう述べた後、愛する日本が滅び去ることなく、不死鳥のように甦ることを願った。元駐日フランス大使であった詩人はいう、

しかし、だからといって、冬の夕闇の中からくっきりと浮かび上がる富士山の姿がこの世の人の目に差し示された最も崇高な光景の一つであることに変わりはない。

カトリック詩人は日本に不滅の価値を与えるものとしての富士を讃美した。すでに『百扇帖《ひやくせんちよう》』で「富士神の玉座のごと　はかりしれぬ高さで　雲の海にはこばれて　われらの方へと進みくる」と歌っていた。そのクローデルが、日本敗北の年、あの頃の少年の私が抱いたと似たような気持で、富士山を瞼に浮かべてくれたのかと思うと有難く尊い気持がする。

55　フェラーズ将軍

鈴木貫太郎は昭和二十年四月七日、昭和天皇の意を体し内閣を組織した。十二日米国大統領ルーズベルトが急死するや、鈴木首相は「深甚なる弔意」を表した。『ニューヨーク・タイムズ』にこの記事が出るや米国人は意外の感に打たれた。米国に亡命中の作家トーマス・マンは、祖国ドイツがルーズベルトの死に際し嘲罵《ちようば》を発しただけに、感慨を禁じ得ず「ナチスの国家社会主義がドイツ国にもたらしたと同じような道徳的破壊と道徳的麻痺《まひ》は、軍国主義日本では生じなかった。日本にはいまなお人間の品位に対する感覚が存する。これが独日両国の差異だ」と対独放送で述べた。マンは日本の首相の弔意に武士道を認めたのである。

だが鈴木首相がルーズベルトの死に際し米国に弔意を表したのは、新内閣に終戦の意図あり、というシグ

八雲の墓参りをするフェラーズ将軍。　一九四六年四月

ナルをこの形で米国側へ伝えようとしたのである。その意図は伝わらなかったように従来言われてきたが、井口治夫教授が細谷編『記憶としてのパールハーバー』（ミネルヴァ書房）に寄せた「太平洋戦争終結を巡る歴史論争」によると、フーバー元大統領などにはわかっていた。天皇制の維持を保証すれば日本は早く降伏する、という予測もグルーなどにはついていた。

しかし対日穏健派の提言は容《い》れられず、日本側の対応の遅れを口実に、米国政府は広島・長崎に原爆を投下して力を内外に誇示した。原爆投下は止むを得ざる選択だった、と戦後スティムソン元陸軍長官は主張した。しかしそれは一九四六年春、米国戦略爆撃調査団の「日本を屈服させるために原爆投下は不要であった」とする見解が出、原爆使用の非道徳性への非難が出る可能性が生じた。それを回避するための作文がスティムソン名義の『もしも原爆が使用されていなかったら』だったのである。

だがそんなスティムソンに対する反論はボナー・フェラーズ准将によって即座に書かれた。戦中はマッカーサーの下で対日心理作戦の責任者、戦後は占領軍総司令部で元帥の副官だったこの人にも日本の降伏は見えていた。フェラーズは戦後、天皇の通訳寺崎英成とは寺崎の妻グェンが親戚であった偶然も手伝って、昭和天皇の戦争責任の扱いをめぐり、きわめて重要な役割を果たした。その際、恵泉女学園の河井道女史がフェラーズに与えた助言のことは、（本書五二四頁に書評を掲げた）岡本嗣郎『陛下をお救いなさいまし』（集英社）にも出ている。フェラーズのスティムソンへの反論『降伏のために闘った天皇裕仁』は昭和二十二年九月号の日本版『リーダーズ・ダイジェスト』にすでに出た。中学四年生の私はその雑誌は八月号までは読んだが、九月号は読みそびれた。その夏平川家は米軍に接収され、てんやわんやになってしまったからである。歴史探偵の井口氏は細かく調べ、執筆に政治的動機を見ている。ただハーンの愛読者としてのフェラーズの日本観に言及のない点が残念だ。「平和の海と戦いの海」については、再考すべき事はなお多い。「日米開戦と原爆投下」の責任については『フーヴァー大統領はルーズベルト大統領を批判する』(『平川祐弘著作集』第三十二巻所収)を読まれたい。

56　『日本のいちばん長い日』

昭和四十一年夏、映画『日本のいちばん長い日』が封切られ全国の映画館が満員になった。平和はいかにして回復されたのか、私たちはどうして生き延びることを得たのか。運命の八月十五日の玉音放送にいたる経緯は当時の日本人の一大関心事で、映画は大評判だった。国家再建の目途《めど》も立ち、あの戦争を振り返るゆとりも生まれたからだろう。笠智衆の鈴木貫太郎首相、三船敏郎の阿南惟幾陸相以下終戦内閣の諸大臣、そして徹底抗戦を叫ぶ将校も登場する。陸相の割腹自決の場面もある。演劇通の田代慶一郎は「恰幅《かっぷく》のいい会社重役が大臣のエキストラで天皇臨席の御前会議に出席していた」と言った。だが終戦に至る内外の経過を私が話し出したらもう止まらない。田代の下宿で終電車まで語り続けた。

中学二年の私は金沢で終戦を迎えた。八月十五日、玉音放送を聞いたが、はっきりしない。昼食も食べずに朝日の支局に駈けつけた。「阿南陸軍大臣ハ自決セリ」と貼り出されたのを見て「戦争は終わった」と確信した。後年、迫水内閣書記官長が「多摩墓地に阿南大将の墓参をするたびに、大将の生死を超えた勇気を謝し、小さな墓石に抱きついてお礼を申しあげたい衝動にかられるのである」と述べたのは、陸相が最後まで鈴木内閣に留まって結局、終戦に同意し、割腹自決をとげた。そのことによって敗北を確定し、徹底抗戦派をも抑え得たことに対する謝意であろう。映画で印象に残るのは阿南が八月十四日深夜、鈴木首相と迫水のいる総理大臣室に現れ、終戦の議が出て以来、自分が陸軍の意を代表して強硬意見を述べて総理に迷惑をかけたことを詫びる。すると鈴木は陸相の肩に手をやり「あなたの率直なご意見を心から感謝して拝聴しました。みな国を思う情熱からでたものなのですよ」といい、皇室の安泰への信念も述べた。形見の品を置いて去った陸相について鈴木は「阿南君は暇乞いにきたのだね」と迫水に言った。

米国の日本研究の中には実証研究の体裁をとりながら、その実、米国内で前から出来ているイメージにあわせて結論をつける書物も少なくない。鈴木貫太郎は無能で米軍が猛烈な圧力を加えたから日本は降伏したのだ、と原爆投下を含め力の行使を正当化する論は多い。三十代の私は「なぜ日本は戦争に突入したのか。どのように戦争を終えたのか」という関心にかられ、片端から回想録の類を読みふけった。すると鈴木終戦内閣総理大臣のイメージもおのずと出来た。ビュートウは鈴木の自伝すら読んでいないが、『日本の降伏決定』**Butow, *Japan's Decision to Surrender***という米国側のスタンダード・ワークで鈴木の役割を軽視している。この程度の日本理解で大丈夫なのか。私は渡米して最初の英語発表でそれに異論を唱えた。『平和の海と戦いの海』（『平川祐弘著作集』第六巻）を書いたのもその誤解を解きたかったからである。米国大学の日本学科では『日本のいちばん長い日』はあのころよく上映された。あれを見るだけでも米国側の鈴木解釈の誤りはわかるはずだ。ちなみに映画の基となった本は当初大宅壮一名義で出たが、実際執筆したのは半藤一利氏の由である。

57 『少年H』

妹尾河童と私は一歳違いだけに『少年H』に書かれた戦中の暮らしは身につまされる。戦後に強調された戦時下日本についての見方が紋切型のまま使われた場面は安直で、著者の時局便乗体質を示しているが、射撃訓練の面白さとか少年の悪さも率直に語っている。

私にも遊ぶべきでない時に遊んでしまった覚えがある。昭和十九年十一月から東京には敵の四発爆撃機が高度一万メートルで現われた。サイレンは警戒警報と、敵機が上空に飛来した時の空襲警報と二種類ある。サイレンが鳴ると「わーっ」と中学生は声を挙げる。怯《おび》えたのではない、警戒警報発令で授業が中止になる。それで歓声をあげるのだ。そこで何をするか。トランプを始める。ナポレオンとか7並べに打ち興じる。そこへ「おい、ナフタリンだ」と声がした。防空頭巾を着け米山勝太郎先生が戻って来た。化学の先生らしい綽名だが、含意は「虫も好かないナフタリン」だ。そのとき四人の仲間が私を囲んで私の机の上にトランプをひろげていた。先生が現れるや皆さっと席に戻る。しかし五十三枚のトランプはそうすばやく片付かない。一番奥の列の私だったが見つかってしまった。その時の先生の苦虫を噛み潰したような表情は忘れられない。「なにをしている？」と米山先生はいった。しかし空襲警報はまだ出ていない。出ないからにはまだ防空壕に入らなくてもいい。それにたとい空襲が始まったとしても、自分たちの頭上に敵機が来ない限り、先生も生徒も運動場から空中戦を見あげていた。

そんな悪童でも、別に叩かれもしない。頬を張られたり体罰をくらったりしたことは戦争中でも私にはない。そんなわけで昭和二十年といっても、地獄の日々が続いたわけではない。級友の三分の二の家は焼夷弾で焼失したが、そんな空襲の日々でも英語もよく勉強した。三月十日の第一回東京大空襲までは中学生向けの英語教育雑誌が出ていて、その雑誌でＢ29爆撃機をSuper Flying Fortress「空飛ぶ超要塞」と呼ぶことも習った。Japaneseは日本人を侮蔑する表現だというので中学一年の英語教科書はI am a Nipponeseで始まっていた。が石橋幸太郎先生は最初の日、黒板にJapaneseと書いて、皆にそう訂正するよう命じた。そして日本にはいっている英語の数々を生徒にいわせた。誰かが「パン」といったが、それはフランス語起源だとその時知った。先生は「中学五年までに英字新聞が読めるだけの力はつけます」と英語教育の狙いを新入生に明言した。ある朝、登校したら中学五年生が大便所から出てきた。家以外で大便をしたことがない私だったから、それですでに驚いたが、上級生が用を足しながら読みかけていたらしい英字新聞を手にしていたことにさらに一驚した。戦争中は *The Nippon Times* と改名したが *The Japan Times* はその頃も出ていたのである。英語の命令法は第一学年の終わり近くに Be a good Japanese boy. という例文で習った。皆さんには意外だろうが、それやこれやが Hirakawa という少年Hの思い出である。

58　戦中戦後の黒澤明

私は東京の渋谷区に住んでいる。戦時中でも芝桜や大王松を植えたりした。庭師の手入れは昭和十八年まで続いた。ガダルカナルで苦戦といっても赤道以南で、負け戦さとは思わなかった。犬のためのビスケットも伊勢丹で買えた。犬が死んだ時は犬屋が首輪を無理にはずそうとする。「一緒に埋めてくれ」と頼んだ。京王線で犬の墓地まで行った。

それがアッツ島で玉砕し、勤労動員が始まると、ピアノを弾いていた姉も女子挺身隊に取られないかと心配し始めた。世間は知らないが、黒澤明の『一番美しく』には勤労動員の娘たちの工場や寮の日々が熱気を込めて写されている。健気な班長は後に黒澤夫人となる人だけに真実の感情が画面に溢れる。黒澤は彼なりの愛国心で戦時中あの映画を作ったのだ。

配給制となり米屋も統合された。米穀通帳をもって米を取りに行く。途中に大東塾があり門標が影山で、子供心にも右翼と知っていた。昭和二十年八月末、塾生十四名が自決した時は、新聞の扱いは小さかったけれども目を引いた。しかし敗戦から十日も経つと、中学生の私は右翼が暴発しないことを祈った。下手すれば北海道まで取られてしまう、と心配したのである。後年米国で「戦争末期の日本では一億玉砕を主張する者がいたが、敗戦で実際自決した人の数はきわめて少なかった」という冷笑的な報告があり、例として影山庄平ほかの名が挙げられていた。右翼の大義に殉じたつもりだろうが、いかにも淋しかった。

その大東塾のすぐ近くに久板栄二郎の家があった。門標が目にとまったのは大脚本家に違いないと学生時代思ったからである。なにしろ昭和二十一年ヒットした木下恵介監督『大曾根家の朝』と黒澤明監督『わが青春に悔なし』の二作とも、久板が脚本を書いた。先日テレビでその黒澤映画に出た原節子の力演に驚嘆した。しかし脚本は観念的で異様だ。京大を追われた滝川教授とゾルゲに機密を洩らした尾崎秀実をモデルにしているが、尾崎を英雄に祭り上げるとはあんまりだ。そのせいか、その主義者役の藤田進がぱっとしない。敗戦後数年間、東宝では左翼労組が脚本審査までしたというから、本来なら自分で脚本を書く黒澤も『わが青春に悔なし』の脚本をプロレタリア作家の久板にまかさざるを得なかったのだろう。刑死した尾崎は左翼の大義に殉じたつもりだろうが、モスクワに希望の光があると信じていたのだとしたら、いかにも空しかった。反戦反帝国主義の主張は正しかろうと、それがソ連共産主義の正しさに直結するわけではないからだ。

黒澤はイデオロギーで固められた東宝を去って『野良犬』を作った。復員途中に全財産を盗まれた二人の一人は社会が悪いと叫び、殺人を犯す。もう一人は刑事となり「世の中は悪い。しかし世の中のせいばかりにするのはもっと悪い」といって犯人逮捕に立ち向かう。その三船敏郎演ずる刑事を良しとしたところに人間黒澤の面目があった。

59　小林秀雄の戦後

小林秀雄は食堂車で遅い晩飯を食べていた。前の席に上品な老人夫婦が腰をおろした。細君は袖の蔭に大きな人形を抱いている。「人形は背広を着、縞柄の鳥打帽子を被つてゐた。着付の方はまだ新しかつたが、顔の方は、もうすつかり垢染みてテラテラしてゐた。何かの拍子に、人形は帽子を落し、これも薄汚くなつた丸坊主を出した。細君が目くばせすると、夫は、床から帽子を拾ひ上げ、私の目が会ふと、ちよつと会釈して、車窓の釘に掛けたが、それは、子供連れで失礼とでも言ひたげなこなしであつた」

一人息子を戦争で亡くした夫婦だと直感する。夫は妻の乱心を鎮めるために彼女に人形をあてがった。以来二度と正気に還らぬのをこうして連れて歩いている。夫は穏かな顔でビールを飲み、妻はスープを一匙すくっては、まず人形の口元に持って行き、自分の口に入れる。小林は手元のバタ皿から、バタを取って彼女のパン皿に載せた。息子にかまけて気がつかない。「これは恐縮」と夫が代わりに礼を言った。そこへ女子大生が小林の隣に来て坐った。表情や挙動から、若い女性の持つ鋭敏を小林は直ぐ感じた。彼女は一と目で事を悟り、この不思議な会食に素直に順応した。「私は、彼女が、私の心持まで見てしまつたとさへ思つた」。細君の食事は二人分だから遅々としている。ひょっとして正気なのか。これは身についた習慣的行為なのか。とすれば、と小林は自問する、「これまでになるには、周囲の浅はかな好奇心とずゐ分戦はねばならなかつたらう。それほど彼女の悲しみは深いのか。異様な会食は、極く当り前に、和やかに終つたのだが、もし誰かが、人形について余計な発言でもしたら、どうなつたであらうか。私はそんな事を思つた」

井伏鱒二は後年こう評する。『人形』は占領軍総司令部が日本を引揚げた昭和二十七年『朝日新聞』に発表された。小林が食堂車で老夫婦と人形を見たのは昭和二十三、四年であろう。人形が老夫婦の戦死した一人息子を形取っていることは確かで最初の着付けは軍服だったかもしれぬ。戦後、背広に改めさせたものらしい。オーバーと鳥打帽子がお揃いで、戦後早々にしては行届いた注文仕立だ。老夫人の血涙がそそがれた人形は十字架にも相当する。それを誰かが「薄汚い人形だね。その人形もついでに気違いか」とでもいったらどうなるか、失敬な発言をするのがもし米国兵なら小林は血相をかえどんな立ち回りを演じたか。井伏はそこまで推測し『人形』を「戦後文学の絶唱」と呼んだ。その井伏解説を紹介した大嶋仁は『比較文学研究』九十一号で慰霊の心が共有される「神話的共同体」の食堂車と分析した。ただし昭和二十七年は井伏の錯覚で発表は三十七年十月六日の由である。その十年の誤差で井伏解説は著しく力を減じたが『人形』は心に残る。「子を失くした母」を見る作者の目に、子を失くした母国民に対する小林の気持がこもっているからであろう。

60　岡田資《おかだたすく》中将

昭和十九年、本土に敵機が飛来し、撃墜される敵機から落下傘で脱出する米兵がいた。中学生の私は鞄に切り出し小刀を入れた。いざとなれば刺そうと思っていたのである。

その年、三十五歳で召集され、フィリピンで九死に一生を得た大岡昇平は『俘虜記』で戦後文壇に登場した。惨憺たる戦争体験は大岡の深部に生き続けた。反戦作家としては戦中・戦後世代の差こそあれ、大江健三郎が「平和憲法」「再軍備反対」のチャンピオンであるのと同じに見えた。だが大岡は旧軍人を一くくりに断罪する戦後論壇の風潮にいつしか違和を覚えるようになった。

岡田資中将一家。　昭和二十一年九月二十日、別れの日

昭和四十八年、深く尊敬する「私の中の日本人」として戦犯として絞首刑に処せられた陸軍中将岡田資《たすく》の名をあげた。岡田東海軍司令官は軍事目標を爆撃した米兵と名古屋の市街地を無差別爆撃して撃墜され落下傘降下した米兵を分け、前者は捕虜とし、後者は戦争犯罪人として死刑に処した。そしてその件に関する戦犯法廷で捕虜斬首の責任を一身に負い、部下を救いつつ、米軍の無差別爆撃を立証し、敗戦後も孤独な「法戦」を戦い抜いた。世間が「戦犯」に冷たかった時、獄中で若い同囚を励まして立派に生き、かつ死ぬことは戦場で死ぬよりはるかに難しい。『中日新聞』が昭和五十六年その大岡を助け、連載が始まった。後に『ながい旅』（角川文庫）として公刊されたが、平成二十年それを踏まえ、大岡作品を凌ぐ立派な

映画『明日への遺言』が公開された。私の見るところ小泉尭史監督の映画は歴史に残る、いや歴史をも動かす映画である。大岡は日米の裁判資料を取り寄せたが、それが日英両語のバイリンガルな映画作品として生かされた。史料に基づく台詞に重みがあり、敗戦国の法廷で日本人被告のために弁ずるフェザーストン弁護士が光る。米国人検察官や裁判官の一言一言が、この寛大な作品を国際的な作品に仕立てる。(それだけに私がもっと知りたいのがフェザーストンの背景や通訳の森里法務官、そして開廷前、検察官にも英語でゆったりと挨拶する岡田中将の英国時代のこと、そして仏道修行のことなどである)。

主役の藤田まことは岡田資の役を演じたことを一生の名誉と感じるだろう。岡田の人に長たる者の高邁な人格が心を打つ。岡田裁判が進行中の昭和二十三年、私はA級戦犯に death by hanging の宣告が下るのを不破哲三の隣でラジオで聴いた。がB級裁判には注意しなかった。相済まぬことをした。中将の言葉からその人柄を知った田嶋隆純師の『世紀の遺書』の序文を今回初めて読んだ。共産党の不破にも、民主党の岡田克也にも、いや皇室関係者にも『明日への遺言』は見て欲しい。中曾根・森元首相は絶賛したが、忘れないでもらいたい。日本の大都市を絨毯《じゅうたん》爆撃することで戦功を立て出世したルメイ大将に戦後二十余年、口実を設け、勲一等の勲章を授けたのは自民党政府だったことを。年老いたルメイが日高義樹記者に追及され、爆撃の正当性をいうためにその勲章を持ち出した場面を前にテレビで見たことがある。

61 『坂の上の雲』座談会

一九五〇年秋から東大駒場で月一回、八頁の『教養学部報』が出、この学内紙を私は愛読した。大衆化以前の大学は教授も少数精鋭で、そのためか随筆が良く、総合雑誌よりも私に訴えた。それで『学部報』縮刷版七冊、四十年分を大事に取ってある。初めは学生として、後は教師として読み、時に執筆した。東大駒場が学問共同体としてまとまりが良かったのは、こんな意見交換の場があったことも多少貢献したに相違ない。

六八年、大学紛争が起こると、こうした時こそ大学側の考えを伝えるべきなのに、と助手の私は思ったが「学部側のみが見解を述べ、学生側に反対意見を述べる場を与えないのは不公平だ」という強硬意見が政治化した学生たちのみか一部の教師からも出、『学部報』も発行中止となった。六九年七月、授業再開とともに『学部報』も自動的に再開され、私がその号に『「反大勢」の読書』という刺戟的な記事を書いた。「反体制」などと学生が騒いだのも所詮時代の流行ではなかったか。「相手を反動呼ばわりすることによって自己の進歩性を証する免罪符を得ようとする傾向は性格の弱い人にしばしば見られるが、一種の怯懦《きょうだ》ではあるまいか。私たちはおおらかな、いうならば弁護人的配慮でもって過去の人に対したい。少なくとも性急な判決を下す前に証拠書類だけは読んでおきたい。いつの年にも反時代の気骨のある少数の学生や教師や助手がいると私は信じている」。

その『学部報』で七二年、私の司会で『坂の上の雲』について日本史の鳥海靖、比較文学の芳賀徹、西洋史の木村尚三郎、哲学の井上忠とで座談会をした。この企画は評判だったが、参加者が司馬史観に好意的だったことが唯物史観の教授には苦々しかったらしい。新左翼の菊地昌典助教授が「東大で『坂の上の雲』礼讃の座談会とは何事だ」といい、大岡昇平が「あなたが頭へくるのもわかる」などと『月刊エコノミスト』で対談した。そんな菊地・大岡対談があったことを『学部報』編集の私は知らなかったが、小谷野敦が最近『リアリズムの擁護』（新曜社）で調べあげ、平川は『坂の上の雲』座談会の最後に「問題になるのはやはり資料の出典が明示されていないことですね。どのような資料を読んでこのような結論を出したか、その推理の過程がはっきり示されない限りは歴史学と呼べないように思います。そのような典拠が示されないと『坂の上の雲』それ自体が日本民族にとっての新しい神話に化さないとも限らない」と総括している。「大岡はこの発言を見たら何と言っただろうか」と小谷野は書いている。

私と立場を異にした菊地だったが、それでも『歴史小説とは何か』で広田弘毅が絞首刑直前に言った「マンザイ」は、城山三郎が『落日も燃ゆ』で「漫才」と解釈した皮肉でなく「万歳」のことだと平川が提起した異論の方を是とした。城山解釈の是非は『小説新潮』二〇〇八年九月号でまた蒸し返されたが、往年『朝日ジャーナル』のスターだった菊地の発言はもはや誰も話題にしない。去る者日々に疎しだ。私も「助手だったころ」を『学部報』に書き母校に別れを告げたのは一九九一年末だ。それから本稿執筆までの間にも十八年が経った。

62 西尾幹二『国民の歴史』

日本史家は二大別される。国史科の出身者とそれ以外で、『近世日本国民史』の著者徳富蘇峰は後者の代表だ。湖南内藤虎次郎は東洋史学者だが、国史を日本列島史と見ず大陸との関係で捉えた。『日本文化史研究』では、児童が生まれ落ちてから智慧がついてくる年頃は、年長者から導かれ教えこまれる。国とても同じで日本が最初から外国文化に対する選択の識見を備えていたわけではない、と自国中心主義の国史家を批判した。日本という樹木の種が最初からあってそれがシナ文化の養分を摂取したというよりは、日本文化は液体状であったのがシナ文化というニガリのおかげで凝集した、と内藤は説明した。

司馬遼太郎は学者でないが歴史家だ。明治維新や日露戦争について世間が知るのは司馬の歴史小説のおかげだ。唯物史観を奉ずる旧式左翼の手になる教科書は人間不在でつまらない。それで司馬は得をした。

そんな自虐的な歴史教科書の偏向に腹を立て、自分で『国民の歴史』(産経新聞社、一九九九年)を書いたのは西尾幹二、独文出のニーチェ学者だ。大冊だから敬遠していたが、今度通読して刺戟を受けた。比較史学の立場から次々と旧来の見方に異議申し立てをしている。世に流布する「右翼の西尾」という悪者イメージと甚だ異なる読後感を私は得た。

だが世間は既成概念で判断する。ハーヴァードのA・ゴードンは『朝日新聞』に西尾の本は「日本の過去を賛美する「心地よい」歴史を語る一方で、韓国・朝鮮人への蔑視とアメリカ人への非難をあらわにしている」と書いた。だが小谷野敦は「ゴードンが読まずに書いたのは明らかだ」といい、米本昌平は同じ『朝日』の「論壇時評」で『国民の歴史』は「周囲の予想を完全に裏切り、大変に広大で立体的な歴史の視程をもたらした。ただ危険視するのではなく、このことは正当に評価すべきであろう」と述べた。同感だ。

こうなると誰が知的に不誠実なのか。ゴードンは自分は左翼で進歩的なつもりだろうが、読まずに非難するようでは学者の風上に置けない。日本語がきちんと読めぬ外人学者はとかく自分に都合のよいことしか読み取れない。イデオロギー先行の歴史家は、原典に当たる労すら取らず、自己の歴史観を人に押し付ける。だが悪いのはなにも外人だけではない。我国には日本を悪くいうことが正義だと思いこみ意図的に誤報を流す手合いもいる。ダブリンの史家ルイ・カレンまでが『朝日』等の誤報を鵜呑みにし「日本文部省は教科書執筆者に日本の中国侵略 invasion を進入 advance と書き直させた」と英文日本史で述べた。それを読んだ時は、カレンの人柄を知るだけにがっかりした。『朝日』が誤報をはっきり謝罪しないから、こうしたことになる。

なお私が西尾を批判するとしたら、それは右とか左でなく、歴史書に注をつけない点と、新しい歴史教科書を作る会で内紛を起こした点だ。そういえば西尾は独文科の大学院生の昔から、こちらがこういえばいえば、彼はああいう式の、反論を唱えるのが癖のような男であった。私は一緒にヴーテノー講師のホーフマンスタール『アンドレーアス』の授業に出、一緒に試験を受けたこともある仲なのである。

63　小谷野敦『もてない男』

本当は結婚したいのに結婚できない男女がふえた。一九九九年、小谷野敦『もてない男』が十万部売れた。同病相憐れむ人が買ったので、世の中それだけ「もてない」若者が多いのだ。著者は私の元学生で、本気か嘘気か、H教授が手心を加えて「大学院には才色兼備を絵に描いたような」女子学生ばかり入学させた。小谷野は言い寄ったが、高嶺の花でふられてしまい、それで「もてない男」になった、とある。当時の東大比較文学大学院にはH教授が二人いたせいか、不合格の女性から訴えられずにすんだ。小谷野はその直後、もてない仲間を裏切って私を仲人に立て結婚した。テレビにも笑顔で出演した。「目出度い。うまくいった」と仲人は思った。そしたらなんのことはない、別れた。そして『帰ってきたもてない男』をまた筑摩から出した。男の方から別れた。だから元気かと思いきや、谷崎が結婚に破れた荷風の「孤独陰惨な境涯をお察しして思はず慄然とした」を引いて「四十過ぎての独身生活のもの寂しさは変わらない」と繰言だらけで、いわば男の「負け犬宣言」だ。しかし肩を張ったフェミニストと違って、小谷野は言うことが正直だ。結婚したくて結婚できない者は身につまされるだろう。いや、こんな本は読みたくもないだろう。今度は売れないに相違ない。

若者にとって二大問題は昔も今も結婚と就職だ。本当は職に就きたいのに家に引きこもる若者も増えている。以前の日本は縦社会で上の人が面倒をみた。親や知人が配偶者を世話した。先生が職を斡旋した。勤め先では人情課長が評判がよかった。それが個人の責任で配偶者も職も見つけろ、という社会になった。だが今の日本の社会では買物も口をきかずに済む。テレビやパソコンやゲームやメールやマーク・シートは十代の日本人が声を立てて自己主張する場を与えない。きちんと社交する場を作らない。これでは友達はできない。外国人とつきあえるはずもない。

しかし日本人の引きこもりは実は新現象ではない。大学の先生は外国へ行くと、引きこもりがちになる。もてない。「帰ってきたもてない男」とはそうした日本人教授を指すのかと私は最初小谷野の本の題を見て勘違いした。そんな日本人を「自我が確立してない」と批評する人がいるが、違う。自我が無いのではない。自己をきちんと主張するよう訓練されなかっただけだ。自分が何が欲しいか、それを子供の時からはっきり言うよう親や先生は躾けなければならない。子供に早期英語教育をという主張があるが、米国の小学校で子供にどのように自己主張するよう教え込むか、コミュニケーション・スキルをまず英語で教えるがいい。人が仲間に加わる際、互いにどう紹介するかを私は戦争中、中学の英語教科書で習った。現行の日本語の国語や社会の教科書は人生の基本マナーを教えていない。せいぜい高校の英語教科書にデートや結婚のプロポーズ場面でも入れておくがいい。これが私の少子化対策だ。

64　心の「履歴書」

重信常喜さんは人生の達人だ。「辛うじて明治の尻尾にぶらさがっていた」とあるが、明治四十四年生れ、平成十八年で九十五歳。顔色は艶々《つやつや》している。フランス文学は戦前に辰野隆先生から習った。重信さんは現在、東大仏文卒の最長老だ。『私のマクシム反省記』のマクシムは、パリの高級レストランの名前でなく、箴言《しんげん》の意味だ。重信さんの達意の日本語はフランス語を学ぶことで磨かれた。人間観察もラ・ロシュフコーなみで『仮想敵国』という剣呑な題の本も出し、そんな国を想定すること自体が不謹慎とする護憲論者を冷やかしたこともある。

狂言は野村万作先生から習った。自分が卒寿を迎え、師が古稀を迎えた時、同門の弟子たちに呼びかけて思い出を随筆集『師万作を語る』に編んだ。

版画は畑農輝雄先生から習った。今度の『心の「履歴書」』の巻頭には画伯の重信氏像のスケッチが出ている。その重信さんは家内の版画仲間の先輩で、そのご縁で本が出るたびに戴く。前回、家内につられて読んで私も感心した。展覧会に参上して女性方に囲まれた重信さんに感想を述べた。そしたら「平川依子様祐弘様」という女性優位の宛名書きで今回また一冊頂いた。文章の艶やかなこと。羨ましいばかりだ。今度の本はデパートの暖簾街で失神しかけて、女房が呆然としている束の間に、見知らぬ女が先に肩に手をかけて覗き込むように顔を寄せてきた場面で始まる。——私はぼんやりした意識の中で女の胸もとを見ていると黒いレースの下に白い肌着を着ているのが見え、ただそれだけで何も感じない。やがて女は、水のコップを差し出して「お飲みなさい。楽になりますよ」と言った。しばらくすると人だかりがしてきて、人ごみの中に白い料理帽を被った青年が見え、車椅子を持って来て私を抱いて坐らせてくれた。続いて私は抱かれて救急車に移された。足を持ち上げられて救急車の小さな足置台に置かれた時、我が家に帰れる安堵感がして心が落付いた。救急車に乗せられて店内を運ばれて行く時の振動が極楽にいる快感を与えてくれた。外の通りまで来るとゴトゴト音を立てる振動が一層はげしく、快感をますます身に沁みて思わず「俺は運がいい男だなあ」と自分に言い聞かせる余裕が出て来た。捕虜になった王様が罪を許され解放されて王宮に帰る時も同じ気持だろうと思うようになってきた。——

いやなんとも目出度い。文章にエロスがある。これで奥様に叱られないだろうか、とも思う。本には「どうして年甲斐もなくこうも女の人が好きなんだろう」という気持がすなおに出ている。「私は昔、鬼ごっこをして遊んでいた時、逃げ遅れてせっぱつまり側にいた先生の紫色の長い袴の中にもぐり込んだらいい匂いがした」母が湯から上った時の甘い薫りも馥郁《ふくいく》と漂っている。九十代で重信さんが毎年三省堂から私家本を出すのも、どうやら長生きの秘訣《ひけつ》であるらしい。

65　本多静六博士と本多健一博士

蓄財の達人本多静六の書物が次々と復刊される。『私の財産告白』『人生計画の立て方』など評判だ。「天ハ自ラ助クルモノヲ助ク」を地で行った明治人で、満二十三歳で横浜からフランス船で留学した。その六十四年後私も同じ年齢で留学した。違うのは彼は三等、私は二等だったことだ。本多は貧乏で同船した日本人八人のうち一人三等、ひどい差別を感じた。食事はまずい。部屋は機関の真上で喧しい。三等客室に見舞いに来たのは坪野平太郎だけで、本多の手帳に「望みある身と谷間の水はしばし木の葉の下を行く」と書いてくれた。本多が発憤し蓄財に成功したのはそんな貧乏の屈辱故という。そのくせドイツで女遊びもした。私は笑った。私はなるべく長く西洋で勉強しようと切り詰めた、帰りは二等から三等に格下げ、差額でイタリアへ三ヶ月留学した。本多の言う通り、三等から二等へ上る階段に鍵はあった。だが開く時間を見計らって上甲板のプールへ私は出かけた。裸体に階級差別はない。ある朝私の歯ブラシでアラブ人三等船客が歯を磨いていた時は仰天した。目の前で歯ブラシを海中に投げ捨て怒ってみせた。蕁麻疹が出、船医に申し出、給仕長には毎週小額のチップを渡し二等の食事をもらった。そんな私は「デグルディ」と呼ばれた。

だが往路はそんな「抜け目のない」真似はまだ出来なかった。マルセーユ上陸前夜にまとめてチップを渡すような馬鹿をした。日本人四人はみな二等。出港翌日、横浜に見送りに来た同室の一人の両親が神戸港へまた現れた時は、新幹線前のことでもあるし、驚いた。その人だけは私費で、他の三人の給費留学生とそこが違った。私は五歳年長のこの化学者に兄事し、パリの大学都市の寄宿寮でネスカフェをよく御馳走になった。パリでも二人組んでピンポンの試合に出、スウェーデンに勝ちベルギーに敗れた。スペインもギリシャも一緒に旅した。この世慣れた化学者はダンスもうまく、社交の知恵があり、冠詞抜きのフランス語は上手とはいえないが西洋女性にもてた。女性宛の模範仏文を私に書かせるとそれをコピーして同文の絵葉書を方々に送った。呆れたら「うちの祖父は晩年昔馴染みの西洋女性を歴訪したいと言い出して家人を困らせたことがある」という。さては隔世遺伝かと笑った。

本多の郷里から献木された楠

その本多健一氏から祖父の伝記、遠山益著『本多静六、日本の森林を育てた人』を贈られた。祖父は本来の職である林学者として七面六臂の活動をした。鉄道の防雪林、水道の水源林、日比谷公園、明治神宮の森。みな後世に残る大仕事だ。清澄山に東大の演習林を設けたのも静六博士だ。だが孫の健一博士も学者として優れた。さる年の元旦、大発明で一面のトップ記事となった。その功績にノーベル賞を上回る賞金の国際科学賞が授けられた。「昔のドイツの友達を招こう」と手紙はまず私が書いた。健一博士が彼女を奈良へ案内し、私が京都の大学で彼女の講演の通訳をした。東京では本多夫人も私の家内も加わり和気藹々の送別会を催した。

66　土居健郎英語論文集

満六十歳で東大を退官した一九九二年、私は福岡女学院に移ったが『神曲』を教えて女子大生の正直な反応に目をみはった。女子学生らの母性本能は「ウェルギリウスに甘えるダンテ」を本能的に把握する。そして頼り甲斐のある師ウェルギリウスを人生の先達として評価する。その頃ダンテについてカトリックの学者の会で講演するよう招かれた。『「甘え」の構造』の土居健郎氏も見える由なので、思いきって討論者は十二歳年長の博士にお願いした。

ウェルギリウスに手を引かれるダンテ。『神曲』写本から

イタリアではダンテは独立（インデペンデンス）の象徴と目されている。しかし私が『神曲』を訳して得た印象は、作中人物ダンテは師のウェルギリウスに甘えている。イタリアの男の子が母親に甘えるように師の袖にすがって依存している。そんなデペンデントな

関係は「甘え」の構造で説明がつく。かねてそう感じていたので、その説を開陳した。すると土居先生は御挨拶抜きで鋭いコメントをされた。師ウェルギリウスは無言で手をダンテの手に重ねて慰めた。この言語化以前の関係こそ母子関係に共通する特徴だと指摘された。

日本の学界にはお偉くなるとボスになり学者をやめてしまう人がいる。が土居先生は違う。『神曲』をきちんと読み通してこられて論評された。いよいよ敬意のつのるのを覚えた。かつてフロイドが登場した時、リビドー理論は精神分析のみか文学解釈の世界をも一新した。それなら土居「甘え」理論で内外の文学を分析できないものか。カナダで教えていたキンヤ・ツルタは独立不羈《ふき》の男で、日本人の「甘え」など軽蔑しているかにみえた。だが腹を割って話したら、いや、聖母のいないプロテスタントの北米と違って日本文学を説明するのは「甘え」だ、という。それで私たちは『「甘え」で文学を解く』という国際学会を企画した。手はじめにマリア様の国イタリアでダンテの「甘え」について私が発表した。するとイタリア人だが、母親が英国人だったために、イタリアのママと同じように甘やかしてもらえなかったフォスコ・マライーニ教授が共感の手紙をくれた。国際学会ではカフカも俳句も甘えで結構説明がついた。土居先生は発表者全員に的確な英語で丁寧にコメントした。

先生の英語は論文でも本質をついて素晴らしい。かねて感心していた私は *Collected Papers of Doi* の出版を英国の Global Oriental 書店に打診した。そしたら土居健郎英語論文集 *Understanding Amae* が出ることになった。嬉しい。私は喜んで英語でまえがきを書いた。理工系を除くと日本から外国に向けて発信する学者はきわめて少ない。ちなみに私が土居か土井かもわからず先生を初めて知ったのは英語論文を通してであった。

67　ダンテ『神曲』講義

大学教師の講義・教育と研究業績発表の関係について世間は存外実態を知らない。

外国語教師はたいがい大教室での講義担当を敬遠する。講義は90分、教師の独演だから、小教室で学生にあてて進める外国語のテクスト本位の授業と違って、用意が大変だからだ。いまの学生を私語させず謹聴させるには、よほどの用意と雄弁が必要だ。東大にいた頃「平川は外国の大学へ招待されて、講演し授業し研究し、何度もいい目に会っている。大教室での講義は帰国したら平川に押し付けよう」という決定が私の外国出張中に決まった。いわば欠席裁判である。

それならばよし、と私は『神曲』を大勢の学生相手に講義した。だがそんな私が颯爽《さつそう》と見えたのだろう。私に講義を押し付けた会議当時はまだ着任していなかった若手教師がやがて「なんで平川ばかりに講義をやらせて俺《おれ》たちにやらせないんだ」と文句を言い出した。講義には上手下手がある。語学教師全員に語学の授業以外に文学講義も順に担当させるのは本当は学生迷惑かもしれない。だが教室会議で平等に回り持ちと決まった以上、すぐ同僚に譲った。その際「講義した内容はきちんと公表してくださいよ」と私が一言いったら一瞬ひるむ人もいた。中には「業績を活字にするだけが能ではない」と居直る人もいた。

数多い外国語教師の中で私だけが比較文学の大学院講座担当であることも忌々《いまいま》しかったに相違ない。それも苦情の種となった。「日本人の外国語教師はみな比較文学者だ」と屁理屈をこねて仏文出身者が私に交代を迫る一幕もあった。しかし大学院をローテーションで担当させる、などとは学問への尊敬を欠いた発想だ。私が受付けるはずがない。しかるべき比較研究の業績がなければならない。そんないざこざも一時はあったが、長年勤めると、そこは公刊された業績がおのずとものをいう。利害関係のない異なる学科の教授から「読んだ。面白かった」という声が届く。そうした学際的なつきあいが、学内のアカデミック・アトモスフェアを醸成してくれる。国際関係論の衛藤瀋吉先生のさりげない一言など若い日の私にはかぎりなく嬉《うれ》しかった。

私はそうして教えているうちに気づいた新知見を大学紀要に順次発表し、それをまとめて第一冊『中世の四季——ダンテとその周辺』を一九八一年、第二冊『ダンテの地獄を読む』を二〇〇〇年に出した。第二冊の校正をした女性は在学中私の『神曲』講義を聴いた人だった。地獄で再会するのは困るが、出版社で「平川先生、ここにおいででしたか？」といわれたのは懐かしい。二〇〇九年は註を大幅に増補した『神曲』翻訳も文庫版で出し、さらに荻窪よみうりカルチャーで行った『ダンテ『神曲』講義』を第三冊にまとめた。やはり同じ人の校正で河出書房から出る。前二冊よりも網羅的に、さらに突っ込んだ問題もとりあげた。遠慮会釈せず、あれこれ自由に述べた。「西洋の古典がこれほど日本人の身近になるとは」と言われたのは嬉しいが、さて後世どんな評価が下されることか。その三冊は『平川祐弘著作集』第二十巻、第二十一巻、第二十二巻として出ることになっている。

68　ダンテとボッカッチョ

ダンテ『神曲』でまず登場する固有名詞をもつ罪人はパオロとフランチェスカである。地獄の上の方の第二の谷でこの男女が罰せられているのは、犯したのが愛欲の罪で「放縦《ほうしょう》の神にたいする罪は程度が低い」。女が男と懇ろになり、愛を受けるのは「自然の罪」だからである。そんな分類をした神学者トマス・アクィナスは、アリストテレスの哲学に依拠した。アリストテレスは人間を「理性的な動物」と定義する。人間の尊厳は理性を行使するところにある。それだけに理性を用いて犯した罪は故意の罪で、重い。そうした考え方は世界にほぼ共通している。車ではねて人を死なせた。殺人だが、それが単なる事故と殺害を意図して故意にはねた殺人と

ダンテ

では刑の量定に雲泥の差がある。よって故意の罪は地獄の底近くで重く処罰されるのである。『神曲』ではそのように地獄の地理学的分類が罪の神学的分類と重なっている。地獄の第七の谷の第二の円では自殺者と自己の資産を蕩尽《とうじん》した者が罰せられている。前者は自己の命を奪ったが、後者は自己の資産を奪った。両者は英語でいうと共に self-robbery 強いて訳すと「自己強奪」で、それだから同じカテゴリーの罪として同じ場所で処罰されるのだという。そんな一見違う二つの罪が同じ場所で罰せられているのが、留学生の私には甚だ奇異に感じられた。

そのイタリアには遺産相続税がなかった。だから祖先の財産はそのまま継承する。一家の血筋と富は守らねばならぬ。その意識が強いだけに自分の恣意《しい》で血筋を絶ったり、資産を蕩尽したりしてはならず、罪もまた重い。『神曲』に出てくるドーリア家など七百年後の今でも名門である。そんなイタリアは、日本と違って、肉体的にも格差がある階級社会だ。ペルージャで共産党のトリアッチ書記長の演説を聞きに行って、広場に集まった労働者・農民の背の低さに私は驚いた。

ボッカッチョの『デカメロン』は面白い。男と通じた人妻が道ならぬ恋をしたと後悔し、地獄落ちを怖れて、男は好きだが男にもはや会おうとしない。やっと会った男がいう「お前は私の愛を受けるや、言葉と叫びと全身の動作で喜びをあらわし、愛を倍にして返してくれた。私はお前の物となり、お前も自発的に私の物となった。そのお前が自分の所有物となった私を手放すのは自由勝手だが、一旦私の所有物となったお前を私から取り去るのは強奪だ」。女が男と会おうとせず、男の心中にある自分を勝手に取り去ろうとするのは強奪だ、この robbery は「悪意の罪」で、互いに好きになった男女が犯した愛欲の「自然の罪」よりも重い。地獄でもずっと下の方に落とされる。さあ軽い方か重い方かどちらの罪を選ぶか、と男は女に迫る。

『デカメロン』第三日第七話で女を口説くのに、なんでこんな奇妙な論理を用いるのか、と最初は怪訝《けげん》に思ったが、ボッカッチョは坊さんを揶揄《やゆ》し、人間性の自然を謳歌《おうか》する際、先輩ダンテを念頭において、こんな理屈をこねたのであった。

69　チモーネ

『デカメロン』を私が翻訳中と聞いて、友人がルーベンスの絵葉書を送ってくれた。影の濃い葉が繁った樹の下に絶世の美女が寝ている。薄物の服をまとっているが、いかにも薄いから美しい白い肌の豊満な肉付きが透けて見える。腰帯から下は純白の薄い布で覆われているだけである。女の脇に同じような女と男が、召使たちであろう、やはり眠っている。絵葉書の裏を見たら「チモーネとエフィジェーニア」とあり覚えはあった。というのもすでに訳していたからだ。しかし訳し始めてから四年も経《た》つと、第何日の第何話か思い出せない。それどころか女主人を上から凝視する猟師風の男がチモーネだと察しはついたが、内容が思い出せない。訳稿を取り出して読み直したら第五日第一話であった。

チモーネは「重太郎」と訳せば豪傑のように聞こえるが、直訳すれば「獣太郎」がその真意である。名門の生まれだが、若者は字は覚えず躾《しつけ》はない。粗野な声をはりあげ、話すというより呻《うめ》いた。それで愚か者のチモーネと呼ばれ、山野を駆けめぐっている。だがエフィジェーニアを見初めたことで人間性に目覚めた。いままで教育を受付けなかった自然児の胸中に女を「美しい」という思いが目覚め、それとともに人並みになりたいという気持ちも湧《わ》いた。その変わりように両親も世間も驚いた。兄弟と同じような服装をさせてほしいと願い出、恋する若者にふさわしい行儀を学び、しまいにはキプロス島でもっとも優美で洗練された文武両道に秀でる青年紳士となった。

ここまでは前置きで、それから波瀾《はらん》万丈の人生が展開する。作者ボッカッチョが物語の前段に述べた、恋をすれば人は物の情けを知るという考えは、日本でもいわれ『源氏物語』を世の子女にすすめる理屈ともなった。「されば（物語は）教誡（の書）にはあらねども、強ひて教誡と言はば、儒仏の言はゆる教誡にはあらで、もののあはれを知れと教ゆる教誡と言ふべし」と宣長も述べた。チモーネも美女に見とれてからというもの「もののあはれ」を知る若者になった。しかし『デカメロン』を正当化するためにそんな理屈を当てはめるのは気が引ける。それというのも猥雑《わいざつ》な色恋沙汰《ざた》も描いたボッカッチョと違って、紫式部には気品があるからだ。実は『源氏物語』の内外の訳者に求められるのもその気品である。

『ボッカッチョ』の第何日第何話かを老人の私が忘れたと言ったが、若い時ダンテの『神曲』を訳した直後でも誰が第何歌に登場するのかすぐ思い出せなかった。翻訳中は無我夢中で山を登った感じで、その歌が全体のどの位置にあるのか霧が晴れるように見えてきたのは、自分が『神曲』を講義するようになってから後である。訳者は原作の良き理解者のはずだが、合い性もある。詩のわからない男が『神曲』を訳しても駄目である。下種《げす》な女が『源氏物語』を訳しても不適格である。「ではお前は『デカメロン』の訳者にふさわしいか」と聞かれると困る。適否の答えは、拙訳が来年には出るから、読者の皆様におまかせすることとする。

70　外国特派員協会

有楽町の外国特派員協会からファックスが届いた。「平川氏が英国で出版した『日本と西洋との愛憎関係』*Japan's Love-Hate Relationship with the West* を話題にするから、夫妻を夕食会に招待したい。ついては食後一時間ほど講演し記者の質疑に応答してもらいたい、すべて英語」という。この外国特派員協会は遠慮のない質問を浴びせることで悪名が高い。子供のいじめは近ごろ大流行だが、大の大人が英語でいじめられ答えにつまって立往生しては、同席する家内の手前みっともない。が止むを得ない。英語で著書を世に問うた以上、参上する道徳的義務が日本の比較文化史家の私にはある。そうした場所へ呼び出されるのは、著者冥利《みょうり》につきるではないか。そう観念して罷《まか》り出た。

英語で話すからにはジョークを飛ばさねばならない。「メイド・イン・ジャパンの車は優秀だ。よく売れる。米国人は日本製の車に感心するが同時に忌々しく思う。そこで日本叩きが始まる。愛憎関係の一例だ」と拙著の問題意識を説明する。「ただし日本製で出来の悪いものもある。日本製の英語でこの私はその日本製教授だ」と笑わせる。「しかし日本製だから米国製の日本学者と目の付け所が違う。もし拙著に価値があるとすればそこだ」

本の中ではフランクリンと福沢諭吉の比較論が英仏の書評で一番話題となったと紹介し「フランクリンと福沢とどちらが偉いか」と問いかける。フクザワが誰か知らない外人記者もいる。知らない人が偉いはずはないから当然フランクリンの方が偉いと思っている。それで私も「世界の最大の国の最大の偉人の方が偉いに決まっている」ともちあげて「ではフランクリンの方が何倍偉いか」と質問する。人間の価値が数字で示されると思わないから記者たちもキョトンとする。そこでおもむろに懐中から百ドル紙幣と一万円札を取り出し「フランクリンは昔は福沢の三・六倍の価値だったが今は一・二倍となった」フランクリンの肖像が百ドル紙幣だったことを見て皆さん笑う。「このように札の価値も偉人の価値も変動する。しかしこのお札も駄目になるかもしれない。なにしろ偽札が多い。偽札を作る国もある。ちなみに司会のブラッドレー・マーティン記者はその北朝鮮問題の専門家だ」と紹介したら氏は破顔大笑した。

Japan's Love-Hate Relationship with the West の表紙、軍艦三笠。日露戦争当時の日本の主力艦は英国製だった。

それでもさすがプロだ。「日本人が敗北を抱きしめたなどというのは真実からほど遠い」と述べたら、即座にダワーの同名の書物の批評を求めた。岩波書店から出た訳書のカバーには米軍の日本占領について「勝者による上からの革命に、敗北を抱きしめながら（日本の）民衆が力強く呼応した」とあるが大袈裟だ、嘘もほどほどに言え、と私は感じていたから「敗戦後、生活苦で身を米兵に売った女に私は同情したが、米兵を抱きしめて『米兵が恋人だから私の方がほかの古い日本人より高級よ』という顔をする女にはいやな気がした」と答えた。占領軍に呼応した一部日本知識人にもそれと似た知的娼婦の心理があったと私は感じたからである。

71　ワシントンの子孫

『進歩がまだ希望であった頃』（『平川祐弘著作集』第八巻）でフランクリンと福沢諭吉の比較を私は試みた。その同じ比較を英文の *Japan's Love-Hate Relationship with the West* (Global Oriental 後に Brill) でも書いた。するとコータッツィ大使が *Asian Affairs* に「平川は英語で読めば『フランクリン自伝』の方が面白いが、日本語で読めば『福翁自伝』の方が面白いと読者を挑発するような論評を試みた」と書評した。パリ第七大ブライミ教授も同じ感想を述べた。「すべてのヤンキーの父」フランクリンはいわば横綱で、日本の福沢ごときは十両以下の人物だと西洋人も日本人も思ってきた。そんな両者の取り組みはあり得ないと頭から決めて

うそ替え人形

いたから、両者を同じ土俵にあげ本格的に比較論評する人もなかったのだ。現に頭《ず》は高いがお頭《つむ》に問題のあるドイツのキルシュネライトは頭《あたま》からこの比較論の可能性を否定している。しかし岩波文庫で二冊を読ませると日本の学生は九割方『福翁自伝』の方が断然面白いと言う。ただし『福翁自伝』を英訳で読ませると米国人はもちろんフランクリンが上と言う。

福沢は初めて渡米した時「今ワシントンの子孫はどう

なっているか」と尋ねた。相手は「子孫に女がいて、何をしているか知らない。誰かの夫人だ」と冷淡な調子で答えた。福沢ははっと悟った。米国建国の父を日本で幕府を開いた家康になぞらえて理解していたから、その子孫はしかるべき待遇を受けているに相違ないと福沢は思いこんでいた。だが民主主義国では祖先に大功があろうと子孫に特権を付与しない。血統や族譜や紅五類を過度に重んずる国では民主主義は成り立ち難い。学問も客観的評価は難しい。現に平川は東大だからこそ福沢について客観的な新研究が出来た、といわれ、慶応に講演に招かれた。米国では開国の祖ワシントンの子孫も特別扱いされない、と話そうとして私ははっとした。演壇の目の前の特別席に慶応義塾開学の祖福沢先生の御子孫が並んでいたからである。

その傾向は実は東大にもないとはいえない。東大の米国研究はかつて神田、高木、斎藤家の家学のようになっていた。その一人がプリンストンでその学問的系譜を得々と発表するのを聞いた時、憮然《ぶぜん》とした。家学の重みに耐えかねた教授の息子は当時すでに心を病み、私に向かい「僕はアメリカ研究は絶対しません。アフリカ研究をします」と叫んでいたからである。

しかし家系は大切だ。会社にしても同族会社だからこそ労働組合の攻勢に対処し得た会社もあり、大学にしてもある一族が力を握っているからこそ少子化時代に学生定員を維持することもできた大学もある。文学史研究でも、偉人の子孫は時に興味深い内輪話をしてくれる。鷗外や漱石や八雲の身内の話は真に貴重だ。しかし渡部昇一氏は子孫の漱石物のあるものを痛烈に批判した。生前の漱石を知る世代までは思い出を語るのは結構だが、それ以下の子孫や親戚が、ろくに調べもせず雑文を書くのだとするとなるほど苦々しい。だがそれよりも問題は過度に子孫を奉る周囲だろう。如才なく人間関係を大事にするかにみえて、その実、学問そのものを大事にせず食い物にしているからである。

72　サンソムとウェイリー

一九八八年、ワシントンに寄った時ウィルソン・センターで講演した。するとそれを聴いたプリンストン大学出版局の編集者から「英語で著書をお出しになりませんか」と手紙が来た。当時の私は英語論文は書いていたが、一冊にまとめる自信はなかった。東大比較文学比較文化で多忙をきわめ、主任在職中の最後の四年はそもそも日本語でも著書を出せなかった。申し出は辞退したが、私の英語講演を聴いて「これは本になる」と思ってくれた人がいたことが嬉しかった。どこかで自信になったにちがいない。東大を去った後、英語でまずハーンについて本を出した。出してくれたのは英国の Global Oriental 社で、それが再版になると、今度は先方から「今までの研究をまとめ著書をお出しになりませんか」といってきた。「ヒラカワなら売れる」と見込んでくれたのだ。それで勇んで原稿を整理し五五七頁の *Japan's Love-Hate Relationship with the West* とした。『日本と西洋との愛憎関係』という題である。厚すぎるかと懸念したが「この内容を削るわけにはいかない」とそのまま出版してくれた。二〇〇五年のことで台北で教えていた私の手元に最終のゲラが届いた。「本を誰かに捧げなくてよいのか」と先方から注意され To the greatest of Japan interpreters: George Sansom and Arthur Waley に献呈した。「もっとも偉大な日本解釈者」と私が呼ぶサンソムとウェイリーは一九六五年と六六年に亡くなった英国人で、その二人に捧げると、後来の北米の学者は自分たちは無視されたと反撥するに相違ない。だが私が学恩を感じるのは私の比較研究の出発点である『西欧世界と日本』の著者サンソムとウェイリーの二人なので、自己に忠実にそう献辞を書いた。日本でも毀誉褒貶《きよほうへん》の激しい私だが、西洋の書評でも賛否両論、一人のドイツ男は絶賛、一人のドイツ女は絶否、その激越さ加減に私も目を剝いた。出版社もたじろぎ、一旦決まった再版が延びた時は厭な気がした。それが二〇〇八年「日本を理解するための英書百冊」の一冊に選定されたこともあり、めでたく再版された。また私が『アーサー・ウェイリー『源氏物語』の翻訳者』を世に出したことで私の献辞の真意のほどを世間も了解してくれただろう。

では私自身は一体いつから二人を読み出したのか。五十五年前パリに着いた最初の冬、船で一緒だったカトリーヌがノルマンディーへ招いてくれた。土産に持参したのがサンソム『日本文化史』仏訳だった。渡す前に読んで日本史が別様に見えた。パリ大学出版局外国書籍部でウェイリー『枕草子』も買った。これは英文が真に素晴らしい。翻訳も見事、コメントの鋭さに息を呑んだ。読み終えた後、女子高等師範で外人講師をしていたルースにあげた。「平安朝の日本は素晴らしいでしょう」というと彼女は頷いたが「でも今の日本ではないわ」と彼女は私と日本へ行く気のないことを告げた。仏英の女友達に自分の国を理解してもらいたい。そう思った留学生の念頭に浮かんだのが「もっとも偉大な日本研究者、サンソムとウェイリー」だったのである。その私の評価はいまも変わらない。

73　外国語の難易度

日本人にとって英文和訳はやさしいが和文英訳は難しい。それは日本語は母語であるから駆使しやすく完成度の高い文章が書けるが、外国語の英語はそう上手には扱えないからである。私も外国語から日本語に訳した仕事は多いが、逆は少ない。著書も九割五分以上日本語である。だがその程度の私でも、結構西から東へ、東から西へと両方向の仕事をした方だ。留学生時代のアルバイトが特にそうであった。

半世紀前、パリで奨学金が切れてから私は通訳をして細々と暮らした。当時は留学生も少なかったので、日本大使館からなにかと私が頼まれたのである。日本国鉄とフランス国鉄の交流電化の交渉、東京都の仏貨債交渉、ジュネーヴのＩＬＯの通訳などもした。フランス側から頼まれて日本の特許をフランス語に翻訳する仕事もした。そのとき気がついたのは、フランス側の支払いは、同じ長さの出来高に対し、英語ドイツ語スペイン語イタリア語からの仏訳を一とすると、ロシア語からの仏訳は三倍、私の日本語からの仏訳は五倍の料金が支払われた、ということである。フランス人にとって同じ言語系統のヨーロッパ諸語は習得しやすい。翻訳もやさしい。だから料金も安い。しかし欧米人にとって日本語や中国語は難しい。同じ程度の読解の水準に達するためには語学習得に五倍の時間がかかる。その事情を知って翻訳事務センターがこういう合理的な料金計算をしてくれたのである。パリを根拠地にして私が他のヨーロッパ諸国へ留学のまた留学に出掛けることができたのも、そうして稼げたおかげであった。

外国語の難易度は相対的なものである。出来る、出来ないは母語やすでに習得した言葉との関係で左右される。東大生が第二外国語の中でも独仏西伊は早く覚えるのはその諸語が英語に近く、それだけ覚えやすいからである。西洋人は日本語は難しいという。日本人は自分たちは外国語が下手だという。実はこれは日本語が西洋諸語と異なる言語系統に属しているから互いにその距離感をそう感じるまでである。では日本語は本当に難しいか。会話は難しくない。日本人と結婚して日本語で話している夫婦は気楽に話す。読み書き話しの中で話しは楽な日本語だが、読みは西洋人には難しく、書きはさらに難しい。西洋人が漢字廃止やローマ字を主張したのはそのためで、学問的根拠があったわけではない。逆に中国人にとって漢字が多いほど日本語はやさしい。同様に、外国語下手といわれる日本人だが、中国語学習にかけては西洋人よりは速い。それは漢字を知っているからだ。日本の子供にとっても漢字が混ざった日本文の方が、ひらがなだけの文章よりわかり易く読みやすい。表音文字でない表意文字の強みは「賃金引上げ」と書けば一目で見て意味はわかることである。それを「ベア」と片仮名で書くマスコミの神経が私にはわからない。これはbase upの略語だというが、そもそもその「ベース・アップ」なるものが米英人には通じない和製英語だという。愚かしい限りの造語ではないか。

学生時代の私は仏英対訳とか独仏対訳とか対訳叢書を利用して一石二鳥を狙った。教師として図書館に対訳叢書も揃えた。近頃はイタリアの『デカメロン』を英仏独訳をも対照しながら訳して老後の楽しみとしている。

74　「良心的」とは何か

「良心的」ということが嘘の上塗りになることがある。その例について考えたい。

ダンテは言った。「この目で確かに見たのでなければ、話すのも恐ろしいようなものを見た。ただ良心だけが私の支えだ、良心というのは人間の良き伴侶で、自己の潔白の自覚が人に強みを与えてくれる」。これはそこまでは良心についてのまともな観察である。ダンテは次いで「確かにこの目で見、今も目の前に浮ぶが、首のない男が一人、哀れな一行に伍して歩いてきた。胴体が切り落とされた首の髪をつかみ、まるで提灯のように手にさげて行く」。こんな地獄の一場面を見たと『神曲』の詩人は言った。良心に誓い見たと言い「良心だけが支えで良心が自己の潔白を守ってくれる」とも述べた。

しかしダンテが良心に誓って見たことをダンテは本当に見たのだろうか。彼は地獄で「この目で見」地上に生還した「今も目の前に浮ぶ」と断言する。しかし生き身のままあの世を旅した、というのはフィクションに決まっている。作り事である。有体《ありてい》に言えば嘘八百だ。それを良心に誓って実際に見たと確言するのはいわば嘘の上塗りで、二重の意味で性質《たち》が悪い。その点についてかつて私たちの身辺に起きた事件について考えたい。

地獄篇第二十八歌。ギュスターヴ・ドレの挿絵による

千九百三十年代以前生まれの日本人にとって人生の最大の体験は戦争だった。ところがいま定年を迎えつつある団塊の世代にとっては大学闘争が記憶に残る青春の体験であるという。なるほど昭和四十年代はストライキの連続だった。当初は大学闘争を正当化する理

由もあるかに見えた。だがじきに過激派学生が出現、学生自治はもはや民主的に機能せず、学内は無警察状態、内ゲバが横行した。だがそうなった後も「大学に警察を導入することは絶対しません」と確約した教授がいた。そうした先生方は多くの学生から「良心的」と呼ばれた。少なくとも当初はそのように目された。しかし本当にそうだったろうか。もしそんな人たちが自分は学生たちから「良心的」と呼ばれ尊敬されている、などと錯覚していたのだとしたら、そんな思い込みこそ嘘の上塗りで、二重の意味で性質《たち》が悪いのではないかと「非良心的な」私は思う。

それにしても大学闘争を誇りにするとはまたなんと矮小《わいしょう》な人生体験であることか。日本の大学紛争はどこまで正義の行動といえたのか。一九六八年当時の学生運動に積極的意味を認めたがる人は、日本に限らず米国にもフランスにも多い。それだけにサルコジ・フランス大統領が「六八年の学生騒動などに意味は認めない」と発言した時、フランスの旧左翼も新左翼も啞然とした。それはフランス革命二百年記念の際、英国のサッチャー首相が「フランス革命などに意味は認めない」と発言したのと同じくらいの驚きだったらしい。

しかしかくいう私もフランス大革命に積極的意味は認めない。暴力革命の後には必ず恐怖政治が続く。フランス革命、ロシア革命、中国革命みなしかりだ。だから私の信条は「革命よりも改革」だ。

75　素朴なる疑問

人間として尊敬した先輩に大森荘蔵先生がいた。すかっとした気持のよい、男の中の男であった。先生は哲学者だが、東大教師が専門教室の枠を越えて寄稿できる『紀要比較文化研究』に目を通し、万年助手の私に「君の論文は面白いな」などと声をかけてくれた。そんな私は大学紛争の最中に助教授になった。新入りは一番いやな仕事、すなわち学生委員をやらされる。たまたま学生委員長は大森教授で、構内を一緒に巡視した。私にはそんな仕事は阿呆らしく仏頂面《ぶっちょうづら》をしていたにちがいない。すると先生は植物の名を楽しそうに次々と教えてくれた。そんな委員長に頼まれて、過激派学生の捕虜交換に立会った。大学キャンパスの一画は青いヘルメットの全共闘系学生が占拠している。寮は黄色いヘルメットの民青（共産党）系学生が占拠している。両派がゲバ棒を振りかざして学内をデモする。時に摑み合いになり相手に捕まる者も出る。リンチされぬかと青ざめている。教師の立会いでそんな捕虜を同じ人数だけ交換して釈放する。大森先生は「仲間が殺されると、人間、相手を殺してやる、という気になるのです」と暴力がエスカレートする心理を語った。どうやら戦争末期、仲間が戦死した時の体験らしかった。男惚《ぼ》れした私は、子供に先生にちなんで名は荘蔵にしようと思った。だが子供は三人とも女であった。

しかし私は先生の専門の哲学にはおよそ興味がない。東大で四年生の時、フランス人教授のデカルト『メディタシオン』が必修となった時は真に閉口した。カントなどもとんと面白くない。ただし文学性のあるニーチェ、哲学専門家が無視する『語録』のアランなどは好きだ。パリでジャンケレヴィッチの哲学講義をなぜあれほど聴いたか、察するに音楽の演奏を聴くのと同じような楽しみで話の流れを追って聴いていたに相違ない。そんな私に大森先生が学部長のころ『流れとよどみ』という哲学断章を下さった。私は「自分は哲学には興味を持てぬ人間で御本も多分読みません」とすこぶる率直な御挨拶をした。拙著をお礼に差出すと、大森先生は「私はあなたの小泉八雲は読みますよ」といわれた。

私のような哲学オンチは少なくない。それだけでない、西洋哲学に凝《こ》る日本人は少しおかしいのではないか、と積極的に疑念を抱く人もいる。無類の多読家だが哲学書は読まない佐伯彰一氏もその一人だ。「フィロゾフィー（哲学）は多くを約束するかにみえて何も与えない。フィロロギー（言葉）は何も約束しないかにみえて多くを与える」という経験則に従って、私は言葉に即して勉強してきた。そしたら近頃、日本人がなんでカントにあんなに入れ揚げたのだ。おかしくないか、と松本道介が『素朴なる疑問』（鳥影社）を呈した。松本はさらに『季刊文科』三七号では輸入学問の功罪を論じた。戦前の旧制高校生は「デカンショ、デカンショ」といって暮らしたというが、デカルト、カント、ショーペンハウエルを原書できちんと読んだ学生など実際はいなかった。流行に追随して「デカンショ」と言っただけなのだ。松本はそれよりは漢文訓読の方がまし、と一見乱暴なことを言っている。だが考えてみれば暴論ではないのかもしれない。戦後のサルトル流行も、フランスの猿真似で実際は取るにも足らぬことだったのではあるまいか。

76　漢文素読のすすめ

『熊本日日』はじめ、方々の地方新聞が漱石や鷗外や八雲など明治大正の名作を連載したらたいへん好評だった。今日の新しがりやの作家の小説より鏡花や龍之介の方がずっと評判がいいらしい。定年退職した世代の夫婦にはやはり昔からの名作が名作なのだ。文章の魅力が違う。酒の味利きと同じで、何代もの目利きが揃っていいといった作品にはそれだけの内実《ないじつ》がある。

ところが文壇は流行を追いかける。というか文芸誌の編集長で目利きの人は存外少ない。自信がないから、世間でなんとなくちやほやされる人の小説を毎号取り集めてお茶を濁している。「この人は自分が発掘した」と自負できる作品を載せる編集長は滅多にいない。困ったことに、国語教科書の編集者も似たような新しがりやだ。漱石や鷗外を教科書から排除した大馬鹿者がいた。日本の大不幸だ。だがそんな偏頗《へんぱ》な偏向国語教育を受けた世代が、いまや地方新聞が連載する『坊っちゃん』や『雁』を読んで大人になってその良さを再発見している。

日本の国語教育のいま一つの不幸は、戦後漢文教育を否定したことだ。昨今の省庁は上司が文章の指導をしないとみえて、官僚の文章が拙劣で読むにたえない。文章が悪いとは発想も悪いということだ。人間の出来が良くない。戦前の官吏には吏道があった。それは徳川以来の士道が脈々と伝わり、共通の教養として漢文素読から身についた共通の倫理基準もあったからである。日本で習う漢文は人間の生き方を教えていた。

「過ちて改めざる、これを過ちといふ」孔子が説くのはこんな個人倫理だけではない。「君子は和して同ぜず、小人は同じて和せず」のような訓えは近隣諸国との付き合いにも役立つ。この『論語』の句で接すれば、中国も韓国も無理難題は謹むだろう。

戦前の若者がそらんじた孟子には、統治の要諦《ようてい》も出ている、「民の道たるや、恒産有る者は恒心有り、恒産無き者は恒心無し。苟《いやしく》も恒心無ければ、放《ホウ》・辟《ヘキ》・邪《ジャ》・侈《シ》、為《な》さざる無きのみ」庶民にも恒産を持たせてこそ政治は安定する。東アジア三国が今後も安定的に発展するか否かは、要路の人がこの点に留意するか否かで決まる。

そんな珠玉の言葉五十六点を集めた古田島洋介編著『漢文素読のすすめ』（飛鳥新社）は、表に書き下し文、裏に返り点付きの原文が配置され、無駄がなく、きちんと説明され、読んでさわやかだ。人の性を悟り、世の中を大観し、己を戒め、気概を養う上で、これは素晴らしい漢文素読の入門書である。やさしい素読は幼稚園児にもできる。五歳の孫娘は母と一緒に毎日声を立てて朗読している。漢文訓読体のリズムは心地よく響く。定年退職の人も人生を振返り、さらに生きる上でのよすがとなる。「死生有命、富貴在天」この漢字を「死生命有り、富貴天に在り」と読むことは難しくない。そしてそれを声に出して読むうちに、人間の運命についてもおのずと会得するところがあるにちがいない。

77　文と武

大学入試が近づくと、若者は自分の適性は理系か文系か考える。だがこの二分類は受験本位で、文の把握のスケールがもともと小さい。文系の文は理数系が弱いという知能的なひ弱さを感じさせる。それに対し徳川時代から昭和初年までは、男子は己れは文に向くか武に向くかという二分法で考えた。この場合の文は広く学問の意味だが、それでも文弱というひ弱さを感じさせた。以前は文の英才は旧制高校から帝国大学

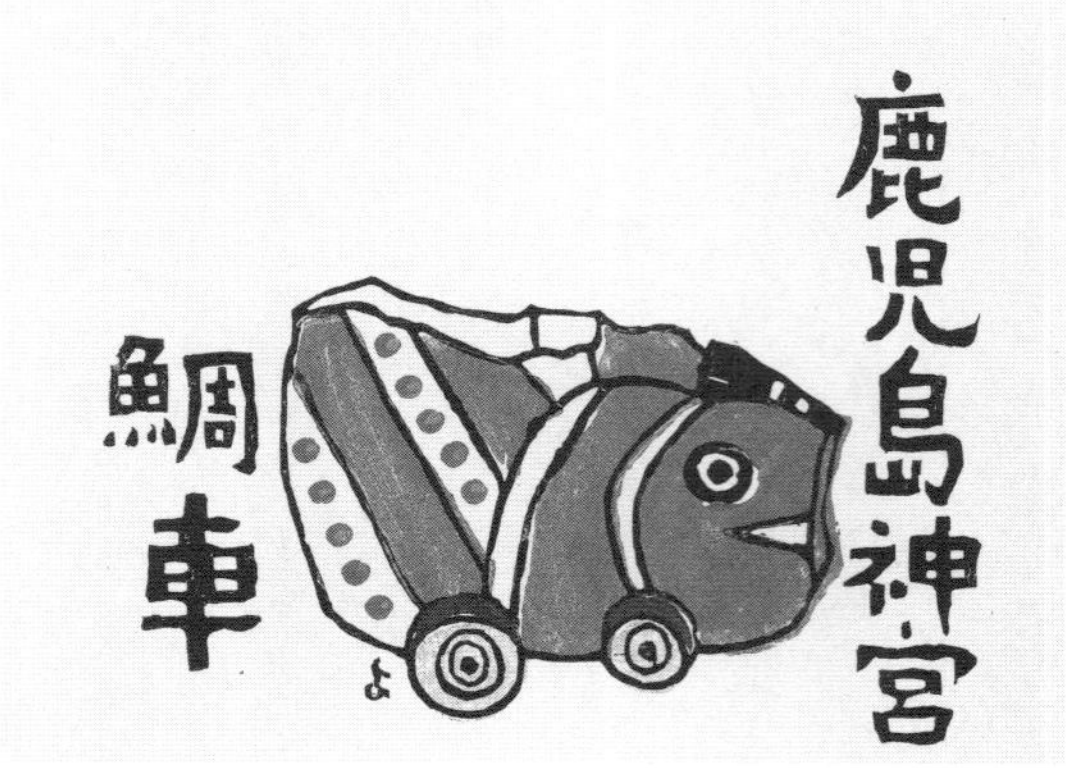

へ、武の豪傑は軍の学校へ進んだ。文武両道に秀でることは昔の武士のみか、今後も人間の理想であるだろう。戦後の若者が国防の問題を真正面から見すえようとしないのは、将来を理系と文系に分けて考えるために、そこから武が脱落したせいではあるまいか。故衛藤瀋吉教授が東大着任のころ自衛隊関係者を東大に招いたために学生に吊るし上げられた。その時は遠くで見ていてそんな危惧を抱いた。しかし二〇〇八年の五月祭には田母神《たもがみ》空幕長の東大講演に九百名の聴衆が集まった。そんな時代の変化にガードが弛んだのが一失《いっしつ》で、田母神氏はその後、勇み足を踏んでしまった。

　戦後、武に代わって盛んなのはスポーツだ。孫が走るというから小学校の運動会を見に行った。ここで足の遅い子は辛い。私も昔、賞も取ったが、ビリにもなった。転んだからだ。それでも一等二等と順番をつけるのに賛成だ。戦後の画一的平等の教育哲学は皆が弱者になりたがる傾向を助長するのでよくない。私の少年時代は戦争中で体育は一学年全員を能力別でＡＢＣに分けた。低学年の頃はキック・ボールなど体操が楽しかった私が、なまじＡ組に入れられたから、飛び箱は高くなる。蹴上がりは出来ない。辛かった。しかし運動神経が鈍くてＣ組に入れられた男子はもっと屈辱だった。Ｃ組は女子中心の組だったからである。

　そんなＣ組に総理大臣海軍大将の孫Ｓがいた。手榴弾の訓練は野球の投球と同じで一度右手を後ろへ振りあげてから前に投げる。ところがＳが右手を後ろへ振りあげた途端、弾が手からすっぽ抜けて後ろの教官の方へ飛んだ。模擬弾だから爆発はしないが、実戦なら一大事だ。親はそんなひ弱で不器用な子に胆力をつけようと思案したのだろう、詩吟をやらせた。Sが学芸会の壇上で朗誦する、「筑海の颶気《ばいき》天に連なつて黒し。海を蔽うて来たる者は何の賊ぞ。蒙古来たる。北より来たる。相模太郎、胆甕《たんかめ》の如し。防海の将士、人各《おのおの》力《つと》む」

漢詩訓読はいかにも男性的だ。文学にも文と武がある。頼山陽に限らず漢詩は武そのもので詩吟は戦時下の国民感情にぴったりだった。ところがそれから四半世紀経って、唐詩を漢文訓読でなく中国語で朗読するのを初めて聞いた。北京官話が実にまろやかで美しい。これが同じ漢詩かとわが耳を疑った。同じ漢詩文でも日本流にレ点や一二点を振って読む際は武骨《ぶこつ》で肩をいからせた感じがする。それがない。唐詩は武でなく文の世界だと合点した。五時NHKの教育テレビで漢詩朗読を中国語で十分聞くのを、早く目覚めた朝の楽しみとしていたが、それがいつか五分に縮まった。それが今では消えた。惜しいことに思っている。

78　竹山恭二『平左衛門家始末』

祖父母のうち三人は私の誕生以前に亡くなった。当時の日本人の平均寿命は今より三十歳ほど短かった。母方の祖母のみ淡路の広田村に一人で暮らしていた。昭和の初年、東京と淡路は非常な距離で、私は幼児の時、母と一緒に一度行ったきりだ。祖母の方が三度ほど上京した。その折、母の案内で浅川の大正天皇陵にお参りに行き、帰りに新宿の中村屋で生まれて初めて温かい御飯に刻んだチーズをかけて食べた。成田山へ行こうとして、上野駅の長いフォームの端で愚図々々していたら、京成電車が出てしまった。一九四一年の夏は内房の避暑先に祖母が来た。トマトを「西洋臭い」といって食べない。鋸山に登ったとき「カナカナ」とひぐらしが甲高く鳴いた。「蟬だ」と小学四年生の私がいっても祖母は頑として「鳥だ」といいはった。その二年後の夏は十歳年上の姉が祖母の世話に行った。淡路守備軍の司令官が広い母屋に住むこととなっていた。姉は母方の藤井家の先祖のことも詳しく、晩年口は利けなかったが筆談で広田村は無医村だったなどと教えてくれた。姉も亡くなり本家の従兄も倒れたので、河内の加美正覚寺の父方の先祖のこともも う聞くべき人がいない。お守りが雨戸のいたる所に貼ってある本家に大学生のころ泊まったが、それからはや半世紀が経ってしまった。そんな次第で恥ずかしながら平川家の先祖についておよそ無知である。母の存命中一度聞いて系図らしきものを拵えたが、当時は複写装置がなくてコピーしなかった。原図をなくしてしまったので手元になにもない。

竹山家では家内の弟の護夫が、日本近代史家で先祖のことにも通じていたが早世した。幸い家内の従兄は先祖の行跡にさらに精通していた。それというのも竹山恭二は私と同い年の早生まれだが、遠州浜松の下堀村に四百年続いた家の当主、すなわち十五代目平左衛門で、その竹山家には夥しい文書が残されていた。それを使って一族の歴史を描いた。二〇〇八年の春、病が重くなり「あとがき」は昭子夫人が代筆したが、その『平左衛門家始末』は生前朝日新聞社から出、著者が八月に亡くなる前に実によい書評が出、本人も夫人も喜び、私まで嬉しかった。庄屋を世襲してきた竹山家からは幕府討伐に参加する青年が現れ、維新後は福沢の慶応義塾に学び、文明開化の世に地方に小学校を設立し、『西国立志編』が読まれた頃、遠州に紡績会社を興す。郡長となり銀行家となり、明治日本の建設に地方の名望家として活躍する。そうしたブッデンブローク家の歴史にも似た丹念な一族の歴史の記録復元に私は感心し、圧倒され、脱帽した。

軽みがあって面白いのは著者本人が記憶する細部だ。昭和の初年、恭二は「おくにのおうち」に夏休み帰省する。そのあたりでは若い衆は西瓜を盗んでもリヤカーを使いさえしなければ罪にならない。運搬具を使わなければいくら頑張っても二個しか抱えられない。そんなものは盗んだうちにはいらない。お祭り騒ぎがすむと、飯櫃《めしびつ》は飯が入ったまま、砂糖壷は砂糖が入ったまま、庄屋の混乱状態の台所から消える。それと同じで許されることのうちなのだそうである。そんな村落共同体の論理が西瓜泥棒にまでおよぶところがなんとも面白かった。

79　戦時内閣と軍部

富士川英郎はリルケなどドイツ詩が専門で非政治的な文人だが、昭和十年代の書物には同盟国ドイツへの親近の情が露《あらわ》に出ている。それは多くの独文学者の自然な反応だったろう。ところが一高のドイツ語教授竹山道雄だけはナチスの非人間性を指摘し『思想』に「英仏側が勝てば、思考の自由は救われ得る。ドイツが勝てばそんなものはわれらから根柢的に奪われるであろう」と書いた。昭和十五年、日独伊三国同盟締結の直前のことである。

竹山道雄の息子の護夫は著作集六冊を遺して早世した

その竹山は敗戦後の昭和三十年、日本が戦争に突入した経緯を『昭和の精神史』に書いて、諸悪の根源を重臣・財閥・軍閥・官僚をもって構成される「天皇制」に求める左翼唯物史観を批判した。竹山は「歴史を解釈するときに、まずある大前提となる原理をたてて、そこから下へ下へと具体的現象の説明に及ぶ行き方はあやまりである」とした。歴史家林健太郎は竹山の『昭和の精神史』を「基本的な史実の認識において格別の修正を必要としない」名著とし、竹山の史眼は「学界の研究状況の進展に照して、益々その光を発揮している」と解説した。その竹山の没後富士川は「他にも同じような表題の本を書いたひとがあったが、竹山さんの書かれたものの方がはるかに鑑察が緻密で、正鵠を得ており、真実をついていると思われた」と「都雅で、重厚な」この卓れた先輩に畏敬の念を表した。

竹山道雄は昭和五十九年に亡くなり、日本近代史を専門とした息子の護夫もその三年後、亡くなった。言論界の雄だった父に比べ息子は生前世に知られなかったが、その著作集がいま名著刊行会から出ている。『戦時内閣と軍部』は実証的で明晰、『昭和の精神史』を補完する一冊といえる。この巻は日本の「もう一つの『政府』軍部」について陸軍大将で昭和十四年首相をつとめた阿部信行の言葉で始まる。「今日のように、まるで二つの国――陸軍という国と、それ以外の国とがあるようなことでは、到底政治はうまく行くわけがない。自分も陸軍出身であって、前々からなんとかこの陸軍部内の異常な状態を多少でも直したいと思っていたけれども、これほど深いものとは感じておらなかった」

戦時日本の構造的欠陥をこの言葉は端的に指摘している。加藤陽子東大日本史助教授の解説を読むと、マルクス史観全盛時とは違って、日本の歴史学界には実証史学がかなり根付いたらしい。

ではマスコミの方の歴史解釈はどうか。読売の『検証戦争責任』（中央公論新社）は様々な証言を引いて興味深い。問題があるとすれば記者の書いた地の文で、時に大づかみで引用部分との間に違和感がある。また時に誇大で宣伝文句まがいだ。いま少し学問的規律をわきまえた人に地道に書いてもらえなかったものか。皮肉なものだ。進歩的と自負すればするほど新聞論調の方が遅れる。これはなにも日本の大新聞の論説主幹や記者に限らず、在日外国特派員の多くもそうである。歴史を地道に検証せず、先入主で裁断しようとするからであろう。

80 『森川章二画集』

自己について話すのははしたない。とはいっても、白石とか諭吉とか鈴木貫太郎とかの自伝は興味ふかい。小説より面白い。いや小説でも蘆花の『思出の記』など自分語りの要素の濃厚な作品が好きだ。しかし人間若いうちは過去を振り返るべきでない、という考え方もある。が蘆花は三十二歳で『思出の記』を書いた。その若さゆえに、九州の田舎の兎狩りも、漢学塾も、英学の駒井先生もあれだけ生き生きと描けたのだ。

身内について書くのもはしたない。とはいってもハーンが一番よく解るのは、妻小泉節子の『思ひ出の記』を通してだ。また一雄の『父小泉八雲を憶ふ』のお蔭だ。米国で理解あるハーン評を書いた人はカウリーだが、一雄の回想の英訳を読まなければ、ああは書けなかったろう。漱石も、妻鏡子の思い出が小宮豊隆の研究よりずっと貴重だ。魯迅も、弟の周作人の回想が一番真実だ。学者たちのイデオロギー的研究は愚にもつかない。

それでも私が身内の話をするのはためらわれる。作家でも画家でもないからだ。義兄森川章二は戦争中、秋田県船川の石油工場技師で、姉の良子と昭和十九年に結婚した。精励格勤、七十三歳まで日鉱系の会社につとめた。それからカルチャーセンター藤沢教室で油絵を習い始めた。当初は「いやはや稚拙だな」と思った。絵具をコントロール出来てない。しかし美術がよほど好きと見え、私が訳したヴァザーリの『ルネサンス画人伝』を丁寧に読んでいると聞いて驚いた。続巻を訳した時は謹呈した。姉は十年前に亡くなったが、義兄は絵を描いてゆったりと一人で暮らしている。先年、町田美術館で「ダンテと美術」について私が講演したら、地獄の由来について質問した。その頃は一日一歌ずつ『神曲』を読んでいた。

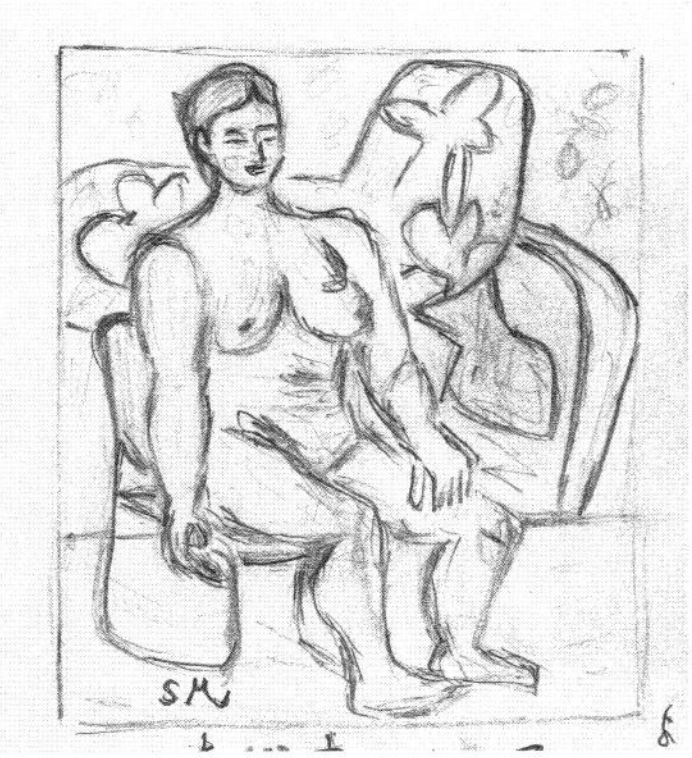
森川章二個展。　二〇〇五年九月

それが「卒寿をまえに」個展を開いた。その場でもう驚いてしまった。さまざまな女体が豊満に明るい色で描かれている。米国では八十歳から絵を書き出したモーゼスというお祖母さんが評判となったが、人間九十近くでこれほど見事になるものか。センターの先生は画集にこう書いている。

――どうしたら、あんな絵が描けるのだろう。デフォルメしているつもりはさらさらないと本人は言うだろう。理想の姿か。はたまた畏敬の念か。小さな頭に大きな手足、なんと逞しい人体が……。

太古の昔、大地を闊歩していた伝説の女族といった趣で、ただただ男性は地面に平伏し、命ぜられるままに絵筆をとらされ、こう描くようにと指示されて出来上がったのが森川さんの「女体」と思えてならない。絵が仕上がる迄は、その場を一歩たりとも離れてはならぬ、と命ぜられたかのように森川さんはじっと画面を見つめ、席を立とうとはしない。「ここんとこをこう向かせたいんですが……」「この色は、もう少し赤みを強くして……」と出来上がりはしっかりと頭の中に入っている様子。私の出番はない。——

黒崎俊雄氏のこの的確な言葉に私はすっかり共感した。

81 なんでも鑑定団

テレビで「開運なんでも鑑定団」は人気が高いとみえて再放映もされている。この番組を私も楽しんでいる。興味は美術品だ。山間の小都会で由緒あるお宝が出たりすると、地方の歴史の厚みが感じられる。骨董狂の主人を持った夫人の悲喜こもごもも、人情の機微をうがつ司会者紳助のコメントも、面白い。常連の鑑定士はいまや全国に知れ渡る名士となった。その鑑定団のお託宣も、含蓄あり、人生訓あり、結構聞かせる。時に意想外な高値がついて満場興奮に包まれるが、税務署でもテレビを見ていはしないか、いつか莫大な税金がかからないか、また盗賊に狙われないかと他人事ながら心配している。それから鑑定団の眼鏡が狂って、本物が贋物と決められたことはないのか。あるいは逆に贋物が本物と太鼓判が押されたことはないのか。近ごろなにかとテレビ局が訴えられるので、それもいささか心配だ。

だが美術品について私が一番心配なのは世界各国が国宝をしきりと海外へ送って展示する近年の風潮だ。万一輸送機が墜落したらどうなるのか。先日、新宿西口の損保ジャパン美術館でペルジーノ展が開かれた。カタログから落ちていたが、私はヴァザーリのペルジーノ伝という根本資料の訳者なので懐かしく、講演会も聞きに行った。梱包《こんぽう》が解かれて実物のテンペラ画を目のあたりにした時の感激を若い女性学芸員が語った。その感激に水をさすようで恐縮だが、相手が損保ジャパンだから質問してみた。「事故の際はどうします」「保険がかけてあります」「保険金は高いですか」「原画の価値はそれはたいへん高いですが、保険料はそれほどでございません」。だが保険金が出ようと出まいと、飛行機事故で人類のかけがえのない文化遺産が失われては困る。絵を見たい人にはその土地へ行くようにしてもらいたい。土地で見ると別様の面白さがある。ペルージャでペルジーノを見れば絵の地平線の明るさはあのウンブリアの夕方の風景だと一目でわかる。フラマン派の絵画が画家にそんな風景を見る目を開いてくれたにしてもである。

なお「なんでも鑑定団」に見定めてもらいたい仕事に、美術史の教授や美術館の学芸員の鑑識眼がある。専門家だから目利きだろうと世間は錯覚しているが、実は知識はあるが眼力のない美術史家はいくらでもいる。私は一九五九年アンフォルメルのフォトリエが来日した時通訳をつとめた。日本側の歓迎に大満足の画家が礼にグワーシュを十枚送ると私に言った。南画廊に届いた時、関係者十人が功労順に貰うこととなった。最大の功労者は私というので一枚まず頂戴した。だがそれから先、画商、美術批評家、美術館長、パトロンとプロの関係者の皆さんどれを取るか迷いに迷って手を出したり引っ込めたり、それは珍妙な光景であった。皆さん意外に自分の眼力に自信がないのだなとわかった。もっとも私はさらに愚かで、保存が悪かったから変色し、折角のフォトリエをすっかり駄目にしてしまった。だから恥ずかしくて「なんでも鑑定団」に出品もできない。

82 ブッフホルツ書店

人は誰から学ぶか。家で母や父や兄や姉から学ぶ。末っ子の私は字を覚えるのが早かったのはそのおかげだ。学校で先生から学ぶ。友達からも学ぶ。小学校では徒歩と電車通学の子と半々だった。すると電車通学の子の方が互いに話す機会が長い。それが六年間続くと電車通学生がクラスのインテリ・グループとなる。私の娘も米国でスクール・バスで通い出してから、友達も増え、英語も上達した。バス通学の方がインターナショナル・グループとなる。親はそう観察したが、当人は在米二年目はバス仲間と気楽に遊んでいた。

そんな子供たちに比べると、私の世代の日本人は若いころ外国の友人はいなかった。つきあう外国人は年上の先生だけであった。もっとも一度、米国女性が友人の母君と話しこんで、その幼い娘と庭で遊んでくれと頼まれた時は、大学生の私は大人の外国人と英語を話すよりずっと狼狽《ろうばい》した。しかし二十代、ヨーロッパ留学当時は先生よりも友人からずっと多くを学んだ。教師になってからは同僚からも学んだが、学生からも教えられた。論文審査の際などこちらも勉強を余儀なくされた。

それが七十代になると外国の友人が減りだした。付き合いの続く数少ない一人はゴドラで、半世紀前パリのサンジャック街の五階の部屋で一緒に牡蠣《かき》やバゲットを食べた仲である。ゴドラの父親カルル・ブッフホルツは一九〇一年生れ、ベルリンの書店主で画廊も経営したが、ナチス時代、先を見越し財産を各国に分け、ニューヨーク、ブカレスト、リスボン等に支店を設けた。一九四五年、ドイツ敗北直前にマドリッドで店を開いた時は祝辞はオルテガ・イ・ガセットが述べた。戦争中も欧州各地を飛び回った父も敗戦後四年間はドイツの家族のもとへ帰れなかった由である。その後一家はスペイン、さらに南米へ移りボゴタで書店を開いた。ゴドラはそこからパリへ留学、アシェット書店で修業中に私と知り合った。「先生で万引する人もいるわ。わたし捕まえたこともある」と強そうな腕を立てて見せた。ソルボンヌでジャンケレヴィッチの哲学講義を二人とも聴いた。彼女の『友情はいまなお続く』は『ルネサンスの詩』の後ろにつけた『著作集第十九巻に寄せて』に収めてある。

いま彼女は南ドイツで画廊を経営している。余暇に書店主で芸術家のパトロンだった父親の伝記を書き上げケルンの DuMont 社から出した。Godula Buchholz: *Karl Buchholz, Buch–und Kunsthaendler im 20.Jahrhundert* である。各国のブッフホルツ書店や画廊のポスターや写真が見事なセンスで並べてある。こうした家の娘だったのだ、と読んであらためて納得した。戦前・戦中・戦後を自由な精神で生き抜いた父は、ナチスが「頽廃《たいはい》芸術」の烙印《らくいん》を押した芸術家の作品をひそかに海外へ送り出して救った人でもあった。その一節は記して『平川祐弘著作集』第二十五巻に収める。

不幸な生まれだったが、オーデル河畔で叔母に育てられた父カルルの幼年時代の思い出が意外に明るい。「君のパパは美少年だったんだねえ」と感想を述べたら、嬉しそうな笑い声がはねかえってきた。ゴドラとは来夏ポルトガルで会う約束をして電話を切った。

83　友人たち

恐縮だが友人についても語らせていただく。そのおかげで外国交際も成り立っている。

パリ留学の頃《ころ》、私も芳賀徹も高階秀爾も数少ないフランス政府給費生だったが、その三人が実は小学校から大学まで同級だったといったら外国人も驚いた。芳賀と私は東大の比較文学比較文化の大学院を二人で担当し、高階は美術史を担当した。定年退職後の十四年目、芳賀は京都造形芸術大学学長、高階は同大学院長を今度はこの二人でつとめている。半世紀前、パリでつきあったゴドラは表現主義芸術をナチスの破壊から守った画廊主の娘だが、父ブッフホルツの伝記を出し、二〇〇六年春来日した。その折、京都造形芸術大で私の通訳で講演し、その機会にゴドラを主賓《しゅひん》に旧友と久しぶりに会食した。

小谷さんにいただいたテラコッタ

中学の同級に建築家塩崎脩がいる。一九六三年にイタリア人のクララさんと結婚した。当時私たち夫婦はペルージャで勉強していたが、ヴァチカンで挙げた式に参列した。そして二人が新婚旅行に出た留守、新居に泊まらせてもらった。そしたら旅先から電話で「証明書を忘れた」という。抽斗《ひきだし》を探して速達でアッシージのホテル宛《あて》に送った。先日イタリアへ講演に招かれた私だったが、荷物がローマ空港で出て来ない。あわてて塩崎家に転がり込んでネクタイもシャツも髭剃《ひげそ》りも借りて、大使公邸に急行した。塩崎は私より痩《や》せているので下着がきつかったが、こんな椿事《ちんじ》で旧交を温めた。

フィレンツェ留学時代に知合った友人に小谷年司氏がいる。京大仏文科の出で栄光時計の社長を過去三十年来つとめている。外国から音楽家を日本に招いて演奏会を開いたりする。私たち夫婦も招かれる。するとパトロンの小谷氏は演奏家の国籍に応じて英語やフランス語やイタリア語で見事な歓迎の挨拶《あいさつ》を手短に述べ、美貌《びぼう》の音楽家の頰《ほお》にキスしたりする。小谷さんはたいへんな教養人で一緒にヴァザーリの『ルネサンス画人伝』を訳した。ミケランジェロ伝は美術史家の訳を採用してしまったが、小谷訳を用いなかったことを悔やんでいる。氏の読書量は夥《おびただ》しく、たいていの大学の先生は小谷氏と話すうちに圧倒される。これだけ読書し、音楽を聴き、展覧会を訪ね、それで本業の実業に携わって年中国内外を旅しているのだから驚く。しかも料理の名人で左利きの手の包丁でさばいて私ごときもてなしてくれる。拙著を謹呈すると最初に感想をくれる一人でもある。筆まめで、宝塚の邸の脇にある郵便ポストは小谷氏専用かと思われる。毎月、時として毎週、趣味の良い絵葉書が届く。いつも御馳走《ごちそう》にばかりなっていて心苦しいのだが、そのうちにフランス中部のロワール河畔のお城に招いてくれるというから、私たち夫婦は半信半疑で楽しみにしている。半疑というのは十五年前、小谷氏は社長を退職して暇になるからトスカーナにお城を借りてそこに平川夫妻を招いて一緒に『続ルネサンス画人伝』を訳そうといってくれたが、その話は立ち消えとなってしまったからである。

84　スカルペルリーニ先生

私にとって懐かしい先生はピエートロ・スカルペルリーニ先生だ。先生ほど全身全霊をこめて講義に打ち込んだ人をほかに見たことがない。先生は休み時間のうちにすでに教室のドアの前に来て、ベルが鳴ると教室へつかつか入ってくる。先生はおよそ怠けることのできぬ、律儀なイタリア人であった。話は毎日聞いた。五十分のイタリア美術史の講義は週五日、土曜の午後はペルージャ市内外の美術案内、日曜は早い時は午前五時半に大学に集合してバスで、ウンブリアやトスカーナの各地へ遠出したからである。帰りが夜遅くになる。ラヴェンナからの帰りは疲れきった参加者を励ますよう歌をうたってくれた。それが軍歌で、私より年上の戦中派の先生はロシヤ戦線に出征した（のかと思ったがそれは間違い）らしかった。私的な詳しいことは知らないが、住居が私の下宿の近くらしく、カフェで見かけたこともある。緑のマントが流行した時、先生も、またおよそ笑顔を見せぬ奥さまも子供も、緑

ピントリッキオの画中人物、ペルージャ

のマントだった。なにか意外だった。

先生が教育者としてすばらしいことは日々感じたが、美術史家としてどれほどの学者か知らない。ベレンソンの名が出た時「作品の真贋《しんがん》を鑑定する力が違う」と先生は敬意をこめて語った。一九六三年春、私は「中世の十二ヶ月」という小論文を書いた。暦に取材した作品が文学にも彫刻にもあり、特にペルージャの大泉のニコーラ・ピザーノの十二ヶ月の彫刻は著名である。それを論じたら先生が「これは学術誌に活字にするがいい」と皆の前で褒めてくれた。有難かったが、それから挨拶するたびに「ボンジョルノ、プロフェッソーレ」と私を教授扱いにするので恐縮した。三十を過ぎていたが私はいまだ職のない万年大学院生に過ぎなかったからである。美術史の試験はおびただしい写真を見せて作家名を当てさせるというもので、イタリア語のずっと上手なスイスの女子学生を抜いて、私が総合点で首席卒業となったのは、ひとえにそんな試験のお蔭である。先生は別れ際に「著書が出たら貴君に送る」と言ってくれたが、賀状の交換も絶えてしまった。

それから四十数年、新宿でペルージャのルネサンス絵画の展覧会へ行ったら、カタログに Scarpellini の名前でペルジーノやピントリッキオの著書名がなんと出ている。イタリア美術史専攻の姪の裕子が注文してくれたら、ピントリッキオの古本だけが届いた。二〇〇三年 Motta 社刊だ。シエーナのピウス二世を描いた一連の大作も、半世紀前ご一緒したスペルロの村の教会の絵も、ペルージャの美術館で依子と一緒に見た図も、窓から影が大理石に落ちている図も出ている。その影を「メタフィージコ」「形而上学的」と説明した時の先生の声がよみがえる。先生は九十近くについにこんなスタンダード・ワークを出したのだ。私は声をあげて先生の文章を読んだ。なんとブルクハルトを斥けている。御存命だろうか、本が捧げられたロザルバとはあの緑のマントの奥様だろうか、と考えた。

85 風景の誕生

中世の西洋人は自然を美しいと感じなかった、大自然の美が自覚されたのはロマン派以降だという。それはキリスト教が泉や山や湖や森には悪魔が棲《す》むと恐怖心を吹き込んだからだとブルクハルトは説明した。しかし日本では逆に恐ろしいからこそ畏怖《いふ》も生じ、数ある崇拝の対象ともなった。『万葉集』を読むと日本人は昔から富士山に畏敬の念を抱いていたことがわかる。大和島根は自然に命が宿ると感じる人が住む神道の国だから、清らかな風景を美しいと感じた。伊勢の森で頭を垂れ、吉野の奥で霊峰を崇めた。楠《くす》や杉の老樹を御神木《ごしんぼく》と観じ、巨岩に注連縄《しめなわ》をまき、滝に霊性を認め、修行者は水に打たれた。『源氏物語』には四季が繊細に描かれている。初音《はつね》の巻の「年たちかへるあしたの空の景色」が格別で、元旦に人の心がのびやかになるのは、私たちが神道的雰囲気に知らず識らず染まって育ったからに相違ない。外国で迎えた元旦は窓外の景色までわびしかった。

では日本と違って西洋ではいつから風景に美を認めたのか。詩に歌ったのはダンテが最初だとブルクハルトは『イタリアにおけるルネサンスの文化』でいった。なるほどわだつみの震えで始まる煉獄篇は美しい。地上楽園でも松籟《しょうらい》が聞こえる。では西洋人の自然への接し方は一般にいかなるものであったのか。無関心であったのか。ピエーロ・カンポレージの『風景の誕生』（筑摩書房）によると、ルネサンス期になってもイタリア人は土地というものをもっぱら資源という観点から見ていた、という。もっともこれは博覧の著者が、博物学者的関心でもって、各地の物産を記録した文献を次々と提示するからではあるまいか。鉱山や金属など平賀源内にでも読ませたら喜びそうな文章が続々と出てくる。レオナルドなどの科学的・技術的記述には詩も感じられる。本書は物産や生産の讃歌としても読める。

なるほど近代以前は風景を風景としてのみは描いていない。しかし私はアンブロージョ・ロレンツェッティの農村に風景を見、ヴェネチア派の宗教画の背景の遠くの小さな村に風が吹くのを感じる。ペルジーノの絵の地平線の光にウンブリアのトラジメーノ湖の辺りを思い出す。だから絵画的な眺めとして土地を見ることは、コード化されていなかったとはいえ、昔から脈々と続いてあったのだ。それに著者カンポレージ自身の結論も「風景を描いた絵画の黄金時代はおそらく、まだ風景というものが自立した形としてもジャンルとしても存在しなかった時代ではなかったか」というのだから、私見と感覚的にずれはない。

訳者の日本語は正確で美しい。中山悦子さんはランドルフィの小説『月ノ石』の翻訳でミランドラ賞を受賞した。この学術的な文化史の訳文には命が感じられる。本の内容にふさわしく、刻まれて金属的な光沢を帯びている。読んで惚《ほ》れ惚《ぼ》れとした。一昔前に出た本だが錆《さ》びていない。この欄で取り上げる次第だ。

86 僕や

仙北谷晃一はセンボクヤと読む。私より三年後に大学院に入り修士となってすぐ清泉女子大に就職した。これは生涯の大成功だった。そこでよき伴侶を見つけたからである。当時の彼はボクヤが愛称だったというが、長く外国にいた私はなにも知らない。そんな私と仙北谷といつ親しくなったのか、去る年(平成十九年)の夏聞いたが彼も記憶になかった。しかし詩を解する男であることはすぐわかった。それで昭和四十一年『神曲』を訳した時、まだ人見知りが残っていた私だけれども、彼にも一冊謹呈した。それがいつか彼をからかう仲となり、人に紹介するとき真顔で「この仙北谷さんは女子大学を故あって追われ今の大学へ移られ」と冗談をいうと、彼はやっきになって否定した。

ハーンが好きなことも二人が親しくなった理由に相違ない。東大生を連れて昭和四十七年、出雲へ行くとき彼も誘った。教師だけ寝台は良くないと夜汽車で座って行ったら、秋田育ちで頑健だろうと思っていた彼が朝弱っていた。松江駅で待合わせたらなんのことはない、学生たちは次々と寝台車から降りてきた。ハーンの松江の庭などの仙北谷訳が美しいことはよそでも述べたが、彼の『人生の教師ラフカディオ・ハーン』(恒文社)は遺文集『玉藻沖つ藻』とともに後世に残る著書である。

仙北谷は大磯の山手に住んだ。武蔵大まで二時間かかる。私は自分が多少仕事ができたのは徒歩二十分の職住接近のおかげと信じていたので「大学へ二日続けて行く時は、池袋のラブ・ホテルに一人で泊りたまえ」とこれは冗談めかして真面目に忠告したのだが、聞くはずもなかった。彼はホテルも高層は不可、和室でないと寝られない男なのである。

彼は音楽にひたった。フルトヴェングラーに打ち込み著書まで訳した。ヴェネチアで「僕はベートーヴェンよりヴィヴァルディが好きだ」といったら「人生を真面目に生きていない」と説教されてしまった。そんな彼が榎本泰子『上海オーケストラ物語』(春秋社)の島田謹二賞受賞パーティーに現れない。癌なのであった。薬で好みが変わったというからアップルパイをもって見舞いに行った。靖国神社参拝も気にしたので次は神社のお神酒《みき》も持参した。奥様からご馳走になった。「いい奥さんと子供に恵まれてよかったじゃないか」と見舞いを書いたら「残り多からぬ朝の紅茶を貴兄の国宝で頂くとしませう」と葉書が来た。「ペルージャは坂多き町聖五月」という彼の句を私が茶碗に焼き付けて贈物にしたとき「国宝」と戯れに呼んだのを憶えていたのである。「外国では僕はイタリア生活がよかったな」といったら彼もペルージャがなつかしいと肯《うなず》いた。拙著『ルネサンスの詩』(『平川祐弘著作集』第十九巻)の仙北谷解説は彼の地を描いて真に美しい。「車椅子の生活になり家内の苦労も並大抵ではありません」という十二月四日の葉書に「仙人の僕やに返る師走かな」僕やは坊や嬢やの類、と彼の昔の綽名を使って返事したら、十三日に突然電話で「もう返事を書く力もない。いろいろ親切

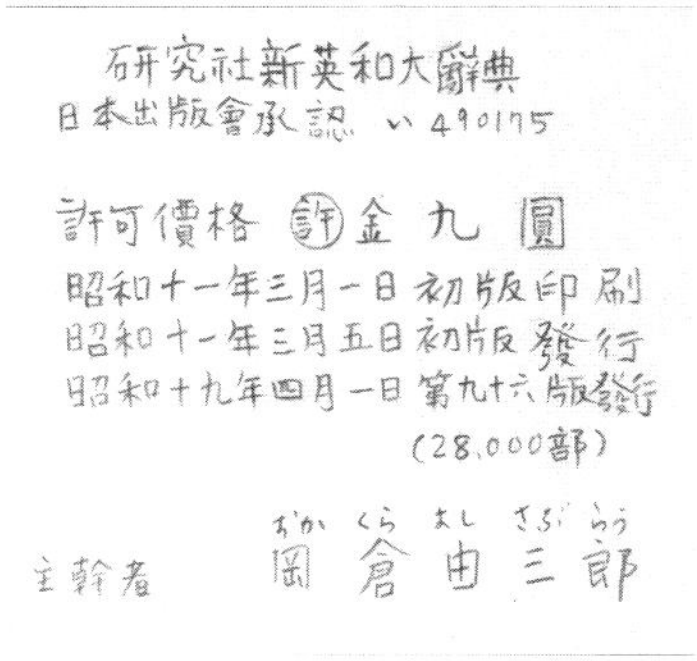
研究社新英和大辭典
日本出版會承認 い490175
許可價格 金九圓
昭和十一年三月一日初版印刷
昭和十一年三月五日初版發行
昭和十九年四月一日第九十六版發行
(28,000部)
主幹者 岡倉由三郎《おかくらよしさぶろう》

一九四四年に日本で出た英和辞書

にしてくれて」といって声がむせた。翌朝亡くなった。葬儀の会場にベートーヴェンが流れた。仙北谷が意識を失う前に自分で選んだ曲であるとのことだった。

87　戦時下の『新英和大辞典』

米国人や中国人は自己を肯定するよう教育される。日本人は自己を遠慮するよう躾《しつ》けられる。違いを北米で痛感した。学部長は私に「何を研究中か」とたずねる。米国で上に立つ者は下の者を把握し、出来る者は引き立て、出来ない者は首にする。日本の大学は、官庁と同様、一旦《いったん》つとめれば身分が保証されるが、米国ではテニュアという終身雇用権がつくまでは煉獄《れんごく》の苦しみだ。早く業績を出さねばならない。そんな上下関係であってみれば、自分を認めさせるために何を研究中か、きちんと表現せねばならない。だが研究の初期は雲をつかむ状態で、私など日本語でも上手に話せない。だがそこでつまったらお陀仏だ。それで米国人の学部長からまた「何を研究中か」とたずねられた時は、以前に仕上げた仕事を説明することにした。それなら英語でも話せる。すらすらと説明したら、今度は講演を依頼された。即座に引き受けた。

ところが日本の大学では「何を御研究中ですか」ときかれても「いやあ」と頭を掻《か》いている。大学者でも、自己顕示を嫌がる。日本人は外国で講演を依頼されても遠慮する。だが一度断れば、もう相手にされない。それもあって、日本の人文系学者の多くは相手の学問世界に入らず「もてない人」として在外生活を送る。日本人の外国交際は世間が思うほど深くない。

外国人の積極的な自己肯定と日本人の消極的な遠慮が重なると、歴史認識も歪《ゆが》む。米国は戦争中に日本語の語学将校を養成したと自慢する。戦後の優れた日本学者の新世代は確かにそこから出た。しかし戦勝国の元将校の日本観には偏りもある。他方、日本は戦争中に英語教育を軽んじたと卑下する。それも確かで、美智子皇后も読書の思い出で「日本は既に英語を敵国語として、その教育を禁止していました」と一旦は述べられた。がこの指摘は正しいようでいて、実は正しくない。皇后様は後に「禁止」ではなく「規制」された、と訂正された。

歴史を語るには統計的事実の確認が必要だ。外国語学習には辞書が要る。戦争中の米国では研究社の和英辞典の複製を作って勉強した。しかし辞書が日本製ということは、当時すでに日本に八十年の英語学習の蓄積があったからだ。昭和十九年、中学に入った私は研究社の『新英和大辞典』をもらった。その年、二万八千部と発行部数が奥付に出ている。用紙の統制下これだけ出たのは、日本人が第二次大戦中も英語を学んだなによりの証左だ。私は喜んで習った。私がいま英語で書物を出せるのも、戦時下の英語教育のお蔭だ。しかし時局便乗の言葉狩りをする者がいて、英語を排撃したのも事実だ。私にその英和辞典をくれた叔父も師範の英語教師をやめて小学校校長になってしまった。ちなみに私はその辞典を今も使っている。動植物がカタカナでなく漢字で書かれている点、近年の辞典より優れている。

88　美智子皇后の読書の思い出

子供時代の書物の思い出が真実なのは美智子皇后のお話だ。一九九八年、国際児童図書評議会の基調講演をするよう皇后はインドに招かれた。だが不慮の事で行けなくなり、講演をビデオにとって送られた。このビデオはこよなくすばらしい。日本語版と英語版と二つあるが、見事だ。英語で語ってこれほど多くの人の心を動かした日本人はまれである。

子供には誰しも辛い体験がある。どの子の涙にもそれなりのわけはある。雲の上の皇后さまが意外にもそのことを新美南吉《にいみなんきち》の童話を例に具体的に説明された。三人の子供の母として話された。人生の明るい表だけでなく暗い裏についても語られた。その両面をみつめ、人の世の複雑さをそのあるがままの姿で受けとめようとされる美智子皇后の人間観に私は心打たれた。お話が訴えるのは少女のころのご自分のパーソナルな思い出を率直に述べられたからである。だがそれだけではない。皇后はさらに諸外国の神話や民俗伝承の意味を説き、日本については『古事記』の弟橘媛《おとたちばなひめ》が海神の怒りをなだめようと海に身を投じた話をされた。それは日本武尊《やまとたけるのみこと》を救うための、むごい恐ろしい生贄《いけにえ》の話である。だが皇后は英語講演でも

さねさし相模の小野に燃ゆる火の
火中《ほなか》に立ちて問ひし君はも

とまず日本語で歌をよまれ、ついで英語で Prince Brave of Yamato はかつて敵に囲まれ火攻めにされた、だが火中にあっても身の危険をかえりみず妃である自分を救ってくれた、と弟橘の感謝と愛の気持も説明された。オトタチバナはそのように優しく気をつかってくれたヤマトタケルのために進んで身を犠牲にした。愛と自己犠牲は不可分であり、愛は時に厳しく残酷である。疎開先で子供の時に読んで不安をおぼえた弟橘の神話はそうした美しさをも秘めている。そのように古代日本の神話を受け止められた皇后は、ご自身またそのような愛を受け、そのような覚悟の方であるのだ。拝聴して私は粛然とした。皇后さまはもはや遠慮はなさらず率直にご自分で考え抜かれたことをお話になる。

また大人になってフロストの I shan't be long の句を読んで「すぐ帰って来るんだから、君も来たまえ」という幼い時に読んだ訳を思い出した、と美智子妃は訳詩の魅力も原詩の響きも実に上手に説明された。美しいお声であった。書物は一面ではそのように私たちと外国との掛け橋である。しかし『古事記』の例でもわかるように、書物は私たちのルーツがどこにあるか、そのことも教えてくれる。書物は世界にはばたくための翼であるが同時に根を張るためのものでもある。書物は外部に向かって掛かる橋であるが、私たちの内部に通じる橋でもある。

それは見事な読書論であった。ご自分の思い出とご自身の考えでつづられたお話であった。

89　君と住む家

美智子さまが皇太子妃のとき皇太子とお揃いで歌集『ともしび』を前に婦人画報社から出された。それはご成婚二十五周年を記念してのことだった。私は天皇家のおつとめは神道の大祭司として宮中のご祭事をなさることが第一義だと感じている。皇太子殿下、いまの天皇陛下に

　神殿へすのこの上をすすみ行く
　　年の始の空白みそむ

という昭和四十九年の歳旦祭のお歌があることが有難い。すがすがしい緊張があり神道の美学がおのずと感じられる。美智子さまは昭和五十五年、

浩宮の加冠に際し「いのち得てかの如月《きさらぎ》の　夕《ゆふべ》しもこの世に生《あ》れしみどりごの二十年《はたとせ》を経て」に始まる長歌を詠まれた。「御祖《みおや》みな歩み給ひし　真直《ますぐ》なる大きなる道」を浩宮にもきちんと踏んで進んでいただきたい、という切なる祈りがこめられている。

　美智子さまが皇后になられてからの御歌《みうた》集『瀬音《せおと》』は平成九年、箱入布製で出た。元版がこの十年の間にいくども版を重ねたので、それが平成十九年新装版となって世に出た。明治天皇皇后のお歌も昭和天皇のお歌もすばらしいが、いまの皇后さまの歌集がこうして広く国民に愛されていることは真に有難いことである。

先の『ともしび』には美智子さまと婚約が内定した昭和三十三年に今上天皇が皇太子殿下として詠まれた

語らひを重ねゆきつつ気がつきぬ
　われのこころに開きたる窓

がはいっている。良き配偶者を得た若者の優しくも嬉しい気持の歌である。今度の『瀬音』には新婚の美智子さまの「常盤松の御所」での暮らしを詠まれた歌も収められている。

黄ばみたるくちなしの落花《らくくわ》啄《ついば》みて
　椋鳥《むくどり》来鳴く君と住む家

芳賀徹は「この君は皇太子殿下のことだから格別の重みをもつにせよ、皇族として住む御所《ごしょ》のことを「君と住む家」と呼んだ皇妃は、日本史上のみならず世界史上はじめてだろう」とそのつつましさとそれゆえにいっそうひそやかに深い二人の愛を讃えている。

『瀬音』は不朽の歌集である。普及版を出した大東出版社は市丸利之助の歌友岩野喜久代が社主であった。私は昭和・平成の御代をこの皇室とともに生きたことを嬉しく思う。「平川君はそのようなことを公然と言うからA新聞やI書店に睨まれるのだ。君はインテリ失格者とみなされている」。世故《せこ》にたけた友人がそう注意してくれたが、私は世の小インテリからどう思われようと構わない。自分は自己の感情に忠実に正直に語りたい。そのような言論の自由のある日本に生きることを私は国民の一人として「生けるしるしあり」と有難く感じている。

90　集団自決

佐藤優「沖縄集団自決母は見た」(『文藝春秋』二〇〇七年十二月号)は十四歳で軍から手榴弾を渡された少女の思い出を語って情理兼ね備えている。歴史は複数の真実を持ち続けることに耐えねばならない。政治的圧力で教科書記述を一方に固定しようとするのは、右にせよ左にせよ、よくない。地上戦闘に巻き込まれた沖縄県民は悲惨だった。肉親を失った人は責めを軍に求めた。では明確な軍命令がなかったとして、何が集団自決に追い込んだのか。日本兵に捕虜となることを認めなかった「生キテ虜囚ノ辱メヲ受クルコトナカレ」の考えが、軍民を問わず広まって「一億玉砕」といわれ出したことに問題の核心があると私は思う。

昭和以前の軍は捕虜になることをまだしも大目に見ていた。山中峯太郎の『敵中横断三百里』は昭和五年に出た日露戦争の実録だが、斥候隊の沼田一等卒が捕虜となったが戦後露都から送還され、勲章まで授与されたことが出ている。それが昭和七年、上海事変で人事不省で中国軍の捕虜となった空閑少佐が恥じて拳銃自決した。それが美談として称揚された。

「玉砕」という言葉が使われたのは昭和十八年五月末、アッツ島の守備隊二千五百人が最後の突撃をして全滅した時からである。戦争初期には民間人は死ななくてよいことになっていた。前にも書いたが、交換船で日本在留の米国人が帰国し、米国からは日本人が帰国した。そんな例があったから、昭和十九年七月、米軍がサイパン島に上陸した時、一旦停戦が行なわれて島の日本人婦女子は安全地帯へ移されるという噂が内地では飛んだ。大本営は民間人の処置を現地軍に委ねた。劣勢の現地軍に交渉するゆとりはない。交渉しても米軍が応じたか否かわからない。女子供は断崖から身を投じ、手榴弾で自決した。その中には沖縄出身者も多かった。その報道は外電経由で伝わり、日本人の心を打った。それからというもの新聞は「一億玉砕」を主張し出した。本気でそう思った編集委員もいたろうが、周囲と調子をあわせただけの「愛国」記者もいただろう。新聞は嘘と知りつつ当時も当局の発表通り戦果の数を誇大に報じた。

ところで日本降伏は国全体が「生キテ虜囚ノ辱メヲ受クルコト」である。敗色が濃厚となり、新聞が「一億玉砕」と声高に唱えると、民間人も死を覚悟した。昭和二十年五月ドイツも負け、もう勝目はないと私も思った。「しかし日本は勝たないが、負けない。降伏はしないから」中学二年生はそんなことを言いあった。軍命令はなかったが、平川家では化学工場長の父は万一を想定し青酸カリを備えた。幸い内地は地上戦に巻き込まれず戦争は終った。昭和二十年九月「あれは片付けないといかんな」と防空壕から父が薬物を取り出した。その時、親子はなにもいわなかったが、照れたような感じであった。

終戦内閣の鈴木貫太郎大将や昭和天皇に私たちの世代が感謝の念を抱くのは、「一億玉砕」というタブーに囚われず、降伏の決断を下してくれたからである。

91 『霞が関半生記』

新聞は名士に回顧談を書かせ、花をもたせる。元の官房副長官古川貞二郎氏は村山、橋本、小渕、森、小泉と歴代総理に仕えた縁の下の力持ち、一見穏やかそうな紳士だ。旭日大綬章を授けられた。自己の閲歴『霞が関半生記』を『佐賀新聞』に連載、同社から単行本で出た。ところがこの自伝はその後奇妙な注目を惹いた。「女性・女系天皇を認める案のとりまとめに尽力した能吏はこんな人か」「氏には霞が関の政府委員は辞めていただいて『半生記』の次に『反省記』でも書いてもらう方が良くはないか」と世の有識者だか反有識者だかが心配して、囁き始めたからである。

話題の主は昭和九年佐賀の農家に生まれ、一浪で九大に入り卒業、人事院上級職試験に落ち、長崎県庁に勤めた。働きながら勉強を続け、行政職試験に合格したものの面接で落第。翌日厚生省の人事課長に直談判し、一度不合格とされたものが這い上がった。そんな合格を認めた時代もあったのかと驚いたが、それよりもそんな裏口入省まがいをよくもまあ本人が平気で書いたものだ。郷里の新聞の気安さゆえか、功なり名遂げて気を許したからか。もっとも本人は国を思う熱意が関係者を動かしたといっている。さらに入省の昭和三十五年、公務員の政治活動参加が許されないことを承知の上で、厚生省を抜け出し安保反対デモに参加した。どうやらその時々の大新聞の意向に動かされやすい人と見える。だがそんな人が後年、安保当時の首相岸信介の葬儀の事務方責任者をつとめた、と得意気に語るに及んでいやな気がした。さては立身出世主義か。御用をそつなくこなし、ついに官僚階梯を登りつめた。そんな古川氏の労をねぎらって橋本首相が肩を揉んでやる写真が自伝に出ている。見ていて御両人の品位の無さにいよいよいやな気がした。橋本氏が先日北京で揉み手しながら相手の御機嫌をとった光景が思い出された。

日本の伝統文化に深い理解があるとは思えぬこの古川氏を、こともあろうに「皇室典範に関する有識者会議」を取り仕切る委員に据えたことは、小泉首相の失策だ。察するに、女性・女系天皇容認の原案があり、その当初の構想そのままの答申が出るよう、この有能な係長タイプのやり手が気を利かし、なるべくイエスマンを委員に集めた。裏でいろいろ囁いたに相違ない。出世志向の官吏なら、それが首相の意にかなうと思うからだ。はたして会議はロボットのごとく既定路線を進んだ。見識のありそうな委員に欠席が多かったのは、皇室の将来にまつわるこの重要な会議が、その実は単なる形式と化していることを察したからではあるまいか。世間はその拙速に不審の念をつのらせ、無礼に憤《いきどお》った。

だが天は日本皇室を見捨てなかった。紀子さま御懐妊の朗報で事態は一転したからである。安倍官房長官の忠言を容れ、小泉首相が国会に法案提出を断念したことに世間はほっとした。終わり良ければすべて良しだが、これから先さてどうなることか。

（このコラムは誰に対する遠慮か『熊本日日』で没になった。しかし単行本には収めさせていただく）

92　『テムズとともに』

皇太子殿下は一九八三年オクスフォードに留学され、二年間の思い出を学習院教養新書から出された。徳仁親王著『テムズとともに』がそれで、好著である。その英訳 *The Thames and I* がこのたび Global Oriental 社から出た。チャールズ英国皇太子が序文を寄せて「読んで楽しい回想である。さとい観察がちりばめられている。徳仁親王のユーモアのセンスはデリケートで、いろいろな活動に御自分も加わりたいというお気持がうらやましいほど出ている。筆力は読者の関心を呼び読者を楽しませてやまない」

有楽町の外国特派員協会で訳者コータッツィ元駐日英国大使が、ともに立憲君主制である日英両国の友好のシンボルである本書を紹介するスピーチをした。英国の王室関係者は馬にしか興味がないが、日本皇室は昭和天皇も今の天皇も皇太子もみな学者で、御一家音楽に秀で、スポーツ面では皇太子は疲れを知らぬスキーヤーである。本書の写真はすべて玄人はだしの殿下が取られた。ただ自分はオクスフォードの出身でなく日本語の力が及ばないので、その学寮の階段の途中に「踊り場」があるのはさてはそこでダンスをするためかと勘違いした、と笑わせた。

しかし質疑応答に入って一人外人記者が図に乗って英王室の悪口をいうと、元駐日英国大使はきっとして「英女王は公務に精励している」と弁護した。そして日本批判もまじえ、本の翻訳よりも日本の宮内庁とのやり取りの方がずっと手間がかかった、皇室はもっと visible であるべきで皇族はもっと世間の目にふれるがいいという。何をおっしゃる、とんでもない、これ以上週刊誌種にされるのは真平だ、と私は内心で反対した。大使は女性天皇支持で賛成理由は「有識者会議に緒方貞子がいるから」ともいった。そうまでいわれる緒方女史に対する大使の信用には感心したが、しかし女史が会議を一番多く欠席した事実を大使は知らない。靖国にふれ「遊就館の展示に日本が東南アジアで与えた被害が展示されていない」とかつて日本軍と戦った元語学将校らしい苦情をいった。私は「貴国の戦争記念館に英国植民地支配がアジアの民に与えた被害が展示されているのか」と言いたかったが、場所が皇太子様の本の出版記念会場だ。穏便にすませたい。だが列席の日本人が皆押し黙っていてコータッツィと同意見と思われても困るから、手をあげて英語で質問した。「かりに日本が女系天皇を認めるとして、皇室が将来、愛子様を英国の大学へ留学させるとお考えか」するとと大使は「私は大正十三年生まれ」とまず日本語でいい、その先は英語で「親王様の外国留学が問題になる頃は私が死んだ後だから関係ない」と答えて満場を笑わせた。

世間は女性天皇などと気軽にいう。だが親王様が留学して外国人と恋愛したら神道の祭祀はどうなるだろう。ハニートラップを仕掛けられたらどうなるだろう。そんな余計な心配をしながら、私は大使に署名してもらった本を手に会場を後にした。

93　村田良平『回想録』

日本の大使の多くは高給を食《は》む割には大した仕事をしていない。その証拠に退官後書物を著わす人が少ない。自己の人生について記録を残すに値すると感じる人が少ないばかりか、外交関係についてもきちんとした書物が書けない元大使が多い。日本語でも書けないのだから外国語で書けようはずもない。

そうした無能外交官の中で退官後、大企業の顧問に天下りもできず、中国大陸の大学へ日本語を教えに行く人がいる。この現状を放置しておいて良いか否か問題である。それというのもこれは中国の高等政策で、中国寄りの報道を

村田大使夫妻、ドイツ時代

して林彪死亡までをも否定した朝日の秋岡特派員を優遇し生涯面倒を見たのと同じ手口だからだ。親中外交を行えば日本外務省で不遇であろうと天下り先は大陸で保障しますよ、という中国のしたたかな戦略とも読める。心配するな、無能外交官が大陸に渡ろうがたいしたことはない、とたかをくってはいけない。無能な人ほど誇りもないから自国の国益を平気で損なう。

そうした戦後派外交官が多い中で、旧制三高出身の村田良平氏は誇り高い硬骨漢である。外務次官、駐米大使をつとめあげ、『海が日本の将来を決める』を成山堂書店から出して吉田茂賞を授けられたのみか、さらに『回想録』をミネルヴァ書房から刊行した。気力・知力・記憶力が揃っている。こうしたバックボーンのある外交官がトップとなれたことは霞が関の名誉だ。村田氏の思想的立場に同調しない人は多いだろうが、氏が優れているのは、私見によれば、一見反時代的な見方を生涯変えなかった点にある。

「御陵のかたわら主君の足元に、良き臣下であった乃木将軍の慎ましい墓がある。明治天皇薨去のあともはや生き永らえようとしなかった将軍の墓である。」クローデルがそう描く桃山御陵の近くで村田は生まれた。斎藤隆夫議員の粛軍《しゆくぐん》演説に共感する父をもつ家庭に育ち、『亜細亜の曙』『家なき子』など読んで育った。私と同世代で、戦争中は『海行かば』を聴いて涙した。戦いに敗れた日本だからこそ祖国を愛し、そのより良き将来のために外交官として仕える決心をしたという。問題はその気概を次世代に伝える教育が外務省内部で一向に行われていない点だろう。「日本人ヲ民族トシテ奴隷化セントスルノ意図ナシ」というポツダム宣言の表現は、一度はそう考えた証拠だ、という読みも鋭いが、それを回想録に書く態度も立派だ。村田は京大法学部で「事後法による裁判は認められない」という滝川幸辰教授に学ぶ。東京裁判に対するその見方は外交官としても変えない。

しかし言葉のセンスに問題がないわけではない。『海行かば』の復活は良いことだが「喜ばしい」という形容詞は適切か。滝川の、そして村田の、人生訓はダンテの「汝の道を進め、人々をして語るにまかせよ」

だとある。『資本論』の序にある立派な台詞だが、実はあれはマルクスの引用違い。当然、孫引きも間違い。正しくは「我につきて来たれ、人々をして語るにまかせよ」である。以上敬意をこめて。

94　アラン・コルナイユ

退官後も外交史研究に余念のない矢田部厚彦元フランス大使が編訳した大冊『幕末のフランス外交官』（ミネルヴァ書房）の副題「初代駐日公使ベルクール」を見て驚いた。彼の外交書簡を用いて『最初の仏日条約』を出したのは旧知のアラン・コルナイユで、それが今回の原書だからだ。原著者は名前しか出てない。さては訳者はコルナイユと面識がないなと察し、矢田部氏に本の礼の電話を掛け、先方の住所をお教えした。シャルトルに引っ込んだアランだが、立派な訳書が出たと知ってさぞ喜ぶだろう。

アランがくれたシャルトル土産

東洋語学校の生徒だったアランとパリ留学生の私が知りあったのは一九五五年だ。交換教授は、鷗外『堺事件』の仏語下訳をあらかじめ私が作る。二人で日本語原文を読む。アランが平川訳を直す、という方式だった。私がロンサールを訳したらアランは langue verte と笑った。「みどりの言葉」でなく「みだらな言葉」の意味である。ヴィルヌーヴ・サン・ジョルジュの家にも招かれた。駅前がセーヌ河畔でダンシングで踊る男女がルノワールの画中のようだった。ドイツが攻めて来た時、仏英離間を図って英国軍がジャンヌ・ダルクを火焙りにしている反英ビラが空から撒かれたなどと父君から聞かされた。サン・カンタンの出の下級のお役人で「北の人は律儀だよ」といった。一人息子のアランは外務省に決まったが徴兵され、アルジェリアでは危険な目にも会ったらしい。六十年代に東京大使館で二度勤務した。私の母は彼の香水の土産を喜んだ（私の土産の方のシャネルは母は使わなかった。それはお棺にという申し渡しで、葬儀の際に姉が母にかけた）。

一度アランの上司のフランス外交官も一緒のつきあいで、六本木の店に急にはいろうと決まった時は、蒼くなった。当時の大学助手の収入は彼等の二十分の一にも及ばない。すると私の心中か懐中かを察した彼が「私が払うから」とすぐ言ってくれた。一度渋谷の安店に二人ではいってスパゲッティ・ヴォンゴレを注文したら浅蜊《あさり》の貝殻は入っていたが身は見当たらない。あの頃の日本はそんなであった。フランス外務省の職員食堂を私が知っているのはパリに寄ると彼に会ったからである。私がパリ大学で教えていた時、自宅に呼んだら私が具合が悪くなり、招待客の彼が電話で医師を呼んでくれた。いつも賀状は交換するが、ある年そう書いてはないけれども離婚したと直感した。二〇〇三年にクローデルと神道について発表した折シャルトルに会いに行って今度は私が食事に招いた。すると「葡萄酒は自分が払う」と言うのが律儀なアランだった。

二十代の私はパリで一種の愛国心にかられて形容詞もジャポネ japonais でなくニッポン nippon をよく使った。フランス公使の前で十一人の武士が堂々と切腹した堺事件を教材に選んだのも一半はそんな気持のせいだろう。堺事件が起こる前に日本に勤務した初代フランス公使ベルクールをアランが後に調べたのもあの時の交換教授と無縁ではなかったのかもしれない。矢田部氏のあとがきが見事だ。アランは最適の訳者を得ためでたい。

95　ジーンとジャン

私は前世紀の最後の十年間に三度北京へ教えに行った。当初はいかにもエリートという感じがして中国では学生は「国家幹部」と呼ばれていた。ところが大学生の数が急増し今や六百万人を越す。経済成長期は大学卒は職に恵まれた。とくに英語科や日本語科は就職もよく人気も高い。それに対し就職難のロシア語、ドイツ語、フランス語科は授業料を安くしてまで学生を集めようとした。しかし社会の需要に応じて入学者数を調整する方が賢明だろう。北京外大のイタリア語科は四年に一度しか学生を募集しない。こうした措置は欧米にもあり、以前パリのオランダ語科は二年に一度しか学生を取らなかった。

フランス語は近年は日本でも人気が落ち、定年を迎えた東大仏文教授も私立大に天下りできずにいる。ところが中国ではフランス語卒業生の就職がよくなった。それは中国の外交戦略の関係で、資源確保のため北京政府が要員を養成して次々とアフリカの旧フランス植民地諸国に送り込むからである。パリに憧れてフランス語を勉強したら卒業後熱帯アフリカへ派遣され、病気で死ぬ中国人卒業生も出た。フランス文学に夢中だった在学中はこんな運命になるとは思ってもいなかったろう。

中国の大学生は在学中、外国人の友人に恵まれる機会が乏しく現地事情にも疎い。では近頃の日本の大学生には外国人の友人はどの程度いるのか。若い時から外国人の友だちがいることはいいことだ。世界各国で大学生に外国の友人がどの程度いるか比較調査したら各国の国際性の度合もわかり興味深いに相違ない。日本社会はインサイダーとアウトサイダーの区別がはっきりし過ぎており、気心の知れた人ばかりで固まる。見知らぬ人とはつきあい方も下手である。それだから異国の友人も少ない。

ボールトン

大学生時代の私は偶然、英国大使館の参事官が息子のフランス語家庭教師に連れてきたフランス人女性と親しくなった。そしてその関係で大使館で働いていた英国女性とも親しくなった。私が二人を東京で自宅へ招いたら、よほど珍しかったせいか、後に二人とも南仏やボールトンの自宅に留学生の私を招いて泊めてくれた。その一人が「私の家はお宅のような教養のある家庭ではないから」と卑下した時はちょっと不思議な気がした。もう一人は「私の母は継母だから」と寂しさを訴えた。異国の若者だからそんなことも話せたのかもしれない。その英国女性ジーンが勤務先のルクセンブルクの英国大使館からパリへ遊びに来た時、私は一人でホテルの一室へ会いに行くのは気がひけたから、友人のHを連れて行った。すると帰りしなにHが「見たか。女の下着が伏籠《ふせご》に干してあったぞ」と笑った。(ウェイリー訳の『源氏物語』だと馬頭が女の家を訪ねた時に**undergarments**が干してあったことになっている。そんな誤訳を読んだので私は昔を思い出した次第だ)。

ジーンはその後アフリカのフランス植民地で勤務中、フランス人と結婚した。ジーン**Jean**はフランス語ではジャンと発音する。「結婚したら男になってしまった」と彼女は笑った。

96 アラン・ロシェ

一九八〇年代の熊本にアラン・ロシェというフランス語教師がいた。秀才でその後東大に呼ばれたが、早く母国に戻って大学教授になりたかったのだろう、苛々《いらいら》していた。東大の同僚とも深くつきあわず、対話が少ない。「日本人教師は自分をフランス語の生き字引き扱いする」と腹を立て、一度懇親会で突然無礼な発言をして座が白けた。お雇い外人を人間機械のごとく使い捨てにする、とは当時在日西洋人の間にはやった「日本人論」だ。そんな疎外感は今もあるだろう。しかし西洋人は日本人より高級なはずと勝手に決めているから、西洋人が日本人教師の下に扱われるのに腹が立つので、日本における外人語学教師の地位が西洋における日本人語学インストラクターより下なわけではない。

それでも、しこりが残らぬよう外人教師を集めて私の司会で「東大における外国語教育」という討論会を開いたことが一度ある。公開の場で語学力が試されるのがいやな日本人教師の何人かは欠席したが、外人教師は全員参加した。「二十年間東大に勤めて語学教育について意見を求められたのは初めてだ」とブロック夫人に礼をいわれて恐縮したが、しかし聞いた限り、特に妙案が外人側から述べられたわけでもなかった。

外人教師で日本人学生と上手につきあえたのは小泉八雲ことハーンだ。外人教師はすべからくハーンの先例に見習え、というのが私の説だが、しかしその同じハーンとても松江の若者と親しんだほど熊本の学生と親しんだわけではない。だがこれとても熊本の学生に問題があったというより、ハーン自身が来日第一年は出雲の生活に溶け込もうとしたのに対し、九州ではそうしなかったからだ。強いて相違といえば、松江の西田千太郎に相当する友が熊本にはいなかった。しかし外人教師の満不満は本人の問題であることが多い。私自身は北米・フランス・中国・台湾で教えて面白くてたまらなかった。教えながら土地の言葉を学び、学生から国々の実情を学ぶ。夜、鼠が走りまわり朝、台所で鼠捕りに一匹ぐちゃっとくっついていた。家内も幼時にそうした光景は見慣れていたから平気だったが、西洋人教師の細君なら奇声を発したにちがいない。

カナダの大学へ移ったロシェは次いでボルドー大教授となり、二〇〇一年青山学院大で開かれた「フランスと東アジア」という学会で再会した。相変わらず攻撃的な論調だ。日本・中国・韓国のフランス学者が初めて一堂に会した席だ。もっとわかりやすく話せば良いのに難しい語も混じえた。だが、*Modernité française dans l'Asie littéraire* (PUF) で活字となったのを読んだら、すこぶる刺戟的で面白い。中国との違いを日本の折衷主義に求め、日本人論発生のメカニズムに触れている。中でコンパラティスム・トリアンギュレール「比較研究における三点測量」を説いている。昔コンパの折に私が述べたことがひょっとして彼の記憶に残ったのか、と意外

加藤愛琳さん

に思った。彼の論文が大成したら読みたいものだ。

97　アイリーンさん

美智子皇后の読書の思い出『橋をかける』がすばらしいと前に書いた。ビデオや日英対訳本が出ているが、かつて日本人の英語スピーチであれほど感銘深い講演はほかに聴いたことがない。皇后さまは英語が上品で立派で力がある。しかし母語でないから英訳は宮内庁にお仕えした加藤アイリーンさんが作った。そのアイリーンさんの思い出を書きたい。

彼女は **Eileen Lynn** といいアイルランドで生まれた。ゴールウェイ大仏文を出、一九五三年ポワチエへ留学、若き外交官の加藤吉弥と親しくなった。私は加藤と東大教養学科で同級で翌年パリへ留学した。その年加藤はストラスブールへ、アイリーンはパリへ移った。それで私も知り合ったのである。厳格なカトリックで、土曜日ダンスに誘ったら「踊れば遅くなり夜中を過ぎる。安息日には踊れない」と断わられた。だがそれは口実で加藤が妬《や》くから遠慮したのかもしれない。

当時の私はイングリッシュもアイリッシュも画然と区別しなかった。日本館でアグノエル教授が『源氏』について講演する。招待状に「あなたも英国人だからウェイリー訳をご存知でしょう」と書いたら絶交状が来た。あわてて女子寮に謝りに行ったら、恥ずかしそうに笑って許してくれた。彼女はナショナリストなのである。加藤が日英語の交換教授を申し込んだら「日本語とゲーリックなら応ずる」といわれた。彼女はゲーリック語と英語のバイリンガルで、ケルトの伝説に通じイェイツを好んだ。しかし加藤のゲーリックは進まず彼女の日本語も進まない。結婚が決まった時、加藤がタイに転勤し、それで結局私と日英語の交換教授をすることとなった。ただし私向けの教材はアイルランド劇だった。加藤が国連に勤務すると彼女はコロンビア大でキーン教授の下で本格的に日本研究に打ち込んだ。教授が最初に出欠を取る際、日系二世と勘違いしてミスと呼んだら「ノー、ミセス・カトー」と厳しい声が返ってきた。当時は外交官と結婚するには日本国籍を取得せねばならず、彼女が「私は日本人です」というと、妙な事をいわれたこともあったらしい。公使夫人、大使夫人として北京でもベルギーでも立派だった。自分のアイデンティティーを大切にしつつ日本文化をよく学んだ。謡曲も英訳したが、論文『イェイツと能』など語り口にユーモアもあって奥行きが深い。夫君に先立たれると宮内庁に勤め、天皇のお歌や大切なお言葉の数々を英訳した。美智子さまの『橋をかける』英訳は訳者の名前が出ている例外である。私も英文を何度も直してもらいお世話になった。お礼に受け取ってくれるのは雲丹《うに》だけで、これを胡瓜につけて食べるのが好物だった。最後に会ったのは、彼女が宮内庁をやめ、私も大学を去り、宮中に雅楽を聴きに誘われた時で、その後糖尿病が進み手術は次々に先延ばしになった。二〇〇八年になって「目がほとんど見えない」と手紙が来た。家内に「また雲丹を送ろうか」と言っているうちに訃報に接した。淋しい。私はアイリーンさんはもういないと知りつつも子供のない彼女が一人で暮らしていたマンションの下を散歩してはその階を見上げている。

98　司馬遼太郎『故郷忘じがたく候』

司馬遼太郎の著書で韓国の人の関心をひくのは『故郷忘じがたく候』であろう。十六世紀末、朝鮮の役で南原の陶工数十名が薩摩に連れて来られ、異国の地で辛酸を嘗め、生き続けた話である。司馬は今も沈寿官《ちんじゆかん》と名乗る第十四代の当主を鹿児島の美山《みやま》にたずねた。聞き上手の著者ならではの観察が光るが、苗代川付近の描写もすばらしい。陶工たちが美山で使う技術語は昔ながらの韓語で、沈氏が韓国へ招かれ窯に行って仕事をした時、その言葉を口にすると韓人の工人は響きに応ずるようにその動作をしてくれたそうである。沈氏は通訳を介してソウルで韓国の学生が未来を志向するよう希望を述べた。「日本の三十六年の圧制を諸君は言うが、それはもっともである。だがそれを言い過ぎることはどうであろう。もしあなた方が三十六年を言うなら、私は三百七十年を言わねばならない」そう結んだ時、学生たちは沈黙した。がすぐに愛唱歌をうたって沈氏の気持は自分たちの本意に一致していることを伝えた。沈氏は壇上に立ち尽くしたという。佳話ではないか。

司馬が沈氏を訪ねた昭和四十年代の美山には「うそを言うな。負けるな。弱い者をいじめるな。東郷先輩につづけ。美山の子」と標語が杭に書かれていた。薩摩だから東郷平八郎かと思ったら陶工の子孫の一家「朴家の東郷さん」すなわち日本帝国最後の外務大臣東郷茂徳のことであった。A級戦犯に仕立てられ獄死したが、村では東郷が平和回復のために身を挺して働いたことはもちろん知られていた。

『故郷忘じがたく候』の読者の関心をひく「街道をゆく」シリーズの一冊は『韓国へ』であろう。ここには沈寿官らの陶工の場合とは逆に、朝鮮の役で渡り韓国に住み着いた沙也可という日本人の子孫の話が出てくる。司馬の推理では沙也可《サヤカ》は沙也門《サエモン》の写し間違いで、その侍は「余ハ即島夷ノ人ナリ」といい、自分は儒教の礼教の文明に憧れた、として降伏、今度は朝鮮王について日本軍と戦い、その功績により子孫は全村両班に列せられたという。今は友鹿洞と呼ばれるその村に司馬がたどり着く。「日本人の子孫といわれている村ですか」と訊くと村の老婆は「そうです」と答え、隅に手をのばし、一冊の木版本をひろげて見せた。それがなんと『慕夏堂文集』であった。慕夏とは中華の文明を慕うという意味である。そんな沙也可の話を記録した文集がかりに後世の贋作だとしても、村に慕夏堂金公遺蹟碑などが残っているところが面白い。

ところでアイルランドの人は自分たちが英国の植民地として苦しんだから、朝鮮の人に同情が傾く。それもあって『故郷忘じがたく候』はアイルランド生まれのアイリーン・リンさんの手で英訳された。彼女は外交官と結婚して加藤愛琳となったから、日本外交の大先輩東郷茂徳の出自にもおのずと関心を寄せたに相違ない。なお英訳に付した彼女の解説はソウルの『文学思想』誌に韓国語訳されたとのことである。

99　アウエルバッハ『ミメーシス』

学生に文学作品でなく文学研究書や理論書を先に読ませる教育は間違いだ。米国では長年アウエルバッハ『ミメーシス』が比較文学科の必読文献となっていた。学生たちはその中に出てくるホメーロスもダンテも読む時間もなければ能力もない。そんな学生に著者アウエルバッハによって引用された部分と彼の解釈の方を先に強制的に読ませるのはいかがなものか。そんな意見を抱く私だが、忘れがたい一冊は実はこのAuerbach, *Mimesis* である。

戦後、東大比較文学の大学院へ最初に留学した韓国人学生は尹昌植さんといった。韓日関係がまだ良くなかった一九六六（昭和四十一）年、直接韓国からは誰も来日しない。尹さんは留学先のプリンストンから渡航費をもらい来日した。――実をいえば先方から願書が届いているのに主任の富士川先生が、先例もないことなので、承諾の返事も書かずにほおってある。助手の私が見かねて返事を出した。東大関係者から手紙が行けば日本領事館からビザが出たからである。尹さんはきりつめて暮らしていたが、米国生活が長いからコーヒーを飲みつけている。当時の東大は周囲の高度成長から取り残されていて貧しく、私たちの研究室はネスカフェ（今でいうインスタント・コーヒーである）をまだ用意していなかった。数年後にはコーヒーも紅茶も無料で出して大学院生が雑談に加わりやすいよう心掛けたが、それまでの十数年間、研究室では緑茶だけがサービスで、それも電気ポットでなく電熱器でお湯を沸かしていた。

研究室は駒場キャンパスの西南の端の四階にあった。それ

台湾大学の大王椰子

でそこから尹さんたちと火曜日の三限と四限の間の休み時間にキャンパスの東北の学生会館まで毎週一回キャンパスを横切ってコーヒーを飲みに行った。学内でそこだけがコーヒーが出る唯一の場所だったのである。一杯いくらだったか忘れた。助手の私が一大学院生を誘ってコーヒーを奢るといったら「済みませんが、奢ってくださるならコーヒーでなくスパゲッティにしてください」と言われたことがある。助手の給料がまだ三万円代で、米ドルに換算すると百ドルに足りない。そんな懐具合だと西洋から旧知の友人が来日しても私には付き合いきれなかった。

そんな散歩の折、尹さんは「反日教育を受けた妹は私の日本留学に大反対だと手紙をよこしました」と苦笑した。尹さんは私のダンテ『神曲』出版記念会でも挨拶してくれた。たいした世話もしなかったのに再帰米する時「送呈　平川祐弘学兄――存日中の御厚情に深く感謝しながら――一九六七年六月一日　隣国の友尹昌植拝」と英訳『ミメーシス』をくれた。生活を切り詰めていた尹さんは東京まで来ていながら韓国へも寄らず、またプリンストンへ戻った。私に「特別のお礼はできないから、自分が米国の大学で比較文学の指定教材として読まされた本、それを差しあげる」といった。本が崩れかかっている。尹さんの書き込みだらけである。私も米国の大学院へ留学したつもりになって、細かい字の書物を読んでさらに書き込んで、本をいよいよぐしゃぐしゃにした。外国の友人から本は沢山貰った。だが貴重な忘れがたい思い出のある一冊はこの本だ。

100　学生と教養

戦前の日本では小学・中学・高校・大学が六・五・三・三制だったが、それが戦後は六・三・三・四制となった。戦前の日本で中学へ進学する者が同一世代で占めた割合は、戦後の日本で大学へ進学する者よりはるかに少なかった。戦前いまの大学入試に相当する最難関は高校受験で、中学五年の卒業時だけでなく四年からも受験できた。しかし一旦狭き門である高校──当初は日本全体で八校しかなかった──へ入学すると、帝国大学への進学はほぼ自動的に決まったから、戦前の高校に入ることを得た少数のエリートは、三年間の青春を謳歌した。一高は旧制高校としては大きく一学年四百名だったが、それでも──現在の駒場の同じ敷地の──東大教養学部入学定員の六分の一で、そんな選ばれた若者が全員同じ寮で暮らし、寮歌を歌い、同じ釜の飯を食うのだから、強烈な一体感が生まれた。洗脳にもってこいの寄宿寮で、自治活動への参加も高かった。寮食堂での討論会は終わると汁粉が出る。当時はその一杯の魅力で俗物の私などは討論会に深夜まででつきあった。高尚な哲学青年は「人生とはなんぞや」といった問題を考えた。専門でなく教養の読書が重んぜられた。受験から解放されそんな余裕が許された「三年《みとせ》の春」だった。

若者に自主的に勉学する習性をつけ、選ばれた者にふさわしい責務を自覚させた点においては寮での生活は有意義だった。しかし教室での授業内容は、戦後の東大教養学部の後期課程教養学科の少数精鋭教育には及ばない。かくいう私は同じ駒場の旧制一高の寮で暮らし、新制東大の教養学科を卒業し、かつ教えたので、そんな比較評価をしている。ただノブレス・オブリージュという肝腎の点では、戦前の「天下の一高」の方が気概において優った。一高ではあり得なかったカンニングが新制東大になった途端に始まった。

いまや絶滅に瀕した旧制高校卒業生だが、中には国籍を異にする人もいる。一高には戦時中も中国人留学生がいた。台北高校出身者には李登輝氏もいた。台湾の元総統の読書体験が私たちのそれと見事に重なるので、李登輝『「武士道」解題』（小学館）を読んで一驚した。阿部次郎、倉田百三、西田幾多郎など真面目に読んでいる。外国語講読も教養本位でカーライルを習っている。ネルーは首相としてインドを独立に導いたが、ケンブリッジに学んだことを誇りとしていた。台湾を自立させた李総統も台北高校や京大に学んだことを誇りとしている。日本が植民地に残した文化遺産はかつては国民党によって全面的に否定された。しかし二〇〇五年には国立台湾大学にも日本語日本文学の大学院は碩士（修士）課程までは完成し、それを記念してかくいう私が集中講義に招かれた。その教室が戦前私の恩師島田謹二先生が講義した教室だということも嬉しい。東大と台大と留学生交換も始まった。対等で互恵の交流はまことに結構だ。

101　李登輝前総統の来日

「いまテレビに李登輝の日本旅行が出た。そしたら平川先生も写っていたよ」台湾からの電話で旧知の林連祥さんの声が弾んだ。台湾親日派の間では李登輝はヒーローだ。その前総統が念願の日本旅行を果たせたので彼の地の人も喜んでいる。しかし私が台湾を良しとするのは単に「親日的」だからでない、李総統がリードした台湾が「民主的」になったからだ。漢民族には不可能といわれた総統選挙に成功した李登輝は歴史に名を留める人物である。台湾のデモクラシーこそ大陸が範とすべき政治上の一大実験ではあるまいか。

だが中国は猛烈な悪口を言う。台湾でも過去半世紀支配してきた外省人からみれば、民主主義を導入することで国民党一党支配体制を崩した李登輝は反逆者だ。中国共産党の恫喝《どうかつ》に従わぬ李登輝は、北京からみればさらに好ましからざる人物だ。そんな見方に迎合する在日中国人の『中文導報』も、李は「皇民」だ、と悪態をついた。だが前総統は悪びれない。「私は二十二歳まで日本人でした」と正直に語り、台北高校で良い教養主義の教育を受けた、と語った。粕谷一希氏から藤原書店の第一回後藤新平賞を授けられると、李前総統は後藤の民政長官としての台湾における業績を評価する講演を行なった。いずれもよほどの確信がなければ言えない事である。

今回、李登輝前総統を招待した中嶋嶺雄国際教養大学学長は中国専門家で、文化大革命を毛沢東の奪権闘争であると看破し、現地から真っ先に報道した。まだ東外大助手の時である。さらに台湾の李登輝氏を『文藝春秋』に紹介し、アジア・オープン・フォーラムを組織して日台間で学術会議を開催した。私もその会議で何度か発表した。それで中嶋氏に指名され私も歓迎のご挨拶をした。「こんな席でお話する資格はないが、李様は台北高校、私は一高で同じ比較文学の島田謹二先生から習ったのがご縁で」といったら「シマキン」と綽名が李博士の口から飛び出し満場が爆笑した。その島田先生から李生徒はカーライル『衣裳哲学』を習った。難しかったが新渡戸のカーライル講義を読んだらよくわかった、と博士は楽しげに語る。それがきっかけで『武士道』も読んだのだろう。台北で日本を代表する池田維大使夫人とも島田先生の思い出を語りあったというが、その美紀子夫人は小泉八雲の訳者で私の元学生でもある。

李博士は台湾に生まれた悲哀をかつて司馬遼太郎に語った。実は日系米国人にも悲哀はある。兄は米軍に属し、弟は日本軍に属し戦った兄弟もいる。その際、アーリントンに葬られた人の為なら墓参し、靖国に祀られた人の為なら墓参しない、などの区別が出来ようはずはない。「兄は日本兵として戦死した。その靖国に参拝できてよかった」と語る李博士の口調は日本語を解する列席の人の胸を打った。その日本語がわからぬイタリア系記者がねちねち英語で質問するから私は「バスタ」といった。pasta ではなく basta で「いい加減にせえ」といさめたのである。

晩年の花子

102　オリガス『物と眼』

私が留学した千九百五十年代のフランスでは、歴史教科書に日本はまだ登場しなかった。子供は地理の授業で「日本は四つの島から成る」と教えられる。それが普通のフランス人の日本知識のすべてで、しかもその島も「本土、九州、四国、蝦夷」という。「エゾ」と聞かされた時は時代錯誤に啞然とした。当然パリ東洋語学校で日本語を習う学生も少ない。日仏語の交換教授をしようにも相手がいない。日本が経済大国となり、日本語を学ぶ学生が急増した近年とは大違いだ。当時は戦前の日本製自転車が「安かろう、悪かろう」の典型として記憶されていた。「マルセーユでは日本製の時計がバケツ一杯いくらで売られていたぜ」などと冷やかされた。「メイド・イン・ジャパン」が優秀商品の代名詞となった昨今とは雲泥《うんでい》の差である。それが一九六〇年から八〇年にかけ、日本語学習者は米国では七倍、八〇年から九〇年にかけさらに五倍ふえた。米国では金のある所に学生は行くが、フランスとてもほぼ同じだろう。

そんな半世紀前、私が交換教授をしたアラン・コルナイユのことはすでに触れた。鷗外の『花子』もコルナイユに教えながら仏訳をこしらえた。

ジャン＝ジャック・オリガスとは私が帰国後、東京でアングレス日仏学院長が引き合わせてくれた。オリガスは名門校エコール・ノルマル出身で、パリ大学法学部出のコルナイユと日本語の実力に大差があった。早稲田の留学生だったが、オリガスは東大の比較文学研究室にも出入りし――というか私が遊びに来いと声をかけたのだ――コンパの席で「拙者は」と日本語で挨拶した。本人が改まっていうから笑うわけにもいかない。芳賀徹と三人で興津に遊び、宿で一緒に風呂にはいった。旅先の事情がわかるからと彼は『静岡新聞』を買い私は『朝日新聞』を買った。オリガスは帰仏してパリ第三大学で日本語教育のリーダーとして活躍した。しかし第三大学と第七大学とは関係が悪く、私が第七で教えていた間はコンタクトがなかった。がそこを離れたら私のホテルへ遊びに来た。二〇〇三年亡くなった。

芳賀がオリガスの日本語論文をまとめて遺稿集『物と眼』を岩波から出した。「あとがき」に私が再留学した留守に、オリガスと芳賀と二人で『花子』の平川訳を吟味しなおしたとあるので驚いた。『比較文学研究』83はオリガス追悼記事を掲げたが、その平川・オリガス共訳の『花子』が惜しいことに書誌から落ちている。『日仏文化』22（一九六八年）に載った。ごく短い翻訳で、それがオリガスの鷗外文体論誕生のきっかけとなったとは、不思議な縁である。外国語を学んでその妙趣がわかりはじめた時は、本国人にもわかりがたいほどの興奮を覚える。テクストに密着して『花子』を読み『舞姫』を読むことで鷗外の「一目に領略するやうな見方」の共通性に気づいたオリガスは、一偉才であった。

103　森鷗外訳『オルフェウス』

滝井敬子さんは音楽史家として出色の人である。二〇〇二年秋、津和野で「鷗外とオペラ」というレクチャー・コンサートを行なった。シェッフェルの詩の解釈も見事だったが、鷗外が訳したグルックのオペラ『オルフェウス』のさわりを津和野出身のテノール歌手田中誠が歌った。本邦初演である。鷗外の生地とはいえ石見の国の山奥でこんな水準の高い行事があろうとは予期しなかった。夜更けて堀に沿って宿に戻る途中、鯉がはねた。寒い夜だったが私の心は熱く興奮した。その滝井さんは二〇〇五年九月、東京芸大で今度は鷗外訳の台詞でグルックのオペラを全曲上演するまで漕ぎつけた。

ドイツ留学時代の鷗外

私が最初に非常勤講師としてフランス語を教えたのは芸大で、文法を教えても、中級で短編小説を教えても、一齣八十分（他大学より十分短い）が実に楽しかった。そんな牧歌的だった芸大も法人化で様変わりした。だが新工夫が可能なのが芸大の良さである。なにしろ管弦楽も声楽も舞台美術も内部の人材豊かで、工夫が生き生きとしてオルフェウスもエウリヂケもアモオルも新鮮だ。テロップで流された鷗外訳の台詞が実にいい。耳で聴いてもぴたりぴたりとはまる。その晩は黄泉《よみ》の国から上野に戻った鷗外が、目を細めて舞台の『オルフェウス』を眺めている感じで、鷗外の存在感がひとしお強かった。

実は以前の私はオペラの歌詞にいたって冷淡だった。イタリアのさる名歌手が食堂でメニューを手に「スパゲッティ・ボロニェーゼ。リゾット・コン・フンギ」と歌い出すと、客は初めは腹を抱えて笑ったが、そのうちに聞き惚れ、しまいに歌手の声音にひきこまれ、ついにはぼろぼろ涙を流したという。それだからベル・カントでは台詞の良し悪しは関係ない、と思っていた。現に芸大の声楽の学生には外国語の発音には興味はあってもオペラの台詞の意味に無関心の「ソプラノ馬鹿」もいた。だがどうして歌詞はやはり大切なのである。二〇〇五年の春、台湾大学で教えていた時、スポーツ・センターの東側で水曜土曜、朝六時半から一時間、日本の歌をうたうグループがいた。誘われて一度加わった。年配の台湾の人たちだが、歌うのは新しい日本の歌で、歌詞がいいと気持もいい。ところが悪くて下品だと、帰りたくなった。家内も同じ気持と見えて、私たちはそれで先に失礼した。その時は私が台湾で日本語日本文学を講じているから、言葉に神経過敏になっているのか、などと思ったが、そうではない。お能でもオペラでも台詞の美しさは大切なのである。

久し振りに芸大へ行って立派な新奏楽堂で見事な公演に心が爽やかに若返る。鷗外をよみがえらせた音楽史家滝井助手の学者的な仕事に敬意を表しつつ、私は上野の山を下った。

104　上野の浦島

戦後の上野は浮浪者がたむろしていた。中学生の私は先生に連れられて泰西名画展を見、公園の一隅で弁当を食べようとしてその一人にせがまれ、弁当をわけたが、恐怖感より不潔感に襲われた。その十八年後、私が最初に教えた大学は芸大で、年配の先生が「前は女子学生が襲われることのないよう隊伍《たいご》を組ませて上野駅まで帰したものです」と語った。奏楽堂で学生たちが演奏する。その近くの便所もいかにも明治風建築で、前者はその後記念建築として保存されたが、後者はもちろん今はない。フランス語文法を教えても、中級でバルザックを教えても楽しかった。『谷間の百合』の一節で小人数の教室が一瞬恍惚《こうこつ》とした。学理科では独仏対訳本でメーリケ『旅の日のモーツァルト』も読んだ。

私の処女作は版元が倒産、印税代りに『ルネサンスの詩』を三百冊送って寄越した。小母さんに頼んで売店に置かせてもらったら、よく売れた。有名な画家も音楽家も非常勤で芸大に教えに来る。大家にとって国立大講師の給料など取るに足らない。当時は銀行振込はまだなかった。するとそんな大先生が受取らない給料を持ち逃げした職員が出た。二度と不祥事の起らぬよう、夏休みも給料支給日に受取ってくださいとの通知が来た。

寒暖の差が激しいと楽器が痛む。それを理由に日本でいちはやく冷房がはいった大学は芸大で、教員控室もその恩恵に浴した。ただ芸大は縦割りで音楽と美術の先生は没交渉。同じ音楽学部でも洋楽と邦楽は別世界だ。洋楽派のM先生はフランス語教師だが趣味にチェロを弾く。「この構内で突然三味線が聞えると不愉快で、音が耳に軋《きし》る」などといった。

「でもガムラン音楽など洋楽の中に取入れるフランス人もおりますよ」と私は答えた。

その芸大も法人化で次々と新工夫が試みられる。たとえば付属美術館は所蔵の卒業制作の自画像で展覧会を開いたが、これには目を瞠《みは》った。世界の美術学校でこれだけすばらしい卒業生を輩出した学校は少ない。

新奏楽堂では二〇〇五年には鷗外訳の台本で『オルフェウス』が上演された。その見事な詞章に息をのんだ。二〇〇七年にはやはり滝井敬子氏の新解釈で坪内逍遥原作の『浦島』が邦楽・洋楽のコラボレーションで上演された。明治の人は西洋オペラに圧倒された。そうした時代に逍遥は対抗意識をもって、ワーグナー

を読みながら和洋折衷の楽劇の台本を書いたらしい。しかし洋楽は洋楽、邦楽は邦楽と世間が区分を固守する間は、坪内の浦島は世に出る機会に恵まれなかった。それを邦楽科の教員が作曲・作調して洋楽科が協力し、舞台美術は美術学部が助け、世界初演とした。実に面白い比較文化的とも呼びうる実験である。私は堪能した。観客は坂東三津五郎が指差す逍遥の像に拍手喝采したが、この芸術的実験は多くの可能性を孕《はら》む。一夜かぎりの上演では惜しい。早稲田よ「わをわすらすな」浦島は、上野だけでなく、大隈講堂でも小野梓記念会館でも是非再演してもらいたい。

105 『夢幻能オセロ』

漱石は俳諧の詩と西洋の詩の違いを考え『オセロ』を俳化する実験を試みた。最終幕で肌の黒い将軍は嫉妬に狂って白人の妻が眠る寝室へはいって来る。蠟燭《ろうそく》が一本燃えている。

「だがあれの血は流したくない。雪よりも白いあれの肌。だが生かしておくわけにはいかぬ。灯《ひ》を消せ、

そしてあれの命の灯も消してやる」

このオセロの動物的な激情と逡巡《しゅんじゅん》を漱石は、

白菊にしばし逡巡《ため》らふ鋏かな

と俳句にした。白い菊を切る切らないのためらいは植物的で、赤い血は流れない。では一歩を進めてシェイクスピア劇を夢幻能に仕立てるとどうなるか。

「これはヴェネチアより出でたる旅の者にて候。われイタリアの名所旧跡、残りなく一見《いっけん》仕りて候ひしが、いまだキプロスの島を見ず候ほどに、只今思ひ立ちヴィナスの島へ下り候」

すると島の娘が苺《いちご》模様のハンカチを手に現れる。この前ジテの娘の正体はわからないが、ワキの僧がヴェネチアから来たと聞くと女の声はにわかに熱を帯び、キプロスがヴェネチア領だった昔の模様を詳しく語るが、中には当時の権力者の身内でなければ知るに由ない事柄が混じっている。僧ははっとして、

「かく仰せ給ふはいかなる人にてましますぞ」

すると女は身をふるわせ、

「はづかしや。まことはわれは高貴なるムーアびとオセロが妻、デズデモーナとよばれしものにて候。あら閻浮《えんぶ》こそ恋しう候へ。跡弔ひて賜《た》び給へ」

閻浮とはあの世から見た現世をいう。後場ではその同じシテがヴェネチアの将軍夫人らしく華麗な装束と

面をつけて登場し「あら闇浮恋しや、執心の波に浮き沈む、因果の有様現すなり」と自分の末期の様を再現する。能はリアリズム演劇でないからオセロ自身は登場せず、夫の感情を妻が代りに「雪より白き君の肌」と歌う。地謡《ぢうたい》が和して

「雪より白き菊の花　雪より白き菊の花
しばし鋏はためらひて」

と白人の妻を殺そうとするオセロの行為を暗示する。するとオは「しばし我が身はためらひて」とオセロの逡巡を示唆する。さらに夫の嫉妬の叫びを受けて妻は歌う。

「死なねばならぬ我が身ぞと
死なねばならぬ我が身ぞと
蠟燭の光を消せば我が命　命の光また消えて」

オセロは灯を消し次いで妻の命の灯も消したのである。

106　亡父のお告げ

シェイクスピアは、家康と同じ一六一六年に死んだ。その頃から盛んになった英国の文学に比べると日本の文学の歴史は長い。『源氏物語』が書かれたのは西暦一〇〇〇年頃で、当時の英国には見るべき文学はなかった。だが日本文学史も中国文学史に比べれば短い。紫式部も読んだ『史記』は『源氏』よりさらに千年

の昔に書かれた。
司馬遷やシェイクスピアは宮中の政権奪取をめぐる死闘を描いた。それに対し紫式部は宮中の色恋を描いた。その辺が男と女の作家の相違かもしれず、あるいは国情の相違かもしれない。それでも天皇の外戚《がいせき》が権勢をふるった平安朝の宮中には権力闘争があった。身分の低い更衣《こうい》の腹に生れた源氏は、父桐壺帝の正夫人だった弘徽殿《こきでん》の大后から憎まれる。桐壺帝と弘徽殿の子が朱雀《すざく》帝として皇位に就き、源氏は都落ちを余儀なくされた。

シェイクスピアと紫式部とでは作家の資質がまるで違う。だが故父王との関係で両作家の主人公たちは共通の体験をする。ハムレットも源氏も、故父王の亡霊からお告げを聞かされる。『ハムレット』の冒頭には故父王の亡霊が現われ、父は自分の弟であり、ハムレットの叔父であるクローディヤスによって殺されたと告げ、王子に復讐を誓わせる。だがハムレットの母ガートルードは、父王亡きいま新王となったクローディヤスと再婚しようとしている。そんな状況下でハムレットは悩む。亡霊を見た人にはホーレーショなどもいた。父王は甲冑《かっちゅう》姿で夜な夜なあらわれた。とはいえ亡霊の言葉を信じてよいことか。

ハムレットは先王の亡霊の声をエルシノアの城の高台で聞いたが、源氏は流謫《るたく》の地の須磨で桐壺院を夢に見、その声を聞いた。嵐に襲われ、雷で家も炎上した後の一夜、父は「などかくあやしき所にはものするぞ」なぜお前はこのような見苦しい所に寝ているのか、と叱《しか》り源氏の手を取って引き起こす。父は内裏《だいり》にも言う事がある、といって姿を消す。そして須磨で大暴風雨があったと同じ夜、都でも雷が鳴り、源氏の腹違いの兄の朱雀帝の夢に故父桐壺院が現われ、帝を睨《にら》む。源氏に対する処遇が不当だ、というお叱りである。ハムレットもそうだが、源氏も朱雀帝も、父親が死後も怨念《おんねん》を抱いて成仏せぬまま彷徨《さまよ》っていることにショックを受ける。朱雀帝は母の弘徽殿に父の夢を見たことを話すが、弘徽殿は源氏に手心を加えることなど認めない。息子を諭《さと》して「嵐の夜など、自分が思いこんだ事が夢に現われるものです。そう軽々しく信じてはなりませぬ」と戒める。桐壺帝は昔のままの姿であった。とはいえ亡霊の言葉を信じてよいことか。

そんなお告げなど聞き捨てておけと強気の人は言うだろう。だが世間がひそかに気にすることを夢は告げているのだ。夢で桐壺院に睨まれた朱雀帝は、父と眼を合わせたために眼病を病む。それで弱気となり、ついに源氏に赦免《しゃめん》の宣旨《せんじ》を下す。この眼病を病んだということが、夢のお告げにリアリティーを与える。そんな肉体の痛みにふれた点が、シェイクスピアとは一味違う作家紫式部の巧みさといえよう。

富岡鉄斎

107　『鉄斎の陽明学』

小学校の頃から私は作文が好きだった。口頭発表より文章を書く方が楽しかった。大学で理系から文系に転じたのは、筆で自己表現することに一番意味を感じたからだと思う。外国語を一生懸命勉強したが、思いのたけを述べるには母語に限る、と信じていた。フランス語専攻なので、卒業論文はフランス語で書いたが、それが価値あるものとは思えない。語学の訓練としての意味は認めるが、そんな論文に重きを置く学風に違和を覚えた。自己を存分に表現するにはどうすれば良いか。日本語一筋につながるという感覚で、外国暮らしの間も日記は日本語で書いた。そんな日記の文章以上に表現力に富むものでなければつまらない。そうも思った。結局、最初の留学から戻って修士論文を、二度目の留学から戻って博士論文を書いたが、それらを『ルネサンスの詩』（『平川祐弘著作集』第十九巻）や『和魂洋才の系譜』（『平川祐弘著作集』第一巻、第二巻）という単行本で上梓できたのは、やはり日本語で執筆したからである。

では外国語で書くことに語学の訓練以上の意義は認めないか、というとそんなことはない。英仏伊の外国語でもずいぶん発表した。留学生にも外国語である日本語で論文を執筆するよう励ました。中国・韓国の研究者が、次々と日本語で著述し、幾つかは立派な書物となり賞までとった。その事実は、立場を逆にすれば、日本人が外国語でも興味深い作品を著述できることを示唆している。ただ中国語にはテニヲハがないから、中国人は日本語でも助詞はよく間違える。そこは日本人にチェックしてもらうがよい。同様に日本語には冠詞がないから、私たちは西洋語で冠詞はよく間違える。そこは西洋人にチェックしてもらうがよい。英語達人といわれた岡倉天心も鈴木大拙も英文著作の際はネイティヴの人に目を通してもらった。いま西洋人教授の中にはnativeと呼ばれると「土人扱いするのか」と腹を立てる人もいるが、日本人は今や平気で「ネイティヴ・チェック」と言っている。ネイティヴに見てもらってでもいいから、世界の人を相手に著述するのは悪い事ではない。新渡戸稲造など日本語の雑文より丁寧に書いた英文の方がよほど読み応えがある。日本語第一主義の私だが、近く英語の書物もさらにまとめるつもりだ。本書よりもよほど読み応えがあるから日本の読者にも本当は平川の英文も読んでもらいたい。他人に訳してもらうのでは駄目だ。外国語も自分で書かなければ思いのたけは述べることはできない（私は同時通訳がつく国際会議でも、最初の発表部分は自分であらかじめ翻訳をこしらえて、通訳にはそれを朗読するよう命じている）。

だが何語で書くにせよ、自己の文化的出自を上手に生かすことが大切だ。一昔前北京で教えたご縁で戦暁梅さんから『鉄斎の陽明学』（勉誠出版）を贈られた。「新しい時代に踏み込むには、自己を捨てて良いものだろうか」こんな自問自答でこの博士論文は始まる。日本に長いこの才媛はアジアは旧套を脱さねばならぬことを知っている。だが過去を全否定するような革命は誤りだ。「わたしの画を見るなら、先ず賛を読んでくれ」といった富岡鉄斎の漢文の教養を分析することで、過去の東洋との継続性を確認しつつ、しかも西洋の後期印象派や野獣派に通じる鉄斎の内面から生まれた自由自在な新しさに著者は着目している。読んで行

解放后周作人与其孫子合影

くうちにこちらの世界まで広がるような好著だ。『比較文学』第四十七巻にも書評を書いたがここでも再度紹介する次第だ。

108　周作人自伝

奥平のお名前の書いてある反故《ほご》を踏んで叱られた少年諭吉は、反撥し、殿様の名前ばかりか「罰が当たるなら当たってみろ」と神様の名のある御札《おふだ》を踏んでみた。「ウム何ともない、コリャ面白い」と今度は一歩進めて便所で試みた。その時はさすがに「少し怖かった」。

第11回で紹介した福沢の自伝にはこうしてあけすけと語る自由がある。だが近隣諸国ではどうだろう。唯物論を奉ずる国では仏教寺院はひどく痛めつけられた。改革開放以後は息を吹き返したが、それでも民衆はお寺の御札より毛沢東の御札の方を有難がる。主席の御札が売れに売れたのは一九九二年、毛が死んで十六年後だ。厠《かわや》で誤ってその御札を落とした友人は震え上がった。そうしたお国柄の土地では間違っても不敬なことをしたら、只《ただ》では済まない。紙幣のお札《さつ》を落とした分には、たとい百元札であろうと「もったいない」で本人が損をしたで話は済みもしよう。だがこのお守りの御札《おふだ》となると、たとい三枚十元で買った安物にせよ、写真入りの意味が違う。そんな比較をするうちに『周作人自伝』で読んだエピソードを思い出した。これも尾籠《びろう》な話で恐縮だが、彼の自伝は本邦未訳だ。知る人は少ないから紹介したい。

魯迅は仙台で習いだした医学をやめ、文学に打込む決心をし、一回故郷の紹興に戻る。そして四歳下の弟の周作人を連れて東京へ向った。ほかに同行が二人いて、上海では生糸商人が泊まる上品な旅館に投宿した。

ところが同宿の客からしきりと苦情が出る。これは実は兄弟が悪いので、年は若く気は盛んで自分を偉物とみなし他人を見下《みくだ》す風を免れなかった。迷信打破を主張して「中国人は文字に書かれたものを盲目的に崇拝するが、こんな陋習《ろうしゅう》は打破せねばならぬ」と称して便所へ行くたびにいつも新聞紙を用いて尻をふいた。それで嫌がられたのである。文字が印刷されている紙を冒瀆《ぼうとく》するという理由は二の次で、同宿の客たちは共犯者として自分たちも罪にまきこまれるのを怖れたのが第一の理由であった。客たちは穏やかに「便所用の紙は提供するから、字の印刷してある紙だけは使わないでくれ。他人が恐ろしいと思うようなことはしないでくれ」と頼んだ。新聞紙にどんなお偉いさんの名前が出ているかもしれない、と心配したのだろう。こうした外柔内剛の抗議には勝てない。周作人は道理に外れたのは自分たちの方だった、と言っている。

戦争末期、金沢の第四高等学校北寮で中学二年の私は暮した。便所の落とし紙は新聞紙を切ったものだった。そんな紙でも揃えてくれた学校はまだ親切だったのである。私たちは下痢に苦しめられた。悪疫の流行かと思った。戦後ずいぶん経ってわかったのだが、食堂に塩の配給が来ない。海から樽《たる》で海水を汲んできて調理する。海水に混じっているマグネシウムで下痢をしたのだ。ある日、そんな落とし紙の隅に西田幾多郎死去の報が小さく載っていた。

109　豊子愷《ほうしがい》

台北、洪範書店刊。表紙の原画も豊子愷

中国という国はインテリ、とくに日本留学体験をもつ知日派には生きづらい。乱世に処して上手にたちまわった郭沫若のような人も中にはいるが、文革時に悲惨な死を遂げた周作人のような人もいる。だが重苦しい魯迅に比べ弟の周作人の筆はのびやかだ。

だがさらに別種の軽みがあるのは豊子愷《ほうしがい》だ。風俗画にその人柄が感じられる。一八九八年に生まれ、大正十年十ヶ月日本に「留学というには短すぎるし、旅行というには長い」滞在をした。しかし実り多い体験だった。竹久夢二の影響感化は一目瞭然で、帰国後、多方面で活動した。美術も音楽も良くした。その豊子愷はバイオリンを習う日本人老医学生の文筆による肖像も残している。日華事変の最中は石門の自宅縁縁堂を焼かれ、奥地を転々とした。重慶で爆弾で家は壊れ便所だけ残った漫画も描き、軽みのある文章も添えたが、重慶空爆を指揮した日本軍人を知っている私には重くこたえる。

そんな戦時中に吉川幸次郎が『縁縁堂随筆』を訳した。豊子愷が描く林《はやし》先生という音楽教師で東洋的奇人の風貌に谷崎潤一郎は感心した、「此の随筆はたしかに芸術家の書いたものだ」。しかし晩年、文革の際は上海市十大批判の対象とされ、紅衛兵に痛めつけられた。『源氏物語』の訳稿は地面に埋めて隠しておいたので焼かれる憂き目にあわず、死後日の目を見た。だが近年の中国では豊訳から重訳したらしい源氏の新訳なるものが幾種類も出回っている。日本語もできないのに『源氏物語』の訳者を名乗る人が何人もいる中国は奇態な国である。そんな知的所有権侵害者こそ三角帽子をかぶせて吊るし上げてもらいたい。

ところで豊子愷という文人については日本語でも楊暁文の総合的な研究が東方書店から出ているが、豊子愷の西洋美術受容と日本の関係を精密にたどった西槙偉『中国文人画家の近代』(思文閣出版)が出た。民国初期には、西洋文化は欧米からの直接摂取のほか、日本経由でもはいった。本書はその美術受容のルートを解明して見事だ。豊子愷という近代人の自己形成を描いて一篇の物語を読む思いがする。この博士論文の著者の西槙偉は十五歳まで大陸に残留したが、来日して日本人として生きる決心をし、東京外大でフランス語、ついで東大比較文学の大学院で学び、今は熊本大学で教えている。複数の言語をマスターした文化の越境者で、中国・日本・西洋をこれほど鮮やかに三点測量できる学者は少ない。的確な日本語で数多い図版を対比しつつ説明し、その含蓄する境地を鑑賞させ、西東文化の流れや、ゴッホに触発された中国人の伝統回帰を伝える。本書はまさに比較文化史の一傑作といえよう。西槙は豊子愷が漱石や小泉八雲から学んだ数々の例を本書刊行後も次々に発見し指摘している。惜しむらくは豊子愷は作家としても画家としても日本で知名度が高くない。そのために西槙のすぐれた研究に共感的理解を示す人も少ない。一度上海と日本を結ぶ十大偉人の一人として日本で豊子愷顕彰の展覧会を開くといい。

110　『谷崎潤一郎とオリエンタリズム』

パリで日本文学を講じたジャクリーヌ・ピジョー教授は西洋の流行を追うことに熱心な割に自国のことを知らない我国の知識人を批評した。「日本には西洋産のスローガンを振り廻すインテリは多いが、自国の現実も西洋の現実もよくつかんだ上で第三の道を示してくれる人材は乏しい」。

日本の論壇は、新聞でも雑誌でも、外国の最先端の思想を取り入れることに急だった。自然主義、マルクシズム、実存主義、社会主義リアリズム、構造主義、フェミニズム、オリエンタリズムなど敗戦後の六十年間、めまぐるしく推移した。そのファッションを追う様はパリ・モードに憧《あこが》れる女性たちと大差ない。サイデンステッカー教授は日本は稀《まれ》に見る保守的な国民だが、そのくせ論壇だけは外国の新しいものは見境なく取り入れる。そこには急進的受容性がある、と皮肉な指摘をした。

シナ服を着た潤一郎

ではその中で何が日本に根づいたのか。幸いコミュニズムではなかった。これは明らかだ。戦前、福本和夫は外国産のイズムを振りかざして意気盛んだったが、そんな人が日本共産党を指導したなどとは今は党支持者も御存知あるまい。

最近はジェンダー・フリーを唱え、配下の過激分子はトイレの男女差別にも反対している党もある。そんな過激な主張が、女らしい女の人に歓迎されるはずはない。しかしフェミニストたちは盛んにテレビに登場する。昔は歴史学界ではマルクシズム的解釈をせぬ者は人に非ず、といった強圧的な雰囲気があった。近頃《ごろ》はフェミニズム的解釈をしないと許さないぞ、という凄《すご》みを利かす者もいる。「女らしい」などと言ってはいけないそうだ。

そんな外来の主義主張のファッション・ショーも結構だが、西洋のはやりを追うだけの日本人研究者を私は評価しない。いま流行のオリエンタリズムについても、学者ならば、それを日本の現実とすりあわせてもらいたい。

そう思っていたら、西原大輔著『谷崎潤一郎とオリエンタリズム』が中央公論社から世に出た。この著者は本物だ。中国語や韓国語も学び、以前の学問が書物レベルでの研究に終始していたのに対し、谷崎の「シナ趣味」の正体を中華料理からはじめて北京上海と旅行の細部を調べ上げた。大正日本にとって中国とは何であったか、という文化史的な幅をもつ研究で、文章が良い。谷崎は人間の付き合いが平等で、それで『細雪』で西洋人も等身大に描き得た。谷崎は一面ではセクシュアル・ファンタジーを作品に生かすことを心得た芸術家で、異郷幻想の名手だが、中国の土地を踏むことでリアリティーもきちんとつかんだ。それでオリエンタリズムという東洋幻想も消え失せた、という結論だ。

感心したのは韓国の李漢正氏の書評で、西原論文を「一方的な政治性から免れている」と評したが、書評自体が一方的なイデオロギー性から免れている。

111 『傅雷家書《ふらいかしょ》』

日本を覆う知的雰囲気にはいつも偏りがある。まず皇国至上を奉じた軍部が国を誤まった。国家主義的右翼偏向である。では戦後はどうか。代表的な大新聞に逆に左翼偏向があった。有名新聞の大幹部ならバランスのとれた知性の持主と世間は思うだろうが、そうでもない。というかとんでもない。東大出とか九大出の論説委員の見識などたかが知れている。戦後の偏向は、平和主義の仮面をかぶっただけ戦前より悪質だ。『朝日新聞』は吉田首相をワンマンとして非難し講和条約に反対した。いまでこそ吉田茂は名宰相として記憶され、安保条約で日本の安全が保障されている現実を世間も承知するにいたった。だが一九六〇年当時、マスコミは安保反対で学生を煽った。人民中国礼賛は度を越し、それに調子をあわせて中文出身者ならばまだしも仏文出身の作家までが文化大革命礼讃を書いたりした。本人は正義のつもりで書いているかに見えるが、大新聞の論調に合わせるだけのお悧巧さんも少なくない。新聞記者の側ではお偉い作家も自分たちと同意見だと安心しているが、妄説妄語だ。相手は本質的に御用作家・御用評論家だから、それで自家中毒症状を呈してしまうのだ。そうこうするうちに外務省にもチャイナ・スクールという親中派が生まれ、国益を損《そこ》なっているらしい。その事をかつての日本とドイツとの関係で考察したい。

昭和日本の最大の失策はドイツと手を握ったことだ。当時は外交は国民の頭越しに行われた。とはいえ知識人は日独同盟に反対しなかった。なにしろ大学や旧制高校ではドイツ風学問が支配的で、詩人ゲーテ、哲学者カント、作曲家ベートーヴェン、そしてマルクスもドイツ人だから、ドイツ文化は世界に冠たるものと思われていた。だから日独同盟に反対などとはドイツ語の先生は誰も言わなかった。日本はみなジャーマン・スクールというか親独派になった。ナチズムの非人間性を公然と批判したのは一高教授竹山道雄だけで、昭和十五年四月の『思想』に寄稿した「ドイツ　新しき中世?・」には当時のドイツの様子がこう出ている。

――小学校の先生が生徒に「昨日のゲッベルス宣伝大臣の演説の放送を聞いたか?」と質問した。一人だけ手を挙げない女の子があった。訊されてその小さな女の子が答えた、「パパがラジオを聞きたくないと言い

牡丹

ました」。その翌日、この女の子の父親は拘引された。——

同じようなことが繰り返されたのが文化大革命の中国だ。『君よ弦外の音を聴け』（榎本泰子訳、樹花舎）は『ジャン・クリストフ』の中国語訳で知られる傅雷《ふらい》が海外留学中の息子に宛てた手紙で、内容はロマン・ロランの発想に近い。だがそんな子供を海外にやるようなブルジョワ文化に染まった傅雷は、紅衛兵に吊るし上げられ、夫婦は覚悟の自殺を遂げる。中国とはそうした強圧的なお国柄なのだ。今も一党独裁に変わりない。日本の新聞は戦争中はナチスを批判しなかったが、戦後も全体主義政権を強く批判せず、日中友好のみを謳いあげた。だがそれでよかったのか。親中国派の人に聴いてもらいたいのは、傅雷の遺言に聞こえるそうした弦外の音である。息子傅聡は西洋に亡命しピアニストとして名を成した。ＬＰで聞くショパンの夜想曲には深い思いがこもっている。

112 郭沫若《かくまつじゃく》と陶晶孫《とうしょうそん》

北京で森鷗外について教えたら「ドイツの女を捨てて帰国したのは怪しからん」と批判した中国人大学院生がいた。私が「郭沫若も日本の妻子を捨てて帰国したろ」と言ったら「だから周恩来先生に叱られました」と答えてけろりとしていた。

郭沫若は一八九二年に生まれ一九一四年来日、一高特設予科、六高を経て九大医学部へ進んだ。故郷に妻がいたが佐藤をとみと重婚、子をなした。政治的野心もあり妻子を捨てて帰国、国民革命に参加、二八年に再来日、日中戦争が勃発するやまた単身帰国、今度は共産党にはいって活躍、周恩来から「郭沫若は新文化運動の主将」とのお墨付きを獲、新中国最高の文化人として遇せられた。七八年に逝去、北京の広壮な旧宅は郭沫若記念館になっている。私は前世紀、三度北京で一学期ずつ教えた。そのたびに記念館へ案内された。郭は文化大革命の際、真っ先に自己批判して毛沢東迎合の範を示した男で、立派な旧居は「大陸では一党体制に従順に仕えれば出世できます」と無言のうちに語っている。私がそう洩らしたら、中国人にも郭をオポルチュニストと言う教授がいた。英語で opportunist と言ったが、時の権力に迎合する御都合主義者の意味だ。中国から代表団が来福し、九大学長が九大出身の中に郭沫若がいることを名誉に思うと挨拶したら、知人が「ふん」といった。そして私に「日本にも時流に迎合する文化人や新聞人や学長はいますね」と囁いた。

澤地久枝は『昭和史のおんな』続の「日中の懸橋　郭をとみと陶みさを」の章で中国人に嫁いだこの健気な姉妹を調べている。佐藤をとみの妹も留学生陶晶孫と結婚したが、陶夫妻は戦争中は上海に日本が建てた自然科学研究所に留まった。結局四九年日本に戻り、陶は五二年市川で死んだ。郭沫若と違い義弟は大陸では無名に近い。それがこの度『陶晶孫その数奇な生涯』（岩波書店）が出、郭沫若、陶晶孫、郁達夫ら両大戦間に新文学を創造した留学エリートたちに眩いばかりの新鮮な光をあてた。著者は前に『日本留学精神史』で賞をとった厳安生。そんな大正期留学生が旧制高校の寮や大学研究室でいかなる人間形成をとげたか、それが見事に描かれている。仙台の藤野先生は有名だが、九大では内科学の小野寺先生が留学生に親切にしてくれた。魯迅に藤野先生がいたとしたら、郭沫若には小野寺先生がいた、といってもいいだろう。その小野寺直助伝が近く孫の小野寺龍太氏の手で福岡の弦書房から出ることになった。嬉しい。

市川に残された郭の子供の和夫は一高、京大応用化学に学び、終戦の時まで宮田先生が世話した。日中戦争勃発後もう一人の留学生楊と日本人学生三人の計五人のチームで実験を続けた。世間は意外に狭い。日本人の一人は後に私の義兄となる森川章二だ。学年末チーム解散の時、五人は朝の五時までビールを飲ん

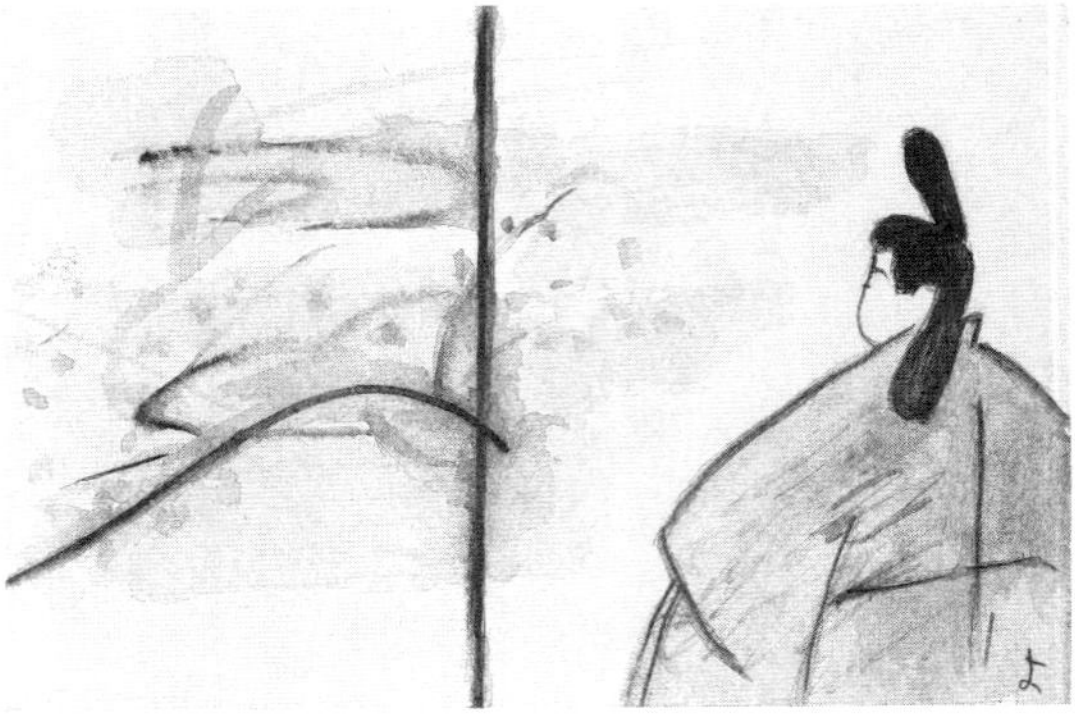

だ。和夫が「日本政府なんて」と大声で悪口をいう。森川ははらはらした。しかし日本育ちの和夫は身分こそ留学生だが中国語は上手に話せない。戦後大陸へ戻り旧満鉄の副所長の地位についたが文化大革命で悲惨な目にあった。改革開放後、郭の孫の一人が来日し中国共産党の悪口をいうので、「祖父の七光りで出国できたのに何をおっしゃる」と私の方が苦笑した。

113 『源氏物語』の中の俗世界

帚木《ははきぎ》の巻で源氏は深夜人妻である空蟬《うつせみ》をかき抱いて自分の部屋に入れ、呆れている空蟬の侍女に「暁に迎えに参れ」といって障子をたてた。そして一夜を過ごす。道徳家ならもうこれだけで唖然とするだろう。しかし驚くべきことに紫式部は次の巻で、暗い中で空蟬と取り違えて軒端《のきば》の荻《おぎ》と契ってしまう場面をさらに描いた。空蟬を忘れられない源氏はまたその部屋へ忍び込んだが、貞節な空蟬は気配を察し部屋から脱け出していたからである。頭も体も固いフェミニストなら女性蔑視だ、レイプだと怒るだろう。ところが女子学生はあれよあれよと驚きつつも、闇夜の事の成り行きに引かれ夢中で読んでしまう。それというのも人間通の紫式部がそんな場合の男の性心理をいかにも真実に描いているからである。なぜそんな無法な行為に及んで話が自然なのか。それは忍び込む前に軒端の荻が空蟬と碁を打つ様を源氏が垣間見た場面が書いてあるからである。軒端の荻は「つぶつぶと肥《こ》え」「ないがしろに着なして、紅の腰ひき結へる際まで胸あらはに」している。色彩のエロティシズムといおうか。それだけに床《とこ》に入ってお目当てと違うと気づいた源氏は、いまさら空蟬を探しに行くわけにいかない。「かのをかしかりつる火影ならば」覗き見たあの女ならそれでいい、と軒端の荻の衣をおしやる。ようやく目覚めた女の反応も書かれている。しかもそれは前の巻で源氏に無理強いされた際の空蝉の「いふかたなし」「ひどい」と泣く様と対照をなしている。「世の中をまだしらぬほどよりは、さればみたるかたにて」うろたえるでもなかったというのである。

そうしたきわどい場面の並置《へいち》も巧みだが、緊張と笑いの取り合わせも秀逸だ。女を後に源氏がこっそり邸から立去ろうとして老女房に「おはするは誰《た》そ」と誰何《すいか》される。はっとするが老女房は「なんだ、民部《みんぶ》のおもとか。ご立派な背丈《せたけ》だこと」と同僚ののっぽの女房と思いこみ自分から答えて納得してしまう。それでもこちらへ来て「あなたは当直だったの」と声をかける。女でない源氏は答えられない。だが老女房は数日来の腹痛で返事も待たず「あな、腹々」とそのまま用を足しに行ってしまう。それで正体を露見せず源氏は無事に帰ることができた。ボッカッチョならお目当ての女を取り違えたところで話を笑い物にしただろうが、紫式部はやっとここで滑稽を点描する。老女が源氏を背丈の高い同僚と勘違いし冷やかしたつもりの言葉「けしうはあらぬおもとの丈立《たけだ》ちかな」が直接話法でリアルで面白い。

次の巻でも八月の十五夜、源氏は陋屋《ろうおく》で夕顔と一夜を過ごすが、隙間の多い板屋で、暁近く隣の行商の男の声が聞こえる。「あはれ、いと寒しや」今年は天候不順で米の買い入れもうまくいくまい。「北殿こそ、聞きたまふや」「ねえ、北隣さん、聞こえますかい」臼の音も響く。そんな庶民の声や物音は源氏には初めてだ。面白いと源氏も感じたことが千年後の読者にも伝わってくる。

114　津田左右吉

東大の『教養学部報』に東大教師が薦める書物が載ったが、津田左右吉が断然トップだったことがある。津田は厳密な古典批判により科学的な思想史研究を開拓したといわれる早大教授だ。戦中は右翼から攻撃され法廷に引き出されたが、戦後は岩波書店『世界』の傾向的な編集者吉野源三郎の期待を裏切って天皇制維持を是とする論文を寄せたために今度は左翼から睨《にら》まれた。津田の『シナ思想と日本』を読んで、中国と日本は同文同種というが、かくも違うかと私は驚いた。eye-opening という思いがした。しかし主著『文学に現はれたる我が国民思想の研究』は当時は読む暇がなかった。

その『津田左右吉全集』の件で大学院図書管理の助手の私に注意が来た。監督官庁の文部省が調査したところ同じ東大で何組も購入している。教養学部だけでも国文学、東洋史、日本史、社会思想史、国際関係論、比較文学、比較哲学の各研究室、学部図書館と八セット購入している。これは予算の不適切な使用だという。前にも『斎藤茂吉全集』を注文直後、国文ですでに備えたことがわかって、恐縮だが引き取ってもらったことがある。全五十六冊の全集をエレベーターなしの四階から古本屋の手代が風呂敷包みに背負って降りて行った。当時の日本は貧しかった。たとえ利用希望者が多かろうと複数セット買うのは遠慮した。それだけに近年、地域の図書館で同一図書を何十冊も並べて購入するのを見ると、住民サービスとはいえ購入が安直で不快だ。じきに一顧だにされなくなる当世流行の本も多いだろう。

では津田はどうか。源氏千年紀にちなんで津田の『源氏物語に就いて』を読んで一驚した。「『源氏物語』は写実小説である。藤原時代の貴族社会の縮写図である。藤原時代といへば、平安朝の貴族的文明・都会的文明が発達の頂点に達した時であるが、道義の最も腐敗した時、乱倫敗徳の極点に達した時である。我が国史に於《お》いてこの時ほど、社会の紀綱の乱れ、人間の道義が頽《すた》れた時代はあるまい。この時ほど極端な利己主義・我慾《がよく》主義・物質主義が、世の中に横行した時代はあるまい。単にこの点のみからいふと、燦然《さんぜん》たる文化の華は、たゞ醜を蔽《おお》ひ、臭をつゝむ、うはべ一ぺんの飾り物たるに過ぎぬ。」

内村鑑三が「あのような文学は根コソギに絶やしたい」と『源氏物語』を論難するのは宗教家の勝手だが、文化史家津田ともあろうものが、倫理的立場に立って過去を一刀両断してよいことか。ヴァージニア・ウルフはウェイリー訳源氏を読んで藤原時代に共感した。遠国の過去にブルームズベリー・グループの理想が花咲いたと感じたのであろう。その昔『学部報』で津田を推した同僚がウルフの専門家でもあったので、英国でもウルフらのブルームズベリー・グループを「乱倫敗徳の極」と非難した歴史家はいないかねと質問したが、思い出せないとのことだった。

115　サイデンステッカーの夢魔

『源氏物語』は強姦につぐ強姦の文学だと米国の一部フェミニストは主張する（すると日本でもすぐ同調してレイプの文学と叫ぶ男女が現れる）。では作中の女性が今日の米国で告訴に及んだ情景を想像してみよう。いや想像でなく、米国で女性と合意で事に及んだと本人は思っていても、強姦されたと訴えられる場合は今後は続出するに相違ない。となると在留邦人も裁判沙汰にまきこまれかねない。米国では法廷に公認通訳がつくから有難いが、しかし一人、その番に当たると有罪になる率がきわめて高い通訳がカリフォルニアにいて、情を解さぬ男として邦人の間で評判が悪かった。これからもそうした目に遭わないよう渡米される読者も気をつけるがいい。

事件はこうである。夫の留守に日本青年は女の家で無理強いに通じてしまった。だが女にもどこか自分は男になびいたという気持もある。先夜かいま見た青年は光り輝いて本当にたぐい稀だった。だが夫ある身だ。これ以上交際は無理だ。そんな心理のたゆたいは強姦被害者の惨めさからはほど遠い。だがそこへまた家に来ると青年から予告があったので警察沙汰となった。被告側の日系の円地弁護士は原告の女の本心はこうなのだと述べた、「女もそういう趣のお文があったので、自分に逢おうばかりにさまざまに手を尽して下さるお志は、浅くは思われないながらも、さればといって、心を許しすぎてみすぼらしい有様を残りなくお目にかけてしまうのも興ざめな味気なさのみ残って、過ぎ去ったあの夢とも現《うつつ》とも分ちかねるおぼろげな境の、この上なく美しくきらきらしい幻に、いよいよ嘆きの霧を深めてゆくことにもなろうかと思い乱れて」それで男の再訪を拒絶、夫の手前もあり強姦で訴えたのだという。米国人陪審員にはこの日本人女性弁護士のもってまわった言分《いいぶん》がよくわからない。すると米国人検事はそんな弁護士を小馬鹿にし、ストレートに主張した、「女は再訪の予告を受けた。青年がこんなに手をまわして女の家に来たがるからには、その気持、その性的衝動はよほど強いに相違ない。それはわかるが、ここで男を迎え入れて自分から会ったら、一体どうなるか。先日の夜の不安懊悩、あの夢魔を繰り返すだけだ。いやだ、あんな恥ずかしめに会うのはもう真っ平」それで女は訴えたのだという。裁判長はそこで「『あの夢魔を繰り返す』とは前回強姦されたということですね」と原告に確認を求める。そのやりとりは非公開なので女がなんと答えたかはわからない。

しかし『源氏物語』に通じた読者にはわかる。実はこれは源氏と空蟬の関係を現代化してみせた話なのである。原文では女は「夢のやうにて過ぎにし」とある。それをサイデンステッカーは「夢魔」**nightmare** と訳した。なるほどこれならレイプだ。訳者次第で光源氏は有罪で無期懲役になる。だが訳者がウェイリーならそれは「夢のような出会い」**dreamlike encounter** で、円地文子にいたっては、右に引いたように、源氏との一夜は「この上なく美しくきらきらしい幻」であったと訳した。とするとどうやら源氏の君が無法なのではない。情を解さぬ米国人訳者が無法なのだ。紫式部の文章に対し暴行を働いた男は訳者サイデンステッカーだったのである。

116 ばっかり食い

日本人は西洋に憧《あこが》れ英語も習う。西洋人は日本におおむね無関心で日本語を習う人は少ない。そして日本人は男性至上主義で一夫多妻だと思っている。英訳『源氏物語』を読むと、そんな性的ファンタジーが湧《わ》くらしい。それでも私もそんな男の一人と目され、米国人のプロテスタントの先生から意味ありげな長い説教をされてしまった。「ロックフェラーのような偉い人でも女のアパートで急死すれば新聞でこれだけ非難されるのが米国ですよ」

なぜそんな男の一人と勘違いされたのかわからない。米国に行く前六年間欧州で暮らした。だから米国にもすぐ慣れて私が活発に振舞った。それが誤解の原因かと察したが、むきになっても始まらない。相手がそう思うなら、それは相手の勝手だ。そこで居直って「昔の日本人の男女関係が今の米国の男女関係に比べて道徳的に劣るわけではない。それを証明するから聞いてください」と食後の座興に申し出た。私の反論はこうである。

米国人は一夫一妻というが、何度も結婚し離婚する。それだから一生というタイムスパンで計算すると結果的には多夫多妻になっている。日本人との違いは、西洋人は洋食を食べる際と同じで、前菜は前菜、スープはスープ、アントレーはアントレー、肉は肉、デザートはデザート、と毎回その時食卓に出されたものを一品ずつ食べるのが礼儀だと心得ている。汁と魚と野菜とご飯を一緒に食べるようなことはしてはならない。はしたないと思っている。いいかえると男は一時に複数の女性とつきあってはいけない、前サイと後サイと同時に食べてはいけない。しかし光源氏のようなライフスタイルは、いわば和食をいただくようなもので、お膳《ぜん》の上に出た品、好きなものを箸《はし》のおもむくままにおいしくいただく。それだから和風はそれで良かったのだ。西洋人も日本人も食べた品の数は結局それほど違わない。巨視的に見て洋食の方が和食より正しい食べ方だとはいえまい。

意表をついた説明に皆さん一瞬きょとんとして反論もしかねている。そこで「『ばっかり食い』はいけないと日本では皆いっている。少なくとも三種類は同時に食べるよう保育所では子供にまで教えている」と図に乗って冗談を言ったのが良くなかった。大顰蹙《ひんしゅく》を買ってしまった。米国と違ってラテンの国ならこの種の冗談も許されよう。フランスではそんな陽気な、多少みだらな話をゴーロワズリー gauloiserie と呼んで、自国のお国振りと認めて笑っている（ゴーロワとは古代の天衣無縫《てんいむほう》なフランス人のことである）。

それにしても『源氏物語』を教えると、一夫一妻の倫理観で裁断し、文学鑑賞を拒否する人が必ず出て来る。その中には熱心な信者もフェミニストも津田左右吉のような歴史家もいる。それも一つの立場ではある。しかし「紫式部は地獄堕《お》ちの女だ」などと居丈高に言い張る道徳主義の僧侶や牧師は、やはりどこか偏狭で、おかしな人なのではあるまいか。

117 ゆするの水

『かげろふの日記』の著者は気の強い不幸な女である。藤原兼家の妻だが夫婦は不仲だ。妻訪い婚の十世紀の京都の男女関係が日記を通してよくわかる。夫はほかの女にうつつを抜かして妻をかえりみない。彼女もそんな夫と張り合う。腹を立てると、夫が日が暮れて訪ねに来ても門を開けない。そんなフェミニストの面影すらある兼家の妻だが、内心は自分を棄ててかえりみない夫に苛立っている。それでもふと心を動かされる折がある。上筵《うわむしろ》の下から夫が朝ごとに飲んでいた薬が紙に包まれたまま見つかった時もはっとした。またある時は、夫が髪を洗うゆするの水が坏《さかずき》にそのままになっていて、水の上に一面に塵が溜まっていた。「まあ、こんなになるまで」と女は久しく帰って来ない兼家を思い、胸をしめつけられる思いでゆするの水をじっと見つめる。「いでし日つかひし泔《ゆす》る坏《つき》の水は、さながらありけり。上に塵《ちり》ゐてあり。かくまでと、あさましう」女は溜まった塵に時間の経過も感じて感慨を催すのである。

「ゆするの水とは何ですか」と聴講者に聞かれたから「ヘア・ローションのようなものでしょう。整髪料です」と答えた。そう説明した途端、はっとアール・マイナーを思い出した。

私は九州で十三年ほど教えたが、外国へ出かけて留守をする間、大野城の部屋をマイナー夫妻に貸した。

背の高いアールは平川家のバス・タブは小さくて窮屈だったと笑ったが、お洒落でいつも上等の整髪料を用いており、その香水の匂いが私の部屋に残っていた。そのアールが最後に、そのローションの瓶を忘れたまま帰米してしまった。彼の訃報に接して、長年棚の隅に放置してあった栓をあけたら懐かしい匂いがした。故人を偲んで私の髪につけてみたが、そのときアールの温容を思った。アールは不思議な優しいアメリカ人であった。夫人のジニーは外見はアメリカの白人だが、北海道で戦前、日本の女の子たちと一緒に師範の付属小学校で育った。「わたしは付属よ」と日本語で言い、ジンコと称した。付属高女の修学旅行では皆と一緒に京都の宿屋でお風呂にはいった。そんな戦前の考え方や感じ方が身について抜けない。初めて米国へ戻った直後、日米が戦争に突入しジンコは非常なショックを受けた。アールは戦争末期に語学将校に選抜された英才だが、戦後そのまま英文学者兼日本文学研究者となり、プリンストンの教授となった。中身は日本人である妻への愛ゆえに、日本人を理解しようとつとめたアールである。私の髪がいつまでも黒いので「人間にはいつまでも大人にならぬまま年だけ取る人もいる」と笑った。

だが私のように喜寿も過ぎて米寿が近づくと、毎年、亡くなった内外の学者の追悼文を書くこととなる。親しくした外国の友人の数は急に減った。アールも亡くなって数年になる。彼が置いていった整髪料の瓶もいつかなくなった。

118　絶筆

旅先の神戸で見た近ごろの好企画は『絶筆』という展覧会だ。日本近代画家の死ぬ前の作品が展示されている。絶筆といっても実態は様々だ。貧窮した青木繁が迫り来る死を自覚して唐津の海を描いた『朝日』もあれば、世間的に栄達は遂げたが、それでも孤独な死を迎える黒田清輝の『梅林』もある。中には周囲の人が絶筆と決めてしまった絵もある。日本の俳人の中にはまだ元気なくせに辞世をあらかじめ作るのがいる、

今井俊満氏

いやらしい、とチェンバレンは批評したが、それに類した作品も混じっていよう。しかし画家本人は元気で、華やかに豊満な和服姿で編物する女を描いて、それがたまたま最後の作品となってしまった岡田三郎助の『編物』など生命感に溢れている。なんともすばらしい絶筆だ。昭和十四年作というが、日中戦争初期の国内はまだ平和であった。

死期が近づくと眼に浮ぶ心象風景は何か。海を思い浮べる人、山を思い浮べる人、花を思い浮べる人の三種に大別されるらしい。前田寛治など最後の力を出して『海』を描いている。雑誌からの注文で文章を書く文士と違って、画家はより自己本位に日々を生きている。注文があろうがなかろうが描いている。それだから、画家の方が小説家より優れた絶筆を自然体で残したのではないだろうか。展覧会を見るうちに、明治以来の日本近代美術史の方が日本近代文学史よりも豊かなのではないか、という印象を覚えた。

海と山と花の中で、花の名前をおよそ憶えない私は死ぬ間際にも花を思い浮かべることはなさそうだ。東京には山がないから、散歩が無風流になる。芦屋にいた時は山手を散歩するのが好きだった。しかし山と海とどちらを思い出すかといえば、小学校に上がる前後の八年、夏休みを房総で過ごした。それで海には幼時の思い出が深く刻まれている。自分が思い浮べるのは海の方かな、と思う。青木繁の絶筆は海面が盛り上がって、そこに薄幸な画家の激しい感情の起伏が感じられる。伊豆の美しい絵を描いて、それを息子に渡して、そして命を断った佐分真など、遺族はどんな気持でその絵に対したことだろうか。

展覧会で圧巻は今井俊満の『パラ・パラ・ダンシング』の大作だ。癌に侵された今井が従容と生き、原宿のガングロの女の子の生と性の群像を絶筆に描く様は、NHKテレビでも放映された。「イマイ、サムライ」

と私は口ずさんだが、今度その波打つコギャルの群像を見て、ふっとその画の裏に隠れている今井の優しいお母さんのことを私は思い出した。

119　香月泰男の『絵手紙』

西洋から流布した説に、東洋人には自我が確立していない、という説がある。敗戦後、それを請売りして、日本人には自我が確立していない、としたり顔に繰返す識者がいた。自我が確立してない証拠として、西洋にはルネサンス以来自伝が発達したが、東洋人は自伝を書かなかった、と主張した。ところが同じ東洋でも中国と違って、日本では実に多くの自伝が書かれていた。中には作家の拵え物の小説よりよほど面白い自伝もある。自伝の母胎は日記で、日記は日々の記録だが、自己の内面を見つめれば、精神の記録となり、自我の発達史となる。日本には日記をつける人が多い。戦場でも日記をつけた兵士は日本軍に多かった。考えてみると、すでに平安朝のわが国では女流の日記文学が盛んだった。当時の日本の才媛に比べると英国王室の女官などホッテントットに類する、という思いきった断案を下した人はウェイリーだが、彼が『源氏物語』を英訳すると、西洋人は驚倒した。人間通の紫式部が描いた男女の人間模様は興趣尽きない。

ところで中国人が日記をつけないのは、大陸では何年かごとに起きる文化大革命もどきの騒動の際に、日記が自分に不利な証拠として使われることへの潜在的な警戒感からだという。そもそも中国では小学生は日記を書いたら学校の先生に提出しなければならない。そんな監督下では本心を記すことは不可能だ。紋切型を書くようでは日記文学は発達しない。そんな中国では自伝も発達しないのか。私はそうとは考えない。紫式部が愛読した白楽天など、その詩を読めば生涯をほぼ辿れる。だとすると彼の詩は詩日記であり、広い意味での自伝といえる。

そのような東洋人に向かって自我がないとは失礼な言《い》い分《ぶん》だ。だがそうした印象が依然として続くについては、我国の家庭の躾けや学校教育にも責任がある。自分がいま何をしたいのか、子供にはっきり言わせる訓練をしていない。それなものだから、子供たちは日本語でもまともな返事をしない。大学生もぶすっと黙っている。そんな様だから西洋人の会話教師は日本人には自我が確立していない、と確信するにいたる。

もっとも口は利けずとも自己を表現できる人もいる。絵手紙を書いたり、絵日記をつけたりする人がそれで、これも日本に多い。香月泰男《かづきやすお》が応召時代に妻や子供に宛てた『絵手紙』(二玄社)は見事だ。ソ連と満洲の国境地帯のハイラルに緊張はあったが戦闘はなかった。その日常が軍事郵便に記されている。小学校に上がる前の長男直樹に宛てた絵手紙にこんな文章が添えられている。

「ぶたの母子の散歩です。ぶたも走れば早いです。太陽の沈むだ後に糸の様に細まった月と金平糖の様な星が一つ真赤な西の空に現れます。今日はらくだが車をひいて兵舎の前を通りました。又描いてお目にかけます」

II　東大駒場学派

120 河合栄治郎

私の比較研究者としての学問人生をかえりみることとしたい。まず思想的な立場から。

河合栄治郎は左右両翼から攻撃された。しかしこの人が東大にいたことを名誉に思う。

昭和二十三年、満十六歳の私は一高に入学、よく知らずに寮の社会科学研究会へはいった。がその社会科学とはマルクス主義で、中寮二階の十六番と十七番はいってみれば共産党細胞の一部だった。その社研は二部屋十六人の大世帯だが、隣はソ研、さらには中研である。「モスクワ横丁」と竹山道雄教授が揶揄《やゆ》した処《ところ》で私は一年近く暮らした。同室に上田建二郎がいた。後の不破啓三で、すでに党員だ。学習はエンゲルス『空想から科学へ』で始まる。次に『労賃・価格よび利潤』。いま考えれば、上級生もよくわかっていたはずがない。それが質問した私に向かって「マルクスが間違うはずはありません」と居丈高に言った。「いかん。これは新興宗教と同じだ」と思った。社会科学をマルクシズムと決め、しかも頭から正しいと信ずること自体が非科学的だ。もっとも東隣の部屋はカトリック研究会で、寮の記念祭の出し物は窓に洗面器が一つ、水をなみなみと張ってそれに丸木が浮かべてあった。「丸木沈ムハ誤リナリ」という冷やかしであった。しかし朱に交われば赤くなる。つきあいの良い者の中には唯物弁証法が突然わかる者も出る。私たちが死ぬまでに革命は必ず起こる、だから今のうち入党するがいい、と説く者も出る。壁には「情熱は湿れる松明のごとく燃やせ　毛沢東」と墨書《ぼくしょ》してあった。

そんな部屋で、私には科学組以来の批判精神もあったのだろう、共産主義を批判する河合栄治郎を読んでいた。若い私は河合が説く自我の確立の主張に共感していた。すると周囲から「意識が低い」といわれた。だがそんな偉そうな口を利く上級生だが、党幹部が来れば平身低頭、質問すらしない。私が神山茂夫に質問したら、それが話題になった。そんな権威主義だった。志賀義雄を囲んだ写真が手元にあるが、皆その後どうなったやら。

しかし二十一世紀のいま昭和を振り返り、日本の教授で誰を尊敬するかといえば、ソ連を祖国とした革命思想家でもない。中国共産党を賛美した人民民主主義者でもない。また日本の国家主義思想家でもない。『帝国大学新聞』に『二・二六事件の批判』を書いて青年将校を弾劾《だんがい》した自由主義者河合栄治郎だ。「彼らのわれわれと異なるところは、ただ彼らが暴力を所有し、われわれがこれを所有せざることのみにある。だが偶然にも暴力を所有することが何故に自己のみの所信を敢行しうる根拠となるか、何故に国民多数の意志を蹂躙《じゅうりん》せしめる合理性となるか」

その河合を偲《しの》ぶ会で戦後河合の思想を継ぐ者は丸山真男だという者（武田清子）がいた。何を言うかと私は反論した。丸山は安保闘争で学生を煽動《せんどう》し、大学紛争で全共闘学生の鉾先《ほこ》が自分に向けられるや大学を辞めた。自業自得《じごうじとく》で、東大不名誉教授と呼ぶにふさわしい。左右両翼と戦った自由主義者河合と左翼に色目を使った丸山と同等に扱うことは私には許せない。

121 『レ・ミゼラブル』

一高に入学できて嬉《うれ》しかった。数学三題中の一題を間違えたので、まさかそれでもって合格するとは思わなかった。しかし中学四年修了で入ったものの、占領政策で天下の一高は一年後に消滅、新制東大を再受験した。今なら全員無条件入学を要求して騒ぐところだ。元一高の理科生は九割強、文科生は七割が合格した。私は中学で漢文を僅かしか習わなかったので、一高は理科を受けた。新制東大の文一入試に漢文は必須ではない。それで文転し独語既修仏語未修の組に入った。だからといって英語を手抜きにしたわけではない。東大入試の際は『レ・ミゼラブル』を英訳で読んだ。一般に翻訳文は原文より易しい。それで英語力を身につけた。満十六歳と十七歳の時の二回の受験勉強で英語はよほど頭の奥にはいったものと見える。

四十六歳になって初めて英語国に長期滞在したのだが、最初の一年こそ辛かったが、後は非常に楽になった。

そこで『レ・ミゼラブル』に話を戻すと、ジャン・ヴァルジャンは司教館から銀食器を盗んで逃げる。憲兵に捕まるが、司教は「銀食器はあげました」と言い、逆に「なぜこの燭台はお持ちにならなかったのですか」とかばう。そして茫然たるジャン・ヴァルジャンに司教は囁《ささや》く。「絶対に忘れないでください、さしあげた銀を使ってあなたが真人間《まにんげん》になると私に約束したことを」。この一節を憶えているのは子供の時に読んだ『噫《ああ》無情』を通してかもしれない。日本の偽善的な牧師がこの真似をすれば盗人《ぬすつと》に追銭《おいせん》が落ちだろう。日本の仏文出身者がユゴーを扱わないのも、こんな挿話に不自然を感じるからだろう。しかしユゴーの作品には人類愛がある。革命を描いても、恐怖による革命支配と違う良心がある。この大詩人は父性を感じさせる。その父性はジャン・ヴァルジャンもわかちもっている。彼のマリユスやコゼットに対する父性愛がそれだ。パリの下水道を傷ついたマリユスをかついで逃げる場面は印象深い。ユゴーとジャン・ヴァルジャンと彼を演じた映画俳優ジャン・ギャバンのイメージが私の記憶の中で重なっている。

ユゴーは独裁者ルイ・ナポレオンに敵対し、英仏海峡の小島へ亡命、執筆を続けた。偉物だ。しかし今度この記事を書こうと調べ物をして一驚した。前は知らなかったが、亡命先に妻アデールのほか愛人の女優も呼んでいる。若い頃から夫の女関係に馴れていた妻もしばらくは耐えたが、小島には交際する人もいない。たまりかねてパリへ戻ってしまう。だが文豪は平然としていた。若き日の妻アデールを思い浮かべ、彼女をモデルに貧窮に虐《しいた》げられた少女を描き続けた。なんでもそれがコゼットなのだそうである。いやはやユゴーは怪物だ。

122　シュトルム『インメンゼー』

日本で上田敏がシュトルムの一詩を初めて訳したのは明治三十五年だった。その西暦一九〇二年、敏より一つ年下で当時二十七歳のトーマス・マンは短編『トニオ・クレーガー』でシュトルムに言及した。『インメンゼー』はマンの忘れがたい愛読書だったからである。その Storm の *Immensee* は日本人の青春にもある特別な位置を占めている。それというのは多数の青年が第二外国語で文法の次にこの北ドイツの物語を習ったからだ。実は漱石も『夢の湖』と題された作品中のシュトルムの詩を褒《ほ》めている。

美はしき我顔ばせも
今日のみぞたゞ今日のみぞ
物皆は変り果てなめ
明日こそは嗚呼《ああ》明日こそは。

だが同じ『インメンゼー』の詩をやまと言葉に訳して巧みなのは木下杢太郎である。

けふのみぞ、けふのみぞ
かくわれはうつくしき、
あけむひは、あけむひは
ものなべてきえゆかむ、
ひとときよ、このときよ
きみこそはわがみにしあれ。
さだめかな、しぬべしと
しぬべしと――われひとり。

シュトルムが好きだった小堀杏奴は「木下先生もシュトルムがお好きでしたよ」と言われた時、少なからず嬉《うれ》しかった。杏奴が白秋より杢太郎の詩に魅力を覚えたのは、杢太郎作品の背後に旧制高校のドイツ語的感性と知性を感得したからだろう。その系譜に一高理科の立原道造も連なる。道造の詩に出て来るエリーザベトは『インメンゼー』でラインハルトが思慕する女性なのだ。道造は昭和十二年一月、田中一三宛に書いた。「君の手紙を見てどんなに僕がよろこんだか、君にはわかるかい？　僕の毎日わすれたことのないラインハルト・エリーザベトの物語を君が読むなんて言ひ出すんだもの！　……僕はいつの間にかラインハルトになり、エリーザベトはやつぱりもうお嫁に行つてしまつた！　……『みづうみ』は高等学校一年の日、秋ふかいころ竹山先生に習った」。その竹山道雄は戦後入学した私たちにとっても先生であった。そして私たちも「その夜習つたエリーザベトの物語を織つた」のであった。

Morgen, ach morgen
Muss alles vergehen!

岡山の六高でドイツ語を学んだ郭沫若は『インメンゼー』を『茵夢湖』と中国語に訳した。毛沢東が東ドイツの大使にシュトルムの話をして驚かせたのは、そうした経緯による。そんな旧制高校の文化は台北にも残っていて、市の北はずれに茵夢湖という喫茶店を見かけた。

明朝呀、啊、明朝
萬事都要休了！

123　マリーアの思い出

ダンテは個人的に縁のある地名を『神曲』中に書き込む。トレントは山津波の関係で出た地名だが、町の誰かがダンテに親切にしてくれたおかげかもしれない。ボッカッチョも再三フィレンツェの亡命者に親切だったトレントに言及している。私も個人的な思い出を述べたい。

トレントでは反宗教改革の公会議が十六世紀半ばに開かれ、カトリック教会の自己革新と新教勢力拡大に対抗する戦略を決定した。辞典や教科書にトリエントとあるのはドイツ語読みで、西洋史知識が日本では主にドイツから伝わった偏向の露骨な名残である。このアルプス南麓の町はドイツにほど近いから、しばしば合併され占領された。第一次大戦の間、敵独墺《どくおう》軍南下の際、イタリア系住民は町から逃げ出した。当然、反独感情も根深い。とはいえ昔はゲーテ等の馬車が、今は観光客の車が、北からブレンネル峠を越えイタリア領にはいって最初の町がトレントだから、お店で働くにはドイツ語を話さねばならない。それでドイツ語を習いにウィーンに来たトレントのお嬢さんと私もウィーン大学夏期講座で知り合った次第だ。思い出も独伊両語に跨る。

そのマリーアをルドゥテンザールに誘った。オペラの開幕ベルが鳴る。現れない。ぎりぎりまで待ち「さては振られたか」と思って切符を見知らぬ人に売って入場した。そしたら第一幕が終わった時、マリーアが「すみません」と息を切って現れた。ドイツ語で六時半を「ハルプ・ジーベン」（半時間前七時）という。ドイツ語上級ならそんなこと知っているにきまっていると思っていたら、それを七時半と勘違いして遅れたのだった。だが切符はない。はいれない。すると第一幕が終わってアメリカのお金持がモーツァルトにもう退屈し、はやばやと出てきた。「平川さんに悪い」とその人に頼んで切符をもらい、はいったらすぐ私が見つかった、という。嬉しかった。先刻切符を売った隣席の若い英国人に訳を話し、マリーアがそれで入場した切符を渡して席を代わってもらった。私たち二人は並んで座ったが、すると英国青年が「駄目駄目」と戻って来る。前へ行ったらなんと最上席で「こんな服装ではとても座れない」という。それを拝み倒してそこへ戻って貰った。

マリーアとは舞踏会へも行った。ワルツを踊りながら頬っぺたに接吻したら「ナイン、ビッテ」とたしなめられた。胸に十字架が揺れていた。

パリへ戻ったらトレントから礼状が来た。**ich danke Sie**「あなたを感謝します」と目的語を間違って四格で書いてある。正確には三格だ。後年イタリア語を習ってはっとわかったが、イタリア語では「感謝する」**ringraziare** は直接目的の四格を取る。そのせいであった。

土地は個人の思い出で蘇える。トレントは一八九六年、市民の投票でダンテの記念碑を建立した。ダンテの思い出にことよせて「トレントはトリエントではない。祖国はイタリアだ」と内外に宣言したのである。

124　ハーンと母なる海

外国に留学して、いつアット・ホームになるかといえば、言葉が通じ、友だちが出来た時だろう。だが私の場合は、その国の海につかった時だった。一九五四年秋パリへ留学した。船で一緒だった人に招かれ、翌年の一夏をノルマンディーで過ごした。毎日泳いだが、後で風呂もシャワーも浴びない。別荘の食卓の会話には必ずしもついていけなかったが、秋にパリへ戻ったら理髪店で「フランス語が進んだね」といわれてそうかと気がついた。五六年の夏、ギリシャではクシロカストロンの海浜の天幕で一月暮らした。十一月にパリで再会したら裸姿だった娘たちが素敵なドレスを召して現れた。あのころギリシャまで遊びに行けるのはフランスでも裕福な家族の子女だと知れた。五七年春パリからボンへ留学し七月ウィーンへ移った。下宿の学生たちと一緒にドナウ運河へ泳ぎに行ったが、楽しかった。あの夏のヨットの白帆がまだ目に浮かぶ。五

ハーンがスケッチした焼津

九年にはペルージャへ行った。そのころスウェーデンの女は性的自由という神話があったせいか、スウェーデンの女子学生が一人プールにはいるとイタリアの若者がみなぞろぞろはいる。彼女が上がると彼らも上がる。その間声は交わさない。なんだか海豹《あざらし》の雌が一頭水につかると雄どもが一斉に水につかる。そんな感じだった。ペーザロもタオルミーナの海も良かった。

その後私はラフカディオ・ハーン研究者となったおかげで、彼が暮らしたアイルランド、マルティニーク、隠岐なども探訪し、ついでに彼が泳いだ海で泳いだ。そしてはっと気づいた。四歳で生母に別れ、父に見捨てられ、みじめな幼年期を過ごしたハーンである。この疎外された少年は一体いつ異郷でアット・ホームになれたのか。ひょっとしてそれはトラモアで泳ぎを習った八歳の時だったのではないか。それというのは、ハーンは処女作で、嵐で両親を失い漁師夫婦に引き取られた孤児チータが、泳ぎを覚えることで慰めを得たばかりか、外界に対処する術も会得したことが書かれているからである。嵐で荒れれば海は人を殺す。一面では恐ろしい。だが他面では優しい。フランス語で海はメールというが母もメールという。漢字の海にも母の字は含まれている。東西を問わず海は母なる海なのだ。

ハーンは生涯瞼《まぶた》の母を追い求め、それが作品の通奏低音となっている。だが女々しい男ではなかった。一文無しになろうと、人生の荒波に雄々しく立ち向かい、異郷にあっても自己を失うことはない。そのハーンは出雲で小泉節子とめぐり会い家庭の幸福を取り戻す。父親としてのハーンは子供たちを毎年夏休み焼津へ連れて行き、泳ぎを教える。息子一雄の『父八雲を憶ふ』で一番長い一章は「海へ」と題されている。ハーンの作中人物はこう言ったが、それはハーン自身の確信でもあった。
「世間は海のようなものだ。そこで泳げない者は溺れて死ぬ。海は世間のようなものだ。だから子供は泳ぐことを習わねばならぬ」

125　「かわいまんまん」

西洋人日本研究者で日本語の「読み書き話し」が三拍子揃ってできる人は意外に少ない。「話し」はまだしも「読み書き」は下手だ。漢字の心得のある中韓の日本研究者とはそこが違う。米国学者の日文英訳をチェックして、この程度の読解で日本史についてよくまあ偉そうな口を利く、と思う。終戦の頃を描いた文章中、成金の「二号嬢」を「二番目の娘」と訳した米人教授がいた。敗北を抱きしめたのはこの手のパンパンなのだが。

米国人外交官や学者に仕えた日本人は相手の実力を知っているが、遠慮してあまり言わない。それで褒め言葉のみ報道される。相手はいい気になる。西洋人学者の手の内まで知っている日本人は少ないから、彼らは得意然として自分たちはハーンより数等上と自負している。

ではハーンの日本語はどの程度か。焼津の小泉八雲顕彰会の『八雲』第六号にハーンが焼津から妻節子へ宛てたひらがなの手紙が二通発表された。平成五年まで発表されなかったのは、ハーン自身が自分の日本語の稚拙を承知しており、それが世間に知れることを生前極度に恐れたからである。見栄というより、それが知れたら知日家としての信用が落ち、文筆家として世に立てなくなる、と心配したからだ。ハーン没後も小泉家は隠し続けた。昭和初年『小泉八雲全集』に収められたカタカナの手紙は次男巌が漢字を当て言い回しを訂正したものである。

小泉家がその稚拙な日本語手紙の公表に踏み切ったのは、ありのままを世に知らせてもハーンの名声が下がることはもはやない、と判断したからだろう。村松真一氏は『八雲』第一号で「八雲の日本語」を論じ「片言のようであるが、純な言葉の美しさがあり、八雲の純な心と夫婦愛とを、これ程端的に表わした日本語の話し言葉はないと思う」と評した。事実その「ヘルンさん言葉」で書かれた手紙は萩原朔太郎の胸を打った。節子も「ヘルンさん言葉」で返事を書いた。二人の日本語は一見拙だが、意志の疎通は円滑で、まことに良き夫婦だった。ハーンは「かわいまんまん」へ、今日朝運動したといい「ながいごりまで・あのところにきれいてらありますとやしろ・おやしろにいけみましたと大へび・たくさんきとたけありま　とかげにたくさんくろいとんぼ・おてらにめづらしはなと大ばしやうあります」と書いた。長い五里まで散歩したら、きれいな寺と社があり、池と大蛇を見た。樹や竹が茂り、蜥蜴《とかげ》や黒い蜻蛉《とんぼ》、珍しい花と大芭蕉がたくさんあった、というのである。

「マンマン」はフランス語の「ママン」をマルティニークの女がそう訛《なま》った。そのクレオール語を懐かしんだハーンは、節子をもそう呼んだのである。ギリシャ人の母と、マルティニークのマンマンと、妻節子とはたがいに重なる。語り部の女の系譜として続く。そのことは節子に向けたこの「まんまん」の愛称からも察せられよう。なおハーンと海のこと、ハーンの「ヘルンさん言葉」の手紙のことは『平川祐弘著作集』第十五巻で詳しくふれた。

126　漢字仮名混じり文

前回ハーンが焼津から節子にあてた手紙を紹介した。読みづらかった。しかしそれは日本語が拙だからというい以上に、漢字なしの平仮名文だからである。「まえばんびわの人うるよきひわ・わたしらどもわたくさんのみます・てんけいま大よろし・かづをくろいとなる」これが前回の続きだが、漢字を混ぜると「毎晩枇杷の人売る良き枇杷・私ら共は沢山飲みます・天気いま大宜し・一雄黒いとなる」と途端にはっきりする。

出雲弁の小泉家では「い」と「え」を区別せず、ハーンも間違えた。「てんけ」は天気だ。「まえばん」は前晩でない。毎晩、枇杷の葉湯を商人が売りにくる。その良き薬湯を小泉家の人は沢山飲みます、という避暑先から妻への近況報告で「天気いま大宜し・一雄黒いとなる」。ヘルンさん言葉では形容詞は語尾変化しない。それを心得て、漢字混じりで復元すればハーンの手紙は読みやすい。次男巌が『小泉八雲全集』別巻に父の手紙を発表した時、漢字を当て言い回しを訂正したのは読者の便を計る、という気持もあったのかもしれない。

平仮名だけの文章はかえって読みづらい。これでわかるように戦後の漢字減らしの教育は誤りだ。日本語の特色は混淆語で、目に訴える表意文字の漢字と耳に訴える表音文字の仮名を混ぜる点にある。大陸周辺に位置した日本は舶来の漢字を取り入れたが、仮名という表音文字を発明し、両者を混ぜて用いた。日本は和漢の文化が混淆《こんこう》するが、日本語の表記そのものも混淆表記である。人間の知性はある程度複雑なコンビネーションを楽しむように出来ているから、漢字はルビを振り、音《おん》と訓《くん》と区別して教えるがいい。漢字は自分で書けずとも読めば見当はつく。「狂牛病」と表意文字で書けば子供も老人も即座にわかる。ビーエスイーやBSEではなにのことかわからない。これはなんでもbovine spongiform encephalopathyの略語だそうである。

混淆語とは言語学でmixed languageという。南欧に比べ後発の英国では、土着のジャーマニック系と外来のラテン系の語彙が混淆した。たとえばフランス語では牛は家畜としても牛肉としてもブフbœufと一語だが、英語では別である。oxは土地の語だがbeefはフランス語のbœufから来た。舶来語には高級感があるから英国人は食用はビーフという。日本人が牛丼を「うしどん」とはいわず「ぎゅうどん」と呼ぶのと似た心理だ。中国語で牛は一語の「ニュー」だが、同じ一語の漢字でも「うし」の訓と「ぎゅう」の音では日本人にとって感触が違う。日本文化はそのニュアンスの中にある。

日本は宗教も神仏混淆、文化も和漢の雑種、それに西洋が加わり和洋折衷となった。言語も和文脈に漢文脈を混じえ豊かになった。鷗外や漱石はさらに欧文脈を踏まえ知性的な大作家となった。ただ文法構造の基本は変わらない。日本文の良し悪しは漢字と仮名の上手な混ぜ方による。耳にも美しく目にも訴える日本語を書きたい。地球化時代の日本も、文化の混ぜ方次第で良くもなり悪くもなる。文章だけでなく文化もきちんと推敲したい。

127 『星の王子様』

私の半生を、ある出会いで、はっと振返ることとなった。

一九五九年、留学から戻ったが職がない。当時は大学も少なく教職のポストも少なかった。止むを得ず私は新聞広告を出した。「家庭教師、東大卒、仏独英伊留学五年」。すぐ紳士が現れた。驚くべし、その人も四ヶ国語ができる。とくに英語は外人と電話で喧嘩できるほど達者だ。その工学博士が私を自動車技術会の外国文を書くアルバイトに使ってくれた。

次にすらりとしたお嬢さんが現れた。フランス語を習いたいという。あの頃の私は教え方が滅法速かった。が、しっかりついてくる。文法をたちまち習得し、しまいには『クレーヴの奥方』も読んだ。その頃、私は修士論文を『ルネサンスの詩』と題して出版した。処女作である。するとある朝「警視庁からです」と寝坊の私に電話がかかってきた（彼女はそこに勤めていた）。『読売新聞』が絶讃しているという。電話の声が弾んでいた。新聞の販売元まで行ってまとめて五十部買った。当時はゼロクスがなかったからそんな買い方をした。だが照れくさくてほとんど人にも送らず、書評掲載紙は書斎の隅で黄色に変色した。それでも教職は見つからない。結局私は奨学金をもらいイタリアへ再留学した。別れの日にこの先は日仏学院へ通うよう勧めた。

それが先日、鎌倉で私が講演を終えたら、品の良い婦人が『ルネサンスの詩』を手に現れた。四十四年が経ち、髪は白くなったが、清楚な面影はすぐそれとわかった。「昔ご一緒に『クレーヴの奥方』を読みましたね」といったら「『星の王子様』も」という。それを私はすっかり忘れていた。しかし若い彼女には *Petit Prince* の方が印象深かったのだろう。

それでこんな感想も浮かぶ次第だ。『星の王子様』には世界的に若いファンが多い。学生時代、私も愛読した。ところがいつしか著者のサン・テグジュペリは「臭い男だ」と感じ出した。子供向けの童話のような話し方の『星の王子様』だが、鼻持ちならぬ節があることに気づき出した。そもそも『ルネサンスの詩』の中で小公子などというきざな筆名を私が用いたのも「プチ・プランス」のせいだ。心底のどこかにそんな自分を否定する気持もあったのだろう、『星の王子様』から私はいつか遠ざかっていた。

自分の大学一、二年の頃を思い返してみても、ゲーテ、シュトルム、モーパッサン、スティーヴンソンなどの講読は鮮明に記憶している。人間読んで好きになった作品のことはよく覚えているらしい。そして誰と一緒に読んだか、ということもそれに劣らず大切であるらしい。六十過ぎの彼女は今でもフランス語を続けていると言った。帰宅して「今日の講演はいかがでしたか」と家内が聞くから「いや驚いた、実に珍しい方にお会いした」と私は照れて答えた。

128　古典に返って

「人生は短い。人はどんどん死んでいる。そんなつまらぬ本を読んでどうする」。旧制高校に入った時そう言われた。私は文学を大切に思うから、文芸雑誌はまず読まない。逆説ではない。名作は読み直して確実に深みがあるが、新作はそうとは限らない。私が毎週木曜夕刊にこの寄稿を続けている『熊本日日』紙には漱石や八雲の名作が連載されるが読者に評判がいい。フランスでも『ユマニテ』紙が『レ・ミゼラブル』を連載したら、部数が戻ったという。国語教科書は、新しがりはやめ、名作を載せるべきだ。その点は古典尊重のフランスや中国など見習うがいい。

『クレーヴの奥方』を読み直した。ラルスという一冊百頁ほどの古典叢書を留学生の私は古本屋ジベールでよく買った。今はその手軽な教科書版の註の細字がよく読めない。容赦なく時は流れた。だが四十四年ぶりに音読し、フランス語の魅力に惹《ひ》かれた。初めは人間関係も忘れていたが、さわりではっとして前に読んだことを思い出す。ぴたりと決まった言いまわしを私は紙に書き留める。人物の性格や心理もさることながら、読書の楽しみは文章そのものにある。

作中のヌムール公は英国のエリザベス女王の婿に擬せられるほどの人物だが、パリに戻りクレーヴの奥方を一目見るや、ほかの女性はいっさい構わなくなる。そうなると世間は公のお相手は誰だとの噂で持ちきりだ。愛されて初めて恋愛感情に目覚めたまだ十代後半のクレーブの奥方だが、亡母の教えを守り夫に貞節であろうとする。だがある夜会の席で公は、思いを抑えきれず、奥方の小さな肖像を卓上からさっと取った。気づいたのは奥方一人だが、ここで咎《とが》めれば公が誰に思いを寄せているか周知のことになる。ヌムール公は咎め立てせぬクレーヴの奥方に「見なかったことにしてください」と囁《ささや》く。その間の微妙な心理の動きがチェスの試合もかくやとばかりに見事に詰めて書いてある。上品で熱烈な恋愛感情が美しい。作者ラファイエット夫人は十七世紀の人で、そうした宮廷文化の歴史が背景にあり、それが今なおフランス上流女性に品位を与えているような気がする。先日、新幹線でパリ大学教授の令嬢と隣に座りあわせ、話していてそんな気がした。

古典に返ることは大切だ。わが国でも平安朝の宮廷文化が不知不識の間に女性に感化を与えている。与謝野晶子など『源氏』抜きには考えられない。ラファイエットと紫式部の違いは、前者が心理の記述に徹し作品が無色なのに反し『源氏』の世界は色とりどりで、人の心が物事や季節を通して情感豊かに示される点にある。古典が読者の心を捉えるのは、そこに描かれた男女関係が、時と所を越え不変かつ普遍だからだ。文学に発展段階説など応用すべきではない。

『クレーヴの奥方』には生島遼一の名訳があるが、フランス語で読み返した印象を今日は記した。

129　『ルネサンスの詩』

東大大学院修士課程二年生だった私は、昭和二十九年九月二十五日、横浜港をフランス郵船ベトナム号で出航した。当時は留学はまだ珍しく留学生の名前は新聞に出た。昼間は快晴だったが、その夜突然台風に襲われた。翌朝洞爺丸はそれで千百五十五名の船客とともに沈んだ。私はなにも知らぬから船とはこんなに揺れるものかと思っていた。パリでは奨学金が切れた後も通訳として稼ぎ、金を貯めて独英伊にまで留学した。比較研究者は複数の外国語を習得せねばならぬと思っていたし、一旦帰国したら二度と西洋に行けぬと思っていたからである。鷗外も漱石も光太郎も杢太郎も一度しか洋行していない。それに当時の日本は貧しく、飛行機賃よりは安い船賃が片道で父の半年分の収入に相当した。フランス政府はしたたかで旅費は帰りの分しか出さないのである。帰国した時は勉強してきたという自負はあった。ところが東大は留学に際して休学は許可したが五年間もの休学は認めない。先例がない。修士一年からやり直せ、という。渡欧前に取得したはずの単位が認めてもらえなかった。それやこれやで修士論文に一年余計時間をかけた。お蔭で出来ばえの良い章を菊池栄一教授の推薦で『ルネサンスの詩』として内田老鶴圃から出版することが出来た。文芸復興期イタリアの影響を浴びたフランスのロワールの城の栄えをなつかしむ章をまとめたのである。

シャンボールの城

青春はなんとまた美しいかな、
なんとまた淡くはかなく消ゆるかな。

すると堀大司教授がロレンツォ・デ・メディチのこの詩について、Quant'é bella は Quanta é bella を縮めた形で Quanto é bella を縮めた形だとする平川の指摘は誤りだと言い出した。それは先生の思い違いなのだが、先生は頑として認めない。困ってしまった私はイタリア大使館宛てに手紙で意見を求めた。参事官はイタリア文化会館館長兼務で平川解釈を良しとしたばかりか食事に招いて「君はよくできる。奨学金を出すからイタリアへ行きなさい」という。それで形式的に口述試験を受けた。驚いたのは京大教授が「東大の比較文学の人はイタリア文学などやらなくてもいいんだ」とその席で言ったことだ。イタリア文化会館長はその発言を無視し「あなたは船で行きますか、飛行機で行きますか」と私の渡伊を自明の前提とする質問をした。二度も留学すると就職はいよいよ遠のくぞ、という予感はあった。しかし先輩たちの多くは南海で戦死した。それに比べて学ぶべき多くがある国へまた行けるのは幸せではないか。

だが帰国してみると、後輩たちは助教授になっており、私の口ははたしてなかった。専任になる保証のない助手になった。するとその頃『ルネサンスの詩』を訳したと同じ調子で『神曲』を訳しませんかという河出書房の申し出に接した。仕事に自信はあった。「禍福《かふく》はあざなへる縄のごとし」という感じがした。そう言っても信じてもらえないだろうが、私にも苦労はあった。

130　『ルネサンスの詩』ふたたび

戦争中の日本では「敵性語」と称して言葉狩りをした人がいた。「ジャパニーズ」という英語は差別語だ

から「ニッポニーズ」といえ、などと正義面をした。敗戦後の日本で「シナ」は差別語だから「中国」といえ、などと中華思想を押しつける人がいたが、向きこそ違え、そっくりだ。時流に乗る人はいつもいる。だが戦争末期でも私は英語を一生懸命勉強した。あのころ英語教育が禁止されたという人がいるが、誇張だ。十代に勉強したお陰で七十代でも英語で著書が出せた。戦中戦後の先生方に恩を感じる。中学で習った言葉は深く記憶されている。年をとっても使い勝手がいい。

戦後は飛び級で十六歳から第二外国語を学んだ。十七歳、大学で独語既修仏語未修の組を選んだ。鯉《こい》の滝登りというか、あえて急流に挑んだのだ。二十三歳で渡欧、フランス政府の奨学金が切れた後も、通訳で稼いで独伊でも学んだ。英語も習いたかったが、当時は往復切符がないと英国領事館はビザを出さない。切符の期限の二カ月でロンドンからパリへ戻った。ガイドまでして各国で勉強したのは、一旦《いったん》帰国すればもう二度と西洋へ行けない、と思ったからだ。西欧に学ぶことは沢山ある。戦時下や占領下で鎖国されていた反動か、外国で学びたい、という願望は強烈だった。

だが論文執筆の段階で、窮した。アルバイトに追われたせいもあるが、それ以上に学問の旧分類の枠組内で書くことに折り合いがつかず、苦労した。敗戦という第二の開国を体験したことで、私は明治の第一の開国を追体験した。和魂洋才の西洋文明摂取の様を論文主題にしたかった。そしてそうした問題視角から眺めると、文明の先進国フランスも、かつて十六世紀にはイタリアから学ぶ過程で後進国としてもがいた様が身に沁《し》みてわかった。そんな劣等感はローマでフランス人デュ・ベレーが書いた詩に如実に出ている。そうした自国の文芸復興に苦闘するルネサンスの詩人の翻訳に私は打ち込んだ。しかし詩の日本語訳ではフランス語論文にはならない。日本語論文としても認められがたい。だが、人間、自分が全身で共感共鳴したことを書かずに良い作品が生まれるはずはない。生意気だった私は、イタリアから始めてロンサール、デュ・ベレーにいたる訳詩を並べ、その間に説明の文章をさしはさむこととした。

その後、要領を会得し、すなおに論文が書けるようになってからは、発表するのが楽しくてたまらなくなった。内実があり構成が整っていれば、外国語に直しても通じる。こうして進歩したつもりになっていたら「父親の本では修士論文の『ルネサンスの詩』が一番いい」と長女が生意気をいう。しかもそれを裏書きするかのように、この年になってそれがまた出た。あんな論文を認めてくださった師や知友が有難い。いまは亡き恩師の推薦の辞をそのまま沖積舎の新装版に再録させていただいた。なお『平川祐弘著作集』では第十九巻に収めてある。「最新の後書き、夢中で一読しました。平川さんがヨーロッパ各地で踊られたとは知りませんでした」と小谷年司氏から早速葉書が舞いこんだ。

131 『和魂洋才の系譜』

マリウス・ジャンセンは米国の日本近代史研究のリーダーであった。氏の歴史観から私は刺戟を受けた。一九七二年、彼は滞日中、突然電話をかけてよこし「プリンストン大学に来ないか。君の『和魂洋才の系譜』を読んで感心した」と言った。そして五月号の『自由』に書評を書いてくれ、私は招かれて渡米した。彼の書評はこうである。

「著者平川氏の狙いは「内と外からの明治日本」という副題にも示されているが、西洋の衝撃に対して近代日本がどのように応答したか、その型をより古い「和魂漢才」の型に照らして明らかにしている。研究対象は森鷗外で、本書も彼のドイツ留学によって巻を開き、彼の死によって巻を閉じている。氏が論じる鷗外は「二本足」の人だった。鷗外は自分自身の文化の中にすこやかに根ざしていたから、西洋に憧れて卑屈になることもなく、また西洋の重要性やその価値をむげに斥けることもなかった。鷗外の西洋にたいする応答の型は「黄禍論」などの人種主義にたいする明治人の危惧の念と切り離せない関係にあるが、その態度は人間としての品位を保ち、独立を守ろうとする型である。影響関係の痕跡をたどるという点では比較文学の方法を駆使しているが、『和魂洋才の系譜』はその域を越えて、こうしたことすべてが日本の近代史にとって、また世界の文化史にとって、いかなる意味を持つかについて、個性的な、思慮深い省察を加えている」

こんな讃辞を呈してくれたジャンセンだから、その後二人の関係が穏やかだったかというと、どうして屈折があった。当時の私は四十代、それまで仏・伊など外国暮らしが長かったから、自信があって気後れしない。米国の学界で鈴木貫太郎首相のために弁じたり、東京裁判は茶番であった、と英語で論じたりする。ジャンセンは「君はお国のために頑張ってるな」と笑って言った。しかしジャンセンが日本研究者の仰ぐべき先輩とみなしたチェンバレンを私が批判し、ハーンを評価したころから仲がこじれた。日本に帰化した小泉八雲は我が国では評価が高い。だがオランダから米国に帰化したジャンセン一家は次兄は宣教師となったようなプロテスタント一家で、キリスト教的西洋を捨て日本の神道文化を良しとしたハーンがよほど嫌いだったらしい。それでも私がハーン再発見の研究書 *Rediscovering Lafcadio Hearn* を英国から出したら「そこまで学問を徹底してやる日本人は滅多にいないよ。チェンバレンの日本音楽観はなるほど間違っている」と書いてよこした。だがハーンに対するジャンセンの深い悪感情から米国主流の日本観とは何かということが見えてきた。「宣教師は日本人の教え子が優秀であればあるほどキリスト教に留まる期間が短いことを発見して衝撃を受けた」。こうした事実を臆面もなく書いたハーンは在日宣教師の子弟だったライシャワー、ノーマンなどにはやはり不快な存在だったであろう。明治以来のアメリカのアジア観は一時期そうした宣教師的色眼鏡、いわゆる **missionary prejudice** で見られたために非常に歪んだものとなったと私は感じて

プリンストン大学内の劇場　アレクサンダー・ホール

いる。ちなみにユダヤ人のキッシンジャーは米国外交を歪めてきたものはこのアメリカ人の宣教師的偏見だと言っている。

132 江藤淳『アメリカと私』

米国は日本にとり一番大切な国だ。核の脅威から我が国を守るのは日米同盟だ。しかしその米国は私の少年時代は第一の敵国だった。だが敗戦後でも日本の大学では英文学が主流で、東大で英文学科が英米文学科になったのは千九百六十年代になってのことだ。日本人は誰もが米国を知っているよう錯覚して、深い事は知らない。そんな中で日米関係を踏まえて米国の文学と文化を論評して見事な人は佐伯彰一と亀井俊介だ。佐伯は東大を去る前、神道について信条告白をし、昭和史の中の自分を見直した。それだから軽妙な発言にも真実の重みがある。亀井は日本のアメリカ文学界で大成した。が大成に甘んじた。米国に向け発信しないし、佐伯と違って日米が相戦った歴史を直視しないからだ。戦後民主主義が岐阜の田舎にもはいり女の子とフォークダンスを踊った。その楽しさだけが亀井の米国賛歌の原点として繰り返されている。異才は『もてない男』で売り出した小谷野敦だ。『聖母のいない国』（青土社）は米国文学論として鋭い。

だが安保騒動以後半世紀、米国を語ってもっとも傑出した日本人は江藤淳だった。北米へ留学する人に私はいまも彼の『アメリカと私』を推奨する。そこには米国社会に認められ、その中に入るにはどうすれば良いかが具体的に出ている。その手続きをいちはやく了解した江藤は聡明だ。プリンストンでジャンセンと良い仲だったが、後にこじれた。衛藤瀋吉や芳賀徹と馬があったジャンセンは、ナショナリストは嫌いで、妙な誤解もした。こんなこともある。芳賀が笑って「平川はこれからパリへ昔の女に会いに行く」と言ったら、ジャンセンは真に受けて、私が西洋で講演して臆さないのはさては西洋女性と関係しているからか、と思い込んだらしい。プロテスタント北米ではその種の冗談を解さぬ人もいる。そして私に向かい諄々と説教した。後にプリンストンへまた講演に招かれて、ジャンセンの研究室で紅茶を飲んでいると、はたして若い女が英語で「ヒラカワ教授はそちらにお着きでありませんか」と電話をかけてきた。だがジャンセンは私の目の前で「そんな人はおりません」と慇懃《いんぎん》に切った。また電話があってまた切った。実はそれは私の長女がプリンストンの友人の家にいて、私がジャンセン教授の番号を教えておいたから電話をかけてきたのだ。娘の発音がアメリカ化しており、しかも名乗る前に切られたから、ジャンセンの私の交友関係に対する疑念のみが強まったに相違ない。その時あるいは長女の電話かと思ったが、私はなにも言えずじまいだった。すぐに外へ出て公衆電話から友だちの家にホーム・ステイしていた中学三年生の長女に電話したら「さっき二回電話して二回とも切られた」といった。ジャンセンにはそんな面もあった。

133　芳賀徹『ひびきあう詩心』

私が小学校四年の時芳賀徹は山形から転校してきた。芳賀がいまでも山形を話題とし斎藤茂吉を讃えるのは当時、都会児の中でそれだけ違和感を覚えたからだろう。固い表情をしていた。戦時中私は理系の特別クラスにいたが芳賀は普通クラスにいた。芳賀が疎開から戻って来たころ彼の両親が恋愛結婚だったと知った私は、芳賀は父親が十九の年に生まれたとデマを飛ばした。数学の時間19という数字が出るたびにクラスが爆笑する。先生は妙な顔をして「19は素数だがな」と言った。大学で私が文転したので大学院まで同じだった。パリへは私が先に留学、書物も私が先に出したが、就職は芳賀が先だった。私は二回目のイタリア留学の間に抜かれたからである。人が地位を作るが、地位も人を作る。一旦教授会メンバーとなればフランス語講師だろうと米国へ行くこともできる。こうして芳賀はプリンストンへ行きおおいに伸びた。ジャンセンと親しくなった。帰国後、文芸春秋の大世界史シリーズに『明治百年の序幕』を書いた。ついでウィルソン・センターにも招かれた。

私は助手の間に『神曲』を訳し『和魂洋才の系譜』をまとめた。大学紛争後ひとまわり遅れて助教授となり、学際的機運のおかげで講談社の人類文化史シリーズから『西欧の衝撃と日本』を出した。するとジャンセンから「国史科出身者の日本史より面白い」とケンブリッジの日本史シリーズに執筆するよう二人に声がかかった。私は Japan's turn to the West の章を書いた。芳賀ははじめ英語で直接書くと豪語し、結局、日本語でも書かなかった。ジャンセンから「このままでは友情にもひびが入るから是非書くように徹に伝えてくれ」と言われたが、書かなかった。しかしそこが芳賀の人徳だ。ジャンセンとの友情は変わらなかった。芳賀は憎めない。そんな人柄の中には詩を解し絵画を楽しむ心も含まれる。

友人から贈られる著書に私はよく目を通す方だが、それでも知識だけの書物はあまり読まない。芳賀の本には詩がある。日光の霊山男体山でクローデルが詠んだフランス語俳句を芳賀は『ひびきあう詩心』でこう訳している。

夜明け
男体は白根に放つ
大いなる金の矢

この神話的な夜明けの光を目撃したら、小学生の芳賀が詠んだ俳句の音を思い出した。

夏風や汽笛那須野に響きけり

私たちは戦争中、修身の時間に俳句を作った。そんな小学校の花田哲幸先生以来、多くの同じ先生にお習いした。前田陽一、島田謹二、竹山道雄、市原豊太、カンドウ神父……そして今日にいたったのである。

134　還暦記念論文集

私が勤めていた頃、東大の定年は他大学より早く六十歳だった。これは教員の回転を早め、若い英才を登用する、優れた工夫であった。もっとも戦後は寿命が延びて、六十で隠居する学者はいない。それで、他国では有名大学を辞めて他大学へ移る人はまずないにもかかわらず、日本では定年後、第二の就職をするようになった。自ずと声がかかるのはやはり業績のある教授だ。その際、声のかからない教授もいた。一見酷《こく》なようだが、そうした淘汰《とうた》はある方が良かった。

六十で去る教授に対し、知友門弟が論文を執筆し還暦記念集を贈ることがある。フェストシュリフトといって元はドイツの習慣だが、世界中にひろまった。私は東大の学部ではフランス語イタリア語を教えたが、その科には記念論文集を出す習慣がなかった。ある教授に出し、ある教授に出さないと気まずいという気配りだろう。しかし学問の世界は業績主義であるべきで、平等主義であってはならない。当時東大駒場には大学院は比較文学比較文化と国際関係論の二つしかなかった。大学院教授は給料が八パーセント高い。給与と栄誉がからんで、全員にローテーションで大学院を教えさせろ、という要求が出た。学問業績の有る無しにかかわらずである。そんな組合主義的な平等主義をにべなく拒んだ主任の私は嫌われた。

新しい大学院課程では学問的業績を出して存在理由を世に示す必要があった。それで島田謹二、菊池栄一、成瀬正勝、富士川英郎、氷上英広、木村彰一、佐伯彰一、そうした立派な先生方の定年に際し、長く助

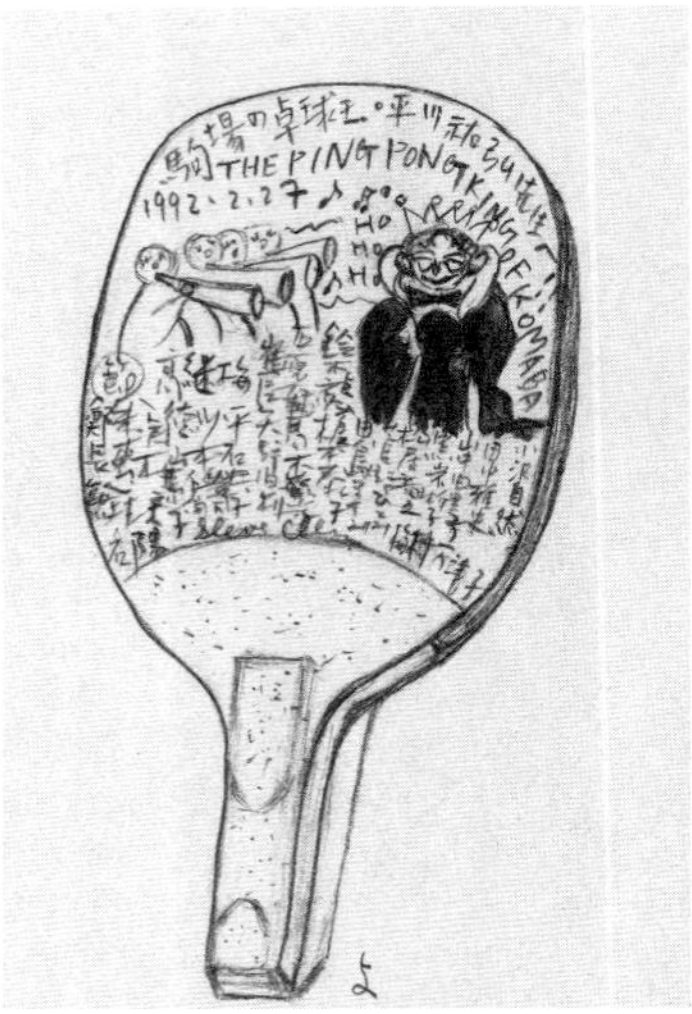

祐弘、大学退官祝賀卓球大会記念ラケット

手だった私は音頭取りになって次々と還暦記念論文集を企画し、編集し、寄稿した。『島田謹二還暦記念論文集』の際は『学鐙』に書評まで書いた。大学院の知的水準はそのような学問的営為で維持される。論文集を出せば寄稿者の誰が優秀か自ずとわかる。（この著作集でも巻末に寄せられる文章の良し悪しは読む人には明白だ）。同輩も合点する。人事はそうした業績に基づいて行うべきなのだ。論文集を世間はあまり読まないかもしれない。だが捧げられた教授や関係者は読む。若い同僚の能力をきちんと査定し得る。学内で学際的な交流にも勤めた私は、国際関係論の衛藤瀋吉教授の還暦記念論文集にも寄稿した。他大学の和魂漢才の研究者の川口久雄教授の論集にも寄稿した。外国人のフェストシュリフトにも寄稿した。そうした学問的社交がなつかしい。

諸教授の最終講義も忘れがたい。私もつとめて聴きに行った。アカデミック・アトモスフェアはそうした学問的営為の中で醸成される。外人教授のヒューズまでが私の最終講義を聴きに来てくれてその模様を文章に書きとめてくれたのは嬉しかった。その東大も今は普通大学なみに定年も延びた。今では博士号のない教授も大学院博士課程を全員平等に教えている。そんな人が博士論文の審査に当たっているのだから奇態である。だが日本で第一級であるべき大学がその程度の大学院大学であって本当によいのだろうか。

135　佐伯彰一『神道のこころ』

比較文化論的見地から神道について示唆に富む著書をとりあげたい。

東大を去るに際し佐伯彰一教授が自身の出自の意味を語った講演は実に生々しかった。戦後日本の禁忌を犯してあえて神道を語る、というおもむきがあり、聴く者も粛然とした。氏は一九二二年、越中立山の出。そんな神道家のしがらみから抜け出したくて昭和十年代の日本でアメリカ文学を専攻、昭和十八年秋繰上げ卒業、海軍予備学生として軍務に服した。

敗戦後一旦郷里へ復員した佐伯士官はしかし電報で呼び戻され、米軍と帝国海軍解体のために連絡要員として働かされる。世の英米文学者との違いはこうした実践の場で英語を鍛えられ、米軍とのつきあいで彼らの日本把握の見当がついたことだろう。「日本人は自分たちは神々の後裔であり神国日本と信じていたからあれほど猛烈に戦ったのだ。あの神風精神は神道に由来する。あのような国家神道は徹底的に排除せねばならぬ」。そんな米国側の神道観は、是非はともかく、日本側にも根深い影響を与えた。一九五〇年、占領下の日本から米国軍用機で渡米する際、米国入国手続きの「宗教」の欄に Shintoist と書くことを一瞬ためらった。自分が神道家であると書けば入国を拒否されはしないか、そんな懸念が奨学生の頭をよぎったからである。佐伯氏より九歳年少の私にもその懸念はよくわかる。戦後の日本では神道は日本軍国主義の守護神のように言い立てられ、そのため世間は表立って神道について話してはならぬような雰囲気だったからである。だが一九八三年、氏は満六十歳、そんな思い出を枕に神道を手がかりに日本文学史を説明した。その話は佐伯彰一『神道のこころ』(日本教文社、一九八八年)に収められたが、定年退官の氏が思い切って信仰告白をした、という鮮烈な印象を残した。

日本固有の宗教について語ることになぜそんな覚悟が要るのか。実は日本の学界には今でも神道敵役説がまかり通っている。一例に佐藤弘夫『神国日本』(ちくま新書)から引くと「「神国」「神州」であることが他の国々に対する日本の優越の根拠とされ、神国日本には世界を導く使命があるという論理でもって、その対外侵略と他民族支配が正当化されていった」。こう述べて日本帝国の中国侵略を批判するのは結構だ。だが中国共産党機関紙『人民日報』にもコラム「神州」があり、「中国」も「神州」と自称している。それを知らないのは無知だが、戦後日本知識人にしみついた、自国を批判するのは正義で他国の不正に目をつむる心性はバランスを失している。中国という自己規定が、自国こそが世界の中心で他国に対する中国の優越の根拠とされ、東夷・南蛮・西戎・北狄を支配する、多民族支配を正当化する観念であり論理なのだということにうすうす気づきながら黙っているのは知的怯懦《きょうだ》だろう。

戦後のタブーにふれてしまった書物に小泉八雲ことラフカデイオ・ハーンの『神国日本』(Lafcadio Hearn, *Japan, an Attempt at interpretation*, 1904、柏倉俊三訳は平凡社東洋文庫)がある。佐伯氏は『日本の「私」を索めて』(河出書房新社、一九七四年)で、敗戦後富山高校のヘルン文庫でハーンの英文原稿の表紙の「神国」の漢字に釘付けとなり、「おそるおそる読みはじめた、暗い片隅に追いやられながら、なおもてごわい亡霊と思い切って面と向き合うような気持で」と回想した。しかし「案ずるにも当らなかった。……それは嘲笑でもなければ陶酔的な礼讃でもなかった。ヘルンがこの最後の大著で試みようとしたのは、日本人の宗教意識という厄介な領域にまともにふみこむことで、日本人にとっての「神」の正体を見きわめようという所に、この大著をつらぬく基本テーマがあった。……ヘルンのいう「神国」は死者たちの国、死者が神々として支配力をふるう祖先崇拝の国の意味にほかならない。戦争中のスローガンにおけるショーヴィニズムや選民思想の思い上りとは無縁の、古い民族的な信仰の基層への注目であった。「日本の歴史は実際その宗教の歴史である。……日本社会のほとんど一切の事が直接間接にこの祖先崇拝から出ている事、ならびに生者にあらずして、むしろ死者が国民の統治者であり、国民の運命の形成者であった事」をヘルンは強調しようとした」。

日本社会を「恥の文化」だとベネディクトは定義したが、日本人は周囲の人間関係だけを気にする「恥の文化」ではない、また良心だけに問いかける「罪の文化」でもない。そうでなく「そんな恥ずかしい事をしてはお天道様にあいすみませんよ、ご先祖様に合わす顔がありませんよ」という草葉の蔭の死者の声も気にしている。だとすると、ハーンが強調するほどではないにせよ、私たちはご先祖様を神として祀る宗教文化に属していることになる。

明治初年に来日した宣教師や学者は、神道を軽視し、文明開化とともに消滅すると予言した。ハーンは異議を呈した。遠田勝の『小泉八雲――神道発見の旅』は西洋キリスト教文明至上主義の米英日本学者の思い上がりを指摘する好論文で、英語版も評判がいい。惜しいことにまだ単行本になっていない。

136　語学教科書

東大で全段階の学生を教えた。新入生にはフランス語文法を、一年二学期以降はフランスの文学作品を、三・四年の教養学科生には比較文化論を、院生には比較文学を教えた。ほかに初心者にはイタリア語文法を、少数の学生には中級でイタリア語作品も教えた。その模様を井上孝夫氏が『世界中の言語を楽しく学ぶ』(新潮新書)で書いている。一回が九十分授業、平均して週六回の授業負担。一日二回教え、週に三日以上大学へ通った。それは行政面の勤めとして教授会や委員会や論文審査があったからである。愚にもつかぬ反対のための反対の学生運動も多かった。マスコミが煽り、学生向けにいい顔をしたがる教授もいたから、学生委員長の職はしんどい。私も勤めたが、団体交渉とかが終わった途端に便意を催して下痢をした。その時は有能な青柳晃一評議員に助けられた。

研究面も真面目に勤めた。大学院の授業成果はほとんどすべて書物にした。イタリア語中級は十九年かけてマンゾーニ『いいなづけ』を読み終えた。単語は会議の席で調べたこともある。それを基に授業に先立って翻訳を用意する。授業の後でまた訳稿を推敲する。おかげで『いいなづけ』の翻訳に対しては賞を三つ頂いた。フランス語ではヴァレリー・ラルボーとかバルザックとか、取っかえ引っかえ読んだが、訳は作らなかった。教師になりたての頃はもっとずっと多く読めるかと思ったのだが、そうはいかなかった。留学生と

母の蝋纈《ろうけつ》染《ぞ》めの座布団。学生時代、芳賀徹と私は西片町の市原豊太先生のお宅によくお邪魔した。あまり伺ったので恐縮に思っていると、母が「これをお届けなさい」と私にいった。

はよくつきあった。語学を担任したクラスの学生全員や外国人を家に招くことができたのはひとえに家人のおかげである。

　それで気になるのは大学内の近年の人間関係の稀薄化だ。昨今の東大の学生便覧には名誉教授はもとより現役教授の住所も電話も記載してない。あれでは学生は先生に年賀状も出せないだろう。学生とのつきあいが煩わしい、という一部教師の主張が罷り通ったからに相違ないが、本当にそれでいいのか。『三四郎』も『心』も師弟関係を軸に織り成された小説だが、そんな漱石文学もいまや別世界となるのか。

　私は語学教師として好んで文法を教えたが、その際に生ずる人間的なコンタクトも好きだった。文法教師はメンタルな体操教師のようなエキササイズの連続である。七〇年入学理科のクラスが、担任でなく私を同窓会に招いてくれた。週二回フランス語文法を教え、秋にはもう『ドミニック』を読み出したから印象が強烈だったのだろう。『家なき子』を教えたクラスも同窓会に私を招いてくれた。幹事が東大に私の住所を問い合わせたら、「担任ではないし」とか「個人情報保護」とかいって教えるのをしぶったと聞いて憮然とした。私は当てておいたのに予習して来ず、その上にお喋りをした学生を授業中に立たせたこともある。そんな教師だったからこそクラス会に招かれたのにちがいない。

　文法教科書も種々取りかえると、新発見がある。英語で書かれたイタリア語文法教科書も用いた。英語の勉強にも役立ち一石二鳥かと思ったが、説明は日本語の方が学生の頭に入りやすい。結局、仏語は朝倉文法教科書、伊語は菅田教科書を多用した。学生が真剣なのは試験当日だ。この機会に学生たちに記憶させない手はない。試験終了直後、筆記用具をしまわせ、私が模範答案と赤のボールペンを配布し、受験生に誤りを自分で直させる。きちんと直さないと減点すると警告する。ふだんさぼりだが試験成績は優秀という天才には東大でもついぞ会わなかった。

ところでクラス会で昔の外国語教師の名前も思い出せないような人は外国語の単語も忘れている。ではどのような人が良い教師なのか。身に泌みてわかったのは五十代の私が学生と肩を並べて中国語初歩の授業に出た時だ。ベルが鳴るとすぐ現れ、学生によくあて、質問には陽気に答える。そんな先生がいい。今にして思う。天下の英才なら、給料は安くて構わない。生まれかわっても教えたい。

137　メーリケ『旅の日のモーツァルト』

昔、東京芸大で非常勤でフランス語を教えた。専門によって言葉に対する態度がこれほど変わるとは予想もしなかった。音楽学部では楽理科に頭の良い学生が集まる。楽理科はドイツ語が必修だ。私は独仏対訳本でメーリケの『旅の日のモーツァルト』の仏訳などを読んだ。プラーグへの道すがら、オレンジの美しさに惹かれたモーツァルトがつい手を出して果実をもいでしまった情景を記憶している。楽しいクラスだった。それがきっかけで『東の橘　西のオレンジ』という随筆を書いた。当時の日本で独語仏語共に学んでいた若者は芸大楽理科だけだったろう。

外国語の文章理解力はピアノの学生の方がソプラノの学生よりよほど上だ。しかし声楽の学生は発音がいい。というかよく口を動かしてくれる。翌年、彫刻科を教えて狼狽した。私が発音を教えようとするが、学生たちは黙ったままである。一瞬、教師に敵意を抱いている、と思った。しかし彼らとても卒業してパリへ修行に行きたいはずだ。じきに彼らが押し黙っているのは、彫刻家を志す若者は、口から音声で語るより、手や腕を用いて彫刻することで自己表現しようとする人なのだ、とわかった。しかし口の重たい人はどうしても外国語は達者にならない。

ペルージャ外人大学で、年度は違え、同じバラッティ先生から私も妻も習ったイタリア語教科書

ところがその頭脳最優秀の楽理科の学生たちが学内でなんとなく引け目を感じている。ピアノがうまいとかバイオリンに優れているとか一芸に秀でている人が芸大では花形なのである。音楽の世界では年に一人ずば抜けた卒業生が出ることの方が大切なのだ。「では後の九十九人はどうすればいいのですか？」と若い私がたずねたら、常勤の教授が「大きな声では言えませんが、国費で花嫁修業をしているようなものです。ここは芸術大学で実業の教育ではありません。虚業です」と答えた。半分は冗談だろうが、半分は本気だったにちがいない。選ばれてパリへ留学した人たちの名簿を見ても帰国してから明暗の差が激しいのは、芸術系である。理科系や文科系ではない。それでも名を成して、フランス語を教えた私に音楽会の招待券を贈ってくださる律儀なピアニストもいる。

しかし普通の大学でも、外国語の授業は、世間は自覚してないが、知性や感性の訓練のために行なっているのであって、習った外国語を生涯駆使する人は、英語ですら多くない。第二外国語を活用する人はさらに少ない。実際の役に立たぬものをなぜ教えるのか。十人に一人でも活用する人が出ればそれで良いのだ。高校の数学知識だって一生それを使いこなす人は十人に一人もいない。しかし若い時に頭の訓練をしたということが大切なのである。歴史にいたっては、日本人の歴史知識は大学入試時が最高で後はさがる一方だ。歴史教科書は忘れてもいい。その分は司馬遼太郎でも読めばその方がよほどいいからである。

138 漱石『文学論』

『漱石全集』で読まれない本は一九〇七年に出た『文学論』である。百年後の二〇〇七年、岩波文庫で亀井俊介の注解で新版が出た。その「解説」も「とっつきにくい『文学論』」という見出しで始まる。夏目講師は東大本郷で明治三十六年からこの講義をした。F＋fという突拍子もない記号で始まる。夥《おびただ》しい英文が続く。夏目講師はその引用をプリントで配るでもなく黒板に書くでもなかった。評判が悪かったのは当然だ。前任者ハーンの講義は、学生の筆記ノートが活字化されているが、流麗な英語で、文学の味わいをよく伝え、自身の作家経験を親身に語って、すばらしい。「ハーンの東大講義の永続する魅力」という論文（J. Blythe）が *Lafcadio Hearn in International Perspectives*（Hirakawa ed., Global Oriental, 2007刊）に出た。それに対し、「漱石の東大講義の永続する魅力」という論文が出るとは考えられない。漱石の論は文学を自然科学の対象にして分析した趣がある。明治の学生たちは辟易した。「余りに鋭い、又、余りに冷たいメスを振るつてあの美しかるべき英文学の、その軟かな肌を解剖されるので私達は文科の学生であるといふ自負心を傷つけられるやうな感じを持つた」。不満は次々に出た。「夏目先生は英国派の心理学者の学説をもとゝして文学の科学的研究を強調して居られるやうであるが、英国の心理学者は果して文学批判に役立つ程の権威を持つて居るのだらうか」

かくいう私は運のいい学生で一九四九年、東大駒場で島田謹二教授が解説する漱石『文学論』を聴いた。文庫本があったから引用文は目の前にある。島田先生は引用英文も訳し、作家の背景も伝え、かつそれを論ずる漱石をも分析した。私は漱石その人から習ったよりずっと面白い講義を聴いたのではないか、と思っている。いつも黒板を拭いて島田先生が来るのを待った。第四編第四章まで読んだが非常な充実感があった。しかしそれでも漱石の『文学論』と彼の文学とは結びつかず、また後代の日本の外国文学研究とも結びつかず、『文学論』は漱石自身がいうようにやはり「学理的閑文字」なのだと思った。激越な『文学論』「序」は十八歳の私の心を煽った。外国文学研究はつまらぬ研究に堕しやすい。私はそれをひどく警戒した。英文学

にせよ仏文学にせよ、小英国人や小仏国人に類する研究だけはするまい、と私は自己本位を心に誓った。いろいろ試行錯誤したけれども『和魂洋才の系譜』を世に問う頃から、論文執筆の骨《こつ》がつかめ、論文を内外の言葉で作品化できた。だがそれは、狭義の文学研究というより広義の文学研究、文学を材料として国際文化関係論の分析に用いてきたからだ、とも感じている。

ところが驚いた。亀井氏は解説で「漱石の東大講義の永続する魅力」ともいうべきものを説いている。「日本近代文学史上に聳え立つ学術上の作物」と氏はいう。だが漱石『文学論』を再読する人が出て、日本の外国文学研究が面目を一新する日がはたして本当に来るのだろうか。

139　添え状のない贈物

近ごろ手紙を書く風習が衰えた。物を贈る際にも送状を添えない。これは文明の作法の衰微ではあるまいか。世話をした人から礼状なしにいきなり礼の品だけ届くと、先方は本当に感謝しているのかと思う。礼品の礼を書かないと落着かない性分の私だから一筆書くが、そんな目下の人にこちらだけが礼状を書くのも妙な話だ。

有名無名の著者から謹呈本が届く。これは添え状がないのが普通だ。純粋に相手に読んでもらいたい人もいる。書評に取りあげてもらいたい人もいる。昔私の授業を受けた関係や引用した義理から贈る人もいる。付き合いの狭い私でも数冊受取る日があるから、名の売れた批評家など謹呈本が多くてたいへんだろう。その何冊かは、というか大半は、読まずに処分しているのだろう。しかし日本の古本文化も衰えた。古本に値がつくうちはまだいい。そのうち「無料で引き取ります」と回収業者に恩着せがましくいわれる時代が来るのではあるまいか。私は数行でも読後感を添えようと努めてはいる。受取った礼に自著を贈ることもある。受取った小包の箱をリサイクルで使う。出版社から著者代送で本が届くと著者の住所がわからない。以前東大の比較文学の後輩で「先輩にはいつも無視される」と私に苦情をこぼしたKから本が届いた。引越し通知もしないと見えて学会名簿も旧住所のまま。それで私の礼状も届かず戻ってきた。自分からきちんとは発信せず、それでいて「無視された。疎外された」と文句をいうのが癖のKだったなと改めて思い出した。

日本で古本屋街に活気があった頃、米国で古本文化が栄えないのは図書館制度が整備されているからだ、という説があった。米国では学生も教師も図書館を利用する。その便利さ故か個人でまるで本を揃えない学者がいる。日本で外国作家の研究者を自称する人で研究対象の全集とはいわずとも著作集や選集を書斎に並べぬ人は少なかろう。しかし米国には日本研究者と称しながら日本語著書をきちんと揃えない人もいる。アマゾンで古本を自在に買える昨今なのにである。アマスト在の米国人教授が研究対象の著書を自費で買わず、休暇ごとにハーヴァード図書館へ行って借りると知って、いやな気がした。そんな横着な態度だから身近に参照すべき本が常にない。それもあっていい加減な解説を書く。学者の風上に置けないから、彼の日本語英訳の協力はやめた。アランが「大事な本は手の届く所に置け」といったのは真実だとつくづく感じた。

しかし図書館利用には長所も多い。先行研究や出典のチェックがしっかりできる。書斎で全集を読むだけの教授は詰めが甘い。日本の大学の外国語研究室には洋書はあるが、従来の日本人学者の研究書・翻訳書は揃ってない。これでは学問の蓄積はあり得ない。『神曲』翻訳の際、先行の日本人のダンテについての個性ある発言を私は註に入れた。鷗外・漱石・敏・鑑三・白鳥などの批評が日本のダンテ学者の研究よりずっと深く印象に残った。

平川の「魯迅的《藤野先生》与夏目漱石的《克莱喀先生》」は一九八五年北京で劉振瀛（りゅう・しんえい）教授により紹介された

140 凄まれ嚙みつかれ

幸い筆禍もなしに二度目、三度目の大学教師生活も終え二〇〇七年、東京の自宅へ引き揚げることとなった。しかし人間ものを書く限り、論争に巻き込まれることは避け難い。批判に反論する覚悟なしには自由は守れない。私が体験した論争にもふれたい。

最初に凄まれたのは『和魂洋才の系譜』で「鷗外は死ぬ時になってじたばたした」という中野重治の鷗外遺言解釈に異論を唱えた時だ。中野はよほど腹に据えかねたとみえ、平川の書き方は「学問以前できわめて疎漏」と昭和四十八年四月『文藝』誌上で難じた。私ばかりか私の本を世に出した河出書房の女性編集者にまでからんだ。するとあろうことか、文芸評論家連は論壇左翼の王様の舌鋒《ぜっぽう》の鋭さを讃え「中野の声にはすさまじい迫力がある」などという。それで私は、東大の演習でどのように材料を扱って中野解釈とは異なる結論を引き出したか、その経緯をできるだけ客観的に記述して公表した。その「中野重治氏の非難に答える」は『和魂洋才』新装版や平凡社ライブラリー本に加えてある。『平川祐弘著作集』では第二巻に入れてある。王様が裸か否か知りたい人はそれを読んでもらいたい。『中野重治研究会会報』十一の山下英一記事によると、丸岡図書館の「中野の蔵書のなかでこれほど手傷を負った本もめずらしい」。『和魂洋才の系譜』には黒のマジックペン、赤や青のボールペンでおびただしい中野の書き込みがある由だ。こうなると悪態を言われたのも名誉の中だろう。

次に嚙みついたのは竹内好だ。竹内が私から受けた印象は中野と「一から十までまったく同じ」という。ただし竹内は私の『夏目漱石――非西洋の苦闘』に腹を立てた。魯迅の「藤野先生」は漱石の「クレイグ先生」の創造的模倣だという平川説が癇《かん》にさわったらしい。社会主義を夢みる日本の魯迅崇拝家にとって、毛沢東が称揚した魯迅は大作家である、そんな偉大な魯迅先生ともあろう人が、明治日本を近代化の範とし、漱石を尊敬、模倣して創作することなどあり得ない、とでも思ったのだろうか。しかし改革開放後の中国からの赴日留学生は平川解釈を次々と肯定している。中国人の日本留学精神史を説き明かすことこそ日中関係を実り豊かにする大切な作業なのだ。

その昔、福岡ユネスコの宴会で皆順に歌をうたわされた。芳賀徹が一高寮歌『ああ玉杯』を歌ったら竹内が怒った。この中国研究者は反権威主義だな、とその時は感じた。中国での体験をたずねたら、意外に外国生活に馴染んでいなかった。ところがその竹内が、あろうことか、書評では私を「いかにも六三制教育の模範生」と悪態をついた。竹内は要するに反権威主義的権威主義者だな、と今度は思った。プリンストン大で「これほどの人間蔑視が文学研究の名においてまかり通る時代の到来を予期していなかった」という大袈裟な平川批判が載った『竹内好全集』をアメリカ人学生が廻し読みしていた。米国では相手を罵倒するにしても「学問上のポグローム」などという極端な言葉は使わない。だから学生たちは目の前にいる平川が善人か悪人かわからず、半信半疑だった。彼らの戸惑った顔を思い出す。

141　あえて怨みを甘受する

書物には一、自分で買う本、二、図書館で調べる本、三、贈られた本がある。その第三の中で同僚の書物は処分するに忍びない。しかし家の書庫は満杯だ。それで研究室に積んでおいた書物を処分した。社会主義や毛沢東関係の本が古本で安いのはわかる。なるほどマルクス・レーニン主義は破産したのだな、と笑った。野坂参三、宮本顕治など今いくらの価値があるのか。社会科学の書物の栄枯盛衰は激しい。しかし文学研究もあっという間に色あせる。前世紀末まで評判だったフランスの新文芸理論の翻訳書もおよそ値がつかない。

アメリカのフェミニズムの翻訳書にいたっては二束三文だ。

もっともフェミニストの古本の安値には驚かなかった。あれは新しくて先走りした時だけが魅力なのだ。論壇でもてはやされる主張が実際の世間では受けていないことはままある。政治的フェミニズムの到来で脚光を浴びた福島瑞穂の社民党が少数政党で、お情で党首討論会に出させてもらっている(いた)ようなものだ。

政治と同じで文学でも、新聞テレビの評価と世間の評価のずれは大きい。だが世間は遠慮して真実を口にしない。しかしこんなこともあった。一九九七年、日系教授キンヤ・ツルタがカナダの大学を退く前に『日本の母』という国際会議を開いた。主題が母性の崩壊を良しとするフェミニズムだから、日本から来た上野千鶴子がオープニング・スピーチを颯爽《さっそう》と英語で述べた。小柄な彼女は喝采《かっさい》を浴びた。最後の日にコンクルーディング・スピーチはツルタの友人の私が述べた。例によって私に論文集編纂は委嘱された。ふだんなら不出来な論文は振るい落とす。それで書物の質を維持する。私が多くの論集を商業ベースで世に出し得た秘訣《ひけつ》はそこにある。しかし落した人には怨《うら》まれた。怨みも甘受した。しかしその会議の時は名だたる山姥《やまんば》のようなフェミニストの集いなので、つい遠慮して日本語に訳すとぱっとしない北米学者の論文も入れてしまった。が世間の反応はいたって正直だ。『日本の母——崩壊と再生』は売行きが悪く、出版元の新曜社に大迷惑をかけた。あの本で一番いいのは巻末に添えた鶴田欣也の内外の知友の思い出だと私は思っている。いいかえると、文芸にまつわる理屈とか母性にたてつくフェミニズムとかの理論よりも、友情に富む単純率直な随筆の方が、末永く読者の心に残るということだ。

では友人たちから贈られてきた書物はどう処置するか。私は同年輩の友人の著書から最大の刺戟を受けた。だが同輩でも知識伝達だけの本は地下室にさげた。智にも情にも意にも訴える書物は大事にしている。しかし同僚や後輩も私の本を受取って、場所塞《ふさ》ぎと迷惑するかもしれない。日本語の書物ならまだしも、私の英語の著書などとても読んではくれるまい。しかし自著そのものは送らずに「拙著について英国でこういう書評が出ました」という知らせだけ送るのも妙な気がする。

142　有難い読者と編集者

本の著者にとって誰が有難いか。きちんと書評をする人は良い読者である。富士川英郎『読書間適』、亀井俊介『本のアメリカ』など、書評を集めた一冊が滋味深い読物となるようであれば、その書評は信用していい。

一般の人でも書物に長所を認めて著者に伝える人は良い読者である。生徒の作文から良い所を拾って感想をいう先生が良い教師であるのと同じだ。欠点も指摘してくれればなお有難い。ただしこれは親しい間柄でないと誤解も生じる。平川家では家内も娘も検閲官だ。このコラムでも私が過激なことを書かないかと字句ばかりか内容までチェックしている。

だが遠慮せずに書きたい。私が信用しないのは出版社の宣伝用雑誌――岩波の『図書』とか新潮の『波』などだ。安くて重宝がられるが、そうした雑誌では自社出版物を褒《ほ》めるから、公正は期待できない。あれは出版社と書き手の「談合」だ。とかく自派の人に紙面を提供する。多くの編集者は実社会の体験に乏しく観念的だ。真面目であればあるほどブッキッシュだ。岩波編集部の馬場公彦は外務省を追われた異能の人佐藤優が獄につながれた時も励ました。その点は感心だが、真面目さ加減が失礼だが時に滑稽だ。馬場は『ビルマの竪琴』をめぐる戦後史』で著者竹山道雄の反動性を立証しようとした。『竪琴』が受賞した時、一高の生徒が授業の前に「祝毎日出版文化賞！『ビルマの竪琴』」と大書して師を待った。だが竹山は黒板も見ずに授業を進めた。先生を雑談に誘い込もうとした生徒の魂胆ははずれたわけだが、馬場はこう評した。「竹山依願退職の二年前のことであるが、思いの通わなくなった生徒との間のよそよそしいムードを伝えるエピソードとして、どこか竹山のざらついた胸中を偲《しの》ばせるものがありはしまいか」。馬場のこの本は観念左翼の間で評判だったが、笑止千万だ。受賞して学生に持ち上げられた教師は何人もいる。だが含羞《がんしゅう》のある人なら自著の話をして授業を潰《つぶ》すことなどできない。それに一高の竹山の生徒で師といちばん親しく竹山著作集の解説を担当したのは他ならぬそのクラスの人だ。その一事からして、馬場のイデオロギーに基づく解釈がいかに歪んでいるかわかるだろう。黙っていようかと思ったが、米国人の日本事情に疎い学者で馬場解釈を信ずる人も出てきたので、書き記す次第だ。真面目に研究するならまず竹山の弟子に会い話を確かめてから書くのが先決だろう。

著者にとって有難いのは誤りを教えてくれる読者だ。十月に出た拙著『天ハ自ラ助クルモノヲ助ク』について誤植を指摘する手紙が届いた。その日増刷の電話があったから、すぐに直してもらった。その名古屋大学出版会の拙著の担当者は橘宗吾で、職業柄か業界特有の傾向性がある。名編集者として朝日新聞で褒められた。橘はその立場から「書かずもがなのことまで書く」と私に注意した。すると家内も別の立場から「その通り」と同意した。

143 キンヤ・ツルタ

二十世紀の末年、日本の大学の予算措置も経済大国にふさわしく関係者が科学研究費等で海外渡航可能となった。それまでは研究費の使用は国内に限るという貧乏くさい内規だった。それで戦後五十年間、国立大の教員は、在外研究員に年功序列で選ばれぬ限り、長期渡航できなかった。それなのに昭和一桁生まれの私が外国へしばしば出張できたのは、先方が招いてくれたからである。それを東大の同僚が認めたのは、私が文部省の在外研究員の方は辞退すると申し出たからである。となると私の外国行きを認めれば、在外研究員の機会がそれだけ早く同僚の方に回るから、認めたのだ。私が定年後、九州の大学へ隔週四コマ集中で教える条件で奉職したのも、外国へ招かれた時は半期出張してよい、但しその際は残りの半期は毎週四コマ教える、と取り決めたからである。六十を過ぎても私が次々と著書を出し得たのは、そんなおかげだ。私がいた十三年の間に短大だった福岡女学院は大学院大学へと昇格した。「英語の女学院」の伝統でここの大学院生はよく出来る。

外国から招かれたのは先方が仕事を認めたからだ。驚いたのはカナダから声がかかった時で、唐突で誰の招待かわからなかった。というのも以前インディアナの学会でライシャワーの討論者として登壇した私の英語講演を聞いただけで「ヒラカワならいける」とキンヤ・ツルタが、それまで声を交わした仲でもないのに、白羽の矢を立ててくれたからだ。察するに若いツルタが米国で学界へデビューした時、発表を聴いて他大学から彼に声がかかった。出来映えがいいと北米ではそうした事が起こる。そんな大学慣行をツルタは良しとしたのだろう。ブリティッシュ・コロンビア大学に招かれて、カナダに帰化したツルタの英語力に私は驚倒した。日本生まれだがカナダ市民権を取り、見事な語りで名物教授になっただけのことはある。その彼は私の英語力に応じ発表の場を按配してくれた。それから十数年、二人で組んで太平洋の両側で何度も国際学会を開いたが、そのたびに私たちは新人にデビューする機会を設けた。

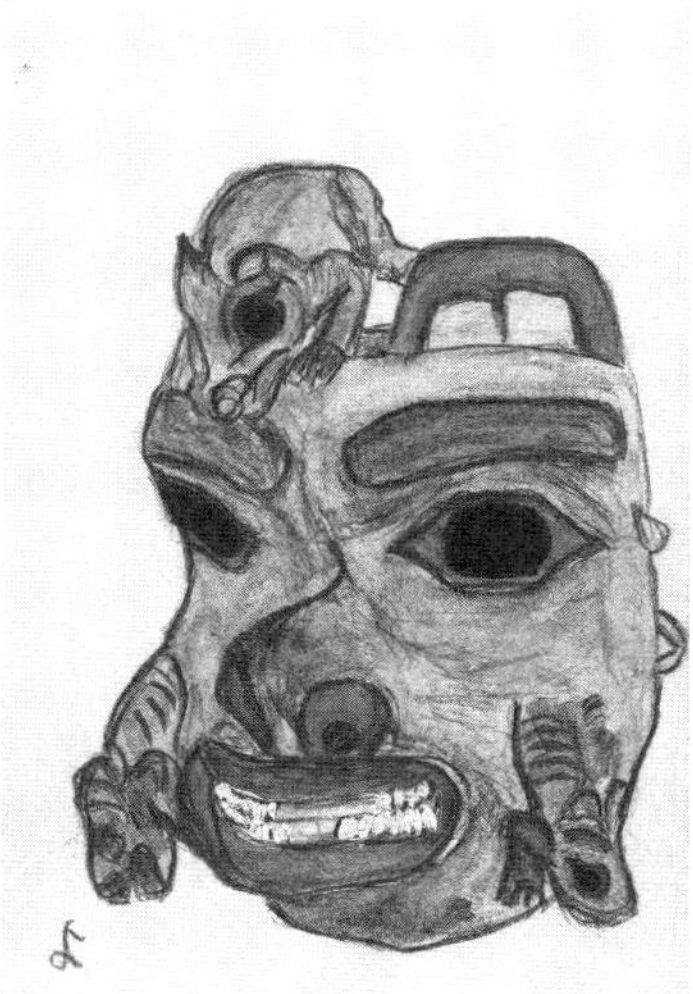
北米原住民の面。 ブリティッシュ・コロンビア大学人類学博物館

彼が肺癌になった一九九九年、異例だがカナダの大学はツルタ名誉教授記念の学会を開いた。私が彼の生涯とその死生観を彼の研究と結びつけて語った。「君は北米で文学を教えることで、日本文学には神道やアニミズムが底流していることを逆に意識するようになった。その感覚は日本人には幼時から刷り込まれているが、西洋人に合点させるのは難しい。波は砕けて消えるのでなく海の一部として残る、というモーリー

の言葉で君はその死生観の機微を伝えようとした。それは「今は身を水にまかすや秋の鮎」という君が愛する川端の『山の音』の主人公の気持に近い」私のコメントを聞いたツルタは喜んでくれた。そして六週間後、大きな海へ戻っていった。『越境者が読んだ近代日本文学』(新曜社)は鶴田欣也の遺著である。

144 学会発表の縁

学会発表の思い出にふれたい。大学などの定例講演会が続くか否かは、聴衆が聴いて為になったという充実感を覚え、次の会にまた来ようと思うかどうかで決まる。主催者は慎重に講師を選別せねば聴衆に失礼に当たる。あの人にお願いすれば皆が満足してくれる、という定評ならば講師はベテランだ。外国語で講演して聴衆を知的に刺戟し情的に感動させるようなら本物だ。そこまでいうのは、日本語だけだと内容が稀薄でも、軽薄なテレビの影響のせいか、話術で笑わせる講師がちやほやされる時勢だからである。

ところで一時の東大駒場では研究会が面白いというので内外の人が聴きに来た。後で会食するのも楽しみで学生も喜んで参加した。教師が学生の食事代の一部を負担したからだが、米国の大学予算ではそんな会合なら食費に出しても良いことになっている。ところが駒場である時から、人が集まらなくなった。比較文学の助手が困って、退職した私の家まで相談に来た。「それは君が民主的で、内外人の研究員全員に話をさせる。しかし一度でもつまらぬ発表があると、皆それきり聴きに来なくなる。学問は平等主義では駄目だよ」。昨今の風潮は、実力のある教授もない教授も同じ機会を与えて話させる。それは公平なようで、実は聴衆や学生に真に配慮していないのだ。

同じことは学会についてもいえる。下手な発表をされると、はた迷惑だ。あらかじめ提出された要旨で内容の見当はつくが、学会は新人の登竜門《とうりゅうもん》でもある。未知数の人にも出番を与えねばならない。学会では新人も老人も試験される。それというのは後でおのずと批評が出るからだ。「H老教授の発表はまとまりがなかったね。授業もあの調子かね。学生はさぞ退屈だろう」「Iさんは万年非常勤講師だけど、発表が見事だね。ああいう女性に早く大学院を担当させたい」「発表時間の長さは最初からわかっているのに、M女史はなぜ話が半分も終わらないのかね」「S先生は面白かった。楽しき学問だね。難しいことも平明にわかりやすく話す。学術上の隠語はいっさい使わなかった」

そんな噂を聞くと、助手だったころ仏文学会で初めて話した時を思い出す。発表後、長老のS・S名誉教授が褒めていたなどと聞かされて嬉しかった。

145
黄禍と白禍

二昔前、ワシントンのウィルソン・センターで「黄禍論」について講演するよう招かれた。発表までまだ時間があった。すると先方が「国会図書館へ御案内しましょう」と連れて行ってくれた。そして図書館に入るなり yellow peril という項目で検索した。英独仏露の黄禍論関係の書物のタイトルがすぐに打ち出される。「どうですか。すでにお読みですか」と聞かれた。英独仏の黄禍論関係の書物は全部読んだとは言わないまでも内容は見当がつくものばかりであった。私はロシア語ができないので、ロシア語の黄禍論関係の書物は知らない。というかそもそもロシア語で綴られた書物のタイトルが読めなかった。

それでもこの程度のことは承知していた。ロシアはその昔モンゴルに征服され、中国も長い国境線で接しているので常に脅威を感じてきた。だから黄禍論は根強い。そもそも黄禍論を唱え出した有力者はドイツのヴィルヘルム二世と並んでロシアのニコライ二世であった。日清戦争の後その二人が音頭取りとなって独仏露は三国干渉を日本に対し行なった。その頃から独帝は露帝に向かいしきりと黄禍の危険を説いた。ロシアの軍事的圧力を西方のドイツでなく東方の黄色人種の国へ向けさせようとの下心もあってのことである。ロシア一九六九年に中ソ対立は悪化してダマンスキー島をめぐって銃火の応酬があった時もロシアでは戦死したロシ

ア軍兵士の柩を囲んで涙を流した。詩人エフトシェンコが『ウスリー江の赤い雪の上で』という詩を書いた。

そんな黄禍論についての検索リストを貰ってから講演会場へ引き返したが、講演者は知識をあらかじめ試験されたようなものである。しかし私は強気だった。黄禍論については白人から黄禍と目された日本人が当事者の一方として大事なのだ。日本人の反応こそが欠くべからざる議論の対象だからである。白人が黄禍を唱えたから黄色人種も負けずに白禍を唱えた。そのチェイン・リアクションも「大東亜戦争」への遠因の一つとなっている。そのように、一方的な断罪はせず、問題の両面を公平に見、連鎖反応の研究をすることは日本の比較研究者であってこそ可能なのである。

それにしても遠来の学者を先ず図書館へ案内するのは心憎い。トロント大学へ招かれた時も図書館へ案内され、ほとほと感心した。カナダでトロントとヴァンクーヴァーに日本関係書物は揃っていると聞かされていたが、私の著書もずらりと揃っており、多少気恥ずかしかった。というのは私が長く勤めた東大にも平川の書物はこれほど揃ってはいなかったからである。東大では佐伯彰一元比較文学主任の本も完全には揃っていない。図書購入責任者の助手の中には西洋の「原書」を揃えるのが使命だと思い込んでいる人もいる。そんな事があって以来、私は日本の他大学で講演に招かれる時「講演に先立つ形骸《けいがい》化した紹介は不要、その代わりに図書館に平川の書物をきちんと揃えておいてくれ」ということにしている。

146　人文学の進歩と退歩

私は戦中戦後に学校生活を送った。自己の力を過信した日本が敗北したのを目のあたりにしたから、ショックは強烈だった。敵を知り己を知らねばならぬ、とくに西洋を知らねばならぬ、今までの日本では駄目だ、と国家主義を否定し国際主義を良しとした。そんな気持が私の人間としての秘められた動機で、また出発点でもあった。東大駒場に新設された比較文学比較文化の大学院へ進んだ。外国語の勉強が好きだったからそこまでは良かった。だが具体的にどんな学問をすれば良いか見通しが立たない。「論文に何を書くか」と教授に聞かれ、返事に窮した。修士論文を書かずにさっさと留学したので問題は先送りとなったが、パリでも納得できる主題が見つからない。フランス人教授の提案は「ロティと日本」「ファレールと日本」とかで私の意に沿わない。配偶者の選択と同じで、論文は自分が全身全霊で打込める主題としたい。気が重たかったが、主任の提案は辞退した。しかしヨーロッパには学ぶべきことがともかく沢山ある。私は貪欲に乱読し、仏独英伊の地をまわって学んだ。二十代の私は、日本に自信が持てぬこともあって、西洋文化が永久に追いつけない彼方にある、という気分であった。先進文明に対し非常な劣等感を覚えていたのである。

ところが留学五年目、十六世紀のフランス人の詩を読むと、なんと彼らが文芸復興期のイタリア文化に対し非常な劣等感を覚えている。そんな話をしても今のフランス人は自信満々だから先祖が抱いたインフェリオリティー・コンプレクスがよくわからない。だがプレイアッド派の詩人たちが「フランス万歳」とか「ゴーロワ魂」を強調したのは、明治以来の先輩が「日本万歳」とか「大和魂」を声高に強調したのと似た心理なのだ、と私は気がついた。デュ・ベレーはいってみれば「仏魂伊才」を唱えていたのだ。私は修士論文では「仏魂伊才」の彼の詩や詩論に着目したが、博士論文では「和魂洋才」の問題を森鷗外を中心に調べることとした。するとすなおに論文が書ける。次々と発表するのが愉快でたまらない。複数の外国語知識があったから種々の補助線を引くことが出来て、特定のイズムとか特定の方法論にこだわる必要も覚えなかったのである。

論壇や学界にデビューしようとする若者は、西洋でいま流行の最先端の学問方法は何か、と追いかける。オリジナリティーを発揮しなければならない。それで新しいものに飛びつき、小さな専門に特化する。しかしそれだけの発表では広く学会員の心を動かすことは出来ない。英国の国文学者を二まわりも三まわりも小さくしたような日本の英文学者、小フランス人のような日本の仏文学者、比較するにそれだけの能力を欠く比較研究者——そうした人の発表を聞くと、小専門家による人文学の一面における進歩は、他面における退歩だという気さえする。もっともそうした「専門家」の側から見ると「平川は方法論的自覚を欠いている」ということになるだろう。だが学問はそうした対立する学問観の緊張関係の中で発展する。創作と同じで、学問も内から湧き出る何かがなければならないのではあるまいか。

147 仏魂伊才と和魂洋才

戦中派は日本の復興のために黙々と働いた。仲間が戦争で死んだ。その人たちのためにも頑張ってくれた。その戦中派は学問する機会を奪われた。それもあって戦後わが国で西洋研究の先頭に立ったのは戦後留学の機会を得た少数者であった。彼らは船で欧米に渡った最後の洋行世代で、私もその一人だ。その特徴は米英など戦勝国へ渡った者はもとより仏独へ留学した者も、祖国について自信を持てなかったことだろう。高村光太郎がパリで覚えた「日本の事物国柄の一切をなつかしみながら否定した」という気持は、敗戦という自信喪失で一層強まった。一九五四年初めてマルセーユへ向かった時はその気持はとにかく強かった。半世紀後の今もそんな気持は理解できる。私も当初はそうした劣等感にとりつかれた一人だったからだ。遅れた祖国に西洋文明を伝えたいという使命感を抱いた点では、世俗のミッショナリーの人のようですらあった。それに私は閉鎖的愛国主義は嫌いである。今でも私は外国の偉大を取り入れるに吝《やぶさ》かでない。

しかし留学中も日本文化を否定する気持はなかった。私のロール・モデルは鷗外で、明治が第一の開国なら、戦後は第二の開国だから彼らを範とすれば良いと心得ていた。当時フランス国鉄の特急ミストラルは平均時速一三〇キロ、それに対し東海道線の特急つばめは六五キロだった。だが数値で示される技術格差は、追いつける可能性がある限り理工系の人は絶望しない。ところが文系には日本は絶対に西洋に追いつけない、と本気か嘘気か広言する人もいた。日本人に生まれついたことが原罪ででもあるかのようにいいつのる仏文出身者が日本の論壇で虚名を博した。明治の先輩が西洋文明をどのように摂取したか、その具体例を検証する方が大切だ、と私は考えた。黒船が浦賀に来航して五十年後に戦われた日露戦争をフランス人海軍将校はどのように観察したか。ファレールの『日本海海戦』をパリに着いた年の大晦日に夜を徹して読んだ際の感銘は忘れられない。

フランス文明はゆるぎない自信に支えられているかに見えた。だがそのフランスも十六世紀にはイタリアのルネサンス文化に対し劣等感を覚えた。そしてその故にデュ・ベレーなどは「ゴーロワ魂」と強がりを言った。戦前戦中の日本人が「大和魂」といったのもこの心理だな、と比較例の見当がついた。プレヤッド派のフランス人はいうならば「仏魂伊才」を唱えている。私は彼らのことを『ルネサンスの詩』(『平川祐弘著作集』第十九巻)に扱ったが、そこから「和魂洋才」へと次の研究が展開したのは心理的必然だった。

昭和三十六年、私の恩師が『ロシヤにおける廣瀬武夫』を著わした。出版記念会で「島田謹二先生は大和魂を持つ学者で」と西洋帰りの私が御挨拶したら、満場がはっとした。しかし戦後タブーとなった「大和魂」という言葉を敢えて取りあげなければ、学問の新世界は開けなかったのである。

148　和魂漢才と和魂洋才

昭和四十三年、東大の紀要『比較文化研究』を金沢大の川口久雄先生にお送りした。茗渓の出身で日本漢文学の大家の先生は東洋学者、駒場の出身で戦後ヨーロッパに留学した青二才の西洋学者の私とでは専門は

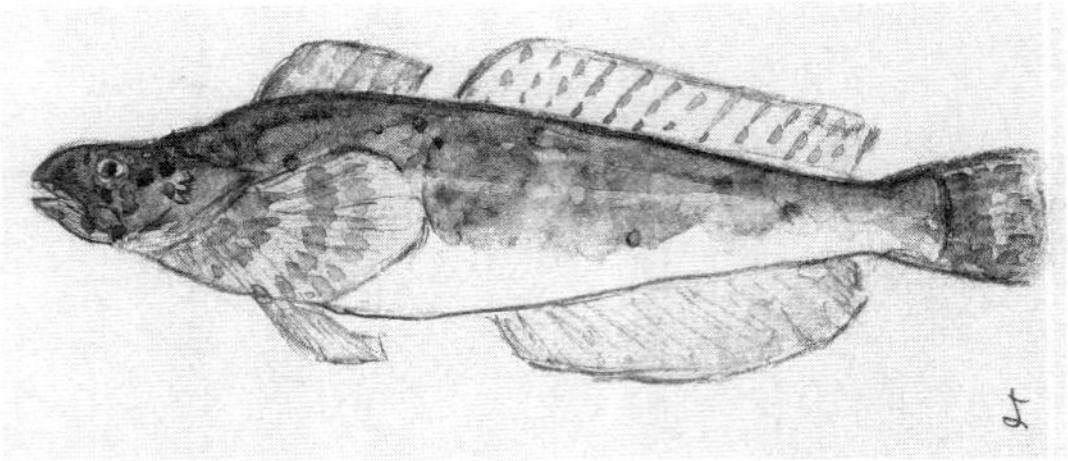

かじかごり

全く違う。まだご面識はなかった。それなのにお送りしたのは当時執筆中だった論文『和魂洋才の系譜』の主題がひょっとして和魂漢才研究の第一人者である先生のお目にとまりはしないか、と思ったからである。その東大は昭和四十四年、紛争のため入学試験が出来なかった。私が助手の大学院比較文学課程だけは授業を続けた。無意味な学生紛争に意味があるかのような論調の大新聞に対し私は腹立たしい気持でいた。その春、世間では入試が終わった頃、突然、金沢大学から国語の入試問題が届いた。見るとなんと私の文章だ。私は感激した。川口先生は無名に近い三十代の私の論文を良しとし入試問題に用いられたのだ。これほど有難い学際的な交流があろうか。

　私はその後川口先生を東大にお招きし講演していただいた。私も金沢大に何度か招かれた。しかしこんなこともあった。先生は定年でおやめになった後もなお私に声をかけられた。集中講義を終えて帰る日に事務の人が「実は平川先生にお支払いする謝礼の予算はもうないのです」といった。事務官はその半分に減らした謝礼は後で送るからといい現金封筒の料金も私にあらかじめ払わせた。空港まで大学の車で送ってくれたが「では高速道路料金もないのだろう」と聞いたら、そうだという。それも私が払った。払いながら腹は立たず笑いがこみあげてきた。なるほどこれだ。川口先生は強引な方でさぞかし傍迷惑《はためいわく》だったに相違ない。先生が大学に出てくると、収拾されるはずの金沢大学の紛争がまた燃え上がった、というではないか。

　しかし川口先生が国文学研究の中に日本漢文学を取り入れ、学問の幅をひろげ、比較文化史的な視野を開いたのは、その愛すべき強引さ故でもあった。論文も洗練されたというよりは荒削りで、最後の鑢《やすり》をかけたる後ならでは、文章は人に示さない、というところはなかった。川口先生は在外研究員として渡英されウェイリーを訪ねられたこともある。駒場に講演に見えた時、ウェイリーが川口先生の漢文化と平安朝文学の関係にまつわる業績を評した言葉を聴衆に紹介したら、先生はたいへん喜ばれた。実はあの評語もウェイリーに川口流にねだって書いてもらったに相違ないのだが、しかしそれだけのことをあえてした自信もほほえましい。もっともそれは私のように距離を置いてお近づきできた者がいえることで、狒《ひひ》のような先生のエネルギーに押しまくられた周囲の男女はまた別の感想を抱いているに相違ない。

金沢で開かれた日本比較文学会の直後、ごりという精悍《せいかん》な格好の魚の料理が出た。それを見て若い一人が「川口先生だ」と口走って満場が爆笑したことを思い出す。

149　二種類の知識人

先日、桑原武夫にふれたら、そんな人知らないと若い人にいわれた。だが『朝日人物事典』には「新京都学派の中心と称された。近代主義のオピニオンリーダーとしての活躍も多彩で、社会的影響をもつ発言を繰り返し行った。俳句の芸術性を問う「第二芸術論」を発表、論争を巻き起こした。国語国字問題にも強い関心を示し、一九五八年の国語のローマ字化の提言以後、国語の簡素化を主張した」と出ている。敗戦直後の俳句第二芸術論については、桑原は「伝統的詩型である俳句のもつ前近代性を批判」と『広辞苑』にも出ている。それとも自国芸術を否定し、ローマ字を唱えた関西名士のフランス文学者ごときは平成の世にはもはや一顧だにされない、とでもいうことか。

新田義之はかつて『木下杢太郎』を論じた際、対西洋との関係で日本知識人を二つに分けた。第一派は、西洋憧憬の心理が生み出した「ヨーロッパ文化の質の高さに感激し、それを理解できる喜びのあまりに、自分の日本人としての宿命を忘れることの出来る幸福な人達」。そんな西洋の高みに立って自国文化の卑小を言い立てるインテリに対し、第二派は、相手の偉大を感じつつも、負けじ魂から「日本の文化の中に独自の

Dix mille ans plus tard
Les mégalithes attandent
encore
Le Soleil et la lune
Elise Tanguy
巨石
よ

価値を見つけ出し、それを他国の文化と比較して、日本の文化の優秀性を立証しなければ安心が出来ないという文化的ナショナリスト」。

この分類は今でも有効だ。桑原に限らず日本の仏文卒の多くは第一派に属するおめでたい人達だ。その自己の日本人性についてあまりに無自覚な西洋礼讃の「幸福な人達」への反動として出現したのが第二派で、その中には新田と同年輩の独文学者で『江戸のダイナミズム』（文藝春秋）の著者の西尾幹二や小堀桂一郎なども含まれよう。桑原より三十歳若い世代だ。

両者を区別する目安がある。第一派が頭から江戸時代を暗黒視しがちなのに対し、第二派の人々は江戸時代を否定的に捉える貧農史観に疑問を呈する。日本の農村は貧しかったとはいえ、フランス大革命以前の西洋の農村よりは豊かだった。それは間違いない。日本では津々浦々、農村でも、俳句を楽しむゆとりのある人々はいた。江戸時代は士農工商の階級区分が厳しかったと一部の歴史教科書には出ているが、蕉門の十哲が士農工商のいずれに属していたか誰もすぐには言えない。俳句という民主的芸術の世界では、出身の如何を問わず、平等に句作を競った。上下関係は句の巧拙で決った。

それに皮肉だが今の日本で、各国の詩人と連句の輪を広げ、鮮やかな国際交流をしているのはフランス語も解する俳人夏石番矢だ。「一万年後　巨石はなお待つ　太陽と月」（『世界俳句入門』沖積舎）。こんなフランス・ハイカイの邦訳を引くことで日本文化の優秀性を言い立てるつもりは毛頭ない。だが率直に言って、日本の負けに乗じて名を成した学者や知識人に対しては、桑原に限らず、私は一抹の不信感を抱いている。

150 『鈴蘭《リンラン》』

テレビ・ドラマは普通見ない。ゲームとともに読書の敵である。そんな私だが、中国大陸や台湾では日本物のテレビもよく見た。日本人が登場すると、声は中国語の吹き替えでも、人物の気持がわかりやすい。だから中国語のヒヤリング練習にもってこいなのである。台湾では北京語を解さぬ人のために中文の字幕までつく。それを一生懸命読んだ。だから日本のテレビ連続ドラマを中国語で見たことも私の読書の一つにかぞえさせていただく。

村学童、写真集『台湾故事』より

二〇〇〇年秋、台北で教えていた時、NHKの連続テレビ・ドラマ『すずらん』が毎晩三回分まとめて放映され、最高の視聴率となった。それを「すずらん」でなく「鈴蘭《リンラン》」、ヒロインの萌を「もえ」でなく「小萌」すなわち「シャオマン」として私は見た。そして感激した。台湾から見ると日本がなつかしい。雪が降る北海道の蒸気機関車が異国情緒にあふれていた。橋爪功演じる律儀《りちぎ》な駅長が昔の良き日本を伝えてくれる。いじめもあるが萌は負けはしない。戦前・戦中・戦後の日本を男も女も精一杯つとめて生きている。その善意に心打たれたせいかどうか、その年北海道でいちばん多い外国人客は台湾から来た観光客だった由である。台湾の人もお湯が好きだ。「湯《タン》」は大陸ではスープの意味しかないが、台湾では温泉の意味もある。雪が降る中で少年と萌が泉が湧いているのを見る情景は『鈴蘭』にもある。この人生の物語は、日本語を勉強する台湾の学生の間でも評判だった。学生たちは日本語で見ているが、私は逆に中国語の吹き替えで聞き、字幕の会話を楽しんだ。そういえば半世紀前、学生のころの私は英国文化に憧れ、BBC制作の放送にうっとりしたが、台湾の人もNHK制作のドラマにうっとりとしたのだろう。

しかし憧れの国はあくまで夢で、現実はずっと厳しいだろう。実際に日本で暮らすとなると、留学生の夢は破れがちなものである。しかし私の夢が破れたのは事情が違う。一度テレビのスイッチを間違えて、日本語でヒロイン小萌を演ずる遠野凪子の声を耳にしてしまって、声のきつさにはっと夢が破れた。それは彼女が勇介と口争いをした場面だから声がとくにきつかったからでもあるが、それだけではない。中国語の吹き替えの声が実に優しくて、えもいわれぬ魅力があったからだ。それに親しみを覚えて毎晩八時からテレビを見たのだ。あの声音と「アイ、アイ、アイ」の音が繰り返される中国語の歌がいまも耳の奥に響いて聞こえる。台湾の思い出に映画の方ではなく、テレビ・ドラマ『鈴蘭』の中国語版ビデオをいま一度見たいものだ。

151 林連祥《りんれんしょう》さんと講談社の絵本

「人間は本を貰っても読まない。自分で金を払わないと駄目だ」と昔の私は生意気を言っていた。それでも本を出すと先輩や同輩には謹呈した。それが後輩にも贈呈し始めたのは五十代になってからだ。七十代も半ばになると、学問相手で年配の人が滅法減《めっぽう》った。淋しい。こんな調子だと、日本語著述はまだしも、私の英語著述など読んで認めてくれる先輩はもういるまい。岡倉天心は主要著作を英語で世に問うたが、身近な同国人に理解者がいなくてさぞかし孤独だったろう。岡倉がインドなど海外の女性に情愛のこもった手紙を書き送ったのは、理解と甘えを求めたからに違いない。

それでも「平川先生の著書は何語でも全部欲しい」という外国人が一人いる。台北市の羅斯福路に住む林連祥氏だ。私より一歳若く一九三二年台湾南部の生まれ。英国留学後、淡江大学で英語を教えた。昭和五十年代、四十代半ばで日本へ私費留学し、東大駒場の研究員となった。切り詰めた生活を送ったらしく、見る見る痩せていった。林さんは二人の娘はオーストリアへ音楽修行に、息子の一人は日本と米国へ留学に出した。帰国したその息子は三つの言葉を駆使して民進党政権の下で働いた。今は日本の大学で教えている。そんな国際性に富める家族は林さんが家長として成功した証《あかし》でもある。

林さんは夢が多い。二昔前、私を淡江大学に招いた。林さんはいろいろ計画する。シンガポール大学へ赴任して強権的な幹部と喧嘩もした。英語学校の経営に失敗したこともある。しかし明るい。東京の拙宅に大黒天のような「笑う仏様」の木彫も届けてくれた。日本事情にも詳しく、私の同僚が離婚したことも再婚したことも私より先に承知している。下々の文化にも詳しい。歌は小学唱歌から美空ひばりまで歌って尽きない。阿里山から下るバスの中で吉屋信子の長編小説のあらましをずっと語ってくれたが、その日本語の語り口のうまさに聞き惚れた。そのミスター・リンは台北で開かれた学会で、即座に東大比較文学教室の学風を英語で説明し、講演者の私の紹介に代えたが、要領の良さに舌をまいた。あんな芸当は教室主任だった私にも出来ない。私は母国語でも講演は準備抜きだときちんと話せない。その代わり準備した講演はそのまま活字になる。だとすると林さんがなかなか論文が書けないのはひょっとして話がうますぎるからかもしれない。今年（二〇〇五年）も台湾大学へ教えに行くこととなったら、下宿は林家の五階と決まった。二十年前私が台湾から帰国した後も長女は残って中国語を習ったが、その時泊めてもらった部屋だ。当時は寝台だったが今は畳敷き、四方の壁には日・中・英語の書物が雑然と堆高く積んである。地震で崩れたら私も家内も学問の重みで殉職間違いなしだ。

この林さんと私が親しいのは、一つは同じ幼時の読書体験を共有しているからだ。小学生のころ東京と高雄と所こそ違え、共に講談社の絵本を親にせがんで買ってもらった。真田幸村もリンカーンも、一冊五十銭という値段までも、二人はともに憶えていた。

152　遊びをせんとや生れけん

小さい時は学校で休み時間が待ち遠しかった。たった十分間なのに小学校の校庭では縄跳びをしたり、中学ではソフト・ボールをしたりした。中学一年のころは二時間目と三時間目、三時間目と四時間目の間に弁当を少し食ったりした。それも悪戯《いたずら》坊主たちの遊びの一部だった。昼休みに弁当箱を開けたらからになっていたこともある。戦争末期は警戒警報のサイレンが鳴ると、授業が中止になる。するとこれ幸いとトランプをした。空襲があるかもしれない。それでも「しめた」とばかりに中学二年の悪童どもは7並べをして打興じたのである。非国民といわれそうだが、子供はそれほど遊びが好きなのだ。敗戦後、薄汚れた紙の国語教科書で『梁塵秘抄』を習った。

遊びをせんとや生れけん
戯れせんとや生れけん
遊ぶ子供の声聞けば
我が身さへこそゆるがるれ

退屈な授業の途中、何度この歌を思い出したことだろう。子供の頃は昼休みたっぷり遊べた。それが大学では昼休み遊ばないので退屈した。フランスの大学は二時間、イタリアの大学は三時間の昼休みなのだ。私は下宿へ帰って昼寝した。

大学で主任教授としてハウスキーピングに忙しかったころは内外の学生の推薦状や会議や打合せやらで、弁当を食べそこねることもあった。書類はできるだけ早くその場で書いてすませる主義だったからである。

いまはほかの先生と一緒に食事し、雑談や学生の噂もしている。昼休みはゆっくり食事してお茶を頂くには、四十分よりは五十分ある方が有難い。中には一人研究室で食事を取る先生もいるが、私はビジネスを片付けるために用件をポストイットで弁当箱に貼り付けておいて、O先生の部屋でいただく。

大学内には幼稚園もあり子供たちの遊び声が楽しい。陽の光が園児たちに燦々と照り注ぐ。「無邪気ですねえ。遊びをせんとや生れけん、たはぶれせんとや生れけん」と思わず口ずさんだら、Oさんが「あらいや、それは遊女の歌ですよ」という。小西甚一説では「平生罪業深い生活を送っている遊女が、みづからの沈淪に対しての身をゆるがす悔恨をうたったもの」だそうである。どうも学者はうがったことを言いたがる。遊ぶ童子の声を聞けば、七十二歳の我が身ですらもおのずと動き出す。その体の浮かれ出す動きと、遊女の悔恨のわななきの動きとは別ものだろう。また西郷信綱説では「アソビメ」「タハレメ」という語もある以上、「遊びやせん」「戯れせん」といっているのは「遊女」だという。これまた邪道的解釈だ。遊ぶ子供の声を聞いて遊びたくなるのは、なにも遊女に限るまい。そもそも子供の遊び戯れと遊女の遊び戯れとでは内容が違うではないか。

153　言語と理論の学習の関係

外国文学研究の第一の高峰は翻訳だ。その山頂を踏破するには外国語のニュアンスの把握だけでなく、自国語の自在な駆使能力が必須だ。ドイツ文学の翻訳は明治の鷗外訳が最高峰だ。アメリカ文学は『風と共に去りぬ』の翻訳が一世を風靡した。ロシア文学は二葉亭に始まり、米川正夫など大量生産という意味での大訳者もいたが、近年はさっぱりだ。昭和二十年代はフランス文学が花形で、辰野隆の弟子筋は翻訳で名を成した。イタリア文学にはそうした人材の大山脈はない。お蔭で私ごときよそ者が『神曲』も『いいなづけ』も、今は『デカメロン』も訳している。

イタリア政府給費留学生のころ

翻訳が出揃うと、研究と称する第二の峰が学者の前面にたちはだかる。この順は米国の日本文学研究でも同様だ。では翻訳の次に来る研究なるものは人間の営為として一歩前進か。というとどうも疑問だ。今や米国では英訳で日本文学を授業する。原典講読でないから教授はしきりと理論を用い、大学院生にもそれを強いる。そんな分析が高尚なように見做される。日本語教育は給料の安いネイティヴに委せる。おおむね外人と結婚した日本女性がインストラクターだ。移民社会の米国では昔からネイティヴの補助教員に事欠かない。だがその語学教員の地位の低さが語学教育を軽視する原因ともなっており、米国の日本文学・歴史研究はいまや多くの誤訳や誤解の上に築かれている。言語能力に欠ける学問建築は鉄筋を手抜きした豆腐建築に似ている。

人間の能力は有限だ。理論に走ると外国語学習はおろそかになる。イズムがもてはやされた敗戦直後の日本や社会主義圏では「この研究はマルクシズムに立脚しているから正しい」などというイズム本位の評価が下された。近年の米国では「これはフェミニズムに立脚しているから正しい」と言わんばかりの一派もいる。だが理論には栄枯盛衰があり、マルクス主義は本場でも凋落《ちょうらく》した。古本の値も地に落ちた。日本でもその派の歴史家は学問的に破産した。それでも歴史教科書の編纂者として出版社に喰い込み生き残りを画策中で、知的誠実に欠け見苦しい。

新理論の紹介者は、一時はときめいても、やがて息切れがする。その唱導する理論が世間に受ける間こそ理論派は大きな顔が出来るが、一旦受けなくなると、後は廃品回収が利かない。野球選手に限らず、学者で生涯打率三割を維持できる人は寥々《りょうりょう》たるものだ。それに対し複数の外国語を学んだ者の学者生命は長い。知的視野は複数の外国語を学ぶことでおのずと開ける。三点測量をするには西洋語のほかに東洋語も一つ学ぶが良い。一本足の専門家は容易に転ぶが、二本足の人は強い。

駒場の地へ進学して若い日の私が有能と直覚した師は、英語教師でも英語英文学以外のことをよく知る島田謹二、堀大司、そして後に佐伯彰一。独語教師でもフランス語や漢詩に通じる竹山道雄、富士川英郎、氷上英廣。仏語教師でも日本古典を知る市原豊太。ロシヤ語の木村彰一氏は直接習わなかったが私の文章を読んで「あなたはフランスに長い人だな」と看破するだけの西洋語のセンスに富んでいた。そんな私は、日本人の独語教師で鷗外を読まない人、英語教師で漱石を知らない人はおおむね評価しない。また中国一辺倒の中国語教師も、北京の非学者筋のお覚えはめでたいかもしれないが、私は評価しない。

154　下訳

『日本のいちばん長い日』は当初「いろいろな事情から、大宅壮一編と当代一のジャーナリストの名を冠して刊行された。そのお蔭もあり、映画化もあり、多くの人に読まれた」と著者半藤一利氏は決定版のあとがきに書いている。大宅の序には「文藝春秋の戦史研究会の人々が企画し、手に入る限りの事実を収集し、これを構成した」とある。内輪の人は誰が関係者から回想を聞いて本を書いたか、わかっていた。だが世間はわからない。別人の名で本が出るのは著者にも口惜しいが、責任の所在も出典も曖昧《あいまい》になる。米国で映画『日本のいちばん長い日』は教材に使われたが、本の方は歴史の教室で使われなかった。引用の仕方にも著者名にも問題があったからだろうか。やはり実際の著者名を最初から表に出すべきだ。

同様に翻訳は実際の訳者名を表に出すべきだ。大家名義の監訳には問題がある。昔の大学の外国文学科にはボス教授がいて、若い人に下働きや下訳をさせた。面倒見が良いといえば聞こえはいいが、悪弊もあった。帝大独文科主任が独和辞典を編纂し、仕事の見返りにドイツ語教師のポストを次々と与えたという噂が立っ

おきんじょ人形、日奈久温泉

たことがある。昭和三十年代半ば私は留学から帰ったが職がない。当時は大学の数もフランス語教師の数も少なかった。「就職を世話するから」と伝言があったので大学へ行ったら、予備校教師の口であった。それは遠慮した。「仏文のH先生に頼んでおいたからお家にお伺いするように」といわれて出向いたら、それは世界文学全集の翻訳の下訳の話であった。当時の大学院生なら、そんな仕事でも有難いと思うべきだったのかもしれない。だが「下訳」と聞いた途端に私がきつい顔をしたのだろう、先生はその話をとりやめにした。後で「平川は偉すぎて下訳は頼めない」と他の先生に言ったという噂が伝わってきた。そうしたわけで私は他人の下訳はしたことがない。また人に私の訳稿に目を通してもらうことはあるが、下訳を頼んだことはない。もっともそんな態度だったから就職に遅れたのだと思わぬでもない。就職がないからまた奨学金で再びイタリアへ留学することとした。イタリア文化会館のジャキーノ館長が「行く前にモランテを訳さないか」といった。評判のその本がない。館長が外国語大学のイタリア語主任に電話して借りてくれた。礼状を書いたら主任から手紙が来た、「私の本を借りて翻訳するとはなんだ。他人の褌《ふんどし》ではないか。訳者の名義は私になさい」呆れて翻訳は止した。当時の日本には伊語など少数言語のポストは数えるほどしかなかった。たった一つの教職を誰かが取ると、もう一人は生涯教職につけない。そんな人間関係に追い込まれると、上司に取り入ろうと立ち回る人が必ず出る。若い時に上におもねり下訳などして出世した人は、自分がボスになると今度は人に下訳をさせ威張ったりする。

教師や学会の気質はそんな人間関係に影響される。英語教授がおおむねおっとりしているのは、ポストが多く就職率も高いからで、英国紳士の風に感化されたわけではない。

155　比較文化論の授業

比較研究はテキストに即し内外の言葉も文化も同時に教えるがいい。一石二鳥を狙うべきだ。さもないと看板倒れの比較論に堕落する。以前私は福岡女学院大学で三年生に清朝の詩人袁枚の詩を教えた。私の授業はどんなものか、実例に即して説明したい。漢詩はプリントであらかじめ配布しておく。

古寺僧帰仏像傾
一鐘高挂夕陽明
可憐満腹宮商韻
小扣無人敢作声

まず訓点を振らせ、頭の訓練をする。教師の私が声に出して二度ゆっくりと読む。

古寺、僧帰りて仏像傾く
一鐘高くかかりて夕陽明らかなり
憐れむべし満腹宮商の韻
小扣するも人敢へて声をなすなし

「満腹宮商《まんぷくきゆうしやう》の韻《しら》べ」の宮商とは五音中の基本となる宮商二音の義だがここでは転じて楽の音のこと。腹いっぱい食べた時の「満腹」という形容が、ここでは腹が丸く突き出た鐘の形と鐘の音にも応用されている。「小扣《せうこう》」の「扣」とは叩くという意味、と難しい漢語を説明する。がそれだけでは詩の味わいは通じない。そこで学生と一緒にウェイリーの英訳を読む。

No monk lives at the old temple,
the Buddha has toppled to the floor;
One bell hangs high,
bright with evening sun.
Sad that when only a tap is needed,
no one now dares
To rouse the notes of solemn music
that cram its ancient frame.

Buddha には「仏様」のほかに「仏像」という意味もある、topple は「傾いて床に転がっている」の意味、政権転覆もトップルだと説明する。すると英語のよく出来る学生には意味が次第にはっきりする。そこでウェイリーの英訳詩も念頭に置いて袁枚を私が近代詩風に訳して朗読する。

この寺には僧はだれも住んでいない、
佛像は床に転がっている。
ただ高いところに鐘が一つ釣るさがって

夕陽に照らされている。
惜しいことだ、誰かが
ちょっと叩いてくれさえすれば
荘厳な楽の音が起って
殷々と響き渡るであろうものを。

一七六九年の作。荒れた住職もいない寺で、仏像が床に転がっている。内乱のせいだろうか、無慚《むざん》だ。そんな廃寺の鐘が夕陽を浴びている。ひっそりした情景に廃墟の美学を詩人は感じ、これで誰か鐘さえつけば、と思った。そんな浪漫派趣味の詩情も日本の学生には、漢詩としても鑑賞できるだけ、米英の学生よりもよくわかる。「これが近代詩ならどんな題にするか」と質問したら、中国旅行中、紅衛兵の手で破壊された寺院をいくつも見かけた学生が「文化大革命」といった。そういって笑ったのはこの詩の妙趣を理解したからだ。言論の自由のある日本だけに中国学生にはいえないこんな政治批判の皮肉も彼女はいえたのである。

156　原典に帰れ

平成初年にはフェミニズムが流行ったが、昭和時代には戦前も戦後もマルクシズムが流行った。というか猛威をふるった。政界でこそ日本共産党は少数野党だが、歴史学界では左翼が主流で、長い間、唯物史観が唱えられた。その勢力は機を見るに敏で、出版界、言論界、大新聞に浸透し、国立大学の学長選挙にまで手をまわした。

しかし主義者の支配は西洋の大学・言論界でも起り得る。北米では日本より遅れてマルクシズムが日本研究者の間で流行した。反ベトナム戦争世代は反体制気分が強い。左翼史観をふりかざし、日本の諸悪の根源

を天皇制に求めた。日本に限らず旧社会主義圏でもマルクス・レーニンの古本価値は暴落したが、北米では「日本叩き」の風潮に乗じてそうした一派が学問権を握ろうとした。日本では産経の雑誌『正論』に投稿したという理由で大学への就職を拒否された若い講師もいたが、あちらでも（左翼から見れば）右翼雑誌『諸君！』に寄稿したというそれだけの理由で書評欄で叩かれる老学者もいる。

歴史科だけでなく文学科にもイズムの尊重が見られる。近年はイズムは理論という名で支配的な力をふるっている。それというのも入学した大学院生は、論文で扱う作家を選ぶ際に、いかなる理論を用いるかを指導教授に申し出ねばならない。そんな風に圧力がかかると、原典を丹念に読むよりも、理論を応用することが喫緊事となる。有限の時間を理論研究の方に割けば肝心の外国語の勉強は怠りがちになる。歴史や文学の研究も翻訳ですませ、あとは自分の理論的立場に都合よい言説のみを拾い出したりする。しかし原典を正確に読めないから、ニュアンスがつかめない。

ところでこの種のイズムの支配は実は江戸時代の日本にもあった。朱子学支配がそれである。それに反対した学者は伊藤仁斎や荻生徂徠で彼らは朱子のような後世の学者の解釈を斥けて直接に孔孟の原典について聖人の道を求めねばならぬとした。漢学支配に伴う漢意《からごころ》を排して日本人の心を直接『古事記』に求めようとする宣長の考えもそうした中から生れた。しかし仁斎の古学思想から最も強い影響を受けたのは医学者で、古方家は金・元時代の思弁哲学である陰陽五行、五運六気などで人間の病理を論ずる李朱の理論信奉を斥け、古代の『傷寒論』に帰ることを主張した。そればかりか古代の医書にも懐疑的な態度を取り、先入主なしに病人に接して親しく実際の病気を観察して工夫せねばならぬ、と「親試実験」を重んじた。吉益東洞《よしますとうどう》は「それ理に定準なく、疾《しつ》には定証あり。あに定準なきの理を以て、定証あるの疾に臨むべけんや」といった。理窟というものは主観的観念的なもので、それを説く人によって異なる。それに対し病気はそれぞれ定まった症状をもっている。理窟や理論をふりかざしても空しい、まず正確に観察せよと説いたのである。

　文学解釈もまず原文テキストに即して虚心坦懐に読め、と私も言いたい。それが人文学の第一歩、宣長のいう学問の初山踏《うひやまぶ》みたる所以だ。

157　個性的なタッチ

「原典に返れ」とは、ものについての意見を知るよりもテクストそのものを知る方がいい、ということだ。だが世間には原典自体よりも、学会会長とかの肩書を幾つも連ねたお偉いさんがそれについての意見を話すのを有難がる受講者もいる。宗教信者に多い。私は過去一年『ダンテとボッカッチョ』について講義してきた。参考に日本人の先輩の『神曲』講義の類にも目を通したが、総論が長過ぎてテクストに密着しない話は、お偉いさんの話でもつまらない。というかお偉いさんの話だからつまらない。

　そんな講義で印象に残ったのは、講師が自己の体験にひきつけて語る節である。煉獄篇第二十一歌でスタティウスが身をかがめ、ウェルギリウス先生の両足を抱こうとした。それをウェルギリウスが「君、そうはするな、君は影だ、君の前にいる私も影だ」とたしなめる。あの世で肉体がない魂は「影」と呼ばれた。抱いても両腕は空しく戻ってくる。その場面に触発されて矢内原忠雄はこんな脱線をした、「内村先生が天国に行ってぶらぶら歩いておられると、向うの方から背の低い頭のはげた目玉のぎょろっとした人が来たとする。あなたは誰ですか。俺は小アジアのタルソに生まれたのだ。内村先生はびっくりしてあなたはパウロ先生ですかといって、足もとに抱きつこうとする。俺も同じ影――影でもないのだろう――魂なのだから抱いたりしちゃいかん。内村先生はびっくりしてあここは天国でしたねと言う」

戦争中、東大を追われ仲間内で『土曜学校講義』を続けていた矢内原の、師内村鑑三にたいする感情もしのばれて、こんな個性的なタッチが懐かしい。

今道友信は『ダンテ『神曲』講義』二八五頁で天国について「天国は、展望が開けていて、神と一つになるような状態である。それは、身近なレベルでは、何か人知れずいいことをしたときの心の様子と同一視させてみることができる」として戦争末期の第一高等学校の自治寮の思い出を書いている。竹山道雄や木村健康が生徒と一緒に住み込んだ。夜ふけまで寮で一緒にゲーテやグリーンを読んだ。十二月二十四日先生に喜んでもらいたいと今道生徒は父が吸わない配給のタバコを自分の名は書かずに先生のメールボックスに一箱ずつ「祝クリスマス」と書いただけで入れた。竹山は寮の委員が残った場で、今道がその生徒とも知らず「一高はいいところだね。戦争で物のないこんなときに、われわれにこういうことをしてくれる人がいる」とタバコを取り出した。目に涙を浮かべてよろこんでいた。竹山・木村両先生があのほんの小さな行為をいつまでも忘れずに喜んでくれたのを見て、今道は「神の行為は匿名の行為である。無償の行為は、ほんの小さな、タバコ一箱でも成しうる。この思い出は私の人生の中でもっとも輝く思い出である」と述べている。

戦後の駒場東大からは薄れた良き師弟関係が戦争中には——いや戦争中だからこそ——あった。一高生今道の、旧師にたいする感情もしのばれて、こんな個人的な脱線が——ダンテの天国篇の説明としての妥当性はさておいて——懐かしい。

158　仕事の順序

私が小学生の昭和十年代半ば、人気は米国漫画映画のポパイだった。そのポパイがほうれん草の宣伝と知らされたのは戦後で「本当か」と驚いた。実は子供の私が偏食といわれたのは、ほうれん草が嫌いだったたからである。当時は菠薐草と書いた。そのおひたしが出る。家の者は好きだが、私は嫌いだ。後年、ほうれん草には食べ過ぎると体によくない成分があり、子供が嫌うのは本能的な反応だとする説を聞いて、きっと本当だろうと思った。

姉は戦争中は新生活運動にかぶれてドイツ流に林檎は皮ごと食べる。桃も皮を剝かずに出す。私も皮ごと食べた。それでもほうれん草を食べない十歳年下の私を「偏食だ」と繰り返し言った。これはどうやら末っ子の私を母が偏愛すると姉は妬いて偏食と難じたらしい。戦争末期に疎開先で寮の食事を残す者がいる。仲間が残した分も私は食べた。「なんだ、自分は偏食ではないんだな」とその時悟った。それでも一度病気した時は鯨の脂の匂いが鼻について食べられなくなったことがある。

私の食事の順は好物《こうぶつ》は後まわし、嫌いなものから先に食べる。当時は食糧難で出される物はなんでも食べた。残さない。それで誤解もされた。大学生の時、親戚の家で最初にまず嫌いな物から食べた。そしたら伯母に好物と勘違いされ、以後毎日出た。パリの寮時代は、原形を留めぬほどぐずぐず煮たほうれん草が出た。これには日本人留学生はみな閉口した。あれから五十年、今はほうれん草のおひたしが好きな私である。

仕事の順も嫌いな事から片付ける。まず事務書類を書く。それから授業の下調べ。それで時間があれば研究をし、さらに時間があれば成果を書物にまとめる。それが現役時代の「書物と私」の関係だった。大学を退いた今は、皿洗いも洗濯も買物も幼稚園の孫の出迎えもするが、東大時代は家事は一切しなかった。お陰で著書を世に問う余力が出来たのだと夫婦分業を有難く思っている。書類・採点・外国交渉など事務処理が速いので「平川教授は001番」と綽名されたが、嫌いだからいの一番に片付けた。事務・教育・研究が私の教授ビジネスの順だが、仕事の大切さの順はその逆だ。ただし研究著作が一番大切だからといって事務・教育を疎《おろそ》かにした覚えはない。「主任室のドアはいつも半開き。あれは留学生が面談や推薦状の依頼に気安くはいれるようにとの配慮だ」そんなことに気づいてくれた後輩が後年、選ばれて主任の職を継いだ。留学生の面倒見がいいという東大比較大学院の評判は今も続いている。退官後十数年の今日も台湾の元学生から「推薦状をＥＭＳで送ってください」と速達が届く。即座に書いた時、そんな仕事の順だった自分を思い出した。

ハングリー精神という言葉は餓えを体験していない世代には死語同然だろう。餓えた戦中戦後に私がつけた食事の順が、形を変えて私の仕事の順になったといっても、世間にはなんのことか通じないかもしれない。

159　入学試験問題

武藤康史編『旧制中学入学試験問題集』（ちくま文庫）が面白い。昭和前期に毎年中学へ進んだ人数は、平成に大学へ進む人数よりはるかに少なかった。中学進学者はエリートだったのだ。だから中学教育の内容も充実し、問題もしっかりしている。「かつての十二歳にはこれほどの教養が要求されていた！」という驚きが今の読者から洩れる。中には難問もある。しかし試験は、生徒の勉強目標も設定するが、能力別順位をつけるのが役目だ。それが果たせるなら難問必ずしも悪問ではない。『中学入学試験問題集』が私にはクイズのように面白く、読んで懐かしく、戦前の文化史の一面を見る思いがした。武蔵高校尋常科を落ちた丸山真男、成績不安定と性格不安定とが重なる鶴見俊輔、別に神童ではない岸信介などのエピソードも拾われている。戦前は大学入試はむしろ容易で、その前の高校入試こそが難関で人生の明暗をわけた。だから旧制高校へ無試験で進める中高一貫の七年生の武蔵とか東京高校の尋常科とかの入試を良家の子弟は狙ったのだ。平川家でも昭和十六年、小学六年の兄は家庭教師をつけて勉強し受験した。弟のひそかな誇りは家庭教師なし、塾・予備校一切通わず、勉強はあくまで自力で通したことだ。

試験問題には一国文化の大事な面が出る。パリで私は大学試験問題集を買った。受験のためでなく読むためで、問題がよく出来ていた。私が感心したのは留学生の頃はなにかにつけフランス礼賛だったからだろうか。いま手元になくチェックできないのが残念だ。改革開放後の中国でも試験問題集を買い集めた。こんな問題もある。「次のうち四人組に属さぬ者は誰か。A張春橋　B王洪文　C林彪　D姚文元」正解はCだが、当時は四人組はまだ獄につながれていた。「いやな問題だな」といったら知人が「彼らは歴史に名を留め損ったが、歴史問題に名を留めた」と笑った。

私の得意は口述でなく筆記だ。フランス政府留学試験の問題は「ヴォルテールとルソー」で、なぜかその前、東京日仏学院でジャンムージャンが授業の際に書かせたと同じ問題であった。どんどん書いたが、途中で複合過去と単純過去を混ぜたことに気づき、単純過去に統一したことを覚えている。

印象深く懐かしいのはペルージャ外人大学でイタリア語教師資格試験を受けた時だ。四時間の論述の題は忘れたが、途中、カフェの給仕が現れた。私はコーヒーと菓子パンを注文したが、スパゲッティを頼む剛の者が出た時は試験場が爆笑した。

武藤氏に集めてもらいたいのは日本の大学院試験問題だ。大学紛争前は部外秘だったが、複写技術の発達に伴い、従来の問題が生協書籍部で勝手に売りに出された。すると東大駒場の比較文学比較文化課程の問題が良い、と評判になり受験者もふえた。もともと人文系大学院入学者の外国語共通試験の成績は、第一第二外国語を通して、比較の受験生が断然トップで、それが駒場東大学派が栄えるきっかけとなったのだが、では論述問題の何が良かったのか、他学科や他大学の大学院試験問題とあらためて読み比べたい気がする。

160　英語で書くと…

外国へ行けば、言葉が通じず、萎縮する。そのまま引っ込み思案になる人と、活躍しだす人にやがて分かれる。四十代半ばに渡米した私は、二年目から次第に講演に招かれた。その論文を集め、日本の西洋に対する愛憎関係にまつわる著書 *Japan's Love-Hate Relationship with the West* を英国のグローバル・オリエンタル社から出した。謹呈したら、さる大学長から「君が妬ましい」という葉書をもらった。「日本の人文社会の学者が西洋でこの種大冊を出した人は、明治は知らず、戦後は少ない」そう言われても、拙著が英米で読まれなければ話にならない。

幸い英国ですぐ書評が出た。ところが我国の新聞は閉鎖的で、日本人の外国語著作は書評しない。読者が一冊一万円の洋書を買うはずはないと頭から決めている。日本にはやはり目に見えないバリアーがある。欧州の小国の書店では今や半分は自国語以外の書物だ。それがグロバリゼーションというものだ。その点日本はまだ島国で鎖国が続いている。ただ著者としては外国での仕事が世に出て嬉しい。著作こそが学者の勲章だ。

英国で書物が出た経緯はこうだ。二十代の六年を欧州大陸で過ごした後私は帰国、学部で仏伊語、大学院でインターカルチュラル・リレーションズを講じた。西洋と日本の文化の接点を調べたから、日本については、西洋だけが専門の人より詳しい。他方、日本の国文・国史の専門家より西洋語で語ることは上手だ。それで米国でも講演できた。それに欧州で前に暮らしたことが私に利した。

敗戦後、直接渡米した日本人は精神的になにかと窮屈だったに違いない。米国で議論して日本の例をあげて反論してもまず黙殺される。だがフランスの例だと米国のインテリは耳を傾ける。それに英語の教授でないから英語を間違えても私は気楽に話せた。熊日の井上智重氏は「顔は日本人だが中身は西洋人だ」とけなしたか褒《ほ》めたかわからない平川評をした。こんな手の内をぬけぬけ明かすのも日本人らしくないかもしれない。私は講演を依頼されると即座に承諾した。米国は新来の外国人に親切で機会を与えてくれる。しかしそこで遠慮すると二度と声がかからない。活躍する、しないの分かれ目はそこにある。渡米する若手研究者は、もし相手の学問社会に入り込みたいなら、英語講演を一、二本あらかじめ準備しておくがいい。ライシャワー退任記念シンポジウムで司会者が「電話だけで来会を承諾してくれたただ一人の日本人」と私のことを紹介した。同席した中曾根前首相以下のお偉いさんが、電話一本で承知するはずもなかったが。

それでも七十代の半ば過ぎになって五五七頁の英書が出せるとは自分でも思わなかった。日本語の著述が多いから、話題に応じ自説を英語にすれば講演はできた。だが英語で書くうちに新視野が開ける。それも、というか、それこそが学問的に貴重だった。

161　妻に捧げる言葉

西洋の書物は巻頭に献辞があり「わが妻に」などと書いてある。昨年グローバル・オリエンタル社から本を出す際、出張先の台北に最後の校正が届いた。あわせて「献辞は？」と問合わせがあった。なるほどこれが西洋流だと思った。考えて「最大の日本解釈者、ジョージ・サンソムとアーサー・ウェイリーに」と私は英文で書いた。サンソム（一八八三－一九六五）は英国の外交官で日本史家、ウェイリー（一八八九－一九六六）は白楽天や謡曲や『源氏物語』の英訳者。私は二十代の末サンソム『西欧世界と日本』を訳すことで比較文化史の学問に入り、ウェイリーの文章を読むことで人文学者としての骨法を学んだ。英国の出版社から出すから英国人をあげたというのでなく、私の学問人生でもっとも啓発された二人だからである。私はさらに工夫して、ウェイリーが英訳した袁枚の詩で拙著 *Japan's Love-Hate Relationship with the West* の銘とした。

それは訳すとこうなる。

三十年来コートの長さや帽子の縁の幅は
わけもわからず伸びたり縮んだりしてきた。
幸い私は当初のスタイルを守り通したものだから、
昔のままの服だけれど、なんだか最新流行先端のファッションである。

これが私の学問的立場だ。学問世界にはいろいろなイズムがはやった。しかしマルクシズムにも流されず、フェミニズムにも媚びず、幸い当初の「複数の国の文章を忠実に読む」という学問のスタイルを守り通したものだから、今も私は世界の比較文化史研究の第一線に立っていられる。有難い幸せだ。しかし私が英国の二人の東洋学者の名をあげると、米国の日本学者は不満に違いない。だが、日本語もきちんと読まず、自己のイデオロギーに都合の良い解釈を下すような米国左翼の日本史家を私は評価しない。

「献辞は?」と聞かれた時、親のことが頭をかすめた。それで序の結びに「東京、二〇〇四年三月六日」と書いた。「もっと新しい日付にしてくれ」というから「三月六日は父の命日で、父は日英両国が交戦中も私が英語を学ぶことを励ましてくれた」と返事したら「殊勝なお考えで」と一年新しくすることで決着した。当日は台北にいたが「東京、二〇〇五年三月六日」とした。

「妻に」という献辞についてはこんな思い出もある。学問でも外交でもただ西洋を範とするだけでなく、西洋の日本認識の誤りに反論してこそ一人前と思うが、昔、通産省の研究会で御一緒したところのI女史はなんでも西洋がいい人だった。夫が妻に本を捧げる西洋流儀を女史がしきりと褒めそやした。すると居合わせた出版社の人が「日本で『わが妻に』と書いた著者の方が実は離婚率は高いそうです」とぼそっと言い、I女史がぐっとつまった。日本の著者が「妻に」と書かぬ慎みも悪いことではないに相違ない。

162　編集者と私

優れた編集者に恵まれたおかげでいろいろ本を出すことができた。河出書房の川名昭宣氏は『神曲』カラー版以来、私の担当で『神曲』ばかりかダンテについての研究書『中世の四季』や『ダンテの地獄を読む』も出してくれた。翻訳者としての私をよほど買いかぶったと見えてマンゾーニ『いいなづけ』は一冊なんと一万円近い豪華本に仕立てた。西洋並みの値段である。しかし「良いものは売れる」という氏の見立ては当たった。新潮社の坂本忠雄氏は、反時代的な『日本海海戦』という私が後に『和魂洋才の系譜』に収めた論を『季刊芸術』に書いた時から注目してくれた。私が東大でまだ助手だったころのことである。漱石と魯迅、小泉八雲、フランクリンと諭吉、光太郎、そればかりかグルー大使や鈴木貫太郎首相、山梨勝之進提督、予科練の生みの親で米国大統領への手紙を遺し硫黄島で戦死した市丸利之助海軍少将の伝も『新潮』に掲載してくれた。大学院で教えた学術的な内容を文学的な作品として読むにたえるよう仕上げたとはいえ、由緒のある文芸誌に発表できたのは坂本編集長のおかげだ。

二〇〇四年はハーン没後百年で、九月二十五日の東大駒場を皮切りに十月三日の熊本まで各地で国際会議を開く。それもあって植民地主義以後の視点から論じた『ラフカディオ・ハーン——植民地化・キリスト教化・文明開化』をミネルヴァ書房から出した。専門的に研究したとはいえ、一人の作家について六冊、『平川祐弘著作集』から出すことができて仕合せである。ハーンについては英語で出した本は英国で版を重ねたが、さらに一冊編むつもりだ。

このように定年後も書き続けると困ることもある。旧知の編集者が次々と退職してしまったからだ。長年のつきあいで現役は白水社の芝山博氏だけとなった。氏は私が東大でイタリア語も教え、ヴァザーリ『ルネサンス画人伝』の訳をいくつか雑誌に発表すると「一冊にまとめませんか」と話を持ちかけた。しかし私の主務は昔も今も「日本と西洋の愛憎関係」の研究だ。それで「ヴァザーリの翻訳は友人の小谷年司氏と一緒なら出します」と返事した。前回もふれたが、日本の美術史家たちのヴァザーリ既訳をチェックしたことがあり、私はその語学能力に疑念を抱いていたのである。小谷さんは栄光時計の社長だが、外国語の実力がある。結局ヴァザーリ『ルネサンス画人伝』正続を一緒に訳した。

すると芝山氏は今度はル・モレの『ジョルジョ・ヴァザーリ』という浩瀚《こうかん》な研究書も訳せ、という。その訳が出たら、西洋史家は次々と絶讃したが、美術史家はノー・コメントだ。美術史家のイタリア語能力に私が公然と疑義を呈した罰だろうか。しかし批判を口外しない態度は姑息《こそく》で不健全だ。もちろんそんなことを言う平川の訳も疑ってかかるのが健全だ。なにとぞ本『熊本日日新聞』夕刊の小泉八雲名作選の英文と翻訳を読者も読み比べ、チェックしていただきたい。

163 川本皓嗣国際比較文学会会長の挨拶

理工系の世界では日本人も西洋人と互角にやりあっている。ところが人文社会系で、研究対象が西洋となると、西洋人の学者が学会の指導権を握る。中には学問とは西洋の学問だ、と思い込む人もいる。西洋人だけでなく日本人でもそう思い込む人がいる。日本の哲学系の先生は西洋哲学の翻訳と解説に追われているから、学問とは西洋の学問だと思い込むのも不思議はない。となると人文系の国際学会で非西洋人が会長を勤めることは稀である。たまに推挙される非西洋人もいるが、自己の文化的アイデンティティーを守れずに、その時その時の西洋の主流に媚びたりする。そんな右顧左眄《うこさべん》する米国大学出身の日本人歴史学者もいた。

しかしそんな欧米中心主義の学界で異変が起きた。三年に一度従来は欧米のみで開かれてきた国際比較文学会が、一九九一年に東京で開かれたのである。日本が経済大国となり、東大駒場の比較文学を中心に学問が進んだからだ。その時アール・マイナーが会長だったことも幸いした。このプリンストンの英文学教授は日本に関心をもつ比較文学者で、こうして学会が非西洋に向けて門戸を開いた。

するとやがて会長職が日本にまわってき、川本皓嗣教授が会長となり、アジアでは二回目の会議は二〇〇四年香港で開かれた。伝染病の発生で一年延びた国際学会であった。川本会長が退任の際、見事な会長挨拶をした（『ICLAビュルティン』二十二巻第二号）。事務と学問の報告としても、また今は亡きマイナー教授への讃辞としても見事だ。それらが渾然《こんぜん》として最高級の学術論文となっている。マイナーは小田桐弘子女史と協力し『猿蓑』を英訳した。俗世界の上に普通涼しさを連想させる月が澄んでいるのが凡兆の発句「市中は物のにほひや夏の月」だが、芭蕉は「あつしあつしと門々の声」と直接話法を混ぜて夕涼みの情景を活発化した。それに「二番草取りも果さず穂に出て」と去来が続け、一転して今度は眼前に昼日中の稲田がひろがる。マイナーの連歌英訳法はこうだ。第一句に続ける時と第三句に続ける時とで同じ第二句を別の句に訳す。第二句の「門々」を第一句から続ける際は at every house gate と訳し、第三句に続ける際は at every farm gate と内容にあわせて訳し変える。このように前後に応じて訳し分けたところにマイナーの連歌理解のほどがうかがわれる。俳句の余白は様々な埋め方があり得る。いいかえると同じ句は二重の読みが可能なのだ。川本はその semiotic freedom 記号論的自由から話を飛躍させ、唯一の真理や唯一の正義や唯一の正しい解釈を主張することの危険を論じて話を結んだ。

確立した自我が語を特定の意味で論ずればこそ交際は成立つ。多重の解釈をされては取引は成り立たない。そう思っている人に川本論文はショックだろう。私も記号論的自由を文化論的次元まで拡張解釈してよいかと首をひねった一人だ。だがこんな刺戟的な論だから、日本比較文学会の人も当然読んだろうと思っていたら、違う。まず小田桐女史その人が知らなかった。誰一人『猿蓑』の日本側共訳者に川本論文のことを伝えなかったのだ。というか会員の多くは川本論文を読みもしなかったのだろう。

日本人が外国語で論を書いても酬われることは少ない。だが地球化する世界で日本の人文学者が内向的なままでいるのは問題だ。川本論のように日本と外国が交錯するスポットに光をあて、外国人にもわかる言葉で説明を続けてゆきたいものだ。

164　大澤吉博主任

東大仏文の辰野隆とか京大中文の吉川幸次郎とかは主任として鮮明な刻印を残した。前に私より年下の東大比較の川本皓嗣主任にふれたが、今回は在勤中五十六歳で急逝したその次の大澤吉博主任にもふれたい。大所帯の大学院の主任は重責だ。「こんなに忙しくては死んでしまいます」と笑っていたが、本当に死んでしまった。だがそんなに多忙でよいのか。大学人の仕事について反省したい。

非常勤教師の仕事は教育と次に研究だが、常勤の仕事は三つ、教育・研究・事務だ。教育は教室、研究は研究室、行政事務は会議室。非常勤は会議に出ない。たとい同じ時間数を教えても収入は常勤の二割弱だ。評論に打込み万年非常勤でぼやく男がいる。私が諭す、「常勤の給与は学内事務のためにも出る。君のような自己中心の人間づきあいの悪い男が常勤が勤まると思うか。観念しろ」。しかしそうは言ったが、会議々々の昨今の日本の大学は異常だ。西洋民主主義国の大学にこれほど雑務はない。これは明らかに日本の戦後世代が民主主義を会議開催と勘違いした結果だろう。

かくいう私の大学生活は三期に分かれる。駒場入学は十六歳だが、留学で遅れ、助手就職は三十二歳。その就職が遅れた分だけ余計に勉強できたのかもしれない。第一期の学生時代十六年に投資した知的資本の利子でずいぶん食べさせてもらった。第二期が就職から六十歳定年までの東大教師時代二十八年。教育・研究も大学院運営も引き受けて精励した。第三期は私学に移り十数年。黒板に向かって座るのが学生、黒板を背に立つのが教師というが、私にとり二期と三期は違う。第三期は大学院設立に必要な学位や著書出版の資格がある、文部官僚がいうところの「〇合教授」ということで、事務は一切免除するからという約束で私立大学に招かれた。そんな道を選んだのは東大で主任時代、会議に参ったからだ。私は教育・研究に忙しくて、もうそれ以上狡賢い学内官僚とうまくつきあいかねた。

そんな私と違って、大澤主任は根回しも上手で人の和を保った。多くの職の長となり、他大学の非常勤も引き受けた。「君、そんなに引き受けては異常勤だ」と揶揄したこともある。彼はまた韓・中・米などの学者学生ともまめにつきあった。韓国語も習った。教え方も明快で「大澤氏のような人をまたよこしてもらいたい」とカナダからいわれたこともある。国際学会の組織も英語の司会も見事だった。相手も知り己も知るのが私たちが奉ずる比較研究の立場だから、大澤氏の国際主義は意に適《かな》った。

しかし事務の仕事に追われ博士論文を出さずに終わった。学者として大成しなかった憾《うら》みはある。大澤氏は学界のスターではなかった。しかし世間には虚名をはせる学者もいる。また論壇で有名であろうと、外国人に不親切な教師は私見では不適格だ。留学生の評価は存外的確で「珍紛漢。何を話しているのかわからない」といわれるような教師は私は買わない。それに反し留学生から慕われた大澤吉博は良き人であった。そんな大学院だからこそ嫌日・嫌韓のこの時世に日韓の友情の書でもある金素雲特輯の『比較文学研究』七十九号は世に出たのだと思っている。大澤氏の葬儀に駈けつけた韓国の学者が涙を流していた。

165　裕仁天皇の昭和史

私が教えた中で異彩を放つ三、四の人の浮き沈みについて語りたい。

私が満三十二歳で東大比較文学の助手となった一九六〇年代半ば、まだ封筒で支給された月給は米ドル換算で百ドル弱だった。給料日に学生がついて来る。コーヒーを奢ったが、そんな記憶があるのはコーヒーを飲むことが身分不相応な贅沢《ぜいたく》だったからだ。助手の仕事は研究室の雑務一切で、時間割、名簿作り、教師と学生や先輩の会食の設定、論文審査の割当て、図書注文、論文執筆、研究会の司会や発表、紀要編集、科研費の申請、また恩師の還暦記念論文集を次々と出すことで学問的雰囲気の維持に努めた。その私が満六十歳で定年退職した時「主任としての仕事もやはりハウスキーピングでした」と挨拶したら「言い得て妙」と褒《ほ》められた。ところがそれを記憶に留めた西原大輔が、その一九九二年、私の紹介でシンガポール大学へ助手として赴任した。そして彼の地で主任に向かい「あなたは研究室のハウスキーピングをきちんとやっていない」と言い放ったものだから、主任は「私はお前の女中ではない」と怒り、馘《くび》になった。しかし『日本人のシンガポール体験』（人文書院、二〇一七年）を編むことで元手はきちんと回収している。西原は『谷崎潤一郎とオリエンタリズム』（中公叢書）で賞を取った。中国訳も出た。

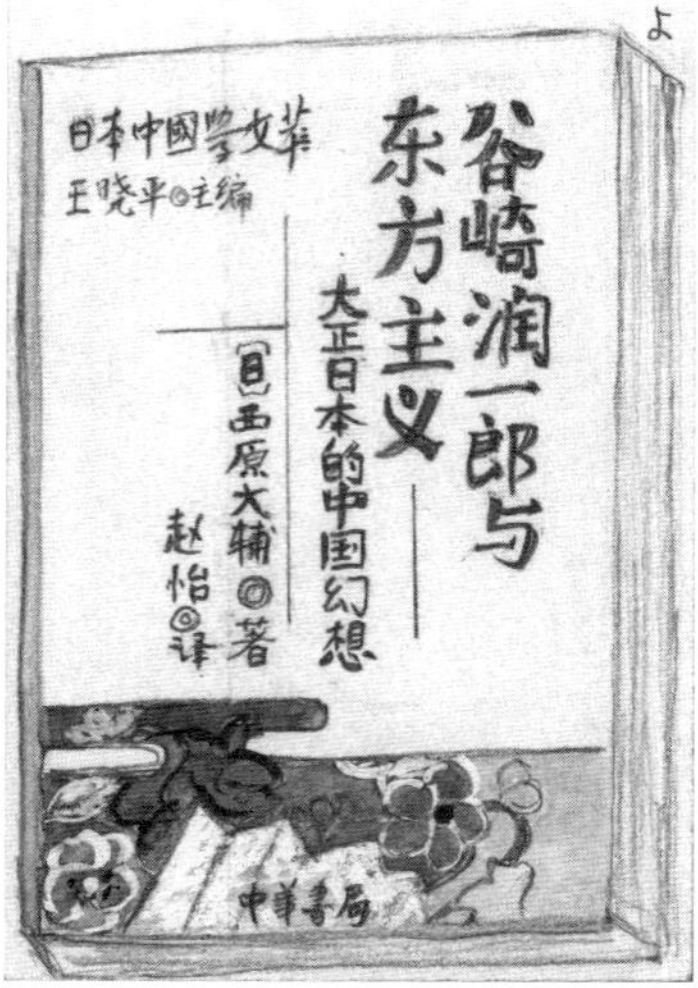

三浦俊彦はラッセルの平和主義を冷やかした論文を書いた。私が『正論』に紹介したら、それが祟《たた》って左翼教授に睨《にら》まれ一時就職難に陥った。驚くべき多産でいつぞやは『劇臭のぞき弁序』という学者の風上に置けぬ臭い本を書いた。三五館はその身も蓋もない題を『のぞき学原論』ともっともらしく改めた。今の日本は言論の自由は憲法で保障されているとはいうが、教職から追われることのないよう祈るうちに、なんと東大文学部の正教授におさまった。論理学が専門で、天皇退位に関する有識者会議参加者中、平川発言がもっとも論理の筋が通っていたと賀状に書いてよこした。

佐々木英昭の『漱石文学全注釈それから』（若草書房）は驚くべく精密で私の代助の読み方がそれで変った。そんな厳密な学者の佐々木だが、博士論文を提出した時は中に雑誌発表論文をゼロックスで写して挿入した。その雑誌のページ数がそのまま印刷されていたものだから形式不備で論文は差し戻しとなった。しかしあれは佐々木より指導教授の平川を苛めてやれという投票も混じっていたにちがいない。二〇一六年には『夏目漱石』（ミネルヴァ書房）を書いた。「七人の親たち」調べ物などそれは見事で面白い。

そんな東大駒場の男女の大学院生の生活を、ストーカー行為を含めて小説『悲望』に書いたのは小谷野敦だ。『文学界』では小説より「上機嫌な私」の連載の方が私には楽しみだった。

ところでこの中堅世代の博識な連中の多くがこと昭和天皇となるとすぐスケープ・ゴートに仕立てたがる。私はその歴史認識の安直さ加減にがっかりしている。せいぜい山本七平『裕仁天皇の昭和史』（祥伝社）くらいはきちんと読んだ上で戦争責任を云々してもらいたい。それにしてもこの優れた考察がなぜ『山本七平ライブラリー』（文芸春秋）にはいらなかったのか残念でならない。山本の一冊は内外の昭和天皇非難を論破する名著だと私は観察している。

166　切磋琢磨

舌のまわりが悪くて流れるごとく話せないせいか、口頭発表は苦手だった。ただ小さい時から文章は読むのも書くのも好き、外国語も好きだった。会話をしたかったが、敗戦直後の学校には外人教師はおらず、機会は少なかった。幸い留学したので外国語で格闘し続けた。発表の際は下書きを作る。いま日本でも講演や挨拶《あいさつ》の際、原稿を用意するのはその癖の名残だ。戦後日本の教育は「話すように書け」だが私は「書くように話せ」だ。私が外国で講演する機会がいろいろ与えられたのはこの主義を守ったおかげと思っている。

それより問題は発表の中身だろう。二十代の頃は吸収に忙しく、何を論文に発表すればいいか見当がつかなかった。私が仏独英伊とまわって言葉を一生懸命習ったのは研究課題に出会えなかったからでもある。いや出会っていたのだが、国と国に跨《また》る課題の調理法がわからなかった。一国単位の狭い研究はするまい、という気持は強かった。それが私が我侭《わがまま》に育ったせいか自信のせいか、わからない。それでも複数の国を往来するうちに十六世紀のフランス人が文藝復興期のイタリアに劣等感を抱き、それゆえ逆にフランス魂を声高に叫ぶ心理が見えてきた。明治人が和魂洋才といい、昭和人が大和魂を叫んだのはこれだなと感づいた。気づいたら論文がすなおに書けるようになっていた。すると発表が愉快でたまらない。次々と日本語で書物にした。外国へ招かれた時はそれを外国語にすればよかった。そうこうするうちに英国の出版社から声がかかって英語論文を一冊にまとめたら、それが日本財団の手で「現代日本を理解するための英書百冊」に選ばれた。なんだか夢のようである。

私たちの世代が一生懸命走ったから何人かの後輩はついてきた。しかし何人かは落伍《らくご》した。その一人が学会誌に「博士論文はついに書けなかったが同輩と読書会を続けてそれが身に益した」と打明けた。以前論文執筆に追われていた私は、隣室で英訳でダンテの読書会をしている後輩を見て「閑《ひま》なものだ」と内心思ったが、妙な論文を書かれるより読書会の方が確かにいい。正直な告白に感心した。

肝賢《かんじん》な事は読書会にせよ原典購読にせよ、切磋琢磨《せつさたくま》だ。旧制高校が潰《つぶ》され東大の独語既修仏語未修の組にはいった時のこと、学生が間違える。「君は何高校か」「M高校です」「文法は何先生から習ったか」「T先生であります」「T先生はそんなことを君に教えたか」こんな調子で絞られる。しかしその菊地榮一先生のゲーテの講読が忘れがたい。私も教師になって当番の学生が予習してこずあまつさえお喋《しゃべ》りした時は「立て!」と一喝《いっかつ》した。しかし東大生が神妙に起立した時、内心いささか慌てた。「さていつ座らせるか」とまず考えたのである。「今時そんなことしたらパワー・ハラスメントで訴えられます」と若い先生は笑う。だが真剣勝負で切磋琢磨して、英語以外の言葉も学んだからこそ、英語でも発表できるのだ。舌のまわりの悪い私は、昨今の英会話本位の授業に舌打ちして反対している。

167　編集者の鑑

『源氏物語』の英訳者アーサー・ウェイリーには十歳年上のベリル・ド・ゼーテという派手なパートナーがいて二人の仲は世間周知だった。そのベリルは一九六二年八十二歳で亡くなった。没後一年ウェイリーは彼女の遺稿集を編んで世に出した。ウェイリーはベリルの才能を限りなく哀惜した。その彼自身も一九六六年六月二十七日に亡くなった。

ところが死んだらウェイリーに別に妻がいたことがわかって世間は騒然とした。十二歳年下のアリスンといって、ベリルが舞踏病という死病にとりつかれ二階で呻吟《しんぎん》しウェイリーが傍らで書物を朗読して慰めていた時、一階で二人のために食事を作っていた女である。ベリルの没後ウェイリーとこの女がハイゲートに越して共棲みしていたことはわかっていたが、まさか結婚するとは誰も思わなかった。親族は自分たちの知らぬ間にウェイリーの妻となったアリスンに辛く当たった。ウェイリーはユダヤ人なのにアリスンは勝手にアングリカンの牧師を呼んで葬式をした。子のいない質素な暮らしの大学者だったが、一億五千万円相当の資産を遺《のこ》した。アリスンという妻がいるといないでは親族間の遺産配分が大違いである。

ウェイリーは学芸の世界の光り輝く貴公子だったが、アリスンはニュージーランド出身の田舎者である。そんな女に私たちの大切な先生を取られてたまるか、とケンブリッジの才媛《さいえん》の弟子たちは柳眉《りゅうび》を逆立てた。長年ウェイリーとベリルに仕えた家政婦も嫉妬《しっと》した。文壇関係者もアリスンに囂々《ごうごう》たる非難を浴びせた。なにしろウェイリーが結婚したのは死ぬ一カ月と一日前の五月二十六日で、本人は気は確かだったのか、と世間は疑った。だが癌《がん》を病んでいたとはいえウェイリーはアリスンとウッドグリーンの登記所へ出向いて届けを出している。気は確かだ。しかもサー・スタンリー夫妻に立会ってもらっている。『源氏』の英訳はじめウェイリーの大半の書物を出版したアンウィン書店の店主夫妻である。彼らが口が堅いから、世間はウェイリーとアリスンの結婚に気づかなかった。

このエピソードは書き手と編集者との信頼関係がいかに大切であるかを示唆している。生涯の最後にアリスンを娶《めと》ることとし、その際、数ある知人の中から編集者を証人に選んだのだ。ちなみにStanley Unwinは出版の功績によってサーの称号を与えられた編集者である。

168　「夫婦責任」論の真実

本稿の筆者と挿絵の依子は夫婦である。だが二人が必ず一緒になるのは週に一度「書物と私」の紙面でのことで、目下（というのは二〇〇六年秋のことである）別に暮らしている。依子は鎌倉の里の母の世話に行って一年以上になる。医師は一旦は不吉な見通しを述べた。だが実の娘が側にいるのはいいもので、九十の義母がこれほど回復するとは思わなかった。一度は電話に出る気力も失せたが、近頃は私が「挿絵を待っています」というと「依子は挿絵の材料を探しに図書館へ行きました。帰ったら伝えます」ときちんと連絡してくれる。鎌倉の昭和初年の造りの日本家屋は今では珍しい。中国人留学生など招待すると皆さん喜ぶ。私も久し振りに家内の手作り料理をいただく。日本語会話が長く続く留学生の到来で、義母も活性化する。

東京での私は次女と孫と暮らしている（というのも二〇〇八年秋までのことである）。娘は孫を保育所に預けてから高校へ出勤する。急いで出るから食器を洗う暇がない。後から起きる私が娘や孫の食器を洗う。洗ううちにガス湯沸し器からもお湯が出る。私はおもむろに顔を洗う。冬はこのタイミングがいい。トーストを一枚焼く。トースターは昔家に下宿していた学生、いまは白髪の東海大学教授の土谷直人が引き払う時置いていった代物だが、焼けるとポンとパンが外に飛び出す機能は昔ながら健全だ。ミニ・トマト五個、ウィンナ・ソーセージ一本、チーズ、それに娘がこしらえた味噌汁を頂く。食後一つのティー・バッグで紅茶を二杯飲む。バッグの紙に買物の品目を書いておく。昼は外食、買物はその帰りにすることが多い。夜は娘と孫と三人で食事する。洗濯は読書の合間にする。しかし原稿に夢中になると、もう一方の家事は忘れがちになる。薬缶《やかん》を三回真っ黒に焦がしてから、危険再発防止のため、今ではお湯が沸くと家中に音が鳴り響く。この薬缶は娘の私への敬老のプレゼントである。

壮年期の私は仕事に打ち込んだ。一九八七年に出した『開国の作法』（『平川祐弘著作集』第二十九巻）の「あとがき」にこう書いた。「世の母親は半生を振返る時、A年は長男が生れた年、B年は二番目が生れた年、C年は長男が学校へ上った年、D年は……と子供の人生を画する事が思い出の目安となる由である。世の父親は半生を振返る時、家族のこともさりながらまず仕事の記憶がよみがえるのではあるまいか。私はE年の夏は何を書いた年、F年の夏は何を書いた年……という風に著述が思い出の目安となってしまった」

東大在職中はこんな夫婦責任分担で、家事は家内に任せきりで、私はひたすら仕事した。入試の採点がちょうど税金申告の時期と重なる。採点の休み時間に論壇で売れっ子の同僚や組合幹部がお茶を飲みながら税金対策に花を咲かす。「我関セズ」という憮然たる顔の私に大森荘蔵学部長が「君も税の計算は奥さん任せの方だな」と囁きウィンクした。そこに居合わせたもう一人の碩学《せきがく》がうなずいてこちらを見て微笑した。

169　作者からの返事

ロマン・ロランは『ジャン・クリストフ』の著者として敗戦後の日本で尊敬された。しかし千九百六十年代後半の大学紛争当時からぱったり読まれなくなった。フランスでは千九百五十年代すでに評判は落ちていた。パリ大学の先生は「君、日本や中国で読まれるのはロランの理想主義のせいだろうか。それとも訳者がいいせいだろうか」などと逆に留学生の私に尋ねた。中国語訳を出した傅雷（フーレイ）は、メニューヒンの娘と結婚し西洋に亡命したピアニスト傅聡の父で、文化大革命時に自殺した。傅雷が傅聡に宛てた手紙は改革開放当時の中国では西洋に憧れる若者の間で貪り読まれたが、昨今はその熱もさめたらしい。パリ大の先生は「ロマン・ロランのもとには東洋人からの手紙もあったよ」といった。日本人では九州帝大の成瀬教授も文通したようだ。ロランは誠実な人で読者へ一々返事を書いたらしい。四十年前、芸大音楽学部でフランス語を教えていた時『ジャン・クリストフ』を読んだが、しかしこの大河小説の文章は良くなかった。ロランのフランス語では『コラ・ブルニョン』が彼の故郷の大地の熱気を伝えていて読んで動かされた。

私も未知の著者に感想を送ることがある。この年でもある。米原万里さんには手紙を送って良いことをした。私の名前は知っていたらしいが未見の私から褒《ほ》められたことを彼女は喜んでくれた。亡くなる二年ほど前の事である。芥川龍之介や堀辰雄と親しかったアイルランド文学翻訳者の松村みねこ女史が本名の片山でキャンドルマスを標題にした随筆集を出したのは最晩年だが、大学生の私が感想を送ったら返事をくれた。そんな私は著者として真面目な手紙には返事を出すことにしている。

しかし妙なことも起きる。海外勤務先から返事を書いたら、その住所を手がかりに熱心家がカナダまで飛来して、夜八時半、ガイドを雇って山中の平川家をタクシーで突然尋ねに来た。熱心家と書いたが要するに女性のストーカーではあるまいか。私は戸口で鄭重《ていちょう》にお帰り願った。ほかに辟易《へきえき》するのは宗教やイズムの熱心家である。信仰を広めるためならリッチのように儒教の上帝はキリスト教の天主と同じといって何が悪い、と執拗《しつよう》に書いて寄越した。

甲斐さんのお人形

きちんとした出版社は読者カードの感想のコピーを著者にも送ってくれる。『熊日』の愛読者からも時々手紙が来る。その中に九十六歳の甲斐京子さまもいる。「二月十五日の御文書拝見してついニヤリとしてペンとりました。例の『書かずもがな』のところ。だってだって『アラ先生こんな事お書きになって大丈夫かしら』と思う事がありましたもの。私たち虫ケラならば何云ってもいいのですけれど先生のような方々は例えば『朝日』の悪口なんかお書きになるとハラハラしますもの。依子様が『その通り』とおっしゃったところで『ネーエ』といいたくなりました」

「頭の冴《さ》えた鋭いご感想まことに嬉しくかたじけなく」と直ちに私は返事をしたためた。

170　学者の老健

学者の老健とはいい言葉である。頭を使う人は年をとらない。老健の語をそんな養生訓に解する向きもあるが、私は、学者は晩年にもう一仕事せねばならぬという訓戒の意味に受けとめている。考えてみよう。もし森鷗外が大正の晩年に史伝を著わさなかったら、文豪として永く記憶されただろうか。

熊本を出て上京する三四郎を主人公に漱石が明治四十一年に青春小説を書いてもう一世紀が過ぎた。その漱石の『三四郎』を読んで技癢《ぎよう》を覚えた鷗外は、山口から上京する青年を主人公に小説を書いた。鷗外だから相手の女は坂井夫人だ。度胸のない三四郎と違って肉体関係も出来るが、しかし鷗外の『青年』の出来はよくない。もし鷗外が最後の十年間に仕事をしなかったなら、今日漱石と並び称されはしないだろう。鷗外の最高作は大正四年の『澀江抽斎』だと世間はいっている。

『澀江抽斎』は今風なら「澀江家の人々」と題してもいい作品で、江戸末期の漢学者抽斎の生涯を淡々と記述するのみか、抽斎四番目の妻の五百《いお》もその息子の保のことも書いてある。澀江保は明治の英学者の一人であった。保が『抽斎年譜』『澀江家乗』『抽斎歿後』『抽斎の親戚並に門人』などの資料を提供すると、鷗外はその保の手記を巧みに改変した。一見実証風、歴史書風ながら、要所々々に虚構がまじる。この史伝を書いていた時母峰子に死なれた鷗外は、母に対する自分の気持を保と五百の関係の中に書き込んだ。それは保にとっても嬉しい母の理想化であったから、鷗外の書き換えに苦情をいうつもりは全くなかったに相違ない。

すると新説が出た。和泉書院『いずみ通信』三六に、これぞ学者の老健の印だが、谷沢永一が一番有名な「その六十一」の場面は「『澀江抽斎』の虚構」ではないかと推理した。抽斎が客を装った三人の賊に奥の四畳半で囲まれた時、事態の危急を察し妻の五百が、風呂場から腰巻一つの裸体で、口に懐剣をくわえ、両手にあがり湯を小桶にさげて、つと進み入り、沸き返る湯を左右の賊に浴びせて「どろぼう」と一声叫ぶ。それで賊は慌てて逃げた。「此時の事は澀江の家の一つ話になつてゐたが、五百は人の其功を称する毎に、慙ぢて席を遁れたさうである。」ところが谷沢は、五百の裸体での活劇を鷗外はすべて保の記述に依拠したが、これは息子が母を引き立てるために創作し鷗外に手渡したのではないか、その際保が下敷きにした大立ち回りは坂崎紫瀾雑賀柳香の手になる『汗血千里駒』で、そこではお良が坂本竜馬に危急を告げるべく風呂場からかけつけた。「玉なす肌濡色の露けきままに拭《ぬぐひ》もせず」の有名な場面が基ではないか、と推理した。

史伝について鷗外の手になる史料の変更は「虚構」とみなさないと言い張る学者もいる。私は虚構だとは思うが、鷗外も保も五百の人生に全くありもしなかった事を書いたとは思わない。しかし史料を巧みに変更して使う鷗外の手の内を見て、保もつられて虚構を書いたのではないか、と私が更に勘ぐったら、それは学者の陋見《ろうけん》だと冷やかされた。

171 運動会

日曜が雨だったので、小学校の運動会が火曜に延期となった。孫が二人通っている。火曜では仕事のある両親は参観に行けないだろう、それでは孫も淋しかろう、では「じーじが参観に行こう」と私が申し出た。するとと娘がスリッパを差し出した。「なんだね」と聞いたら娘が「運動場が狭いから親は教室の窓からの参観です」そして「私が小学生の時からそうでした」と声にアクセントをつけて笑った。それで私も笑って合点した。要するに私は三人の娘の運動会に一度も行かなかったのである。

東大で教えていた現役当時は研究・教育・執筆に追われて、子供の行事につきあう余力がおよそなかった。それでも三十年前、米国にいた時は小学校のＰＴＡに顔を出した。平日なのに父親がたくさん来ているのに驚いた。私が子供の頃の戦前は親の参観日を「父兄会」と呼んだが、実際に来るのは母親だった。そんな中に後に鈴木終戦内閣の書記官長をつとめる眼光鋭い大蔵省官僚の迫水久常氏が見えたのは、子供が二人在学で父母が兄弟別の組で参観したからである。

私の娘たちはワシントンでは土曜は日本語補習校に通った。秋深くなってポトマック河畔で運動会がある。これは在留邦人の懇親会でもある。長女は五年赤組のリレー選手に選ばれたという。私が一家を車で連れて行った。ところが女子リレーで登場しない。「おや」と妻も私も怪訝《けげん》に思ったら、次の男子リレーで突然歓声が湧いた。なんと節子が走っている。当時から在留邦人は進学が心配で、男子は早く帰国させる。それで五年生にもなると数が足らず、平川家の長女が代わりに走ったのであった。

ほかに娘の運動会は見たことがない。それでも次女が学園祭でメイ・クイーンに選ばれた姿は見に行った。三女は文学部のはずが陶芸部入学のようにクラブ活動に打込んだので陶芸の展示だけは見に行った。どうもそれだけだ。子供たちの入学式も卒業式も出たことがない。それでも娘たちとよくつきあった親だと自分では勝手に思っている。外国生活が長くて、一家ぐるみでなにかとつきあったからであろう。

そんな話をしたら依子が亡くなった義弟の日記を見せてくれた。昭和二十八年八月十三日、小学五年生の手で綴られた家内の里の親子風景はこうである。——

今日はお父様といっしょに鎌倉駅の方に行った。途中でぼくが「かんなてっごおよ」といった。ぼくはこのごろ言葉をはんたいにいう。「なんのことだ?」お父様が聞くとお姉さんが「なんかおごってよ、というのよ」といった。お父様がわらいながら「気ちがいのねごとをきいて夏休み」といったのでぼくが「おごってよとねだれどもおごってくれぬわが父はあれまあなんとけちんぼうかな」といった。——

昔、大学生の頃、私は一度自分の父に「けち」と大声でいってしまった。この狂句と狂歌の親子の応酬を読んで、自分は父に悪いことをしたという気持がまたよみがえった。

172　保育園の秋祭り

私は七十の後半のころは毎週東大駒場キャンパスへ通っていた。というと「さては勤勉な、書物の虫の図書館通いか」と人は思うだろう。が、さにあらず。毎週一回、大学の隅にある保育園へ孫を迎えに行くのが私の役目だったのである。子供の成長は早く、人間関係は変わるから、次のような情景はもはや十年前の過去になってしまった。家から私なら二十五分、五歳の百合子はよく歩く方なので三十五分の距離である。火曜は午後六時、保育園でタイム・カードを押すと、二人はまわり道して上原中学の温水プールへ寄る。もう職員とは顔馴染みで、先週はロッカーで忘れた百円銀貨が戻ってきた。そこで「ジージ」は孫と四十分ほど水に漬かる。孫は半年ほどの間に身長が伸び目下、深さ九十センチの辺りでバシャバシャしている。ジャグジーにもゆっくり漬かる。

それから外へ出ると、孫は私の携帯電話で母、すなわち私の次女に、勤務先から戻ったか否か確かめる。「規子、もう帰った？　御飯できた？　今晩の御飯なあに？」三十年ほど前、米国の一部の家庭で子供が親をファースト・ネームで呼ぶのがいて、ひどくとまどったが、そんな風習がまさか身辺にまで入り込むとは予想もしなかった。

駒場保育園の秋祭りには子供たちに倍する多くの父母が集まる。親馬鹿の最たる平川家は曾祖母まで四代が集まる。親が先頭に太鼓を叩き、踊りをおどる。写真を撮り、模擬店を楽しむ。私の長女の二人の子もこの卒園児、いわゆる「駒場っ子」で一人はもう小学六年だが保育園が懐かしい。毎年祭りに参加する。長女はかつて父母会の旗振りで、保育園の行事を熱心に手伝ったから、新しい園児のお母さんに職員と勘違いされたことがある。その婿も参加する。昔は大学構内の廃屋で始まった保育園だが、男女共同参画法案が通って予算がつき、建物が立派になった。それを婿が設計して新しく建てたのである。

家内の母は九十過ぎだが、夫が昔駒場につとめ、戦時中は一高の職員室まで弁当を届けたことがあるという。それで曾孫も可愛く、駒場もなつかしい。家内が鎌倉から車椅子を押して上京、参加した。ただ同じキャンパスとはいえ、近年は新建築が林立し、昔の面影はない。それでも銀杏が大きくなった弥生道の向うの本館には見覚えがあった。かつての生協食堂は姿を消し、いまや洒落たイタリア料理店がガラス張りの建物に入っている。十六歳から六十歳まで駒場に籍を置いたという記録保持者の私だが、その私にもそこはトイレも綺麗で別天地である。

レストランで休んで世にも貴重な書物を読む。それは保母さんが毎日つけてくれる孫の記録だ。赤い表紙がぼろぼろになった保母と母と子の対話の記録は尊く有難い。この保育園は、文句をいう親もいるらしいが、子供たちに泥んこ遊びもさせる。そうした教育方針を徹底させた保育園は立派だ。「ここならいざという時、保母さんたちは身を挺して子供を庇ってくれる」と長女がいった。「三つ子の魂百までも」というが、良き保育園の五年間の教育は、良き大学の四年間の教育に優るとも劣らぬ価値がある。

173　学生食堂

熊本大学には何度か講義に来た。以前から珍しく大学の食堂が、生協の独占でなく、サービスが良かった。その席で「漱石旧居で復元された漱石の声が平川先生の声に似ている」といわれ半信半疑で立ち寄った。いかにも似ている。驚きかつ嬉しい。聞く前は故人の声など頭蓋骨の形などから復元できるものかと疑念を抱いていたが、にわかに復元の正確性を信じてもいい気になった。私がいかにいい気な人間であるかがこれでわかる。そんな私は戦争中に金沢に疎開して以来さまざまな学生食堂の世話になった。Hunger is the best sauceという諺もいちはやく覚えた。学生食堂の思い出を書きたい。

戦後一高の寮で腹がすいた。週末自宅に帰りたらふく食って、月曜の朝は国に帰れなかった地方出身者に食券を譲ってやろうと思って戻る。が寮にはいると反射神経的に空腹感に襲われてもう一度朝飯を食う始末だ。『神曲』に「食った後の方が食う前よりもなおひもじいという奴」が登場するが、ダンテのその句を読むたびにあの頃の自分を思い出す。パリ留学中は日に二食しか食べなかった。戦後フランスでは学生食堂で昼夜は市中の七分の一の価格で食事を出してくれたから、もっぱらそれに頼ったのだ。女子学生が晩飯の食卓からパンを取ってバッグにさっとつめる。翌朝用に取ったのだが、それを見た途端に美人でも興が醒める。私はそこは「武士は食はねど高楊枝」で全額自己負担の朝飯はついに抜きで通した。イスラムの学生はどこの学生食堂で夕食にクスクスが出るかいちはやく聞きつけて知らせてくれる。私もその一行に加わる。フランスでは教授が学生食堂に来ることはない。ドイツでは教授も来るが同じ食堂の一隅でデザートだけが余計ついた食事を少し高い料金で食べる。そんな切り詰めた生活を五年間続けて日本へ帰った。Nothing is more real than hungerという岡倉天心の英語を肝だか腹だかに銘じて記憶している次第だ。

帰国するやあっという間に五四キロの体重が六九キロにふえた。プリンストンにいた時は教師側で、帰国に際し学生たちが食事に招いてくれた。「それならここがいい」と私が安い店を案内したら、後から「あれは学生食堂へ招待するつもりだったのに先生が通りへ出たので狼狽した」と打ち明けられた。中国では同じ料金でも学部長と一緒に食事するとにわかに味がよくなり、料理長が挨拶に来たりする。改革開放後は学生食堂のランキングの投票があって北京外語学院の鶏の唐揚が入賞した。そこでの送別会の最中に停電したが、あの蠟燭の夕食会が忘れ難い。

先日、東大の保育所に孫を迎えに行った。「じーじ、今晩は学生食堂で食べよう」という。法人化したお陰か駒場東大の食堂もついに様変わりした。昔と違って英語で外人と談笑している学生がいる。紅毛三四郎もいれば金髪美禰子もいる。別世界で浦島のような気分である。すると突然「以前先生からお習いしました」と挨拶されて嬉しかった。聞けば非常勤講師をしていてやはり保育所に子供を迎えに来たとのことだった。

174　モンスター・ペアレント

小学教師の姪が本間正人著『モンスター・ペアレント』（中経出版）を読んで「護身術を習っています」と笑った。最近学校で事件があった。児童の親に音頭取りのAさんがいて、週末子供たちを山に連れて行ってくれた。車の席の関係で参加人数は限られる。週明けに日焼けした子供たちは登山は楽しかったと話す。ところが一クラスの人数が少ない昨今だ。声がかからなかった子の親が「家の子供は仲間はずれにされた」といきなり学校に怒鳴り込んだ。別に学校がAさんに遠足を依頼したわけでもない。西洋なら先生は「週末にどこの父母が何をしようが学校と関係ありません」と突き放すだろう。大人びた先生なら「あなたの家でも、Aさんのように、なにか企画して皆さんをお呼びすれば」と諭すだろう。だが「私の子供が差別された」と大声を立てて怒鳴られると今の日本の先生は弱い。「平等に扱ってくれ」と声高にいわれると、親の勢いに押される。

　中には担任を飛び越していきなり校長に抗議の電話を掛けてくる親もいる。校長がぴしゃりとそうした親の非常識をたしなめてくれればいいのだが、事情がよくわからないこともあり、ついつい低姿勢になる。相手はつけあがって電話で怒鳴り続ける。忙しい校長は面倒くさいから、そんな親を諭すよりも、若い担任を摑まえて「事態を円く収めてください」とまるで「あなたの責任だ」みたいな顔をする。近頃はうるさい親に騒がれて処理を誤ると、教育委員会が

飯詰児（いづめこ）人形　鶴岡市

学校の味方をするかどうかもわからない。新聞も学校非難の紋切り型の記事を出すかもしれない。そんな不安もあって学校はつい事なかれ主義になる。

困った担任は仕方なく、子供仲間と登山に行った親のAさんを呼んで事情を聞く。「相手に謝ってくれませんか」そういわれた親はさすがに憮然として断わる。まあそうだろう。ワゴン車に息子の級友を定員ぎりぎり乗せて遠足に行っただけの話だ。ここで謝ったりすれば、この先何を言われるかわからない。そして内心あの高学歴の、弁の立つ、モンスター・ペアレントだけはつきあうまいとひそかに思う。謝罪儀式の演出ができない担任はAさんに言う「週末にお友達と山へ遊びに行くのはいいですが、月曜、皆の前で『遠足は楽しかった』と言わないようお子さんたちに指導してください」いやはや姑息《こそく》な話だ。後で子供たちがあれこれお喋りをすればこそ登山の楽しい思い出も残るのだ。

先生方は今や子供より親の対策に疲れている。親が「家の子は差別された」と言い張るにしては、子供たちは校庭でみな仲良く遊んでいる。それが救いだ。

「日本にはこんなモンスター・ペアレントが増えた」と米国の知人に歎いたら「いや、いや」と彼は頭を振った、「米国はいまや訴訟社会だ。子供の友達を山へ連れて行き、事故でその友達を怪我させてしまったら、訴えられる。そんな好意を仇で酬いるクレイジーな親もいる。それにつけこむ弁護士もいる。だから事故の責任は追及しませんという親の誓約書なしには迂闊《うかつ》に遠足へも誘えない。Aさんのような善意の音頭取りがいる限り、日本社会はまだまだ健全で頼もしい」

175　差別用語集

「東京」はだめだ。「地方」を差別するから。

「大学卒」は感心しない。「高卒」にもりっぱな人がいる。

「金持」も困る。「貧乏」や「清貧」との差別感を与える。
舞台を例にとれば、「主役」は不都合だ。
「脇役」や「通行人」や「切られ役」などを差別する。
「政治家」もいけない。「無私無欲の人」と違うと誤解される。
「外国人」は不適当だ。人間みな「同胞」だから。
「秀才」は問題だ。「鈍才」をないがしろにする。
きわめつけは「男性」だ。「女性」との差別がひどい。
昔は台所へも入れなかった。土俵へは上れるが。
「詩人」もまた差別を感じさせるだろう。
身辺のことしか頭にない「俗人」と対比されるから。
差別語のわざわいは人間の友である動物にも及ぶ。
「猿知恵」や「犬死」や「猫に小判」や、
同じく「豚に真珠」や「馬耳東風」など心ない言葉だ。
このように蔓延している差別用語はガンだ。
それを根治するにはどうしたらよいか。
思い切って物事の呼称を除去したらいい。
あるものを指示するために名前がある。
名前は他と区別することを目的とする。
それを無くすれば差別も無くなる。
代りに図形や身振りで示せばいい。

文字や印刷物の流通はなくなるだろう。
鋤《スペード》を鋤《スペード》と呼ぶことのできない時代には、
原初の世界に戻ったような生き方をしてみるのも一興だ。

これは福田陸太郎『カイバル峠往還』の一詩だ。これだけ知的にコントロールされた詩は珍しい。高校の教科書に載せて言論の自由とは何かを考えるよすがにしたい。戦争末期、二十代の福田先生から東京高師付属中学二年の私は英語を習った。butter はわかったが cream はわからなかった。区別しようにも実物を食べていなかったからである。そんな物資不足の日本で無差別爆撃は続いたが、授業は続いた。それは一学年十五人選抜の学級があって集中的に特別教育が行われていたからである。まさに「英才は問題だ」。だが遠慮して黙っていては熱心に教えてくださった先生方にも相済まない。それで佐々木元太郎先生と共編の『特別科学組』（大修館）に私は思い出を寄せた。福田先生はそれでご自分の綽名を初めて知ったと笑われたが、生意気盛りがつける綽名など「狸」「鼻」（虫が好かない）「ナフタリン」など差別もいいところだ。だが綽名のない教師よりある教師の方が、ふりかえって懐かしい。

176　出版ニュース

毎年『出版ニュース』一月上・中旬合併号に「今年の執筆予定」が載る。二〇〇七年は百八十三人の学者・評論家がいま何を執筆中かアンケートに答えている。私は前年の本にもふれてこんな回答をした。「*Japan's Love-Hate Relationship with the West* は幸い評判で有楽町の外国特派員クラブへ招かれ講演しました。その Global Oriental 社からは本年は引続き *Lafcadio Hearn in International Perspectives* を出版します。ほかに四月から荻窪の読売文化センターで第二・第四土曜午後『ダンテとボッカッチョ』を講義して一本にまとめるつもりです。あわせて『デカメロン』の翻訳も続けております」

米国主導のグロバリゼーションが進んだ結果、英語の覇権的支配はいよいよ強固になった。西洋の言語小国、たとえばオランダなどの本屋ではいまや自国語だけでなく英語の本もずらりと並んでいる。理工系の学者の間では直接英語で書く人がふえた。しかし文学者は母語でないと思いのたけを述べがたい。だがこれからは外国語の苦手な日本人も英語で書かないと、世界に向け自己主張もできない。そんな言語上のせめぎあいが露骨になるだろう。アンケートにも英語での執筆予定を回答する人が少しふえた。

ところで論文を活字にすることは学者の出発点だ。大学院を出るほどの人はそうして世に認められねばならない。アカデミックな世界の掟は「本を出すか、滅びるか」である。論文・著書の出版はいまや大学就職の前提条件だ。その条件が守れないような大学なら、教員の質は維持できない。昨今のように大学院生も水増しで、院生の実力がピンからキリまで極端にばらつき出した時代には、著書の内容で判断するより選別の法はない。

中年の頃の私は「書きたいテーマ、出したい本」という『出版ニュース』のアンケート欄を利用して「先ごろこのような佳作が某同人誌に連載されたが、単行本として世に出す出版社はないものか」などと老婆心で、他人を世に送り出したこともあった。大叔父に旅順で戦死した廣瀬武夫中佐をもつ高城知子氏の『広瀬家の人びと』が本となったのはそんな縁である。

ところでこの『出版ニュース』で面白いのは、一方で毎年壮大な出版計画を口にしながら実際には書物が出ない有名人が結構いることだ。かと思うと、他方で地味だけれども執筆予定が次々に本になるこつこつ型の著者もいる。そんな仕事の達成度を調べれば、誰が出版社泣かせの大風呂敷で、誰がそうでない真面目人間かわかるだろう。私は計画を順調に実現してきた方だ。大学在勤中も科学研究費を交付されれば必ず研究成果は活字にした。国際交流基金なども申請上手に金を交付するだけでなく、どれだけの成果をあげたか後からきちんと追跡調査することが必要だ。私はハーン研究でいまでも少額の科研費をいただいているので、ハーンについて日本語でもなお一冊世に問いたいと思っている。

177 講演の原稿

オクスフォードのセント・アントニーズ・コレッジに日本史家リチャード・ストーリーがいて実に親切にしてくれた。私のような学会発表にただ立ち寄っただけの日本人も車に乗せてくれたりした。そのストーリー先生の司会の挨拶が実に滋味豊かなので、率直に褒めたら「いや昨日一日中考えて用意した」と助手席の私に打ち明けた。そうだろう。心にしみいる挨拶にはそれだけの心構えが要るのだ。巧みにユーモアもまぜてあったが、あれなればこそ聴く同僚や学生の心を捉えるのだ。

かくいう私はたいていの挨拶もあらかじめ原稿を書いて会にのぞむ。話す際は原稿に目はやるが棒読みはしない。調子に乗るとアドリブがはいるが、時に過激な脱線をする。そんな私は、会議でも学会でも結婚式の披露宴でも、散漫な話を聞かされるのは大嫌いだ。大学院の演習では学会と同様、二十分という枠内で発表するよう求めた。「平川先生は学生の話が二十分が過ぎると大きなジェスチャーで左手をふりあげて腕時計を見る。それが怖かった」といまや学界の先端を行く中村和恵女史が思い出話をした。不得要領の話をされると露骨にいやな顔をしたから、怖い先生と目されたのだろう。「つまらない話を二十分されると、ここには二十人傍聴者がいるから君は四百分無駄にしたことになる」などと言った。しかし佐伯彰一主任からは「平川さんはそばで聞いていてこちらが恥ずかしくなるほど学生を褒める。あれで学生は伸びるのだな」ともいわれた。それにしても東大駒場学派は話上手といわれるのは結構なことだ。教師業はまず話上手でなければならない。もっとも世間には話はうまいが文章は散漫といわれる人もいるから、そこは気をつける。「話すように書く」のではなく「書くように話す」ことが肝心だと繰り返し演練した所以だ。

当然、私は講義とか講演とかはあらかじめ原稿を用意してある。二十代の半ば近くをパリで過ごしたので、発表もおのずからあちら流のエクスポゼ・ア・ラ・フランセーズになったともいえるし、外国語では即興で話せないので、あらかじめ原稿を準備する習慣が身についたともいえる。東洋だと起承転結というが、三点に分けるのがフランスの中等教育の基本だ。そんな習慣が身につけば、たとい外国語であろうと、講演も気楽にできる。

最近の日本で不愉快なのは講演した際、私が用意した原稿があることを知りながら、それを求めもせず、録音からわざわざ講演を起こしてそのゲラを私に送りつけ「校正をお願いします」という主催者が後を絶たないことだ。思うに世間にはぶっつけ本番の名士が多い。それだから、テープから講演を起こすのが常態化したのだろうが、安直に過ぎないか。中には身内を失職させてはならぬと思い、私に完成原稿があることを知りながらも、職員にいつもの通りテープ起こしをさせる主催者もいる。官庁、大学、会社が官僚化し、いかに余計な仕事に惰性的に予算を使っているかがこんな一事からも窺える。わが国の言語文化の堕落の一例証ではあるまいか。

178　学問の精緻化と試験問題の平易化

ダンテ『神曲』を訳したのは人生の道の半ば、私が三十五歳の一九六六年である。最初グリーン版世界文学全集の一冊として出たが、全集の他の訳は四十年も経つとおおむね新訳に取って代わられた。平川訳『神曲』だけは幸いずっと同じ河出書房から出ている。読者のおかげと感謝している。前は同じ版型を使用したせいか、私が手直しするのを河出は歓迎しなかった。それが今度は河出文庫へ組み直したので、この機会に翻訳を改訂し註をふやした。例えば前の版の「回教」は「イスラム教」に改めた。私は代々木大山の回教寺院の近くで育ち、昔は回教とかフイフイ教とか呼んだが、近年はイスラム教が通称となったので、老書生もそれに従うこととしたのである。前は事柄についてはイタリア・ダンテ学会本の註解を私が拾い、内容にふれた評釈は正宗白鳥などの日本人、クローチェなどの外国人諸家の発言から拾い、読物となるよう工夫した。すると平川訳は訳註も面白いと評判になった。実は事柄の註解を少なくしたので、註解の読物としての面白味が増したのである。地獄篇第一歌に出てくる豹・獅子・牝狼について「そうしたものの意味を気にかける必要はないと思う。初めは、そんな事は考えない方がいいのである」というエリオットの『ダンテ論』の言葉を註に引いたのは「余計な知識の披露はしません」という私の宣言でもあったのだ。それが今度は「他の訳本に註のある処で平川訳にないのは困ります」と河出の若い（初訳が出た時はまだ生れていない）熱心な編集者の伊藤靖がいうから、ギリシャ・ローマ神話や聖書の出典など細かく足した。「これは学問的に深化したように見えるが、落とし穴はこのような精緻化にあるのですよ」とこんな話をした。

大学人としての私の経験からいうと、試験問題作成に関係する教師の数がふえると船頭多くして結果は必ず悪くなる。試験は受験生の学力を知るのが狙いだ。問題が難し過ぎては答案に差がつかない。しかし平易な問題は沽券《こけん》にかかわるという風の教授が試験委員になると話がこじれる。註釈をつける場合と同じことで、学者先生はとかく難しい知識を披露したがるからだ。

三十年前の春、私を空港まで出迎えたフレンズ教授はインディアナ大学へ車を運転しながら、経験を披露してくれた。「ビジネスで文学を大教室で教えた時は」とは経営学部で文学を大人数の学生に教えた時の若年の回顧だ。問題は「一、『風とともに去りぬ』のヒロイン、二、作者、三、扱っている戦争。こんな平易な問題をまず並べ、一、スカーレット・オハラ、二、マーガレット・ミッチェル、三、南北戦争、と答えることのできないような学生は落第。採点もしない。それで人数を減らしておいて、次にヒロインの性格を存分に論じさせた部分を読んで採点する」。学問的体裁にこだわるな。翻訳も研究も教育も読者・大学・学生の実態に似合いの学問的リアリズムが大切だ。

助手席の若造にそんな話をしたフレンズ比較文学会会長はなぜか私を見込んで、秋にはライシャワー教授の講演のディスカサントに招いて存分に話する時間を与えてくれた。

179　林達夫・回想のイタリア

敗戦直後は左翼にあらずんば文化人にあらず、といった風潮が圧倒的だった。なにせ、それになびく学者が多かった。そんな中で一九五一年『共産主義的人間』を『文藝春秋』に発表してスターリンとその同調者を批判した林達夫は立派だった。田之倉稔がその林と一九七一年に旅した思い出『林達夫・回想のイタリア旅行』を出した。知の対象であった西洋が観光の対象となった話だが、版元のイタリア書房は私にもなにか思い出を書いてくれという。やはりイタリアが林氏と私を結んだ縁である。

私は『神曲』翻訳の後『和魂洋才の系譜』を同じ河出から出した。するとそんな私に林氏が会いたいという。今度わかったたが、それは氏が七十四歳で初めてイタリア旅行をした後だった。ところが当時四十代だった私は学内行政・教育・研究・執筆に忙殺され、子育ては家内任せ、おむつを替えたこともない。一度長女を風呂に入れて「こんなに小さいのか」と思った。（そんな私が退職後は、食器も洗い買物も洗濯もするので娘たちは驚いている）。しかし働き盛りの私は時間が惜しい。学内行政といえば尤《もっと》もらしいが学生紛争対策だ。学部長室に学生が乱入した時も私は隅の机で原稿を書いていた。とにかく執筆時間を確保したい。同僚と飲屋に行かない。葬式はお経が終る頃に行く、教授会で単語の下調べをする、という失礼もした。そんなある日、高橋康也が林達夫が君のことを書いていると驚いた顔で教えてくれたが、その記事も読まなかった。そしたら木村彰一主任が「あなた会いに行くべきですよ」と忠告してくれた。

明治大学演劇学科で教えていた林氏は「是非私の後釜を引受けてください」とおっしゃる。困った。私は東大で教授会の一員となって以来、非常勤講師は原則として引受けない、時間が惜しいからと断わった。するとその夜、友人の粕谷一希から「折角の林さんのお申し出だ。一年だけ引受けろ」と電話がかかった。結局半年だけブレヒトとウェイリーの関係を講義した。すると次はヴァザーリ『ルネサンス画人伝』の全訳を林氏が監修したいとおっしゃる。平凡社から分厚いミラネージ版のコピーが十七冊届いた。だが翻訳の打合わせに集った美術史の俊秀才女が半日議論しても Raffaello の日本語表記をどうすればいいか「ラッファエルロ」か「ラファエル」か「ラファエロ」か決らない。正直いって呆れた。それに言い辛いが、その秀才才女のヴァザーリ試訳が結構間違っていた。これでは無理だと私は見切りをつけ、芝山博氏と相談して日本語表記の原則を定め、訳本は私が中心となり後に白水社から出した。林氏は監修で美術史の人たちと研究書『ヴァザーリの藝術論』を平凡社から出した。文学・思想・演劇青年には知的英雄だった林達夫だったが、葬儀は淋しかったという。「弔辞を読んだ人に左翼御用のスタイリストが多くてね」と友人が苦笑した。今度の田之倉の本では知的スタイリストだった林さんが良かれ悪しかれ普通のツーリストになっている。人間的で単純になつかしい。

180　再就職と能力

第二次大戦前の日本の官吏は天下り問題にいまほど関心がなかった。平均寿命は五十に満たなかった。当然、五十五歳の定年退職後、余命は長くなかった。それに高級官吏ともなれば収入が世間よりよほど多くて、恩給で余生の保障もあった。もっとも森鷗外など満五十四歳の大正五年四月で陸軍を免本職依願予備役被抑付となったが、一年八ケ月後の大正六年末に帝室博物館総長兼図書頭の辞令を受けている。これは毎日午後三時までお役所仕事の方が生活にリズムを与え、執筆の妨げにならなかったからであろう。もっとも晩年は創作欲も衰え、寸暇を惜しんで執筆にいそしむことはなくなっていた。誰かに正確に調べてもらいたいが、鷗外は生前、官職の収入の方が文筆の収入よりはるかに多かったであろう。しかし再就職が金銭収入目当てとは思えない。正倉院を管理するなどいかにも鷗外に似つかわしいポストに思える。

いま第二の人生の問題がクローズ・アップされている。二十一世紀初頭の日本の男の平均寿命は八十歳だ。しかし人々が落着かないのは、ただ余命が長くなったからだけではない。ほかの人が天下りして再就職で楽な暮らしをしているのに、自分だけ甘い汁を吸えないのではないか、という不安感や不公平感があるためだ。退職して「悠々自適」と言い張っても、再就職で退職金を二度も三度ももらっている同期のOBと一緒の会合には出たくない。高い会費を払うのも気楽ではない。

日本人が落着いた晩年を送れるためには、再就職が能力に応じて公平に行われることが大切だ。そのためには能力の客観的評価が大切だ。いま多くの私学では大学図書館の目立つ場所に「本学教授の著書」という棚を設置している。学生たちは注意しないかもしれないが、無能教授や文科省からの天下り教授で業績のない人など、内心忸怩《じくじ》たるものがあるだろう。官学はその点遅れている。二〇〇七年、東大で「イタリアの春」にちなんで展示会が開かれているが、肝心の東大関係者のイタリア研究業績が展示されていないので驚いた。

晩年とは何か。それは人生の知恵が試される時期である。一般に理系より文系の学者は知的寿命が長い。若い時に理科から文科に転じ良いことをしたと私は感じている。それから国際文化関係論という複数の言語と文化に跨る仕事をしたことも年を取るとともに展望が開ける学問なので良いことをしたと思っている。その方面の先輩で島田謹二、菊池栄一、富士川英郎の三教授は六十歳の定年で東大を去り私立大学へ移ってから主要著作を出した。

私は教授時代、授業や研究の仕事と余暇の執筆活動との間に違いはなかった。大学人には研究成果をまとめて活字にする義務があるからだ。本業と趣味と重なっていた。人文系の大学人は大学を去ろうとも、文章を書き続ける。現に私は週に一回、『熊日』に寄稿していくらかの原稿料を頂いて喜んでいる。先日、読者から私を金持ちと錯覚したお手紙を頂いたので打明ける次第だ。

181 いねむり

戦争中音楽の時間に「ハ・ホ・ト」「ハ・ヘ・イ」いまの「ド・ミ・ソ」「ド・ファ・ラ」の試験がある。山形から上京した芳賀徹は聞き分けがつかない。都会児の私は芳賀は音痴と思いこんでいた。それが旧制高校にはいり音楽会へ行った。私と違って芳賀はその頃からよく居眠りをした。隣に若い令嬢もいる。私の方が気恥ずかしい。そしたらその芳賀が音楽論を口にし出して「モーツァルトがいい」などと言う。ちょうど小林秀雄の『モオツァルト』が評判になった昭和二十三年頃で「音楽がわからずに音楽評論をする。文芸評論にいかれる奴は困ったものだ」と私は内心苦々しく思った。

私は若いころ居眠りをしなかった。コーヒーを飲めば必ず目が冴えた。昭和二十年代の日本人の常としてふだん飲みつけてないこともあったに相違ない。そういえば学生時代、フランス人教師夫妻の家に木曜の夜、食事に招かれ食後にコーヒーが出る。すると、眠れなくなる。そして金曜の二時間目のそのフランス人の先生の授業にも遅刻してしまう。あの頃の私は西洋人に招かれてコーヒーを辞退するなどという才覚もなかった。

大学院でレオ・スピッツァーがワーグナーの「愛の死」Liebestod の台詞を分析したのを習った。その直後フィレンツェへ留学してオペラ座で『トリスタンとイゾルデ』を見た。桟敷《さじき》に家内と私とイタリア人男性がいた。トリスタンが死ぬ前に歌うのだが、死ぬまで時間がかかる。私はスピッツァー解釈が念頭にあって舞台を凝視《ぎょうし》した。家内は居眠りを始めた。すると隣で初老のイタリア人が「愛の死」を聴きながら感極まったようにぼろぼろ泣き始めた。その涙に濡れた顔を見ながら、老人が居眠りをする家内に気づいて腹を立てはしないか、と私ははらはらした。

そんな居眠りする者を軽蔑した若いころの私であったが、近ごろはうつらうつらする。そしてその昔、音楽批評を口にした芳賀を「おい、君は本当に音楽を聴いていたのかね」と冷やかしたら「いや眠り込む直前に聞える音楽が最高なのだ」と釈明したのは、あれは芳賀の実感だったのだなと思うようになった。「ド・ミ・ソ」がわかっても音楽がわかるものでもない。「ド・ファ・ラ」がわからなくても音楽がわからないものでもない。最近の老人の私の忘我の境といえば平曲の公演で「祇園精舎の鐘の声、諸行無常の響あり」までは記憶にあるが、あっというまに寝込んで、目が醒めた時には公演はすでに終わっていた。それにはさすがに恐縮した。

昔はワーグナーの『トリスタンとイゾルデ』で居眠りするとは許し難いと思ったが、「あれ『トリスターノとイゾッタ』だったでしょ」と家内が無邪気にいう。途端に滑稽な感じがして私も笑い出した。イタリア語式にイゾッタと発音すると深刻なドイツ・オペラもコミカルに響いたからである。死ぬ前に三十分も「愛の死」を歌い続けられては、居眠りが出ても仕方ないのかもしれない。なお私自身は居眠りしながら死にたい。

III　日本語空間の外へ

——文化の三点測量

182　外国の好みの順

米国に敗れたが、占領下の日本で大学生の私は仏英伊の映画には文化の洗練を感じ、米国映画は好まなかった。それは古典音楽や絵画についても同様だった。日本人はアメリカ化されたというが、食の好みは和食の次は伊、仏、中華などではあるまいか。米国風ファースト・フードの偏食はよくない。同じことは心の糧についてもいえる。

百五十年前まで日本にとっての最大の外国は中国であった。日本人が一番熱心に学んだ外国語も漢文だった。漢文は外国語だと思わない日本人もいたほど漢文は日本人の血肉と化していた。十九世紀の半ば過ぎにその第一外国語が漢文から英語へとスイッチされた。それまで日本人は古代中国を聖人の時代と理想化してきたが、それに代わって近代西洋が文明のモデルとなった。福沢諭吉はその文化史的な方向転換の旗振りだが、時勢に疎い儒者を目して「飯を食ふ字引に異ならず」と冷やかした。福沢は一八五九年、蘭学から英学に転じ、いちはやく英語を習い、我が国の英学の祖となり、西洋列強の中でのアングロ・サクソンの物質的優位を認めた。

こうして日本は政治は脱亜入欧、言語文化は脱漢入英という切換えを行った。海軍や諸工業はイギリス、陸軍は一八七一年の普仏戦争でフランスに勝利をおさめたプロシャ、中央集権的な警察制度や教育制度や法律体系はフランス、北海道開拓についてはアメリカなどにそれぞれ学ぼうとした。

そんな日本が西洋諸国の中で近代化については後発国であるドイツの方が日本のモデルになりやすいことにいちはやく気づいた。農産物を輸出して鉱業や工業を興そうとしていたプロシャの国是が日本に酷似し「コノ国ノ政治、風俗ヲ講究スルハ英仏ノ事情ヨリ益ヲウルコト多カルベシ」と岩倉使節団の久米邦武も結論している。これらは効率本位の選択で、伝統的な儒教的なハイアラキーとは関係ない。

十九世紀以来世界最大の帝国は英国だった。その認識は惰性的に続き、私は戦前、小学校で日英米独仏伊露中という順で国名を習った。そんなであっただけに宣戦の詔勅が放送され「米英ニ対シテ戦ヲ宣ス」と聞いた時、異な印象を受けた。英語でもアングロ・アメリカンというが、それをアメリカノ・アングロと聞かされたら英米人でも異な印象を受けるだろう。しかし実力ある世界の大国は第一次大戦以来、英米ではなく米英の順となっていたのである。

だが英語一辺倒では日本人は視野狭窄《きょうさく》に陥るおそれが多分にある。福沢は日本人の目を漢籍から洋書に転じさせたが、福沢自身の強みは漢籍に通じ、西洋語も蘭英二カ国語ができ、三点測量をなし得た点にあった。鷗外漱石の強みも西洋語を習う以前に漢籍の力を身につけていた点にあった。漱石は江戸の町人文化をも血肉化していた。そんなことを考えると、これから先の日本の若者も英語一本槍《やり》でなく、西洋語や東洋語、古文や漢文を習って複眼の観察能力を身につけることがいよいよ肝要であるに相違ない。

183　故国

小鳥でさへも巣は戀し、
まして青空、わが國よ、
うまれの里の波羅葦増雲《パライソウ》。

上田敏のこの訳詩はキリスト教の天国讃歌ではない。十九世紀南仏の原作者オーバネルは「青い空の私の故国は楽園だ」と歌ったまでだ。「故郷忘ジ難シ」というだけの原詩を敏はキリシタンの語彙《ごい》「波羅葦増雲」を用いることで見事な芸術品に仕立てた。

ところで日本という故国の問題だが、明治初年にキリスト教に改宗した新渡戸稲造や内村鑑三は米国へ渡って祖国を恋しく思った。異教徒の国として日本がアメリカで野蛮視されるのに反撥し、新渡戸は英文で『武士道』を著して日本人の倫理性を強調した。内村は宣教師の偏見に憤慨し、無教会主義を唱え西洋人宣教師の傘下《さんか》を離れた。西洋に曝《さら》された彼らの日本人としての自己主張には、力《りき》みすら感じられた。しかし彼らが日本を愛したことは間違いない。

人が祖国を大事に思うのは良いことである。子が親を大事にするのと同じで人間性の自然だ。しかし世間には親がきらいな子供もいる。確かに親に楯突くことで子は育つ。そんな反抗期の子に親孝行を説いても無駄だ。だが悲しいことに、孝行をしようと思う時には親は亡い。

造反児に似て、国家が嫌いな子供も大人も、また大人子供というべき教師もインテリも、日本にはいる。ミッション左翼の学校では日の丸掲揚や君が代に反対し、特定の国を他国より愛するのは平等の精神に反するという。（そんなこちこちの教条主義者も、特定の女を妻とし他の女より愛するのは平等の精神に反する、とは言うまい）。だがそんな学校を出た人が愛国の為になにかしようと思う時には国は亡い、では取り返しがつくまい。後悔先に立たずだ。そこで聞きたい。西洋のキリスト教学校で自国の国旗掲揚や国歌斉唱に反対の学校はあるのか。母国が恋しいのは人間性の自然、自分の母が好きと同じだろう。信者が天国に憧れるのも同じだろう。それをよもや偏愛とは言うまい。現に敏の訳詩は故国讃歌とも天国讃歌とも読める。シャープの英訳は Every little bird loves its nest で始まり、Our blue sky, our little country, are Paradise for us で終わる。

自分の親や先生を素直に愛することの出来る子供は幸せだ。同様に素直に国を愛する子供を育てたい。公

キエーティ 兵士の像

平に自国を愛する自敬の人こそ隣人や隣国をも大切にする人だからだ。日本の国立大学は日の丸を掲揚しない。反対者がいるからである。東京外国語大学では学園祭に大学で教えている二十六の外国語の国旗を掲げる。それに伍して日章旗がやっと掲げられたのは外国人のための日本語学科が開設されたつい先年からである。それまでは左翼教授が大学院生をけしかけて日の丸の旗を降ろさせたのだと中嶋嶺雄学長が苦笑した。

184 海外発表

私の外国行きの半生を振り返りたい。

一九五四年フランス船で横浜からマルセーユへ留学生として渡った。当時の我が国は貧乏で日本政府は大学院生に外国行きの奨学金は出してくれなかった。しかし出してくれるフランス政府はしたたかで、一月三万六千円の給費を十カ月と帰路の旅費とは出すが、往路は自弁しろという。一月以上かかった船旅だが、エコノミー・クラス（二等）の運賃二十四万円は当時の父親の六カ月分の給料に相当した。しかし当時はそれでも飛行機で行くより安かったのである。帰りはフランス側からもらった二等の船賃を三等に換えたら、その差額の九万円でなお三ヵ月西洋に留まることができた。二回目のイタリアへは貨物船で行った。五十四日間毎日パスタを食べた。

その後はもっぱら飛行機だが、東京パリ間十三時間、エコノミーの狭い席に座っているのが辛い歳になった。七十五歳の名誉教授は時々窮屈な席を立って通路を散歩して血のめぐりを良くする。すると先日、機中で財務省勤務の教え子に会った。出世した彼はなんとビジネス・クラスの寝台で脚を伸ばして横になっている。大学教授の海外出張で皆が皆きちんと発表をするわけでもない。観光気分の先生もいる。だから教授の航空券は一律にエコノミーで抑えるという決まりもわからぬではない。だが直腸癌《がん》を手術した私には辛い。学者も官吏も海外での活動ぶりには大きな個人差がある。それを平等に扱うのは問題だ。その差をきちんと評定して待遇にも反映してもらいたい。

旅行が辛いから、海外発表はもうよそうかと時に弱気になる。だが鈴木大拙は戦後七十六歳から海外での活動を再開、九十歳過ぎまで飛行機で旅したというではないか。それに励まされて私も先日（二〇〇六年）イタリアのキエーティというヴァリニャーノ生誕の土地でイエズス会宣教の意味を問う学会に出た。集った関係者の九割はキリスト教宣教は良い事と頭から決めてかかっている。ザビエルの後継者ヴァリニャーノは、中南米と違って中国や日本は武力で征服することは無理とわかるや、宣教師たちに土地の言葉を習い、土地の風俗に適応するよう命じた。それを見事に実践したのが明末シナにはいって利瑪竇と名乗ったリッチである。彼は儒教の天と天主教の天は同じといってキリスト教をひろめようとした。嘘《うそ》も方便であった。「最終的には宗教的征服を意図したそうした適応政策は良いことか」というのが私の問題提起だ。だからそう言われると神父たちは当惑する。しかし言うべきことはきちんと主張したい。私のイタリア語発表を聞いて、日本に長い人が「謡いをなさるのですか。いい声だ」と内容と無関係の誉め方をした。宴席で一イタリア婦人が「あなたは悪い人ね。痛いところを突く」と笑いながらいった。往きも帰りも荷物が空港で行方不明になったが、言うべき事を言って良かったという満足感をもって関西空港に帰投した。

185　サービス

先日往路ローマ空港で荷物が出て来ず、酷い目に会ったが、帰路も関西空港で荷物が出て来ない。いずれもパリ乗り換えの際に到着が遅れ、大きなドゴール空港内を走るように急いだ私は予定した飛行機に乗れたが、荷物の方は乗り換えが遅れたからである。しかしローマと違って関西空港では「ヒラカワ様の荷物は遅れます」という案内が回転台の上に出て、すぐカウンターに連絡、翌日には宅配便で届けてくれた。ローマのように鞄が届くのに三日もかかる、というような不始末はない。というかローマの宅配業者はそれを不始末とも思っていないのだから始末が悪い。

日本ほどサービスの良い国は珍しい。そのことが日本の生活を能率的にし、あらゆる分野での活動を活性化している。西宮から東京へ向かう途中、新大阪で新幹線に乗り換えた。そこで乗車券も特急券も改札口を通した。そこまでは記憶にあるのだが、車中で検札の時、いつもそこに入れる上着の左上のポケットに切符がない。車掌は「ゆっくりお調べください」と立ち去った。ありとあらゆるところを調べたが見つからない。「ああ、自分も年をとったな。切符をなくすとは」と思った。私はいつも品川で降りて山手線で帰宅する。そのために後ろから二両目に乗る。乗り換えの際、目の前のエレベーターに乗るためである。しかし品川駅に着いてからなくした切符の精算をすると時間がかかると思って新幹線の車中で精算しようと車掌に申し出た。そうしたら新大阪の改札口で私が切符を取るのを忘れたのかもしれないから問い合わせてくれる、という。切符はジパングの高齢者用割引券である。しかし「見つかりませんでした。品川で精算してください」という。私はあきらめて『源氏物語』をウェイリーの英訳と読み比べることを続けた。これが近頃の新幹線の車中での私の読書だ。日本語と英語と辞書とをひろげるので、隣の席が空いていると助かる。電子辞書には出ていない表現は手帖に書き留めて帰宅してからチェックする。三時間の車中の初めの二時間はそうして読書する。そして読むのに疲れた頃駅弁を食べる。熱いお茶を買うのだが、その頃は冷えている。そうしたら熱海を過ぎたとき車掌が現れて「見つかりました。改札口でなく、落とされた切符が遺失物として届けられたそうです」という。そして証明書を書いてくれた。察するに新大阪の新幹線の構内にはいってすぐ土産に菓子を買った。その際に落としたのであろう。コンピューターによる整理で落し物が落とし主の元に戻る率が高くなったとは聞いていたが、世界の鉄道でこんなサービスまでしてくれるのは日本のＪＲだけであろう。一万円近くの余計な出費をせずに済んだのも有難かったが、そのてきぱきとした措置《そち》が嬉しかった。原宿の駅を出る時、その切符代わりの証明書は駅員に取られてしまったが、記念にとっておきたい気持であった。人件費の高い日本が世界と競い合う際に勝ちうる唯一の道はこのサービスの良さである。大事にし誇りにしたい。

186　適応政策

十六世紀、ドイツのルッターなど「聖書に返れ」と主張し、ローマ法王庁に異《い》を立てた。カルヴァンなどはマリア様を拝むことも「ただ御一体のデウスを万事にこえて、御大切に敬ひ奉るべし」という一神教の原理に背くとした。キリスト教の神は「嫉妬する神」なのである。こうして北欧でプロテスタントの宗教改革が起こるや、南欧諸国は受け身に立たされた。

するとその欧州における劣勢を海外で挽回しようとして、カトリック勢力は大西洋を南下した。スペイン人は中南米でインカなど原住民の宗教文化を滅ぼし、植民地を建設した。物質界の征服者である彼らコンキスタドールに伍して、イエズス会などカトリック教団も進出した。信仰に燃える彼らは精神界の征服者である。原住民の文化を無視し、土地の言葉も習わず、力づくで布教した。ゴア、マラッカ、マカオ、フィリピン、そして極東にやって来た。それはヴァスコ・ダ・ガマが喜望峰航路を開拓した半世紀後で、ザビエルの鹿児島到着は一五四九年、日本の戦国時代のことである。

東アジアの反応は二つに分かれた。中国は地大物博で物質的にも精神的にも自足していて、外来のキリスト教に関心を示さない。が日本人は違う。島国の人は文明は海を渡って来ると思いこんでいる。仏教も漢学もすべて海を渡ってきた。だから舶来のキリシタンも当初は仏教の一派と錯覚した。天草の人にとってマリア様は観音様と同じに見えた。

では支配層はどう反応したか。ポルトガル船と交易すると中国産の絹の取引で利益が上がる。それもあってか、九州では改宗する大名も出た。大名が改宗すると領民もすべて信者に数えられる。こうしてローマのカトリック大本営は日本におけるキリスト教布教の赫々たる大成果を発表した。その数字は戦争中の日本の大本営発表の大戦果と同様であった。その水増しに気づいたのが一五七九年に来日した巡察使アレッサンドロ・ヴァリニャーノで、宣教政策を改めた。そもそも日本語の出来ないバテレンに布教のできる道理はない。日本人信者の信仰内容もあやしい。東洋の布教総司令官は西洋人宣教師に土地の言葉を学び、土地の文化に適応することを命じた。そうして西洋人で初めて中国語を学んだ人が、利瑪竇の漢名で知られるマッテオ・リッチである。日本で大名を改宗させると領民が全員改宗する例にならい、明の皇帝に狙いを定めた。北京に入り『天主実義』を書いて「吾国天主、華言上帝」と説明した。キリスト教のデウスは儒教の上帝と同じといったのである。上御一人が一旦天主教に帰依し全中国が改宗すれば、天主の説明はその後から修正すればよいとリッチは思ったのだろうか。

しかし土地の文化にあわせると称して、宗教の本質まで変えるような適応政策には問題が多い。「嫉妬する神」を「熱情の神」に改めた日本の新共同訳聖書も不可解だ。仮に共通一次英語試験でjealous Godの訳を求めれば、受験生がいずれの訳を正解とするかは明らかだろう。

187　キリスト教の世紀

小泉八雲が描いた日本に真実を認めて『怪談・奇談』『日本の心』『神々の国の首都』『明治日本の面影』(講談社学術文庫)を日本人は愛読している。英語が嫌いな学生もハーンのKwaidanは面白がる。お化けなどいるはずはない、耳なし芳一も雪女も真実のはずはない、と合理主義者は反論するが、超自然の怪談に思わず引き込まれる私たちの心理こそが人間の真実なのだ。ハーンが私たちに訴えるのは、日本人の心理の襞《ひだ》を正確に捉えているからである。

そのように日本では愛されるハーンだが、米英では評価が低い。とくに日本研究者が嫌う。ハーンは西洋を捨て日本の肩を持つ裏切者というのが第二次大戦以来の扱いだ。いや明治以来ハーンはキリスト教に背を向け神道に興味を寄せる変人として西洋人の癇《かん》にさわった。日本に帰化して小泉八雲となるや「土人となった」Hearn went native と陰口をきいた。キリスト教布教に熱心な人は心中のどこかで東洋人の宗教文化を蔑《ないがし》ろにし、神道を下等と頭から決めつけた。だからハーンと違って、日本の庶民の共感を得られない。

鎖国が解かれた明治時代、宣教は許された。だが信者は人口の一パーセントを出ない。「国家神道」が邪魔すると一部西洋人は考えた。しかしそもそも日本が神道を国教に定めた、とする見方は正確でない。その証拠に占領軍総司令部が State Shinto の禁止を指定しても、政教分離をやかましく言っても、それでもキリスト教信者が戦後も増えたわけではない。聖心出の美智子妃が皇室に入った時、上智出の細川氏が首相になった時、米国の週刊誌は日本キリスト教化の可能性を論じたりした。しかしクリスチャンは増えない。そこで対照的に想起されるのは、一五四九年のザビエル来日以来、同じ国でキリスト教がなぜ栄えたか、という問題だ。私見では、あの時も本当は栄えなかった。南蛮時代の日本を「キリスト教の世紀」などと呼ぶことが間違いなのだ。

古代から文明は海を渡って日本に伝わった。日本人は舶来品は物も思想も大好きで、すぐ飛びつく。『源氏物語』の中でも仏教はファッションとして尊重された。南蛮時代の大名は貿易の利益があればキリシタンにもなった。すると領民全員が信者として数えられた。「日本は改宗中」とローマに誇大報告された。だが日本語もろくに出来ないバテレンがどうして原住民を改宗できたのか。キリシタンの信仰実体とは何なのか。西洋では教会で結婚すれば信者とみなす。その基準を適用するとどうなるか。今の日本ではブライダル・

チャペルで挙式するのがファッションだ。その方がいまや神前結婚より多い。しかし今の日本がキリスト教国だとは誰もいうまい。過去についても錯覚してはならない。天正遣欧使節などともったいらしい呼び方をするが、あれは日本の教化に成功したとするイエズス会士ヴァリニャーノの西洋向けの宣伝に四人の子供をだしに使ったので、実態は天正見世物使節ともいうべきものだ。

ハーンは頭の良い日本人がキリスト教に留まる時期は短いと観察した。南蛮時代でも興味深いのは改宗して『妙貞問答』を書き、後に転向して『破提宇子《はでうす》』を出した不干ハビアンだ。「破」は「論破」の意味なのであるから『破提宇子』を *Deus Destroyed* という英訳名はおどろおどろしい。誤訳であり誤解である。こんな英訳名をつけたジョージ・エリソンは日本語のニュアンスがわからないのか、学者として不誠実なのか。なおキリシタン史の研究は信者でない人にもしてもらいたい。棄教者を貶《おとし》める限り公平な研究は不可能だろう。

188 キリスト者と日本愛国者

明治初年の日本では札幌と熊本から有名なキリスト教徒が出た。新渡戸稲造も内村鑑三も札幌農学校で英語漬けの教育を受けクラークの感化を受けた。熊本では徳富蘇峰など熊本バンドの面々は寮生活を共にすることでジェーンズの感化を浴びた。

明治のクリスチャンには並みの日本人以上に愛国的な人がいた。新渡戸も内村も西洋人に負けまいと肩肘を張った。そして英文で自己主張した。近ごろ新渡戸の *Bushido* がまた評判のようだが、私は『武士道』は日本人の倫理観念を実際以上に理想化して描いたのは問題だと思っている。内村の *How I Became a Christian* も肩肘を張った本で、内村は米国で買い立ての絹の傘を盗まれるや腹を立て「四千年前でもシナには、路に落ちたものを誰も拾わないほどの文明社会があったのだぞ」と叫んだ。「路ニ捨テタルヲ拾ハズ」という尭《ぎょう》舜《しゅん》の神話と過去の史実を混同した、負けず嫌いの東洋人の強がりはほとんど滑稽である。内村の本は『余は如何にして基督信徒となりし乎』とあらたまった文体で日本語に訳すから荘重だが『ぼくはどんな風にクリスチャンになったのか』と平明に訳すと本の実態がわかる。北米でこの本を読ませると、内村がなぜ偉いのかわからず学生たちは戸惑う。カナダ人の先生はそつがなく「私が会った内村の弟子たちは立派だったから先生もきっと偉いのだろう」とその場をとりなした。

ではなぜ明治の日本のキリスト者はこんな自己主張を英語で書いたのか。その一つの原因は宣教師の日本人観に対する反撥にあった。宣教師は熱心であればあるほどキリスト教を善とし異教を悪とする。その黒白二分法がはっきりしている。しかし日本人としては「異教徒だ」「文明の程度が低い」と見下げられては面白くない。内村は宣教師と縁を切って日本人だけで無教会の運動を始めた。新渡戸は白人を妻としたが、西洋で差別も受けただろう。「サムライは異教徒であるが倫理的に劣りはしない」と頑張った。日露戦争に日本が勝利したから『武士道』は売れに売れた。

「少年よ、大志を抱け」といったクラークは偉人として日本で記憶されるが、米国では無名、というか知られているのはせいぜいクラークが晩年詐欺で捕まり惨めに死んだことである。熱烈にキリスト教を説いたジェーンズは熊本で偉人として記憶されるが、やがて宣教師たちの通弊に気づいた。母国で基金を集めるために西洋人宣教師は日本人の偶像崇拝やその悪を誇大に報告する、宣教師は偏見で神道や仏教を見がちだ。そんな風にキリスト教宣教師の思い上がりを批判したから、ジェーンズは西洋人仲間から村八分にされ、妻にも去られ、惨めな晩年を迎えた。そのことはあまり知られていない。

明治の地方の生活を客観的かつ好意的に描いたハーンは、宣教師が大嫌いだった。そのハーンが宣教師たちから忌《い》み嫌われたことも日本では存外知られていない。

189　物の怪

日本で文学のインスピレーションの源の一つは、物《もの》の怪《け》である。ハーンは我が国をさしてGhostly Japan「霊の日本」と呼んだ。子供の言葉に換えて言えば「お化けの日本」になる。子供は満二歳になると「おばけー」といって怖がって遊ぶ。外国の幼稚園はどうなのか、その点を知りたい。

神代の昔から我が国では「草木コトゴトクモノイフコトアリ」と出ている（『日本書紀』）。物語は必ずしも人が語るのでなく、自然界の物が語るのだ。その「もの」に鬼の字が当てられ、「物の怪」は「鬼気」と書かれた例もある。「もののけ」の物は単なる物質の物ではなく人知を超えた力を持つお化けや鬼なのだ。『魏志倭人伝《ぎしわじんでん》』には卑弥呼《ひみこ》は「よく鬼道に事ふ」とある。オニとかモノとかいう祟《たた》り神や御霊《みたま》を古代から私たちの先祖は怖れた。鎮めるためにお祓《はら》いもした。八《や》百《お》万《よろず》の神のいる日本はまた多くの霊や妖怪の住む国であった。それらがものがたり、人間にかぎらず山川草木《さんせんそうもく》も歌った。

『古今集』序には「花に鳴く鶯、水に棲む蛙の声を聞けば、生きとし生けるもの、いづれか歌を詠まざりける」と万物が歌う、とされた。紀貫之はまた詩歌は「力をもいれずして、天地を動かし、目に見えぬ鬼神をも、あはれと思はせ」とも主張した。「動天地、感鬼神」という発想は人間が詩を書くというより外部の力が働いて詩が自然発生的に出てくることを示唆する。そうした日本人の意識は「ことだま」の考えに集約された。今日の日本人は言葉に霊魂が宿っているとは確信していない。がそうした人でも「言霊《ことだま》」という発想にある真実を感じる。今日の日本人はお化けの実在を信じない。しかしそうした人でも怪談にある心のときめきを覚える。私も現世と来世、此岸《しがん》と彼岸《ひがん》を往き来する文学が好きだ。

平安時代の古典は『源氏物語』で、室町時代の古典は夢幻能だ。後者のいくつかは源氏の印象深い話に材を求めた。『夕顔』や『葵上』では女主人公は物の怪に取りつかれる。六条御息所《みやすどころ》の嫉妬のせいらしい。夢幻能の後場にはシテは霊鬼となって現れる。最後に仏僧が登場して鎮魂の儀礼が行われ「失せにけり、失せにけり」と退散する。だがそれは西洋演劇のあるものが幕引きのためのデウス・エクス・マーキナという機外神の出現で終わるのと同じで、仏僧の念仏も演劇を終了させるための方便に過ぎない。いいかえると日本人をいまなお魅了するこの物の怪の霊の世界は仏教以前、すなわち神道の世界なのだ。そんな土俗的な神道の世界は外国には通用しないのではないか、と危惧していた。よくよく比較考察してみると、『源氏物語』にあって『失われた時を求めて』にないものは物の怪であろう。ghostly Japan とか ghostly Ireland とはいえても ghostly France とはどうもそれほど強くはいえないような気がする。それやこれやで西洋人に神道的な霊の世界こそが日本文学の大切な源泉なのだ、と説いても到底聞いてもらえないような気がしていた。しかし『千と千尋の神隠し』の国際的な大成功を見ると、物の怪は世界のキリスト教徒をも魅了するらしい。

190　日本における外国文学の盛衰

文系の学問と理系の学問には質的な差がある。文学には科学とはいえない面があるからだ。それを自然科学扱いして、理論的研究というようなことを言いつのると、文学そのものが痩せ細って、つまらなくなる。最近は外国文学研究が盛んだが、肝腎の外国文学の面白味は薄れた。

では日本における外国文学の最盛期とは一体いつだったのか。振り返ると、それは作品自体のすぐれた訳が続出した時期のことだ。外国文学についてはなによりもまず名訳が出ること、そしてその名訳が広く読まれることが大切だ。外国文学の最盛期とは、外国文学研究の論文が学会で盛んに発表される、学者づいた時期のことではない。理論や論文が出るなどそもそも二次的な現象で、最盛期を過ぎた後の余光のようなものだろう。翻訳理論の研究書の下手な日本語訳など自己矛盾で滑稽だ。売れようはずがない。翻訳は職人の手仕事なのだ。

日本でドイツ文学が真に輝いた時期は森鷗外の翻訳が読まれた明治・大正の頃だった。『ファウスト』の訳はその後何度も出たが、鷗外訳ほどの感銘は与えなかった。疑う人は原文を読んだ後、種々の日本語訳を

辰野隆

声に出して音読させて比較するがいい。ドイツ文学は昭和日本でもなお重んぜられた。ニーチェ、マン、リルケ、カフカなど尊重された。だがそれは旧制高等学校や旧帝国大学でドイツ語やドイツ風の学問の勢力があったからこそ、ドイツ文学の評判も支えられたのだ。その証拠に第二次大戦後、ドイツ文化の威信が低下するや、各大学のドイツ文学科は軒並み学生の定員割れが生じ、人気は地を払い、ドイツ語教員の質も下がった。

ロシア文学が重きをなしたのは、トルストイやドストイエフスキーの全集が米川正夫や中村白葉らの手で訳された頃が最盛期だった。それが、社会主義体制の崩壊と関係があるのだろうか、いまの日本でロシア語の人気は低迷している。神西清のような職人肌の訳者はいない。

フランス文学が光彩を発したのは上田敏、永井荷風以来だが、しかし一段と光り輝いたのは戦後で、モーパッサン、ジード、ロランなど翻訳が次々と出、新潮社や河出などの世界文学全集にユーゴー、スタンダール、バルザック、フロベール、ゾラなどが名を連ねた。そうした主人持ちの日本の仏文学者は印税収入も豊かで意気軒昂としていた。テレビ以前の我が国ではフランス文学は確かに読まれた。しかしどうやらその頃が最盛期だった。いま学会誌の研究の水準は上がったというが、フランス文学の人気は下がった。なんとも皮肉な話だ。

仏文学者が偉い人のように目されたのも、そうした日本におけるフランス文学の盛衰と密接な関係がある。森有正など虚名をはせたが、じきに化けの皮が剝げた。読み返していまなお滋味に富むといえる随筆は、一時期有名だった渡辺一夫や中村光夫でなく、むしろ辰野隆の文であろう。『グルー大使と斎藤夫人』など忘れ難い。辰野こそ日本の仏文学界の頂点に位置した人であった。

191　日本の漢文小説

日本の国文学界では長い間、国文学とは日本語で書いたもの、と漠然と決めていた。だがそうとすると、日本人が外国語で書いたものは無視されてしまう。現に岡倉天心は主要著作がすべて英語だから宙に浮いてしまった。国文学史に岡倉の名前は出てこない。そもそも国文志望者は「外国語が不得意だから」という理由で進学した学生が多数だという。それが真相なら岡倉の日本文化論が国文学者によって無視されるのは当然だ。しかしだからといって英米文学科の学生が岡倉の *Book of Tea* とか新渡戸の *Bushido* を取り上げるはずもない。実は学問世界にはこのような盲点がある。それもまた宝捜しに似て面白い点ではある。

小泉八雲ことラフカディオ・ハーンの著作も、英語で書かれたから、日本の国文学史ではとりあげない。それに英語の出来ない国文学者にハーン論を書かれても面白いはずもない。それでは米国の学界はというとハーンの米国時代の作品は米国国文学史にも載っているが、日本時代の作品はおおむね落ちている。では米国の日本学者がハーンをとりあげるかというと、その気配はない。みな自分の方がハーンより日本のことはよくわかっている、と勝手に自負している。もっとも八雲は日本では読者が評価し、比較文学史家も再評価した。日本での高評価に惹かれて米英でもハーンはまた復活するのでないか、と私はひそかに観測しているが、さてどうなることか。

日本と西洋との間にはこんな盲点があるが、日本と中国との間にも似た盲点はある。国文科に限らず戦前の漢文科でも日本人が書いた漢文は軽視された。戦後は状況は更に悪化した。漢文科は中文科となったからだ。中国文学の教授が日本人の漢詩文を取り上げるはずもない。中国本位の人から見れば、和習のある漢詩文は本場の中国人の作品のようになりきれない日本人の臭さをとどめている。現に和習は和臭とも書く。ところがリルケが専門の富士川英郎教授が『江戸後期の詩人たち』で日本漢詩を再評価した。ほかならぬ和臭に詩や俳諧を認めたからである。日本人の英文や漢文著述をおろそかにしてはならない。

すると先日『漢文小説集』が岩波の新日本古典文学大系から出た。嬉しいことに石川鴻斎の『夜窓鬼談』が抄録されている。これは小泉節子がハーンに読んで聞かせた本で『果心居士』『お貞の話』の出典もそこにある。奇とするに足るのは校注者がロバート・キャンベルであることだ。日本人の見落とした盲点をつく氏の解説は一篇の好随筆で、明治中期の鴻斎の文学上美術上の位置づけなど見事だ。キャンベル氏は駒場東大で国語漢文の助教授である。（二〇一七年には国文学資料館の館長である。というかテレビ・タレントである）。近年、米本国の日本学者の日本語読解力はみじめなまでに落ちたといわれるが、さては日本語の達者な米人が日本に居着いて帰国しないためだろうか。キャンベル氏に聞きたい。ハーンの再話は鴻斎の漢文原話よりさらに出来映えが上と私は思うが、米国学者はなぜハーンを軽んじるのか、と。

192　漢文の日本史

大陸の周辺に位置する国では知識層は文明の中心に憧れる。これは日本に限られた現象ではない。周辺文化のインテリは昔から自分を中心文化と同一化しようとした。ロシアや東欧のインテリがパリに憧れたように、朝鮮やベトナムや日本の漢学者は漢字文化圏に吸い込まれ、中華の聖人の教えに頭を垂れた。大陸との交渉開始初期に編集された『古事記』や『万葉集』では、漢字は主として音標文字として用いられ、内容はまだほぼ大和言葉だった。しかし唐の栄えに眼が眩むと、価値判断の基準は漢文化となり、漢文の力が知識人の証明となる。平安朝前期はエリートが外国文化吸収に力を傾けた時期だ。そんな中華一辺倒を後世のナショナリストは「国風暗黒時代」と批判した。漢文の学習こそ盛んだが、和文による表現が未発達だったからである。ところが大唐が衰え、遣唐使も行かなくなるとこの国では和風文化が栄え、西暦千年頃には『源氏物語』のような大作が出た。これは島国日本が大陸から海で隔てられていたお蔭で、朝鮮のように中国と地続きだとそうはいかない。十九世紀末まで漢学至上主義で、漢詩に対してやまと歌の価値を説いた貫之のような詩論は出にくかった。朝鮮の支配層は科挙の漢文試験合格者の両班《ヤンバン》だったからである。その朝鮮半島で今日、自国至上主義の立場からハングル以外の文章を排除するとなると、朝鮮文学史は貧相になる。アイルランドもナショナリズムが強いが、英語で書かれた文学を支配者の言語による作品として自国文学史から排除するような極端な真似はさすがにしない。

では一国の文学史とは何が理想か。一国民の多くが読んだ文章をとりあげるべきではないか。戦後の日本では中国文学科は文字通りチャイナ・スクールで、中国人が書いた中文しか扱わず、日本人の漢文もリッチが利瑪竇の名で書いた漢文も視野にいれなかった。他方、日本文学科では和文のみで日本人の漢文は無視された。幸い東大では比較文学の富士川英郎が江戸後期の漢詩人を論じ、それに触発され中村真一郎が頼山陽を扱った。山陽は漢文で日本史を書くことで日本人の自己主張をした。尊皇史観の『日本外史』は志士意識を形成し明治維新の原動力となった。それはラテン語が教育の主流だったフランスで、古代ローマを学びその共和制を理想化することで革命家意識を形成したロベスピエールらが王制を打破したのと、方向は逆だが、現体制を転覆させた点では軌を一にしていた。

『日本外史』のような国民的な作品が国文学史で論じられないことに私は不満だった。斎藤希史『漢文脈と近代日本』（ＮＨＫブックス）は山陽を取りあげ、文化史的な幅のある深い考察で、漢文が訓読された十九世紀日本のメンタリティーを見事に分析している。これは私見だが、山陽が漢文で書いたと同じ調子で司馬遼太郎は現代日本語で歴史を書いたという気がする。二人とも歴史の名場面の記述にたけるが、史料の典拠を示してない。チェンバレンの山陽批判には一理あることも改めて思い出される。

193　近代日本語作品史

上田敏

文化の発達は言葉に負うところが大きいが、日本の場合、母語のほか漢文にも多くを負うている。日本語は文法構造こそ古代からほぼ同じで、動詞が語尾に来る順は変らない。だが今の日本語はやまと言葉だけでできていない。漢字と仮名から成り立っている。その構成には情的で女性的な和文脈と意志的で男性的な漢文脈とがある。前者は『源氏物語』に、後者は『太平記』などに代表される。後者の漢文訓読体が広まったのは幕末で、明治にはさらに欧文脈を踏まえることで今日の文体が出来た。その過程で森鷗外や夏目漱石などの知性的な大作家も出た。

目に訴える表意文字の漢字と耳に訴える表音文字の仮名を混ぜるのが混淆語の日本語の特色で、これは実は非常な強みである。欠点はこの混淆ゆえに同一漢字を音で読んだり訓で読んだりする点だが、それはルビを振れば解決する。日本文の良し悪しは、漢字と仮名の混ぜ次第に左右される。漢字仮名混じり文は漢字が少ないほど良いわけでは決してない。人間の知性はある程度複雑なコンビネーションを楽しむようにできている。子供も意外に早く漢字を認識する。表意文字である漢字は見れば見当がつく。「狂牛病」は即座に意味がわかるがBSEではわからない（答は126「漢字仮名混じり文」）。片仮名や横文字混じりはそれだけ読者に不親切で、漢字仮名混じりに劣る。第一次安倍内閣の「ブレイン」は片仮名混じりの言葉を多用し人気を落とした。彼らは「智彗袋」ではなかった。

わけのわからぬカタカナ語の氾濫は混淆の悪い面である。以前中国の西洋人租界ではピジン・イングリッシュが話された。今の日本の教育界は pidgin English を話すことを幼児に奨励しているかのようである。表面で皮相的にグロバリゼーション、すなわち「地球化」が進めば、裏面ではクレオリゼーション、すなわち「文化の混淆」が進む。テレビはカタカナ混じりのピジン・ジャパニーズを流す。カタカナ語を得意になって使うのは愚かしい風潮だ。しかし憤慨しても文化的鎖国は不可能だ。かつて和魂漢才で漢文化をとりいれた日本は維新以降は和魂洋才で西洋文化もとりいれてきた。採長補短は悪くはない。しかし開国が良い事であるためには、外来文化の摂取で精神的にも豊かになったと実感できることが大切だ。過去に漢語漢文が日本語の世界を豊かにしたように、明治以来、西洋語を学び西洋文学を訳することで日本の文化は豊かになった。

そこで提案がある。誰か近代日本文学史でなく、日本語作品として優れているなら創作たると翻訳たるとを問わず取り上げ、近代日本語作品史を書かないか。上田敏は自作の詩より翻訳詩の方が優れた。鷗外の名文選の中にも翻訳は必ずはいる。鷗外の翻訳は日本語の文章作品の宝である。そうした見地から日本語で印刷された文字の総体を再考してみたらどうだろう。

東洋の文化と西洋の文化とが落ち合って渦を巻いている、近代日本の文学文化はそのようにして把握すべきものに相違ない。

194　天皇家のまつりごと

人は個人として幸福を望むとともに家族の仕合せも願っている。また家族の末長い繁栄を望むとともに民族の永遠をも祈っている。連綿として続く天皇家は、卑近《ひきん》な国政の外にあって、昔風の表現を使えば「天壌無窮《てんじょうむきゅう》」に続くことによって、その万世一系という命の永続の象徴性によって、日本人の永生を願う心のひそかな依りどころとなっている。わが皇室は続くことに第一義的な意味がある。日本国民が皇室に寄せる敬愛は、そのような祈りの気持に発している。それというのも天皇家は、伊勢大神宮が示すように、我が国の神道の根源に連なるお家柄であり、歴代の天皇は祖先の神を敬いきちんと祭祀《さいし》を行うことがおつとめなのである。今日の日本では天皇が神道の大祭司であることは表にはあまり見えない。しかし陛下と国民はその祈りの気持によって結ばれている。

地震の被災者は天皇皇后のお見舞いに心慰められる。国のために殉じた人の遺族は両陛下のご参拝によってはじめて安らぎを覚える。それは被災者や遺族に物質的な救援物資が届けられたからではない。「有難い」と感ずる精神的な慰藉《いしゃ》が尊いのである。天皇は敗戦後の憲法の定義では国民統合の象徴だが、歴史に形づくられた定義では民族の永続の象徴である。個人の死を超え、世代を超え、永生を願う気持はおのずと宗教的な性格を帯びる。「祈りを通じ国民と共にある」陛下であればこそ国民は感動するのである。

「われらの天皇家、かくあれかし」と識者の提言が『諸君!』平成二十年七月号に寄せられた。この雑誌にかぎらず、政治学者や外交官は日本皇室は親善外交をさらに行えと主張する。ご高齢の両陛下はたいへんつとめておられるが、皇室の政治利用に過ぎるのではあるまいか。もっとも外国の王室も政治的に活用されている。君塚直隆は『女王陛下の外交戦略』(講談社)でエリザベス二世が王室外交をいかに巧みに展開し、米国、英連邦諸国、欧州諸国との良好な関係を維持してきたかを説き明かした。

しかし諸家の提言で表面化したのは、肝腎の宮中祭祀のお勤めすらできない皇太子妃が最高の女性終身外交官になれるだろうか、という深刻な疑念である。皇室の将来はどうなるのか。関係者は天皇家の最高のお勤めが何か、よく自覚していないのではないか。日本では古代から天皇家はまつりごとを司ってきた。「まつりごと」は政事と書くと政治だが、祀事と書くと祭祀、すなわち民俗宗教の儀礼になる。天皇家にはご先祖様以来の伝統をきちんと守ってまず神道の大祭司としてのおつとめを全うしていただきたい。その方が卑近な皇室外交などの政治的なお勤めよりもはるかに大切なのではあるまいか。

鈴木貫太郎首相は昭和二十年八月十四日午後十一時過ぎ永別の挨拶に来た阿南陸相に対し肩に手をかけ

「日本の皇室は御安泰です。陛下は春と秋との御祖先のお祭を必ず御自身でなさっておられるのですから」といった。そんな苦難の時にも日本外交が守りおおせたわが国の由緒ある皇室だ。その末長い御安泰を祈らずにはいられない。

195　五箇条の御誓文

昭和維新の志士は「尊王攘夷」の決戦をやらかした挙句日本を破滅させた。一国ナショナリズムを高唱するあの愚《ぐ》は繰り返したくない。そんな気持が私の人生の出発点にあった。大学院で比較文学比較文化に進み、後に教えた。そんな文化と文化に跨る学問に私が従事できたのは、早くから複数の外国語を学び、複数の国で勉強したからだ。六十年前の日本は貧乏で、朝飯抜きの切り詰めた在外生活を送った。そんな貧書生のくせにパリだけでなく独英伊まで留学したのは、一度日本に帰ったなら二度とヨーロッパまで行けないと思い込んでいたからである。鷗外も漱石も荷風も光太郎も杢太郎も生涯に一度しか洋行できなかったことが当時の私の頭にあった。

その後我国は豊かになった。複数国に留学する人がもっと出てもよいはずだが存外出ない。異なる文化に跨って見わたせば独自の視野が開け、論文は自ずと書けるはずだ。それなのになぜ世界大のコンパラティストを目指さないのか。察するに原因は戦後日本の出る杭は打つ式の教育の画一平等主義にある。一九四八年、飛び級した私は満十六歳で第二外国語を習い出した。が今は早くても十八歳からだ。現行制度ではスタートが遅すぎる。比較研究や超域文化研究は複数の言葉が出来なければ看板倒れの学問となってしまう。

旧帝大の学問は一国単位で、日本史なら日本、ドイツ史ならドイツ、と学者の目がナショナルな枠内に釘付けにされ視野狭窄《しやきようさく》におちいっていた。「西欧の衝撃と日本」というような文化と文化の出会いの問題に正確に答えられない。しかし近代日本は西洋文明の強烈な影響下に発展した。大学で日本における西洋文化の

横井小楠

受容の問題を学問的に調べる必要性を私が強調すると、ギリシャ哲学のI教授が「平川は『五箇条の御誓文』のような男だ」と揶揄《やゆ》した。しかし私が一番惹かれるのは維新の志士が「尊王攘夷」を主張して天下を取るや途端に「智識ヲ世界ニ求メ大ニ皇基ヲ振起スベシ」と宣言したその世界認識のリアリズムにある。夷敵《いてき》を一面では憎みながらその文明を学ばねばならぬとする二面性のある心理が興味深い。慶応三年王政復古の大号令の時、岩倉具視のゴースト・ライターだった玉松操《たままつみさお》は「諸事神武創業ノ始ニ原《もと》ヅキ」と書いた。ところが天下を取るや岩倉は西洋化路線に転じ、復古神道家玉松の期待にそむいた。島崎藤村の『夜明け前』には明治維新を裏切られた革命と感じた神道家の不満鬱屈《うつくつ》がよく描かれている。

日本国内にもグローバル化が浸透し、伝統的美徳が損われ、才子が労せずしてファンドで儲けたりすれば、国粋的反動が必ずや生じるだろう。しかし鎖国はできない。そうした時に必要な調和的要素は、自国の神道文化も知りかつ外国文化も知る二本足の人だ。鎖国時代に「外国と交われ」と建言した横井小楠の思想を踏まえて書かれた『五箇条の御誓文』だが、開明主義の横井は郷里の熊本では不遇だった。明治元年新政府に参与として京都へ招かれたが、翌年正月、欧米追随路線の元凶として暗殺された。

196　大和魂への過信

百年前、日本海海戦に勝利した聯合艦隊参謀の秋山真之は松山出身、藩閥の人でない。東大予備門から海軍に転じた変わり者で、正岡子規の親友だ。秋山が洋行すると聞き正岡は、

君を送りて思ふことあり蚊帳に泣く

の句を新聞に寄せた。明治の有為の青年にとって西洋に学び後進国日本の発展に寄与することは男子一生の夢だった。結核性カリエスを病む正岡にそんな夢は叶えられるべくもない。それで泣いた。軍人という危険を伴う職務につく友の身を案じてのことではない。

その秋山は留学途上の船中で鹿児島人と自分を比べ「事ニ臨ミ変ニ触レ大和魂ヲ暴露《ばくろ》セザル点ハ予君ニ優レリト信ズ」と述べた。鹿児島出の財部《たからべ》彪大尉はこの発言に感心し日記に書き留めた。では秋山のこの自己評価は何を意味するか。暴露という言葉は「旧悪が暴露される」等の用法からも類推されるように、ニュアンスはよくない。それで読者は迷うが平川解釈はこうだ。非常事態に直面し合理的解決法が見つからぬと無闇に大和魂を唱え出す者がいる。軍備が劣ろうとも大和魂があるから日本は勝つ。そんな信念を唱える薩摩隼人が多い。それに対し自分はそういう強がりは言わない。その点自分は君より優っていると信じる。親友同士だからそう率直に言えたのだろう。大和魂は確かに大切だ。それは私も認める。しかし「日本人には大和魂があるから戦争に勝てる」という必勝の信念は「日本人は日本人だから戦争に勝てる」と同じ無証明の理屈に帰着する。これは兵士や庶民を激励する分にはいいが、上に立つ人がそういう自己暗示を頭から信じ込むなら思考停止か知的怠慢だろう。

東郷司令長官や秋山が乗って戦った三笠は英国製だ。明治の軍人は軍艦を受領に西洋へ渡って苦労した。相手の実力を身にしみて学んだ。ところが昭和になり、主力艦が日本製となるや、戦艦大和の技術力とともに大和魂に対する過信もまた強くなった。そんな日本海軍も軍艦や士官が次々とメイド・イン・ジャパンとなるに及んで井の中の蛙がふえた。そんな面々に辟易《へきえき》した国際派には山本五十六もいた。尾崎東京市長が寄贈したポトマック河畔に咲く桜の絵葉書に、駐米武官の山本はこんな文面を添えた。

「当地昨今吉野桜満開、故国の美を凌ぐに足るもの有之候。大和魂もまた我国の一手独専にあらざるを諷するに似たり。中央巍然《ぎぜん》たるはワシントン記念塔」

山本という米国通は、日本に大和魂があるなら米国には米国魂があるぞ、と注意したのである。新渡戸稲造の英文『武士道』は日露戦争後、爆発的に売れた。しかし大和魂を過信した時、日本は太平洋戦争という敗北への道にのめりこんだのではあるまいか。

197 国際派と土着派

試合直後にマイクを突きつけられ、見事に受け答えする選手が多い。松井秀喜選手など疲れていても礼儀正しく答える。これで英語で当意即妙に答えれば、国際舞台で花を添えるだろう。人間、土地の言葉で話すことが大切だ。日本の首相も国連などで時に英語で演説する。

「日本の首相は日本語でやれ」などという日本主義を私は必ずしも支持しない。通訳を介しては、女に愛を語れない。外交も学問も、外国語で訴えてこそ外人の心を動かす。だが先年も「東大で小泉八雲の国際学会を開くのに英語とは何事か」と抗議を受けた。日本語だけではハーンの価値を外国人に説明できないではないか。そんな土着派日本主義に反対だ。私は国際派だが、国際主義といっても、モスクワ本位のインターナショナリズムは嫌いだった。キリスト教本位の普遍主義、ドル本位のグローバリズムにも警戒心を抱いている。好きなのは国際派ナショナリストで、廣瀬武夫など明治の海軍軍人はその意味で尊敬している。秋山真之は米西戦争の直後、米人記者に質問され、サムソン長官の功績を要点をついた英語で的確に述べ、それが特筆されたことで、長官の信用を博した。

明治日本の特色は、政治や軍事の要職をそんな国際派ナショナリストで占めたことだ。お陰で西洋帝国主義の時代に日本は生き延びた。ところで近年、司馬遼太郎が『坂の上の雲』で明治を肯定しながら、昭和を否定的に見た評価に対し疑義を呈する向きがいる。『坂の下の泥沼』を具体的に分析しなかったから、司馬は誤解された。では明治と昭和はどこが違うか。伊藤博文、西園寺、山縣らの幕末維新の活動家は直接外人と接して鍛えられた。彼らは敵を知り己れを知っていた。近衛文麿、平沼、東條、小磯など昭和の政治家は、より完備された学校教育を通して外国について習いはした。しかし東條首相らの世界知識は、大久保、伊藤等に及ばない。東條は真面目人間で、日本の新聞をきちんと読んで秘書にそのスクラップ・ブックまで作らせた。そんなメイド・イン・ジャパンの世界知識を基に政治をしたものだから、日本を滅ぼした。軍人も変質した。明治の生き残りの鈴木貫太郎らには世界の中の日本の実力が見えていたから、彼らが終戦に持ち込んでくれた。

国際派と土着派の過激な抗争は各界にある。東大の外国研究の教授で国際会議に絶対出ないお山の大将もいる。井の中で正論を叫ぶ土着派の蛙は最低だ。そもそも自分の主張を正論と称するのも、自分のコラムを天の声と称するのも笑止千万だ。だがひたすら外国に追随する国際派も見識不足だ。相手の外国語を理解するのはまだしも容易で、相槌を打つだけなら簡単だ。問題は外国語を駆使して反論し相手を説得することだ。だがそんな国際派ナショナリストは稀れだ。日本人にはその訓練や自信が欠けている。

欧亜航路日本郵船靖国丸。父平川善蔵は昭和十四年二月十八日、神戸から洋行した

198　田中メモランダム

学士会が『先学訪問』という冊子を編んだ。都留《つる》重人《しげと》が第二次世

界大戦前にハーヴァードで学んだ日々を誇らしげに回顧しているが、これが都留の遺作となった。昭和初年、赤化して八高を追われ、十九歳で留学した。マルクス・ボーイにはそんな金持ち家庭の出も結構いた。秀才ぶりを発揮したが、米国左翼知識人と調子が合った。彼らも右傾化する軍国日本を批判的な目で見ていたからだ。しかし在米十年、米国や中国の反日宣伝を鵜呑《うの》みにしたのは当時としては自然だが、九十三歳になっても反日宣伝を真実と思いこんで亡くなったのだから、読んで私はびっくりした。都留はいう。

「田中義一首相の時代に『チャイナを征服するためには、我々はまず、マンチュリアとモンゴリアを征服しなければならない。世界を征服するためには、チャイナを征服しなければならない』という田中上奏文というのがあったのです。やはり日本が一九二九年の頃から、中国侵略が広く世界に日本の権威を高めるステップになると考えていたと思われるのです」

後で上奏文があったのかどうかいまだにはっきりしない、とは言っているが、しかし都留の話し方はあったことを前提にしている。「東方会議の産物だったのです」とも述べている。この「田中上奏文」英語でいう「タナカ・メモランダム」は日本の中国侵略計画書として東京裁判でも取り上げられた。なにしろ一九三〇年代以降、これが日本軍国主義の対外侵略計画を示す決定的証拠として喧伝された。日本人は知らなかったが、連合国側ではみな本物と思いこんでいた。大陸中国では「田中義一上日皇之奏章」として今も歴史教科書に載せている。そんな教科書で習い続ける限り中国の若者が反日になるのは当然だ。

しかし実はこれが中国人一流の反日宣伝だった。一九二九年十二月に南京で発行の『時事月報』に田中メモランダムの中国訳なるものが掲載された。内外蒙古への軍人スパイの派遣、鉱山の獲得、朝鮮人の移住、鉄道の建設、満蒙特産品の専売など全二十一条にわたり満蒙の征服・経営の方策を具体的に述べてある。一九二七年七月二十五日に田中首相から昭和天皇に上奏されたことになっている。しかし内容に誤りが多く、形式も上奏文に合わない。日本の歴史家は、江口圭一教授など左翼も含め、これを偽書と認定している。日本語原文ももちろん出て来ない。それどころか作者が王家禎という張学良の秘書で後に国民政府外交次長となった男ということもわかっている（秦郁彦『歪められる日本現代史』ＰＨＰ出版）。八高を追われた怨みが深くて軍国日本批判の情がたかぶり「田中上奏文」の存在まで信ずるようになったのか、と思うと情けない。またこの都留発言に疑問を呈さぬ聞き手も情けない。聞き手は物理化学者の井口洋夫だから仕方ないともいえるが「浅学訪問」という気がした。

199　外国特派員の偏向報道

その昔京都大学に人文科学研究所があって良かれ悪しかれ世間の注目を引いた。桑原武夫がその教授・所長を一九四八年から二十年ほど勤めた頃の話である。桑原は今から振り返ると、よくもこんな自虐的な事がいえたものだと思うような、俳句の芸術性を問う「第二芸術論」や「国語ローマ字化論」を唱えた。敗戦後の日本ではインテリや学生は自国の伝統文化への自信を喪失していたから、こんな論が受けたのである。そんな日本文化否定論者の桑原だが、我が国は鷹揚で桑原に文化勲章を授けている。人文研におけるアカデミック・プロデューサーとしての功績が認められたからであろう。京大人文研は今も存続するが、世間で話題となることはいたって少ない。有名レストランでも、シェフが変われば、店名は同じでも、料理も雰囲気もがらりと変わる。東大とても盛んだった辰野隆時代のフランス文学科と今とでは大違いだ。駒場東大学派も国際関係論と比較文学の二つの柱が屹立《きつりつ》していた時代が盛期で、今のように教師全員が大学院担当となると大学院大衆化時代ではすっかり様変わりである。

京都で人文研に取って代わったのは、梅原猛が初代所長としてリードした国際日本文化研究センターである。もっともそこも成立時の熱気は失せたが、一九八〇年代半ばから二十年ほどは大活躍した。しかしその日文研も創設当時は『朝日新聞』に猛烈な悪口を書かれた。朝日記者からみれば日文研は右寄りの学者が集まったとみられたからだろうか。すると『ニューヨーク・タイムズ』も似た悪口を書いた。日文研もさすがに放置できず、抗議文を送ろうと同社の東京オフィスの住所を調べたらなんと朝日新聞社内で「これでは同じ意見になるのも無理はない」と呆れて抗議する気力も失せたという。

しかし国際ジャーナリズムの世界でこうした左翼ネットワークが出来上がると、近年の慰安婦問題のように日本の政治家の発言がことごとく歪められて海外へ報道されたりする。安倍首相の渡米直前に東京の外国特派員協会は『赤旗』では馴染みの吉見義明など強制連行説の学者ジャーナリストを集めて発言の場を提供した。なぜその場に実証的にこの問題を調査している秦郁彦らを招かないのか。バランスを失していないか。その吉見発言を受けて在日の中国語新聞『中文導報』は二〇〇七年四月二十六日号に「学者証明日軍是強徴慰安婦元凶」などと大々的に記事にした。首相が河野談話継承と言ってしまったのが裏目に出た、という人もいるが、そもそも河野官房長官が正確さを欠く談話を出したのがよくなかった。それで「日本軍が慰安婦を強制徴用した元凶」などという説が出回ることとなったのである。河野洋平は衆院議長の座にまで昇ったが、後世の評価はさてどうなるか。

外人記者の中には、日本のこともよくわからず、それでいて正義の味方と自負する人がいる。特派員報道で日本のイメージを左右できると思いあがると、その不遜が逆に日本人のナショナリズムを刺戟しないとも限らない。昭和二十年秋、日本占領に際し、ＧＨＱの左翼要員は日本左翼と手を握って活動したが、そんな連係プレーがあったことが思い出される。

人吉の花手箱

200　新しい歴史教科書

最近の日本外交は国連安保理入りの失敗などはかばかしくない。だが次の一点では必ず勝てると確信した。それは教科書問題だ。たとえば『新しい歴史教科書』が市販されたので私も買ったが、読者諸賢にも一読をすすめたい。世間に意図的に流布された偏向教科書というイメージと違い、バランスが取れているというのが私の感想だ。

中国では数年ごとに日本の歴史教科書問題もからめて日本大使館に投石、何万という人がデモをする。上海ではネット世代が「反日大遊行」に参加し日の丸を焼いたこともある。無知な大衆ではない。が真に知識ある層ともいえない。なにしろ彼らの誰一人として日本の教科書を実際に読んでいないからだ。町村外相は日本公館投石破壊に抗議すべく北京に乗込んだ際、強気だった。前に文相もつとめ教科書に丹念に目を通しており、中韓の抗議が見当違いで政治攻勢だとわかっていたからだろう。はたして中国側は読んでいなかった。だが朝日新聞が社説で新しい歴史教科書を非難したことは承知していた。朝日は日本の良識を代表するとでも思い込んで、それで中韓は騒いだのか。なにしろ従来は抗議すれば日本側は簡単に折れた。田中真紀子外相のごときは即座に「新しい歴史教科書はいけません」と発言した。しかし真紀子の良い点は「実はまだ読んでいない」と後で白状したことだ。町村・李肇星会談で滑稽なのは李外相が「中国はかつて他国を侵略したことがなく日本に迷惑をかけたことはない」とぬけぬけ言ったことだ。李外相が中国の高等中学の歴史教科書の方はきちんと読んでいたことがこれでわかった。というのは中国の教科書には自国のしたことはすべて正しかったように書かれているからだ。倭寇《わこう》は悪者として出ているが、元寇《げんこう》の主力の中国江南軍のことは一言も出てない。昔から中国や朝鮮では歴史は現政権を正当化するために書かれる。ただ惜しむらくは町村外相が中国の歴史教科書までは読んでいなかったらしいことだ。

その徹底して一方的な中国の自尊史観の実態が今や周知となろうとしている。鳥海靖東大名誉教授が二〇〇五年に『日中露韓、歴史教科書はこんなに違う』（扶桑社）を出したからで、この虎の巻を読めば日本外交は勝利する。朝日、人民日報の論説委員も、中日の大使館員も、教科書会社関係者も、チャイナ・スクールも、北京御用の政治家の面々も、熟読するがいい。だがかねて調べかけていた私も、中国教科書の偏向がこれほど徹底しているとは知らなかった。鳥海教授は実証的な学者で、東大での明治憲法制定の歴史の授業は東アジアの留学生が多数聴講していた。中央大学の最終講義も歴史家の範とすべき内容だった。今回も各国の教科書交換調査会議の報告を淡々と述べている。旧ソ連から新ロシアへの共産党政権崩壊に伴う教科書内容の変化の話など特に新鮮だ。しかしプーチン政権下では必ず逆戻りするだろう。新中国は世界の経済大国になるに相違ないが、ではその際はどんな新しい歴史教科書が出てくるか。長生きしてその日を待ちたい。

201　改変される歴史

人が過去を想起する仕方には二種類あるらしい。過去をありしがままに想い出すタイプと、今日の価値観に基づいて過去を再構成してしまうタイプである。前者の典型は安倍能成で、自伝には郷里の松山の町が克明に描かれていて、退屈なほどである。後者の典型は家永三郎自伝で、昭和初年の家永家の生活難が書かれていて、読者の同情をひいている。だが私には不思議な気がする。家永の父は陸軍大学卒で少将まで昇った。どう見ても人並み以上の収入のはずである。それなのに生活難を口にしたのは、三郎には「人並み以上に豊かだった」とはいえない心理的抵抗があったのだろう。なにしろ反軍思想を掲げいつのまにか戦後民主主義のチャンピオンとなった歴史学者家永だ。そんな人であってみれば戦後の読者の気分を害するまいと家永家の生活難をことさら強調したのではあるまいか。

今日の見方にあわせて過去を変更してしまう例は身近にもある。私は昭和十九年、陸軍幼年学校を受験、合格した。同時に特別理科教育を授ける中学の組にも選ばれた。母も兄も幼年学校へ行くよう勧めたが、私は科学組を選んだ。翌日教練の早川准尉が「平川はどちらにしたか」と聞く、「科学組にしました」。准尉は「そうか、それがいい。これからは科学の戦いだからな」といった。ところが私と相談して同じく幼年学校を辞退し科学組を選んだ同級生Mは、今は名士だが、「平川も私も陸軍幼年学校を辞退したので非国民として配属将校に殴られた」と言っている。戦時中の軍の横暴というイメージにあわせて、Mは知らず知らずのうちに思い出も改変してしまったのだ。クラス会で私が「それは違うよ」といったら「平川は記憶もよく発言も鋭いけれど、そんなこと言うから嫌われる。今の世の中ではMのように言わないと会長や学長にはなれないよ」と級友たちに笑われた。なるほど、人間その場の空気にあわせて適当なことを言う方が無難なのかもしれない。

そんな些事《さじ》は取るに足らないと言う人もいるかもしれない。だが個人の名誉に関するとなると看過できないと秦郁彦が『現代史の虚実』（文藝春秋）で説いている。沖縄の座間味島や渡嘉敷島では守備隊長が出した軍命によって住民が集団自決したと大江健三郎が一九七〇年『沖縄ノート』に書いた。それは米軍統治下の沖縄で一九五〇年に出た『鉄の暴風』に依拠した。だが現地調査の結果、曾野綾子が『ある神話の背景』（一九七三）で自決命令がなかったどころか隊長は島民に自決を思い止まらせた事実を明らかにした。それで家永三郎『太平洋戦争』も改訂版

では軍命説を取り消した。しかし大江は守備隊長を「屠殺者」と呼んで今なおはばからない。軍命令で住民の集団自決したと大江が主張し続ければ、沖縄の島民で「そうだ」という人は増え続けるだろう。大江はその多数の声に支持されたと思うだろう。だがあれは戦争末期の日本人が唱えた一億玉砕の「空気」に押されて起こった悲劇でもあるのだ。そうした「空気」を醸成した当時の新聞・放送にも責任はある。作家・歴史学者・教科書執筆者・文科省がいままた「空気」に押されて過去を再構成してよいものか。さて後世の日本は沖縄集団自決訴訟にどのような判決を下すことであろうか。

202　奈須田敬『ざっくばらん』

桐生悠々は昭和八年に「関東防空大演習を嗤《わら》う」という記事を書いた。別に左翼反戦思想でなく常識人で、彼が述べたのは万一空襲に遭えば「木造家屋の多い東京は関東大震災当時と同様の惨状を呈するだろうと想像される」だから「こうした実戦は将来決してあってはならない」そもそも「敵機を帝都の空に迎え撃つということは我軍の敗北そのものである」「従ってかかる架空的なる演習を行なっても、さほど役立たない」桐生がこう断じたことが関係者の癇《かん》にさわった。在郷軍人会は不買運動で脅した。そうなると社長も主筆を庇《かば》うことはできない。ために桐生は『信濃毎日』退職を余儀なくされた。

日本が太平洋戦争に突入したのは私が小学校四年だが、東京に焼夷弾を落とされれば関東大震災の二の舞になることは子供心にも知っていた。母は「空襲されるようなら日本も負けよ」などと言ったが、私の方は学校教育で洗脳されたせいか「空襲ぐらいで負けません」と言った。その桐生は退社後、個人でミニコミ『他山の石』を昭和十六年九月まで出し続けた。軍国主義の時代にも志のあるジャーナリストはいたのである。

戦後の日本には大新聞のマスコミに楯突いてミニコミ紙『ざっくばらん』を月一回銀座並木書房から出し続けている奈須田敬がいる。私は愛読している。時々頼まれて「七十五字で書くエッセイ」を送る。すると稿料としてビール六瓶の引換券が届く。「玉稿多謝、馬齢八十八、頑張っています。いずれ拝眉の機を楽しみに」

八十八歳とは偉いものだ。いまの日本には大新聞社の社員という高給取りのサラリーマンはゴマンといるが、それでいて記者は数えるほどしかいない。奈須田のように自分の筆で文章を書いてこそ記者と呼べるのだ。『ざっくばらん』は昭和四十九年創刊で、三十五年間、毎月十頁の新聞を奈須田個人の力で出してきた。結構読みでがある。以前、奈須田は毎日の「記者の目」を褒めている。「出よ、中国のフルシチョフ、ゴルバチョフ」中共は早く毛沢東批判に踏み切れ、という日本の大新聞にしては珍しい主張を金子記者が書いたから取り上げたのだ。ミニコミだと軽んじることなかれ。いま奈須田敬に褒められたことは戦前桐生悠々に褒められたと同じくらい「記者の目」の記者にとって名誉なことだ。

ほかに私が愛読しているミニコミ記事は『せれね』の福田繁の「大陸日記」だ。なんでこれを単行本にまとめようとする出版社がないのかと私は思っている。福田氏は私と同い年、北朝鮮からの引き揚げで苦労した。大学を出て商社に入りニューヨーク、中東、香港と勤務、定年を迎えた。それからの生き方が見事だ。中国へ語学留学し、ついで南京、蘭州、長春、重慶、桂林の大学で教えて十年を越す。その福田氏は中華全国日本語スピーチ・コンテストを傍聴、学生たちが日本を知るにつれ日本観が変化する様を学生の言葉の端々に拾っている。「日本」は反日教育の中国では公的にはダーティー・ワードだが、それとは別の対日感情もないわけではないことを伝えている。

203　A級戦犯は悪者か

「日本人が靖国に参拝するのは当然だが、A級戦犯が合祀《ごうし》されているから反対だ」とする議論がある。中国・北朝鮮・韓国の主張だが、日本でも朝日など同調している。ではA級戦犯とは何か。極悪非道の悪者か。

A級戦犯重光葵《しげみつまもる》は有罪判決を受けた。だが巣鴨刑務所を出た元外相は、講和発効後は改進党総裁、鳩山内閣外相として日本を国際連合に加盟させ国連総会の演説は各国から万雷の拍手を浴びた。我国が名誉とすべき重光である。戦犯に仕立てた方が誤りだ。

では他のA級戦犯はどうか。広田弘毅は絞首刑となった。故郷福岡には銅像が建っているが、中国が抗議した話は聞かない（これから難癖をつけるかもしれない）。城山三郎が広田を描いた『落日燃ゆ』は歴史叙述の面で問題もあるが、広く読まれ英訳も出た。元首相への同情は判決直後から続いた。戦前日米交渉に当ったグルー大使本人が広田助命に奔走した。だがトルーマン大統領は聞かなかった。マッカーサー司令官は後に「東京裁判は誤りだった」と言った。

そもそも原爆投下の罪が不問に付され日本が一方的に断罪されるのはおかしいと心ある人は当時から思っていた。だが如何《いかん》せん、日本の新聞ラジオは占領軍の宣伝機関と化していた。それでも死を覚悟した東條英機が法廷で堂々と反論した時は、外人記者も感嘆を洩《も》らした。

東条は昭和十六年十月首相就任後、昭和天皇の意を体し九月六日の御前会議の決定を白紙にかえし、和平の可能性を東郷外相と協議した。だがその遅まきの日本側譲歩案を黙殺し、米国側は受諾不可能なハル・ノートを突きつけた。それで開戦に踏切った経緯を弁じたからである。

勝者の裁きは正しくないとする論説は死刑執行直後の『ワシントン・ポスト』紙にも出た「米国の正義の声望も東京において危うくされたことは明白だ」（一九四九年一月十一日）。

では東京裁判は正しくないとして、昭和日本に責任はないのか。政府命令に服さず軍部が暴走した国に責任はある。満州事変は軍事的には大成功だが国際政治的には大失敗だ。だが当時の世間は「清潔な」軍部に喝采《かっさい》し、政府に従わぬ出先の軍人は処罰どころか栄転した。「親英米派の重臣、腐敗した財界指導者」は次々と暗殺された。

新聞が「昭和維新の志士」を誉めそやすから、軍法会議は犬養《いぬかい》首相を射殺した将校を死刑に処すことすらもできなかった。かくて国家の綱紀《こうき》は乱れた。

竹山道雄『昭和の精神史』は、日本が戦争の泥沼にはまりこむそんな過程を納得が行くように説明している。近く出る予定とアメリカ人教授に言われて英訳をチェックしつつ私は再読したが、なるほどヒトラー的な独裁者は日本にはいなかった。日華事変開始後四年、首相に推された東条には戦争指導の失敗という日本人に対する責任は明確にある。しかしこれと対外責任とは違う。混同してはならない。（なお、マイニアは『昭和の精神史』の英訳を結局出版しなかった。自分たちにとって不都合だと思ったからであろうか）。

204

「戦争責任」論の真実

『文芸春秋』の平成十八年九月号で保坂正康が「昭和の戦争」について七人の専門家と連続対談した。その中で最年少の牛村圭「東京裁判とは何か」の指摘が鮮やかだが、目新しく説得力があるのは牛村が『「戦争責任」論の真実』（ＰＨＰ研究所）という実証研究をその前にまとめたからに相違ない。東京裁判、戦争責任、歴史認識についての最良質の一書かと思う。

Ａ級戦犯について「悪」という色がこびりついたのは、米軍占領下で世間が自己の免責と保身のためにＡ級戦犯の糾弾に走ったからだと牛村はいう。そんな浅薄な日本ジャーナリズムが流したイメージと違って、東条や広田、重光はじめ被告席に並んだ人は「敗戦という苦しみを与え国民に対し申訳ない。そのことについての責任は負う」と明確に述べた。ただしその敗戦責任と、連合国側検察団が言い立てた「理由なき侵略戦争を共同謀議のもとで遂行した」という戦争責任とは違う。その後者の起訴状の意味で「無罪」を主張した戦犯容疑者を「日本の戦時指導者は醜く責任を回避した」と裁判の速記録を意図的な削除を加えながら引用して「軍国支配者の精神形態」を書いた丸山真男や彼の見方に同調したマスコミに問題があるのだと牛村

廣田弘毅像　福岡市大濠公園

はいう。時流に流される日本人はいつもその程度かと情なく思うが、本書は東京裁判にまつわる通俗的理解の誤りの数々を説得的に説明している。

牛村は左右に偏しない。インドのパル判事は無罪判決を下したが、これは勝者が敗者を裁く「勝者の裁き」の不公正をついたもので、起訴の訴因については無罪といったのであって、日本が行なった戦争が正しくて被告たちが何一つ過ちを犯さなかったということではない、と注意を喚起する。

若い牛村に逆にいろいろ教えられたが、以下は老人の私見だ。軍事裁判が法律的外貌をまとった戦争の継続である以上、事後法による法務死者を独立回復後の日本が戦死者と同等に扱ったのは理にかなっている。民主党でも野田佳彦氏のその解釈には説得力がある。ただし東京裁判の当不当とは別に、自問すべきは、なぜ我国は勝目のない戦争にひきずりこまれたか、内外の誰が引き込んだか、という複合的な問題の責任だ。その際、朝日新聞は短絡的に昭和天皇の戦争責任を問え、と主張するが、戦争体験者の多くは昭和天皇が平和愛好者であり、昭和十一年、二・二六の造反を許さず、その際襲われた鈴木貫太郎とともに、昭和二十年八月、平和を回復されたことを知っている。明治憲法に欠陥はあったが、立憲君主として陛下はよく尽くされた。「命を捨てろ」といわれた時代に降伏を受諾し国民の命を守られたからである。ほかの誰に出来たか。日本に裕仁陛下がおられたことを私は感謝する。昭和天皇崩御に際し国民多数が哀悼を表したことこそ歴史の判決ではなかったか。そう感じる私は、スケープゴートを求める人民裁判が我国で開かれなかったことを有難く、誇りに思っている。

205
「国を亡ぼした人」

首を切り落とされて手から放されたとたんに、鶏がぱーっとまい立つ。首がないくせに飛びまわる――それが『ビルマの竪琴』の捕虜収容所での調理場の光景だった。それはまた同時に竹山道雄が象徴的に描いた二・二六事件以後の我が国の様だった。日本は重臣という首を切り落とされ、きちんと頭脳で判断のできる国ではなくなっていた。そんな昭和十年代「おもえば、われわれは歓呼の声におくられ、激励されて国を出たのですが、あのころから、国中にはなんとなく不吉な気分がみちていました。誰もかれも、つよがっていばっていましたが、その言葉は浮わついて空疎《くうそ》でした。それを思うと、胸も痛み、恥ずかしさに身内があつくなるような気がします」収容所で日本兵はそう回想する。

その著者の竹山は東京裁判に疑義《ぎぎ》を呈し、オランダ判事レーリングの目を開いた日本人の一人でもある。だがだからといって竹山は昭和日本の行動を是認しない。『昭和の精神史』でも枢密顧問官の岡田良平が五・一五事件の青年将校を「情としては忍びないが死刑にしなくてはならぬ」といい、それができぬようなら「日本は亡《ほろ》びる」といった。その伯父の言葉を空襲下で竹山はよく思い出したと書いている。

そんな竹山自身は、戦前も戦中も戦後も、国家の基本的あり方について大事な時に適切な発言をした。昭和十五年四月『独逸・新しき中世？』では「英仏側が勝てば思考の自由は救われ得る」とナチス批判を『思想』にはっきり発表した。日本の独文学界がヒトラー礼讃《らいさん》に傾き日独伊同盟が結ばれようとしていた時期である。かつて「純粋な青年将校」を讃《たた》える世論に批判的だった竹山は、戦後の「純粋な学生」を持ち上げる新聞に対しても公然と批判した。社会主義体制支持派を終始一貫批判し、朝日投書欄では狙い撃ちにされた。しかし「危険な思想家」と呼ばれたことは左翼マスコミ御用の「安全な思想家」よりも名誉なレッテルに相違ない。

戦前強がって威張ったのは徳富蘇峰だ。対外強硬論を唱え日本を大東亜戦争に引き込んだ。だが米英中ソを敵にまわして勝てるはずはない。清沢洌は昭和二十年三月十七日『東洋経済新報』で蘇峰が「最近は戦争の振るわざる原因について兎角《とかく》に他を責めるに急なこと」を批判した。しかし蘇峰は敗戦後も、敗戦責任を政治家、軍指導者、軍隊さらには天皇に求め、自己の文筆活動については反省していない。鳥居民が『文藝春秋』二〇〇八年季刊夏号でそんな鉄面皮な蘇峰に筆誅《ひっちゅう》を加えているが、蘇峰は国を亡ぼした人である。

桜井よしこは国家基本問題研究所を立ち上げて戦後体制からの脱却と日本人の自信回復を主張している。誇り高い主張は結構だ。ただし私は注意したい。自虐的な史観からの脱却は大東亜戦争の肯定ではない。

206 『中文導報』

二〇〇五年の総選挙の結果にほっとした。小泉首相の率いる自民党が大勝したからというより、民主党の岡田克也が日本の首相にならなくて良かったと感じたからである。私は東大で岡田にフランス語を週二回教えた。昭和四十七年私が『和魂洋才の系譜』で日本の近代史を論じたころ、家永三郎教科書裁判もそのクラスで話題となった。私はどうやら印象の強い教師だったようで、岡田が民主党代表に選ばれた二〇〇四年夏の祝賀のクラス会に呼ばれた。日本では、自分が教えた元学生を褒《ほ》めるのが普通らしいが、その席で私は「小泉首相の靖国参拝に反対を述べに北京詣でをした岡田幹事長の気が知れない。ピョンヤン詣でをした日本の政治家は次々と失脚した。内政干渉を助長するような北京詣でをする人も失脚するだろう」という『世界週報』のコラムを配って挨拶した。

驚いた様子の幹事は、警察庁から出向し小泉首相の秘書官をつとめる小野次郎で、フランスへ留学しパリのタクシーについて修士論文を書いたという。「岡田は最大野党の代表なのに小野はまだ秘書官で、差がついたものだ」などという者もいた。小野は学生時代茶道部にいたが、今回の選挙で「刺客」として山梨に送り込まれ、比例区で議席を得た。そのクラスには女子学生も数名いたが、上川陽子は前から自民党の代議士になっている。

私が岡田を評価しない理由は、この法学部の秀才は模範解答を述べるからだ。家永裁判についても『朝日』の社説のような正論を述べた。台湾問題、教科書問題、ことごとく社説通りだ。それに対し小泉首相は腹の底で感じる信念を述べる。だから多くの日本人に訴えるのだ。

ところで興味深いのは中国側が、日本の日中友好分子とか、その系統の『朝日』の意見や模範解答に頼っている限り日中関係はかえって悪化するという事実に気が付き始めたらしいことだ。『朝日』の相次ぐ誤報について『中文導報』は「朝日新聞の信用は建て直すのはいよいよ難しい。醜聞のもっとも多い新聞である」と報じた。在日中国人が出しているこの週刊紙はまた（日本では周知のことだが）中国側の抗日戦の研究は感情を重んじて史実を無視している、言い換えると中国側の数字は科学的根拠が薄弱で誇大だという「質疑抗日戦争研究重大数字」なども報じた。大陸でもこの問題を提起した中国人学者の知的誠実に敬意を表するが、日中関係の改善にはそうした声が大陸内外でもっと大きくならない限り無理だろう。

『中文導報』は言論自由の日本で出しているのだから、北京の代弁みたいな記事ばかり載せるのはやめて、もっと客観的学術的に歴史教科書問題なども検証してもらいたい。鳥海靖『日中露韓・歴史教科書はこんなに違う』（扶桑社）などは在日の中国人歴史学者にきちんと書評してもらいたい。マルクシズムに立脚した旧来の教科書こそが偏向していたことが次第に明らかとなるだろう。

207　一億玉砕

敗色濃厚となるや「一億玉砕」が主張され、そのため昭和二十年、鈴木貫太郎首相は終戦を提議することすら難しくなった。それは日本軍の隊長や兵が降伏を言い出せない心理に似ていた。ではなぜそんなタブー

サイパン島玉砕を描いた藤田嗣治の画中の父と子

が出来たのか。

日米両軍の大失策は昭和十九年七月、サイパン島で婦女子を戦線から離脱させ得なかったことだ。戦争中でも昭和十七年には交換船の例もあり、民間人まで死ぬことはないと世間は思っていた。それだからサイパンに敵が上陸するや、一旦停戦して婦女子は島の安全地帯に移すという噂が内地でも立った。だが大本営は判断を現地軍に委ねてしまった。もっとも日本軍が婦女子保護のための一時的停戦を申し入れて、米軍が応じたか否かわからない。しかしもし女子供が断崖から身を投げ自決する悲惨事がなく無事に米軍に保護されたならば、「一億玉砕」の声があれほど強くなりはしなかったろう。

そうしたことを思い出すのはほかでもない。平成十八年、はじめて玉砕場面の戦争画を含む藤田嗣治の大回顧展が東京・京都・広島で開かれたからである。『サイパン島同胞臣節を全うす』の前で私は立ちすくんだ。大画面は当時の国民感情を悲愴なまでに写している。藤田は戦時下に生きた日本人として自己に忠実にこの大作を描いた。稀にみる傑作である。トレード・マークの白い肌の女や猫や子供の絵が並ぶ展覧会場で、この戦争画だけが異質で、しかも際立ってすぐれている。ルネサンス期の巨匠の戦争画すら連想に浮かぶ迫力だ。技術だけでない、深い感動が玉砕の画面にはある。

だがそんな藤田は「戦争中、時流に乗って、戦争画を描いた」と非難され、敗戦後いやがらせに遭った。日本を去りフランスに帰化しフジタとして死んだ。日本の画壇で地位を得たい連中が、目の上のたんこぶを追っ払うために、戦争責任追及などと、戦後、時流に乗って、騒いだからだろう。近年、芸大教授だった人が藤田を「サイパンもパリもフランス帰化も光りだった。常にライトに当っていなければ生きてゆけない人生がそこにあった」とシニカルに評した由だが（湯川かの子『藤田嗣治』新潮社）、パリでとくに評価されたわけでもない日本の後進の画家の野見山暁治ごときがフジタを貶めるのはグロテスクで滑稽だ。パリ大学都市の日本館にたむろしているで藤田と会話する機会があるたびに尊敬の念のつのるのを覚えた。私自身はパリで藤田と会話する機会があるたびに尊敬の念のつのるのを覚えた。これも間違いだ。西川正也『コクトー、１９３６年の日本を歩く』（中央公論新社）はフジタがパリに受け入れられたこと、またたからこそコクトーと並んでいかにも似合いであったことを実証している。

サイパン玉砕について非難されるべきは大本営の戦争指導であって、藤田ではない。戦後の日本では、絵画の質の良し悪しと無関係に、原爆の悲惨を描けば評価されたりもしたが、それこそが異常だ。サイパンの悲惨悲壮を描いて鬼気せまる芸術家藤田に私はひそかに敬意を表した。

208　戦争名画　無視の愚かさ

『源平盛衰記』『太平記』の子供向け本は早くから読んだ。文章でも子供は軍記物にすぐなじむ。絵でも軍記絵巻が好きだ。それは軍国の時代だったからだけではあるまい。戦さが絵画でも映画でも好主題であるのは『平治物語絵巻』『蒙古襲来絵詞』の昔から変わりないのだ。だとすると昭和十年代の日本で、全身全霊をこめて戦争画の制作に打ち込んだ画家が出たのは自然な成り行きではなかったか。ひょっとして昭和を代表する名画もその中にあるのではないか。ＮＨＫ日曜美術館で画家の戦争協力を非難するアナウンサーがいたが、敗戦後のＧＨＱの押し付けの価値観で過去を見ているという印象を私は受けた。

だが『シンガポール最後の日』などの卓抜な描写力の画を描いて朝日文化賞を受賞した藤田嗣治は戦後、批判を浴びた。そんな戦争協力責任の追及は、国内画壇の勢力争いだったのかもしれない。嫌気のさした藤田はさっさとまた外国へ行ってしまった。パリでは画家の伎倆《ぎりょう》こそがすべてだから、フジタは幸せであった。一九五五年にフランスに帰化したが、その直後、私はパリの大使館参事官宅で開かれた中学の同窓会でお目にかかった。フジタは人間の出来が違うからサロンの中心で、座談は真に見事だった。第一次大戦前に来仏し、一週間目に日本人のパリ案内をして金を稼いだ。「来て一週間というわけにもいかず半年になりますと言った」と青春を語って笑わせた。実は私もパリに来て一週間目に労組代表の通訳をして「来仏半年」といい、一切をタクシー運転手まかせで案内したから、話が身に沁《し》みた。猥談《わいだん》も秀逸だったが『日本の正論』(『平川祐弘著作集』第三十一巻)に書いたので、ここでは略する。戦争画の話を私が持ち出すと、ノモンハンへ陸軍中将待遇でトラックで行った。砂漠の中に天幕を張って、そんな土地でも従兵が灰皿まで用意した、と軍の杓子定規《しゃくしじょうぎ》を笑った。住む方向が同じなのでお抱えのフランス人運転手つきの車で貧乏留学生の私を送ってくれた。寒い夜奥さんが外に出て待っていた。

戦争画についてはこんな思い出もある。私はインド洋を三回横切った洋行世代の最後に属する。シンガポールへは独立後も大学の外部試験員を勤めた関係で何回か訪れた。日本陸軍の戦争指導にも華僑対策にも非常に問題があったから、反日感情には留意せねばならない。しかし行くたびに歴史認識が変化した。当初は英国の影響が強かったから、一九四五年の日本軍降伏の史実だけが強調された。しかしセントーサ島の記念館にはやがて一九四二年二月のシンガポール陥落の写真が出、宮本三郎描く英国軍降伏の図複製も展示されるようになった。山本奉文中将がパーシヴァル司令官に対し「イエスかノーか」と降伏を迫る場面である。宮本の名画を無視するのも、世界史の転換点を見落とすのもまた間違いなのだ、と思った。歴史はやはり複眼で見なければならない。戦前は日本だけが良いように言った。戦後は日本だけが悪いように言った。そんな歴史家は共に誤りだ。

209　人道と非人道

軍部が独走して日本を戦争の泥沼に引きずり込んだ感の強い満洲事変以来の日本は、国際世論の中で孤立した。特に大の悪玉ナチス・ドイツと手を結んだために日本も悪玉とされた。そんな日本は戦中も戦後も宣伝戦で負けっぱなしである。ところが善玉・悪玉というイメージが逆転しかかったことが一遍ある。それは広島に原子爆弾が投下された直後で「この戦争では日本が悪玉であったが、この非人道的な爆撃によって逆転した。今では米国が悪玉だ」そう日記に書いたのは、正確に名前を思い出せなくて残念だが、フランスの一作家である。といっても米国の政治家はそんなフランスの文士の発言など気にもかけないだろう。だが日本人でも米国人でもないフランス知識人の一九四五年当時の感想には、交戦国の当事者の発言にはない客観性があるのではなかろうか。

戦後の日本人はあらゆる戦争を悪とみなすよう教育された。戦争を一括して悪とみなすから爆撃も一括して悪とみなす。そのような単純な頭では、ハワイを先に奇襲爆撃した日本が悪いのだから、広島・長崎の原爆は当然の報いだ、と米国人に高飛車に言われて反論できなくなってしまう。しかし一旦戦争になれば軍事施設を爆撃することは国際法上、犯罪ではない。ただし民間人の殺傷を意図した爆撃は犯罪である。日本人の多くは爆撃が人道的か非人道的か、などという区別をしなくなったが、真理は細部に宿る。私はインディアナ大学でライシャワー博士の講演のディスカサントに指名された折に「比較は何を基準にして測るかで、結論も異なる。空襲の是非は、それを市民の殺傷者と軍人の殺傷者の比率によって測れば、目標を軍事目標に限定し市民の死傷者のきわめて少なかった日本海軍のハワイ攻撃は、従来とは別様の見方もなされよう」と述べた。ハワイで死んだ米国の民間人は六十八人なのである。いろいろジョークもまぜて話したせいか米国人の聴衆がなんとその私の結論に大拍手をしてくれた。私は知らなかったが平川講演は日本の新聞にも報道されていた。いつも肩身の狭い思いをしていた日系人教授が喜んで講演全文をアメリカの学会誌に載せてくれ、私は面目を施した。日本の大学人として渡米していうべきことを言った「君命ヲ辱メズ」という気持だったが、東大の同僚は帰国報告のその古風な表現に戸惑って「平川は右翼になった」といった。ドイツの女学者は「平川はライシャワーを前にしてまるで本人が学会の会長のような口を利いた」と悪口を学会誌に書いた。しかしそう聞えたのなら、それも結構だ。

日本は原爆を落とされた国として「核の廃絶」を唱えている。しかし近隣諸国の核恫喝に備えてアメリカの核の傘の下にはいっている。だからといって米国人に「原爆投下はさらに多数の人の命を救った」などの原爆使用正当化論をぬけぬけといわせるべきではない。「すでに降伏の意思を表明していた日本に対し原爆投下の必要はなかった」という見方は一九四五年から米国内でも出ていた。その説が天下に認められると困ると思って、一部米国人は躍起になって強弁するのである。だがそんな強弁は悪い先例となる。テロ組織による核爆発が将来米国やイスラエルで起きた時も、必ずや正当化論がぬけぬけといわれるに相違ない。

210 パル判事

現在の国際関係についても将来の行方についても、三点で測量することが我国の舵取りに不可欠で、世界の中の日本とその実力のほどを弁え、大国と協調することが必要だ。前の戦争のように米英中ソを敵にまわす愚を冒してはならない。核抑止力のない日本にとり米国は重要だ。だがその同盟国を親日的と思っていると米国は、理由は何であれ、最優秀戦闘機を日本に売却しない。日本の安全保障理事国入りにも乗気でない。史実に合わぬ「性奴隷」非難決議をしたりする。大船に乗ったつもりで米国を信頼し、一方的に好意にすがることはできない。といって一国平和主義は不可能だ。そもそも日本を自国一国で一人立ちできぬようにしたのが、米国が押しつけた「平和」憲法だ。「日本に言論の自由を与えてくれた」とこの憲法を有難がる人もいる。だが「検閲ハコレヲシテハナラナイ」という米国製の新憲法を日本人がどう見ているか、憲法発布直後、民衆の反応を探るために信書を開封し検閲したのが米国占領軍だ。そんな歴史の実態を忘れてはならない。

過去の大戦についても米国一辺倒の解釈にすがってはならない。東京裁判でインドのパル判事の個別意見書が興味深いのは、歴史の三点測量を可能にするからだ。ただしこれを読み通すのは容易でない。カルカッタ一九五三年刊の『パル判決書』の英文も講談社学術文庫の訳も持っているが、専門的考察が多過ぎて、いまだに私は通読できない。しかし気がついた印象深い句には線が引いてあるので一句だけ引く。「現在のような国際社会においては「侵略者」という言葉は本質的に「カメレオン的」なものであり、たんに「敗北した側の指導者たち」を意味するだけのものかもしれない」(訳文五〇〇頁)

中島岳志は、日本でパル判決は右翼に利用されたと近著『パール判事』(白水社)で難じた。そういう面は確かにある。ただしそれをいうなら、東京裁判そのものが丸山真男以下の左翼によって利用された、と批判せねば公平を欠く。そんな中島は文章が軽く、真に新味のある、問題の核心に迫る、掘り下げに乏しい。

東京裁判のパル判事。「事後法による裁判は認められない」

好文章は『文藝春秋』二〇〇七年九月号の牛村圭「東京裁判パル判決の謎を解く」で、右顧左眄《うこさべん》せず、史実に即して語る。パル判事の結言「時が、熱狂と、偏見をやわらげた暁には、また理性が、虚偽からその仮面を剝ぎとった暁には、そのときにこそ、正義の女神はその秤を平衡に保ち過去の賞罰の多くに、その所を変えることを要求するであろう」の出典が、南北戦争で敗れた南部連合の大統領デービスの言葉であることを確かめ、その言葉が書かれた事情を精査した。学術論文が一篇の随筆となり、復讐心による misrepresentation で死刑に処された南軍や日本軍の捕虜収容所関係者への鎮魂の碑文となっている。

パル判事の発言は年々重みを増す。遊就館に写真が展示された時、政治利用でないかと私もはじめ懸念した。だがそのパルに対し英国人学者が人種差別的ニュアンスをこめて批判した時、私は逆にパル顕彰の意義を感じた。

211　学生は何を読んでいたか

大内兵衛教授は淡路島の出で郷土の出世頭だから、たとえ人民戦線事件で検挙されようと、私の母のような淡路生まれにとって偉い人に変わりはなかった。戦後、晴れてカムバックし、ラジオで幣原内閣の渋沢敬三蔵相に呼びかけ「インフレを起すな」という胸のすく一代の名放送をした。もちろん東大へ復職した。それどころか満六十歳の定年を越えても「余人をもって代え難し」という理由で大教室で講義した。ところがである。講義がつまらない。記憶に残るのは、脱線して「新聞は何を読むか」とか「月刊誌は何を読むか」などと聞かれたことぐらいだ。『世界』『中央公論』が東大生に人気で、『文藝春秋』に手を挙げた私は数が少なくて恥ずかしかった。

昭和二十年代末に留学した私は、日本の情報空間の外に早く出た。パリでもボンでもロンドンでもその国の新聞はよく読んだ。読みでがあった。そうこうするうちに私の意見が日本残留組と離れ出した。ハンガリー事件の時は亡命者が学生会館に逃げてくる。私の中の社会主義信仰はとっくに消えた。ところが国から届く『世界』は惰性的左翼で、依然としてソ連礼賛だ。その御大が大内先生であった。次にイタリアへ留学した時は『文藝春秋』を送ってもらった。

一九七七年ワシントンへ赴任した。子供は現地校に入れたが、土曜は日本人補習校へ通った。ハロウィーンのころ、長女がリレーに出るという。それでポトマック河畔の運動会へ行った。女子リレーが始まったが出ない。怪訝《けげん》に思っていると男子リレーが駆け出した。一年から二年・三年と赤白の男子へバトンタッチされ、五年になるに及んで驚いた。長女が走り出したのだ。観客もどよめく。我が国の受験競争の激化で小学高学年になると男子は帰国していなくなる。それで長女が代走したのだ。これではいけないと思い「海外帰国子女は別枠入学を」と『世界』に書いた。だがまったく反応がない。それが『諸君！』に書くと俄然《がぜん》手応えがあり、平野東大総長の時に海外子女枠は実現した。インテリの卵が読む『世界』は、実務の世界の人には相手にされないと知った。

振り返ると、一九六八年の大学紛争が転換期だったようだ。大内先生の長男は東大経済学部教授だったが保守系左翼としてゲバ学生にこづかれ、孫娘は全共闘の学生でヘルメットをかぶって話題となった。いまは彼女も五十代、いやそれ以上の御婦人だろう。だがあの学生紛争とは一体何だったのだろう。まともな学生はその間留学したり、自動車の免許を取ったりしたらしい。「アカイ、アカイ、アサヒハアカイ」と『朝日ジャーナル』ははしゃいだが、信用を失い姿を消した。（もっともその残党はテレビで活躍している）。では大学に籠城《ろうじょう》した学生たちは何を読んでいたのか。マルクスでもサルトルでも毛沢東でもなかった。占拠の後片付けに行ったらおびただしい漫画本が散らばっていた。あの時から大学生も臆面《おくめん》もなく漫画を読み出した。日本はやはり堕落した。

212　明治神宮の復興

昭和二十年四月十四日未明、B29四発爆撃機百七十機の第二次夜間東京大空襲があり、山手が焼かれた。私の級友の過半もその夜家を焼かれた。高度三千メートル、探照燈に照らしだされた爆撃機も見た。焼夷弾《しょういだん》が発火しながら落ちてくる様も見た。敵機が火を噴いて落ちる様も見た。東京の夜空があれほど赤く燃え上がった様を前にも後にも見たことがない。「明治神宮の本殿及拝殿は遂に焼失せり」と翌日大本営発表で知ったが、私の家の近くの代々木の森から天に沖《ちゆう》した赤い焔《ほのお》がそれであった。

その社殿が昭和三十三年に再建されて今年（二〇〇八年）で五十年になる。それを記念し『明治神宮　戦後復興の軌跡』が鹿島出版会から出版された。編者今泉宜子氏は東大の比較日本文化論分科から國學院大学院に進み、神官の資格を得、さらにロンドンに学んだ人である。読んで驚いたり感心したり嘆いたりした。驚いたのは明治神宮再建に際し「木造かコンクリートか」という激しい論争があり、コンクリート建築を主張する元東大総長内田祥三などの声が強かったことである。数年前、東大出版会の雑誌『UP』に東大建築科の助教授が「神社をコンクリート建築にせよ」と主張するのを読んで、神道文化に対する宗教的感受性を欠いた、不燃性一点張りの「専門白痴」がまだいるのかと呆《あき》れたが、この西洋至上主義的建築観はどうやら東大の一つの伝統であるらしい。論争は「神社木造論」の岸田日出刀の発言で幸い片がついた。神社建築は木造であってこそ初めて尊さが出るので、コンクリート造りでは単なる「御神体の格納庫」にすぎない。私も岸田説に同感だ。

明治神宮再建は国民の支持で実現した。有難いことである。今回は五十年を記念して参道や社殿に神宮にふさわしいしっとりとした照明をともした。控えめな明かりは代々木の森の夜の静けさを浮き立たせる。明治神宮と靖国神社の違いはいろいろあろうが、大事な違いの一つは、前者には魂を鎮めるにふさわしい森があるのに後者にはそれがないことだろう。ただし明かりをともすからといってその行事をアカリウムと呼んで浮かれるのは軽薄である。

明治神宮国際神道文化研究所主任研究員の今泉氏にはもっと調べてもらいたい点もある。かつて千数百発の焼夷弾を投下して明治神宮を焼き払った米国側の意図は何だったのか。世界のどこの国の大使はなぜ依然として明治神宮に参拝しないのか、その理由も調べてもらいたい。戦時中の米国の神道敵視は一体いつからどう変わったのか。米国の大統領も来日して今は明治神宮に参拝する。これは日本の神道文化に対するかつての敵意が敬意に変化したことを意味する。国際世論はそのように変化するものである。だとすれば自衛隊の兵士が国際平和維持の任務で職に殉じ、靖国神社に祀《まつ》られる日が来れば、同盟国の首脳の靖国参拝も明治神宮参拝と同じように自ずと行われるようになるのではあるまいか。

213　林健太郎先生

「東大封鎖解除のための機動隊出動要請に賛成。私の救出のための出動、無用。ただいま学生を教育中」

これが昭和四十三年十一月東大紛争の最中左翼学生に監禁された林健太郎文学部長の外部への伝言だった。当時五十六歳だった林先生は二〇〇四年夏九十二歳で世を去られた。葬儀では中曾根康弘元首相の弔辞が本質をついていた。林氏が百七十三時間の軟禁に耐え、自治会学生の不当な要求をつっぱねたことが戦後の異常な左翼優位の学園の終わりとなった、という見方である。私はその五年後、林教授が東大総長に選出されたことこそが戦後日本の精神史の分水嶺であった、と感じている。

知識人は左翼を支持するのが当然で、学生運動は肯定的に容認すべきもの、という見方が戦後は大学内にも新聞紙面にもまかり通っていた。しかし急進化する学生は大学が警察が介入できない治外法権的な聖域であることを利用して政治運動の拠点とした。そんな左翼の手前勝手に大学人も愛想を尽かし、それで常識が復権したのだ。それでも昭和四十八年の選挙当日、私のような林先生の支持者でさえも、タカ派の林先生が総長に選出されようとは思わなかった。その日は選挙結果の意外さに左翼シンパの教授たちの顔がひきつった。その表情がいまでもまざまざとよみがえる。しかし総長に選ばれて一番驚いたのは林先生自身だったのではあるまいか。あの時の総長には身体的危険を伴うこともありえた。

ところで葬儀の弔辞で佐々木毅東大総長は林氏の総長選出をこともなげに述べた。そんな儀礼的な御挨拶では時代の政治の動きの真実は伝わらない。林氏が東大の真の名誉である所以も伝わらない。さらに憮然としたのは門弟代表が東大名誉教授とはいえ、紛争当時、学生ストを積極的に支持した助手であったことだ。葬儀委員会の人にはそうした過去はもはや問題ではないのかもしれない。なるほどいまの大学には紛争当時騒いだ連中が学部長や評議員になって大きな面《つら》をしている。では学生運動は人生の通過儀礼でしかなかったとでもいうのか。だから大目に見てもいいというのか。だが教師の真贋《しんがん》も人間の正体もああした騒動の際に示されるものだ。林氏にあの程度の弟子しかいなかったとすれば悲しいではないか。

林氏の著書では『昭和史と私』が好きだ。『外圧に揺らぐ日本史』も問題の核心をついている。林氏は東京裁判で示されたような史観に立って日本帝国を断罪はしない。だからといって大東亜戦争は義戦だったと強弁はしない。旧来の著しく左傾化した教科書よりは『新編日本史』以下の新しい教科書の方をまだしも良しとしたのだろう。なにとぞこの常識的な立場の学者がふえて欲しい。左右のイデオロギーの色眼鏡抜きで、真に自由主義に立脚した歴史教科書をさらに出して欲しい。歴史学科からそうした教科書を書く勇気ある英才が出ないとすれば悲しいではないか。大学の不名誉ではないか。

214　安田講堂

東大の南原・矢内原総長は偉かったという評論家が近頃またいるが、過大評価ではあるまいか。昭和初年の日本人は長門・陸奥の二大戦艦を誇りとした（大和・武蔵の建造は秘密だった）。それが戦争に負け軍事国家が瓦解《がかい》するや、にわかに文化国家建設を唱えだした。人間は誇りなしに生きられない。そんな心理上の埋め合わせにちがいないが、戦前の二大戦艦に代わって、戦後は東大の両総長を平和主義者として持ち上げた。新聞は総長訓示を首相の施政方針演説よりも大きく扱った。私も入学時の南原総長、卒業時の矢内原総長を尊敬した。その東大の安田講堂で英国映画祭があった時、満席なものだから壇上の総長用の椅子を通路に下ろして座ったが、学生の分際でこんな椅子に座って映画を見て畏れ多い気がした。矢内原総長は「平和のために死ね！」と卒業式に壇上で絶叫した。

『朝日新聞』が全面講和論を唱えた。米国などの自由主義陣営だけと片面講和を結ばずソ連とも平和条約を結べ、との主張である。できればそれに越したことはない。だが一九五〇年夏以来、朝鮮半島では東西両陣営が戦火を交えている。現実的に全面講和は出来ない相談だ。しかし学生の私はそうは思わない。南原・矢内原両先生も全面講和論に名を連ねているのを見て賛成した。吉田茂首相がそんな南原繁を目して「曲学阿世」と呼ぶと、世間はかえって首相の方を軽蔑した。在職中吉田茂ほど新聞に叩かれ、それでいて後世の評価があれほど高い首相も珍しい。

私は講和後留学し、日本の新聞を五年間読まなかった。西洋の新聞は丁寧に読んだ。すると我国の閉ざされた情報空間の外へ出たものだから、考えが変わる。一九五六年ハンガリーで自由を求める暴動がソ連軍に鎮圧され、首相が銃殺された。私は憤慨した。だが雑誌『世界』で大内兵衛教授などかつての全面講和論者が、ソ連軍の「反革命分子」弾圧を是として「ハンガリーはデモクラシーが発達している国ではない」などと言っている。呆れてしまった。そんな私は帰国して安保騒動を目のあたりにしたが、岩波の平和論グループの面々が安保改定反対を唱えても同調する気はない。目をつりあげた学生が「民主主義を守れ」と叫ぶから、私も「民主主義を守れ」と静かに、多少皮肉っぽく応じた。そのテンポを一つずらした語調で、私のいう民主主義が「議論をした後は最終的には国民や国会の多数意見に従え」という常識的な意味だとすぐ伝わった。

一九六八年の東大紛争の際、かつて安保闘争で学生を煽った「進歩的」教授が、今度は攻撃目標を大学に転じた学生に吊るし上げられた。まさに自業自得《じごうじとく》という感じがした。警察力導入で封鎖を解除した安田講堂はずっと放置された。それでも内部を改め二十年後、また大学院卒業式をこっそりと再開した。私も主任として出席したが、往年この講堂を占拠した学生に理解を示した頭のいい方も大学幹部として壇上に座っているのを見た時は、さすがにいやな気がした。

安田講堂

あの歴代の主任教授たちほど自分に貫禄があろうとは。
威厳のある親父ほどに年をとったとは。また定年で去られた
今の自分が昔のあのちゃんちゃんこをまとった
どうも思えないのだ、六十歳、還暦の年、

だが大学院卒業式に臨むと、壇上に並んでこれでも
堂々と立派にみえるのだ、若者の目にはこの同僚たちが。
中には往年この講堂の占拠に理解を示した頭のいい方もいる、
なにも知らぬ首席の女子学生はきちんとその学者先生に礼をする。

華やいだ講堂は卒業生やその両親で一杯だ、
インド人の修士もいれば、妊婦の博士もいる、赤ちゃんの声もする。
かつて総代として私も壇上に登ったが、あのころは人数は少なかった、
往時を思うとなにか夢のようである。

考えてみると「落城」して以来すでに四半世紀
修復された大講堂にはいるのはこれが初めてだ、
そしておそらく最後だ、
六十歳、私の大学卒業の年、その夜珍しく胸が騒いだ。

215　東大の凡庸化

蓮實重彦は映画評論家として知られるが、フランス文学科卒で『凡庸な芸術家の肖像』も書いた。マクシム・デュ・カン論である。デュ・カンが誰か知らなくても構わない。本国でもフロベールの才能を欠いた友人としてかろうじて名前は知られている程度の人だ。その作品を読む人などフランスにもほとんどいない、と蓮實自身が書いている。それでいながらその凡庸な人について八百ページの大冊を青土社から出して同僚に配った。私も目を通そうとしたが、途中で投げた。それでも蓮實も立腹すまい。フランス語で本国の篤志家に向けて書くならまだしも、日本で知られてないフランス作家について日本語で論じても始まらないからだ。不思議なエネルギーの蓮實だが、不毛なエネルギーという気がする。

学年が七つ下の彼とは妙な付き合いをした。蓮實は大学行政で他人にけちをつけるのが巧妙で、私と同じ比較文学比較文化の出身者を仏語教師に採用することに神妙な顔で必ず反対し、仏文出身者のみに賛成した。その蓮實は総長に選出されると、東大教授の定年を六十歳から六十五歳に引き上げる提案をした。他の旧帝大が六十三歳、国立の六割は六十五歳、私立大が六十八歳、七十歳以上もある。すでに東大を退いた教授に発せられたアンケートに私は反対意見を述べた。知的生産性は三、四十代が高い。エリート校を自負する東大では人事の新陳代謝に留意し、若手教官をふやすがいい。東大でしかるべき業績を挙げたほどの学者に

『凡庸な芸術家の肖像』　蓮實重彦著

は必ず他から口がかかる。無能教授は第二の就職で選別されるべきだ。それが不安な人は最初から最高学府のポストなど狙わなければよかったのだ、と。この平川意見はネットにも掲載され広く読まれた。尊敬する名誉教授に私と同意見が多かった。

　だが官庁と同じで、外部の意見は学内に反映しない。教授も助教授も定年延長案に賛成だ。これぞ蓮實総長の最大功績と褒める人も出た。日本人の寿命は延びた、年金の支払いは六十五歳からだ、少子化で私学の経営環境も悪化し再就職は望み薄だ、等々の理由をあげて、東大の定年は延長された。はたして若い人の採用は減り、人事は停滞し始めた。そして名誉教授が急に増え出した。その理由は学問業績と関係ない。東大では二十年間勤めればこの称号を自動的に与えるからだ。定年延長で凡庸な名誉教授が増えるのは、東大の名誉とはいえない。

　大正年間、それまでなかった還暦定年制を東大に自発的に導入し、井上哲次郎など学内長老の猛反対を抑え、自己規制を断行した先人は偉かった。昭和四十年頃にも延長案が医学部から出たが、その時は否決された。定年は延ばすのは容易だが縮めるのは難しい。よそへ再就職できないような凡庸な人も全員内部へ天下りできるようにしたのが、どうやら蓮實案だったようだ。

216　評伝『古賀謹一郎』

　九州の人との交友にふれたい。私は東京の山手育ちで九州とは以前は無縁だった。しかし東大在職中、熊本へ何度か教えに来た。熊大は比較文学科のある珍しい大学で、和魂漢才を扱う金原理先生が和魂洋才を扱う私を集中講義に招いてくれたのである。小泉八雲も扱ったので講演にも招かれ熊本日日新聞の世話になった。東大退職後は福岡女学院で教えたので、その後は毎年来熊した。

私は東大教授時代、教えたことは必ず活字化した。調べ、教え、翌年の夏休みにまとめ、雑誌に発表し、本にする、というスタイルなのだが、大学院主任になるや事務が激増し、そんなリズムが維持できなくなった。残念に思っていた矢先、行政事務は一切免除するという条件を提示されたので、一九九二年に来福した。おかげで市丸利之助も中村正直もダンテもハーンも、英文著書もまとめることができ幸せだった。ただし大学行政をせぬ代わり、大人数の講義を引受け、福岡女学院のために天神で公開講演もした。

すると品の良い婦人が九大工学部教授の子息夫妻と一緒に毎年聴きにみえ、感想や手紙をくださった。女学院は講演後に聴衆からアンケートを取る。それでそんな知的交流も成立ったのである。九州の学会でまとめに発表した私だから文系の知人が出来たのは自然だが、まさか工学博士と親しくなるとは思わなかった。その小野寺竜太教授は島田謹二、富士川英郎以下東大駒場学派の著書に精通している。母君は昔私が『自由』に書いたフランス国鉄の話まで憶えておられる。まことに奇特な読書一家とは存じていたが、その小野寺氏から昌平黌の儒官古賀謹一郎についての原稿を送られた時は、事の意外に一驚した。

この幕末の儒者については従来まとまった研究がない。その一事だけでも私はミネルヴァ書房に推薦した。それが今回世に出た。それを通読するに及んでさらに驚嘆した。難しかった原稿が平明な評伝『古賀謹一郎』に仕上げられている。帯に「東京大学をつくった男。名門儒者の生涯」とあるが、古賀精里の孫で蕃書調所の創設者を資料に即し過不足なく描いている。読んで爽快《そうかい》だ。洋学漢学に通じた謹一郎をかくも鮮やかに説明できたのは、著者が工学博士でしかも漢籍にも通じているからだ。幕末の外交家としての前半生を読者はテキストに沿って目のあたりにする。清新な視野が開ける。明治政府に仕えるのを潔しとしなかった後半生は生活の細部がありありと印象的だ。しかし中村正直とは不和になったと知って残念に思った。徳川の遺臣の節を守るという生き方に私はいささか疑問も感じた。著者は古賀を良しとするかに見受けられる。だが普通の人には真似できないだろう。

本書は鷗外の史伝に連なる好著だ。しかし小野寺氏は国史の出身でない。だから国史の学会誌にとりあげられないかもしれない。九州の知友のために他紙に先んじてここに一筆私が感想を認める所以だ。

217　戦後の教育界

漱石の『坊つちやん』には明治の中学校と師範学校の対立が出ている。「どこの県下でも犬と猿の様に仲がわるい。なぜだかわからないが、丸で気風が合はない。何かあると喧嘩《けんか》をする」。かつて旧制の中学・高校・帝大系はエリート・コースで、それが日本の官僚支配の母胎だった。それに対し師範系は傍系で「地方税の癖に、引き込め」と松山でも悪態をつかれた。二流に甘んずることを余儀なくされた恨みは深い。占領下で師範系はアメリカ側と手を握って、特権的な旧制高校を廃止に追い込み、師範学校を大学に昇格させ、大学に教育学部を設けさせた。

その結果どうなったか。新制大学は一九四九年に発足、東大では翌年秋に後期課程への初めての進学振り分けがあった。駒場の旧一高系の教授は教養学部に定員六十人の後期課程の教養学科を造り、少数精鋭の学生に外国語を叩《たた》き込むとエリート主義の抱負を述べた。するとその熱意に打たれ英才が集った。本郷に新設された教育学部の教授も学生集めのために大演説をした。敗戦に乗じて新学部を造ったものの、学生が来るか来ないか自信がない。だが時勢を見るに敏な、後に日教組講師団の中核として活躍する教育学者だ。「いらっしゃい、いらっしゃい」の大宣伝をし、最後に「教育学部へ進学すれば一番早く東大教授になれます」と口を滑らせたものだから、失笑が湧《わ》いた。そして東大生に見限られ、教育学部は定員割れとなった。そんな教育学部が「進歩的学者」に支配された様は竹内洋『革新幻想の戦後史』に詳しい。一九六八年の大学紛争当時は、大図書館の南側、教育学部を共産党配下の黄色ヘルメットの民青が割拠し、北側を青ヘルメットの全共闘学生が占拠した。

教育界にはどうもいやしい面がある。利権囲い込みのギルド社会を構築しようとする。教職課程を必修とし、そうすることで教育学教授のポストを確保する。文部省や教育委員会は教員免許制の維持をはかる。だが民間の学習塾の優秀な教師は教職課程など取っていない。それなのに教育界には自己改革の意思はなく、塾通いを非難した。その非難が減ったのは文科省官吏も子弟を塾に通わせているからだ。免許とか認可は利権の温床だ。大分の教員採用不正事件もそうした体質に由来する。

共通一次の廃止をノーベル賞受賞の科学者は口を揃《そろ》えて言うが、入試センターは大事な天下り先だ。廃止されることはあるまい。大学の大学院化の際は、認可と引き換えに文部官僚が教授として天下りした。（その種の特権を維持しようとする伝統は、二〇一七年の文部次官前川喜平の時まで抜け抜けと続いた。いやこれからも面従腹背は続くだろう）。学内でも文部省に顔が利くという教授が大きな顔をした。独立行政法人技術振興機構などという組織もおおむね天下り用らしい。大手町の立派なビルに招かれて私は講演し薄謝に驚いた。さては「このセンターは活動してます」という業績作りに私を利用したな、と不快に感じた。それでそう書き添えたところ、話の内容と関係がないといい、私の原稿そのものが講演録からはずされた。

218　子供の躾けと官吏の躾け

昔、九州で感心したのは子供が大人にきちんと挨拶したことだ。縁があって平成の初め、私は大野城に住んだ。田圃に隣り合った十三階建ての十一階で、自分の住む階の人としか顔見知りにならない。それでも違う階の子供がエレベーターに乗り合わすと「おはようございます」と挨拶した。それが十年後、福岡の中央に移ったら、四階建てでエレベーターに乗る時間が短いせいか、大人も会釈しない。というか子供の少ない淋しいマンションであった。日本では家族構成も躾《しつけ》も急激に変化して行く。

大学教師の躾も変わった。衛藤瀋吉氏が東大駒場のまだ若い助教授のころ、廊下ですれちがったフランス語の新任講師に「君、挨拶ぐらいしたまえ」と注意した。そういわれたのが立て続けに二人出たフランス語教室ではひとしきり噂が出た。もちろん衛藤の悪口である。「あれはファシストだ」と金切声をあげたのは寺田透で「あれは蛮からな熊本人だ」「いや、野蛮なのは瀋陽生まれ、大陸育ちのせいでしょう」。助手だった私は「仏文出は顔見知りには丁寧に挨拶するが、よその科の人は無視するのだな」と観察した。

当時の私はフランス留学五年だったが、仏文の亜流は御免蒙って、比較研究を志していた。仏語教室より他科の人から多く知的刺戟を受けた。衛藤氏が国際関係論なら私は国際文化関係論をするつもりであった。大学紛争後、学際的なつきあいが盛んとなり、私は衛藤教授から多くの学恩を受けた。「挨拶ぐらいしたまえ」と注意された一人は芳賀徹だが「よその科の先生に挨拶するのは当然だ」と今でも衛藤さんの注意を徳としている。大学在任中、私たちは学問的社交につとめたが、とくに私はよその科の教授の記念論文集にも十数点寄稿した。しかし日本ではこの一筋につらなるのが世俗的な美徳らしい。役人でも財務省は財務省、文科省は文科省のお役人同士しか挨拶しない。人間、自分の出世を左右する人にはお辞儀をするものだ。

といっても強制された挨拶は奇妙である。昔、外国留学を控えた公務員上級職試験合格者へ講義に出向いたら「起立、礼」の号令がかかった。これが数年前まで学生運動で騒いでいた奴かと苦笑した。しかしそれから三十年、二〇〇七年の夏、財務省トップセミナーへ講義に出向いたら驚いた。「起立、礼」がないのは結構だが、大きな研修室は後ろから埋まって、前方の数列が空席のままである。大学でいつもするように「前から座りなさい。それが講師に対する礼儀です」と私は注意した。私が指さして後から一人前へ座らせると、それがなんでも財務省のお偉いさんだったらしい。それでかすかに笑いがもれた。

北京で中国語を習う学生で漢字を知らぬ西洋人は早く落伍する。残るのは韓国人と日本人だが両者は違う。韓国人は前の席から座る。日本人はばらばらと後ろに座る。「どこに座ろうが自由だ」という人は、答えるも答えないも俺の自由だと思っているらしく、きちんと返事しない。これほど教えにくい人種はないと中国人の先生が苦笑した。子供の躾の悪さが官吏の躾の悪さになった。日本は劣化しつつある国である。

219　大使は大嘘つき

第二次大戦に際し日本には二つの選択肢があった。

一つは武装中立を維持し、欧州の動乱を対岸の火事とみなし事態の推移を静観することである。欧州でもスペインやポルトガルは中立を維持できたのだから、日本にできなかったはずはない。たとい漁夫の利を得ることはできずとも、交戦国とならぬことで、自国が戦禍を蒙ることだけは免れただろう。

二つは勝馬に乗ることである。日本と米英の対決が不可避となったのは、一九四〇年九月、独伊と三国同盟を結んだ時である。米内光政・山本五十六などの海軍首脳は日本の実力のほどを心得ていたから、反対だった。だがドイツが四月ノルウェー、デンマーク、五月オランダ、ベルギーを占領、六月十四日パリに入城した。こうなると日本世論も「ドイツ、ドイツ」「勝馬に乗れ」「バスに乗り遅れるな」と騒ぎ出した。モーロワの『フランス敗れたり』が売れに売れた。

こうして独伊と結ばれた日本だが、独伊の実情を把握していたか、というと心もとない。破竹の勢いだったドイツもロシアに攻め込むに及んで戦局は膠着、ついで逆転した。一九四三年七月十日米英軍はシチリアに上陸、二十四日夜ローマで開かれたファシスト党大評議会は政権をイタリア国王に奉還する動議を可決した。党がムッソリーニ首相を不信任したのである。日本側はその動きは察知しなかった。それどころか翌二十五日朝、ムッソリーニは「戦局を枢軸側に好転させる妙案」として日高信六郎大使に「東京から圧力をかけて独伊とソ連が平和条約を結ぶよう仕向けてもらいたい」と要請し日高は本国政府へ伝えると約束した。その夜ムッソリーニは逮捕されたのだから間抜けた話であった。

戦後の我国にはそんなムッソリーニ失脚の顚末を明らかにした外交官すらいない。それで門外漢の私が「イタリアのいちばん長い日」(『平川祐弘著作集』第三十巻所収)について調べた。世間は知るまいが、ローマ在の歴代日本大使はおおむねイタリア語ができない。先日新任大使がイタリア語で挨拶したので話題となった。一昔前に渡邉幸治大使がキアンチアーノの伊日学会に現れた。有能な人だからスピーチするかと思いきや英語で「平川博士は語学の天才だから御挨拶は教授にお願いします」といきなりこちらにマイクを差し出した。突然の事で驚いたが断るわけにもいかない。「大使は大嘘《ブジャルド》つきでありまして」とイタリア語で話し出したら、皆が爆笑した。「bugiardo とはどういう意味だい」と横の大使が私にこっそり聞いた。その渡邉氏も退官し、昨年殊勝にも中国へ語学留学した。老化防止のためにも結構だ。また今の日本には大陸の経済発展に目が眩んで「中国、中国」「バスに乗り遅れるな」という向きがいる。だが大陸でインテリから中国語を学べば、表裏がおのずとわかるだろう。人間複数の外国語を学んで三点測量することが肝要だ。

220　外交官の卒業論文

大学は学生に論文を求める。学部卒業者はともかく、大学院修士卒業者には必ず求める。卒業論文なしに大学の教職に就くことはできない。そこで提言がある。それならば更に一歩を進め、世間は大学を定年退職する教授にも生涯の仕事の決算を求めるべきではないのか。学生に卒業論文を求めるなら、教授にも卒業論文を求めてしかるべきだ。そう私が言えば傷つく人がいるのは知っている。人文・社会の学者で一生ついに書物を出し得ずに終える人は少なくないからだ。しかし学生の就職が卒業論文で決まるのなら、定年教授再就職の際も教授としての「卒業論文」で決めるべきだ。その第二の審査があってこそフェアなのだ。日本の大学人事が業績によって決定されれば、教授は学問に専心せざるを得なくなる。互いに会議に時間をかけ過ぎる愚をさとるようになる。学問上は専門業績もないくせに会議だけが専門の教授が、学内で大きな顔をすることがなくなるとは言わないが、多少は減るだろう。

以前の東大比較文学比較文化の教授たちについて尊敬すべきは、島田謹二、菊池栄一、富士川英郎、佐伯彰一の諸先生は六十歳の定年退官後さらに多くの書物を世に問うたことだ。島田先生は八十九歳で一二四〇頁の『日露戦争前夜の秋山真之』を出し菊池寛賞を受けた。斎藤信子氏は父島田謹二の女性関係で波瀾に富む生活も『筏かづらの家』（近代出版社）であからさまに回想した。今なら週刊誌の結構な種だろうが、先生の学者としての名誉は結局、秋山や廣瀬武夫など定年後の著作によって定まった。

では外交官についてはどうか。外交官もまた卒業論文が求められる。陸奥宗光など国運を一身に背負った人は『蹇蹇録』以下の見事なメモワールを残した。東郷茂徳はA級戦犯として獄につながれたが、我が国を不当な批判から守り、かつ身の潔白を明かすために『時代の一面』を書いた。

近年、外交評論で筆をふるう元大使に岡崎久彦がいる。矢田部厚彦元駐仏大使は『贋十日物語』などの遍歴綺談を書いた頃は、食道楽の人かと思ったが、どうして父子二代の外交官だ。外務省の権威崩壊に我慢ならず『職業としての外交官』（文春新書）を書き『日本外交とは何か』（平凡社）で外交史論を述べた。外交力と軍事力を論じた序論には私も共感した。明治の外交官には退官後回想記を外国語で著した林董などもいる。そこまで行かずとも、外交官も再就職に際してはきちんと「卒業論文」を書いてもらいたい。矢田部氏の著書に寄せた芳賀徹教授の跋は秀抜だ。政府関係者が知識人と交際し互に蒙を啓く意義はこの一文でわかる。知識人・大学人はただ単に反政府・反体制のお題目を唱えればいいのではない。

ただし御用学者は良くない。政府の「有識者会議」に名前を連ねれば名誉と思い、議論も詰めず、拙速な報告にラバー・スタンプを押すなど恥ずかしい限りだ。

221　国際競争力のある日本人

東大教養学部の前身の一高では英語のディクテーションが入学試験にあった。受験生だった私はその際「アルコール」という単語は聞きとれたが alcohol の h の位置を書き間違えた。ところが戦後新制東大となるや英語の書き取りが入試からはずされた。理由は「書き取りは都会出身の受験者に有利だ」といった地方出身の受験者の肩をもつ一見正義の主張や「日本人英語教師の発音には個人差があり問題がある」といった日本人外国語教師の劣等感にふれた発言や「大教室の隅に坐らされた受験者に不利だ」などという機械的平等主義者の主張に気圧《けお》されたためだ。だが細事の擬似正義の尊重は国の大事を誤る。

大学はエリートを養成すべきだ。その入試に際し知的格差反対を唱えるのは間違いだ。日本は今や世界の大国となったが、指導者層の英語能力が中国・韓国に比べ劣り始めた。世間も心配する。そんな懸念を反映して、さすがに共通一次試験では書き取りが復活した。ただし外人教師に英語を読んでもらい、テープにとり、全国一律に流す。しかしそんな受け身の英語の聴力試験だけでは日本の若者に積極的に自己主張する力が身につくはずはない。フランスの共通一次試験には口述試験がある。受験生の自己主張の能力が問われる。その採点はたまたまその場に居合わせた試験官の裁量にゆだねられる。それが日本だと試験官の主観で点が変わると猛反対が出るにちがいないが、細部の擬似公平の尊重が国の大事を誤る。

元国連大使で学習院長の波多野敬雄氏も懸念しているが、国際競争力の基礎は英語で、英語で議論ができるレベルまでエリートを養成せねばならない。国際的とは大勢の中で「手を挙げる」ことで、そのためには自分の意見を持っていなければならない。ところが試験はマーク・シート方式だ。自分の意見は書かせない。日本語でも口頭で意見を述べさせない。そんな平等主義が「出る杭《くい》は打たれる」「長いものには巻かれろ」という雰囲気を助長する。そんなムラ社会では「語学エリートの養成」というだけで白い眼で見られそうだが、それでも東大は平野竜一総長の時代に海外帰国子女を別枠で採用することに踏みきった。大英断だ。平野氏は熊本という地方出身者だが、別枠採用は不平等だ、などとはいわなかった。しかし海外帰国子女以外の日本人にも外国語で議論してもらわねばならない。

そこで一歩進めて元外交官、元学長の朝食会で提案した。日本が自己主張するためにも、隗《かい》より始めよ「まず外交官も教授も定年に際し自分のした仕事をまとめ公表する。著書を出した人には退職金一割増、林董のように専門とする外国語で回顧録を書いた者には二割増にする」と言ったら皆にっこり肯いた。「しかし財政難の昨今ゆえ専門の外国語で自分の仕事の決算のとれぬ者はその責任をとって退職金二割減とする。これが公務員改革として必要と思いますが、いかがでしょう」と言ったら皆しんとなってしまった。「提案は日本の官吏や学者のモラール改善の正論だが、正論をぬけぬけ言うから平川は嫌われる」と後で知人に笑われた。

222　東京都仏貨債交渉

一九五六年、パリで東京都の仏貨債交渉の手伝いをした。日本側代表は三人で一人目は幣原内閣の官房長官だった楢崎渡代議士、代表とは名のみで、昔懐かしいパリへ公費で遊びに来たまでだった。二人目は東京都の財務局長「東京都の人口はスイスより多いから俺はスイスの大蔵大臣より偉い」と豪語したが、外国語ができず実務はしない。同行した通訳は戦前の外交官だが、儀礼の挨拶以外は役に立たない。日本大使館は、国でなく地方自治体の交渉だから、といって通訳サービスを提供しない。当時のパリ大使館は手薄で人材も乏しく、それで奨学金切れの苦学生の私に仕事が舞い込んだ。「日本側は人数も揃っているから」とフランス側に言われて、交渉議事録は私がフランス語で拵《こしら》えることとなった。代表団のホテルは凱旋門近くで、ジャン・ギャバンが時に女性と泊るとかいう。議事録作成が終るころ地下鉄もなくなり、タクシー代を節約し学生寮まで歩いて帰ったこともある。日本側の三人目の、というか実質的代表は、元大蔵官僚の伊原隆氏で英語で交渉した。フランス代表は I think を「アイ・ティンク」と発音する。後で知ったが、伊原代表は

東京都仏貨債交渉代表団

朝食時に同行した年配の通訳に前の晩私が作成した議事録を口頭でフランス語から訳させチェックしていたそうである。そんな能吏の伊原氏に私は半ば感心し、半ば辟易《へきえき》した。大蔵省に誇りを持つのは結構だが、その裏返しに他を軽視する。「君はよくできる」と褒《ほ》めてくれるのは有難いが、次の台詞《せりふ》が「不思議だねえ。君は東大法学部出身でないのかね」。このご挨拶《あいさつ》には恐れ入った。パリ滞在の間に「不思議だねえ。君は法学部でなくて文学部なのかね」と三度繰返した。自分は本郷の文学部でなく駒場の教養学部教養学科を出たのだと説明したが、通じなかった。

当時の私の日給は三千円。交渉は一カ月続き、最後に僅か三行の覚書を交換することで終了した。私が書いた覚書のフランス語に問題があるといけないので、伊原氏に付き添ってフランス人弁護士事務所に行った。弁護士は一目見て「問題はありません」とその場で紙を返した。それだけの弁護士に支払った金額が、私の一月分の報酬よりも高かった。最後の日、会計係の都の役人が「パリへ来て一カ月、私はまだノートル・ダムも見てない」と哀れなことを言ったが、私は案内しなかった。実際に私に支払ったアルバイト代よりも多い金額の領収書を差出して「すみませんがサインしてください」と頼んだからである。

私は元東大の一人だが、法学部出の過大評価は誤りと思うので、エズラ・ヴォーゲルが『ジャパン・アズ・ナンバー・ワン』で日本の高級官僚を高く評価した時は首をかしげた。あの本は日本人を驕らせた点でも良くなかった。それやこれやでこんな個人的な体験の思い出を記す次第だ。

223　一石二鳥のすすめ

英語、スペイン語、仏語、露語、アラビア語、中国語、独語などが複数の国で話されているのと違い、この地球で日本語が話される国は日本のみである。これは島国日本が過去に海外征服をしなかった、ないしはしようとしても成功しなかった結果である。日本は国際社会への登場がきわめて新しい国なのだ。

いまや交通の発達につれ地球が狭くなり、外国との接触が増し、日本人も外国語を使わざるを得ない機会がふえた。ところで外国語といっても印欧語は同一の言語家族に属し、文法が互いに似ている。それだから西洋語など、インド・ヨーロピアンの言語を母語とする人は、互いに早く習うことができる。英国の植民地となったインド各地で英語が早く広まったのは文法の基本型が似通っているからに違いない。それに比べると、外国語が苦手の人が日本に多い。私たちはそれをハンディキャップと感じている。

秀吉の時まで日本人は海外侵略をしなかったといっても、外国に無関心だったわけではない。文明の中心から遠くはずれたと自覚する東海の島国の上層部は、奈良朝の昔から海彼《かいひ》の文明に憧れた。それで漢文を習った。中国語としてでなく漢文として習ったのは会話の機会が少なかったこととも関係する。しかし日本人は中国一辺倒にはならなかった。九世紀の菅原道真の頃から「和魂漢才」という文明摂取の公式をすでに自覚していた。朝鮮の両班《ヤンパン》は漢詩文しか書かなかったけれども、道真は漢詩も書き和歌もよんだ。そんな文化についての二重規準の伝統があったからこそ、唐が衰え、遣唐使も中止すると、平安朝中期の日本には紫式部の『源氏物語』など和文の文化が花開いた。その少女《おとめ》の巻に「和魂漢才」を是とする教養認識が見えるこ

板相撲、熊本

とは前に紹介した。外国語外国知識もあってこそ大和魂、すなわち日本人としてのアイデンティティーも確実となるという文化についての折衷主義的な考えで、私はこの種の文化政策はこれから先も有効だろうと考える。

道真の千年後、日本は古代中国の聖賢に範を求めることをやめ、目を近代西洋に転じた。福沢諭吉は日本人に漢籍でなく洋書を勧めた。日本人の第一外国語は漢文から英語に変わった。「脱漢入英」は賢明な方向転換だった。今や「和魂洋才」を唱え出した日本人は、理想を産業革命以後の西洋近代市民社会に求めた。その私たちはグローバルな英語文化の流れに巻き込まれつつある。ではどうすれば英語も学び、かつ日本人の文化的アイデンティティーも維持し得るのか。『源氏』原文と並べて英訳を読む、白楽天を漢文訓読で読みながらウェイリーの漢詩英訳も読む——そのような一石二鳥、さらには一石三鳥の大学教育がこれからは必要だ。日本人はハンディキャップを背負っていると思っているが、こんな多角的な理解ができる学生は世界でも稀だ。かつて漢文化を学び、いま西洋文化を学ぶ日本人であればこそ、世界について三点測量ができるのだ。この利点を生かし、外国語とともに内外の文化をも学べば、世界に通用する日本人も必ずや誕生するに違いない。

224　橋下発言

二〇〇九年に橋下《はしもと》大阪府知事が全国学力テストの成績公表を拒む文科省を痛烈に批判した。「あの知事は偉物だね」と東大名誉教授の会合の席でひとしきり話題となった。そして結論は、毎回のことながら、戦後日本の文教政策の愚かさ加減に落着く。

教育は競争社会の現実を教えることにも意味がある。世界で飛び級を認めないのは戦後の日本ぐらいだ。一体どこの国が学力テストの公表を拒否しているか。拒否にお墨付きを与えた検討会議の「専門家」は文科省の御用学者に相違ない。

橋下徹氏がタレントとしてテレビに出演、下関の母子殺害弁護団への懲戒請求を呼び掛けたことは、氏なりの正義感のあらわれで、広い意味で言論自由の活動ではあるまいか。それに対する一審の罰金八百万円は日本の言論を萎縮《いしゅく》させるものと私は危惧《きぐ》する。そもそもあの弁護団の戦術には世間の反感を買う独善が多すぎた。懲戒請求されて当然と思う人は世間に多い。それに対し「テレビは公器だ、それを借りて橋下が聴視者に訴えたのは言論機関の乱用だ」という反論もあった。では借問したい。敗訴した橋下知事に対し、大新聞という公器が社説を借りて橋下氏に弁護士資格返上を求めた。これは言論機関の乱用でないのか。

興味深いのは大阪府民の反応だ。大新聞を敵にするとは思いきったる橋下知事だが、知事の支持率は下がらない。「『朝日新聞』は愚かな言論機関。すぐに廃業した方がいい」といいきる橋下をむしろ良しとした。多くの人が感じながら口に出せない傾向的な新聞に対する嫌悪感を氏が公然と述べたからであろう。

大新聞の主幹が奇妙な論説を書く。世間と論説委員の感覚に温度差があり過ぎる。紙上の楼閣に棲《す》む中央のマスコミ関係者の頭の中で作られた「世論」なるものに地方のマスコミもやすやすと追随してはいないか。大部数のマスコミは影響力を誇るが、部数が多いだけが能ではない。欠点もある。地方紙の『熊日』には記者の個性がまだしも感じられるが、全国紙にはそれが希薄だ。

明治の新聞人がこの様を見たらなんと言うか。特効薬はただ一つ。新聞地方分権法を作って、中央紙も権限を地方に委譲する。『朝日西日本』『毎日中国』『読売九州』という風に地方別に分割する。実はそれでようやく欧米の大新聞並みの発行部数に落着く。社説も地方別の論説主幹が各自自由に執筆する。そうすれば言論も多様化し、日本ジャーナリズムも活性化する。下関の新聞は母子殺害弁護団への懲戒請求に賛成する、大阪の社説は橋下知事を後押しする、大分では全国学力テストの結果をスクープして公開する、などということもあっていいのではないか。そのように地方の数だけ論説主幹の数を増やし、構造改革すれば、なによりも執筆機会がふえる。そこではじめて記者もペンの人となり、紙面から人間的な息吹やつぶやきも聞こえるようになるだろう。

225 ドイツ語の栄枯盛衰

東京の上智会館内にドイツ日本研究所がある。日仏会館とかイタリア文化会館に相当する文化交流施設だが、興味深いのは来日ドイツ人がここでドイツ語でなく英語で講演する点だ。英語の方が在日西洋人・日本人聴衆に通じやすい。その実際的見地に立ってのことだ。だが日仏会館で英語の講演はまず行われそうにない。フランス人には英語の下手な人もいる。フランス語よりドイツ語の方が英語に近いからドイツ人の方が英語もうまい。ドイツの国際学会での公用語も英語だ。日本の独文学会の会長をつとめた有名教授がドイツの国際学会で英語で挨拶するよう求められて立往生し、憤慨するという悲喜劇もあった。もう二昔前になるが、ドイツ作家ブレヒトについて私もミュンヘンで英語で発表したことがある。引用はドイツ語でしたが。

そんな英語優位の地球化時代となった。慶応早稲田でも、英語しか教えない学部がある。しかし第二外国語抜きの高等教育はよくない。先日、米・独・日の会社比較についてのベルリン大学キルヒナー教授の講演も英語だったが、米国流の株主尊重論が万能でないという指摘は、教授が英語圏以外の独・日の会社経営にも通じているからこそ出来るのだ。それに対し日本の経済学者には米国一辺倒が多い。とかく米国モデルを理想化するが、一国や一外国語への一辺倒は危険である。

戦前の日本の旧制高校・帝国大学・陸軍の学校ではドイツ語がもっぱら尊重された。教養主義者はドイツ

山静似太古——材木座の竹山家には安倍能成の書が掛かっていた

をゲーテ、カント、ベートーヴェンの国として尊敬した。左翼はマルクスを、陸軍はドイツ軍部を崇めた。医者はカルテもドイツ語で記入した（Karteもドイツ語だ）。そのドイツ語尊重は戦後も惰性的に続いた。私は昭和二十三年に一高に入ったが躊躇せずドイツ語を選んだ。戦後の東大でも最大の集団はドイツ語教師で、その数を背景にごり押しをした。比較文学の大学院担当も教員の数に比例して配分せよ、などと主張した。しかし日本では独文科そのものの人気は低迷し、ついに志願者もいなくなったりした。

昭和十五年、独伊と同盟したのが日本の命取りとなったが、同盟締結に反対の声が少なかったのは、外交が雲の上で行われたこともあるが、戦前の高等教育がドイツを美化したこととも無関係でない。戦後の教授会でドイツ語教室の利益のみを主張するドイツ一辺倒の教授を見ると、戦時中ナチス・ドイツの代弁となった日本の駐独大使大島浩陸軍中将とはこういう手合いだったろうか、などと思った。

しかし日本のドイツ語教室ではドイツ万歳、フランス語教室ではフランス万歳を唱えていれば、その人はそれぞれ独文学会や仏文学会の内部では出世するのである。しかしこれこそが縦割り主義の弊害だ。時代の要請に応じ、たといドイツ語のポストを減らしても朝鮮語やアラビア語を、フランス語のポストを減らしてもスペイン語やイタリア語を増やすことが大学改革なのだ。石原慎太郎はフランス語の意味を過大に評価することに反対した。石原は過激な言辞を弄するから誤解される。すると石原都知事を告訴するフランス人のビラ撒きの手伝いを日本の仏文学会はするとかいう。仏文の一部の学生や教師は大学紛争の時もくだらぬビラを撒いたことがまた思い出された。

226　ベールという自己主張

いまヨーロッパでは自国に住みついたイスラム教国から来た女たちがベールで顔を覆うことが大問題と化している。フランスは市民の平等をうたう国である。平等とは国家が人種のみならず宗教によっても人を別

扱いしないことをいう（非宗教性《ライシテ》の原理）。それが公教育の基本だから、公立学校ではイスラム教徒の女子生徒の教室内でのベールの着用を認めない。着用にこだわれば退学になる。

　イギリスは今までは各少数民族集団の風習を尊重してきたが、イスラム教徒の女教師が目のほかは隠したベール姿で授業をするに及んで停職となった。彼女はその処分に対し「これはイスラム教徒に対するいやがらせだ」と訴えたが、裁判所は「ベールをつけて授業をされては児童はよく理解できない」という父母の訴えを是とした。もっとも彼女にはいまだに給料は払われているという。彼女の弁護士は「これは新しい宗教差別だ」と控訴した。しかし町のイスラム教住民は彼女は「困り者だ」と言っている。その一人は地区選出の下院議員でパキスタン系英国人のマリク氏である。

　ほかの欧州諸国でもベールの着用は「社会への同化の妨げになる」として問題視されている。ドイツでもトルコ系二世の代議士は「今の世界に適応しなさい。ドイツ社会に溶け込みなさい」と言っている。オランダでは「公共の場所ではイスラム教徒もベールを取るように」と移民相が言明した。しかしベールこそはイスラム女性のシンボルだと信じるイスラムの男もいる。「ベールを取れ」と最初に提案した自由党のヴィルデス議員は「殺すぞ」という脅しを何度も受けた。

　イタリアのテレビ討論で女性議員サンタンケが「ベールは宗教的シンボルでもなくコーランによって定められたわけでもない。女の顔を隠すベールが自由のシンボルであったためしはない」と発言するや、同席したイタリア在のイスラム教の導師が「イスラムについて無知なる者の不信心な発言だ。あなたにコーランを解釈する権利はない」といきりたった。他の導師は彼女を「憎悪の種を播《ま》く女」ときめつけた。この宣告はイスラム社会では死刑に相当するという。イタリア内務省はサンタンケ議員にいまや警官を常時エスコートさせ身辺保護に当たらせている。一九八八年に『悪魔の詩』を刊行したインド生まれのイギリス人小説家ラシュデイは、「教祖マホメットを諷刺し、イスラム教を冒瀆した」としてイラン政府によって死刑を宣告された。そうしたらなんと『悪魔の詩』の日本語訳者五十嵐助教授が筑波大学構内で残酷な手口で殺された。そんな宗教テロが思い出された。

こうなると「触らぬ神に祟りなし」で言論表現の自由は萎縮する。ベルリンではモーツァルトのオペラの上演も自粛し、内容を手直しするという。ドイツのメルケル首相はそんな劇場関係者の自己規制を「まだ脅迫もされていないうちから白旗を掲げたようなもの」と批判した。

227　ベール着用は自由か強制か

「うまそうな生の肉を外に出しておけば、猫が来てさらって食う。その際、悪いのは誰か。猫か、それとも生の肉を露出した方か。悪いのは裸の肉体の方だ。女も家の中にとどまりベールで顔を覆っていれば、問題は起きない」

イスラム系移民のお偉いさんのタジ・エルディン・ハミッド・ヒラリ師がこう説教したと『オーストラリアン』紙が報じた。すると今度は土地の政治家やキリスト教のお偉いさんがいきりたって「ヒラリを国外追放しろ」と叫んだ。ヒラリは「自分の発言は意図的に誤解された。女はつつましやかに暮らすがいいと言ったまでで、肌を露出した女は強姦されても仕方がないと言ったわけではない」と釈明した。しかしイスラム系住民の中からも「あの説教は度が過ぎた」という声が出た。

だが他面、西洋の女の裸の露出度に驚く非キリスト教国民は多い。バスの車体に、豊かな胸には溢れんば

伊太利のミルク入れ

かりの乳房が透けて見えるブラジャーをつけ、くびれた腰には局部をわずかにパンティーで隠すだけの裸体の女性が笑みを浮かべて横になっている。そんな嫣然《えんぜん》たる流し目の肉感的なポーズはブラジャーやパンティーの広告だ。こんな広告は日本でもじきにはやるだろう。しかしイタリアの田舎町で真夜中、テレビで裸体の娼婦の広告が画面に流れ、電話番号まで出たのには驚いた。神父に話したら「広告も民主主義社会の言論の自由のうちですかね」と苦笑した。露出派の表現がそこまで許されるなら、露出反対派のヒラリ師の発言も許されるはずだ。軽々しく国外追放をいうべきではない。またイタリア国会が「ベール着用禁止法案」を仮に可決しても問題解決とはならない。

だが「女は家の中にとどまれ」という主張は日本でももはや通用するまい。フェミニストはヒラリ師の発言に柳眉《りゅうび》を逆立てて抗議すべきだ。ところが意外や意外、腰がひけている。米国のフェミニストのスポークスウーマン、エリカ・ジョングは「女のイスラム教徒が欧米社会でもベールをつけるのは、六十年代にヒッピーが長髪をしたようなものでしょう」と弁護した。「本当にそう思うか」と記者が問い詰めた、「ベールをつけるのはイスラム人コミュニティーの圧力のせいではないか」。ジョングはその質問をかわし「欧米の病院でお産をすればベールへのこだわりも減るでしょう」。出産となればベールも服も脱いで医師に肌を見せるからの含意《がんい》だろう。ところがそれすらも許されない。病院ではイスラム系女性を治療しようとしたイタリア人男性医師が診察室に押し入った夫に殴打《おうだ》された。

グロバリゼーションはこんな「文明の衝突」をも加速する。よそごとではない。日本も移民の受け付けは一年当たり数に上限を設け、彼らが固まってゲットー化することのないよう分散させ、社会に同化させないと只事ではすまなくなる。移民が集団として差別されたと感じ、旧態依然たるアイデンティティーにすがりつくことほど恐ろしいことはない。

228　植民地時代の文化遺産

第二次世界大戦の後、英米仏蘭日など旧帝国のアジアの植民地は次々と独立した。植民地主義は悪であり、反植民地闘争は正義とされた。人間誰しも二等市民扱いはいやである。独立願望は当然だ。それでは植民地時代の文化遺産をも否定すべきか。

植民地主義非難は当然だ。旧支配者の言葉など使いたくない。だが三代も植民地統治が続けば母語は忘れてしまう。西アジアの旧植民地出身の作家たちは、かつての宗主国の言語である英語を駆使し、ノーベル賞まで獲った。マルティニークの黒人作家はフランス語でゴンクール賞を獲った。独立直後は負の遺産として非難された支配者の言語がいまや公然と認知されている。では植民地支配を絶対悪として否定しつつ、植民地化に含まれた文明開化の遺産を善とするこの態度に矛盾はないのか。仏領西インド諸島の作家たちは「ない」という。黒人白人の文化が混じった現実を「クレオール性」と呼び、文化の混血を良しとする。様々な人種的・言語的・宗教的要素を自分の中に肯定的に取り入れるが良い。百年前の地球は九割方は植民地だった。その過去を全否定することはできない、という。日本も混淆《こんこう》文化の国で、英語で言えば Creole Japan と呼び得る雑種だから、私はその主張に共感を覚える。

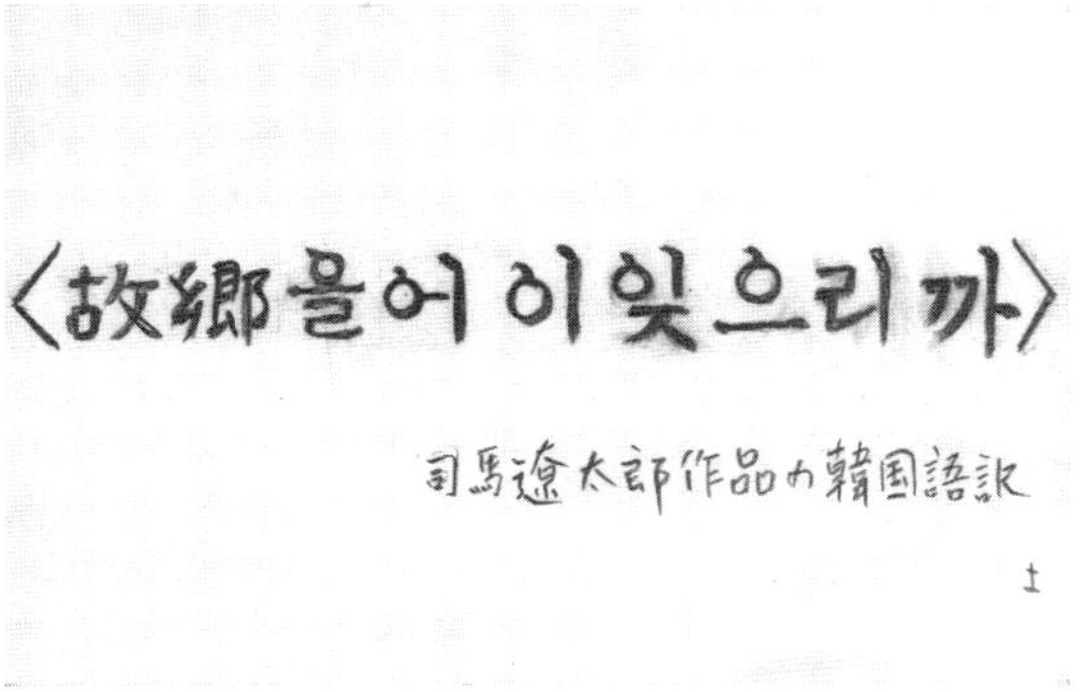

日本は万邦無比でユニークな文化と主張する日本人がいる。実はそうした人は日本文化の由来を説明できず、そんな遁辞《とんじ》を用いて誤魔化して

いるのだ。日本は文化的に植民地とはいわぬが、他に多くを負うている。字も漢字仮名まじり、宗教も神仏混淆、平安朝は和魂漢才で明治以後は和魂洋才だ。生活様式も和洋折衷、食事も和食洋食だ。ただし外来の物は入れたが人は入れなかった。漢語や片仮名の外来語は入れたが、日本語の構造は変らなかった。その意味では文化の骨格は変ってない。私は過去の日本について「漢文明によって汚染された」と非難する気はない。今の日本について「西洋文明を排除せよ」と主張する気もない。米軍の占領も共産主義から日本を守ってくれたと評価する。

中国と陸続きの朝鮮半島では漢文明の影響はさらに強かった。それが独立後、漢字を排しハングルのみとした。ナショナリズムの現れだが、他の偉大を容れぬ度量の狭さでもある。韓国の発展には日本統治が遺した人材も与ったことは米国学者も指摘している。だがそれは認めたくない。盧武鉉政権は親日派狩りに狂奔する。独立後六十年、そんな騒ぎは日本の影響の深さを逆に宣伝するものだ。だが李朝時代も権力が交代するたびに歴史書を改竄《かいざん》した。平和な政権交代を保証するのが民主主義だが、その点では旧態然たる韓国だ。文民として初めて投票で選ばれた金泳三大統領も前の大統領に死刑判決を下した。そんな政治主導の歴史認識は過去を歪める。本音と建て前に差があり過ぎるのは良くない。韓国の自由のために血を流した米国を悪く言うようでは、この隣国の未来は暗い。

229
自由のない国

中国と違い韓国は民主主義だから、日韓は協調できるはずだと予測する向きがいる。楽観的に過ぎはしないか。韓国は確かに経済的に躍進し、中産階級が形成され、一見近代市民国家だ。軍出身でない金泳三が一九九三年、大統領に選挙された。民主化の勝利だった。だが大統領の座につくや金は前の軍出身の大統領を逮捕、死刑判決を下させた。民主制とは流血なしの政権交代を可能としたシステムだが、金泳三のやり方は近代以前への逆行で、朴正熙・盧泰愚大統領の時代より日韓関係も悪化した。さすがに死刑は執行されなかったが、以後、韓国大統領は次の政権による逮捕を恐れねばならなくなった。親北政策の今の大統領など（この執筆時は盧武鉉だった）、北の核実験で世論の支持は下がるし任期切れは迫るし、戦々恐々だろう。他方、金正日は（そしてその後の金正恩も）南の親北政策は存分に利用するが、ゆめ統一には応ずるまい。自国の前大統領にさえ死刑判決を下した韓国だ、北の首領様を生かしたままで南北合併することなどあり得ないからである。

南北対立はともかく、なぜ自由なはずの南の内部でかくも激しく対立するのか。派閥や地域を超えて大乗的な見地に立てないのか。それが難しいのは韓国の父系親族体系の在り方が人々の歴史観を規定するからではないかと文化人類学者伊藤亜人は『歴史をどう書くか』（甚野尚志編、講談社）で示唆している。韓国では十九世紀以後、誰もが全国規模で父系親族集団に属し族譜に記載される。それで氏族の歴史も排他的かつ系譜的に再編成される。各氏族はこうして祖先の歴史を共有することで、組織的に団結し助け合う。祖先の業績や栄光が子孫たちの威信の根拠となり、社会的な評価と結びつく。氏族の数だけ私的な歴史があって譲らないのだという。

ダグラス・マッカーサー元帥

なるほどそうした発想で互いに相手の先祖は親日派だと非難しあうのか。先祖は親日派だと烙印《らくいん》を押されれば一族の不名誉ばかりか財産も没収されかねない。そんな魔女狩りに似た過去糾弾は外国人にも向けられる。一九五〇年九月、仁川上陸を敢行し韓国を共産軍の恐怖から解放したマッカーサー元帥は韓国人にとっては救国の英雄だ。銅像も建った。だが彼の父は初代フィリピン総督だ。その時に米国のフィリピン併合の承認と引き換えに日本の朝鮮併合を承認した。そういうふうに話が広がると、父も息子も憎い。仁川のマッカーサー銅像をぶっ壊せ、という主張が盛り上がる。親北派がここぞとばかり反日・反米を煽《あお》る。これでは米国から不信の目で見られても仕方あるまい。

中国と同じで韓国には反日を唱える自由はある。が台湾と違って、日本の植民地政策の功罪を客観的に吟味するだけの言論の自由はない。竹島帰属の裁定をハーグの国際司法裁判所など公平な第三者に委ねよ、という声すら聞く耳をもたない。本音を語る自由のない国との友好は実はなかなか難しい。

230　日韓の歴史観

『世界週報』の二〇〇五年七月二十六日号が誌上討論「日韓の歴史観」として韓日それぞれの立場を述べさせている。こんな一節がある。「日本は一体いつまで韓国に対し謝罪し続けなければならないのでしょうか。そして謝罪するたびに『その謝罪は本当に心からのものなのか』と言われなければならないのでしょうか」。この日本人の問いかけに、口にはしなかったが韓国の一学者が言いたかった答えは「日本の島が海に沈まぬ限り、韓国人は謝罪を要求し続けるだろう。韓国人が日本人より豊かになり、日本が韓国を兄として慕うようにならなければ、韓国人は過去のことを忘れることができない」だろうという。

まあそうかもしれないが、いやはや厄介な隣国と居合わせたものだ。木村幹教授は、韓国は武力闘争で独立を獲得できなかったから、このような怨念が尾を引いていると説明した。はたしてそうか。そうした説明は「木村妄言」としてまた非難の種にされるのではないか。他方キム・ヨンドク教授は主張する。日韓併合当時「朝鮮の近代化プランが既に推進され、併呑過程で国際法的基準と慣行を日本が守らなかったという事実は国際学会でも受け入れられている」

今の韓国人のプライドはこの強弁で満足するだろう。だが日清日露戦争当時、西洋列強の外交官も記者たちも朝鮮の後進性を認めていた。米国は日本の朝鮮併合承認と引き換えに日本が米国のフィリピン併合を承認するよう求めた。またそうした過去があればこそ韓国には反米感情も強いのだ。

だが『世界週報』の両論併記の編集方針は結構だ。韓国や中国内でもこのような両論併記を活字にしてもらいたい。今は無理でもいつか出来る日も来るだろう。現に台湾では国民党が政権を追われた後、新しい歴史教科書が編纂され、国民党史観とは異なる複数の見方が可能となった。『認識台湾』には日本の植民統治の否定面とともに肯定面も記述されている。そこが今の台湾と韓国の違いだ。日本の教育遺産が評価されることは私には特に嬉しい。しかしソウル大関係者はおおむね前身の京城帝大を良く言わない。良く言って「親日派」と目されたりすると後の祟《たた》りが恐ろしい。しかし台大関係者は前身の台北帝大をおおむね肯定的に評価する。台湾におけるこのような評価は、一旦表に出てしまった以上、政権交代で国民党がまた天下を取ってもそう変りはしないだろう。

植民地支配の功罪については比較研究が大切だ。シンガポールでは日本の敗戦後は博物館に当初一九四五年の日本軍降伏の写真だけが展示された。それがシンガポール独立後は、一九四二年二月十五日の英軍降伏を描いた宮本三郎の『山下・パーシバル両司令官会見』の油絵の大きな複製も並べて展示されるようになった。日本だけを悪者とする見方はやはり間違いだ。韓国でも秀吉の破壊を子供に教えるなら、朝鮮戦争のそれに何十倍する破壊をきちんと教えてもらいたい。南京にも日本鬼子《リーベン・グイツ》だけでなく共産党による粛清や文化大革命の悲惨の展示もしてもらいたい。ついでに日本の中学でも自虐史観と自尊史観の二つの教科書を共に使って授業してもらいたい。複数の見方を許すことこそが民主主義の原点だ。

231　自鳴鐘

和辻哲郎『鎖国』は敗戦後評判となった。西洋が新航路・新大陸の発見によって世界的視圏を確立したのに対し、徳川日本は自らを鎖した。そこに日本の悲劇の根があった。その間に西洋列強は地球各地に進出し

自鳴鐘

たのに対し、日本は遅れを取ったからである。多くの人は和辻説に賛同するかに見えた。

しかし東アジアを見わたすと、同じ時期の中国も朝鮮も、キリスト教と結びついた西洋勢力による国内攪乱《かくらん》をおそれて、ひとしく鎖国している。地大物博の中国など農業社会の東洋は自給自足していたから、西洋貿易の必要は感じなかった。それより国内の安定が大事だった。

では日本はどれほど鎖国したのか。実は徳川時代の日本ほど外来文化である漢学を熱心に勉強したことは前にも後にもない。朱子学は李退渓の学問が朝鮮から伝わった。清朝・李朝・徳川の三国は西洋に対しては鎖国だが、儒教の国々の間では文化交流が盛んだった。もっとも日本は漢籍を輸入したが和書を輸出しないから、大陸からの一方的文化直流と呼ぶべきだろう。朝鮮から来日した通信使は有名だが、朝鮮から北京へ行く燕行使は、回数も人数も桁《けた》違いに多かった。金泰俊は『虚学から実学へ』（東大出版会）で十八世紀朝鮮知識人の北京旅行の文化史的意味を説いた。洪大容や朴趾源は北京に着くと西洋人イエズス会士に会いに行き天文機器のことを尋ねる。ちょうど同じころ司馬江漢が長崎へ旅してオランダ人に天文学のことを尋ねるのと同じだ。朝鮮と日本の違いは、朝鮮半島には長崎に相当する西洋人が来航する港がなく、日本の蘭学に相当する西洋語そのものに即した西洋研究がなかった点だろう。しかし徳川日本人の旅行が国内に限られたのに反し、李朝知識人は鴨緑江を渡って中国の地を直接踏むことを得た。

西洋人との筆談で興味深いのは、洪大容が朝鮮に日本製の自鳴鐘が輸入されていると言ったことだ。自鳴鐘とは時を報ずる時計で、西洋人宣教師が東洋人の歓心を買うため贈物とした。ところが日本人は器用だから、西洋から種子島に鉄砲が届くや二年後に日本製の鉄砲を拵《こしら》えたように、自鳴鐘も見よう見まねで製作し、その日本製時計を朝鮮へ輸出し始めたのだろう。韓国の学者はナショナリズムから時計製作技術は中国から朝鮮海峡をわたる密貿易で日本に流れたと主張したいらしいが、私は金泰俊博士の次の結論が正しいと思っている。

「自鳴鐘一つを例に挙げても、近世以後西洋の科学文明が東アジアに入ってくる場合、二つの道があったことが明らかとなる。一つはまず中国に入り、そこから近隣諸国に波及する経路であり、もう一つは日本を仲介にして入る経路であった。朝鮮はその二つの道が出会うところにあり、その状況が、程度の差こそあれ、現代まで続いて韓国の近代化の方向を決定したものといえよう」

232　川原秀城の洪大容批判

欧州の新聞雑誌には学会傍聴記があり面白い。私の師の島田謹二教授は戦争で西洋留学の機会を逸したにもかかわらず、外国の学会事情に驚くほど通じていた。それはその種の記事や書評や追悼文に目を通していたからだ。いずれも日本のと違って長くて読みでがある。半世紀前にこんなことがあった。パリ大の哲学教授ジャンケレヴィッチが実存主義に関する論文審査の最中に「サルトルなど取るに足らない、この場限りの話ですが」といった。皆はっとした。教授は満席の傍聴席を見て言い過ぎたと感じたのか「あまりこの場限りの話でもなさそうですが」（スネパ・トレ・ザントル・ヌ）とつけ足した。皆どっと笑った。ところがそれが新聞に出てしまったのである。当時サルトルの名声は天下に轟《とどろ》いていた。だから名の売れないジャンケレヴィッチの負け惜み位に世間は受け止めたのだと思う。だが五十年経ってみると、共産主義を理想化し、反体制を売物にしたサルトルなど実際取るに足らなかった、あれはやはり虚名だったのだ、とあらためて思われるのである。

新聞が扱うことは少ないが、たまに日本の学会でも目から鱗《うろこ》が落ちる発表がある。日文研で「前近代における東アジア三国の文化交流」について見事な基調講演があったと報じたのは本『熊本日日』紙の私のみだが、その会議ではまた川原秀城東大教授が十八世紀の朝鮮知識人洪大容の科学知識と社会思想について世間の通説を一新、鋭い発言で日韓中の学者を粛然とさせた。京大で薮内清教授に学んだ川原は、洪の科学知識の実態を具体的に分析した。洪は西洋科学の真摯《しんし》な研究者で時代に先んじはしたが、その知識レベルは科学者の域に達していない。平面三角法は解したが球面三角法にふれていない。川原発言は数式に即しての分析だから科学的に確かだ。洪大容が地球の自転説を主張したことは朴趾源が言及したために激賞する者に事欠かない。だが科学理論に独創的見解がなく理論的根拠が希薄だ。十八世紀朝鮮で空理空論を排した北学派の第一人者として近年とみに評価される洪だが、たとい科学思想家として思想が優れていようと常に優れた科学者であるとは限らない。

科挙の試験を受けなかった洪は、燕行使に従って清朝中国の都へ旅する。北京では朱子学の欠点を教えてくれる中国の友を得る。天主堂では西洋製の世界地図を見たであろう、チコ・ブラーエの天動説をイエズス会士などの漢文著述や彼らとの筆談で知ったであろう、その結果として中国は天下の中心でもなく、地球は宇宙の中心でもなく、またそうである以上、人は中華を貴ぶことも華夷秩序に従う必要もない、と言い出した洪大容は相対主義的な価値観を抱いた思想家として興味深い。二昔前、韓国の金泰俊博士がそんな洪について論文を提出し東大出版会から出版した。その時『虚学から実学へ』という題を考えたのは私だが、川原発表を聞いて、当時から頭の中にあった漠然とした疑問点が解けてゆくのを感じた。学問は日進月歩だ。あらためてそう感じた。

233　韓流の思想的意味

ぬるま湯につかっている、と大学人はかつて世間から羨望の目で見られた。それが近頃は競争原理にさらされている。役者は客の入りで評定されるが、いまや私立大学では受講者が少なければ閉講となり、非常勤講師はくびになる。新聞社のカルチャー・センターも同じだ。聴講者十人以下だと閉講。講師への謝金も聴講者数に比例する。新聞社は駅ビルなどを教場とするから、受講料の四割はビルの賃貸料、四割が講師謝礼、二割がセンターの収入の由だ。そこで聴講者が確実につくのはお稽古事。刺繡、書、俳句、生花、外国語など。そうと知ったフランス大使館員が「日本女性にとってフランス語は生花と同じレベルか」とがっかりしたような顔をした。

カルチャー・センターというが、聴講者が来るか来ないか蓋をあけるまで一番わからないのが教養講座。放送大学などテレビで顔の売れた講師でも、人が来ない時がある。「平川先生も大学停年でお閑でしょうから『神曲』講義などなさいませんか」と誘われた。さてこれで聴講者が集まるかと冷や冷やしたが、「ダンテと芸術家たち」というスライドつきの話をしたら補助席まで出て面目を保った。ただ受講者の多くが高学歴で六十代、「ミケランジェロのシスティーナ礼拝堂の『最後の審判』のどの部分が『神曲』と関係がありますか」など程度の高い質問も出て、大学生向けの授業よりもよほど充実感があった。受講者のかなりの人がフィレンツェなどダンテゆかりの地を訪ねていたことにも感心した。

公開の場で講演して学者が世間と交流することは俗なことではない。健全である。先日、京都の日文研で「韓流の思想的意味」を小倉紀蔵京大助教授が話した。ＮＨＫのハングル語講師として知られるが、近来まれな見事な語りだった。私は話に先立ち必ず原稿を準備するが、小倉講師は何も持たず、一時間、それは鮮やかな言葉の演奏を聞かせてくれた。二〇〇三年六月以来の『冬のソナタ』に対する日本の四十代から七十代の女性の大反響、いわゆる韓流ブームの意味を思想史的に位置付けたのである。マス・メディアに毒されたのか日本の若者は劣化した。彼らは、これがポスト・モダンなのだろうか、主体性もなく社会改革も志さず、だらしなくコンビニの前の地べたに坐っている。中高年の日本女性はそんな若者やそれに追従《ついしょう》する民放テレビ文化の作中人物などには感情移入できない。そんな時に「道に迷ったら空を見て御覧。北極星はいつも同じところにある」と女友達に言う背筋をピッとのばした、マフラーをまいた青年が現れた。彼女らは自然発生的に心を打たれた。韓国思想の研究者の小倉氏はその青年の言葉に儒教的秩序感覚を認める。韓国人として愛国を公然と肯定する俳優は自分を作り過ぎているのかも知れない。韓国の女の子は逆に日本のブチャッとした俳優の方を素敵と思うかもしれない。しかし韓国と日本とこのように互いに照射して両国の思想状況を解き明かしてみせた小倉氏の話を私は堪能《たんのう》した。

234 朝鮮戦争

北朝鮮に勤務した『赤旗』特派員萩原遼は拉致問題を自分の目で見て書いた。立派である。が筆が朝鮮総連批判に及んだためか共産党を除名された。

その萩原の『朝鮮戦争』（文藝春秋）にも出ているが、一九五〇年初め国務長官アチソンは米国のアジア防衛線は日本・沖縄・フィリピンと言明した。韓国は含まれてない。金日成は米国は韓国を見捨てたと解し、好機到来と六月二十五日、南進を開始、北鮮軍は二日後にソウルに突入した。ところがトルーマン米国大統領は武力による韓国共産化を認めない。ソ連が国連を欠席、拒否権を行使せぬ間に国連軍の派遣を決めた。といっても実質は米韓軍である。だが装備不足の彼等は苦戦、ディーン師団長は捕虜となり、在韓米軍は南の東の隅に追い詰められた。これで釜山の橋頭堡が北鮮軍の射程に入れば、第二のダンケルクとなる。板付空港から米軍機は連日出勤した。

ところが日本人は呑気だった。日本軍を破った米軍の強さを確信していたからだろう。九月、マッカーサーは反撃に出た。米軍は仁川に上陸、首都ソウルを奪回、半島を分断する作戦に出た。南下した北鮮軍は居残れば袋の鼠と北へ潰走する。米韓軍はそれを追撃北進、ピョンヤンを陥れ中朝国境に迫った。すると中国は人民解放軍を動員、義勇軍が鴨緑江を越えて南下、人海作戦に打って出るや今度は米韓軍が敗走、ピョンヤンもソウルも奪回された。だがソウルをまた米韓軍が取り戻すに及んで戦線は膠着、三十八度線近くで停戦した。非戦闘員だけで二百万が死んだ。その時北に拉致された韓国人は八万、後に殺害された者も多い。

ではアチソン声明でなぜ韓国を除外したか。私の推理はこうだ。米国務省は韓国当局の強情さ加減に嫌気がさした。そんな勝手を言うならもう防衛はしないぞという意思表示だったのではあるまいか。それというのも日本が湾岸戦争で金だけ出して人は出さなかった時、戦争終結後、米国は諸外国の協力に感謝したが日本の名を落とした。苦情に対し印刷ミスという釈明がされたが、まさかミスではあるまい。あれは不快感の表明なのだ。

一九五〇年当時の米国務省資料を見ると、敗戦国日本は占領軍に協力的で評判がいいが、独立国大韓民国は、自己主張が目にあまり、米当局の不快を買った。そういえば最近も手前勝手を言うノムヒョン大統領は不信の目で見られているらしい。在韓米軍撤退もありうるだろう。

仁川にあるマッカーサーの銅像を取壊せなど一方的な主張は威勢はいいが、反感を招く。韓国を観光して、この寺もあの寺も秀吉の軍隊が破壊したとガイドが繰返すから「当地で北鮮軍の破壊はなかったのですか」と小声で聞いてみたら、ガイドは返事につまり、韓国の同僚は苦笑した。江沢民が日本で嫌われたのも、日本軍による被害は言いつのるが、毛沢東による犠牲者の数には口を閉ざしていたからである。

235　衛藤瀋吉先生

衛藤瀋吉先生が亡くなられた。「私は抗癌剤は用いない」と二〇〇七年の夏前に死ぬ時期も予想したお手紙をいただいた。半年後逝かれた。先生は父君が熊本の出、その利夫氏が瀋陽の図書館長時代の一九二三年

衛藤瀋吉先生

に生まれた。八歳年上の先生に私は親しくしていただいたので、思い出をつづり感謝の微意を表させていただく。

私は学部を卒業後十一年目に就職、東大比較文学助手でフランス語に配属された。これは当時東大の比較の大学院が自由にできた唯一のポストだが昇格の保証はない。人事権は仏語教室が握っていたからだ。当時の駒場には一二年を教える教養学部と年六十名の選ばれた学生が進む三四年の教養学科と、一九五三年新設の大学院の比較文学と国際関係論があった。その二課程が同じ建物だったから国際関係論助教授の衛藤氏の知己を得たのである。両大学院は英才を輩出し後に学内外に知られたが、大学院担当の少数の教官は、八パーセント増の給与と栄誉ゆえに、学内では嫉妬の目で見られた。

留学帰りの私ははやく著書も出した点では幸運児だが、万年助手である。「大助手といわれるようだと出世は無理だね」とうがった観察をした人には佐伯彰一氏もいた。私はなにもいわない。家人にもいわない。ただしよそへ移らない。五年三ヵ月後助教授に昇格した時も黙っていたら、家内から「お祝いを言われ、何の事かわからず返事も出来なかった」となじられた。そんな私はもっぱら論文を書いていたのである。『教養学科紀要』の刊行を提案、予算がつき、表紙の字も私が書き「森鷗外と和魂洋才――周辺文化の国における文化受容の心理について」を載せた。すると、東大紛争の不快な紙面が続く『読売新聞』に一九六八年のある日、東大駒場の新しい紀要第一号を激賞する小さな無署名記事が出た。雲間から日の射す感じであった。後から知ったが、執筆したのは衛藤氏で私の論文も読んでくれていたのである。駒場は学際的な交流が盛んで、他科の人の論文を読んでさりげなく批評してくれる学者がいる。私のような立場の者には実に嬉しかった。よそから研究会や出版計画に誘われた。その一つが紛争後に衛藤教授が主催した留学生研究会で、私たちは戦争中に来日した南方特別留学生の追跡に東南アジアをまわった。日本留学者は各国で要職にあり、予想に反して戦時下の日本人の好意の数々を回顧して話は熱を帯びた。福岡で空襲で焼け出されたマレーシアの学生を近所の人が自分の家に引き取ってくれたなどの話に胸を打たれた。衛藤座長は英語も中国語も達者、友好的たると敵対的たるとを問わず、会議で言い返すべきことはきちんと反論する。逆に鋭い質問を浴びせる。「人に長たる資格のある学者だ」と私は感心した。後にワシントンで衛藤教授が時刻が過ぎたのに現れない。私ははらはらした。遅れて来た先生は謝るかと思いきや「米国の鉄道のこのだらしなさはなんですか」と開口一番苦言を呈して英語講演を始める。ウィルソン・センターの米国人聴衆が一瞬シンとなった。旧満洲育ちの衛藤さんは子供の頃から周囲と共通語の中国語で喧嘩や言い合いをして育った。それで日本人離れしていたに相違ない。

私は後に中国語も少し習ったので、衛藤先生が話す中国語がどの程度か見当もつくようになり、それで安心もしたが、一九七五年に南方をまわった時は先生が自在に英中両語で応対するので、同行して劣等感に襲われた。その旅行の際、自尊心を傷つけられ、二度と外国へ行かなくなった外国語科助教授も出たほどである。ところがそんな自信の塊のような衛藤氏本人が、満洲育ちのゆえに一九四一年一高に入学、内地へ来た時はひどい劣等感に悩まされたと話された。渋谷で生まれて初めて食べたあんみつのうまさに三杯お代わりして、東京育ちの同級生に「ジョテ（女店員）が食べるものだ」と冷やかされた。寮では秀才たちの知識の披露が知ったかぶりと知らず、カルチャー・ショックで五月病に襲われた。「では先生は北方特別留学生だったのですね」といったら「そうだ」と笑われた。

先生は精励恪勤、朝早くから夜まで主任室にいる。研究者、教育者、大学行政、内外の学会、そしてオピニオン・リーダーとしても活動した。台湾に代わり大陸中国が国連にはいるころ先生のインターヴュー記事が『タイム』に出た。ノーネクタイの写真であったから「先生は偉い人なんだから」と私がネクタイを贈ったことがある。先生はそれを喜んで文藝春秋の大世界史をセットで下さった。先生の『眠れる獅子』の巻について中国と周辺の国々との関係が面白かった、マラッカから始まる書き出しがいいと感想を述べたら先生は「私も君と同じで中心文化と周辺文化の関係に関心があるのだ」といわれた。

先生は国際関係論の学者は「外国語は二つ習い比較ができねばならぬ。研究対象国を知悉せねばならぬ。新しい方法論にも関心を払わねばならぬ」という。比較文学比較文化の学者の条件も同じだ。私が自分の比較研究を国際文化関係論と再定義するようになったのは先生の国際関係論に触発されたからかもしれない。

一九八四年最終講義の時、極左学生が「講義粉砕」を叫んで乱入した。当時学生委員長の私は緊張したが、衛藤先生は動じない。多数の学生が「帰れ、帰れ」の合唱を始め、ヘルメット学生は退散した。その一人は四月、新入生をオルグしようと山中湖で合宿しボート転覆で溺死した。東大はあんな合宿行事は認めるべきではなかったのだ。先生は人情家である。御巣鷹山《おすたかやま》惨事の時スチュワーデスが不時着に備えアナウンスすべき事柄を走り書きしたメモを手に殉職した。その女性乗務員を讃え記事を書かれたが、新聞を受け取っても日航は御挨拶なしである。そんなリスポンスのない会社の体質を厳しく非難された。亜細亜大学学長としては「偏差値よりも個性値」の選抜と教育を行い大学の名を一挙に高めたが、人事について厳しい業績主義で臨んだために躓いた。「東大定年後は亜細亜大に来い」と私を誘ったが断わられたことにふれ、私の出版記念の祝賀の席で「平川君は研究条件さえ良ければ地方の三流大学の方がいいという真の学者で」と挨拶した。褒《ほ》めたのか貶《けな》したのか、そんなずばっとした物言いの衛藤先生であった。その温顔が懐かしい。

236 微妙な親日・反日の構造

政治は先手を打たねばならない。勝つ見込みもなしに日米開戦に突入したのも無責任だが、一旦《いったん》始めたからには、いかにして和平を結ぶか考えておくべきだ。最初に発砲したのがどちらであれ、盧溝橋以来の日本政府は和平回復の能力に欠けていた。軍部にひきずられみっともなかった。敗色濃厚となれば、敗戦後を見越して手を打つくらいの知恵はあっても良かった。西洋支配から東亜を解放する目標を信じた日本兵士がいたからこそあれだけ勇戦奮闘したのだろう。それならそれで昭和十八年秋、大東亜会議で英米蘭の旧植民地のみか台湾朝鮮にも自治・独立を約束すれば良かった。そうすれば、負けたにせよ、まだしも格好はついた。だが東条首相は敗戦という可能性は考えなかった。あの生真面目な軍事官僚はそんなことは考えてはいけない、と思ったのだろうか。歴代の首相には、日本は植民地を手放すとは言い出せないタブーがあった。

保守党のチャーチルは大英帝国維持のために戦った。だが労働党は一九四五年夏、選挙で勝つや、植民地に独立を認め帝国を解体した。フランスやオランダは植民地奪回を試みたが、一度日本軍に敗れた彼らにアジアの独立を抑える力はもはやなかった。日本は敗戦によって他動的に植民地問題から手が引けた。韓国の留学生に私はよく冗談を言った。「日本の敗戦で韓国が独立したおかげで、僕は君らと戦わなくてすんだ。さもなければいまごろ『平川少将は朝鮮半島某所でゲリラと交戦中名誉の戦死をとげた』なんてことになっていた。日本は政治も行政もいつも後手にまわるから、駄目なんだ」

『衛藤瀋吉著作集』を読んで、なぜ同じ植民地経営を行いながら、台湾と朝鮮と対日感情がかくも違うのか、「反日論の構造」を教えられた。衛藤さんは「植民地主義は悪だ」というような自明の命題は繰返さない。抽象論を説くのではなく、各国の人と実際交わった上で知見を述べるから、話が具体的で説得的だ。台湾はもと中国からも軽んぜられた瘴癘《しょうれい》の島である。それに対し朝鮮は文化のある国である。それを一国まるごと奪ったから民族の誇りを傷つけた。朝鮮半島は大陸と地続きで、日本統治を好まぬ者は中国やシベリアに流亡し、反日運動の根拠を作った。それゆえ反日感情の理論化、相互増幅作用、宣伝を根強く続けることが出来た。台湾の場合、戦後中国大陸から渡って来た軍隊は横暴だった。それに比べれば日本の法治の方がまだしも良かった。

だがそれにしても台湾人の親日感情と半島人の反日感情とはなんと違うことか。しかし親日・反日の構造は微妙だ。中国大陸で朝鮮族の人は漢族に圧迫されるせいか、日本人に好意的だ。東北と呼ばれる旧満州で日語教育をリードするのも朝鮮族の学者たちだ。江沢民以来強まった大陸の反日教育は恐ろしいが、彼らはどんな眼で大陸・朝鮮・日本を三点測量しているのだろう。衛藤先生にそんな点についても話を聞きたい。

237 黄瀛《こうえい》

福田繁さんは、伊藤忠で海外勤務し、定年後は中国各地で日本語を教えて下情に通じ、最近は観光地化した林彪の生家も訪ねて「裏切者」の再評価や淡化にふれている。十年前、私が北京で教えていた時、氏は当時勤めていた南京大学へ私を招いてくれた。

一九九八年当時の北京の首都機場の窓口は無愛想で、往路と復路の航空券をともに切り離しながら往路のボーディング・カードしか寄越さない。私が注意しなければ後で大変なことになる。朝九時、客の様子がおかしい。国内線だから中国語の説明しかない。一生懸命聞き耳を立てる。出発延期だ。ついで飛行取消となる。張り出された紙の「取消」は日本語からはいった中国語だ。待合室には電話がない。急いで外へ出してもらい南京大学へ電話し内線番号を言ったら幸い福田氏に通じた。中国人乗客が係員に詰め寄るが、南京語の応酬は私には全くわからない。昼過ぎバスでホテルへ連れて行かれボーディング・カードと引き換えに鍵を渡され、二人部屋に入る。相手は南京の青年で初めて北京へ来た帰りだという。私が覚束ない中国語で「南京大学へ講義に行く日本人だ」と自己紹介すると、青年が「女朋友の父親は南京大学日本語科の教授だ」というではないか。そのチャン・グオジェンの名を聞いてはっと驚いた。先日届いた招待状が張国仁名義だったからだ。招待状を見せたら「世界は狭いな」と笑った。そして女朋友に電話して「乗客改乗CA1503航班」などと言っている。ほっと安心した。夜、南京空港に着いたら、張国仁教授とその可愛い娘と福田老師が同じ大学のヴァンで私たち二人を迎えに来て「こんな出会いの確率は何百万分の一でしょうね」と笑った。

福田氏は後に四川外語学院で教え『大陸日記』をミニコミ紙『せれね』に毎月連載している。珍重すべき中国情報だ。年に一度氏が帰国すると会食する。別れ際に来年は千代田線赤坂駅の二番出口のコージーコーナーがあるビルの五階の重慶火鍋を提案した。経営者は詩人黄瀛《こうえい》の孫娘で四川外語学院日本語科の卒業生だ。黄瀛の父の黄沢民は四川省の第一期官費留学生、東京高師に学び女子師範出の太田喜智と結婚した。父早世の後、黄瀛は日本の小学校や青島の日本中学校で学び、『日本詩人』に投稿、一九二五年に第一席に選ばれた。陸軍士官学校に留学、中国に帰って国民政府軍に参加、少将に進んだが、共産中国で悲惨な目に遭う。しかし知日派の周作人が文革でみじめな最期をとげたのと違って、黄瀛は文革後の一九七八年、四川外語学院日本語科が発足するやその中心となり、ずっと教えて二〇〇五年九十九歳で天寿を全うした。私は前から中国留学生の誰かに黄瀛について論文を書くよう勧めたく思っていたから、名前は知っていた。日本詩壇で活躍したのは昭和初年の数年だが、いま重慶には黄瀛を記念する石碑が立ち、詩人として高村光太郎、木下杢太郎に認められたことが珍しくも日本語で刻まれている由だ。「五十年間の有為転変、生死の中で、よくもまあ消えずに生き、天の美禄を授かった。こんな碑が建つ確率は何千億分の一でしょうね」と福田氏と私は祝杯をあげて別れた。

238

留日反日

中南米では反米宣伝が盛んだ。露骨に反米を唱える候補が大統領に選ばれたりする。では中南米の人々にとって米国はそれほど厭《いや》な国か。というとさにあらず、中南米からは貧しい人々が、監視員の目をくぐり、国境の柵を越え、合衆国に密入国する。米国南部にはそんな不法移民の格安労働力で成り立つ産業もある。

人権派はそうした貧困移民に同情し、カリフォルニアでは「ヒスパニックの子弟にはスペイン語で教育を授けよ」と声高に主張した。そうこうするうちに合衆国では今世紀中には多産のヒスパニック系がアングロ・サクソン系の人口を抜くという予測が出た。途端にバイリンガリズムは中止、米国の言葉は英語という再確認が行われた。国語がもし英語でなくなったら、米国のアイデンティティーは崩壊する。そう気づいたから、教育も英語中心に復帰したのである。

大陸中国では反日宣伝が活発だ。「愛国無罪」などと言って騒ぎ立てる青年層が潜在しており、サッカーでも反日のブーイングを起こす。毛沢東の文革の悲惨の歴史から国民の目をそらすためにも、共産党政権は日本を悪者にしたてねばならぬ。その政府主導の反日宣伝に悪乗りして日本の在外公館への投石や日系の商店の破壊をしかねまじい若者を憤青《フェンチン》という。これはかつての紅衛兵の悪夢のよみがえりで、この連中を利用しようとする政治勢力がいないとは言い切れない。となると中国では良識派の政治家も教育者も「誇大宣伝の抗日記念館の建設は自制せよ」などと表立ってはいえない。大陸でもし親日派と見られ、それを口実に騒がれたら失脚する。そんな胡耀邦の二の舞は御免だ。

では中国の学生にとって日本はそれほど厭な国か。というとさにあらず、小泉首相が靖国参拝を続ける間も、留学希望者はとくに減らなかった。中国の成金は観光をかね買物に来日する。日本の百貨店はいまや中国語が話せる店員育成に大童《おおわらわ》だ。そしてここが大切な点だが、元留学生の中からは日本へ帰化する人が年々増えている。日本が本当に嫌いなら、まさか中国籍を捨てて日本人にはなるまい。これは日本人で中国帰化を望む者がほとんど出ないのと対照をなしている。

『相互理解としての日本研究』（法政大学刊）に出た、在日中国人向け『中文導報』編集者張石氏の「戦後中国人の帰化および対日感情変化のメカニズム」は、統計的数字に立脚する好論文で、日本でマスコミが流す「留日反日」——日本に留学すれば反日になるという説が「実は根拠のない巷間の言説にすぎない」ことを客観的に立証している。在日中国人は在日の期間が長ければ長くなるほど日本に対する好感度が増し、一部の人は今後の生活の場として日本を選び、かつ帰化する。その数は年に五千人に及ぶ。帰化した中国人が日本に信頼感を持つ理由は「日本の民主主義制度の完備」がもっとも多く、次は「公務員の責任感が強く真面目」「日本人は法律と約束をきちんと守る」だという。こんなに我国を評価してよいのか、と私など逆に驚くが、帰化した人はそれだけ現在の大陸中国に批判的ということか。その辺も分析して、在日中国人が望む祖国の政治現代化への展望や理想実現の手段を『中文導報』に発表してもらいたい。私の元学生は日本に帰化し里帰りして税関で「旅券は贋物《にせ》だろう」と咎《とが》められ、本物とわかった途端「不愛国《ブーアイクオ》」と罵《ののし》られた。

なお日本を愛するから帰化したという人だけではない。日本には兵役義務がないから実利目的の中国人は、日本国に忠誠を誓わずとも、気楽に帰化できるのである。その点も忘れてはならない。

239　日中友好人士

「一九七七年、中国における第一次プロレタリア文化大革命は勝利のうちに幕を閉じた。林彪と結び、中国共産党の組織内に潜入、林彪の死後も、反毛沢東・反周恩来の陰謀を進めていた四人組中国破壊工作は、華国鋒を中心とする党首脳の決断によって完全に粉砕された」

文化大革命の終結について今こんな公式解釈を述べたら、中国の知識人は冷笑するだろう。中国を破壊した一九六六年以来の文化大革命が毛沢東の政権奪取闘争であったことは、御用学者でない限り、否定するまい。文革の悲惨を毛の妻の江青以下の四人組になすりつけ、毛を免罪するのは無理だ。だが鄧小平ですら毛の非は問えなかった。批判すれば共産党の権威が揺らぐ。ソ連はフルシチョフがスターリン批判をあえてしたから、三十数年後に民主化に踏み切れた。大陸中国では毛の功罪が清算されず、政治の現代化が進まない。日中政治関係冷却の原因はそこにもある。政治だけが遅れ経済が過熱化する間に、貧富の差が世界最大の中

国となった。こうなると総選挙も行なえない。不満を抱く大衆が投票すれば、擬似毛沢東派が軍部の支持を得てファッショ政権が出来るからだ。フランスでナポレオンの甥が大統領に選出された一八四八年はワーテルローの敗北の三十三年後だ。そして四年後には皇帝に返り咲いてナポレオン三世と名乗った。ところで二〇〇九年は毛沢東が一九七六年死亡の三十三年後だ。共産党好《ハオ》、社会主義好《ハオ》、改革開放好《ハオ》、偉大祖国好《ハオ》、各族人民好《ハオ》と建国六十年の中国はハオ・ハオ尽しの宣伝だが、無気味なのは『毛沢東語録』がまた売れ出し、毛の像がまた立ち始めたことだ。軍内部に毛沢東の孫を担ぐ勢力があり、劉少奇の子孫を担ぐ勢力と暗闇を繰返しているらしい。もしそんな毛三世もどきが抬頭したら一大事だ。胡錦涛政権が平和第一主義で進むことを祈る次第だ。

　花形キャスター筑紫哲也が亡くなる前に、戦後北京にはじめて常駐したTBS特派員と対談したことがある。「日中の間は経済は熱いが政治は冷たい」「今はパイプ役がいない。昔は中島健蔵先生のような方がいらした」とテレビでいうから驚いた。中島は戦前はフランス万歳、戦中は陸軍南方特派員、戦後は中国万歳を唱えて時流に乗った。仏文を出て東大教授に憧れたが、雑駁な知識はあっても本当の学問がないから万年講師で終わった。比較文学にも色目を使ったこの評論家の軽薄さは私も身近で知っている。冒頭の中国報告も実は中島が自伝のしめくくりに引いた言葉だ。北京の公式発表を鵜呑みにし日本向けに繰り返した中島を日中友好人士だとTBSはいうつもりか。二昔前、そんな批評精神のない中島の言動に私が憤慨したら、江藤淳が笑って小林秀雄の中島評を披露してくれた。中島は好人物風で最初は人に好かれる。サービスのいい中島は皆の写真を次々に撮ってくれる。しかしその写真機にフィルムははいっていないのだ、と。言い得て妙ではないか。

だが日本のマスコミの北京常駐特派員のある者は、そんなお先棒担ぎの中島を今も讃えている。またある特派員はA新聞を辞めた後、北京の日本向け月刊誌『人民中国』の編集者に天下りしている。こんな様で公正な中国報道がなされるはずはない。これでは日本外務省のチャイナ・スクールの役人が万一北京の外交部へ天下りしても、A新聞はそれを批判できないではないか。

240　マリー・ストープス

私が子供の頃、中国の人口は四億といわれた。統計の信用できぬ国だから一億単位の誤差はあろうが、七十年後の今は十四億とかいう。共産中国では一時は毎年千万以上増え続けた。年々オーストラリアの総人口に相当する数が増えたのである。北京大学学長の馬寅初はその趨勢に歯止めを掛けるべく「新人口論」を唱えたが、毛沢東が「消費する口は一つだが、生産に携わる手は二つだ。人の多いことは武器である」と批判した。改革開放後、中国は馬寅初を復権、一九七九年からは一人っ子政策を強制した。

強制と自発と二つあるが、今の東アジアでは産児制限は普通である。だが日本でもコンドームの普及は敗戦後、避妊は西洋でも第一次大戦後である。英国最初のバース・コントロール・クリニックは一九二一年、マリー・ストープスが創設した。ストープスは産児制限運動の第一人者として有名だが、実は日本と深い関係にあった。一八八〇年生れ、ロンドン大卒、一九〇三年からミュンヘンでパレオバイオロジーを専攻した。化石動植物の発生・生態などを扱う学問で、二十三歳の彼女はドイツの研究所で最初の女子学生となった。そこで三十七歳の日本人と相思相愛の仲となる。ミュンヘンの恋といえば『うたかたの記』が思い出されるが、相手の藤井健次郎は森鷗外よりは四歳年下の一八六六年金沢生れ、植物学の大学者で、東大に細胞を基礎とする遺伝学講座を創設し、文化勲章も授けられ、一九五二年に死んだ。藤井は詩や芸術も解した。日本に妻子があり、ストープスも承知していた。藤井が妻との離婚を約束して帰国すると、彼女は一九〇七年、英国王立協会から奨学金を獲り、渡日する。しかし帰国した藤井の愛情はさめ、ストープスの結婚の夢はついえた。それでもしっかり者の彼女は日本に十八ヶ月留まり、研究もし日本滞在記も書いた。それればかりか帰英後二人がかつて取り交わした英文の恋文を一九一一年に出版した。女は Mertyl Meredith 男は Kenrio Watanabe と変えてあるが、それ以外は元のままらしい。それを世間が実話と思わなかったのは内容があまりに熱烈だったからである。

ストープスは金沢出身でロンドン大学に学んだ化学者桜井錠二博士（一八五八―一九三八）の好意も得た。桜井は後に学士院院長ともなった大学者だが桜井からストープスに宛てられた手紙は大英図書館に保存されている。丁寧な見事な英文で、Dear Rose で始まる。ストープスが後年カトリック側から叩かれた時も桜井は暖かく彼女を支えた。驚くことにこの二人の自然科学者は協力して日英間を文通することで謡曲も翻訳した。一九一九年、ウェイリーがロンドンで夢幻能の構造について発表した時、司会したのも彼女だった。

しかし後半生の産児制限運動の名声と悪声に覆われて、ストープスのそうした前半生の活動は掻き消されてしまった。彼女が産児制限の重要性に気づいたのが明治四十年の来日と関係があるか否かは不明である。彼女は一九五八年に死んだ。

241　ミアーズ『アメリカの鏡・日本』

一九三二年、英国人リットン卿は満洲事変に関する報告書を作成し、国際連盟加盟国は満洲国を承認すべきでないと勧告した。日本の関東軍が政府の意向を無視し独走して建国した満洲国は、国際社会によって認められなかった。日本は国際連盟を脱退した。満洲国建国という大きな軍事的成功が、日本帝国の敗北というより大きな政治的失敗の端緒《たんちょ》となった。ではその間に中国側に落度はなかったのか。日中双方の言い分も聞いて、教科書問題についてはこんな報告が国際機関に提出された。

「学校で使われている教科書を読むと、執筆者は憎悪の炎で国粋主義を燃え上がらせ、悲壮感を煽り立てているような印象を受ける。学校に始まり、社会の各層で行なわれている激しい外国排斥プロパガンダが、学生たちを政治運動に走らせ、時には官庁や閣僚、高級官僚への襲撃、政府転覆の企みへと駆り立てている」

日本では新しい歴史教科書が作成されるたびに、外国と連動する一部左翼からは非難されるが、しかしその内容がこれほど過激とは誰も思うまい。現行の日本の教科書には排外主義でもって若者を扇動する記述は見当たらない。ではこの文章は何か。教科書問題といえば、新編日本史の問題と世間は錯覚するが、実はこれは中華民国の教科書についてのリットン調査団の報告である。戦前の中国では軍閥が割拠し、反日教育が両国関係を悪化させ、日貨は排斥され、進出企業は襲われた。米国占領軍の要員として来日したヘレン・ミアーズはそうした点もおさえ、戦前・戦中・戦後の日米中の関係を分析した。彼女の見方はそれだから、戦時中の米国製反日大宣伝が生み出した一方的な中国善玉・日本悪玉史観とはおよそ異なる。驚いたマッカーサーは、ミアーズ『アメリカの鏡・日本』の日本語版の出版を禁止した。

インドネシアの操り人形

それから三十年、文革の後、中国は開放に踏み切った。その直後は外国崇拝も湧いた。『姿三四郎』が上映されるや北京の人はテレビに釘付け、山口百恵は若者のアイドルとなった。日中関係も良くなるやに期待された。だがそれから更に三十年、経済成長とともに排外自尊も復活し、サッカー大会で日の丸の旗を焼くにいたった。江沢民時代に反日教育が強化されたせいだという。しかしそのせいだけだとは思わない。言論の自由のない中国だが、反日や憎日だけは勝手に言える。対外関係を司る中国政治家や官僚はネット世論を気にしだした。不健康な兆候だ。なにしろ主流から追われ親日派と目されたら最後、次の文革の時に間違いなく失脚するからだ。

ミアーズは戦前にも日本中国に滞在した。だから連合国側の正義を一方的に信じる米国の単純な占領軍関係者と別様の複眼の見方をした。日本の戦いは、アジアの現地政府の間とではなく、日本と西洋の異民族支配者との戦いであり、日本が独立を与えた現地政権の人々がすべて日本の操り人形だというのは無理である、と表裏を見てミアーズは指摘している。日中米の三角関係の歴史を、この米国女性のように、三点測量が出来る人は今も少ない。残念なことである。

242 サイデンステッカー自伝

英独仏伊の順で外国語を私は習った。だが一番翻訳したのはイタリア語だ。これは日本のイタリア学の水準が低く良い訳がまだなかったから、それで三十代の私にも出番があったのだ。英独仏語には優秀な学者が多く、めぼしい作品の邦訳は昭和二十年代にはすでに出揃っていた。私はダンテ『神曲』やマンゾーニ『いいなづけ』の訳でピーコ・デルラ・ミランドラ賞なども頂戴したが、しかし翻訳は二の次の仕事で、主専攻はあくまで日本と西洋の愛憎関係の研究と思っている。

とはいっても翻訳なしでは研究も始まらない。西洋でも日本文学は翻訳がまずあって、研究は次に来た。最大の功労者はウェイリーで、日本で鷗外が一八九〇年代以後なしとげた西洋文学翻訳に相当する東洋文学翻訳の仕事を英国で一九二〇年代前後になしとげた。第二次大戦後、米国では元語学将校が日本学者に転じ、キーンとサイデンステッカーが有名人である。対照的な二人で、前者がニューヨークの都会育ちなら、後者はコロラドの田舎の出で酒飲みだ。サイデンステッカーの自伝『流れゆく日々』(時事通信社)は、遠慮がなく面白い。敵か味方か、黒か白か、はっきり書いてある。それだけに戦後の米日関係とはこんなものか、という印象を受けた。まずこの元将校は米国は正しい、トルーマン大統領は偉いと思っている。原爆投下で戦争が早く終わって米国兵の死者が少なくてすんだから、という理屈だ。だが考えてもらいたい。サイデンステッカーも参加した硫黄島攻略に先立って、米軍は毒ガス使用も考慮した。しかし米国兵の死者が減るなら国際法を破ってもいいとは米軍当局もその時はさすがに思わなかった。

サイデンステッカーが嫌いなのは進歩的文化人だ。戦後の日本で左翼が『朝日新聞』と岩波の『世界』を乗っ取って社会主義陣営支持の知的雰囲気を醸成した、という氏の観察はその通りだろう。中野好夫など戦争中は超国家主義に抵抗しなかったという自責の念から贖罪の行為として戦後は左翼の平和運動にはいったというが、これは「一つの嘘を償うためにまた別の嘘をついているようなもの」と批判する。実はこの点は同感だ。戦中の軍南方特派員中島健蔵が戦後日中友好の旗振りに転じた時、その嘘の上塗りを私も感じた。ペン・クラブを牛耳った松岡洋子などの知的不誠実も叩かれている。だが松岡、都留重人など米国帰りが左翼シンパとなったのは、もともと米国にも、そして占領軍当局者にも、そうした思想傾向があったからだ。いやノーマンの思想的系譜に連なる連中は今でも米国の日本学会で大きな面《つら》をしている。そのことも忘れないでもらいたい。

昔は訳者の地位は西洋では低かった。訳者の名前が印刷されない本もあった。我国は訳者をちやほやするが、川端がサイデン訳のお陰でノーベル賞が取れたというなら、サイデンも川端のお陰で有名となったことを忘れるべきではないだろう。この自伝も日本では売れるが、英語原文は単行本として米国では出ないのではないか。敵に対して手厳しい氏だが、坂西志保や福田恒存やサンソム夫妻の思い出など温かい。この自伝には等身大の米国人が見えて面白い。

243　日中米の三角関係

日中米の三角関係を考えてみたい。男女の三角関係の場合にも愛憎の情念はからむが、国家の三角関係にも愛憎関係は認められる。順列組み合わせは三通り、日中、日米、中米のカップルが考えられる。

日中同盟という発想は幕末にも存在した。西洋帝国主義の東亜侵略に対し儒教を奉ずる日中韓が連携して対抗するという考え方で、東洋は同文同種といった。中国人が和文を習ったことはないから同文とは漢文である。漢学的教養の持主は、東洋の精神主義の西洋の物質主義に対する優位を説き、明治の西郷隆盛も昭和の石原莞爾も「東洋の王道、西洋の覇道」などと主張した。その点は日中同盟主義者だが、西郷は征韓論を主張、石原は満州事変を起こした。満州国の建設も日米決戦に備えてのことであった。戦後は左翼の立場から社会党の浅沼稲次郎が「米帝国主義は日中共同の的」と毛沢東支持を北京で誓った。

遅れているアジア諸国と同盟するなどと考えず進んで西洋の仲間に加われと脱亜入欧を説いたのは福沢諭吉で、日本は日英同盟を結び、第一次大戦以後は米国と協調するべくワシントン条約に賛成した。が中国問題をめぐって日米は対立、戦争に突入、敗戦後わが国は米国の同盟国となることで復活した。現在は日米同盟が基軸のように見える。がはたして揺らぎはないのか。

第二次大戦前、中国は善玉で日本は悪玉だと強力に宣伝した一大勢力があった。米国のキリスト教宣教師たちで、中国はキリスト教改宗の見込みありとして米国政府に圧力をかけ親中政策をとらせ日本を窮地に追い込んだ。機を見るに敏な蔣介石はキリスト教に改宗した。米国の政治家や外交官も中国の肩を持つものがふえ、知日派の外交官は米国国務省で軽んぜられた。蔣の妻宋美齢が巧みな英語で米国議会で演説した時米国の親中感情は最高潮に達し、中国人は親米であると信じた。それだけに第二次大戦後、中国が反米の共産国になるに及んで愕然《がくぜん》とした。マッカーシズムという赤狩り旋風が国務省を吹きまくったのはそのためである。かつて国務省を追われた知日派のドーマンが逆に親中派を告発する一幕もあった。ドーマンは奈良の中学で学びグルー大使に仕え、開戦前夜、日米交渉で働いた人である。日本でのグルー評価は今も高いが、米国では親中派にぼろくそに非難され「日本に騙《だま》された大使」というラベルを貼《は》られた。しかしグルーは練達の外交官で中国も日本も共に観察していた。マクマリー中国公使が一九三五年に書いた『平和はいかに失われたか』（原書房）をいちはやく読み、感傷的な中国への思い入れが米国外交を誤らせていることをよく認識していた。ケナンも高く評価したマクマリー報告を今の日本の識者にも読んでもらいたい。

だが日本は軍部の独走によって悪の烙印《らくいん》を押された。戦時中に出来た日本悪玉論は中国にも米国にも日本にも根づいた。しかし共産中国が日本よりも尊重するに値する善玉なのか。米国民主党政権が中国善玉論に傾くと、三角関係はまたこじれることになる。

244　チャイナ・スクール

「戦後日本の中国史研究は、第二次大戦末までの日本の中国侵略に対する深刻な反省を伴って開始された。戦前の日本では、「停滞せる中国」という十九世紀以後の欧米の中国観をそのまま受け取り、日本の中国侵略を正当化する一つの根拠としていたから、中国大陸における日本の敗北と中華人民共和国の成立とが日本の歴史界に与えた衝撃は大きかった。……遅れていると見做された中国が何ゆえに日本より先に社会主義に到達したのか、中国では辛亥革命（一九一一年）の時に皇帝制が打倒されたのに日本で天皇制が存続しているのはなぜか、という問題が日本の歴史学界の大きな課題となった」

こうした書き出しで金子修一『古代中国と皇帝祭祀』（汲古書院）は始まる。「低滞した中国」が列強の侵略を許したのは事実だろう。しかし人民民主国の成立で中国が日本より「先進国」になった、と日本の学者

恵山泥人、中国無錫の土人形

は本当に思ったのだろうか。チャイナ・スクールの人たちは戦前は中国低滞説、戦後は中国進歩説という両極端の考えに事大的に靡いただけではなかったか。皇帝制は中国で一旦消滅したかに見えたが、毛沢東への個人崇拝という形ですぐよみがえった。そう見直すと欧米の「アジア的専制」という中国観は今も有効になる。「毛沢東という皇帝祭祀」を誰かに書いてもらいたい。

かりにこれから先、ドイツに航空母艦が造られるとして、それにヒトラーの名がつくことは絶対ない。ロシアの空母にスターリンの名がつくこともまずない。しかし中国の最初の空母に毛沢東の名がつく可能性はある。二十世紀の三大独裁者の中では毛沢東が殺した人の数は一番多かった。だがそれだからこそ毛が一番偉いと尊敬する人も中国にはいる。その場合、尊敬とは恐怖の裏返しなのである。日本の中国研究者にも毛主席を持ちあげた人は結構多かった。

外国研究者も外交官も対象国の外国語を学ぶ。学ぶからには己れを空しうして相手の言葉や思想を習得せねばならない。だが外国語では本国人のように自在に話せない。自分は下手だと思い続けるうちに相手に頭が上がらなくなる。この心理は日本の中国学派に限らず西洋学派にもある。たとえば仏文学会ではそんな頭の上がらぬ連中が集まっては「フランスは素晴らしい」といい、パリを知らぬ他の日本人より自分は高級だと誇っている。ドイツ派は「戦後のドイツを見習え」などといい、戦犯でもゲーリングは剛腹で立派だなどと言った。あれは日本の法学部学者の文化的劣等感の裏返しを述べたに過ぎない。戦後日本のチャイナ・スクールの外交官や政治家は、押しの強い中国人に反論できず「中国の言い分はごもっとも」という癖がついて、北京詣でをしない者に向かって深刻な反省が足りないなどと言う。

日本人の外国語力は相手の言うことは理解できるし、用意して書いてあれば相手に反論もできる。しかし相手の日本人の日本批判を正確な日本知識に基づいて即座に相手の言葉で反論する、という水準には達していない。

かくいう私は利瑪竇ことマッテオ・リッチなど明末シナにはいったイエズス会士のイタリア語手紙や中国報告を読むことで東洋史の世界に横から首を突っ込んだ。そんな三点測量で見るせいか、中国の言い分はごもっともを繰り返す人にはいささか懐疑的だ。またキリスト教至上主義にも懐疑的だ。宣教とは一種の支配欲の現れではなかったか、と観察している。

245　言語格差

十九世紀の米国人は欧州に対しひどい文化的劣等感を抱いていた。マンゾーニ『いいなづけ』を訳した米国中西部の大学教師はニューヨークへ来ただけで「欧州に近づいた。嬉しい」と叫んだ。十八世紀の日本の漢学者も中国に対しひどい文化的劣等感を抱いていた。長崎へ来ただけで「中華の国に近づいた。嬉しい」と叫んだ。敗戦後は船がマルセーユに着くと「パリに近づいた。嬉しい」と叫んだり、中には怯えたりする日本人も出た。

劣等感は海彼の文明への憧れを生む。我国では維新前は漢籍が読まれ、維新以後は西洋物の翻訳がむさぼり読まれた。優れた文明の一端を知りたい、パリの香りをかぎたいと望んだから、戦後は仏文学の翻訳が売れに売れた。ところが一九六三年、ジャルパックで安直に外国に行けるようになると、なんだか西洋もわかってしまった気分になって、日本人が以前のように熱心に本を読まなくなった。「これがパリ流行の最新ファッションでござい」と仏文学者が喧伝しても、若者が飛びつかない。昨今は若者よりもむしろ定年を迎えた人が翻訳を読んでいる。しかしそれは新しい物であるよりすでに定評のある作品が多い。

似たような外国文化への不感症は超大国米国でも見られる。米国人は自国の力を過信し、地球上どこでも頭のいい人なら英語を話す、と勝手に思い込んでいる。だから米国人は外国語を勉強しない。外国研究も英訳本ですましている。さながら大日本帝国時代に日本人が台北や京城や新京へ行って、その地で頭のいい人なら日本語を話すはず、と勝手に思い込んだのと大同小異である。かつて植民地では親が子供の将来を考えて、支配者の言葉を習わせようとしたが、それは昨今、親がキッズ・イングリッシュの教室へ子供を行かせるのと似た親心でもあったのだ。

移民から成り立つ米国では、生存競争を勝ち抜くため、英語が母語でない人も死物狂いで英語を習った。米国では英語の力が運命を左右する。移民一世は下手なりにバイリンガルだが、三世ともなると先祖の言葉は出来なくなる。家庭で習わず学校でも習わない。グローバル社会では英語が世界の共通語になると信じている。こうして米国の民衆の間では外国語不用論が勢いを増す。そしてそれの裏返しだが、日本などでは英語第二公用語論が勢いを増す。中国でも今や都市の勝ち組の親は子供に英語を猛烈に教え込んでいる。こうしてグローバル化が進めば、日本でも英語上手が勝ち組となる。それだけに英語が出来ぬ人にはこの新しい格差が憤懣の種となるだろう。逝きし世を懐かしむ声が増え、この先日本政府は、古き良き日本に執着する人々への対策に苦慮するにちがいない。

米国や英国や、いやインドやシンガポールでも、英語力による収入格差は当然自明とされている。だがこの言語格差の問題が世界化すれば、日本や中国で格差をつけられた人の不満はどうなるのだろうか。他方、英語だけで事足りるとする米国人の自己満悦もそらおそろしい。外国への不理解、ひいては対外政策の失敗にも通じるに相違ない。

246　台湾海峡波高シ

一九六二年十月、東京で結婚して神戸まで新婚旅行をした。そこで妻と別れると貨物船で私はナーポリに向かった。船は基隆《キールン》を出ると西の台湾海峡を通らず東を南下し、台湾の南端をまわって北上、高雄に入港した。大陸と金門島の間では砲撃の応酬が続く。イタリア人船長が「危険だから」といった。キューバ危機のとばっちりをおそれたのかもしれない。ソ連がミサイルをキューバに搬入し米ソが火を吹く直前とはなにも知らず、マニラで英字新聞の大きな見出しを見て「フィリピン人は大袈裟だな」と私は思っていた。

当時の私の関心は西欧だった。それがその二十年後、林連祥《りんれんしょう》氏が東大へ研究員として現れ、台湾の国際会議へ次々と誘ってくれた。若い研究者と大挙して出かけたが、ドイツ語専門の上垣外憲一が行く先々で中国語で運転手と交渉する。格好が良かった。もっとも彼は鞄にトイレット・ペーパーをいっぱいくりつけていたが。八月の暑い日、男女大学院生と泳ぎに行った。土地の人が泳がなかったのはその日が仏海《ほとけうみ》だったのだろうか。お盆などという風習は漢民族にもあるのだろうか。私も台湾海峡の海に気持良くつかった。大陸では文革も収まり、高度成長の台湾の前途は明るかった。大陸渡来の外省人が支配する大学が主流だが、本省人が力を握る私立大学もある。食後、本省人の教授たちが台湾の歌を大合唱したりする。そんな淡江大学で私は日本語を教えることとなった。当時はまだ名義は「東方語」であった。しかし連合国や国民党の反日洗脳宣伝と違って、土地の人々が日本の植民地統治をそれなりに評価していることも感じられた。戒厳令下で「お国柄ですから」と政治の話は一切御法度《ごはっと》。主任は兄が国民党秘密警察の手で投獄された事実も口を噤んでよそ者には語らなかった。私ががそんな事を知っ

二〇〇五年三月二十六日の台北における「護台湾」「反併呑」のデモ行進

たのはその先さらに二十年経って後である。

一九八八年が台湾の転換点だ。蔣経国総統に抜擢された台湾出身の李登輝氏が国民党主席となり、次いで九六年最初の民選の総統となる。漢民族にもデモクラシーが可能なことを世界に立証した。蔣介石率いる国民党軍の手で台湾人エリートが大虐殺された事実も明らかにされた。その一九四七年の二・二八事件を扱った映画『悲情城市』の公開が台湾に言論の自由と民主化をもたらした。『自由時報』に「台湾の飯を食い台湾の糞をする者が台湾人と称してなにが悪い」という反中国の投書が出始めた。民進党の陳水扁が二〇〇〇年に総統に選ばれたのは国民党と親民党が一本化できなかった漁夫の利だが、しかし外省人勢力の退潮は明らかである。すると中国は反分裂法で台湾を露骨に脅し始めた。二〇〇五年三月二十六日の「護台湾」の百万人デモは大成功で、台北でその「大遊行」に私ども夫婦も参加してとくと様子を見物した。しかし熱気は冷水をかけられた。大陸でビジネスに成功したが支店長を人質に取られ懲役十年と脅されたとかで台南の実業家許文龍氏が転んで大陸の肩を持ったからである。これは不吉な徴候だ。ここにいたって台湾海峡はまた波が高くなってきた。

247　三代百年の台湾

植民地主義はすべて悪い、というのが日本では公定の教科書史観だ。しかし過去を振り返ると、一概にそうは断定できない。白人がアメリカを植民地にしたのが悪い、とは西洋人は無論、日本人も十人中九人はいうまい。「北米南米の土地を原住民のインディアンに返し、白人は元のイギリスやスペインに引き揚げよ」とは今更いえまい。どうやら永住して多数派となったものが勝ちらしい。では英仏蘭米が東洋を植民地にしたのは是か非か。

日本の一部の人は、非道なる西洋列強の侵略からアジアを解放するために「大東亜戦争」を戦った、と称した。なるほど日本軍の緒戦の勝利が黄色人種の目をさました。難攻不落のはずのシンガポールが陥落したことで、南方の独立運動は燃え上がった。その火の手に抗しきれず、第二次大戦後、労働党の英国は植民地を手放した。社会党のフランスは戦後処理を誤りベトナム再支配を試みた。だがホー・チ・ミン率いるベトナム軍は一九五四年、ディエンビエンフーでフランス外人部隊を破った。そのベトナム人のナショナリズムの強さにはフランスに代わって介入した米軍も撤退せざるを得なかった。オランダもジャワ・スマトラの奪回を試みた。だがインドネシアは独立を勝ち取った。オランダはその怨みもあって、日本兵を数多く戦争犯罪人に仕立て処刑した。だが大局的に振り返れば、日本がそれだけ多くの貢献をインドネシア独立のためにした、という証明にもなっている。

ではいわゆる大東亜戦争はアジア解放のための戦争と本当にいえるのか。なるほど反欧米の植民地解放戦争という面もありはした。しかし日本という国自体が東洋の植民地帝国として他の東洋人に君臨していた、という歴史的事実を見逃すわけにはいかない。では日本の台湾統治や朝鮮統治はどう評価すべきか。植民地支配は認めるべきではない。日本は、東亜解放と言うなら、台湾人や朝鮮人の自立・独立にいち早く手を貸すべきだった。

とはいっても、日本が台湾で行なった開明的な統治が台湾人に評価されている事実を見落とすのもまた誤りだ。台湾人の多数は大陸中国人の支配だけは御免蒙りたいと思っている。戦後、大陸から乗り込んできた国民党は、最初の五百日で台湾のエリートの四分の一近くを殺した。その時処刑された台湾人の数は日本が五十年の統治の間に処刑した者をはるかに上まわる。そのこともあって、日本統治の良かった面がいよいよ思い出されるのだ。

台湾の医學教育に身を捧げた堀内次雄の明治二十八年の渡台以来の記録『堀内・小田家三代百年の台湾』(日本図書刊行会)は、ハーグの国際司法裁判所で判事を勤めた小田滋の筆になるが、日本人と台湾人の関係を叙して具体性に富んでいる。西洋人の中には西洋人の植民地統治は立派で日本人の統治は失敗のように言う人がいるが、私はそうは思わない。歴史は教科書史観だけではわからない。

248　清潔

戦前に出た矢内原忠雄『帝国主義下の台湾』はマルクス・レーニン主義に立脚する植民地支配弾劾の書物かと思うと、違う。二〇〇九年のＮＨＫテレビでは「始めに結論ありき」の歴史物が放映されたが、そんなイデオロギー先行の論ではない。事実に密着した明晰な分析で、多くを教えてくれる。友人の林連祥教授は戦後台湾の大学でこの台湾論を教科書に授業していた。

植民地化は植民者という一級市民と被植民者という二級市民を生み出すがゆえに悪である。それが今日的評価だが、第二次大戦までは植民地化・キリスト教化・文明開化はほぼ同義語として認識され、西洋では肯定されていた。日本の台湾植民地化も文明開化の事業として構想された。ただし宗教を広めて死後の命を救う代わりに衛生を広めて人の命を救おうとした。後藤新平のそうした植民地経営は今も台湾人に高く評価されている。大陸と異なり、台湾の地下鉄や新幹線のトイレが清潔なのも日本の遺産といえないこともない。

ただ矢内原が執筆当時の皇民化教育や神社参拝強要に言及せず、日本人が宗教面で活動しないことを不満としていることが意外だった。「我領台の結果政治、資本、および教育上本島人在来勢力及び外国勢力の圧倒駆逐が行はれしに拘らず、ひとり宗教に関しては我国民の活動は甚だしく不振にして、本島人在来の寺廟信仰及び外国基督教宣教師の伝道に対して殆んど一指をも加ふる能はず、領台後渡来せる我が神道仏教及基督教は殆んど凡て在住内地人にのみ関係せり」。キリスト者矢内原は、西洋の植民地政策を範としたから、こんな批評をしたのだろうか。私は信仰の強制に反対だ。主席、総統、総書記、書記長、天皇、法王、教皇など個人崇拝の強要は絶対反対だ。銅像や写真も早く広場から除去してもらいたい。幸い今の日本は宗教的圧力の稀薄な国である。スカーフの強制も、食事のタブーもない。牛も蝦も鯨も食べていい。金曜も肉断ちしない。食事が異なれば通婚は無理だ。豚を食べる華僑はイスラム教徒と結婚しない。「人は何を食うかによって決まる」man ist, was man ißt とドイツの諺にもある。口腹の糧《かて》も合わねば問題だが、精神の糧が異なれば通婚は難しい。一夫一妻の宗教を奉じる女が一夫多妻の男とは暮らせない。在米の数学者志村五郎は、米国では聖書原理主義者の社会的発言権が強く、進化論を教えることに反対し、大統領までそれに気を使う風潮に呆れ、日本の微温的な宗教活動をむしろ良しとした。逆説的だが一説だ。日本人の宗教心は本人は無宗教だと思い込んでいる無自覚な点に実は存するらしい。

ただし矢内原と違って、私は日本が台湾統治で衛生を重んじたことは、関係者は意識しなかったが、日本人の広義の宗教心の現れだったと考える。清らかさを尊ぶ神道の心が衛生を尊ぶ思想の背後にあった。今もあるのだが、世間は日本人のそんな神道的感受性について無自覚である。というか私が神道と口にするだけでアレルギーを起こす学生や評論家やテレビのディレクターもいて、私に右翼とレッテルを貼ったりする。神道などは学者が語るべき話題でないと頭から決めてかかっているのだから、困ったものである。

249　日本の報道に頼る

人にはそれぞれ好きなアナウンサー、嫌いなアナウンサーがいる。敬語を使うべき相手には敬語を使わず、タレントには敬語を使うアナウンサーなど私に言わせれば最低だ。好き嫌いは視聴者との相性のようにも思えるが、それ以外の要因もある。ベルリン・オリンピックで「前畑ガンバレ」と叫んだアナウンサー、昭和十六年十二月八日朝、日本が米英と西太平洋において交戦状態に入ったことを告げたアナウンサー、いずれも時代と私たちの接点でマイクに向かった人だったからこそ、その声が日本国民の集団的記憶に残ったのだ。

森田美由紀アナウンサーは聡明な人柄、はっきりした語り口、非常識なことは言わないという信頼感で平成の多くの人に親しまれた。他局の人にはない品位があった。だが私に強く記憶されるのは、やはり歴史的な要素もあってのことだ。それは天安門事件の後に私が北京へ教えに行ったからに違いない。みんなあの頃のピリピリした雰囲気を忘れてしまったが、当時の中国は、経済的に貧窮、政治的に不安定だった。外国人は中国人と同じ紙幣を使うことは許されず、猜疑《さいぎ》の目で見られていた。天安門広場で民主化を求めた群衆を戦車で弾圧したのは人民解放軍で、体制側からすれば軍こそ殊勲者だ。その軍に影響力の強い楊尚昆とかその弟とかの動向が不安気に語られていた。

私たち日本人教授は全員非常用食糧を持参していた。いざとなれば日本の放送を聴こうと短波ラジオも持っていた。もっとも露見すればスパイ罪に問われるやも知れない。北京に着いてなにより不気味だったのは、商社関係の邦人が北京市東北の郊外へすでに居を移していたことだ。そこなら首都飛行場が近いから真っ先に逃げ出せるという計算だった。

私たち外人専家は北京の西北、友誼賓館の裏手に住んだ。中ソ対立以前はソ連の技師たちが住んでいた一角である。そんな日々だったから日本人教師は互いに同志という感覚が生じるほど連絡を密にして生活した。正確なニュースを知りたい。しかし言論統制の厳しいお国柄だから、中国の報道は公式発表以外は伝えない。中国語のヒヤリングの上手な人もいたが、そんなニュースはさしたる意味がない。中国側は『人民日報』を無料で配ってくれたが、公式発表だけである。

となると日本のニュースが有難い。友誼賓館ではＮＨＫのテレビ・ニュースは毎夜聞かせてくれた。そのアナウンサーが森田美由紀さんだった。その後も北京へ二度、三度と長期滞在する度に森田さんからニュースを聞いた。しかし天安門事件の後の、あの言論自由の日本の報道にすがる、という気分は失せた。一度テレビの前で日本人が歓声をあげたことがある。当時はまだ貴花田といっていた後の貴の花が美人の女優宮沢りえと婚約した、というニュースが流れた時だ。

平成十六年、森田さんが夜十時のテレビの画面から消えたので、こんな思い出を綴《つづ》った次第だ。

250　反植民地主義的植民地主義

植民地主義は悪である。植民地に主人として臨んだ者は一等人間として振舞うが、原住民は二等人間扱いだ。誰でも二等市民の待遇に甘んずるはずはない。だが第二次世界大戦が終わるまで、地球の大半は植民地だった。アジアでもインド、ビルマ、マレー、香港は英国領、ベトナムはフランス領、ジャワ、スマトラはオランダ領、フィリピンはスペイン領から米国領となった。その一九〇〇年前後、日本も台湾と朝鮮を植民地とした。当時は植民地経営は文明国の使命と目されていたのである。そんな過去を思うと、戦後六十年の大変化は植民地の消滅だろう。

戦前、欧州と日本を結ぶ最重要ルートは欧亜航路で、船が一旦《いったん》英仏の港を出、地中海を東に向かうと、寄港地はことごとく西洋の植民地。スエズ、ボンベイ、コロンボ、ペナン、バタヴィア、シンガポール、サイゴン、マニラ、香港。そこにはキリスト教会が建ち、洋風ホテル、総督府の建物が聳《そび》えていた。基隆を除けば、西洋の世界支配は明白だった。アジアでは日本とシャム（タイ）だけが独立国、中国は列強によって瓜《か》分《ぶん》され半植民地となっていた。明治以来、西洋に憧れた日本人は洋行した。インド洋経由のこの船旅は戦前の小学校教科書にも載っている。飛行機以前の時代、一月かかった船旅で大人たちが思いもかけず学習したのは、西洋の地球大の進出という仮借ない現実だった。白人の力に感心もし、黄人として口惜しくも思ったに相違ない。シンガポールの港で船から銭を投げては現地の少年に水中に飛込んで拾わせて興ずる白人に、鷗外も漱石も心安らかでなかった。列強に負けぬ大帝国を築こうと思った日本人が出たのは当然だろう。日本が膨張主義におちいったのは、西洋を範とする優等生心理の自然な結果でもある。

その際、知識人には相反する気持もあった。一面では西洋の植民地主義を非難したが、他面では彼らの植民地経営を見習おうとしたからである。日本の庶民には白人の東亜侵略百年を憤る素直な気持は強かったから、米英に対し戦いを宣するや死物狂いで「大東亜戦争」を戦った。主観的にはアジア解放のための義戦であった。しかし日本はアジアの指導者として大東亜共栄圏を築こうとした。外から見れば一黄人帝国の野望と見えたろう。白人の掟が文明の掟と思われていた時代、小癪《こしゃく》にも白閥の支配秩序に楯突いたのだ。そんな二面性を持つ大戦であってみれば、「義戦」の面だけを強調するのはもとより誤りだろう。だが「侵略戦争」と頭から決めつけるのもまた誤りではないか。

しかしいきなり真珠湾を叩いたのは、軍事的には見事といえ、政治的には拙《せつ》だった。日本の主張をまず英文できちんと説明し、それから行動に移るべきであった。我国の弱みは内外の人を説得するに足る論理的な英語表現力を持合せなかった点にもある。

251 大川周明

徳富蘇峰（一八六三－一九五七）と並んで大東亜戦争の日本の立場を正当化したイデオローグは大川周明（一八八六－一九五七）で、生まれは山形だが高校は熊本の五高だ。

日本人の多くは国内政治の上では「藩閥打破」の主張に賛成したが、国際政治の上では「白閥打破」という蘇峰の威勢のいい論に同調した。蘇峰の主張は国民の多くを熱狂させ、日本を対米英戦争へと駆り立てた。だがその蘇峰は、戦後、自己の言論活動がいかに国を誤ったかはいわず、責めを昭和天皇をも含む他の日本人に求め、敗戦後の日本の風潮を大袈裟に嘆いた。そんな蘇峰の自己中心的な自己正当化は私には不快である。

大川周明は昭和の軍クーデターにも関係した。真珠湾攻撃直後、日本放送協会のラジオを通じて日本側の理のあるところを主張して脚光を浴びた。その放送をまとめた『米英東亜侵略史』は当時のベストセラーである。だが日本が敗北するや大川はA級戦犯として市ケ谷の法廷に引き出された。開廷当日、前の席にいた東条英機被告の頭を叩いて「こんな裁判は猿芝居だ」と英語で叫んだ。しかしその奇声は発音が悪かったため英語として認識されず、大川は法廷外へ引き出され「精神異常」と鑑定され不起訴となった。釈放後は『コーラン』を全訳した。法廷で東条の頭を叩いたのは佯狂《ようきょう》だったのかとも疑われている。その事件の印象が強烈だったためか、敗戦後の日本では大川の主張を真面目にとりあげる人は多くはない。

ところが鈴木宗男事件で外務省を追われた異能の人佐藤優が『日米開戦の真実』（小学館）と題してこの大川の『米英東亜侵略史』を新しく読み解いた。佐藤は大川の見方を高く評価するが、ワシントン会議で日本が軍縮に応じ、対米英比五・五・三の割合で主力艦の数の制限に応じたことを大川が非難したのはやはり間違っていると私は思う。戦争が日露戦の時のように現有勢力の艦艇のみで戦うのなら、六割は確かに劣勢で日本は不利な条約を結んだことになる。しかしいまや生産戦の世の中だ。第二次大戦の米国は、いってみれば手元に鉋《かんな》や鑿《のみ》や材木を持って、飛車や角を次々と拵《こさ》えて盤上に打ってくる相手である。日本は開戦当初米国が所有していた七隻の航空母艦はことごとく撃沈破した。だがそれにもかかわらず、昭和二十年八月、米国はなお正式空母二十隻を活動させていた。米国が戦時中に建造した正式空母は二十六隻（日本七隻）、

大川周明

護衛空母にいたっては百十隻（日本七隻）という大差である。五・五・三の割合は生産競争を始めれば日本を圧倒するに決まっている米国が「日本の六分の十で我慢している」（古賀峯一）と考えるべきだったのだ。軍縮に賛成した日本の支配層はまた国際協調派である。民政党の浜口・若槻などが推進したその軍縮を「統帥権干犯」と海軍艦隊派が騒ぎ出し、帝国議会で政友会の鳩山代議士がそれに同調した時、日本は亡国の道を辿《たど》り始めた。

今でもそうだが、党利党略がらみで代表質問などすると碌な事にはならない。

252　台湾と朝鮮

植民地主義は悪である。日本ではそれが通説になっている。私もその見方に原則的に従う。しかし西洋人は第二次世界大戦までは、いや戦後もフランス社会党などは、植民地化を正当化し「白人の重荷」を背負った「文明開化の事業」とか「キリスト教化の事業」と主張した。今でも旧植民地帝国だった西洋人の中には「ソマリアがずっと白人植民地のままだったら、海賊の根拠地などにはならなかったよ」と皮肉る人もいる。現に海賊対策に頭を悩ます関係者の間には「ソマリアは国連の委任統治にしたらどうか」と考える向きもいるらしい。だが一旦独立を認めたアフリカの土地に外国人が政治的に介入するのは難しい。軍事的に介入すれば土地の貧しい人々の反西洋・反キリスト教の気分に乗じて、イスラム原理主義者がそれこそ跋扈《ばっこ》してテロの温床となるだろう。

植民地主義は悪だが、そうと認めない国もある。チベット支配を続ける中国は王道楽土を建設中と言い張る。米国はかつてフィリピンを領有した事を謝罪しない。サッチャー英国首相は一九八八年、ブリュッセルで講演し「ヨーロッパ人がいかにこの世界の多くの土地を探検し、植民地化し――そして私はなんら釈明することなく申しあげます――文明開化したかはまことにすばらしい勇気と才覚の物語でありました」と過去を肯定した。私は驚いたが、コータッツィ元駐日大使もサッチャー同様、キプリングが唱えた「白人の責務」という発想を支持する。なるほど、過去の植民地主義が悪であったことを立証するためには独立を回復した地域が以前よりも安全で自由で繁栄せねばならない。国連の平和維持活動も実はかつての「白人の責務」の考え方を部分的に引き継ぐものといえよう。

明治の日本人は気位が高かった。西洋列強が植民地帝国を建設するなら、日本も植民地帝国を建設すべきだ、と主張した。西洋人が「白人の責務」を唱えるなら、東洋で唯一の独立国の日本には他のアジア諸国民の独立を助ける「黄人の責務」がある、と応じた。主張者は日露戦争後の徳富蘇峰である。西洋人の中には西洋の植民地支配は肯定するが日本の植民地支配は非難する者がいる。それは偏した見方だ。私は与《くみ》しない。日本に割譲された関東州の大連などには、内戦が何十年も続き匪賊が横行跋扈《ばっこ》する中国本土から中国人の金持も安全を求めて移り住んだ。その様を目撃した日本人は我国の植民地支配こそが王道楽土の建設だと思い込んだ。そう錯覚したのも無理もない。

竹越与三郎は『台湾統治志』で「未開の国土を拓化して文明の徳沢を及ぼすは白人が従来久しくその責務なりと信じたる所なりき。今や日本国民は白人の大任を分たんと欲す。台湾統治の成敗は試金石と云はざるべからず」と書いた。問題は日本が台湾統治に成功したことだ。実はそれが朝鮮における失敗となった。化外《けがい》の地の台湾と違って、朝鮮は一つの文明の国である。その朝鮮全体を奪うことは朝鮮民族の誇りをも奪うことになったからである。歴史の真実はそんな相違を見分ける眼識《がんしき》にあるのではあるまいか。

253　日本是亜洲的驕傲

私立大には昔から外人の教授もいたが、国立大の専任教官は全員日本人だった。国家公務員として日本国籍が求められたからだ。その国立大が法人化し、教授は何国人でも良くなった。日本の大学に中国人教授はふえる一方だ。大陸出で台湾語を教える怪しい者もいる。日本で助手以上の常勤職にある中国人は二〇〇五年現在、一〇四五人、その中で教授は国立二九人、公私立一八九人、助教授は三百人。今後、日中関係で彼らの発言が注目される。

テレビに出演し流暢《りゅうちょう》な日本語で中国の立場を代弁する人もいる。朱建栄教授は大陸の台湾併呑政策について「それは大陸の民衆が台湾の中国復帰を求めるからです。その世論を中国政府は無視できません」と解説

した。私は呟《つぶや》いた「やれやれ、台湾の世論は無視していいのかね」。テレビに登場しないが、中国の現体制に批判的な人も、帰化して日本国籍を取った人もいる。日本の平和主義は承知だが、中国に向け公然とそう言う勇気のない人も多い。日本がいいなどと言えば「不愛国《プーアイグオ》」と罵《ののし》られるかもしれない。

それでも二〇〇二年に人民日報の馬立誠評論員が「日本は国土狭小で資源が乏しいが、世界第二の経済大国となった。アジアの誇りだ」「日本の謝罪問題はすでに解決済みだ」と書いた時は、在日中国人学者も驚いた。現政権の誰がこうした意見を馬に書かせたかと噂した。その一人が教室で馬論文「日本是亜洲的驕傲」を読ませたら、どうせ悪口と予断を抱いていた日本人学生が「日本はアジアで驕慢である」とか「日本はアジア的で傲慢である」と誤訳したそうだ。中国語の「驕傲」は「誇り」「プライド」を意味する。私は在日中国人学者の学会に居合わせたが、多数が馬論文に賛成した。ところが大陸では馬立誠はインターネットで売国奴と罵倒された。中国で親日派と目されると大変だ。胡耀邦もそれで失脚した。馬にこの論文を書かせた現政権内部の政治家もこれで沈黙した。二〇〇五年の反日デモは、中国国内という閉ざされた情報空間で日本のイメージがいかに歪んで若者に教え込まれてきたかを露呈した。唐前外交部長は「中国では反日教育はしていない」とゲンメイしたが、赴日留学生は日本に着くと、中国で聞いてきた日本とわが目で見る日本の違いに驚く。

魯迅の弟の周作人は清末の赴日留学生で日本通、夫人も日本人だった。北京大学教授として戦争中日本軍占領下の北京に留まった。戦後投獄され、文革時に非業の死をとげた。劉岸偉東京工大教授の『小泉八雲と近代中国』（岩波書店）は中国へはじめて小泉八雲を紹介した周作人の業績を語る名著だが、中国における知日派の立場がいかにデリケートなものであるかもあわせて伝えている。

254　日本のゴルバチョフ

一九九二年、北京で『人民日報』を読んでいて驚いたのは、日本共産党の元議長野坂参三が党から追放処分された時だ。戦中は延安にいた野坂同志だから中国も驚いた。記事がなまなましかった。ソ連にいたころ野坂は密告で無実の日本人を処刑に追いやった、そのことがわかったという。だが共産圏とはそうせねば自分が逆に粛清されるシステムだったのだ。中国で主席などと呼ばれた者が無実の人を多数殺したのは世間は百も承知だ。承知どころか毛主席は殺した数が桁違いに多かったからこそ中国人に尊敬されたというのが実相だろう。この場合、尊敬と恐怖とは異語同義である。そんな中国から見ると、百歳の野坂をいまさら追放処分したのは、なにか異質な感がした。

『人民日報』を読んで笑ったのは、一九九五年、新篇『馬列著作集』が刊行され「これは中国共産党の思想理論建設の一大事である」と第一面のトップで二日続きで報じられた時だ。馬は馬克思（マルクス）、列は列寧（レーニン）の頭文字だ。日本でもマルクス・レーニンを売り物にした書店は倒産、本家の独露でも売れない。そんな思想的にも経営的にも破産した『馬列著作集』など誰が読むかね、と私が言うと、中国人学生も一緒に笑った。本屋で客がいないコーナーは列寧や毛沢東の棚の前で、混んでいるのは受験参考書の前だった。

そんな昔を思い出したのは、二〇〇四年になってようやく日本共産党がマルクス・レーニン・宮本顕治らを追放した、とはいわないが、彼らの本の独習指定を廃止したからである。かつて党学校では指定文献の勉学を基に講師資格試験も実施した。これはキリスト教会が聖書の勉学を基に牧師や司祭を任用してきたのと同様で、党のイデオロギー的基盤をそれで固め、かつ党内の立身出世もそれによって決めてきたのである。ところが二〇〇四年夏の選挙の惨敗を機に、共産党は共産主義の古典を必読書としなくなった。これは、共産党であることをやめたようなものだ。いってみれば、公明党や創価学会が池田大作の書物を読まなくてもいいと言ったような大変化だ。

野坂参三氏

党で指定文献となっていた一冊はマルクス『賃金、価格および利潤』だ。私は一九四八年、旧制一高の社会科学研究会でエンゲルス『空想から科学へ』の次に読まされた。研進社版宮川実訳で英訳 *Value, Price and Profit* もついていた。その時の本を取り出してみたら英文十ページだけ読んでいる。十七歳の私は「外国語ばかり勉強して変な質問をする」と上級生に叱られたが、この時も質問した。だが十九歳のチューターは実は問いに答えられなかったからだろう、「マルクスが間違うはずはありません」と居丈高に言った。「やれやれ」とその時思った、「この社研に集った共産党細胞の連中はマルクス信仰という新興宗教集団だよ」。そのチューターは英才で上田建二郎といった。後の不破哲三議長である。党の指定文献制度を廃止した彼が、さらには日本のゴルバチョフとなることを私は祈っている。

255　日本はなぜ敗れるのか

米国の「民主的観点」でも中国の「人民民主的観点」でもなく、日本の敗戦について、戦地にいてきわめて常識的な観点で分析をした人は小松真一である。昭和十九年、ガソリン代用のブタノール製造のため技師としてフィリピンへ軍属として送り込まれた。著者の死後一周忌に自家出版され、同じく比島で死線をくぐった山本七平がその虜人日記に、解説を付した。それが『日本はなぜ敗れるのか』と題されて角川書店から公刊された。旧軍・新軍の関係者にも、また戦争を呪詛《じゅそ》する人、感傷的な平和主義の人、民主主義的圧迫に気おされて「お前はかく考えねばならぬ」という思想的権威に服している人にも是非読んでもらいたい。本書は日本人の考え方そのものの弱点を剔抉《てっけつ》しているからだ。

戦後の総評などの春闘決起大会の労働者動員数と警視庁調べの数はいつも七対一ほどの差があった。大会の責任者は正確な実数を報告しようとする記者にホコ先を向け「警察の三万一千という数字を信用するようじゃ、もはや労働記者の資格はないよ」とおどした。それで組合への内部批判者すらも結局「大会責任者の発表が二十万人になってるんだから」と公式数字を繰り返すようになった。いかにもありそうな事である。日本軍の公式発表も似たようなもので「その数字を信じないようじゃ、もはや日本人の資格はないよ」つまり非国民とされ、真実が言えなくなったのだという。だがその員数と実数の差のために出先の日本軍が悲惨な餓死を遂げる様を本書は如実《にょじつ》に知らせてくれる。

たてまえ論と実態の乖離《かいり》は、春闘の数字合わせでわかるように、戦後の日本にも引き続いた。「昔陸軍、今総評」とはよくいったものだ。山本は、本多勝一記者などの戦後の刺戟的な日本軍残酷物語は戦争中の悲愴な愛国殉国物語の裏返しに過ぎないと見る。日本のマスコミには記述に先入主があり、それに沿って書くから真相が伝わらない。たとえば田原総一朗のような記者でさえも取材に際し「予定稿」があり、それに合わないことを相手が答えると「言い逃れ」と居丈高に非難すると山本は職業的欠陥を指摘している。なるほどどこれと同じ心理が働くから、日本人でありながら南京大虐殺について「中国側責任者の発表が三十万人になってるんだから」と譲歩し「その数字を信じないようじゃ、もはや進歩派ではないよ」つまり保守反動とされるのだろう。それと似たような員数と実数の乖離は道路公団とかメルパルクの垂れ流し運営にもあるに相違ない。

小松真一にはそんな周囲との馴れ合いがない。新聞もラジオもない捕虜収容所で記録を書いたから「民主日本」とか「文化国家」とかいったスローガンを戦争中と同様に騒々しく「奉唱」し強制されることがなかったからである。日本国内という閉ざされた情報空間の外にいたおかげだと山本は指摘している（そんな外部にいた人の発言や着眼の新鮮さを、私は外交官としてドイツ降伏後西洋で拘束されていた前田陽一氏や捕虜としてビルマで拘束されていた会田雄次氏の発言にも、またリビアで拘束されフィレンツェ帰国が一年遅れた一イタリア人の言葉にも感じたことがある）。小松の記録は日本へ復員した時、小役人の手であやふく焼かれるところだったが、死んだ戦友の骨壷に隠しておいたので日の目を見た。

256　糧ヲ敵ニヨル

昭和十九年、内地はまだ空襲もなく平穏で、私は東京高師附属中学にはいった。東洋史の時間にはまず「夏殷周秦漢三国晋南北朝隋唐五代宋元明清中華民国」とシナの歴代の国名を暗記するよう命ぜられた。この知識は今でも役立っている。もっとも五年後には「中華人民共和国」とさらに足すようになったが。先生は渡辺といったが「桶八」が綽名《あだな》で、授業参観の日に一生徒の母親が迂闊《うかつ》にも「桶八先生」と言ってしまったという話が伝えられた。そんな笑い話の種になるいい先生なのだが、しかし暗記本位の歴史はくだらないと生意気盛りの私は感じた。それなものだから、理系のできる生徒を一学年十五名に限り勤労動員免除で、理数英語を集中的に教える特別科学組に選抜された時は嬉しかった。小躍りした。歴史も、「チンプンカンプン」と小馬鹿にした漢文も、古文も授業はなくなったからである。その私が今は比較歴史家で、東洋史にも首を突っ込み、漢文や古文を読んでいる。だから人間どう変るかわかるものではない。しかし科学史の佐々木力に先日図書館で会ったら「平川さんが今度出した『天ハ自ラ助クルモノヲ助ク』を読んだ。先生は元理科でしょう、英日・英中の関係を三点測量で扱う歴史叙述が明晰で論理的だ」と私の素性を言い当て、褒《ほ》めてくれた。

ところで桶八先生の授業で印象に残ったのは「糧ヲ敵ニヨル」の句で、攻める場合に軍は食糧を持参せず現地で調達するのだという。モンゴル軍はそうして大陸を占領した、と習った。しかし調べてみたら「因糧於敵」の出典はさらに古く、孫子らしい。武器は本国から持参すべきだが、糧食は敵地で掠取して調達せよ、という。二十世紀の日本陸軍は戦地で軍票を渡すことで食糧を調達した。農民が供出を拒めば殺気立った日本兵が何をしたか。その場に女がいたらどうなったか。そんな日本軍では占領地民衆の心を摑《つか》めなかったであろう。

インドネシアで使われた日本軍軍票

それだけではない。ビルマのインパール作戦では食糧補給の目途が立たないのに、牟田口司令官は攻勢に出た。「食糧は現地調達」といわれてもジャングルに食べるものはない。過去の大戦で大東亜の各地で日本兵は戦死したが、その七割方は実は餓死だ。惨めだ。「糧ヲ敵ニヨル」という戦訓を参謀たちが暗記したためだろうか。その牟田口中将は内地に召還され、陸軍の幼年学校だか士官学校だかの校長になったとかいう。真偽は知らない。試験に合格したが、私は陸幼入学を辞退し科学組に残った。それで中将の顔を見ずに終戦を迎えたからである。

昭和二十年九月、日本は占領され、空襲に焼け残った私の家は米軍士官用に接収されることとなったが、しかし日本人の米や麦まで米軍に接収されることはなかった。逆に米兵のGIレーションという食糧を配られて、そのうまさに舌鼓を打った。情けないが、もうそれだけで米日の文明格差を敗戦国民は思い知らされてしまったのである。

257 モンブラン

私は戦争の最後の年の昭和二十年、いつも貴重品を身につけていた。空襲で平川家も焼かれるかもしれないからというので、鎖つきの懐中時計を中学二年生の分際《ぶんざい》で持っていた。三月十日、四月十四日の東京大空襲の後に金沢疎開が決定した。五月二十五日、親元を離れて特別科学組の一人として行く時には、戦前父がドイツで買ったモンブランの万年筆とゾーリンゲンのペーパーナイフを渡された。十五人の級友と集団生活をすることにヴェルヌの『二年間の休暇』の十五少年のごとく私は心をときめかせていた。だが父は「馬鹿な事だ。これからの空襲の目標は地方都市に決まっている」と言った。まさかと思ったがその二ヵ月後、金沢からも福井や富山の空が空襲で赤く焼けるのが見えた。そうしたあやふい日々、四高の教授はこちらの実力や水準を調べずに化学や物理を教えるものだから、私たちは授業についていけない。体育の教師は「敵軍が上陸したら睾丸《きんたま》に嚙みつけ」などと訓話する。十三歳の悪童は笑いを嚙み殺している。ただ幸い上級生のしごきはすぐ止んだ。皆腹が空いて部活動で下級生をいじめるどころでなくなったからである。次々と下痢になる。朝起きると、廊下に便所へ行くまでに洩らしてしまった少年の便が点々と垂れている。班長のつとめはそれに灰を撒くことだった。そんな日々だったが、私は親から渡された万年筆で日記はきちんとつけた。それだけ自己表現せずにいられない少年だったのだろうか。日記が地上に残す形見だと感じていたのだろうか。しかし毎日書くことで精神を集中し自己を管理していた。終戦になり、八月十六日朝金沢発、汽車を乗り継いで親元へ帰った。すると安心して日記をつけるのをぱたりとやめてしまった。

モンブランの万年筆でまた日記を書き出したのは昭和二十三年、一高の寮にはいってからである。その後大学生の時も留学生の時もずっと日記をつけた。その愛用の万年筆もいつしか具合が悪くなった。結婚する時、島田謹二先生に「何が欲しい」と聞かれたので万年筆をお願いしたが、そのパーカーは握り具合が悪く、いつか使わなくなってしまった。もっといけないのは助手になって暫くして日記を書くのをやめてしまったことだ。そのうち原稿用紙にカーボン紙をはさんで書くのが習慣となった。これは原稿を出版社になくされたのに懲《こ》りて用心したためである。そうこうするうちにワープロ、パソコンの時代となった。東大を定年で辞める年からまた日記をつけ始めた。今度はボールペンで書いている。するとまた人生が長くなったような気がする。

父の懐中時計も、モンブランも、どこかへ行ってしまった。しかしゾーリンゲンのペーパーナイフだけは今もなにかと使っている。この単行本を出したときは、父よりすでに十一歳長生きした私だが、今度二〇一七年、この『平川祐弘著作集』にこの巻がはいるとなると父より十九歳長生きしたことになる。これからもなお暫く和書も洋書も読んで書き物を続けるつもりでいる。

ベロ出しチョンマ（熊本）

あとがき

一九九二年、六十歳になった私は九州の大学へ招かれた。そんな有難い縁で九州の新聞の文化欄にしばしば寄稿することとなった。私にとくに目をかけてくれた人は『熊本日日新聞』の井上智重氏で、二〇〇〇年には「世紀の扉」という一回四百字ほどのコラムを元旦から一年間、日曜を除いて、毎日同紙ほかに連載した。そのコラムの過半は福岡の葦書房の小野静男氏の手で編集され随筆集『日本をいかに説明するか――文化の三点測量』(『平川祐弘著作集』第三十巻)に収められ、二〇〇一年に世に出ている。

井上記者はそんな私を見込んで二〇〇三年には四月から毎週木曜夕刊に「書物と私」という一回千二百字ほどの欄に書くようにとさらに誘ってくれた。七十歳を過ぎた私はこれは良い機会と思い、書物の思い出にことよせて自伝風回想を書き、あわせて時評も添えることとした。それやこれやで新聞の切抜きをスクラップ・ブックに貼るのが毎週の楽しみとなった。読者諸賢、また井上智重氏にあらためてお礼申し上げる。

今回は一回ごとに前回の三倍の紙面が与えられたので、比較的に委曲《いきょく》をつくして書くことができた。私は反体制ではなく、強いていえば反大勢である。論壇や文壇主流に遠慮せず、正直に少数意見を発言することも許され、反時代的考察も述べることができ有難かった。地方新聞の存在意義は中央のマスコミの紋切型や大新聞の大権威に簡単に服さない点にもあると思っている。

連載が続いている間に小野静男氏は弦《げん》書房に移ったが、前回と同じく今回もやはり同氏の木目細《きめこま》かい編集でこの随筆集『書物の声　歴史の声』は世に出る。依子の挿絵を大目に入れてくれたことが有難い。もとより素人のスケッチだが、こうして二〇〇九年の暮れ、夫婦合作の一冊を穏やかな世に遺すことができて幸せに感じている。

憤青《フェンチン》の遠吠え消えて師走かな

平川祐弘

第二部　伏字のない世界

異人・偉人・国士・大学者　渡部昇一の思い出

――自称「遅進児」が、如何にして和漢洋の書籍で身を修め、戦闘的なオピニオン・リーダーとなったか――

日本言論界の一方の雄

平成二十九年四月十七日に亡くなられた渡部昇一氏（一九三〇-二〇一七）は、昭和・平成の日本で抜きん出た、一代の大学者であった。さらに偉《い》とすべきは、アカデミズムに安んぜず、ジャーナリズムでも発言を能動的に繰返し、八十六歳六カ月の最後の年にいたるまで、戦闘的な論客として大活躍したことだろう。頭脳は明敏、精神は潑溂《はつらつ》、まことに責任ある大知識人であった。自由を尊び、八面六臂《はちめんろっぴ》、生涯を通して言論で奮闘した渡部氏こそ、わが国に民主主義が根づいていることの生き証人であると呼べるような気がする。世間の人――とくに『朝日新聞』の定期購読者は、必ずしもそうは感じないかもしれないが、氏は多くの圧迫をはね返し、ペンでもって敢然と不良勢力と戦い、そして勝ち抜いた。そんな氏を単なる保守反動勢力のイデオローグとみなすなら、それは浅薄な見方だろう。将来誰か日本における言論自由が守られたケースとして大西巨人氏との論争に端を発した渡部叩きとその結末について論文を書くことをすすめたい。

渡部氏は世の人文学者とは一《ひと》まわりも二《ふた》まわりも違った異人であり偉人である。稀代《きだい》の書物蒐集家で、それによっても国際的にも知られた。しかしビブリオフィルである以上に稀代の読書家であり、幼少以来読んだ知識、学んだ体験を存分に生かして自由闊達に語り続けた。若い日に漢文に親しんだ氏には志があった。それを芯として生涯貫いた。人間類型としては明治の知識人に近い。国士の面影も秘めていたかに思われる。

氏は記憶力抜群、和漢英を中軸とする多言語の読み書き話しの知識がその頭脳の中で常に生動し、生きた力となって過去現在の歴史を結びつけた。その頭の閃きの鋭さが大学者たる所以なのだが、アクチュアルな問題についてもその知見や連想に照らして考え、所見を述べた。渡部氏が、古今東西の知識を一身に蔵《ぞう》して、それを思いのままに取り出して論ずる様はけだし壮観だった。無類の walking dictionary として、この地球上で数少ない貴重な人材だったことは間違いない。氏はその博大な知識と常識を基に昭和五十年代以降、日本の言論界の一方の雄《ゆう》として、椽大《てんだい》の筆をふるったのである。

一代の師表

ユニークなオピニオン・リーダーであった渡部昇一氏が、該博《がいはく》な知識と体験を踏まえて『文藝春秋』『諸君！』『正論』『WiLL』などに発表した意見は、常連執筆者の初めから結論ありきの見え透いた主張とは違った。まずオリジナルな視点で観察し、常套《じょうとう》的な文言《もんごん》でなく、独創的な見解を述べる。過去から適切な例を引く。そうした点に文明評論家渡部昇一の真面目《しんめんもく》があり個性があった。長年テレビで意見を述べる場を持ち、率直な物言いで、世間の蒙《もう》を啓《ひら》いた。庄内弁のアクセントが生涯抜けなかったから、それも御愛嬌で、お蔭でかなりどぎつい物言いも人を傷つけず、笑いにくるまれて話が終る。そんな人徳も憎めない。

招かれたゲストは、あらかじめ腹案をもって放送局に現われる。客を応接するホスト役の渡部氏は、相手の言葉にその場で応じて対話を盛り上げる。打てば響くだけの機転と見識を持ち合わせていたのだから立派なものである。その番組「渡部昇一の大道無門」に私も招かれ、天皇御譲位と難民移民の問題について対談したのが氏との交誼《こうぎ》の最後となった。

渡部氏は家庭を愛し、郷里鶴岡を愛し、母校上智大学を愛し、皇室を大事にした。日本のお国柄を大切にする態度はほとんど「ジャパン、ファースト」といってよい愛国者であった。晩年、天皇の譲位問題で有識者会議に臨んだ時は松葉杖をついており、痛々しかったが、発言そのものは理路整然、頭脳は最後まで冴《さ》えていた。

平成二十九年四月十七日に亡くなるや翌日、安倍晋三首相が杉並区善福寺の渡部宅を弔問された。真に勇気のある正義の士であり、一代の師表《しひょう》であったといえよう。

私も弔意を表する機会を失してはならぬと思い、座談会形式でなく、私が知る渡部氏と目に触れた何冊かの書物をもとに、怱忙《そうぼう》の間《かん》ではあるが、拙《つたな》い思い出を記し、別れのご挨拶に代えさせていただく。

田舎の遅進児

渡部昇一『青春の読書』（ワック株式会社、二〇一五年）は、氏の前半生を克明に率直に生き生きと語っている。この自伝ともいうべき書物を読んで、氏の人となりと文筆活動について、はじめて合点する節がいくつもあった。近来にない好著である。

昇一少年は鶴岡の貧乏な商家に一九三〇（昭和五）年十月十五日に生まれた。その頃は日本の大多数の子供の教育は小学校六年どまりで、中学というエリート・コースへ進む子は少なかった。昇一の両親はともに小学校の卒業証書も持ってない。そんな環境で育ち、しかも自称「遅進児《ちしんじ》」であった。そんなだったから、たまたま運よく中学へ入れたのである。昭和十八年、入学試験の際、「この大戦下の小国民として、君はどんな気持ちでいるのか」と質問されて、途中の電柱に貼られていたポスターの言葉がとっさに飛び出した。「討ちてしやまんの気持ちであります」、「よし」と校長は机を叩いた。それで昇一少年は「合格したな」という感触を得た。

そんな偶然がなかったならば、日本は渡部昇一という類まれなオピニオン・リーダーを持ちえなかったことであろう。幸い人生の最初の分水嶺《ぶんすいれい》を無事に越えた。田舎であったが、戦前の日本の文化水準は馬鹿にしたものではない。少年は講談社の本などを愛読した。『キング』や『幼年倶楽部』や佐々木邦などに代表される平和でおだやかな古雑誌の世界にも深くひたっている。

戦後、英語教師として中学に復職した東京文理大卒の佐藤順太先生と出会って先生の家に入り浸《びた》る。そんな家庭や学校で戦中戦後にむさぼり読んだ書物と先生方の思い出が実に生き生きと描かれていて、『青春の読書』はまことに興味深い。これは日本の地方の特異な少年の自伝としてその細部の精密な描写においても貴重な記録だが、同時に驚嘆すべき潜在能力を秘めた青年の立志伝中の立志伝である。師弟愛とその開花、結実の物語といってもいい。学問に対する尊敬と書物に対する愛がこれほど純真にストレートに語られている文章は稀である。私は尊いものにふれた気がして感動した。学校で学んだ授業内容が愛情をこめて精密に回顧されている。その筆致から推して、その学業が本人の血となり肉となったことはまちがいない。だが世間にこれほど教え甲斐のある若者はほかに何人いたのだろうか。教えた方がとうに忘れたことも渡部生徒はきちんと記憶している。「渡部昇一 知の原点」と帯にあるが、書物が原点なのではない。かつての「遅進児」の猛烈な読書と見事な勉強が原点なのである。

上智大学が生んだ文化史家

昭和二十四年、当時まだ無名に近い上智大学に進学した。信じがたい事だが、昇一青年にとって東京大学は高根の花に過ぎて受験しようとすら思わなかったのである。上智大学で発奮して頭角をあらわした。授業料免除の特待生となるためにいつも教室の第一列に座って勉強した。いかによくつとめたか、その証拠は、そのとき学んだ一般教養の講義内容が実に見事に記録されていることから判然とする。愚劣な授業はなかったのか。このような良いことずくめが次々と続けて起こり得ることなのか。上智大学が非常勤にもすぐれた教授たちを招いたからだろうが、子供の時の読書に劣らず、学生時代の勉学知識も、生涯を通じて役立っている。そのことに驚かされる。そのことはヒューマニティーズの教養がいかに貴重であるかをあらためて示《し》唆《さ》してくれる。そんな渡部学生はロゲンドルフ神父はじめ内外の教授に愛された。「叩けよ、さらば開かれん」とはこのことである。師弟の交流が実に正直に率直に書いてある。『青春の読書』は上智大学の名誉を証する一冊だが、その著者は日本の名誉を証する一人物でもある。

だがこの六百頁の大著について信頼できる最大の批評家は私でなく読者だろう。それも何代にもわたる読者だろう。私は日本でこの書物が末永く読まれることを希望せずにいられない。渡部氏の半自伝『青春の読書』の表紙に印刷された Origin of Shoichi Watanabe とはまさにその通りの内容と思う。近来稀な著書である所以は、渡部氏のような「遅進児、転じて天下の昇一となる」の例もまた近来稀と思うからである。——上京した頃はまだ「遅進児」と心の奥のどこかで思っていたこの青年は、上智を卒業する頃には、本人は知るまいが、東大の教養学科のイギリス科やドイツ科の同年配の卒業生よりはるかに上の実力を身につけていたのである。

渡部昇一氏は専門は英語学で、その方面の傑出した大家である。ドイツのミュンスター大学で英文法の歴史についてドイツ語で博士論文を書いた。これほど早く書き上げることができたのは日本での学問的訓練の基礎がしっかり出来ていたからである。論文はドイツでも出版され、英語にも翻訳された。亡くなられる少し前のテレビ対談の合間に「渡部さんにとってこれぞという第一番のご自分の書物は何ですか」と質問したら、二十八歳のときに書いた本書をあげた。日本語版は『英文法史』として研究社から一九六五年に出ている。引き続きオクスフォードにも留学、帰国するやただちに上智大学に教職を得た。

私見では渡部氏の偉いところは、そんな博士論文作成に至る間に身につけた学問知識を他の分野にも応用し、帰国して次々と知的道場破りを行なったことにある。英語の歴史を専攻した渡部氏は英国を中心として西洋の言語文化の歴史に詳しいが、それで磨かれた知的感受性を働かせて、言語文化史的に日本の歴史の過去と現在を論じた。その比較文化史家としての自由闊達《かったつ》な仕事ぶりが断然面白い。渡部昇一の名は後世には『日本の歴史』全七巻という通史を書いた歴史家としても記憶されるのではあるまいか。

素朴な質問

なんで面白いか。それは戦後の日本の学問状況に、戦前・戦中とは別の方角へ異常な歪みが生じていた。だから、時流にのらないという意味でも遅進児だが記憶力のよい氏は、世間の奇妙なずれにすぐ気づく。氏はその問題点を次々と指摘したのである。そもそも渡部青年は戦後日本の歴史学会の左翼支配の風潮とは無縁な場所で学問して育った。そして渡部氏は、歴史と歴史学について異なる知識と常識と感受性を有する人になっていた。それゆえに、日本の戦後の歴史学の欠陥を次々と指摘することができ、またそれによって頭角をあらわすことを得たのである。

例をあげよう。日本文化会議が組織された昭和四十年代の後半、私はそこで若い渡部助教授と顔見知りになった。十数人のメンバーの懇談会の席で『騎馬民族国家』（中公新書）を一九六七年に世に出して評判となった江上波夫教授が話したあと、渡部氏がおずおずと質問した。『古事記』や『日本書紀』には馬に乗った天皇が出てこないのに、どうして「騎馬民族征服王朝説」なのですか。そういわれてはっとした江上教授は口ごもった。私は知らなかったが、江上教授はその質疑応答を含む講演の速記録の活字化をとりやめたという。ということは勝負あったのだ。渡部氏のそんな素朴な質問がまともだったのである。

敗戦後の日本では神話の価値が否定された。これは一見学問的な決定のように見えるが、その実は占領軍の政策に発するもので、ナチス・ドイツはゲルマン神話を利用したから、軍国日本も神道神話を利用したと類推的に考え、それで日本の歴史教育から神道や神話を排除しようとしたのである。すると、それまで教えて来た神代・大和・奈良・平安・鎌倉・室町・安土桃山・江戸と言う時代区分の冒頭の神代を消して日本側のお利口さんたちは考古学的記述に書き改めてしまった。そんな戦後の風潮に感化されて江上波夫氏も『古事記』や『日本書紀』の類は読まずともよいと迂闊《うかつ》にも思ってしまったのであろうか。

だが英国言語史を西洋で勉学した渡部氏は学問的常識によって判断した。神武天皇のように相当数の詩が現在も読み継がれている人物を文学史からあえてはずすような例は西洋にはない。そもそも渡部少年が中学入試の際口にした「討ちてしやまん」も神武天皇の久米歌《くめうた》の一節なのだ。そんな神武天皇をも「架空の存在」として否定する戦後の左翼史学の偏向は戦前の皇国史学の偏向よりもさらに悪質ではないのか。

こうして正直な渡部氏は自分に忠実に『日本史から見た日本人』に始まる《渡部日本史》を書き出した。上智大学の担当の英語学の教授であるから、官学の歴史学教授からは黙殺されたかもしれぬが、戦後の歴史学界のタブーなど気にせず、遠慮せずに本物の歴史（と渡部氏が考えるもの）にすなおに直進したのである。

『日本語について――言霊の視点から』

渡部氏の言語文化論を私はいつも興味深く読んだ。私が「漢文化と日本人のアイデンティティー」の中で和歌の功徳を論じた際――『謡曲の詩と西洋の詩』（『平川祐弘著作集』第二十三巻）に収める――も、渡部昇一『日本語について――言霊の視点から』を援用した。するとシアトルで *Journal of Japanese Studies* を主宰していた Roy Andrew Miller ロイ・アンドルー・ミラー教授が、渡部批判を同誌一九七七年夏号に掲載した。そこにはミラーの初歩的な誤りもあり、甚だ合点が行かない。とくに言霊などを話題とする渡部氏を政治的立場から攻撃している。プリンストン大学でそれを読んだ私が不満を洩らすと、マリウス・ジャンセン教授も「ミラーが *Journal of Japanese Studies* を自分で勝手に編集しているが、よくない。反論するがいいでしょう」と穏やかにきつい事をいい、アール・マイナー教授は「異論があるならお書きなさい。同誌に載るよう口をきいてみます」という。よもや載るまいと思ったが、帰国寸前に反論を書いて渡しておいた。すると投稿して二年後、*Journal of Japanese Studies*, Vol.7, No.2, 1981号のTHE WORLD SEEN FROM JAPANの欄に採用されたのである。ミラーは日本語には敬語があるから日本社会には平等が徹底しない、と主張して日本でも俗受けしたことがある。わが国でアナウンサーが皇室関係の報道で敬語を略するようになったのも、ひょっとしてそんな説の影響もあってのことだろうか。

私が英文で氏のために弁じたことは渡部氏の耳に届かなかったのかもしれない。（そのSukehiro Hirakawa, 'In Defense of the "Spirit" of the Japanese Language'は『平川祐弘著作集』第二十三巻の付録に収める）。

しかし私が渡部氏をどう見ていたかは、氏が連続講演を基にした英国と日本の文化対比論『アングロサクソンと日本人』（新潮選書、一九八七年二月）の書評を書いたので確実に氏の目にとまったはずである。以下私の渡部昇一論としてそれを引用する。

> 読んでいてはっとさせられる指摘がたくさんあって、楽しくて、為になる。氏の上智大学における講義もきっとこの調子にちがいない。学生たちにさぞかし人気があるだろう。時々眉に唾をつけたくなるような話も混じるが、この本には注も出典も記されていないから、無学な私には確認のしようがなくてその点は残念である。しかしそれは著者よりもbook-makingを急ぐ出版界の風潮の責任でもあろう。その全六章はほぼ歴史的な順に並んでいるからこの書物は立体的な英国文化小史の鳥瞰図《ちょうかんず》ともなっている。それも大切な勘所《かんどころ》だけが拾われていて、日本の高等学校の世界史教科書が事実の羅列だけでおそろしくつまらないのと丁度うらはらをなしている。だからたいへん面白い。
>
> 第一章は「《高等宗教》がやってきた」という題で、イギリスへのキリスト教伝来と日本への仏教伝来の同質性と異質性とが話題になる。キリスト教化以前のヨーロッパの様はフュステル・ド・クーランジュの『古代都市』に詳しいが、そこに描かれた先祖神の崇拝はアングロサクソンでも行われたらしい。言語

学者の渡部氏には言語史と文化史が一本に織りなされた名著『英語の歴史』（大修館書店、一九八三年）があるが、その際と同じく本書のアプローチも言語を介する場合が多く、それが本書の強みとなっている。ドイツ語でSeele、英語でsoulという「霊魂」は語源は「海のもの」という意味だと聞かされると（ドイツ語では海をSeeという）、私などもお盆の精霊舟の習慣のことなど考えずにはいられない。あれは仏海《ほとけうみ》などと呼ぶが、仏教以前の慣習がいまに伝わるものだろう。渡部氏の話はキリスト教の輸入で先祖神を捨てた西洋と、輸入した外来宗教と神道という先祖神崇拝とを両立させた日本、という既知の結論へ行くのだが、西洋人宣教師とその亜流が説くのとは違って、仏教・神道共存というか、仏教を日本化させたこの国の風土も悪くない、という後味を残してくれる。それも、外国へ出ようとしないナショナリスト神道家がいう強がりと違って、渡部氏のようにドイツ、イギリス、アメリカで暮し、ふだんも上智大学でイエズス会の神父さまに囲まれて議論している人が言うのだから面白い。神父さまの側の意見もいつか聞きたいものである。

第二章は「国語が消えた」話で、そういえば私たちも国風《こくふう》暗黒時代という歴史区分を習ったものだ。日本で漢文が支配的となり大和言葉が表面から消えた時代は短いが、朝鮮やヴェトナムでは漢文支配はたいへん長かった。イギリスではノーマン・コンクエスト以後の三百年間、フランス語が支配的となり国語が消えた。渡部氏はすでに『日本語のこころ』（講談社現代新書、一九七四年）以来、日英両国のその現象の共通的特質を指摘し、英語の語彙の中での「英語の大和言葉」と呼ぶべきアングロサクソン系の言葉と「英語の漢語」と呼ぶべきロマンス語の混淆《こんこう》の問題にふれている。日本語や英語の、中国語などにない強みがその混淆語mixed languageという事実に由来することは謡曲やシェイクスピアを読んでもわかることである。シテの景清《かげきよ》は漢語まじりの「松門《しょうもん》」の句を唱えて登場するからこそ武将の面影も備わるのだ。日本語のその種の長所を理解しないで国立国語研究所の野村雅昭部長は明治時代に和語によらず漢語によって新造語が増えたことを嘆いているが（『読売新聞』一九八六年十一月二十一日号）、和語だけの日本語がどうして理想であるのだろうか。日本語についての劣等感に取りつかれている国語学者に国語改革をやられてはたまらない。本書第五章「国語の整理の仕方」を是非読んでいただきたい。

渡部氏はまずドイツへ留学した人だが、およそドイツ観念論風のない人である。いいかえると旧帝国大学風の衒学《げんがく》のない人である。

「理想よりも常識を」の章ではつけつけと本当の事を平気で言っている。一例をあげれば、私有財産と生命さえ保証してくれれば政権から退いてもいいと思う権力者はこの世界にかなりいるはずだが独裁国ではその保証がないから政権にしがみついている、という指摘などもそれである。私は氏の逆説にことごとく同意する者ではないが、イギリスの平和主義が第一次、第二次世界大戦を招来したという指摘など貴重な発言と考える。**Le silence est d'or.**「沈黙は金」という諺はフランスでも必ずしも重んぜられてはいない。そんな諺は三流国の三流知識人が尊べばいい諺である。私は本書が氏の最良の書物とは思わないが、渡部氏の日本言論界にあるタブーに触れることをおそれぬ知的勇気を讃える者だ。その敬意を表する機会を失してはならぬと考えて、この拙文をしたためた次第だ。

この雑誌『波』一九八七年二月号に寄せた書評を氏は喜んだのだと思う。すぐに『アングロサクソンと日本人』の裏表紙に右の平川の批評的紹介を縮めて掲げたからである。

インデペンデントの人

渡部昇一氏とは私は二人がまだ助教授のころから日本文化会議で一緒した。同席して互いに論じあったのは、一九七七年六月上智大学で日本比較文学会創立三十周年記念の全国大会が開催され、『漱石における東と西』というシンポジウムに江藤淳、熊坂敦子、平川祐弘、渡部昇一、土居健郎が壇上に並んだときが初めてのように記憶する。当時の渡部氏はやや斜《しゃ》に構えていた。漱石に限らず、ハーンやスマイルズ、また世界の中の『源氏物語』にいたるまで、私は氏と同じ主題を論じることが多かったのだが、渡部氏とは焦点の絞り方がずれていて、必ずしも意見があわなかったのである。私は英国でルイ・アレン氏と親しくした。二人の共通の知人が渡部氏で、アレン氏は会田雄次『アーロン収容所』の英訳の次に渡部氏の書物を英訳してマクミラン書店から出している。これは外国の日本研究者が渡部氏の日本論のオリジナリティーを認めた証拠だろう。それなのに氏はアレン氏とあまり交際しなかったらしい。なお渡部昇一教授について私が惜しむのは、なぜ英語で対外的にもっと発信し日本の主張をしなかったか、という点である。

私が氏の発言に啓発された中には神道についての解釈もある。渡部氏の神道に対する共感的理解がいかにも深いので、氏がカトリックであるなどとはずっと思いも及ばなかった。私はアメリカでキリスト教と神道とが両立することはあり得ないとする主張を多く聞かされていたからである。今回『青春の読書』を読んで、渡部氏はドイツでカール・シュナイダー教授について学んだことで、日本の神社参拝と古代ゲルマン人の宗教様式の根源的類似性に気づいたと知って合点した。まず祖神があり、その子神たちがいろいろの部族の氏神となる。私はフュステル・ド・クーランジュからキリスト教化される以前の古代地中海世界の宗教様式と日本の神道との根源的類似性を習ってはいたが、私は敗戦国のタブーをおそれてなかなかその領域に踏み込もうとしなかった。

また渡部氏については大学図書館の「住み込み宿直員」をしたなどの貧しい生活の思い出を印象深く読んだので、氏が豊かな蔵書家と聞かされたときは、間尺《ましゃく》が合わなかった。渡部氏の『知的生活の方法』はよく売れて百二十万部出たという。しかし私はこれが名著とは思わず、自分が当時は狭いプレハブに住んでいたこともあり「僕は書庫など造らない。書物は大学の図書室を利用する」などと氏に言ってしまった。ベストセラー・リスト一位の『知的生活の方法』のほかに同じ作者の著書が三位と七位になった。かつての貧書生渡部昇一は八ケタの金額になる買物を夫人に相談せずに買えるインデペンデントな身分になった。それで氏は世界に知られる書籍蒐集家となるのだが、それでいて書物に淫《いん》することはなかった。玩物《がんぶつ》の古書マニアでもなければ喪志《そうし》の言語学者でもない。そこが肝心なのである。氏の偉大さは和漢洋の書籍の訓《おし》えで身を修《おさ》め、精神の独立人として、学問的にも時事的にも果敢に正道を進み、正論を唱えてひるまなかった点にある。

渡部氏と私

そんな間柄であっただけに、私が森永エンゼル財団の「ダンテ・フォーラム」で一九九二年に講演した際も主催の渡部氏が「今日は主役を平川さんにとられてしまった」とよそよそしくて私に胸襟《きょうきん》を開こうとしない。奇妙に感じた。

氏は私より九カ月年上で、小学校入学は一年上だが、大学卒業は同じ一九五三（昭和二十八）年、ヨーロッパ留学は私より一年後だが、一年先に帰国し、教授会メンバーになったのは氏は一九五九（昭和三十四）年、実は私より十年も早い。

氏が育った鶴岡は空襲で焼けなかった。その地で育った軍国少年だから「ミッドウェイ海戦で日本が勝っていたなら」というような日本勝利の可能性を彼は大人になっても口にする。米国が戦時中に新造した航空母艦は二十六隻（日本七隻）、護衛空母にいたっては百十隻（日本七隻）という大差を考えたことがないのか、と私は思ったことがある。

地方の「遅進児」と自称する氏はそんな負けず嫌いで、都会の「速進児」を過度に意識し、張り合う節があった。それで一度迷惑した。二〇〇二年、氏の致知出版社刊行の『幸田露伴の語録に学ぶ自己修養法』六頁以下に「早い時期に人生の出世街道に乗ったような人は修養で苦しむことがなかったからではないか」と教養は重んずるが、修養を軽んずる人の例としてなんと私の名をあげたからである。不徳の至りで私は周囲からそのように見られてきたのだろう。たとい人生の出世街道から外されようと、とてもそうとは見えぬ、自信に満ちた幸運児として外部に映じたのだろう。渡部氏こそ上智の輝けるスターとして母校から大事にされ、私より十年も早く大学の出世街道に乗っていたのだが。

私が大正教養主義の伝統を守る第一高等学校の最後の生徒で、竹山道雄氏の薫陶《くんとう》を受け、その婿となった。それは渡部氏が書いた通りだが、東大教養学部では教養学科の一回生で日本で最初の教養学士であることは事実だが、だからといって、教養のみを重んじ「修養的なことは余計な話だ」と言った覚えはない。その後、幸いにも誤解は解け、氏は私を致知出版社主催の対談に招いた。渡部氏は「過《あやま》テバ則《すなわ》チ改ムルニ憚《はばか》ルコト勿《な》カレ」のまことに気持ちの良い実践者である。その席で、ロッキード裁判で不当な扱いを受けた田中角栄のために弁じたことを私はよしとしたが、だからといって「娘まで褒めることはないでしょう」とたしなめた。それには苦笑して「田中真紀子を褒めたのは一回きりだ」と氏は釈明した。

人間は百歳近くになると死ぬのが怖くなくなる、「それまで生きて死にます」とほがらかに笑っていたが、昨年末、自己流の断食療法を誤ったとかで体力を消耗したらしく、げっそり痩せてしまった。それでもこの一月に渡部氏に招かれてテレビで対談したとき、頭脳は明敏、二人はかつてなく打ちとけて長時間語り合った。氏は「『神曲』を訳した平川さんのような学者が『源氏物語』の価値を説くところに意味がある」と言った。話はすこぶる活潑、まことに愉快だった。だが録画が終っても、人が寄り添わないと氏は動けない。「先にお帰り下さい」といわれたが、余命いくばくもないと感じて人に担がれるようにしてタクシーに乗る氏を見送った。はたしてほどなく亡くなられた。チャンネル桜のDVDでその対談を繰返し見ては家内と「惜しい人が亡くなった」とつぶやいている。そのテレビ対談は天皇譲位の不可を説いて後世への遺言となっている。

「正道」示した渡部昇一氏を悼む

「日本が人民民主主義国にならなかったことは僕らの生涯の幸福ですね」「近隣諸国が崩壊し、何十万の難民が舟で日本へ逃げてきたらどうします」「大陸へ強制送還するより仕方がない」。今春そんなテレビ対談をした。それが渡部昇一氏（一九三〇－二〇一七）との永の別れとなった。

氏は極貧の学生生活を送った人だが、正直で明るい。八十六歳になっても書生の初々しさがあった。大学生だった昭和二十年代、朝日新聞や岩波書店にリードされた論壇は資本主義は邪道で社会主義が正道であると説いていた。共産党の野坂参三は皇居前広場を埋め尽くしたデモ隊に向かい、

「第一次大戦のあとソ連が生まれ、人類の六分の一が社会主義になった。第二次大戦のあと人民中国が生まれ、人類の三分の一が社会主義になった。この次の革命の際は……」

とアジった。

あのころ講和をめぐる論戦が『文藝春秋』誌上で交わされた。全面講和論とはソ連圏諸国とも講和せよ、という一見理想主義的、その実、容共左翼の平和主義的主張で、東大生だった私は南原東大総長のそんな言い分が正しかろうと勝手に思い込んでいた。それに対し米国中心の自由陣営との講和を優先する吉田茂首相を支持したのが慶應の小泉信三塾長で、朝鮮半島で激戦が続き、米ソの話し合いがつかぬ以上、全面講和の機会を待つことは日本がこのまま独立できずにいることだ。それでよいか、という。その小泉氏に上智の学生だった渡部氏は賛意の手紙を書いた。すると小泉先生から返事が来たという。

この話は示唆的だ。戦後、昭和三十年代末までは小泉信三氏こそがわが国の一代の師表《しひょう》だったが、昭和四

十年代末からは武骨な渡部昇一氏が、世間がそれと知らぬ間に、日本のオピニオン・リーダーとして後を継いだ。渡部氏ほどの偉者《えらもの》は東大にはいなかったと私は観察している。

和漢洋の読書量で氏に及ぶ人は地球上に見出だしがたかったのではないか――この素直な愛国の大学者は、当り前のことを言うことで正道を示した。――日本の文部省が教科書検定で華北に対する「侵略」を「進出」に改めさせた、と新聞テレビは騒いだが、それが誤報で「万犬虚に吠えた」と指摘したなどその一例である。

そんな真すぐな言論人だったから『朝日新聞』の狙い撃ちにあった。新聞が煽動し過激派が連日、上智大の教室に押し寄せる。だがたじろがない。その前に竹山道雄がやはり『朝日』の狙い撃ちに遭ったが、そんなアカ新聞まがいの意図的な人身攻撃をするうちに『朝日』は信用を落とした。

英語史家として傑出したが、渡部氏が大学者たる所以《ゆえん》は古今東西の知識を存分に生かしたことにある。頭脳は明敏で溌溂と回転した。判断のバランスもおおむねよくとれていた。氏が学問的新天地を開いたのはキリスト教化される以前の西洋と比べることで日本の宗教文化の特質を理解したことにある。その観点から古代史を説くから氏の比較文化史は面白い。「神代から続く皇統」の「言霊《ことだま》の幸《さき》はふ国」である日本を論じて秀逸だ。

ところが西洋には言語を意思伝達の道具としか考えない一派があり、米国の学術誌が渡部氏を非難し、私が氏のために英文で弁じたことがある。渡部氏は皇統百二十五代が日本の誇りである所以を説く。その男系の歴史を踏まえ、拙速な女性天皇容認論を排する。雅子妃の「適応障害」でも世間が遠慮から口外しない問題点を皇室の本質から考えて指摘する。その時は、古風な言い方だが、これぞ忠君愛国の士と感じた。

今回の天皇の公務軽減の有識者会議に氏は病身をおし松葉杖をついて出席、摂政を置かれることを提言した。今の天皇様はもう十分外回りのお勤めは果たされた。これからはご在位のまままず祭事《まつりごと》のおつとめをお果たしください、というのが私どもの意見である。杉浦重剛が若き日の昭和天皇に講義した『倫理御進講草案』にも「神事を先にし、他事を後にす」とある。この優先順位の提言が間違いとは思えない。この主張のインパクトが大きかったのは筋が通っていたからではないか。

有識者会議の論点は当初は「譲位か、御在位のままお休みいただくか」であった。それが整理の過程で「譲位は一代限りか、恒久的にすべきか」に替わり、ある意味で予想通りの、特例法の制定により二〇一七年六月決着をみた。すると御厨貴氏が『文藝春秋』七月号に退位に反対した渡部昇一、桜井よしこ、平川を冷笑するような『天皇退位有識者会議の内実』なるものを書いた。私に関しての記述はおぼえのない発言が書いてある。速記録もある。内閣官房のホームページに質疑応答を含めてすべて出ている。それだから確認は容易にできるはずだ。座長代理ともあろう人がなぜこんな失礼なオーラル・ストーリーを拵えるのか。だが同じ調子で渡部氏も悪く描かれたのだとするなら故人に気の毒だ。

陛下のご意向なるものが新聞の一面に出る。翌日、宮内庁が否定するが、テレビでは田原総一朗氏がとりあげる。こんなリークの繰り返しが続くマスコミ文化に、わが皇室も侵されてゆくのだろうか。

弥次郎兵衛

言論の自由・不自由

いつの頃からか外国でも聴衆の質問に答えるのが楽しみになった。北米の大学で最後の講義をすませ、講義にまつわる質疑応答も一通りすんだ。

「ほかになんでも質問していいですよ」

と、なお私が促したら、聴衆の一人でそれもうら若い女性が、

「あなたのパンツは何色ですか」

と甲高い声で質問したので、教室は大爆笑に包まれた。英語圏も変わった。百年前は男性は淑女の前では下着類はおろかズボン（trousers）も脚（leg）も口にしてはいけないことになっていた。それなのに女性がそんな非常識で素頓狂な質問をすることもユーモアとして許される昨今なのである。その時の女子学生はパンツに underwear の語を用いた。最終講義の後の宴の席で、「あなたは質問に呆れてなにも答えず立ち往生したが、わしなら『今夜遊びに来い。何色か教えてやる』と答えてやるがな」

と一老教授がいたずらっぽく笑った。すると一助教授が真顔で、

「駄目ですよ。そんな答えをしたらセクシャル・ハラスメントでフェミニストに告訴されますよ」

と注意した。質問者はふざけてもいいが、回答者はふざけてはいけない。このプロテスタント・アメリカの言論の自由・不自由の非対称性はずいぶん酷いものだ。そう思ったが「なんでも質問していいですよ」を字義通りに解釈されてしまうと、そんな奇妙な事態にもなるのだろう。私がこぼしたら、台湾の学者が、

「今日の質問は昔、ケネディ夫人が受けた質問を繰り返したまでですよ」と教えてくれた。一九六〇年、新任大統領の夫人に向かって記者会見の席上で、「あなたのはいてるパンティーは何色ですか」

と出し抜けに質問を浴びせた男がいたそうである。ファースト・レディーはそうした時でも怒ってはならない。ジャクリーヌ・ケネディはにこっと笑って、

「それは大統領に聞いてください」

と答えた。そのかわし方がうまい、というので彼女はまたまた点を稼いだ。もっともJ・F・ケネディ大統領はそんな質問は一切無視してなにも答えなかった由である。先の女子学生は男女平等を信ずるが故に、同様の質問を今度は男の私に向けて発してみたのだ。

質疑応答の際の言葉の使い方というのはおそろしく難しい。いや、難しく、おそろしい。それは一方に言論の自由に名をかりてあくどい質問をする者がおり、他方に言葉尻をとらえようと待ち構えるさまざまな主義者がいるからである。

Japan Times

Japan Times は一九九七年で刊行百年、昔は政府当局御用の英字新聞だったらしいが、今では反日本御用の英字新聞になりさがったという。そのままでは悲しいから、その新聞がまだましだった頃の思い出を書きたい。

昭和十九年、東京高師付属中学へ入学して驚いた。登校してからおもむろに大便所で用を足す上級生がいたことで、もっと驚いたのはその人が用を足しながら英字新聞を読んでいたことである。中学一年生にはそんな五年生が限りなく偉く見えた。そして卒業するころは自分も英語がそんなに読めるようになるのか、

と錯覚した。当時は、戦争中だから *Japan Times* は *Nippon Times* と改めていた。一年の英語教科書も I am a Nipponese で始まった。が石橋幸太郎先生の授業はその Nipponese を消させて Japanese と書きこませることで始まった。そんな石橋先生を私たちは尊敬した。付属中学では五年生のクラスで英字新聞を教材に使っていたのだろう。

ジャパン・タイムズの小笠原会長は『文藝春秋』一九九七年四月号に、我国の英字紙の使命は、外人が勝手に歪める日本像の間違いを正し、日本側の考えを伝えることだという趣旨を書いている。正論だろう。だが今や外人が勝手に歪める日本イメージをさらに輪をかけて歪めているのが今の *Japan Times* だという。だが昔はこんな事もあった。

昭和二十一年元旦、天皇は戦時中に米国でも行なわれた God Emperor とか日本天皇の「世界ヲ支配スベキ運命」とかのプロパガンダを「架空ノ観念」として否定した。これは実は、国内だけでなく、連合国側が国外で天皇について勝手に拵えた false conception をも訂正しようとする山梨・ブライスの意図に出たものだ。ところが『ニューヨーク・タイムズ』はその面に気づかず、新年の詔書について Deity Idea Blasted「神という考えはふっ飛んだ」という見出しをつけ「日本人は愕然として天皇の詔書を読んだ」と報じた。しかし日本人は戦争中といえども天皇の世界支配など夢みてもいなかったから、また天皇をキリスト教の意味でのゴッドとも思ってもいなかったから、実はいわれるほど愕然としなかった。その間の機微を指摘したのが、一月五日の *Nippon Times* 社説で「天皇の新年の詔書は国内でよりも海外においてさまざまな論評と注目を惹いたかに見受けられる。どうやら驚愕したのは日本人よりも外国人であったらしい」と皮肉を洩らした。この秀逸な記事を誰が書いたか私は知りたい。カズオ・カワイだろうか。

キリスト教のゴッドと神道の神の区別を見事に説いたのはハーンだが、近年の *Japan Times* はハーン関係書物が出るたびにけちをつける。そんな書評を読む限り、植民地の英字新聞を読む気がする。日本に長年住むが、日本語のできない人が書くからだ。デパートで「ゴフジョ、ドコ？」と聞いて若い店員に笑われた。自分が女言葉を使って笑われたことがわからず、反日感情を爆発させた記事もあった。東京租界ではこの程度の日本通が似合いなのだろうか。日本で英語メディアのみに頼って暮らすと、日本のイメージはいよいよ歪む。そんな悪循環はそろそろ断ち切りたい。大便所で始まり御不浄で終って、尾籠な話で恐縮だ。

精神的付加価値

とるにも足らぬ品であろうと、送ってくれた人や受けとる人の気持次第で、尊いものにも聖なるものにもなる。私のデスクの上のペーパー・ナイフは父が第二次世界大戦の戦火を避けてドイツから帰国した時の土産だ。文鎮は東大紛争の最中に来日した韓国最初の留学生金恩典さんの土産の五馬牌だ。そんな文房具にまつわる一連の思い出の中で、こんな妙な、相反する感情の記憶がある。

一九七七年、私ははじめて米国で長逗留した。当初は英語で自己表現が思うようにできず、つらかった。ウィルソン・センターの講演会では前方にすわり、つとめて質問もした。しかし講師がジョークをいい、みんなが笑うのに、なにがおかしいのかわからない。ひとりだけ笑えなくて、はなはだしく疎外された感じがした。

もっとも翌年プリンストンへ移ってからは、知的交遊もふえ、英語もたいへん活発になった。その昔ヨーロッパに長く学び、仏伊語もできたので、それだけしっかりと自己主張ができたからにちがいない。それやこれやで八ヶ月の間に六十何回か食事に招かれた。もちろん平川家にも人を招いた。また毎月のように各地の大学へ講演に出張した。インディアナでライシャワー博士のディスカサントをつとめ、喝采をあびて意気揚々と引きあげたこともあった。

それで暫くの間、デスクにウィルソン・センターのメモ用紙とインディアナ大学のメモ用紙とが置いてあった。すると条件反射的に異なる感情が生じるのがよくわかった。ウィルソン・センターはスミソニアンの赤い城に似た建物の中にあるから、メモ用紙にもその城が印刷してある。それを見ると、滞米第一年のつらかった思いが暗くよみがえる。ところが同じデスクの上でありながら、インディアナ大学のメモ用紙を見ると、北米第二年目の潑溂たる気分が明るくよみがえる。たかがメモ用紙を見比べるだけで、こんなにも違う気分が湧くのかと、家人にも言えないほど驚いた。

身のまわりには、精神的価値が付加されている品が多い。魯迅にとって、藤野先生の「惜別」の文字が記された写真のごときはその最たるものだったろう。今日の留学生たちは、日本の狭い下宿でなにを大切にし、どんな思い出を抱いて帰国するのだろうか。

台北帝大と京城帝大

台湾の知識人で、台北高等学校や台北帝大を卒業した人は、そのことを誇りに思っている。李登輝総統その人が司馬遼太郎氏にそう率直に語っている。中国大陸でも旧制高校の出身者など、日本時代を懐かしんでくれる。文革当時と違って、いまはおおっぴらに口にしても、迫害されたりしないからだ。しかしどの国にも時勢というものがある。ある時代には親日的な発言は、公式の場では許されない。

韓国でも、歴代の大統領は、日本のかつての植民地政策を激しく非難した。独立は反日と結びついていたから、独立直後そう言ったのは当然だ。もし私が韓国人だったらやはり非難しただろう。しかし日韓国交回復以後は、日本のかつての政治面での植民地主義を非難しつつも、教育面での功績などそれとなく認めてくれる大統領もいた。有難い。しかしそんな配慮のある声はあくまで蔭の声で表の声は違う。韓国の新聞には反日論の再生産以外は出る幕がないらしい。韓国では日本の歌謡曲は蔭では人気があるが、表では御法度だ。憲法で規定された言論の自由と特定文化の輸入禁止とはいったい両立するのか。もっともそんなことを私ごときがぶつぶついうのは、「やばい」ことかもしれないが。

だが十年来、アジアで日本に次いで言論の自由の幅が広くなった台湾と対比せずにはいられない。なにしろ両国でひどく違う。台湾はのびやかで、韓国はきつい。台北では旧総督府の建物は、破壊もされずそのまま総統府として使用されているが、ソウルでは旧総督府の建物は、万歳の叫びとともに破壊された。政治面だけでなく、文化面でも韓国の人は日本のあらゆる遺産について否定する。台湾へ行くと、日本人の先生は善人だったと回顧され、銅像さえ残っている。韓国へ行くと、ソウル大の前身であった京城帝大の日本人教授すら善人ではなかったように言われたりする。

だが常識で考えて、戦前の日本の旧帝大の教授の間で、台北と京城と九州と、そんなに質が違ったはずはない。だとすると、違うのは客観的な日本人の実体の方でなく、近隣諸国の主観的な日本人像の方だということになる。違うのは当方よりも、相手の国民性のせいということになる。というかタテマエとホンネの違いということになる。日本の衛星放送が韓国でも映った。文化侵略だと厳しい抗議があった。そんな抗議をまに受けて、ＮＨＫがあわてて映らないように工夫したら「パラボラ・アンテナを折角とりつけたのに」と韓国の人々からさらに厳しい抗議が来たとのことだった。

弱暖房

暖房のはいる季節となった。

敗戦の年のいまごろは日本の電車に暖房は利かなかった。利かないどころか、窓ガラスは破れたままで、冷たい風が吹きこんできた。ドアの窓ガラスまで破れたままで走る車両もあった。

戦前、省線といったころは電車区間にも暖房はもちろん通じていた。ただし、それは外部の気温と関係なく、鉄道省の規則にしたがって、初冬のある日に全国いっせいにはいるのである。中国大陸へ行ったら彼の地も行政はお役所風で、揚子江以北では十一月のある日からいっせいに暖房が通じる。以南は暖房なしである。だから中国でいちばん寒い町は揚子江の南岸に位置すると聞いた。

列車で冷暖房が自由になると、乗客の意見が必ず対立する。その昔習ったイタリアの語学教科書にこんな笑話がのっていた。夏、暑いから汽車の窓を開けろ、と一婦人がいう、「暑くて死にそうですわ」。窓を開けたら、今度は別の婦人が「こんなに風が吹きこんだら、風邪をひいて死んでしまいますわ」。声高な口論を見かねて、紳士が仲裁にはいる。

「奥様方、まず窓を閉めましょう。すると暑くて一人死ぬ。それから窓を開けましょう。するともう一人死ぬ。そしたらわたしたちは静かに旅行ができます」

一九六八年十二月、東京大学の私のいる研究室の建物が過激派学生によって占領され、内側からバリケードが築かれた。大学側は「ガス水道を切ってしまえ」という強硬派と、「それでは立てこもった学生に可哀想だから、ガス水道はそのまま使わせてやれ」という穏健派に分かれて小田原評定を続けている。大学側の方針がいつまでたっても定まらない。鷹派と鳩派とけわしく対立しているのを見かねてこんな提案をした。

「先生方、それではまず前者の意見を尊重して一時間ガスを停め、ついで後者の意見を尊重して一時間ガスを出す。それを繰り返しているうちに、この建物の中の過激派学生はみんな静かにおとなしくなります」

そんなジョークをいったら、擬似良心派の教師に「おまえは全共闘が全員死ねばいいと本気で思っているのだろう」と怒鳴られた。

いまは冷房車は普通になったが、フランス国鉄が総裁専用客車に冷房をつけたのが世界最初で、一九五六年である。ところで私は、冷暖房で乗客の意見が対立する時は、車掌はエネルギーの消費が少ない方に室内温度を調整するが良いと信じている。そういう環境に優しい原則をＪＲは世界にさきがけて明言すべきであろう。それはＪＲの経営にもプラスするばかりか、日本の鉄道の品位をも高めるであろう。

中日関係不佳

「日本と中国の関係が良くないので唐家璇外相は夜寝ることもできない」。

これは東京で出ている中国語週刊誌の一面の見出しだ。『中文導報』は来日した元中国留学生などが出している大陸系の週刊誌だが、『人民日報』と違って、面白い。世論調査で明らかなように、江沢民国家主席の来日以後、日中関係は冷却した。今の日本で英語の次に学ばれる外国語は中国語だが、NHKの中国語講座テクストも売れ行きがそれ以後退潮した。中国側は日本の一部大新聞などの論調から「歴史認識」を強調すれば効果がある、と判断し、「謝罪・補償」を主張したのだろうが、逆に失敗した。たいていの日本人は内心で半世紀前の戦争は誤りだったと思っている。だがそうは思っていても、三十万という虐殺の数字は白髪三千丈式の誇張で、それこそ正確な歴史認識ではないと感じている。その日本人の本音は、譲らなかった小渕首相への暗黙の支持という形で示された。二昔前には社会主義陣営支持の『朝日新聞』について『朝日プラウダ』という陰口があったが、反日の丸の大新聞の論調を読むだけでは中国外交部は日本の民意はつかめない。

台湾における民主主義の発展

自国の意志を押しつけるのは大国の外交の悪い癖で、軍事力の脅しで近隣を威圧する。旧態然たる手法だ。そのような外交手法を用いる国の中には、資本帝国主義の国もあれば、社会帝国主義の国もある。社会帝国主義とは大陸中国がかつてソ連を名指しで非難した時に用いた言葉だが、今では逆に言い出した国が陰で、いや表でも、そう呼ばれている。

一九九六年、台湾では総統が全島民の投票で選出された。これは民主主義の全人類的発展の歴史で真に記念すべき快挙で、たとい漢民族であろうともデモクラシーは可能なことを立証した。大陸の指導者やシンガポールの李光耀《リカンユー》氏は、民主制は漢民族になじまぬとかねがね言っていたが、そんな主張は一党一家の既得権確保のための遁辞にしか過ぎなかったことがこれで明白となった。しかも事もあろうに、その民主的な総統選挙に際し、大陸は台湾海峡にミサイルを撃ち込んだ。すると日本をはじめ、東アジアの民心は北京政権から離れ始めた。それは健全な反応で、東アジアにも民主主義が広く定着しつつある証拠でもある。

日本の聖徳太子はかつて隋の煬帝に「日出づる処の天子、書を日没する処の天子に致す。恙《つつが》なきや」と書き送った。外交は平等が原則だが、中華の皇帝はこのような対等の扱いが我慢ならない。煬帝は喜ばず「蕃夷の書、無礼なるもの有り」こうした手紙は二度と受け取るな、と命じた。

ところで問題は、二十一世紀の今でもこのような対等の関係には我慢ならないと言い張る時代遅れの人がいることだろう。近年中国大陸が苛立つのは、田舎と見下していた台湾が、対等に口をきくからだ。なるほど李登輝前総統の『台湾の主張』は「民主化の総統、書を不民主化の主席に致す」と書いているとも読める。大陸のまわりでは次々と総選挙が行なわれた。大陸の新聞テレビはその詳細を報道しないが、しかしその度に中国共産党の幹部は、周囲からじわじわと包囲されるように感じて、怯えているのではあるまいか。韓国、日本、モンゴル、ネパール、インド、インドネシア、タイ、フィリピン、そして台湾と、周辺諸国では民主的に選挙が行なわれ、政権が平和裏に交代した。血も流さずに野党が代わって政権の座についた。

自由経済だけでなく、民主政治についても、大陸は台湾経験を謙虚に学ぶべきなのだ。在日の中国留学生の一部は次第にそう考えている。日本でそうした時代の動きに目を閉ざしているのが『朝日新聞』に代表される「保守的」左翼や河野洋平外務大臣であろう。しかしアジアにおける民主主義の発展を理解し支持しない人は、日本国内においても自由を尊ぶ民主主義者の支持は得られないであろう。

六氏先生之墓

一八九五（明治二十八）年四月十七日、下関で日清講和条約が成立、五月八日批准交換がすむと、日本軍は台湾の接収に向かった。北東端に五月二十九日上陸、抵抗を排除して、基隆を、次いで六月七日に台北を占領した。北白川宮能久親王も十一日、台北にはいった。森鷗外の『能久親王事蹟』には「十九日、新竹支隊台北を発して桃仔園に至る。楫取道明宮の御許に参りぬ」とある。桃仔園とはいま台北国際空港のある桃園である。台北で能久親王の許に参上した楫取はカトリと読む。吉田松陰の妹の子で安政の大獄の前年の一八五八年に生れた。父は長州藩士で貴族院議員・宮中顧問官を歴任した男爵楫取素彦。道明は久坂玄瑞の養子だったこともある。内閣属官として御歌所などに勤務、このたびはいちはやく来台し総督府学務部員に任ぜられた。

治安の悪い瘴癘の地の平定には手間取った。能久親王は十月末台南の戦地で病死した。台湾総督府学務部長心得の伊沢修二は教育環境を考慮し、台北城外の芝山巖の丘の上の恵済宮を学務部の学堂にあてた。今は士林区内だが昔は北のはずれである。ところがそんな有史以来最初の日本語教室は、伊沢の帰京中、明治二十九年一月一日、武装勢力に襲われ、楫取以下六人の教師は全員殺された。時の総理大臣伊藤博文は死を悼み「学務官僚遭難之碑」を建てた。その後も非衛生の台湾で亡くなった日本人教師はおびただしい数にのぼる。名を刻んだ石碑が隣に一つ立ち、二つ立ち、次々と立った。

しかし一九四五年中国国民党が台湾を接収すると、日本人が建てた神社も墓碑も破壊した。一九五八年には「芝山巖事件碑記」が代わりに建てられ、日本人教師殺害の「土匪」は「義民」と讃えられた。しかし土地の人は昔の教師たちをもっと温かい感情で記憶していた。そして日本語教育を授けられたことを徳とし、戦前を全面的に否定することはしなかった。大陸風の専制政治に比べればまだしも良かった、という気持もあったろう。それで国民党の一党独裁が弱まり出した一九九五年、芝山巌学堂教師遭難百周年に際し、土地の士林小学校同窓会が據金して「六氏先生之墓」を新しく建てた。遠慮して小さな石碑に日本人とも書かず、名前も記さず、脇に「一八九六年一月一日卒」とのみ刻んだ。昨二〇〇〇年台北の東呉大学で教えて、蜂矢宣朗教授の『続続湾生の記』で私はそのことを知り、芝山巌に詣でた。そして本二〇〇一年元旦、再び石段を昇って驚いた。割られて倒され、泥に塗れていた教師名を刻んだ石碑も「学務官僚遭難之碑」も年末に復元され、きちんと建っている。そんな台湾の人の心根に日本語教師の一後輩として、私は感激を禁じ得なかった。なにとぞ「六氏先生之墓」が二度と倒される日の来ることのないよう、この美麗の島よ、永遠に自由で民主で平和であれ、と切に祈る次第だ。

諸外国病気体験記

聴診器のあるなし

いろいろな国での珍妙な医療体験を披露したい。一九五四年、フランス船で渡欧したとき香港を出た夜、風邪をひいた。四人部屋の相客に人払いを命じると、船医が寝台で横になっている私の胸に布をあてるやいきなり耳をあてた。それが聴診である。渡仏前に映画『パルムの僧院』でそんな場面を見ていたが、それは十九世紀前半のことでまさか今もそうとは思わなかった。

パリの劇場には医師が必ずつめる。同伴者の席も確保されている。一夕医学部の友人に私が招かれた。主役がマダム・ロバンソンという名女優であったことは記憶しているが出し物が何であったかは忘れてしまった。船での話をして「妙齢のご婦人にも皆さんはあのように耳をあてて聴診なさるのですか」と座興に問うたら、聴診器をおもむろにポケットから取り出して「一般に船医は程度が低い」と好色な質問は却下されてしまった。

復路、私はスエズで蕁麻疹を発症、「肝臓が悪い」と船医に証明してもらい、三等船客でありながらお蔭で以後横浜までずっと二等の食事を供された。ただしこの件には裏もある。給仕長には毎週チップを少しずつ渡しておいたのである。

ロンドンで歯が痛み出し「歯医者は近所にないか」ときいたら、ふだんは世話好きの下宿の若夫人が怒った。「外国人は英国に来て病気を治す。この国に社会保障制度があるのを知って英国人の税金で医者にかかる」とたいそうないやみだ。なんでもその前の週とかもフランス女性が出産をするので、その通訳に夜中呼び出された、と早口にまくしたてた。当時のフランスはまだ避妊が公認されず中絶も許されず、それで隠れて私生児を産みにロンドンに来る女が絶えなかったのである。

だが翌朝腫れた私の顔を見て、私の歯痛が深刻だとわかると、夫人は謝り、主人が車ですぐ病院に連れて行ってくれた。なにかを注射した医師が私の顎を撫でてFunny?と聞く。これが「麻酔が効いたか」の意味と悟ったときはもう臼歯を抜きはじめていた。というか臼歯かどの歯かもわからなかった。ヒアリングの力不足でまさか奥歯を抜かれるとは思わなかったのである。大学研究生というので私も英国の保険医療制度の恩恵にあずかり費用はただだった。

You are serious

外地で病気になると、言葉がよく聞き取れないだけに不安が一層つのる。台湾大学病院の混んだ待合室で待たされるあいだ、いつ平川はピンチュアンという発音で呼び出されるかと耳をそばだててひどく緊張した。中国語のリスニングは全然得意でない。しかしその日は驚いた。耳を澄ますと、なんと診察室の奥から日本語が聞こえる。誰か日本人が診察を受けているのかと思ったが、そうではなかった。旧世代の台湾の上流婦人は中国語より日本語の方が流暢で、医師もまた日本統治時代に医学を学んだ人だったのだ。だがそんな光景は一九八〇年代の話で、今ではそんな日本語世代はもうとうに消えてしまった。

大陸ではどうか。昨今は入院や手術は金や顔のものいう「医は算術」の時代で、看護婦も自家用車を乗りまわすほど金回りがよくなってしまった人民中国であるらしいが、以前は「医は仁術」とはいわずとも、清貧の風がのこっていた時期もあった。そのまだ貧しかったころの人民中国の北京で私は再三教えた。もっともその中国で御免蒙ったのは歯科だ。歯科は牙科という。その牙の字に恐れをなして敬遠した。だが長逗留すればやはりどこか具合が悪くなる。そもそも中国の医療はどこまで信頼できるのだろう。感冒気味の私は一度、漢方薬でも貰おうかと思って北京の友誼賓館の問診部へ出向いた。

「気管支炎だ。レントゲンをとれ」と大袈裟なことをいう。

「不要《プーヤオ》」

と断わる。すると脈を取り聴診器をあて、気むずかしい顔をして今度は、

「心電図をとれ」

という。さては外国人から外幣《がいへい》で払わせて儲ける気か、と疑ったが、女医は映画『芙蓉鎮』の解放軍の女医に似て若くてきりっとした顔立ちだ。それで敷布は薄汚いが寝台に横になる。結果を見てなにか言うが、その中国語がよくわからない。私が英語に切り換えたら、

“You are serious”

と言う。はじめは問診部の女医さんを半ば冷やかすつもりで診察室を訪ねた私だったが、半ば気が重くなる。英語は直訳すれば「あなたは真面目人間だ」の意味となるからそこは滑稽なのだが、女医がYou are in a serious condition「あなたは深刻だ」と言いたいことはわかる。女医は「講義を休むように」と証明書を書いてくれたが、三日後に私は長春の大学で講演の予定だ。「行ってもいいか」と聞くと少し考えて「可以《カーイ》」(よい)と言う。それなら大したことはないのかな、この女医は英語がよく出来ないから大袈裟な言いまわしに

なったのかな、と解釈し、結局その翌日も講義は休まず、長春へは厚着して講演に出張した。処方された中薬（漢方）の感冒清熱剤を匙ですくって飲んだら、幼稚園のころ日本でもなめた甘い舌触りで、枇杷《びわ》など煎じてあるらしい。心臓のための中国製の西薬は正体不明だから服用は遠慮した。

帰国してホールターをつけ二十四時間心電図で測ったら、心室性期外収縮が十万中五千回あり、M字状の浪形から察すると心臓が空転して血液を送れぬ時があるらしい。医師は「昔は薬を飲ませたが、今は飲ませません」という。ほっておくより仕方がない、別に胸苦しくもないからいいだろう、という。中国でもらった心臓の薬を不完全な辞書をたよりに不充分な説明をしたら、「そんな薬はありませんな。あなたの訳の間違いではありませんか」と突き放された。

パンツさまざま

外地で外国語で病状を説明するのは難しい。英語ですらも難しい。日英対訳の『外国で病気になったときあなたを救う本』の類を持参しても咄嗟には役に立たない。こんな滑稽なことがあった。カナダで医師に「パンツを脱いでください」といわれてはたと迷ったのである。ご承知のように、イギリス英語のpantsパンツは日本のパンツだが、アメリカ英語でパンツはズボンである。その違いは心得ていたが、カナダは英連邦の一国である。壁に額に入れて掛けてある医師免許状には「カナダ・ブリティッシュ・コロンビア大学医学部卒」とある。さては下半身裸か、とまずズボンを脱いだら「O・K。横になれ」とそこで合図された。pantsはズボンという合衆国の言語文化が国境を越えてカナダにもはいっているのだとそのとき合点した。

『新しい歴史教科書』ふたたび

日本史として何を推薦するか、という『諸君！』七月号用アンケートが来た。察するに西尾幹二氏他が作った中学歴史教科書に対し『朝日新聞』が猛烈な非難のキャンペーンを張り、韓国や中国が抗議せぬわけにいかぬよう紙面を組んだ。それなら従来書かれた歴史書で何が良いか、というアンケートとなったのだろう。答える前に念のため扶桑社の『新しい歴史教科書』を取り寄せ、ノートをとって丁寧に読んだ。バランスがとれている、いままで遠慮していた史実もきちんと書いてある。それが私の感想だ。『朝日』を軽薄にも信じた——それだけで政治家として失格だ——田中真紀子氏は軽率な発言をしたが、いやしくも外相だ。発言前に教科書に目を通してもらいたい。私は監修者に「韓国の知友にこの教科書を送るが良い。読めば日本の立場からする日本史の解釈もわかり、よい勉強になるだろうから」と手紙を書いた。

世間は知らないだろうが、戦後、日本の歴史学界におけるイデオロギー闘争には凄まじいものがあった。戦前の右翼の皇国史観に対する反動もありはしたろうが、学界や論壇で猛威をふるったのは、左翼の生産力に基づく発展段階説の歴史観で、この派の人は社会主義の勝利を当然自明とした。その「科学的」な歴史観を奉ぜぬ人は人に非ず、といった強圧的な風潮があった。私は歴史科に進学することは遠慮した。しかしソ連崩壊後の今日から振返れば、そんな歴史の必然性や暴力革命の不可避性を説いた唯物史観が誤りだったことは明白だろう。だがそうした旧左翼の歴史学者は自分たちの誤りを公然と認めない。逆に過去の日本を悪者に仕立てる歴史教科書を書くことで、反体制の鬱憤をはらしてきた。そして歴史教育を支配してきた。こうした事態を憂える人が出るのは当然だ。私は西尾氏や藤岡氏と歴史観を必ずしも同じくしないが、日本が複数の歴史観を認める自由な国であることを誇りに感じている。

私は大学院は比較文学比較文化の出身だが、『西欧の衝撃と日本』（講談社学術文庫、『平川祐弘著作集』第五巻）を執筆した関係で、後に *Cambridge History of Japan* に寄稿を依頼された。その近現代の巻の日本人執筆者は秦郁彦、三谷太一郎、中村隆英氏など史学科出身でない学者ばかりだ。編者ジャンセン教授は日本のイデオロギー左翼の歴史学者は信用しなかったのだろう。またそれだからジャンセンは米日左翼から睨まれたのだろう。だがしかし日本国民もスターリンや毛沢東を賛美した学者など信用しない。階級闘争史観に基づく人間不在の生硬な文章は読まない。司馬遼太郎を読む。あれは健康な反動だ。ただし外国にはジャパン・バッシングをしたくてたまらない連中がいくらでもいる。日本の旧左翼は今後はそうした連中とつるんで自国の悪口を言うだろう。そして自分は「良心的」だと思いこむだろう。大学とかミッション左翼とか朝日の論説委員とかには「良心の専門家」とでもいうべき人間がいるが、笑止千万だ。

パパとママ

「パパ」「ママ」とは西洋の多くの国で子供が父母を呼ぶ時に用いる言葉だ。西洋語といっても各国語の特性に応じ多少は変わる。フランス語で父は「パパ」のままだが、母は「ママン」と鼻母音になる。戦死したフランス兵が最後に発した言葉には「ママン」が多いと聞いた。

不思議に思うのは中国語でも父は「パーパ」と発音する。昔は「八八」とか「巴巴」とか書いたらしいが、いまでは「爸爸」と書く。母は「マーマ」と発音する。女偏に馬の漢字を重ねて「媽媽」と書く。これは西洋起源の言葉が普及したのだろうか。諸橋の『大漢和辞典』ではその点がはっきりしない。しかし昔から駐在員の子育ての手伝いをしてくれた中国女性は「阿媽」と呼ばれていたから「媽」はやはり中国起源の言葉だろう。「パーパ」「マーマ」がかりに西洋起源であったとすれば、文化大革命の最中に中国語から追放抹殺されたに相違ない。「パパ」とか「ママ」とか言っただけで吊し上げられたにちがいない。そうでなかったところを見ると、これはやはり東西の偶然の一致なのだろう。それともひょっとして赤ん坊は洋の東西を問わず「マ」が一番発音しやすく、次が「パ」なのだろうか。

日本でも父母を「パパ」「ママ」と呼ぶ家庭は多い。ただしこちらは明確に西洋の影響で、大正デモクラシーあたりからの都会風俗だろう。中には妻が夫を「パパ」、夫が妻を「ママ」と呼ぶ家庭もある。子供の視点からそう呼ぶのだが、相手に対する甘えもふくまれているようだ。ちなみにこうした呼び方をする夫婦は西洋にもある。

私は昭和六年生れだが、平川家では幼い頃から「パパ」「ママ」と呼んでいた。それで小学校の高学年からためらいを感じた。時代は反英米で、自由主義は敵で、敵性語の使用は好ましくない。もっともそんなことを言われる以前から人前や学校では恥ずかしくて「パパ・ママ」を口にすることはなかった。しかしそれでいて米英に宣戦を布告した後も家庭では「パパ・ママ」を使い続けた。物心ついたころからの呼び方をいまさら変えるのは親に対してすまないような気がして「お父さん」「お母さん」に改めることに違和感があったのである。両親も変えようとは言わなかった。そんな我が家で戦争が終わって暫く経ったころ、「平川家はついにパパ・ママを変えなかったな」と父が食卓で低い声で微笑した。

戦争中の日本は英語系の表現はことごとく追放され、英語教育はなくなったように言う人がいるが、おおむね大袈裟だ。昭和十九年、中学にはいった。その秋から空襲が始まったが、警戒警報下の東京で電気スタンドから光が洩れぬよう遮蔽《しゃへい》して、私が英語教科書を音読すると、父は、「いい発音だ。ロンドンの下宿にいた時のような気がする」と喜んだ。

文章のチェックと思想のチェック

敗戦後の日本は唯物史観が全盛で、自称「科学的」と称するが、その実、社会主義陣営に忠実な歴史書が出まわった。その政治主義的な、コミンテルンのテーゼに従うことが正義であるというような、高圧的な発想が私はいやだった。社会の下部構造とかに注目する諸家の学術文章がぎこちなくて、内部から生命力が湧き出ていないからである。イズム先行だから、結論はあらかじめわかりきったドグマ的なことが書いてあった。従来の日本の歴史教科書の左翼偏向はその辺が淵源だろう。『新しい歴史教科書』（扶桑社）はそんな偏向に対する反作用として出たものだろう。海外の人にはわかりにくいだろうが、これはむしろ健康な反動のように思える。複数の歴史観の共存を認めることが言論の自由の原点だ。

私は幸い昭和二十年代の末に日本の外へ出たので、歴史観を日本の閉ざされた言論空間の外で、自分の体験に基いて作ることができた。パリで英国の外交官で歴史家の George Sansom, *The Western World and Japan* を読んで、その英文の魅力にひかれた。エッセイ・スタイルの歴史書とはこういうものか、と驚いた。このような名著は当然訳されているだろう、と思っていたら、未訳だった。帰国後私は、東大史料編纂所の金井円や多田実氏、また比較文学比較文化の芳賀徹と一緒に翻訳を始めた。週に一回、本郷の学士会館分館に訳稿を持って集る。一人が自分の担当箇所の訳文を声に出して読み、三人が英文を見ながら訳文に対し注意する、という研究会であった。始めたのは昭和三十七年である。英国の Cresset から一九五〇年に出た版を私は原本にしたが、金井さんは一九五八年の米国版を用いた。サンソムのような文章家の英文が米国版ではかなり変えられていた。著者自身が加筆・削除・改正した箇所は良いとして、明らかに米国の出版社の人間が関係代名詞の which を that とするなど、米国英語にあわせて失礼な訂正をしている。いまの米国の大学出版局ではアルバイトで雇われた大学院生がこの種の訂正を平気でやる。というか訂正をしないと存在価値がなくなるので、給料をもらうためにも直しまくる。東大本郷の英文科の英国大学出の Hughes 教授も米国の雑誌に寄稿すると、文章を直されてしまう。Kodansha International も同じようなことをする。文章のチェックはまだ良いが、political correctness を口実に思想のチェックが行なわれるようになると、これは恐ろしい。

金井さんは日本の歴史学会が反米的だったころも米国の学者をよく助けた。「Kanai は Can I? といって助けてくれる」とジャンセン教授が笑った。ジャンセン教授が金井さんを *Cambridge History of Japan* の共同編者に選んだのは、そうした人徳もあってのことだ。そのジャンセン氏も金井氏も続けて亡くなった。『剣橋中国史』の方は台北の南天書局から中国訳がすでに出たが、『ケンブリッジ日本史』は日本訳が出るのだろうか。故人のことがしのばれる次第だ。

反日競争

他人から学ぶことは悪いことではない。他国から学ぶことも悪いことではない。たとい優者であろうと敵であろうと学ぶべき点はあるはずだ。ところが自発的に学んだのでなく、強制されて学んだとなると、屈辱感が生じる。心理的に問題が複雑化する。

西洋はペリーの黒船に象徴されるように武力でもって開国を迫った。隣邦清国が英国の居丈高な要求に応ぜず、阿片戦争に敗れたことを知っていた徳川日本はやむを得ず開国に傾いた。すると「尊皇攘夷」の旗印を掲げて徳川幕府を非難する声が上がった。しかし「開国佐幕」の勢力を倒した薩長の西南雄藩は、明治維新で一旦天下を取るやいなや政策を転じ「開国和親」を唱えた。開国は歓迎され、日本は文明開化にいそしんだ。かつては錦絵に「鬼」として描かれたペリー提督が、今度は「開国の恩人」と呼ばれた。文化的・軍事的に優勢な国と劣勢な国との関係はアンビヴァレントである。愛憎を含む関係である。たとえが露骨で恐縮だが、男女と同じで、女は仲のいい間は初めての関係も和姦であったと自分にいいきかせ、半ば信じているが、仲が悪くなると強姦された、という記憶がよみがえる。「大東亜戦争」の最中には和辻哲郎までがペリーによって開国を強要された屈辱を語った。そのころ日本のラジオは「出て来いニミッツ、マッカーサー、出て来りや地獄へ逆落とし」という歌を流した。ところが敗戦後、米軍占領下で連合国最高司令官マッカーサーは「第二の開国の恩人」と日本の時流にこびる新聞紙上で呼ばれるようになった。

Love-hate relationship では愛憎いずれか一面のみを過度に強調すると国を誤まる。しかし言論の自由の幅が狭いナショナリスティックな社会では、かつての日本の「米英撃滅論」などと同様、正義面した「攘夷論」がまかり通る。韓国では「反日」を唱えればそれが正義となりやすい。野党は金大中大統領の日本統治時代の「軍服姿」なるものを公開して「親日派」と非難した。しかし実はそれは木浦商業の戦時中の制服姿の写真だという。与党は与党で野党ハンナラ党総裁を「親子三代にわたる親日派」と攻撃し、李会昌総裁の少年時代の和服姿の写真を公開して非難を浴びせた。維新前夜の日本では和傘でなく洋傘でもさそうものなら、それだけで志士に斬りつけられたと福沢諭吉は笑っているが、それと似た雰囲気といっていい。こんな「反日競争」を煽るのはおかしいと蔭で思っても、口に出して言えない。そんな北の忠誠競争を裏返したような非難体質の南であってみれば、南北統一後は「反金競争」に走るかもしれない。その金がどちらの金か知らないが。

私が小学生の頃、まだ日米開戦以前だが、駅の掲示からローマ字が消された。子供心にも馬鹿げていると思った。しかし世間にはそんな正義を唱えてやまぬ人がいる。「日本は東アジア諸国の近代化のモデルであった」といまの台湾ではいうことができる。内々は日本を参考にしながらも、そう口に出して言えない隣国もある。言論の不自由は不幸である。

二十一世紀「社会主義精神文明」とは何だろうか

魯迅は中国から外国へ赴いた初期の留学生の一人で、明治三十五年に二十歳で来日した。国外へ出て自国が世界に後れていることを痛感し、その後進性の原因を儒教的伝統にありとしたことで知られる。その認識は正しかったか否か。

東京の弘文学院で日本語を学習中、清国留学生の面倒を見た嘉納治五郎に連れられて湯島の聖堂に詣った。後年思い出して、日本にまで行って孔子様を拝まされたかと苦笑した。そして「正人君子」に楯突いた。しかし矛盾はあった。仙台で留学生魯迅に対して親切にしてくれた日本人は藤野先生で、魯迅の師に対する敬愛は深い。しかし当の藤野先生は「私は少年の頃酒井藩校を出て来た野坂と云ふ先生に漢文を教へて貰ひ」

それで「支那の聖賢を尊敬すると同時に彼の国の人を大事にしなければならぬ」という気持になり「道徳的先進国」として日本に儒教の刺戟と感化を与えた隣邦に敬意を表したまでだ、と昭和十二年六月『大魯迅全集』月報第五号に語っている。このことは存外知られていない。

孔子は打倒すべきか。尊敬すべきか。

中華民国の時代、一方では魯迅を中心とする「孔子を倒せ」「打倒孔家店」の運動があり、それに対し他方では中国のアイデンティティーを守ろうと「孔教国教化運動」があった。辜鴻銘のような保守的な思想家は大正末年来日し、孔孟の教えは共和制中国の新青年によってでなく日本において維持されている、と英語で講演して日本の保守層から喝采された。しかし共産党の人民中国は解放後、儒教批判を継続、文化大革命の際は「批林批孔」という集団ヒステリーまでやらかした。他方、国民党は儒教の権威主義を継承した。孔子の子孫は大陸から台湾へ亡命した。

ところが気がついてみると、大陸ではかつての「忠」を強調した儒教倫理が、皇帝の代りに毛沢東への「忠」と化しただけの話となっていた。毛主席は東方の太陽に喩えられた。昔の「忠臣伝」や「列女伝」の代りに今度は雷峰が喧伝された。この解放軍の若い兵士は夢で毛沢東に会って「よく勉強して、永遠に党に忠に、人民に忠に」と言われ、嬉しくて声も出なかった、と一九五九年十月の日記に書いている。なんのことはない、この共産主義精神の体現者は封建的忠誠倫理が肥大しただけのナイーヴな少年にほかならず、そうした少年少女が文化大革命の最中、紅衛兵として荒れ狂ったのだ。『雷峰日記』は編集者の加筆が後に明らかにされたが、しかしいまでも中国の模範青年として喧伝されている。

かつての中国は科挙の試験で官僚を抜擢した。いまは大学の試験で国家幹部を選抜している。しかし共産党の一党独裁下では魯迅が批判した意味での封建性は消えるはずはない。経済成長をとげたいま愛国・護国の大中華主義がよみがえる。中華至上主義は国民に保守的回帰を促す。だとすると二十一世紀の隣国は、共産党が伝統儒教に信念のよりどころを求める「社会主義精神文明」の国にでもなるのだろうか。

主任

中国で主任教授はたいへんな権限を持っている。その範囲は日本の大学の教室主任の想像を越える。中国は職住が一つの単位だ。「あなたはどこの単位（ダンウェイ）ですか」という質問は「あなたの勤務先はどちらですか」という意味と同時に「あなたはどこにお住まいですか」という意味にもなる。職住接近どころか大学の構内に教職員も住んでいるからだ。だから主任は、仕事ばかりか生活面でも主任なのだ。部下に授業負担を割当てるだけでなく、宿舎も割当てねばならない。

そればかりでない。中国は人口の膨張がはげしくて、一時は毎年オーストラリアの人口に相当する千数百万人が増え続けた。人口増加をくいとめねばならない。それで二十年前から一人っ子政策を打出した。各単位もその国策に従わねばならない。というか単位は国策を実行するための末端組織なのだ。そこに住む人数はほぼ定まっている。だから各家族は勝手に子供を作ってはならない。出産はプライヴェートな行為とは中国ではみなされない。主任が「A先生はまだ若過ぎるから駄目」「B家は奥さんが三十を過ぎたから、生んでもよい」などと許可する。許可されてはじめて一人だけ子供を作ることができる。婚外だけでなく婚内でも勝手な妊娠は許されない。早まって妊娠すれば堕胎するよう命令される。計画出産はそこまで徹底している。

だがこんなプライヴァシーにわたる事柄は外人教師にはなかなかわからない。私のように何度も中国へ教えに行った者にもわからない。主任が研究費の分配ばかりか妊娠の割当もする、と聞いた時は嘘だと思った。念のために女子学生に聞くと「そこまではしません」と答えた。二人目も「まさか」と否定した。

ところがである。ある日、別の中国女性を一人拙宅に招いて会話していた。私が以前に教えた学生で、卒業後結婚し教師となっていた。家内が「出産の割当は本当か」とたずねた。すると彼女がわっと泣いて中国語で話し出した。「本当だ。勤め先で早く妊娠してしまった自分は堕胎を強いられた。主任とうまくいかずひどい目にあった」と訴える。人間だからうっかりしてまだ二十代の半ばで妊娠してしまうことはあるだろう。するとそこは人間社会だ。主任とうまくいっていれば、大目に見て順番を繰上げて生ませてくれる場合もあるらしい。しかし彼女は勤め先でいじめられた、と泣いた。病院では堕胎処置など手慣れて、冷淡で、機械的で、それもまた辛かった、と打明けた。

あれから歳が経ち、一度はそうして体を傷つけた彼女も今度は晴れて出産した。これから先、全体主義中国は一体どうなるのだろうか。毛沢東は生前「消費する口は一つ、生産する手は二つ、人口が多いだけ武器も多い」と人口資本説を唱え「生めよ殖やせよ」と叫んだ。そんな屁理屈に誰一人反論も出来ない時期もあった隣国であったが。

落とし紙

福沢諭吉は西洋は「巧言令色」の文化だと言った。それに比べると日本人は口下手だ。先日、美術史家のTが私の大学で講演した。後で学生は質疑の手を挙げない。見当はずれの発言をして笑われたら恥ずかしい、と遠慮する。それで大学側は質問代わりに学生に感想を書かせる。すると結構面白い率直な意見が出る。それをゼロックスして後から講師に送る。対話はこうして成立する。世間には「講師に御迷惑がかかる」と質問もさせずアンケートも取らぬ司会者もいるが、それではつまらない。話しっぱなし、聞きっぱなしに進歩はない。講演の欠点をつく感想が講師に届くのも悪くない。米国では「講演してきた」というと「質問がいくつ出た」と同僚からよく聞かれた。質問が多く出るほど会は成功なのだ。しかし東洋では聴衆は意見を述べるのをはばかる。察するに東洋人は口頭試問より筆記試験の方が得意だからだろう。昔から科挙などで筆記試験に慣れてきたせいだろう。それに反し西洋人は口頭試問で鍛えられてきた。講演や授業の後も質問が活発だ。

何故そうなったのか。西洋では口述の試験が中心だったからだ。そしてそれは紙が少なかったらだ。examination paper という英語の初出は十九世紀だ。ケンブリッジ大学で筆記試験が始まったのは、数学は一七四七年、古典は一八二一年、法律と歴史は日本暦の明治五年にあたる一八七二年とたいへん遅い。

すると妙なことが気になる。西洋でトイレット・ペーパーを使い出したのは一体いつからか。水洗便所の嚆矢がグラスゴーで一七四九年、water-closet の語の初出は一七五五年とOED（オクスフォード・イングリッシュ・ディクショナリー）にある。その時すでに toilet paper は用いたのか。ちなみに十八世紀に来日した西洋人は日本人が和紙で鼻をかんで捨てるという贅沢に一驚している。

『大地の子』を見た中国人が「労働改造所がきれいすぎる。あそこは便所の紙もない」とNHKテレビ・ドラマの綺麗事を嗤った。それから気をつけると、スターリン治下のシベリアでは、捕虜収容所はもとより（米原万里氏の調査によると）ロシア人家庭でも紙はなかったらしい。広瀬武夫にシベリアの極寒で脱糞する法についての報告があるが、紙にはふれてない。日露戦争当時の両国の兵士はどうしたのか。第二次大戦の米国兵は一日一回四片の割当て。オイル・ショックの時、日本の主婦はトイレット・ペーパーを買いに走った。戦後、新聞紙を用いざるをえなかった記憶がよみがえったからだ。新聞紙といえば魯迅と周作人は来日途上、上海の宿で用い、同宿の商人から苦情を言われた。ただしそれは彼らが「文字が印刷されている紙を無闇に尊ぶ中国の陋習を打破しよう」とした若気からで、商人たちはおおそれた悪戯の共犯の罪に問われるのを怖れたのだ。

はばかりの落とし紙事情はよくわからない。語るのがやはり憚られたからであろう。

歴史認識のギャップ

二〇〇一年九月十一日、ニューヨークで自爆攻撃が決行され、世界貿易センター・ビルがいわば轟沈した。世界は震撼した。アメリカ本土はかつて近代戦の戦場となったことがなかっただけに、アメリカ人にとっての衝撃はひときわ大きかった。アメリカ人は九月十一日を day of infamy として記憶するであろう。

今回の自爆攻撃は米国の報道機関によって一斉に日本軍によるハワイ真珠湾奇襲に比せられた。アメリカ人は九月十一日を「汚辱の日」と呼ぶことで国民の結束を図った。なるほど、太平洋戦争開戦当時、ルーズベルトは十二月七日を day of infamy と呼ぶことで米国民を一致団結させアメリカを戦争へ持っていった。その政治手法のことも思い出された。しかしワールド・トレード・センターへの攻撃をパール・ハーバーへの攻撃と並び称されると、日本人の多くは戸惑いを覚えずにはいられない。その違和感は何に由来するのか。態度別に分析すると、「そう比べられても仕方がありません。日本の過去の奇襲攻撃は悪うございました」とその非を謝罪する派もいるだろう。だがそんな人は存外少ないだろう。かりに軍国日本の非を認めても「そんな六十年も前のことをいまさら言い出さなくてもいいだろう」という消極的反応派も多いだろう。それだけではない。両者の比較は問題の本質をすりかえるものだと反撥する向きもいるだろう。その積極的反応派は石原慎太郎知事に限らず田原総一朗氏などもそうである。田原氏は『諸君!』二〇〇二年一月号のアンケートに「ニューヨーク、ワシントンでの同時多発テロと（真珠湾攻撃とを）一緒に扱われてはたまらない。比較するならば、広島、長崎への原爆投下を挙げるべきだと思います」と書いている。

私は日本の軍部が国を誤ったことの非を認めるにやぶさかでないが、真珠湾攻撃については石原・田原氏と同意見だ。かつて国際法上、戦争で軍人を殺傷することは悪とはみなされなかった。市民を殺傷すれば悪であった。その基準に照らすなら、攻撃目標を軍艦、飛行場、軍事施設のみに限定したという点で、日本海軍の奇襲は稀に見る武士道的な空襲であった。巻き添えとなった市民の死者僅か六十八人という真珠湾攻撃を、コヴェントリー、ドレスデン、東京下町、ハノイなどの非人道的な空襲に比べてみるがよい。強大な米国は、突然弱者に襲われ大損害を蒙った、という驚愕と憤慨において九・一一と一二・七に共通性を感じている。しかし真珠湾の敵討ちを広島・長崎でとった、とは戦闘員と非戦闘員を区別しようとしない、卑劣な言い分だ。

今回、日本が米国を支援して反テロの戦いに貢献し、いつかゆったりと平和の回復をともに祝賀する折があるなら、その席で、日本の外務大臣に「ニューヨークへのテロ攻撃と真珠湾攻撃とは意味が違う」ということをはっきり英語で述べていただきたい。というかそういう自己説明の訓練をもっと積んで、頭を整理してもらいたい。そして宣戦布告の通知が遅れ不意討ち呼ばわりされたことについては、日本外務省、とくにワシントンの日本大使館の失態であったこともあらためて日本国民に向け謝罪してもらいたい。

「友好」で名を売る男女

「友好」という名前には逆らいがたい魅力がある。「敵対」よりも「友好」が良いに決まっている。しかし「友好」の美名に隠れて外交は行なわれる。それも悪意ある外交が国家戦略として行なわれる場合もある。その「友好」に乗じて名を売る日本人もいる。

戦前の日本では日独友好ということが叫ばれた。当時の日本では英語は中学校で習う実用的な外国語で、ドイツ語こそが学問の深奥をきわめる外国語であるように思われていた。それだけに昭和十五年、日本がドイツと同盟を結ぶことに日本国内からは反対らしい反対は出なかった。外交が国民の手のとどかぬところで行なわれていたからでもあるが、それだけではない。日本人はカントやゲーテやベートーヴェンの国と同盟するつもりでいたからである。それにドイツ問題に詳しいはずの日本人のドイツ専門家は、ナチスを批判するどころか、ドイツ贔屓が圧倒的多数だった。――それはいってみれば戦後の日本の中国専門家が、毛沢東を批判するどころか、日中友好を唱える人が多数であった様に似ていた――。戦前ドイツ語教授でありながらドイツ批判をした人は竹山道雄とか片山敏彦とかごく少なかった。その二人が例外となり得たのは、ドイツ語とともにフランス語も学び、ベルリンだけでなくパリにも留学したから、三点測量ができたからであろう。二人ともナチスに追われたドイツ系ユダヤ人と付き合いがあったから、ヒトラーの台頭を危惧の眼差しで見ることができたのだ。竹山は日独伊三国同盟が締結されようとした昭和十五年四月『思想』に「ドイツ・新しい中世？」という一文を寄せ、ナチス・ドイツの文化状況を「ヨーロッパの人本主義の原理、――個人、その自由、その知性――の否定」と規定し、「英仏側が勝てば、思考の自由は救われうる。ドイツが勝てばそんなものはわれらから根柢的に奪われるであろう」と結論した。だがその二ヶ月後フランスは降伏した。パリ陥落の当日、日独友好名士の紅露文平が勝ち誇って「竹山君の顔が見たい」と電話してきた。

いまの日本にも日中友好名士とか日朝友好名士とかになりたがっている男女がいる。平山郁夫氏などがそれだ。なぜ名前を出すかというと、こんな思い出があるからだ。一九九八年春、南京大学で講演した後、外人専家の福田繁氏に案内されて私は散歩した。日本人の善意の寄付で南京の城壁はほとんど修復されていた。ちなみに城壁破壊は日本軍の仕業ではない。「また平山氏が音頭をとっています」「やれやれ、これもまた必ず中国側の反日宣伝に使われますよ」とその時私たちは意味ありげに苦笑した。その予言は当った。ある日北京でテレビを見ていたら「日本が南京の城壁の修理をして破壊の謝罪をした」というではないか。中国国営テレビの力点は日中友好にはなく日本の過去の悪の強調に向けられていた。日本人の善意の募金はこのようにして反日宣伝のためにも使われる。現地で中国人に接している福田氏にはそうした中国側の手法はわかっているが、日本で日中友好で名を売りたい名士たちは、たといそれがわかっていても、見て見ないふりをしている。たまりかねた私は平山氏に面と向かって注意したこともある。しかし相変わらず今度はなんとか友好会議の座長に納まっている。しかし真の友好はそれとは違うはずだ。一昔前、東大比較文学に留学した中国人が、私たちが揃って中島健蔵という日中友好名士を笑いものにするので、それではっと目から鱗が落ちた、と告白したことを思い出す。偽善的友好や売名的友好は真の友好とはほど遠いものである。

アラブの大義

一部のマスコミが報じる「アラブの大義」なるものにも私は不信感を抱いている。それというのは一九七二年、イスラエルのテルアビブ空港で自動小銃を乱射した岡本公三を彼らは英雄視し、その一味の日本赤軍がレバノンのベカー高原を根拠地として各地でテロ活動をするのを大目に見たからだ。日本人の絶対多数は、罪のない観光客を銃で殺害したゲリラ組織など許せるものか、と思っている。しかるにアラブ諸国のマスコミは、日本人の常識的な見方を伝えず、岡本をアラブのために尽くした英雄のごとく持ち上げた。アラブの大義とはせいぜいその水準か、という疑念を私は禁じえない。

テロリストを賛美する国にろくなことはない。五・一五事件で犬養首相を暗殺した海軍将校を昭和七年の日本の一部大新聞は英雄視した。そんな世間の風潮もあって彼らは死刑にならず、四年後の二・二六事件ではさらに多くの重臣がテロで殺された。こうして頭を失った日本国家は戦争の泥沼にひきずりこまれた。

大量破壊兵器が拡散する可能性のあるこれからの国際社会には、国連よりさらに有効な警察機能が必要だ。米国がテロ支援国家イラクを叩いたことで他のテロ組織国家が萎縮するなら、私たちも少しはほっとできる。だがそううまく行くかどうかがこれからの問題だ。

逆説的思考二つ

第一。靖国参拝について。中国の主席が靖国神社に参拝して「米帝国主義は中日共同の敵」などと宣言されたらそれこそ大事だと私は思う。だから、中国が靖国を敵視するのはまだしもましと考える。ただし東條英機氏は昭和天皇の身代わりに極刑に処されたのであるから、天皇家の御子孫には、お参りに行っていただきたい。なお東條首相は負けるような戦さに踏み切ったという点では国内的には大責任があるが、ハル・ノートを突き付けられて開戦に踏み切ったという点では対外的には死刑に値しない。もちろん昭和天皇にも責任はない。東京裁判の歴史解釈や判決を尊重する人はおおむね間違っている。

第二。中韓からの難民受入れについて。将来、共産党支配が瓦解する際には中国内では大虐殺が起り、難民が舟で九州をめざすであろう。だがそのような気配が出そうな際は、「日本は舟で漂着する難民の収容を拒絶する」と政府がいちはやく声明することが望ましい。そのような政府声明に対し人道主義的立場から非難が出るだろうが、昨今の中韓の反日キャンペーンのせいで日本人の間に中韓の人に対する警戒心が強まっており、そのおかげでというのも妙だが、日本世論の日本政府の難民収容拒絶声明に対する反撥は存外少なくてすむのではないか。現在のヨーロッパ難民問題は、当初西欧の一部に難民受入れ歓迎のごとき言動があったため、事態が急速に悪化したということを忘れないでもらいたい。なお政治的亡命者は、厳重審査の上、受入れて、身の安全を保障する。

平川祐弘が読む

渡辺京二『逝きし世の面影』

『逝きし世の面影』という情緒豊かな標題の本書は、我が国が西洋化し近代化することによって失った明治末年以前の文明の姿を追い求めたものである。著者はおびただしい幕末・明治年間の来日外国人の記録を博捜・精査することによって、それをこの分厚い一冊にまとめた。西洋人という鏡に映った旧日本の姿に新鮮な驚きを感じた著者の、イデオロギーや先入主にとらわれない、率直な反応が、美しい日本語に表現されていて、本書を価値あるものとした。共感は批評におとらず理解の良き方法であることを本書は実証している。しかし本書は単なる過去追懐の百科全書的な調べ物ではない。本書には著者ならではのある問題提起も含まれている。では本書を生気あらしめ、文章に熱気を与えている渡辺京二氏の情念とは何か。

著者は一九三〇年生れ、九州に住む在野の思想史家で、本書も最初は一九九八年に福岡の当時は名書肆であった葦書房から出版された。著者渡辺氏は学問世界の本道を進んだ人ではないが、その歩き方には一歩々々力がこもって、どっしどっしという足音が読者の耳にも伝わるような大著である。著者は「昭和の意味を問うなら、開国以前のこの国の文明のありかたを尋ねなければならぬ」という立場に立つ。その際、渡辺氏は、文明とは「歴史的個性としての生活総体のありよう」で「独自の社会構造と習慣を具現化し、それらのありかたが自然や生きものとの関係にも及ぶようなもの」と定義する。いいかえると渡辺氏は、文化は滅びることなく変容するだけのものだが、生活様式などに示された文明は滅びるものと考える。そして日本近代は前代の文明の滅亡の上にうち立てられた、という風に歴史を認識する。すなわち幕末日本について

「一回かぎりの有機的な個性としての文明は滅んだ」という見方なのだ。そしてその「失われた文明を求めて」著者は過去の再構成を試みる。それというのはその文明にはそれだけの尊ぶべき価値があったから、と著者は愛着をこめて感じているからである。こうして復元された過去の文明世界は、著者の思い込みによる単なる幻しであるのか、それとも美しい実体のあるものの面影なのであるのか。

滅んだ古い日本文明の在りし日の姿を偲ぶには、私たちは異邦人の証言に頼らなければならない、と著者はいう。そして日本人自身は見慣れているために必ずしも自覚せず、西洋人旅行者のみがひとしく注目した明治初年の生活の特徴を、「陽気な人びと」「簡素とゆたかさ」「親和と礼節」など十数章に著者は分類し、詳説する。開国当時の日本の社会誌ともいえる本書には、欧米人が驚きをもって記録した、日本という異なる文明の国の「子どもの楽園」、その「信仰と祭」「女の位相」「裸体と性」などが、上手に整理され、解説され、平明な文章で記されている。それが与える印象は、本書中にちりばめられたレガメやワーグマンなどの挿絵のように、なつかしい。表紙ともなっているレガメ画の江ノ島の茶屋の女など、ルネサンス・イタリアのマリア様と見まごうほどである。

ところでこのような「外国人の見た日本」という視角は戦後いちはやく加藤周一氏なども利用した。しかし骨太の渡辺氏は、ここで本書に独自の価値を賦与する、次のような指摘をあえてした。「日本の知識人には、この種の欧米人の見聞記を美化された幻影として斥けたいという、強い衝動に動かされて来た歴史があって、こういう日本人自身の中から生ずる否認の吟味をすることなしには、私たちは一歩も先に進めないのが実情といってよい」

ではなぜ否認の衝動が生じたのか。西洋思想の新ファッションを追う官学・私学のスマートな教授ジャーナリストたちの多くにとっては、過去の日本は捨て去るべきものであった。自分が日本人であることに自信が持てず、日本の過去が価値がないと思えたからこそ、それだけ安直に新思想に「ウイ、ウイ、セサ」と飛びつきもしたのだろう。戦後いち早く「抵抗の文学」を紹介し、サルトルの実存主義を唱え、思想界のパリ・モードを追うことで東京の大新聞の御用評論家となり名をなして今日に及んでいる人もいる。それは日本の過去を美化された幻影として否認することによってのみ可能な思想運動の形態であった。だがそのような論壇新左翼の新しがり屋には固疾ともいうべきまやかしがあった。それなのに論壇の主流はそうした人士によって占められてきたのである。「知新」のみが重要視されて「温故」が蔑ろにされてしまった。ところが渡辺氏は違う。そんな浅薄な主流が裸の王様であることを平然と口にした。

『逝きし世の面影』は異国趣味を羅列して売物とする書物ではない。しかし著者は西洋人の記録を美化された幻影として否認することはしない。戦後日本の論壇を支配してきた仏文出身者が、観念先行でもって日本の前近代性を全否定した。そのような態度に違和感を覚えていた人は、逆に渡辺氏の指摘に同感したのであろう。インテリの日本嫌いに愛想をつかしたらしい石原慎太郎氏が本書を高く評価する理由も、あるいはその辺にあったのではあるまいか。

著者は自己の感性に忠実な人である。それだから昨今評判の悪い異国趣味についても、それを一概に否定しない。サイードのオリエンタリズム批判にも時に反批判を浴びせる。「エキゾティシズムは見慣れぬこまごまとした生活の細部に目を注ぐ。従ってそれはある文明の肌ざわりを再現することができる」と評価する。実感のこもった発言ではないか。

明治日本の生活様式は多面的である。それでいて多くの外国人の目がおのずと集中する点がある。そこに旧文明の面影は宿る。その過去は私たちの心性の中で死に絶えてはいない。かすかに囁き続けるものがあるからこそ、逝きし日の面影は懐かしいのである。

山崎豊子著『大地の子』

『大地の子』はＮＨＫテレビで放映され国民的反響を呼んだ。パール・バックは中国を描いてノーベル賞を受けたが、『大地の子』の迫真力はバックの『大地』に優る。山崎豊子の作品は国際間の平和を願った創設者の遺志に合致する点ではノーベル賞にふさわしい。大江某のわけのわからぬ小説などよりよほどましであろう。『大地の子』が雑誌連載されたのは数年前だが、テレビがきっかけで単行本を通読した。そんな人は多いに違いないからこの書評欄でとりあげたい。

ロシアが十九世紀シベリアを開拓し、沿海州まで植民したのは文明開化の事業として自己規定できた。が欧米列強より遅れて進出した日本の満州開拓は万里の長城を越えてその地に漢民族がすでにはいりこんでいたために、日本の敗北とともに悲惨な運命におちいった。開拓団の残留孤児の運命は養父母次第で明暗が分れた。本篇の主人公は中国人小学校教師の養子として大学まで出させてもらう。だが陸一心（ルーイーシン）として育てられた青年は「中国名をかたる外国人」として文革で吊しあげられる。「不忘民族恨、小日本鬼子（シアオリーベンクイツ）」の罵声はこの青年技師を不当におとしめる時に繰返されるスローガンで、本書の裏を貫流するライトモティーフともなっている。一心は一回目は生地獄ともいうべき労働改造所へ、二回目は内蒙古の僻地へ送られる。

だが善意の人の助けや僥倖やらで主人公は元の仕事場へ戻ることを得る。それどころか日中合作の大製鉄所建設に参画する。私と一緒にテレビを見た中国人が、そんな日の当る場所に復活する陸一心のお話のおめでたさ加減に呆れていたが、上川隆也の好演に日本人一般はそんな残留孤児もあり得たのか、と錯覚するのである。原作で実在感があるのはむしろ一心の妹が奴隷のような生涯を了える場面だろう。それが大陸の農村の実相だろうが、童養媳（トンヤンシ）として野良仕事にこき使われ病死する妹のあつ子を日本人読者は不幸と感ずる。だがそれを不幸と感ずること自体に対し中国人は屈折した反感を覚えるのではあるまいか。中国人はバックの『大地』を中国の恥部をあばく作品として禁書にしたような国民なのだ。だが残留孤児についての型にはまった日本の新聞記事に比べ、養女を食いものにする姑を描く山崎豊子の筆は鋭い。

陸一心は実在し得ない幸運児だが、著者がそんな主人公をあえて設定したのは、一心が新日鉄の上海事務所長松本耕次の実は息子勝男であった、という劇的再会をプロットに仕組んだためである。二人の父子確認がドラマをめでたくするが、まさにそのことが中国側の嫌疑と嫉妬を招き、一心は密告され左遷される。そんな転変がメロドラマを一層盛りあげる。その間に見え隠れするのは中国人の養父陸徳志で、常に筋の通った事を言い、人間的で尊い。テレビでも中国人俳優が情のこもった演技をしたが、それはとりもなおさず中国にはあのような小学教師が実際いるということだ。圧制の下でもそうした人たちのいたことが救いとなっている。

本書の表のライトモティーフは「日中友好」だが、それを口にする人の下心や抜目なさもきちんと描かれているところが良い。テレビでカットされたが「中日友好とは要するに日本側に譲歩を強いる符号のような言葉であった」と日中間の談判の正体があけすけに出ている。本書には文革の悲惨からはじまってコネから生ずる腐敗や一党専制につきものの密告の弊など中国の生まの声がなかに生かされている。自分自身では書くこともできない胸の内を日本人の著者に代って書いてもらおうと思った人もいるのだろう。中国への技術移転に伴うさまざまのトラブルを如実に伝える記録としても本書は価値がある。中国人の自尊心は偏狭なナショナリズムをややもすれば正当化する。上海宝山製鉄所が外国と協同で作られた、という真実を中国で言わなくなる日も来るかもしれない。『大地の子』のテレビは大陸ではたして放映されるだろうか。本書が中国語に完訳される日はいつか来るのだろうか。

『學鐙』八十五周年

島国日本の発展にもっとも刺戟を与えたものは洋行や外人教師と並んで舶来の書物であった。明治以前は漢籍や漢譯佛典であり、以後はもっぱら洋書であった。そして日本へ洋書を輸入する老舗の第一が丸善で、丸善は福澤諭吉の入智恵もあって繁昌した店である。その丸善が出した日本最古のPR誌が『學鐙』だ。その『學鐙』を世の数あるPR誌の中で私は断然好む。

それはなぜかというと昨今の有力PR誌はいずれも文芸出版社系統の月刊誌で、いずれも自社出版物の宣伝をする。執筆を依頼された人は大家も小家も臆面もなくゴマスリを書く。そこに私は戦後日本の出版界や文壇の堕落と退廃とを感じる。ところがそれに反して、丸善は文芸出版社ではないから、その種のおためごかしがない。そこがさわやかなのである。

近代日本は丸善を通して自由に洋書を入れ、訳者が好きで訳して出した。それだからこそ外来文化を血肉化できたのである。全体主義国のように上からの指令や補助金で訳したのとは話が違う。『學鐙』を通覧すると近代日本文化史の現場が感得される。この雑誌は代々すぐれた編集者にめぐまれた。全集も編まれた内田魯庵については述べるにも及ばない。

昭和二十七年から三十三年間編集に携わった本庄桂輔氏の「あとがき」は一本にまとめられたが、白凰社から出た『「學鐙」編集の思い出』は戦後日本の文化史を凝縮して伝えるものである。

四半世紀前の昭和三十八年十月、『學鐙』六十周年記念号に福原麟太郎氏は「海外で出版される同種のものに、こんなに豊かな面白いものは無い」と書いておられる。いつか外国で日本書輸入の専門店がこの種のPR誌を出す時代が来るだろうか。そうなれば従来の外国から日本への文化直流は、日本と外国との文化交流へと変身することであろう。それが通算八十六年目を迎えた本誌にまつわる私の感想だ。なお『學鐙』は二十一世紀に入って編集者も代わり見る影もなく落ちぶれた。

日本IBM広報誌『無限大』

PR誌を読んでみたい。

世間に出まわっている出版社PR誌に『図書』『ちくま』『みすず』とかがあって、地方のインテリが結構ありがたがって読んでいる。編集者も得意になっている。だがあれは所詮、自社出版物の宣伝用パンフレットだから、どうしてもゴマスリ記事が多くなる。雑誌は本来批判、批評の場であるべきだ。それが岩波や筑摩の提灯持ちと化している。これは知的堕落ではあるまいか。

二昔前の新左翼青年が編集者となったものの、学生時代デモに明け暮れしたせいか、基本的学力が不足していて、時代の変化についていけない。それでかつての左翼御用評論家に執筆をお願いする。出版社と執筆者のこの談合の関係が、思想界の自家中毒の原因といっても過言ではない。そんなPR誌の中で私は本庄桂輔、北川和男の二代の編集の間の『学鐙』が好きだった。日本最古のPR誌だからというのではない。この雑誌が出版社のものではないからだ。一九九六年六月号の編集後記など中央線の車窓風景を描いて一篇の散文詩と化していた。

それでは企業のPR誌はどうだろう。

これも二昔前、内外で日本企業批判が火を噴いた年、企業がイメージアップのためにあわてて乗り出した事業の一環だ。しかし外部の企画屋さんまかせの可もなく不可もない雑文が多い。官公庁や市役所のPR誌もおおむね税金のムダづかい。郵便受けからゴミ箱へ直行というのが真相だろう。

そんな中で千九百八十年代九十年代と、高い知的水準を維持している一冊は一九六九年創刊の季刊『無限大』だ。日本IBMの広報誌で、先日九十九号が出た。薄くなったのは不況を反映しての経費節約にちがいないが、贅肉をそいだ内容はどうして見事だ。国際的に考える、という外資系会社らしいスタンスを維持している点を除けば、『無限大』は企業内容はいっさい宣伝しない。「IBMはインターナショナル・バリスティック・ミサイル（大陸間誘導ミサイル）の略ですか?」と私は質問して笑われた。

最新号はまず表紙が見事だ。周幽斎夏竜とかいう聞いたことのない画家の『耕織図屏風』の部分が拡大されている。シエーナのロレンツェッティの農耕図の徳川版ともいうべき農民の息吹きを伝える図で「わが館わが一点」と佐賀県立博物館の松本徳彦氏が自慢げに解説を書いている。早速佐賀へ急行したが、二階にそれに類した別の屛風はあったが——それと周幽斎とどんな関係なのだろう——肝腎の『耕織図』は倉庫の中だった。

『無限大』は表紙に限らず写真が超一級である。九十九号はメッカの巡礼が写してあって、見ていて目くるめく思いがする。断食月の二十七日目に夜を徹して行なわれる百万人の集団礼拝が撮影されているのだが、野町和嘉氏が写したカアバ神殿のまわりをめぐる人間の渦巻きは見る人をも呑みこむような迫力である。

毎回、巻頭言も面白い。長年南米やパリで教えた福岡大の大嶋仁教授が仏教の「色即是空」をコンピューターにたとえて説明している。意表をつくとはこのことだ。が、氏の論が正しいかどうかわかりかねる。ちなみに『西日本新聞』に毎土曜「マリアの九州日記」という詩情あふれる連載をしているスペイン人は大嶋夫人で、この外人さんの日本語は私にはよくわかる。

一時期『無限大』は五万部出まわっていた由である。影響力があったのは当然だろう。(だが二〇一七年の今ではIBMの若い社員は以前はそんな立派な広報誌があったことすらも知らない。それで手もとに余部のあった「ハーン、百年後の解釈」という『無限大』八十八号(一九九一年度)をIBM気付で姪と結婚した青年に届けた。「すばらしいので驚いた」とのことだった)。

『レーリング判事の東京裁判』

日本の戦争責任にまつわる書物を読んでみたい。

東條元首相に死刑を宣告した東京裁判について必読の本が出た。オランダ人判事として加わり、その裁判の意味について終生考えた国際法学者B・V・A・レーリングの回想である。A・カッセーゼというイタリアの法学者が編集した。裁判の終りの頃あるパーティーで皇太子の家庭教師ヴァイニング夫人に彼は言った。「私はオランダ領インドネシアを奪った日本人に対する憎悪をもって来日した。しかし法廷につらなるうちに見方は変った」。レーリング判事は「アジア人のためのアジア」という考え方は正しく、日本人は白人との平等を求めただけで、米英が宣伝したような、世界征服のために戦ったのでない事がわかったのである。

判事に日本文化の良さを伝えた人に鈴木大拙や竹山道雄がいた。竹山が昭和三十年に書いた『昭和の精神史』はなぜ日本が愚かな戦争へ突入したかを分析した名著だが、レーリングが広田元首相の死刑に反対したことがすでに紹介されている。東郷、重光両外相の有罪判決に反対してレーリングは、「もし外交官が戦時内閣に入ればそれは戦犯の連累《れんるい》であるという原則がうちたてられるなら、今後おこりうる戦争の際に、戦争終結のためにはたらく外交官はいなくなるだろう」と少数意見を書いた。これは竹山の話に耳を傾けたレーリングの意見で、今回の訳書にも繰返し出ている。竹山の「オランダの訪問」(『竹山道雄著作集』2、福武書店)にはレーリングの自宅に四日間通いつめて十年前の裁判を二人で振り返ったことが出ているが、この良きオランダ人の高潔な人柄や家庭も活写されている。そんな竹山との親交に言及しない粟屋憲太郎の解説は学者として落第だ。昭和二十二年夏、レーリングは竹山家に来て、被告のある人々を「ほとんど舌を巻いてほめた。あの当時にこういうことをきくのは異様だった」(『昭和の精神史』)。だが同じ印象は今度の本にも記されている。このオランダ判事はニュルンベルク裁判も傍聴して来日し、ナチス・ドイツのA級戦犯との比較で東條以下の人物評定をしたのだ。ドイツ人をよく知り、そんなレーリングとつきあった竹山が「同じA級戦犯でもゲーリング以下のドイツ人は大物で日本人戦犯は矮小だ」と丸山真男が得意顔で述べるのを聞いて失笑したのは当然だろう。そもそも軍国日本をナチス・ドイツの極東版として把握したところに誤解の種はあった。ナチスのユダヤ人虐殺は自分の良心をも殺した犯罪だったが、日本に少なくともその種の組織的な「人道に対する罪」はない。オランダ判事は東京裁判の場合、その訴因は無効と結論した。ただしレーリングは通例の戦争犯罪や積極的に攻撃戦争を企図実行した者に対しては厳しかった。

東京裁判は日本悪者史観を日本人に押しつけるための政治ショーだった。それだからこの「勝者の裁判」では敗者の言分である弁護側資料はほとんど却下された。その未提出資料を抜萃したのが『東京裁判日本の弁明』（講談社学術文庫）である。当時日の目は見なかったとはいえ、アメリカ人弁護人が被告たちのためとはいえ「日本は挑発挑戦され自衛に起った」と論じているのを読むと、彼等の職業的良心に敬服せざるを得ない。

だが日本の大新聞はキーナンなど検察側の立場やアメリカ占領軍のプロパガンダに同調し「東京裁判史観」の流布につとめた。占領下だから日本を悪く報道するよう強制されたのだ、と独立後、正直に白状すれば良さそうなものだが、占領軍と日本左翼の野合の効果は『朝日』などの論調を読む限り今日に及んでいる。

しかし第二次大戦は本当に民主主義対ファシズムの戦争だったのだろうか。英国の歴史家ソーンは『太平洋戦争とは何だったのか』（草思社）でそんな見方に疑義を呈している。しかしここで是非とも注意せねばならぬ事は「東京裁判史観」は誤りで我々はそれから脱却しなければならぬが、だからといって軍部主導の日本の戦争にいたる政策が正しかったなどとはゆめ言えないことである。その点について林健太郎は『歴史からの警告』（中央公論社）を発しているが良識だ。なぜ氏が中学歴史教科書を書かなかったのかと惜しまれてならない。

李志綏著『毛沢東の私生活』

二十世紀の中国についての名著を文庫版で読んでみたい。

欧米でも日本でも大評判となった中国を描いた小説に、パール・バック『大地』（一九三一年）がある。

小野寺健訳が岩波文庫に入った。著者はキリスト教宣教師の娘で中国育ち。中国農民の日常生活を活写した『大地』は中国は善良であるという印象をアメリカにひろめ、反射的にその中国を侵略する日本は悪者であるという世論を醸成した。米国における反日論の形成に宣教師が一役も二役も買ったことは知られている。日支事変が始った翌一九三八年、バックにノーベル賞が授けられたのは、そうした国際感情の反映でもあった。ところがである。日本人はお人好しだから『大地』は戦時下の日本で一大ベストセラーとなった。それは当時の内地のナイーヴな人が、バックと似たような、好意的な中国人観を抱いていたからだろう。他方、新中国では賽珍珠（Pearl Buck の中国名）の書物も禁書とされた。知中国派のバックも「反動」とされたのである。宣教師が親米と喧伝した中国はいまや反米となり、共産党政権が言論・出版の自由を徹底的に抑圧し、文化大革命だったことは周知の通りで、文革の悲惨

その毛沢東体制が論理的必然として行きついた先が、文化大革命だったことは周知の通りで、文革の悲惨を中国の若い知識人や学生は、肉親の口伝えのほか映画『芙蓉鎮』などで知っている。ただし『青い凧』などは大陸では公開されない。それで、精神の自由を求めるほどの中国人は、海外渡航の機会があると、国内では見られない映画を見、読めない書物を読む。もっとも昨今の中国知識人のひそかな楽しみは、家庭でビデオで映画を見ることのようだ。

文化大革命の実相を伝え西洋で評判となったのは、亡命中国女性ユン・チアンが直接英語で書いた『ワイルド・スワン』（講談社、土屋京子訳）である。ところがこの小説、大陸の知識人や学生の間で評判がいまひとつ良くない。文化大革命で酷い目にあった人も、著者は文革の悲惨を自分自身の問題として扱うより、現在の価値観で裁断し、外国人に向けてその惨状を訴えている、として違和感を覚えるらしい。そういえば『大地』についても「中国の恥部をさらした」と評する反撥があった。誇り高い中華の人は、自国の欠点が外国で暴露されるのがいやなのだろうか。南京大学で教えた林青梧の『中国の希望と絶望』（かんき出版）も本当の事を書き過ぎているのではあるまいか。

ところがそんな中国人がいま夢中になって読んでいる本が、毛主席の主治医を二十二年間つとめ、晩年渡米した李志綏の『毛沢東私人医生回憶録』で、大陸では禁書だが、禁書であるが故に噂は噂を呼んでいる。大陸系中国人が日本で出す『中文導報』にも毎週広告が載っている。この中国語版に先立ち、一昨年まず英語版が出、それからの重訳が文春文庫に入った。これは大迫力がある。新庄哲夫の訳がいいから、巻を措《お》く能わずだ。著者は西洋医学を学び、シドニーで開業した。新中国の成立後、愛国の熱情にかられ帰国し、毛沢東の侍医にとりたてられる。中華の人は漢方を自慢するが、病気になれば西洋医学に頼る。毛もそうだ。著者はこの回想で、秦の始皇帝もかくやと思わせる専制的独裁者の実生活を示した。毛が泳げば医者も泳がざるを得ない。毛はずるい。相手に真意を言わせ、自説に合わないと、同志をも政敵として殺す。そんな無法がまかり通るのは、無知な大衆と若者の「毛主席万々歳」の個人崇拝と阿諛追従と恐怖のせいだ。人治の行き着く先は昔も今も恐怖政治なのだ。人民公社では生産成果の報告はみな水増しされ、実際は農民が二千万人も餓死する。だが毛は偉人だ。人が死んでも不感無覚、社会主義のための社会主義を実現したがる。孤独な主席は若い女に次々と手を出すが、女たちはレイプと騒ぐどころかそれを名誉に思っている。江青夫人は嫉妬に狂うが、それも文化大革命で政治権力を握るやヒステリーは消え、颯爽と吊し上げを行なう。『毛沢東の私生活』は具体的細部が観察され、記憶されているから、伝記として真にすばらしい。著者は一九九五年シカゴで急死した。特務の工作という人もいるが、李志綏は生身の毛沢東を世界に知らせたことで、中国でこれから起るであろう法治を求める民主化運動に、測り知れぬ貢献をしたのではあるまいか。そんなwishful thinking はしてはならないことであろうか。

岡本嗣郎著『陛下をお救いなさいまし――河井道とボナー・フェラーズ』

昭和二十年九月二十七日、昭和天皇はマッカーサー元帥に会いに来た。その際、元帥は日本占領を成功裡《り》に遂行するために天皇を利用する腹だった。しかし最高司令官といえども、米国世論や連合国の意向を無視できない。会見後、天皇の扱いをめぐって総司令部内では、「裁判にかけろ」という強硬意見も出た。だが十月二日、フェラーズ代将が『天皇に関する覚書』を元帥に提出した。この副官は、天皇が日本人に対して持つ意味を説明しこう論じた。「いかなる国民にも自国の政治形態を選ぶ固有の権利があり、日本人は必ずや天皇を国家の象徴的元首として選ぶであろう。八月十五日、玉音放送によって平和が回復したことで、民衆はかつてなく天皇を身近に親しく感じている。我々米軍は日本の無血占領に成功した。七百万の日本軍が武器を捨てたのは天皇の命令による。このように一旦天皇を利用した上で戦争犯罪を口実に裁くなら、日本国民はそれを信義にもとると見做《みな》すであろう。米国の長期的利害を考えるならば、東洋との友好関係は必要である。それは相互の尊敬・信頼・理解に基くものであらねばならない。」

元帥のその後の天皇に対する接し方から判断する限り、彼はこの副官の意見を尊重したといえよう。

その「陛下を救った」見方が、ともにラフカディオ・ハーンの愛読者でありクリスチャンである河井道女史とボナー・フェラーズの交友から生まれたことは、フェラーズ本人も語っていた。敗戦直後の二人の再会、河井に天皇についての意見を求めた経緯、さらにいわゆる昭和天皇独白録の成立までの事情を著者は綿密に調査した。河井が創立した恵泉女学園の卒業生を足まめに歴訪し、過去を丹念に再現した。反天皇制のイデオロギー的色眼鏡をかけず、すなおに見れば、河合が日本の国柄を大切にしたキリスト者であったのはいかにもその通りだろう。バランスのとれた本書を読んで、河井先生在りし日のミッションスクールの面影をあらためて懐かしく感じた。

増田義郎『日本人が世界史と衝突したとき』

戦前の我が国では、日本だけが特別にすぐれた国だ、という教育が行なわれた。そのような自誇的な傾向は、ナショナリズムが盛んな時期の一般的特徴で、実はアジアの近隣諸国では今でもそうした自己正義化の歴史が教科書で教えられている。毛沢東や金日成は現人神や皇帝のごとく尊敬されたのだから、大陸中国や北朝鮮は、やはり彼等流儀の「皇国史観」で民心の統一をはかってきたのだ。それに反し、戦後の我が国では戦前の超国家主義への反動もあって、日本だけが特別に悪い国だ、と教えたがる自虐的な傾向が露骨である。だが人間、幼少期に親や先祖の悪口ばかり聞かされたら、ろくな大人に育つはずがない。そんな自己卑下よりはお国自慢の方がまだしも精神衛生にはいいだろう。歴史教科書問題という『外圧に揺らぐ日本史』(林健太郎、光文社)をめぐって自称良心派と擬似良心派の論戦は絶えない。

だが戦前の夜郎自大の日本史観も、戦後のモスクワや北京に色目をつかった階級闘争史観も、私には不愉快だ。どちらも精神の自由を感じさせない点が、強圧的で面白くない。せっかく学問と言論が自由の日本に生きているのだ。日本史についても、教科書についても、複数の見方があってよいではないか。イデオロギーの色眼鏡で見た日本島史でなく、また共通一次入試のための受験派史学でもなく、世界の中の日本という広い視角から、のびのびと歴史を眺めたい。司馬遼太郎がもてはやされたのは、歴史教科書があまりにつまらないことへの反動ではないか。戦後の教科書執筆者で歴史家として名を残す人は一体いるのか。

日本史家として永く名をとどめる外国人はG・B・サンソムだろう。「日本の近代史は本質的には、二つの文化の衝突と融合、西洋の生活と思考の慣習の衝撃の下でのアジアの一文明の発展、農業を基盤とした崩壊しつつある封建制度の工業社会の要請に対する対応の記録である。」こうした定義で始まるのが彼の『西欧世界と日本』(ちくま学芸文庫)で、文章が平明ですばらしい。この鳥瞰的な見方でわかるように、イギリスの学者外交官は『世界史における日本』(岩波)を記述する。彼は日露戦争のころ通訳生として来日、四十年近く日本で暮らした。サンソム夫人の昭和初年の『東京に暮す』(岩波文庫)が近年よく売れているが、夫妻ともに日本人にたいする見方に愛情がこもっているからだろう。

考えてみると、戦前戦後の日本の国史学者は貧乏で、世界の中の日本を語ろうにも、外国世界を知らなかった。また一部の人は、歴史が単線的・段階的に発展するものと信じ、世界の中で特定国のみ理想化し、日本の「前近代性」について語った。そんな昭和四十年代初め、南米から帰国した増田義郎氏が『純粋文化の条件――日本文化は衝撃にどうたえたか』を書いた。「西欧の衝撃とインディオ」との対比で、氏は同じスペインから船出したカトリック勢力の世界各地への進出と比較し、それに独特の対応をした日本という辺境文化の特質を語ったのである。外来のモノはとりいれたが、外来のヒトに征服されたことのないその日本では、民俗文化の基底が断絶しなかった。そのため外国崇拝が平気で行なわれているが、倒錯も生じ、日本の文化勲章は拒絶するがノーベル賞はいただく作家が有名人としてちやほやされる。そんな日本が、いまやグロバリゼーションの名の下に、米国製の価値観を強要されようとしている。『日本人が世界史と衝突したとき』（弓立社、一九九七年）は文化人類学者増田氏の巨視的な史論を集めた書物だが、島国日本を支えてきた構造原理について再考する上で、国史家の盲点をついており、示唆に富んでいる。

河野仁著『〈玉砕〉の軍隊、〈生還〉の軍隊』

この講談社二〇〇〇年出版の著書は「戦闘の社会学」という日本ではまだ珍しい分野の研究書である。軍隊と社会の関係についての日米比較であるとか、市民はどのような社会過程を経、どのような兵営生活と訓練を経て日本や米国で兵士に生まれかわるかといった調査分析がなされている。珍重すべきは戦場の日米両軍兵士の実態について聞き取りを行なって比較した「日米兵士が見た太平洋戦争」の部分で、これが副題となっている。

先の大戦争について、日本側の奮戦努力のみを書いて米国側の軍事努力に言及のない旧軍人の『大東亜戦争全史』があるかと思えば、連合国側の「民主主義対ファシズムの戦争」という戦時中の宣伝を鵜《う》呑《の》みにしたような左翼歴史観も横行した。それらはいずれも物足りなかっただけに、こうしたバランスのとれた実証主義的なアプローチは新鮮である。日本に少なかった研究だけに貴重でもある。考えてみると、私たちが米国軍について知っているように錯覚しているのはテレビ・ドラマや映画や小説を通してであった。

著者河野仁防衛大学助教授の努力は多とするが、しかし表紙にある「降伏しない日本兵」「『降伏は名誉』のアメリカ兵」は——あるいは編集者が書いた文句かもしれないが——誇張が過ぎる。降伏はもちろん不名誉である。アメリカ兵にとっては、捕虜になっても軍隊の機密を漏らさず生還することは名誉である。しかし、戦前の日本人は山中峯太郎『敵中横断三百里』などを愛読していたから、日露戦争当時は日本兵で捕虜となってもきちんと遇された人のいたことは知っていた。

昭和の日本軍の敵方の捕虜となることを認めぬ方針は、日本軍首脳の人間性無視の人間観を示すものだが——そしてそれは中国の人民解放軍によっても踏襲され今日に及んでいるが——「生きて虜囚の辱めを受ける」という状況を考えさせずにすむ点では有効だった。玉砕の思想も恐怖心の軽減という潜在機能を持っていたことは確かだろう。それだけに第五章「玉砕の軍隊と生還の軍隊」は興味深いテーマだが、しかしこれは聞き取り調査だけで答が出る主題とは思われない。本書の主題と副題との間にはややずれがあるようだ。

石井英夫著『産経抄25年』

新聞のコラムを読んでみたい。朝日新聞の特色が出るのは「天声人語」や「素粒子」だが、時々奇妙な「平和主義」を煽る。以下は「素粒子」。

☆朝鮮半島を舞台の有事研究は隣人の心にどう響くだろう。治にいて乱を忘れず、にしても。

するると毎回、はがきに寸評を書いて朝日に送りつけてはたしなめる「陽子」なる一読者がいる。

★有事研究がなければ侮られるか異質の国とみられるだろう。

「素粒子」が説教で応ずる。

☆有事を待つ心がある。本当の有事という様なものは滅多にない。だが常識論の「陽子」はそんな朝日の感傷論に対して警告する。

★地震は起こってから用意しても間に合わぬ。戦争も起こってからでは取り返しがつかぬ。

本紙の読者はどちらを正論と思うだろうか、御意見を聞きたい。素粒子は朝日で高給をはむ大記者。陽子は出版社を退職した無給者。とても勝ち目はないと思われたが毎回、原稿料なしで梨のつぶてのはがきを書き続けた。だがこの勝負、軍配はどうやら陽子こと大沢正道氏に上ったらしい。骨っぽい大沢氏がペンで応酬した経緯を雑誌『正論』に公表した。そのためだろうか、たまたまだろうか、素粒子欄は筆者交代となった。

新聞の体質がにじみでるのは社説だけではない。こんな小さな囲み記事も大切である。その点『産経新聞』は他の面はいざ知らず、コラムはピカ一だ。石井英夫記者が一人で、交代もせず週六日、二十八年、書き続けている。しかも切れ味が絶妙だ。そんなコラム「産経抄」を精選したのが本書である。「天声人語を卒業したら産経抄」と帯にあるが、偽善に飽きた人に薦めたい。毎回七百字、他の大新聞が揃いも揃って言わぬことを平気で書いている。一例を示すと、

——韓国の金大統領は「こんどこそ（日本に歴史認識を）改めさせる」と高飛車に語りました。それを受けてか朝日新聞は「日本が歴史をアジアの人びとと共有しなければ」ならないと説いておりました。しかしたとえば同じアジアでも、懲罰を名目に中越戦争をおこした中国とベトナムは、同じ歴史認識を共有できるでしょうか。また金日成建国神話を信奉する北朝鮮と韓国は、共通の歴史観をもてるでしょうか。——

石井記者の疑問提起に同感だ。言論の自由のある民主主義国の学者となら互いに議論はできる。だが言論にタブーがあり、始めに結論ありきの国の人と、おおっぴらに議論できるわけがない。毛沢東は中国人を二

千六百万人虐殺したと中共の高級幹部向けマル秘文書には出たというが、そんな数字の真偽を日中両国の公開シンポジウムでおおっぴらに議論したら、そんな中国の学者は本人の命が保証されないだろう。自国の主席の虐殺数すら公然と論議できない国で、南京や通州大虐殺について公平な議論ができようはずはない。

だがそんなわかりきったことを不問に付し、歴史教科書に近隣諸国の言い分を史実として、反論も併記せず、載せるのだそうである。石井氏はこう書いている。

――社会党はさきに「国会決議にむけて」と題した小冊子を出した。全編おそるべき事実誤認と偏見と偽善に満ちていた。たとえば明治以降の日本の歩みは、すべて「アジア各国への侵略と植民地支配のために注ぎこんだ歴史」と決めつけ、アジアの人びとに賠償金要求をあおり立てている。――

そんな社会党（いまはもう雲散霧消した）に自民党河野前総裁が同調したのは、「産経抄」にいわせると、「連立の維持という党利党略から発しているのだから、醜態もここに極まっている」。

中学校教科書に揃いも揃って慰安婦が出ることとなった。日本の教育が党利党略で左右されてよいことか。世間の中学生の親は日本がおかしくなってる、と感じているのではないか。そうした不安をひとり「産経抄」は率直に述べ続けている。私はそんな石井氏のペンに深い敬意を表する者だ。

パンゲ『自死の日本史』――日仏間の友情の書

パンゲさんの『自死の日本史』（ちくま学芸文庫、一九九二年）は印象深い本である。私には日仏間の友情が生み出した稀有な理解の書物のように思えるので、この機会に感想を述べさせていただく。

自殺はどこの国にもあるが、切腹の形で高度に儀礼化した国は日本をおいて他にない。その意志的な死に日本文化の特色が濃厚に示されているばかりか、その「自死」の道徳に普遍的に人類に訴えるなにかがあると考え、パンゲさんはそれを手掛りに日本文化を歴史の流れに沿って再検討した。そこには自殺の統計学もあれば、自殺の社会学もある。しかし本書の最大の特色は「自死」を手掛りにして日本文化の歴史を神話の時代から切腹の成立の鎌倉時代、また近松の心中物の世界から三島由紀夫の死の昭和末年にいたるまで、思索的に説明しようとした点にある。後に筑摩書房から出たパンゲさんのもう一冊の書物の題を借りて言えば、パンゲさんは文学の教師として「テクストとしての日本」に説明《エクスプリカシオン》をほどこしたのだ。換言すると、パンゲさんはアウエルバッハが西欧について『ミメーシス』でしたことを念頭において、この一連のエクスプリカシオン・ド・テクストを試みたのだ。エーリッヒ・アウエルバッハはホメロスからダンテ、ラブレーを経てプルーストに至るまで、それぞれ選びぬかれたテクストに綿密な読みをほどこして、原典に内在して生きている思想を腑分けしてみせた。そしてその読みを通して研究者自身が持っている問題を照射してみせた。アウエルバッハの場合は現実描写、現実再現《ミメーシス》がその問題関心だったが、パンゲ氏の場合は『古事記』から『太平記』、西鶴から『きけわだつみのこえ』や『日本のいちばん長い日』に至るまでを読みかつ見て、一貫して日本における「意志的な死」という問題関心を自分自身のテクスト読解力によって照射してみせた。そして自己の感受性に忠実に自分の気持を述べているから、説得力もおのずとそなわる一巻の書物となったのである。これはたいへんパーソナルな日本論の一冊といっていい。

本書はガリマール書店から発売されるやフランスの地方の書店の店頭にもすぐ飾られたから、彼地で一般読者にも広く訴えたのだろう。フランスでどのような書評が出たか知らないが、その出来映えは戦後米国の日本専門家の手になる数百冊の日本研究の書物に拮抗するに足る独自な内実を持っている。それというのも Maurice Pinguet, *La Mort Volontaire au Japon*, Gallimard,1984 は、日本文化への深く行き届いた共感的理解を示しているからである。

まず「自死」という把握が本書の鍵だが、「自殺」suicide といわず「意志的な死」mort volontaire といった時、そこに価値の転換が行なわれたことに読者はすぐ気づく。神風特別攻撃隊は attaque-suicide という表現でフランスの新聞に報ぜられた。だが日本人はその「必死の攻撃」を「自殺攻撃」と呼ぼうとは思わなかった。その微妙な価値感覚の差を感ずるか否かが、本書の読解にとってもやはり大切な勘所なのである。それでもって鍵は開きもするのだ。「意志的な死」は従来の日本語でいうなら「自決」や「自裁」に近い。だが訳者は「自死」という新語を用いた。それは含蓄からいっても効果からいっても見事な訳語だと思う。

本書はおのずから日欧比較文化論となっているが、およそ比較が成功するか否かはどのような補助線を引くかによって左右される。教養人パンゲさんの論述で巧妙なのはまず第一章だ。カトーはローマの共和政の自由を守って西暦紀元前四六年に自殺した。パンゲさんはカトーの「ハラキリ」という古代ローマの先例を巻頭に持ち出すことによって、自殺を罪と見做すキリスト教的偏見から自死を救い出す。

自由を求めて人は進む、そのために
命を惜しまぬ者のみが知る貴重な自由を。

これはダンテの『神曲』煉獄篇の第一歌でそのカトーと語る時に述べられた言葉だが、いまではイタリアのキリスト教民主党のモットーともなっている。キリスト教詩人ダンテも自由のために自決したカトーを、その自殺ゆえに地獄に堕とすことはさすがにしかねた。それだからこそカトーを煉獄の島守りに据えたのである。人それぞれにカトーの自殺を語りながら自分の関心事を語る。パンゲ氏はその古典的先例を引くことで、西洋キリスト教的価値観やそれに端を発する医療的生命観のみが普遍性を持つものでないことをまず示唆するのである。

日本でかつて切腹を野蛮視する西洋人の見解を「尤もだと承服することは出来ない」としたのは『妄想』(一九一一年)の森鷗外だった。本書は『妄想』の翁の独語がもはや独語ではなくなり、西洋との対話の中に組みこまれつつあることを示している。現に本書には乃木大将の自決に感銘を受けて『興津彌五右衛門の遺書』を即刻書きあげた森鷗外の歴史物も取りあげられている。それはいいかえると、日本人は何をするかわからない人種とする西洋側の排外主義も、西洋人には日本の心がわかるはずはないとする日本側の排外主義をも克服しようとする本書となっているということだ。読みながら、パンゲさんが終始、鷗外が提起した問題に答えているかのような印象を私は受けた。

戦後フランスから駒場の東京大学教養学科へ教えに来た出色の人としては、一九五一年に来日した一代目のイヴォン・ブレス氏（後にオルレアンの高校教授を経てパリ第七大学教授となった）と二代目のマルク・メクレアン氏（帰国後パリのルイ大王高校の名物教授となった。かたわら志賀直哉などの訳者として知られる）と三代目のモーリス・パンゲ氏の三人があげられる。昭和二十六年に来日したブレスさんはヴァカーリの文法書で日本語を習い始めたが、量詞のところでダウンした。そのころは外人教授がまだ日本にさほど関心を抱かぬ時代であった。神風特攻隊の話が出、ブレス氏がすかさず、

「きっとどこかの無人島に着陸しているのだろう」

と言い、その場にいた仏文科の学生たちがどっと笑った。だが私は昭和十九年十月、関大尉以下の体当りの報を深い感銘をもって聞いた者であるだけに、一緒に笑えなかった。『きけわだつみのこえ』のフランス語訳のカバーに戦死した先輩たちをfanatiqueの語で説明してあるのを読むと、そうではない、という声が内心で響いた。それだけにアイヴァン・モリス氏にしても、パンゲ氏にしても、情理兼ね備えた分析に接して有難い気がした。特攻志願者の「心が見せる最後のエレガンスは、今別れを告げようとする世界を祝福することだ」。

この本は一面では「一億玉砕」という掛け声で、自縄自縛の死に至らんとした昭和二十年の日本国民の不吉な心理と病理と論理とを鮮やかに剔抉している。その反面、その英雄的な側面もまたきちんと把握して

いる。それはこのフランスの英才がよく調べ、哲学的に分析し、モラリスト的考察をまじえ、文章を彫琢し、時にユーモアをまじえたからこそなし得た説得である。鷗外が乃木将軍の殉死の報に接してその感動を歴史小説に再現したことは先に述べたが、一部世論が明治天皇に死に遅れた侍医や側近に対して無気味な心理的圧力を加えようとした時、今度はその同じ鷗外は、殉死にまつわるそうした不吉な面にも思いをいたして、『阿部一族』をもあわせて書いた。鷗外は自死のネガティヴな面を見落しはしなかったのである。本書もそれと同じで、自死の表裏を把えているからこそ秀れているのである。『平家物語』について、これは「敵に対する愚弄の上にあぐらをかいたような戦勝者の自画自讃」の戦記文学ではない、という評価に接する時、私たちは心嬉しく同感する――虚心に『平家物語』を『ロランの歌』と比べてみるがよい――。と同時に、義経の切腹について「意志というものの隠された裏面である自虐の精神にも適っていた」という指摘の真実にも目をそらすわけにはいかない。

この「自死」というテーマで日本の歴史の代表的な事件や作物を分析して行く本書を読みながら、私は外国人の笑い声を思い出した。心ない人の口から harakiri という西洋語が飛び出す時の、なにか嘲りを含んだような調子が私は好きではなかった。とくにhをkで置き換えたイタリア語の karakiri は「空切り《からき》」に聞えて、オペラ・ブッファの切り損いだと思った。しかし昭和十八年、中野正剛の割腹自決が東條内閣に対する一打撃だと感じて育った者だけに、私は切腹を単に野蛮視することは出来なかった。本書にもヒットラーと鈴木貫太郎終戦内閣の陸軍大臣阿南惟幾《あなみこれちか》の自死についての比較がある。高貴とは責任を逃れぬ者のいいである。阿南陸相は全陸軍の責任を負って割腹した。日本の終戦はあの自決によって終戦となった。本書にはまた乃木希典と三島由紀夫の自死の比較もある。著者は三島の行為に深い理解を示すが、それでも三島の死が「ひどく混濁し、金ピカ物の軽薄さをもっていること」をはっきりと語る。

こんな事も思い出した。昔、パリ留学中に東洋語学校学生との交換教授のテクストとして鷗外の『堺事件』を選んだ。それは明治元年に日仏間で生じた殺傷沙汰とその結着に鷗外独自の解釈が施されている作品だが、そうしたことより切腹してはてた日本人の心意気に当時の私が惹かれていたからだろう。戦後に渡仏した私にもそんな心の傾きはあった。もっともフランス作家にも武士道に憧れる気持はあった。モンテルランは随筆集『秋分』にこう書いている。

「私はかつて日本の本で次のような一節を読んだ。一人の侍が果し合いをするために定められた場所へ行く道すがらである。侍は傘をさしていた。雨が降っていたからである。ふと見ると向うから果し合いの相手が来る。相手は傘がない。侍は相手に傘にはいるよう声を掛けた。こうして合傘をして二人は談笑しながらともに決闘の場へ向った。その場に着くと二人は鞘をはらって立向い、ともに斬死をとげた」

モンテルランがこの話をするとフランス人はたいてい肩をすぼめて笑ったそうである。彼はそれに腹を立てて、

「近頃のフランス人は精神の偉大さを解さない」

といらだった。モンテルランが講談にでもありそうな話に感心したのは時代錯誤かもしれない。しかしモンテルランがむきになって武士道を口にした時、それにけちをつけようとして奇妙な笑い声を立てたのも、精神の矮小化のしるしだったのかもしれない。ヒットラーがドイツで政権を握ったころモンテルランはフランス陸軍大学で講演をした。「日本では、国を思う人は、意見を文字にしたためて、切腹いたします。死ぬことによってその意見は重きをなすのです」

パンゲさんの言及していないモンテルランだが、フランスにもモンテルランのように、その最期にいたるまで自死を貫徹した作家はいたのである。

モーリス・パンゲさんは一九二九年フランスの中部モンリュソンで生れた。エコール・ノルマル・シュペリュールの出身で一九五八年に来日した。東京大学で教えたほか東京日仏学院長も勤めた。その種のキャリ

ヤーの人の中には早く本国の大学教授のポストに就きたい、という焦りにかられる人も見かけるが、パンゲさんにはそうした人にありがちな日本蔑視や知的倨傲がおよそ無かった。「私は田舎者だから」などと言った。一九六八年に帰国し一旦パリ大学のフランス文学の専任講師となったが、東大駒場の教養学科フランス分科の英才に教えた時の方が面白かった、と感じた。それで一九七九年、人も羨むパリ大学の職を捨ててまた戻って来た。そして東大の『教養学部報』に人の意表をつくパリ・東京比較論のエッセイを掲げた。パンゲさんはパリのブルヴァールの整然たる並木通りよりも神楽坂や豪徳寺近辺のたたずまいの方が好きな人だったのである。

パンゲさんは日本文をほとんど読まない。ところがそのパンゲさんの日本に関する英文や仏文の資料の取捨選択、そしてテクストの読みが抜群に鮮やかなのである。歴史的事実のチェックも正確だが、心理的特質の解釈はさらに秀逸なのである。長年、日本の学生に接したことにより日本的オイディプスの正体がはっきり浮びあがって見えたのだろう。本書を読んで、日本文が読めずとも日本人の心理を正確に把握することは、ラフカディオ・ハーンやパンゲさんのように日本の学生と親しく接した人には可能なのだ、ということを私は遅蒔きながら悟った。それとも逆に専門家に特有の思いあがりがないがゆえに、離見の見ともいうべき形而上学的洞察が可能となったのかもしれない。しかしそのお蔭で米国の日本学の専門書とは一味違う、このいかにも個性的な手作りの本書は生れたのである。パンゲさんがシャイな人で、日本という対象にあくまで距離を置いていることも良かった。パンゲさんが『自死の日本史』を出した直後、駒場の東大八号館で祝辞と感想を述べようとして私が近づいたら、そそくさと階段の下のカビネの中へ姿を隠してしまったこともいま思い出される。

本書ははからずも二人のすばらしい協力者に恵まれた。原書にはパンゲさんの友人でパリ第七大学日本語科主任のジャクリーヌ・ピジョー教授の手になる日本文学の仏訳が縦横に引かれている。これは本書のためにとくに選ばれて作られた訳である。このテクストがあったからこそ、このエクスプリカシオンもあり得たのだ。しかしピジョーさんはカトリックの信者だから本書のパンゲさんの立場には与しない由である。いま『カトリック大辞典』（昭和十五年、冨山房）に記載されている「自殺」関係の項目を念の為に紹介すると——本書はそもそもこうした立場に対する反論として書かれたのだ——そこでは自殺は掟と生命権と古代哲学との関連で説明されているが、まず天主の十誡との関係では次のように説かれている。

第五誡は心身の生命の善を保護し、正当ならざる恣意が自己及び他人の生命を支配することを防ぐ。天主の創造力のみが生命支配権を有するから、人命に対する直接的干渉（生命権、自殺、殺人、エウタナジア、傷害）は凡て禁ぜられる。

第五誡とは「汝殺すなかれ」をさしている。生命権の自己の生命保全に関しては次のように説明されている。

人間は他人の生命権を尊重すべきであると同様に自己自身の生命を保持すべき義務もある。人間は自分で自己に生命を与へたわけではなく、超自然的生命に達せんがために課題として天主より生命を与へられたのである。従つて自殺はただに第五誡及び命ぜられた自己自身への愛の毀損であるばかりでなく、天主の主宰権の侵害であり、従つてまた第一誡に反する罪であり、かつこれが天主の慈悲に対する失望から行はれる限り、聖霊に反する罪である。人間は自己のものであれ、他人のものであれ、生命に対する絶対的支配権はない。「吾等は生と死の主ではない」

このような教会のオーソドックスな規範的な枠組を脱して、パンゲさんは「神が死んだ」以後の西洋人として、日本に接したわけである。そのパンゲさんは東京大学を六十歳の定年よりも一年前に去り、一九九一年ボルドーで癌で亡くなった。ピジョーさんの話では最期まで勁《つよ》く死に対しておられた由である。パンゲさんが対談（『諸君！』一九八七年一月号）の中で「生命は人間を臆病にするほどの意味は持たない」というラカンの言葉を引いていたことがふと思い出された。

『自死の日本史』にはもう一人秀れた協力者が後から現れた。パンゲさんの若い同僚で本書を日本語に訳した竹内信夫東大助教授（当時）である。氏は原フランス文では直接言葉として表現されていないが、いわば文体的に含意されているものを日本語訳文では見事に明示した。その大胆でしかも適切な置き換えには敬服のほかはない。例をあげると、同じ **abusif**「まちがった、みだりな」という形容詞が、母親の時には「甘やかしすぎる」に、姑の **une belle-mère abusive** の時には「嫁いびり」に訳しわけてある。この後者の訳も「姑」の語を出さず、単に「嫁いびり」と表現したところにこの訳者の並々ならぬ手腕がある（第十章冒頭）。その種の例は枚挙にいとまがない。単語の次元だけでなく、文章の次元でも等価値語を大胆に当てることに成功している。前にも引いた「敵に対する愚弄の上にあぐらをかいたような戦勝者のあの自画自讃」は **rien de ce triomphalisme, souvent fondé sur le déni-grement de l'adversaire** の訳である（第七章、「幼帝安徳の死」の節）。この「あぐらをかいた」は訳者によほど肝玉がすわっていないと使えない日本語である。もちろん仏和辞書には出ていない。同じ節で、**L'échec abaisse, mais doit-il avilir?** とパンゲ氏が簡潔に言うとき、この金言にも似た短文を竹内氏は「失敗は人を地にはいつくばらせる。だがそれは精神をも低くするだろうか」と言い切る。この種の訳文は竹内氏が、きわめて抽象性・思弁性に富みながらも感覚的・詩的に訴える原書の内容を十二分に把握し、自家薬籠中のものとして日本語で再現したからこそ出来上ったものである。しかもそこには訳者の差し出がましさが毫末も感じられない。この訳文を読みながら、この仏文出身の二本足の学者は将来、比較日本文化論の方面でも必ずやなすことある人にちがいないと感じたものだった。

「文学とは友愛と共感の呼び声である」

とパンゲさんは言った。原著も類稀な作品だが、この訳書もまたその言葉にふさわしい出来映えの仕事である。訳者は原書によって訳書を作るが、このような訳書は必ずや訳者その人の後半生をも形作る作品となるであろう。日仏間の友情の書と呼ばせていただく所以である。私は『自死の日本史』を読むと、その行間にパンゲさんの授業に熱心に聴き入っていた数々の日本人学生の眼差しが感じられてならない。

にしひがし

共通一次試験の暗い影

フランスにはバカロレア、西ドイツにはアビトゥーアという共通一次試験がある。日本は明治以来この方、西洋の文物制度を学んでそれを採りいれてきた。大学入試地獄に悩んだ文部省は、フランスやドイツを範として一九七七年、共通一次を導入した。そして失敗した。なぜか。

それは大学進学率にかけては、日本の方が仏・独よりもずっと率が高い先進国だったからである。ヨーロッパの共通一次は厳しいもので、その資格試験に合格しない限り大学へ進めない。いいかえると共通一次は、管理職であるホワイト・カラーへの道と、労働者であるブルー・カラーへの道を選別する、生涯の別れ道となっているのだ。

ところが幸か不幸か昨今の日本にはそうした分水嶺はない。共通一次を受けなくとも私立大学へ進む道は開けている。いやそれどころか共通一次を実施して以来この方、比較的良質の学生も次々と私立へ進むので、東北大学はじめ地方の旧帝大や国立大学では学生の質が落ち、教師は苦りきっている。

共通一次は失敗だ。廃止するがいい。しかもこの共通試験は日本全体にも暗い影を投げつつある。〇×式の一斉試験は単純思考の単細胞人間を生み出す。同一世代の若者が同一パターンで思考するとは恐ろしい限りだ。ちなみにバカロレアには長時間にわたる論述試験も、作文もある。口述試験まである。採点には採点者の主観がまじってもよい。そう決めてかからなければ、人間的な社会は育たない。

中曾根内閣は行政改革の手はじめに大学入試センターを閉鎖して、関係者に冷飯を食わすがよい。文部官僚として落第した以上、彼等も浪人をするのが当然の酬いであるからだ。

親が命名する権利

私の姓名は平川祐弘で、ヒラカワ・スケヒロと読む。西洋語でも書類にはまず姓を書いて、それから名を記す順が多いので、横文字の名刺にはHIRAKAWA Sukehiroと印刷してある。大きく印刷した方が姓であることは一目瞭然だからだ。西洋語で発表する論文もおおむねその順にしてある。ちなみに西洋の日本研究者は日本人の姓名を記す時はまず姓を書き、それから名前を書く。それを逆にして書くのは一知半解の人のすることで、あまり感心しない。

それでも西洋社会で生活すると西洋語の順に従わねばならぬ時もある。「あなたのファースト・ネームは?」と聞かれれば、日本語では二番目に来る名前のことだ。中には「あなたのクリスチャン・ネームは?」と聞く人もいる。西洋では長い間、キリスト教の聖人の名前を拾って、それを子供につけたからそう呼ぶのである。かつてフランスはファースト・ネームの種類を法律で制限した。その点、子供の名前を常用漢字と人名漢字の枠内に限定した日本に似ていた。しかしその枠は先年、世論に押されてついに撤廃された。ブルターニュ出身の人はブルトン風の名前を子供につけたいし、フランスに住むイスラム教徒は、クリスチャン・ネームでなく、イスラム教風の名前をつけたいからである。

ソ連にも個人名便覧があって男女の名前約二千六百を挙げ、語源も添えてあるが、あくまで参考で、拘束するつもりはない、と断っている。いまの日本では人名漢字を制限した結果、音読みと訓読みの混った芸人もどきのひどい名前が続々と生れている。文化庁長官に内定した三浦朱門氏はなにとぞ漢字制限を撤廃し、親が自分の責任で子供に命名する権利の回復を国語審議会に提案していただきたい。

学生自治会の「自主性」

一九八四年の四月まだ氷の残る山中湖で、東大の新入生オリエンテーション合宿の際、二年生が酒を飲み、真夜中、無断で宿のボートを借用し、定員超過で乗った挙句、転覆して五人が亡くなった。犬死といわれても仕方ない馬鹿な事件だったが、問題は実はなかなか複雑である。

学生自治会はこれを「自主オリ」と称して、一九六八年の東大紛争以来、自分たちが獲得した権利のある行事で、今年も学生たちの手だけで行うと主張している。教師とまったく無関係に、上級生が新入生三千名近くを連れて関東各地へ勝手に泊りに行くのはなるほど自主的な自治活動に相違ない。しかしその際、活動家や上級生が未成年の新入生にまずイデオロギーを注入し、ついで酒をすすめ、ボートに乗り、また引っくり返ったら、事故の責任はいったい誰が取るのか。怪我人や遺族は上級生を訴えればいいのか、自治会を訴えればいいのか、それとも「オリ」に理解を示した学部長を訴えればいいのか。

この学生の「自主オリ」が真に学生の自主的なものであれば、大学当局は昨年のように山中湖へ急行して、事件の尻ぬぐいをしなくてもすむはずである。現にアメリカ人教師の一人は私に「ほっておきなさい」と言った。しかし日本の社会通念はそれを許さない。大学当局が学生の「自主オリ」に日程を提供する限り、それは大学行事の一部となり得るからであり、未成年者のだらしない行動に関しては大学当局にも監督責任がないわけではないからである。

だが大学にはいった青年子女は自分を一人前の大人と思いたがる。そして勝手に「自主オリ」をやりたがる。そして一旦事故が起きればその後片付けは大学当局に押付ける。そしてそんな「自主オリ」に理解を示す「良心的な」左翼知識人教授もいるのである。

国際親善の切手

夏目漱石や福沢諭吉と並んで新渡戸稲造がお札に選ばれたのは、新渡戸が日本人としては稀に見る国際人だったからだろう。否応なしに国際大国になってしまった日本だ。国際主義の顕彰はもっと盛んにした方がいい。

お札の次に偉人を顕彰できる場は切手である。外国向け郵便の切手には、日本人と外国人をペアに登場させてはどうだろう。欧州向け百七十円切手には「森鷗外とベルツ博士」「ハーンと小泉節子」。米国向け百五十円切手には「鈴木貫太郎とグルー大使」、アジア向け百三十円切手には「藤野嚴九郎と魯迅」「北原白秋と金素雲」といった組合せはどうだろう。

日本を海外へいちばん知らせた英語作家はハーンだが、そのハーンに怪談を語って聞かせたのは妻の節子で、「怪談」は夫婦合作と呼ぶべき作品だ。鈴木貫太郎は終戦内閣総理大臣として日本に和平をもたらした人だが、鈴木の意図を察知してくれた米国側がグルー国務長官代行だ。魯迅の「藤野先生」は仙台留学当時の思い出を語った作品で、日中親善のシンボルとなっている。日韓関係はデリケートだが、『朝鮮民謡選』(岩波文庫)などで半島の詩を日本にも伝えた金素雲が語る白秋の思い出は人々の心を打つ。

ところで困ったのは日本とロシアの組合せで、旅順港の英雄広瀬武夫と恋人のアリアズナではソ連側がいやな顔をするだろう。レーニンと片山潜の組合せでは日本側がいやな顔をするだろう。国際親善や相互理解のためにもこの種の切手シリーズの発行は必ず行われるにちがいないが、それまでにまだ時間はある。読者も郵政省のお役人もとくとお考え願いたい。

原語主義は無理

Parisはフランス語ではパリだが、英語ではパリスだ。明治初年の東大で、後に歴史学者として有名になる三上参次がまだ学生のころ、地名も人名もなるべく原語主義で、という主張にかぶれて、英語の時間、「パリ」と発音して英人教師から叱りつけるように訂正させられた。

当り前の話だ。

私たちは英国をイギリスと呼んでも、イングランドとかブリテンとは呼ばない。イギリスが日本語なのである。

それと同じことは漢字文化圏の国々の地名や人名についてもいえる。「李」という漢字の日本語の音は「リ」である以上、「リ」と発音するのが日本語というものだ。韓国語で「李」のローマ字表記はYiであったり、Rheeであったり、Leeであったりする。そのほかに中国では漢音、呉音、唐音もある。電話帳でその「李」がもし「リ」の項になくなれば在日韓国人や中国人の電話番号はわからなくなってしまうだろう。

実は私も若い日の三上参次と同じで、地名も人名も原語主義がいいと思い、シェイクスピアの作品も『ヴェネチアの商人』とか『オテルロ』と書いたことがあったが、一般化しなかった。『パルマの僧院』と書いたが、同調者は続かなかった。また外国人学生の数がまだすくなかったころは、漢字名を原語の発音で覚えようとつとめた。しかし二十数名にもなると、もう覚えきれない。私が年を取ったせいもあるだろう。しかし原語主義は、日本語の発音規則に従っていない以上、それを強要するには無理がある。それに私自身はフランスやイタリアにいて「イラカワ」とか「キラカワ」と呼ばれても平気だった。中国で「ピン」とか「ビン」とかと呼ばれても一向構わないと思っている。

人道のない国

一九八四年の六月、東京都の鈴木俊一知事は、自動車交通量を減らす「お願い」を配った。

一、自動車の使用自粛について

通勤、通学には、電車、バス等を利用し、自動車の使用はできるだけ少くするようにしてください……にはじまる「お願い」である。その結果をまずうかがいたいが、この使用自粛の「お願い」は精神運動に過ぎて、能吏の鈴木知事にしては策がなさすぎる気がする。見るべき成果はなかったのではあるまいか。私の渋谷西原の家は、昔も今も住宅街にあるはずだが、毎朝狭い道は遠くからの通勤の車でいっぱいだ。

人口密度の高い日本の都会地に車はなじまない。日本人は自動車を無闇に生産してそれを内外に売りに出す、と西洋人が非難することに三分の理はある。

それはいまの日本が人間よりも車優先の社会だからだ。その証拠に車道優先で人道や歩道がまるで整備されていないではないか。人間回復のための政策はきわめて明快に打出せる。

東京都のありとあらゆる道に一定の幅の歩道をつけさせる。それで車が通れなくなった細い道はことごとく歩行者天国とする。その時はじめて日本の首府は人間至上主義の都として尊敬をもって他国の人からも見られるだろう。人道のない国が人道主義の国であるはずはない。日本は豊かになり、日本人は自信を回復したかに見えるが、歩道のない道を自動車が突っ走り、歩道を自転車が走るのを見ると、いやな気がする。この光景が続く限り、日本は一等国とはいえないだろう。お年寄りが安心して散歩にも出られない現在の東京は、江戸時代より本当に進歩したのだろうか。

旅先の食事の記憶

人間、どんな食いしん坊でも、三年前の一週間、三食どこでなにを食べたか記憶できる人はいない。しかしそれができる特別な一週間が、どの家庭にもあっていいはずだ。

それは一家全員で旅行に出た時で、食事はハンバーガーでもおそばでも構わない。皆がそろって食べた、という共通の思い出が大切なので、一家で海外を旅した思い出など必ず生涯残るだろう。いまこんな会話を想像してみる。――二十日土曜はレンタカーの出発が遅くなったから昼御飯は二時、フレーザー川を渡った先のショッピング・センターの二階で食べた。夜はホープでスイス風の小屋に泊ったらじきにお湯が出なくなった。二十一日日曜は昼はファースト・フード。夜はレベルストークのＡＢＣだった。――月曜はバンフでお城のような大ホテルでサーモン。――ぼくたちが泊ったヒュッテに鹿が寄って来てぼくがあげたら葡萄を食べたよ。次の日も山中で角を生やした大鹿に会って、Ｕターンして近づいてみたけど逃げなかった。――火曜も朝六時出発、ロッキーの谷間の鉱泉で朝食を食べたけれど、あすこは風情があったね。お土産に買ったテーブル敷はいまも使ってる。グランド・フォークスの草っ原でバドミントンして飴一つなくした。あそこのロシヤ料理は量ばかりあったね。木曜ハリソン湖畔では水着を着て温泉にはいった。フォート・ラングレーの中華料理店のワンタンは変な味だったな……。これは、日本から一番近い西洋であるカナダの西海岸、バンクーバーからバンフまで往復二千㌔のドライブ空想図である。しかしこの成田発の五人家族の旅行は、夫婦に運転の自信と、英語の力と、百万円、いやもっと安いお金で、実現可能のはずである。

救われた日本

昭和二十年八月十五日のことはだんだんと忘れられてゆく。天皇の玉音放送を聴いた日本人――というのは昭和六十年現在で五十歳以上の人だが――は全国民の三割弱になってしまった。だが天皇の御聖断とともに終戦内閣総理大臣や外相や海相の苦心は永く国民的記憶の中に留めるべき史実だろう。三船敏郎が阿南陸相を演じた『日本のいちばん長い日』は毎年終戦記念日前後にもっとテレビで再上映してよい映画にちがいない。

鈴木貫太郎首相については近年理解ある解釈が次々に行われ、小堀桂一郎、半藤一利氏等が顕彰の文を書いた。しかし外交は相手あってのことだ。日米双方を丹念に調べてこそ真実は明るみに出る。その点でこの一九八五年春中央公論社から出た五百旗頭《いおきべ》真教授の『米国の日本占領政策』は敬服に値いする。国際関係や比較文化の学徒が外国へ渡り、日本側資料だけでなく相手側資料に当り、その双方をつきつけて調べるのは、当然といえば当然だが、その作業をきちんと実行した人は何人いるか。またその調査結果を日本語だけでなく英語でも発表して相手側の批判を求めた学者は何人いるか。五百旗頭氏の場合は、その研究成果を基にテレビ朝日が秀逸なドキュメンタリー・ドラマ『救われた日本の分割占領』まで拵えた。春にその番組を見てあらためてグルー国務長官代行の姿に心打たれた。米国内知日派のお蔭で日本は分割占領を免れたのだ。あの番組はアメリカで上映されれば米国人関係者の琴線にもふれるだろう。平和は双方が努力して、はじめて成就する。それを教えてくれるこの番組は八月には再放映があるだろうと期待していたら、今年は高校野球に時間帯を取られてないそうだ。来る年の八月にまた放映されることを願う次第だ。

結婚披露宴の堕落

フランスでは六、七、八月に結婚するカップルが断然多い由だが、日本は季節の良い十月が挙式が盛んだ。大学教師の職業柄、披露宴に呼ばれることが多い。私は祭りの気分が好きな男で、必ず参上してお祝いの御挨拶を言上することにしている。ところがその私が昭和五十年代半ばから、披露宴がいやになった。それは宴会が派手になり過ぎて、反感を覚えるようになったからである。花嫁ばかりか花婿のお色直しまであって、なんの事はない、下手なファッション・ショーである。悪ずれした司会はおよそ耳ざわりだが、それが新郎新婦が退席した留守に私にスピーチを指名したりする。

それでもまだ我慢していた。こんなに金をかけて御両家はホテルに献上金を納めているようなものだが、その親がかりの費用が心理的負担となって、それで結婚が長続きすればそれも目出度した。アメリカみたいに簡単な式を挙げ、簡単なパーティーを開き、また暫くするといとも簡単に二人が別れるよりは増しだ、と思っていた。

ところが派手な披露宴にもかかわらず、日本でも離婚が増えた。さすがに再婚の時は内輪ですます人もいるが、若い人は結婚通知はよこしても離婚通知はくれないから、時々思っていた人と違う人が奥さんになっていて、こちらがはっとしたりする。

披露宴をせめてヨーロッパ並みの贅沢に留めておきたい。それには感じのいい食堂を借りて、そこであらかじめお願いしておいた方の御挨拶をいただく。仲人、上司、友人。スピーチは五人から七人どまり。親の金は使わない。それが独立独歩、二人で築く新家庭の健全な第一歩ではなかろうか。

創造的離婚?

米国人は万事楽天的に振舞うが、あれは一つの表現形式でしかない。恋愛してハッピーというのはわかる。結婚して幸福というのもわかる。だが離婚して子供と別れて仕合せだと言い張るのはまさかすべてがすべて本心ではあるまい。

アメリカの市民講座には「離婚のすすめ」もある。正確には「創造的離婚のコース」Creative divorce course というが、これも婦人解放運動の副産物だろう。アメリカの男女平等論者の主張には異常な要求が多くて、正気の沙汰とは思えない。たとえば女も男と同等に兵隊に採用しろという。米軍志願兵の中にはすでに女の兵士もいれば、妊婦の士官もいる。

米国では女性解放の結果、主婦も勤めに出、鍵っ子がふえた。必然的に子供の非行が増大した。離婚、再婚、同棲が増大し、強い女がこわい男はゲイになった。家庭崩壊は進行して犯罪は急激にふえた。雇用平等をうたう「国際婦人年」の次には「国際児童年」を制定して、この新しい女の「解放闘争」の「遺児」たちを保護せねばならぬとはなんたる皮肉だろう。

だがそれでもアメリカの女は自分たちは封建的な日本の女より進んでると自画自讃する。そして厚顔にも「離婚によって子は成長する」と言い出した。これは典型的な米国流偽善というものだが、離婚して両親がそれぞれ新しく愛人を持てば、子供を「愛してくれる人が倍になる」という論理である。

そんな言い分に比べれば、一夫多妻の家族の方がまだしも子供を「愛してくれるお母さんが多くていい」という屁理屈にもなるだろう。

家庭崩壊の米国は、日本が将来ああなってはいけない、という警鐘なのではあるまいか。それともこのような観察は、旧式な日本の男の偏見に満ちた見方に過ぎないのであろうか。

変化球

教養ドイツ語の威信低下

旧制高校で英語のほか第二外国語にドイツ語を選ぶ文乙・理乙といえば秀才を集めたものだが、いま一九八六年現在、各大学の教養部では自発的学習意欲の乏しい学生に限ってドイツ語を選ぶ。それでドイツ語教室の沈滞は目に余る有様だという。

だが国際大国日本の外国語教育が低調で良かろうはずはない。老婆心から東大教養学部（昔の一高）の授業を覗いたが、その様変わりに一驚した。さすが東大だ。学生は習おうと思えば英は無論、仏独露中西（以上第二外語）、希羅伊韓アラビア（以上第三外語）、他にインドネシア、ヒンズー、トルコ、スウェーデン、またポーランドからアルバニア語にいたるスラブ系諸語など二十余カ国語を習う機会が与えられているという。戦後四十年、第三世界の出現が第三外国語の関心を呼び、ドイツ語に象徴された旧帝大風の学問指向がついに崩れ始めたのだ。ドイツ語の威信低下が、少数の学生の新しい外国語への自発的な熱意の高まりを逆に呼んだのだ。

かつての日本で世界文学全集といえば欧米文学を意味した。昭和四十年代までは売れに売れた。今の若者はそれとは違う文化や文学を新しい外国語を通して求めているようだが、実はそれこそがゲーテが理想とした世界文学のあるべき姿ではないのか。第三世界の文化上の遺産をも包含するような、そんな新形式の世界文学全集は出ぬものか。文学とはいわずとも世界文化叢書といったシリーズは出ぬものか。（デル・デヌ）

自主検閲の習性

ライシャワー教授夫人ハルが父方の祖父松方正義と母方の祖父で生糸を米国へ輸出した貿易商新井領一郎の二人を中心に大部の伝記 *Samurai and Silk* をハーヴァード大学出版局から出して評判となっているが、正義の子で共同通信社長だった松方三郎を扱った一節で、アメリカ占領軍の検閲にふれた条《くだ》りが鋭くて面白い。ハルは「独裁的な権力を握っていたアメリカ占領軍の下で真に自由な新聞報道があってたまるものか」といい、「ある種の出版の検閲は日本の軍部支配の下よりいっそうしめつけがきびしくなった」とも述べている。「もっとも検閲はきびしかったけれども、検閲にひっかけねばならぬ記事はいたってすくなかった。それというのは日本の新聞人は前から自主検閲ということに慣れていて、どこが新しい限度であるか、すぐ承知してしまったからである」。

そういう彼女自身は、新憲法が日本政府の手になるとはいいながらその実マッカーサーの命令でアメリカ人が書いた、という一大スクープを外人記者ウォーカーに洩らして白洲次郎から赤呼ばわりされた。彼女は身の安全のために記者活動をやめてスウェーデン大使館に勤めたという。

江藤淳がワシントンで調べ確かめた事実は日本の論壇では黙殺された形になった。が米国は立派なもの、元大使夫人にアメリカ占領軍の検閲の非を平気で認めさせている。米国の論壇には言論の自由はあるようだ。

（イムボデン）

真理ハ葡萄酒ノ中ニ在リ

日本は世界でも一、二を誇る辞書の多産国だ。英和辞典や独和辞書が次々に出るのは学問水準向上のためというより、市場のシェアを奪おうとする出版社の営利事業に学者先生が乗ったまでだ。仏和辞典も大修館

「スタンダード」が出た時は、これで打ちどめかと思われたが、続いて見やすいだけが能の三省堂「クラウン」が出、昨年は旺文社「ROYAL」が出た。中表紙に「ロワイヤル」と仏語読みにしてあるが、とすると以前のは「スタンダール」「クロウン」「クルン」の類か。いずれにせよ日本で出る辞書に日本語のきちんとした書名がついてないのはウロンな話だ。

国語辞典がおしなべて水準の低い日本では外国語辞典は正しい日本語を教える点にも意味がある。昔、鈴木信太郎が仏文学界に君臨したころは仏和辞書にも日本語が漢字できちんと表記されていた。それがいま「ロワイヤル」だかを引くと、vin が「ワイン、ぶどう酒」で「葡萄」の漢字はどこにもない。「ブドウ畑」の「ブドウ栽培者」などという字面を見ればルナールも岸田国士も泣くだろう。Rossignol には「ナイチンゲール、サヨナキドリともいい、主にヨーロッパにすむツグミ科でさえずりが非常にうつくしい」やれやれ、これでは名詩名訳は出るまい。思いきって「鶯」と訳した昭和二十年代がなつかしい。そういえば名訳が次々と出て、日本で仏文学が最盛期を迎えたのもあのころであった。（よ-なきうぐひす）

歴史家・林健太郎の良識

世間は藤尾正行放言をもっぱら話題とし、新聞も雑誌も論説もコラムもいっせいに非難を浴びせている。だが『文藝春秋』一九八六年十月号で真に読むに値する記事は、藤尾放言よりも林健太郎・元東大総長の思慮深い「教科書問題を考える」ではあるまいか。林によると一九八二年夏、文部省が教科書検定で侵略という言葉を進出と書き改めさせたというのは事実でなく、誤報が事件の発端だったという。また今回、世間の注目を惹く端緒となった五月二十四日の朝日新聞記事については「いかにスクープであってもその内容は正しく紹介されなければならないので、そうでなかったら、やはり非難に値すると言わずばなるまい」。

林はまた前回も今回も「なぜ日本の外務当局は事実調査のうえ返事をすると答えなかったのか。そして外務省は文部省と連絡して実情の把握に努めなかったのか」と、当局が事実を確かめもせず遺憾の意を表明した愚をついている。

だが歴史家林の良識がよく示されているのは「我々は東京裁判の価値判断に従うべきではないのであるが、そのことはまた我々がこの戦争に至る日本の政策を正当化すべきだということを意味しない」として、満州事変以後の日本の行動を容赦していない点である。そこが『新編日本史』執筆グループと林の違う点だ。この林のような人に、左右イデオロギーを脱した小中学校社会科教科書を書いてもらいたい。（子供を守る国民会議）

「朝日＝プラウダ」論争

パリの『フィガロ紙』は「本紙は『ユマニテ紙』が言わぬことも報道いたします」と社告を掲げ、レイモン・アロン等の知識人に共産主義やサルトル批判の健筆をふるわせた。生前「反動」呼ばわりされたアロンだが、死後はサルトルよりよほど世評が高いようだ。

日本でやや似た紙面は『サンケイ新聞』正論欄で、辻村明は『朝日』の言わぬ「写真の誤用と卑劣な訂正」を堂々と論じた。雑誌では『諸君！』一九八五年三月号が朝日の編集局長宛の公開状を掲げ、同紙のソ連観を追及したが、なにせ批判側には元毎日新聞、NHK、東京放送のモスクワ支局長が四人も並んでるから壮観だ。『朝日』は叩かれるたびに『朝日ジャーナル』でウップンをはらすのが常習だが、世間はあれは若者向きの芸能週刊誌だと思っている。遠慮せずに本紙で正々堂々と答えてもらいたい。

戦前の日本には遠慮があった。それでも学問の世界では私学が官学に挑戦し、京大は東大を批判した。戦後は同じ東大の中でも駒場が本郷と競い、学術世界は活性化した。それなのに大新聞がカルテルを作って、相互批判を遠慮するとはなにごとか。批判なき権力は腐敗する。言論の自由もそのためにあるのだから、互いに大いに論戦して記者の筆力のほどを見せてもらいたい。社にそれだけの人材がないなら、はやりのブレインに社説も署名入りで頼めばいい。大体あんな程度の編集の『正論』や『諸君!』だけが正論であろうはずがないではないか。(邪論)

新聞文化欄の堕落?

百目鬼恭三郎はドウメキ・キョウザブロウと読むらしいが、恐ろしい人だ。『正論』一九八五年一月号で「新聞は、文化欄を通じて、どれほど日本の文化に貢献してきたであろうか。戦後から現在までを通覧した限りでは、残念ながら、功よりは罪のほうがはるか大きい」と断じている(「ニセモノからニセモノへ」)。百目鬼の意見に従うと、戦後の日本に新しく与えられた言論の自由・出版の自由は罪作りにしか役立たなかったようで、いくらなんでもこれは暴論に過ぎる、とたかをくくって読んでゆくと、さにあらず、新聞の内情を赤裸々に暴露している。百目鬼が地方記者から本社に引きあげ学芸部に配属されたとき、異様に感じたのは、文化欄デスクの周辺にしょっちゅう外部の進歩的文化人が姿をあらわすことで、朝日新聞の文化欄は日教組講師団といった学者や、民族主義を売り物にする評論家に専有された。「ペンクラブの事務局長をしていた松岡洋子氏などは、毎日のようにやって来るので、私は最初、社の企画部(展覧会などを催すセクション)かどこかの人と思っていたほどである」。

松岡といえば、占領軍がちやほやするうちに反米に転じ、A・A連帯で走り回った人だが「社の企画部の人」とはユーモアがある。しかし百目鬼氏よ、あなたは間違いなく「社の学芸部の人」だったはずだ。今ごろ後足で砂をかけるような、こんな面白い記事を書いて良いのですか。(いろめき)

官庁論壇時評

行政改革で削るがいい予算の浪費に官庁のPR誌がある。文化庁など文部系がとくにつまらない。「日本の教育を大いに語る」座談会はまだましだが、これは『通産ジャーナル』一九八五年一月号掲載で、通産OBの教育論の方が国民に訴えるようでは、なるほど文部省の地盤沈下は避けがたいわけだ。

しかし、それも自業自得だ。敗戦以来この方、文部省は数々の悪事を強行した。その第一は、市原豊太が『文藝春秋』一月号で切々とその非を訴えている「漢字制限」だろう。「ゆとりの教育」と称して中学の英語を週三時間に減らしたのは、森喜朗前文相も認めたように失敗だ。「共通一次」で得したのは、大学入試センターへ再就職した学校官僚と受験産業ぐらいだ。給食をなぜ全生徒に強制するのか、と官僚支配的全体主義への疑問はつきない。

ところで、「漢字制限」と同じ発想で「地名変更」も強行され、日本では由緒ある名前も次々と消された。それなのに、と『通産ジャーナル』十二月号で児玉幸治は英国滞在の思い出を語っている。造船の町バローで日本産業紹介講演の後「いいものを見せてあげる」と言われて外へ出てみると、なんとMIKASA STREETの名前がいまも記されていた、というのである。驚きと懐かしさに襲われて、通りの名前に見入りながら児玉は深夜、異郷の地にたたずんだというが、こういう人を次官に据えたい、文部省の次官に、である。（教育自由派）

主人持ち小説の消滅

あちらさんの真似をした「主人持ち」小説が次々と文芸誌から消えた。あちらさん贔屓《ひいき》の篠田一士もこの追放に賛成だそうだ。この現象の背後に日本人の健全な自己回復があると見たは僻目か。

明治以来、文芸評論では西欧が権威として崇められた。それと表裏をなす事だが、上田敏から戦後の大江健三郎にいたるまで西洋の新流行と権威を追うことパリ・モードに憧れる女のごとくだった。が、そのパリやニューヨークでも日本人デザイナーがもてはやされるとなると新船来品の正体はもう何製だかわからない。文学・映画のヌーベル・バーグはまだパリ仕込みの味がしたが、ヌーベル・キュイジーヌとは和風フランス料理ということか。こうなると西洋は偉大な師・日本は不肖の弟子という以前の関係も消滅する。サルトル以後のどの西洋作家も日本で神様扱いされないのは当然だろう。

かつて竹内好は日本人の西洋崇拝に立腹し魯迅崇拝の祭司となった。が中国では魯迅が若い時日本に学び漱石に傾倒したことが近ごろ改めて紹介されている。欧米崇拝も中国崇拝も時代遅れとなると次はまたソ連崇拝の復活か。がその大祭司向坂逸郎も死んだ。ではベトナム崇拝か。ベ平連の闘士も作家もまだ生きてるはずだが音沙汰ない。カンボジア解放軍にでも志願してルポでも書いてもらいたい。ハノイのピース・ボートに乗るよりはボート・ピープルに伍してノンフィクションで真相を文壇に伝えてもらいたい。(不平連)

歴史を鑑とする

日本の指導者は「歴史を鑑《かがみ》」とせねばならない。それを隣国に向けて言う覚悟をせねばならない。その鑑とは「現代の秦の始皇帝ともいうべき人のミイラを祭ってはいけないと思います」という歴史の教訓である。それを相手の面子を潰さずに言わねばならない。

二十世紀の三大独裁者はヒトラーとスターリンと毛沢東だった。中国人にとっては毛が一番偉い。それは毛によって殺された人民の数が桁違いに多いからだという。これはジョークのようで、そうでない。人間の深層心理が示されている。かつて日本の特派員は「毛主席は人民に尊敬されている」と報じた。しかしこの場合、尊敬とは恐怖の裏返しで二つは同義異語だった。専制国家では独裁者は人民に愛される。新聞記者も中国に色目を使った研究者も、心の奥で怖れていたからこそ、毛礼讃に和したのだ。そんな心理は金日成、金正日、金成恩の写真を飾る今の朝鮮人の気持でもある。だが毛の写真を天安門に飾る限り、中国は政治的に現代化しない。それがフルシチョフのスターリン批判の三十数年後、民主化が息吹き一党独裁が崩れたロシアとの違いだ。

台湾と違って大陸に真の選挙はなく、反対党はない。清帝国と同じ版図《はんと》を確保することが正義と信じている。改革開放で大躍進はしたが、貧富の差は世界最大だ。その大陸には台湾の民主化体験に学ぶべきだ、という謙虚な視点はない。汚職収賄などはまだよい。問題は現状を不満とする新しい革命運動が、毛の名を再び唱えて発生することだ。ナポレオンの死後三十年、不満が溜まったフランスでは甥のナポレオン三世が国民的人気に押されて登場し皇帝となった。軍と革新官僚とが手をつなぎ新毛沢東主義を唱えれば、不満分子はその旗の下に結集するだろう。北京は不満をそらすために台湾・日本を仮想敵に仕立てて精神統一を図るだろう。これは最悪の見取図だ。しかしそうした可能性も見落とすべきではない。

レーニンのミイラは革命後七十年で撤去された。いつかは北京の春がまた来るにちがいないが、胡錦濤には毛沢東のミイラや肖像を取除く力量はない。習近平にいたってはそのミイラの力にすがろうとしている。中国では人を殺さない主席は畏敬されず、威風が地を払うことはないからである。

米中連合

米国は世界各地に宣教師を送り出した。宗教的熱情に駆られてだが、彼らはキリスト教を善とするあまり東洋の宗教を悪として本国に報じた。日本ではキリスト教徒が人口の一パーセント以上に増えない。それに対する苛立ちから神道を非難した。日本には国家神道があり天皇を神として崇めている、それがキリスト教宣教の邪魔立てをすると解釈した。「ゴッド・エンペラー」と英訳された天皇は米英人キリスト教徒には不敬な存在と思われた。英語のGodと神道のカミとは内容が違うのだが、世間はその区別ができない。

そんな米国人に取り入るには改宗するに限る。中国国民党の蔣介石夫妻もクリスチャンとして米国で大人気を博した。蔣総統の二番目の夫人宋美齢は米国女子大出だが、日本が戦争に突入するやワシントンの上下両院で英語で演説し、大喝采を博した。その時米中連合は成立した。中国帰りの米国人宣教師も「中国は善であり日本は悪である」という一大キャンペーンに一役買った。そんな親中反日の気運に乗じ野蛮な日本軍による無辜の中国人虐殺というイメージも広まった。「レイプ・オブ・ナンキン」の300000という数字は白髪三千丈式の誇張だが、在米中国人は今も宣伝を続け米国人も信じている。戦争中は軍国日本を叩くことが米国の利害にかなったから、雑誌『ライフ』なども一大宣伝をしたのだ。

米国人にとってそんな連合国の一員の中国は友人のはずであった。それだけに一九四九年共産化した時、驚愕した。中国を共産圏に引渡した責任者は誰かという罪のなすりあいをめぐって、マッカーシー議員が米国国務省内の赤色分子二百余名の追放要求を皮切りに「赤狩り」を始めた。しかしそもそも中国を米国の友邦のように錯覚したのが間違いなのだ。

開戦前に敵を非難する米国側の口実の一つはきまって婦女暴行である。第一次大戦ではドイツ軍によるベルギー大虐殺「レイプ・オブ・ベルジャム」が喧伝された。大西洋の島国を攻撃する際も「レイプ・オブ・グレナダ」を言い立てた。だが日本のシナ派遣軍も不手際だった。兵で婦女暴行を働く常習犯は逮捕し、軍法会議にかけ、現地で銃殺に処し、一罰百戒とすべきだった。内の悪に甘い日本軍が外の大陸で民衆の心を摑めたはずはない。歴史を論ずる際も、日本を可愛がるあまり、自国の過去の汚点に目をつぶってはならない。

近隣諸国との和解

コールは一九三〇年生れのドイツの政治家。四十三歳でキリスト教民主同盟党首となり、八二年に西ドイツ首相、ベルリンの壁崩壊後の九〇年、統一ドイツの初代首相となった。大功績をあげた人物だが、引退後、在職中の汚職が発覚、名声はかすんだ。

ミッテランは一九一六年生れのフランスの政治家。社会党書記長を経、八一年にフランス大統領。再選され十四年その地位にいた。いまの陛下が皇太子の時、国賓として招かれた。ミッテランはその宴席にパリの名門校に入学した娘を同席させ世間を驚かせた。秘書に生ませた隠し子だったからである。日本の皇太子御夫妻の宴席だからできたことで、米国大統領夫妻の宴席では米国フェミニストの反応を考えるとまず出来なかったろう。夫人はすべて知っていたが離婚しなかった。九六年ミッテランが亡くなるや、国葬に妻の座を奪い合った二人の女性とそれぞれの子供が同席し、週刊誌の格好の話題となった。しかしフランスはクリントンの性的スキャンダルを政争の具とした米国社会の愚を笑うお国柄だ。女性スキャンダルが発覚しても、ミッテランの名声はかすまなかった。

ところでコールが三歳の時、ヒトラーが政権を取った。ナチス・ドイツの軍国時代コールも当然愛国少年だった。だからナチスの親衛隊にはいった若者の気持はわかっていた。ミッテランは第一次大戦中に生れ、ドイツ軍占領下のフランスで二十代を過ごした。フランス人が抱く反独感情は身にしみて知っていた。だが東独が崩壊するや、このフランス大統領は仏独和解のために勇気ある行動に出た。ドイツを訪問して祖国のために戦死したナチス親衛隊の墓地へ行き、慰霊の献花をしたのである。戦時下のドイツで若者が愛国心にかられヒトラー・ユーゲントに入りSS親衛隊員として戦場に赴いたのは自然である。確かに彼らは連合国の敵だった。だがユダヤ人虐殺を計画的に行なった人道に対する罪を犯した者とは違う。そうして祖国のために死んだナチスの若者の墓地に詣でたミッテラン大統領を、米国をはじめ旧連合国のメディアは一斉に非難した。だがその墓参に同行したコール首相の反応は違う。ぼろぼろと大粒の涙を流してミッテランに握手し抱きしめた。フランス大統領と並んだドイツ首相のその泣き顔がテレビに大きく映し出された時、仏独の心の和解は成ったのである。

同文同種

「戦後、独仏関係は修復された。日本も見習って近隣諸国と友好関係を修復せよ」と中国の反日デモの後で筑紫哲也キャスターが解説した。だが正確に歴史を認識してもらいたい。ベルリンの壁が崩壊しスターリン像が東欧から撤去されるまで、西欧諸国は東独など共産圏諸国と友好関係になかった。民主主義を奉じる国が全体主義の国と対立するのは当然だ。日本は民主主義で人民民主主義でない。一党専制の中国と相容れぬ点があって不思議はない。言論の自由がないから、大陸は歴史について複数の解釈を許さない。日中関係が現在の独仏関係と同等になるには、中国の民主化を待たねばならない。辛抱が肝腎だ。二十世紀の三大独裁者はヒトラー、スターリン、毛沢東だという歴史的事実を中国人民もはっきり認識する必要がある。だが中国のインテリは恐ろしくて、そんな真実はとても口に出せない。

隣国恐るべしと切実に感じているのは民主化に成功した台湾の人だ。ナチス・ドイツはドイツ語圏の統一を口実に一九三八年オーストリアを軍事的に併呑した。中国が同文同種を口実に台湾を非平和的な手段で併呑したら、ヒトラー・ドイツに劣らぬ暴挙となる。米国や日本が台湾の併呑を許したら、次はどうなるか。ドイツはオーストリア合併の成功の余波を駆って、ドイツ系人のいるチェコやバルト三国やポーランドへ次々と軍を進めた。戦前上海には日本人のアジア主義者が創立した同文書院もあって同文同種を唱え、中国との提携を夢みた。だが同文とは漢文のことであって和文ではない。同文同軌の本来の意味は、東夷や南蛮を中国文化に同化するという中華思想のことだ。

戦前の日中関係については強引な日本軍部に非はあった。だが軍に出動や保護を要請した企業にも責任はあった。戦前、日貨排斥や日系企業への圧迫を中国政府は取締らず、不当な行為も愛国無罪とされた。邦人は虐殺された。中国善玉・日本悪玉史観の歴史教科書には通州事件など明記されてないが、悪循環について は非は双方にあった。日本企業は今回も企業本位の要請をした。昔は軍に保護出兵を求めたが、今は首相に靖国参拝取りやめを求める。方向は逆だが利己的な動機に変りは無い。日本人留学生だけでなく、日本語を学ぶ中国人学生や日本企業で働く中国人が殴られる事態になったら、文革の二の舞だ。そうなれば日本人はすぐ引揚げるという基本方針を今から確立しておくがいいだろう。

軍隊としごき

高校野球部の暴力行為が表沙汰になり、試合出場停止の騒ぎが毎年起る。これだけ新聞沙汰になれば、来年からは体罰を慎むようになるだろう。ひっぱたくことも必要と思っている部長も、万一露見した場合をおそれて、腕力を慎むに相違ない。

しかし昔は（あるいは今も）プロ野球の名監督で選手を殴る者がいた。そうした蛮カラが率いるチームが優勝すると、監督はテレビで天下の有名人となる。そして「俺についてこい」式の講話を会社等から頼まれる。軟弱な新入社員をしごくためだ。土性骨《どしょぼね》を叩き直す話も場数を踏むうちに上手になる。片方にそうしたしごきや体罰を肯定する空気が日本にあるから、高校野球の二十代の監督がスリッパで若い選手をひっぱたいたりすることになる。

では新入社員や新兵は一体どこまで鍛えてよいのか。野球部以上に軍隊では大問題だ。厳しい訓練は必要だ。だがその際けじめはどうつけるのか。

旧軍隊には陰湿ないじめがあった。戦後日本で反軍感情が高まった大きな理由の一つは、軍隊内の体罰に対する反感憎悪に由来する。野間宏の『真空地帯』は内務班の実態を中心に、作者の体験に基づいて、日本の軍隊機構を描き出した。では軍隊は特殊世界だったのか。確かに娑婆《しゃば》とは違った。会社社長も大学教授も二等兵であれば二等兵として下士官にいじめられた。だから世間では考えられない暴力も許された。海軍では水兵をひっぱたく棒を軍人精神注入棒と称した。その言い方に私など笑いを感じてしまうが、実際ひっぱたかれた新兵にとっては笑い事ではない。その挙句に戦死するのではたまったものではない。しかし相撲部屋では今でも親方が棒でひっぱたいて弟子をしごいている。とすると軍隊はやはり日本社会の縮図なのだろう。

訓練と体罰については米国の海兵隊、フランスの外人部隊などと実地に比較研究することが大切だ。日本の自衛隊も、国際化時代に備えて外人部隊を組織し訓練する試みが必要だ。隊長は文化の違いの問題に直面するだろう。すでに生徒を叩いてトラブルを起こした海外派遣日本語教師がいる。叩くのも日本では教育の一環と主張しても通じない。そもそも日本でも徳川時代、武士の子弟の面《つら》を張るなどということはしなかったそうだ。

反帝国主義的帝国主義

軍を志す者は、自国の過去の戦争について、それなりに評価を下すものだ。米国では泥沼化したベトナム戦争の際は反戦派も多数出た。イラク戦争も長引くにつれ人気が落ちたが、徴兵制でないから反戦気分は今の程度でおさまっている。朝鮮戦争は多数の戦死者を出したが、その前の第二次世界大戦が米国にとって正義の戦争として記憶されたから、国のために命を捧げることへの疑問は少なかった。

中国ではどうか。文化大革命で国が乱れた。だが軍隊内には「造反有理」はなかった。文革批判の映画『芙蓉鎮』で、下克上《げこくじょう》で混乱に陥った国を救うものとして軍が登場する。暗い映画の中で希望の星は人民解放軍の女医さんだった。中国には子供に「軍」と名づける親が多い。「軍」という女の子もいる。だがその中国は今や貧富の差が世界一、地方の娘が売りに出されようとしている。「農民の疲弊を救え」そんな社会正義を訴えて青年将校が決起すれば事だ。党関係者は国民の不満をそらすためにも日本をさらに悪者に仕立てるかもしれない。

悪者扱いされぬためにも、日本は旧軍や戦争の評価をきちんとしなければならない。米中英ソが戦争中に喧伝したように、第二次世界大戦は善玉の民主主義諸国と悪玉のファシスト諸国の戦争だったのだろうか。私はそうは考えない。近代日本は西洋に範をとる植民地主義国家として中国朝鮮のナショナリズムと衝突した。その日本は「大東亜戦争」では主観的には西洋植民地主義の東亜支配を打破しようとした。西洋を学ぶとともに西洋列強と対峙《たいじ》せねばならなかった近代日本には二面性があった。その結果、日本はいうならば

「反帝国主義的帝国主義」に陥っていたのである。そのいずれか一面のみを強調するのは間違いだ。『五箇条ノ御誓文』の「智識ヲ世界ニ求メ大ニ皇基ヲ振起スベシ」「旧来ノ陋習ヲ破リ天地ノ公道ニ基クベシ」は日本の国是《こくぜ》だ。米国と戦った日本が戦後たちまち米国民主主義という公道に範をとったのも、二面性のある近代日本の歴史の中で西洋を師とする面にさっと頭のスイッチを切替えたからである。さっと時流に乗る人がこの国には多いが、歴史を巨視的に大観する術を心得ないから、近隣諸国のいちゃもんにきちんと答えられない。

お山の大将

島田謹二『ロシヤにおける廣瀬武夫』『アメリカにおける秋山真之』の二冊は自衛隊関係者の多くが読んだにちがいない名著である。島田先生はさらに八十九歳の時『ロシヤ戦争前夜の秋山真之』を出した。この第三作は千ページを越す大著で数字も多い。実証的研究だから、島田教授の弟子でも読んでない人、読んでも肝腎の教訓を汲んでない人もいる。それは「彼ヲ知リ己ヲ知レバ百戦シテ殆《あやふ》カラズ」という教訓だ。

秋山は英語文献を通し外国事情を綿密に調べた。廣瀬は敵を知るには英語だけでは不可と思い、自発的にロシア語を学んだ。二人は喜んで外国へ留学し、進んで外国人と交際した。二人とも読むだけでなく、話し、かつきちんと外国語で手紙を書いた。

秋山は米国在勤中、一八九八年のサンチャーゴ海戦の直後、新聞記者にインタヴューされた。「今度の勝利はサムソン長官のおかげだとお考えですか」秋山の口から英語がすらすらと出、簡単明快にサムソン艦隊の勝利の理由を説明したから、秋山談話は新聞記事となり、後にグード記者の単行本にも収められた。そのような秋山だからこそ米国艦隊に乗艦を許され海上戦闘を視察することも得たのである。

明治海軍の上層部はこのような少数の国際派ナショナリストが占めていた。しかし土着派ナショナリストも出世したい。また中には留学して却って観念的な日本主義になった者もいた。自国の正義を主張すれば、軍内部では受ける。「正論」には反対しがたい。軍縮や国際協調を主張する国際派は軟弱とみなされがちになる。それやこれやで昭和海軍には無謀な主戦論者が幅を利かせるにいたった。

ところで近年、昭和二十年の敗北にいたる日本軍部の行動を正当化する議論が出てきた。日本が正しかった、といえば必ず何割かの国民は拍手する。だが彼を知らず己を知らぬお山の大将の「正論」では駄目である。英語や中国語で述べても相手を納得させるに足る、内実ある論を述べてもらいたい。自分自身外国へ出かけて日本の理のあるところを主張してもらいたい。日本人が外国語でしっかり発信すること、多くの日本人が外国語できちんと述べることこそが実は自己防衛の根本なのだ。「きちんと話す」はイタリア語で parla bene というが、それと同じことを si difende bene「きちんと自分を守る」ともいう。

金言

イタリアは貧富の差の激しい社会で階級が固定している。何代も貧富の差が続くと、小作人や職人の背丈が、資産階級の男女の背丈より平均数センチ低くなっている。弥次馬の留学生の私は、モスクワ帰りの共産党書記長トリアッチの演説を聞きに行きそれに気がつき驚いた。イタリアでは当然、共産党が強かった。親父が筋金入りなものだから、「我等が祖国ソ連」のスターリンにちなんでスターリーノと名前をつけられた子供たちもいた。ソ連崩壊で困ったのはそんな名前をつけられた人たちだろう。その共産党に対抗し、キリスト教民主党が掲げたモットーは、

自由を求めて我は進む、そのために命を惜しまぬ者のみが知る貴重な自由を。

というのであった。実はこれはダンテ『神曲』の言葉で、イタリア最大古典の詩句は人口に膾炙《かいしゃ》している。それだからモットーとして利用したのだ。

『神曲』の中で人の上に立つ者が心すべき教訓としては次のような金言がある。

もっともな願いは即座に聴いて黙って実行に移さねばならぬ。

大学で教えていて学生のもっともな願いは即座に聴いて黙って実行に移す同僚が私は好きだった。ふだんもっともな願いも聴かないくせに、紛争が起きると学生の要求ににわかに従う「良心的な」教師が嫌いであった。日本人は「不言実行」というが、これは一人で黙々となにかしている感じがする。「速達即行」は上から下への命令伝達と実施だろう。それに対しダンテの句は下の意見を汲みあげることの大切さを説いて貴重である。兵士が集団で苦情を言ったら、もっともな理由があるのだろうから、耳を傾けねばならない。しかし図に乗って命令を無視し要求をエスカレートしたら、首謀者を厳罰に処さねばならない。では上の命令に対しその場繕いの報告をする部下はどう処置すればいいか。日本海軍航空隊の市丸利之助司令官は一中佐に謹慎命令を出した時、こんな歌も詠んで渡している。

此の度は許し遣す再びはさし置き難し心して去れ

大和一致

隆盛の弟の西郷従道は陸軍中将で陸軍卿を勤めたが、後に海軍大臣となり日清戦争の年に日本最初の海軍大将となった。明治にはこんな人物もいて陸海軍の軋轢《あつれき》を抑えた。しかるに昭和には陸海両軍に睨みの利く人物はいなかった。憲法に欠陥もあり、軍部は政府に服さず陸海の間でも対立した。

昭和十九年サイパンが落ち、東條内閣は総辞職、小磯・米内の陸海両大将に協力して組閣せよと御下命があった。新聞は「大和一致」と報じた。「やまと一致」は日本が挙国一致して戦えという趣旨と思ったら、実は陸海軍は「だいわ一致」して戦えという趣旨だという。この戦争下に陸海軍の不和とは何事かと少年の私も不安を覚えた。

沖縄戦末期にも海軍部隊の洞窟には食糧弾薬がまだあると陸軍は嫉妬した。逆もあった。確執《かくしつ》は起きやすい。例えば島の小学校を取壊し木材を物わかりの良い海軍将校が陸軍にも支給し地下壕の補強にあてさせる。それを縄張り意識の強い上官が「陸軍より海軍に支給せよ」と咎めたりする。

そうした中で特筆すべきは硫黄島で、陸海軍の和が保たれた。それは栗林忠道陸軍中将と市丸利之助海軍少将の人柄ゆえである。市丸海軍司令官は陸海軍の合同会議でも発言は少なかったが、陸戦に不慣れの海軍部隊を陸軍の五つの地区隊に分属させて活用するという陸軍本位の提案が出た時は「海軍には独特の習慣があり、死なばもろともという諺もある。一ヶ所にまとめて戦争させてください」と言った。その声には腸《はらわた》をしぼる底力があり、日ごろの人徳とあいまって、栗林最高指揮官も「結構です」とその場で了承した。

二人とも歌人として優れた。市丸の次の爆撃下の歌など自己客観視のユーモアも感じられる。タコは小笠原特産の蛸《たこ》の木をさしている。幹の下部から多数の気根が斜めに生じ、その様が蛸に似るのである。榕樹《ようじゅ》はカジュマルの漢名である。


わが島の緑を奪ふ敵憎しタコも榕樹も丸焼となる

そして兵に対するいたわりも感じられる。

砲煙の巷を去らず朝にけに兵に囀る島のうぐひす

最後は玉砕の前、最後の無電で大本営へ伝えられた栗林最高指揮官の辞世である。

国の為重きつとめを果し得で矢弾尽き果て散るぞ口惜し

七十五字で書くエッセイ

不安な話

イタリア、カナダなどの郵便遅配常習国は中枢神経が麻痺したと同じだ。米国もミサイル会社が実験場との連絡を伝書鳩に切り換えた。微笑ましい以上に不安な話である。

残念

田中外相が外務省の一室に立てこもり、気に入らぬ部下の辞表の作成を強要した時、事務官が「田中真紀子」とタイプして本人に渡せば、一件落着したのに残念でした。

なぜ謝るのか公共機関

電車遅延の際「ご迷惑をおかけして」と車掌が謝る。結構のようだが、地震や投身の際は事実説明をすぐ述べるにとどめ、公共機関は謝るべきでない。テロ発生の際も同然だ。

消去法で運命を托す

安倍晋三

国内より国際政治が大事な今だ。以下消去法で選ぶ。加藤紘一は去勢された政治家だ。宦官《かんがん》好きの国ではもてるが日本ではもてない。我国が某人民民主国家に従属し血の粛清をするなら田中真紀子は似合いの総理だろう。岡田克也は昔から教科書通りの答案を書いた。今は『朝日』が言う通り靖国に参拝しない。台湾海峡で波が高くなろうとも手を拱《こまね》くつもりだ。それでは民主党内の小沢も信用すまい。テレビの記者会見を見ると石原慎太郎は対話が上手で、民主的で、人の長たるの器だが、惜しいことに刺戟過剰で、国内外のイメージが強過ぎる。古賀元幹事長が野田聖子を推すのは自民党の人材不足を証明する以外の何物でもない。昨今の政界は女だと事務官上りでも大臣になれる。それとの対照で町村外相が光って見えるが次の総理としてはたして適任か。戦後日本の正道は朝日社説とは逆のコースだった由だ。だとすると朝日に狙い打ちされた安倍晋三に我国の運命を托するがいいだろう。（二〇〇五年五月『文藝春秋』アンケート）

正常な国に

安倍晋三

菅直人、仙谷由人、岡田克也といった現民主党首脳はなぜ妙な政治的判断を下すのか。それは個人的欠陥ゆえではない。戦後の教育情報環境の中で育った秀才だからだ。彼らはずる賢い優等生として左翼大新聞の論説通りに行動するから失敗した。首相には朝日社説と逆のコースを行く人がいい。朝日に冷笑されようと自衛隊に防災訓練の協力をいちはやく要請した石原慎太郎が、国民投票で首相が決るのなら、選ばれるだろう。しかし若返りで枝野幸男を代表にし鳩山・小沢を切れば、民主党政権はまだ持つだろう。だが潜在的な人気のある安倍晋三を自民党総裁に戻せば、次は自民党政権となり、日本は少しは正常な国となるだろう。

（二〇一一年七月『文藝春秋』アンケート）

座標

反日騒動の意外な決着

二〇〇三年の二月二十五日〇時二十二分、長沙にある中国湖南放送局の羅剛キャスターがホットラインを受付けていた。いろいろな電話がかかるたびにキャスターが応酬する。そのやりとりが評判だ。するとこの人気番組の最後に思いもかけず日本人留学生が中国語で電話をかけてきた。たどたどしくこう話し出した。

「私は日本人だが、小さい時から書物や父母の話からシナというのはたいへん低劣な民族だということを聞いて習ってきました。長沙に来てシナ人は日本で聞いて習ったよりも、また想像していたよりも、もっとずっと低劣なことがいよいよよくわかりました。シナ人は世界で最も低劣な国民です」

「もういい」と羅剛が相手をさえぎった。が留学生は続ける。

「日本の放送局では国民は自国について自由に議論できます」

羅剛キャスターはもはや我慢ならず「あなたは中国人民が八年間抗日戦争を戦ったということも、南京大屠殺で三十万人が死んだというのも嘘だというつもりでしょう」と語気を荒げて応酬した。それでも相手は続ける。

「私たちの国では初級中学の教育も受けていないシナ人は皆シナ豚と呼ばれます。中国では大学教育を受けた人は人口のわずか七％に過ぎません……」

羅剛は真っ向から言い返した。

「お前は日本に行って北海道の農民に向かってそんな口が利けるか。この日本の馬鹿《ばか》野郎め！」

「小日本《シャオリーベン》」と悪態をついて羅剛は電話を切るや、歌曲を探すと抗日の歌を流した。「大刀向鬼子們的頭上砍去」、憎むべき日本野郎の首を斬れ、という歌詞である。

さあその晩、長沙市は爆弾が炸裂したような騒ぎとなった。学生たちはその歌を歌う。酒の瓶を投げる。とても眠れたものではない。市中に反日デモに繰り出す。インターネットが、かつてこれほど反日の気勢で盛り上がったことはない。それからというものキャスターに、激励の手紙が一五七三通舞い込んだ。そのうち、一一三通は海外からだった。

だが、調べてみたら自称日本人留学生は梁という三十七歳の農民で、有名になりたくて中国侮蔑《ぶべつ》の発言をしたのだった。それが発覚し羅剛はキャスターを降ろされ、番組も中止になった。

かの国では、時々前非を悔いたという元日本兵を呼んで話をさせる。そういう日本人も有名になりたくて誇張する。かつて『朝日新聞』の本多某も誇張した。その心理は梁某の心理と実は遠くない。中国内の底辺に反日気分がある限り、それに乗じ「百人斬り」の話などがまことしやかに語り継がれる。日本は裁判で「百人斬り」の真実を明かすがいい。

興味深いのは、在日中国人の中にそうした意図的な反日運動に批判的な動きが見られることだ。この長沙の反日騒動の意外な決着も東京で出ている『中文導報』で私は読んだ。

シンガポールで読んだ『こころ』

漱石で一番読まれた本は『心』だ。主人公の「先生」は、かつて親友を裏切って死に追いやった過去を背負い、罪の意識にさいなまれ、生命をひきずるように生きている。そこへ明治天皇が亡くなり、後を追って乃木大将が殉死する。「先生」もまた死を決意する。だが、なぜ……。これが岩波文庫目録の解説だ。そんな『心』が日本の国語教科書の定番となったのは「国民と国家に関する言説を包蔵しているテクストであることと関わっている」。そして「天皇と先生と父親の継起する死は、読者に君師父一体の儒教観念を喚起させずにはいない」『心』は天皇制をはじめとする父権的な秩序、ひいては明治日本の歴史を正当化する企画に動員されやすい言説を内蔵する」。これが尹相仁《ユンサンイン》氏が提起した新説だ（国民のなかの『心』『比較文学研究』81）。韓国から色目で見るとこんな論も可能らしい。どうやら教科書問題は歴史だけでなく国語教科書にも及びそうだ。だが『心』を心理小説として読んできた内外の人は、この種のイデオロギー的強調を不自然と思うだろう。頭のいい尹氏はあるいはレトリックを楽しんでいるだけなのかもしれないが。

『心』は英訳でも版を重ね西洋でもけっこう読まれている。それで私は内外の学者と組んで、『心』を英語で論ずる国際会議を一九九一年にシンガポールで開いた。その成果は英語版はシンガポール大学から、日本語版は新曜社から出た。国際会議はデリケートだ。どんな発言が飛び出すかわからない。歓迎宴でシンガポールの印象を求められた。『心』の英訳者マックレランは日本育ち、戦争が起って英国人の父と日本人の母と共に抑留された。翌一九四二年、交換船で横浜を出、日本軍占領下のシンガポールに寄港、大英帝国の崩壊を目撃した。ついでインド洋を横断、東アフリカで、英米で抑留された日本人を載せてきた船に移り、それぞれ祖国に戻ったという。

私も、シンガポール陥落の際、日本の小学生を代表し日本陸軍への感謝の言葉を放送した、と正直に打明けた。すると台湾の林《リン》連祥教授はいとも朗らかに、シンガポール陥落の報に接し欣喜雀躍《きんきじゃくやく》した、と述べた。それがあの頃の台湾の若者の素直な反応だったのだろう。だが後で英語版を見たら林発言は削られている。シンガポールは今も厳しい言論統制国家なのである。私は閉会の辞に「幸いにも西洋の植民地主義も日本の帝国主義も終わりました」と挨拶した。その直後、海部首相がシンガポールに来て日本の帝国主義についてのみ言及し謝罪した。だがそれだけ言うのなら子供の使いだ。つまらぬいいがかりには反論し、事物の両面を見てこそ外交だ。戦後日本に欠けたのはそのバランス感覚だ。文学解釈にも歴史解釈にも外交交渉にも、対面交通の成り立つ修辞の術は大切だ。外国語で話すのはしんどい。しかし外務省がその訓練を怠っているのはいけない。これこそが問題だ。

大学の良し悪し

北京へ教えに行った時、中国語を習った。華僑の子弟はよく喋《しゃべ》る。西洋人も負けずに会話する。私のように東大を定年で辞めた老人は四声を覚えきれない。劣等生の心境になる。それでも三カ月も経つと意外や落伍《らくご》者は華僑の子弟や西洋人だ。漢字を知らないからである。となると教室に残るのは韓国人と日本人が多いが、その分布が対照的だ。第一列は韓国人で、後ろにばらばらと座るのが日本人だ。私は競争心がまだあるから前方で頑張った。若者は「どこに座ろうが勝手」というが、これが日本の戦後教育が生んだ受講態度だとするなら、寂しいかぎりだ。中国人教師が日本人は返事をせず教えにくいと嘆いた。

文部科学省が指導しているFDや大学の格付けなどあやしいものだ。世間はフロッピー・ディスクの略語と勘違いするが、Faculty Developmentの頭文字だそうだ。だが日本の良き教育のためには、横文字の略語は廃し、もっと単純明快な格付けをしたい。学部を発展させ教員を活性化するにはどうすれば良いか。

私見では、大学教育の良し悪しは学生の私語の有る無しですぐわかる。人間にはつまらぬテレビは見なくていい、という自由がある。授業も同じつもりで、つまらぬ授業は聞かず、隣りとお喋りする。携帯電話を使う。元外交官とか論説委員とか文部省のお役人たちが、教授として第二の人生を大学で送るべく迎えられたものの、授業で学生をコントロールできずにいらだつ。「近頃の若者は」と老人は悪口をいうが、しかし授業とは対話だ。

私語については教師の側にも責任がある。かくいう私はマイクを二つ持参する。私語する者がいれば即座にマイクを渡しテキストを朗読させる。聴覚視覚をともに働かせることで、学生も授業参加するのだ。そして間髪いれず私が講釈する。学期初めにそれを繰り返せば二百人をこす大教室だろうと静粛になる。それから必ず前の方につめて着席させる。前に座るのが礼儀だと注意する。

大学研究の良し悪しは教員の論文の有る無しでわかる。博士号のある文系教員の給料を大幅にあげれば刺激になる。研究のない人の給料はあげず、退職年齢をさげる。業績のない人の天下りは認めない。大学行政の良し悪しは会議の数と時間でわかる。キリスト教系左翼の学校などでは、擬似民主的な会議が多過ぎ、長過ぎる。多ければ多いほど結果は悪い。教員が教育研究に専心するためには会議時間を減らすことが先決だ。一言すれば、教師にも学生にも、時間を惜しんで競争するという健全な原理の導入が不可欠だ。

文部科学省は「ゆとり教育」と称して誤った文教政策を推進した。そんな独善的な政策を学校教師に押しつけた官僚を、まず目に見える形で降格処分してもらいたい。身内の格付けもできずにどうして他人の格付けができるのか。

国家百年の計

二十世紀の三大独裁者はヒトラーとスターリンと毛沢東だ。ユダヤ人六百万を殺したヒトラーの像はさすがに建たない。一九三七、八年の大粛清だけで数百万を処刑したスターリンの銅像はソ連の崩壊後倒されたが、故郷グルジアには残っている。殺人数ではそれを凌《しの》ぐ毛沢東はどうか。一九九六年の中国共産党の内部文献『建国以来歴次政治運動史実報告』には二千六百万余とあり、今後とるべき難死同胞慰霊の策も提案された。が慰霊はまだ実現していない。ではこれから先、日本はいかなる中国を想定してつきあえば良いのか。答えは明白だ。毛の肖像が天安門広場から撤去された後の中国を真の友好の相手と想定し、その腹づもりで接すれば、民主を待望する中国の若者にも日本は必ずや歓迎されるだろう。ロシア革命後七十年でレーニン像もスターリン像も倒されたではないか。

中国や朝鮮では敵の像を倒すばかりか死者の墓をあばく。日本にはそんな苛酷《かこく》な伝統はない。また古代エジプトや中国は死んだ皇帝をミイラや巨大な陵に祀《まつ》って畏怖の念を植えつけることで民衆を統治する。そんな専制政治の伝統も日本にはない。我が国がそんな近隣諸国に配慮し、日本人としての死者の弔い方を変えるわけにはいかない。首相が「戦犯」も祀られている靖国神社に参拝し、死者に慰霊するから日中友好に差し障りがあるというが本当だろうか。軍部の暴走を押さえきれなかった政府や軍首脳に責任はある。ただしだからといって、「勝者の裁判」で廣田弘毅元首相を死刑に処した東京裁判には納得がいかない。

廣田の死刑を、米国のグルー大使など多数が意外とし不当としたからこそ、後に福岡の大濠公園に廣田の像は建ったのだ。その時は内外から大きな抗議は出なかった。だが靖国が政治問題化した今、かりに廣田・東條以下を靖国神社から分祀したとしても、祀る限り相手国はいいがかりをつける。そうした古い体質の中国だともわきまえず、首相の靖国参拝に反対を述べに北京詣でをした岡田克也民主党書記長の気が知れない。ピョンヤン詣でをした政治家は次々と失脚した。内政干渉を助長するような北京詣でをする人も失脚するだろう。日本人を「東洋鬼子」と呼び、反日宣伝を続ける国と摩擦が生じるのは不可避だ。日本は自由と民主を尊ぶ以上、原理を同じくする米国とは親しくし、それ以外の国とは摩擦が過熱化しないよう配慮しつつ、首都の広場から独裁者の肖像が撤去される日を待つ。それが国家百年の計ではないのか。

ところで日本も国際治安の任を引き受けた。引き受けて出兵する以上、血も流すだろう。その死者の霊もまた祖国で当然祀られるだろう。同盟国首脳が来日し社頭にぬかづく日も来るだろう。それは日本の天皇や首相がアーリントン墓地に献花すると同じ礼儀であるからだ。出兵に先立ち、政府はその配慮までしたのだろうか。

死者の弔い方

死者を弔うことに反対する理由に宗教的なものと、政治的なものとある。その様は国により、時代により、異なる。七百年前は政敵を激しく憎んだ。『神曲』によると、戦死したナーポリ王マンフレーディの遺骸はベネヴェントの橋のたもとに葬られた。戦場を引き揚げる兵士が石を一個ずつ積んで塚を築いた。しかし敵が去るや、土地の司教は死体を掘り出し、法王領の外へ運び、ヴェルデ川の河原に放置した。王が生前法王に敵対し、教会から破門されたからである。遺体を風雨にさらされたままの怨霊《おんりょう》があの世を旅するダンテに懇願し、菩提《ぼだい》を祈ってくれと依頼する。ダンテの同情は明らかにマンフレーディの側にある。

四百年前の『ハムレット』では、オフェリアは乱心し入水《じゅすい》した。キリスト教では自殺者は地獄に落ちる。葬式は行われない。オフェリアの兄は激怒してつめよるが、僧院長は教会の墓地へ葬ることを認めない。だがシェイクスピアの同情は明らかにオフェリアの側にある。近代になって英国国教会も態度を改めた。地獄の恐怖を語ることも控えた。自殺者を出した家族をさらに苦しめたくない。それが文明というものだ。

政敵を弔うどころか、敵の墓を暴《あば》くのは中国である。日本人には信じがたいが、この伝統は生きている。第二次大戦中、日本と組んだ汪兆銘は敗戦前に亡くなったが、戦後、墓を爆破された。死者が祀《まつ》られ、後に政治的に利用されることへの警戒からだ。日本と中国では墓にまつわる観念も違う。鎌倉幕府を開いた頼朝の墓は鶴岡八幡宮の奥、老樹の根元に塔があるが、人の背丈《せたけ》ほどだ。徳川幕府を開いた家康の東照宮となると立派で、装飾は中国の影響である。同時代の明の神宗の墓は北京の北の定陵だが、地下宮殿は途方もない威容だ。東照宮など取るに足らない。中国の統治者は畏怖《いふ》の念を植え付けることで民衆を支配した。古代エジプト同様、毛沢東をミイラにして祀った。死者の霊への参拝ももっぱら政治的に考える。その点は韓国も同じで、悲惨なのは李完用の子孫だ。韓国の独立維持がおぼつかない国際環境下で、李完用は中露に支配されるよりはまだましと日韓併合に応じた。だが百年後の今も国賊呼ばわりされる。国賊を墓に祀るとは何事か、という非難だ。そんな世間の圧力にたえかねた子孫が、自分の手で先祖の墓を暴いた。すると罪滅ぼしになるどころか、今度は人倫にもとるとしてまた非難された。

靖国問題で文句を付けるのはその種の感覚に由来する。そんな非難に屈して故人の霊を冒瀆《ぼうとく》してはならない。分祀しても祀る限り、いいがかりは付く。戦中に戦死した人も戦後に法務死した人も等しく祀り、霊は静かに弔いたい。善悪を超え、不慮の死をとげた人を祀るのが日本の宗教的伝統だ。朝日新聞は反対かもしれないが、民主主義国日本の多数の人はそれを良しとしている。

グリーンピースとイエローピース

料亭で白魚を鉢に泳がせ二杯酢につけて食べた。この踊り食いには私も驚いた。すると西洋人の相客が「日本人は残酷だ」と言った。あいまいに同意したが、招待主に悪いから「でもおいしかった」と付け足した。すると相客は「日本人は鯨を食べる。残酷だ」と非難の声を強めた。こうなると問題は食習慣の度を超える。こうした非難は、国際間の感情摩擦の火種になる。現に英語圏諸国は捕鯨問題で目くじらを立て、ジャパン・バッシングの材料にしている。戦中戦後、鯨を食べたおかげで生き延びた私は「この西洋人何を言うか」という気になった。日本人は鯨で非難される。それに対し、西洋人が牛や豚を食べても非難されない。これは今日の地球社会では西洋流が多数派を形成しているから、咎《とが》め立てされないだけの話だ。不公平である。

食習慣には宗教文化に由来する相違が多い。アジアで牛を食べない人は、おおむねヒンズー教の掟《おきて》による。豚を食べない人はイスラムの教えによる。そのためにシンガポール大学の食堂では配膳口が漢民族用、インド系用、マレー人系用と三つに分かれている。そして平和共存している。平和共存といっても互いに結婚することはいたって少ない。同じ食事を分かち合えない男女が、夫婦生活を続けるのは至難の業だからだ。

ヒンズー教徒やイスラム教徒はよその国まで押しかけて、たとえばシカゴの屠殺《とさつ》場を取り囲んで「牛を食べるな」とか「豚を殺すな」とかデモはしない。内輪で戒律を守っている。ところが西洋のグリーンピースだけは西洋以外まで乗り込んで、「鯨を取るな」と反対運動をやっている。それが正義だと信じてユニラテラルに行動している。この団体は次は「鮪《まぐろ》を取るな」と言い出すだろう。このように動物生命保持のため他人の行動に干渉した先例は、実は我国の過去にあった。徳川五代将軍綱吉の「生類憐《しょうるいあわ》れみの令」がそれだ。生類を憐れむ佛教の善意から出たにせよ、他人に強制するとなると、はた迷惑だ。犬公方《いぬくぼう》の令は二十二年後には廃止になった。

いまや宗教に由来する衝突が多くなった。地球が狭くなるにつれ、異なる宗教文明間の摩擦は増える。イタリアの一地方では、生きた蝦《えび》を沸騰した油であげてはいけない、として違反者には五百ユーロの罰金を科する由だ。ローカルな条例で決めるのは勝手だが、それをグローバル・スタンダードなどと言い出されると、日本の天麩羅《てんぷら》屋はあがったりだ。

ではグリーンピース流の独善を叩《たた》くにはどうすれば良いか。イエローピースを組織して米・英・ニュージーランドなどの屠殺場を取り囲んで陽気にデモるがよい。あわせて討論会も開く。英語でやれば負けるから、日本語でもやることが肝要だ。だが日本語で勝っても、世界には通用しない。このハンディキャップをどう克服するかが日本の宿命的な問題だ。

「中日」と「日中」の間

国と国は対等な関係が望ましい。中国人が「中日」友好と中国本位でいうなら、日本人は「日中」友好と日本本位でいうべきだ。両国の名をいう際は、自国語では自国の名を先にいうのが外交儀礼だ。ところが日本語でも「中日友好」と中国を先に立てる人がいる。日本の外交官にも新聞人にもいる。中国語で「チョンリー、ヨウハオ」というのは構わない。いや中国語では「中日」という順が礼儀だ。と同様、日本語では

「ニッチュウ、ユウコウ」と日本を先にするべきだ。通訳が何国人だろうと、日本語を用いる限り「日中」というべきで「中日」は許すべきでない。しかし中国人には日本語でも「中日」という人が多い。「日中」と中国を次にしては同国人から悪く見られる、と感じるのだ。その背後には中国を上に置く中華思想がある。華夷秩序の世界観の名残だ。実はそれもあって戦後、中国側は「支那」でなく「中国」と言うよう日本人に強いた。戦前日本人が用いた「支那」の漢字は支店を連想させ侮蔑的だ、という。それなら「シナ」と片仮名で書けばよい。**Sina** はラテン語で、シドッティに質問した新井白石は『西洋紀聞』にイタリア語の **Cina** を「チイナ」と書いた。その漢字当字が支那でピンインで **Zhīnà** と発音する。その「チイナ」にも英語の「チャイナ」にも抗議せず、日本語の「シナ」に文句をいうとは厚かましい。戦時中「**Japanese** は毎日的だから **Nipponese** といえ」と時流に乗ったお先棒担ぎが言葉狩りをしたが、戦後は方向こそ違え、言葉狩りは続いている。

だが問題は言葉の次元の奥にある。中日友好とは中国本位の対日外交政策である。今の日本で友好をいう人は民衆レベルでは善意の人が多いが、おおむね中国の「中日友好」の日本国内代理店である。友好とか親善とかいえば聞こえがいいが、エージェントは自国の不為めの仕事もする。戦争中には日本本位の「日華親善」という対中政策があった。それに協力した中国要人は戦後漢奸として処罰され墓は暴かれた。それに対し今の日本には日奸という言葉はない。「首相の靖国参拝に反対」と言っても罰せられない。

毛沢東は二十世紀の三大独裁者の一人だ。だがだからといって「毛沢東紀念堂参拝に反対」と大陸で言ったら、ただではすむまい。言論の自由がある日本と無い中国の間にはそれだけの深刻な溝がある。田原総一朗氏などキャスターは日中首脳が靖国問題で会談できないと嘆くが、本末転倒だ。内政干渉を認めてまで会う必要はない。日中が国交を結んだ時、中国大使は昭和天皇に拝謁したが、毛沢東は日本大使とは一度も会わなかった。そんないびつな関係の国が相手だ。溝が埋まらなくて当然だ。それもまあ結構だ。万一中国首脳が靖国神社に参拝し、中日軍事同盟を提唱し「米帝国主義は中日共同の敵」とゲンメイする日が来たら、それこそ大変であるからだ。

中国の常識は世界の非常識

昔北京で人民大会堂に案内された。そこで開かれる全国人民代表大会代表に選ばれるのを、中国人はたいへん名誉に感じている。しかしそれは日本の農協さんが政界有力者のコネで上京、バスツアーで議事堂を参観、お弁当を頂いて写真を撮って故郷に錦を飾るのと大差ない。全人代は実質的な議論のない上意下達《じょういかたつ》の儀式の場だ。仕事は拍手することだ。

毛沢東に媚《こ》びて文化大革命を上手に生き抜いた郭沫若の住居を参観した時も感じたが「現体制に従順だと出世できますよ」ということを示す記念館が中国には多い。またそんな出世を良しとする人も多い。抗日記念館も結局は「現体制公認の歴史解釈に従え」という教育宣伝をするだけで学問的説得力に欠ける。中国人や日本人が本当に歴史を鑑《かがみ》にしたいのであるなら、毛沢東によって殺された自国民の数も公表し、外敵だけでなく共産党の専制支配がもたらした悲惨も凝視すべきだろう。しかしそれは恐ろしくて口に出せない。

中国では思っても言えないことが多い。全人代という大政翼賛会が三月十四日「反分裂法」を全会一致で通した。全人民が台湾の分裂反対に一致したと言いたいらしいが、反対が0では民主主義とは言えない。内心どう思おうと投票ボタンを押す際は「反分裂法」に反対するわけにはいかない。反対すれば漢奸《かんかん》扱いだ。だがいざとなれば武力を用いても台湾を併呑《へいどん》する用意を闡明《せんめい》した法律にそう無責任に賛同してよいことか。棄権した二人の勇気に感心する。

一九三八年ナチス・ドイツは同じドイツ語国であるオーストリアを併呑した。アンシルッス（Anschluss）で、ドイツ第三帝国の拡大のきっかけだ。列強は手をこまねき、ヒトラーは増長した。なるほど当時のオーストリアには親ナチスもドイツとの統一派もいた。今の台湾にも大陸との合併にひそかに協力し、将来全人代の台湾代表にでもなりたいと思っているオポチュニストもいるだろう。だがそれにしても二〇〇五年三月二十六日、百万を超す人が中国を拒絶し台北でデモした。その意義は測りしれない。漢民族には民主主義はなじまないとしたのは袁世凱と鄧小平とリー・カンユーだが、民主主義国台湾の出現は大陸の民主化の模範とこそなれ憂慮の種ではない。武力によってでも台湾を併呑するのが正義と考える中国の常識は世界の非常識だ。言論の自由がないからそんな景気のいい「正論」が大陸ではまかり通るのだ。

台湾は面積人口はオランダに等しい。その国を見捨てて大陸に武器輸出を企んだ独仏もこの大デモ行進に気圧され暫くは手控えるだろう。台湾は大陸と縁が切れて百十年が経つ。台湾海峡に波が立たぬ限り東アジアは平和だ。中国は平和裏に崛起《くっき》するがいい。日本外務省はシラクに「ゆめ死の商人となるなかれ」、シュレーダーに「第二のアンシルッスを認めるなかれ」と申し入れるがいい。

日本人の自己満足

来日して国際協力機構の世話で研修を受ける外国人は日本の援助に感謝している。敗戦後、貧しくて日本が奨学金を出せぬ頃、私は西洋の奨学金で留学した。それだけにこうした研修制度は結構な事と思っている。しかしODAにはカットすべき点も多い。会計検査院がODA不正を解明するのは真に結構だ。国際交流基金のおかげで私は海外で多く教授する機会を得た。感謝している。が余計な世話もしている。つまらぬ日本語新刊書まで New Titles と称して英語で紹介するなど予算の無駄だ。

日本人は自己満足のためにつまらぬ世話を焼く。その最大例は解放後中国での最大の製鉄所建設だ。山崎豊子の『大地の子』はその物語で、建設に関係した日本人技師（仲代達矢）と残留孤児・陸一心（上川隆也）を組み合わせたNHKドラマは、一昔前、日本国民の感動を呼んだ。中国人養父母も人間性に富む見事な演技だった。そんな中国人俳優も使い、現地ロケもした日中合作の善意のドラマだから、財界人は大陸に大製鉄所を建設したことで中国への贖罪《しょくざい》を果たした気持ちになったらしい。だが日本側の予想に反し、中国では『大地の子』は放映されなかった。

中国は日本向けには中日友好といい、国内では日本非難を民衆に教え込んだ。自国最大の製鉄所が日本の援助で建設されたとは国民に知られたくない。援助に対する感謝より面子《めんつ》の方が大切だ。しかし『大地の子』が中国で上映禁止と聞いた時、一方的な日中友好の思い込みは日本人の自己満足に過ぎない、と私たちは自覚すべきだったのだ。

世界の帝国で植民地に大発電所や大化学工場を建設したのは日本だけだ。ピョンヤンの南の鎮南浦には昭和十年代初め一大化学工場を建設した。北朝鮮の独立後、南浦と改称されたが、金日成主席も何度も訪れ、硫安製造の意義を強調した。その演説する銅像もある。周恩来も工場を訪ねた。しかし台湾と違って、朝鮮には日本人への感謝はない。奴隷のごとくこき使われた、という反日記念館が工場内にあり、日本帝国主義の非道がこれでもか、これでもかと強調されている。外国に対し感謝を表明するだけの言論の自由が保証されない国に援助しても、外交的に得策ではない。効果は期待できない。

先日その南浦のアンモニア合成塔が6チャンネルで放映された。実は私の父は硫酸製造の権威で、私が子供の頃は鎮南浦へ行きっぱなしだった。鎮南浦から送られてきた林檎《りんご》のことは幼児の私もよく記憶している。父は朝鮮の人のためにもあの工場を造ったと思っていたようだが、それも自己満足に終わったようだ。感謝されずともよいが、日朝国交正常化の挙句、日本の援助で日本を狙う化学爆弾でも製造されては迷惑だ。

「西意」という「からごころ」

昔から日本で学者や知識人は外国の権威を後ろ盾に説教するのが得意だった。道元は宋へ留学した僧だから「この日本国は、海外の遠方なり、人の心至愚なり」と高飛車に出た。仏教や漢学に限らずおよそ文明は西の海から伝わるものと思われていた。キリシタンを歓迎したのもその心理からで、日本人が一神教の教義を理解したのではない。島原や天草の庶民にはマリア様も観音様も同じ慈悲の神様だった。大名は貿易利益があるなら改宗も歓迎した。鎖国というが、海外崇拝熱が日本でもっとも嵩《こう》じたのは徳川時代である。漢学者は中国を聖人の国と崇《あが》めた。荻生徂徠などの儒者は中華思想にかぶれ、日本を「東夷」と呼んだ。当時はチャイナ・スクール全盛だが、儒者の中華本位の見方に激しく反撥《はんぱつ》したのは本居宣長など国学者で、中国本位で日本を見ることを「漢意」と非難した。「からごころ」と読むがこの「漢意」とは万事の善悪是非を北京の判断に基づいて下すことで、現在の日本では『朝日新聞』の論調が時々そうである。

「維新前の日本はひたすら支那を模倣して喜」んだが、今の「日本人は又専一に西洋を模倣せんとするなり」とは漱石の観察だ。近代では「漢意」に代わって「西意」という「からごころ」が圧倒的となった。東大教授など西洋の権威を後ろ盾に次々と舶来のイズムを説いた。明治は英国、大正はドイツ、戦後はフランスが人気だったが、近頃は断然米国だ。私は人民民主主義者でなく民主主義者なので親米派だが、しかし敗戦後の日本を支配する西洋本位の歪《ゆが》んだ日本観には警戒している。日本人が「敗北を抱きしめて」米国民主主義を歓迎したなどと米国左翼の歴史家に言われると、敗戦後米兵を抱きしめて「GIが恋人だから私はほかの日本の女より高級よ」と得意気だった売春婦の姿が思い出される。なるほど左翼インテリには敗北を歓迎した向きもいた。子供の私も命が助かったと感じて嬉《うれ》しかった。だが歴史解釈について、戦中戦後の連合国側の見方にただ追従すればいいのか。原爆投下の米国の戦争犯罪は日本よりも大きいだろう。日ソ不可侵条約を破った挙句、日本兵をシベリアで拘留死亡させたソ連の責任もまた大きいだろう。もちろん軍部主導の昭和日本の行動には遺憾な点は甚だ多い。問題点は究明せねばならない。しかし開戦や敗戦の責任追及と東京裁判の判決を受入れることとは違う。東京裁判史観を受入れよ、と主張する人は「西意」に染まった日本人である。そんな「敗北を抱きしめる」人とは、失礼ながら、「知的パン助」と呼ぶべき人であろう。

中国人の不安と日本人の不安

かつては社会主義建設のためにはプロレタリアート独裁も良しとする見方が日本でも岩波の『世界』などで見られた。米英は共産党独裁を嫌悪した。だがその米英も第二次大戦中は手を組んで戦った手前、中国の主席やソ連の書記長をヒトラーと同等視はしないできた。しかし無辜《むこ》の民を殺した数では毛が一、スターリンが二、ヒトラーが三だ。二十世紀の三大独裁者が誰かは明らかだろう。

ユーラシア大陸には古来皇帝支配が長く続いた。そうした歴史的背景がある以上、独裁専制やむなしとする容認論もあった。現に北朝鮮では父から子へと皇帝支配が人民民主主義の名の下に続いている。だがソ連では一九五六年、フルシチョフが三年前に死んだスターリンを共産党大会で正面切って批判した。そして一九八九年、ベルリンの壁が崩壊するに及んで、社会主義の優位そのものも否定され、スターリンの銅像も倒された。中国でも文化大革命の悲惨の後、一九七六年に毛が死ぬや、鄧小平が改革開放路線に転向した。

では現在の中露両国の違いは何か。世間は中国の経済発展に目を奪われているが、注目すべき点は別だ。今のモスクワではスターリンや共産党の悪口を言えるが、北京では毛は批判できない。そこが決定的な相違点だ。それどころか中国はスターリンを批判したフルシチョフに対し、猛烈な悪罵《あくば》を浴びせ続けた。彼のスターリン批判を認めれば、毛批判にはね返ってくるからだ。ロシアではスターリングラードの名は、元のヴォルゴグラードに復した。だが中国では斯大林大街と書くスターリン大通を長くそのままにした。その名前が長春で人民大街となったのは二十一世紀にはいってからのことである。

中国では、毛沢東の批判をすれば後難があると今でも内心怖れている。文革もどきのマス・ヒステリアがまた起こるのではないかと深層心理で不安がある。反日デモに参加した若者は「憤青《フエンチン》」というが、彼らが第二の紅衛兵になりはせぬかと怯《おび》えている。だからたとい「日本がよい」と思っても絶対公言しない。うっかり言えば、将来吊るし上げに遭うかもしれないからだ。そんな、反日は声高に言えるが親日は公然と言えないお国柄の中国と日本が、仲良くなれるわけがない。両国が真の友好関係になるのは、毛のミイラが、レーニン・スターリンのミイラ同様、首都の広場から取り払われた後の話だ。中国人が心の奥でそんな不安を感じる限り、日中関係の未来に対し私は不安だ。また悲観的だ。中国における言論の不自由は恐怖政治の名残だ。鄧小平も本人が共産党幹部だから過去を精算できず、天安門で民主化の芽を潰した。そんな独裁体制の名残こそが、中国の外相は誰一人認めるまいが、日中人民の友好を損なう本当の原因だ。

事実認識の弱さ

戦争中日本大本営は赫々《かくかく》たる勝利を報道した。国民の士気を鼓舞するために戦果を水増ししたのだという。「敗勢を知らせず我々を愚民扱いした」と戦後非難された。しかし軍が戦果を正確に把握し、それを承知で報道操作したのなら、真実を把握していた中枢が存在した以上、まだしも救いはあった。

問題は軍中央も出先も、希望的観測に類した報告を行いそれを信じたことで、台湾沖航空戦やレイテ湾海戦の幻の捷報《しょうほう》はその例である。なにしろ米内海相までが「もはや米国の制式空母は三、四隻しか残らぬらしい」と言って閣議はもとより国民は雀躍《じゃくやく》した。なぜ誤報がかくも出たか。「ワレ敵艦ニ突入ス」という友軍機の最後の無電を基に「体当たりで戦果をあげた」といわれると、否定は難しい。死んだ兵士への思いやりで幻の戦果が生まれる。だがこれは日本人の事実認識の弱さを示している。

硫黄島で「摺鉢山、再び日章旗翻る」という日本側報道は戦後も戦史に録されたが、米軍報告にそのような日本軍反攻の記録はない。写真撮影用に大きな星条旗を掲げるべく、米軍は山頂に翻った最初の小旗を一旦《いったん》降ろした。その様を島の中央から望遠鏡で認めた橋田兵曹が日本軍山頂を再奪取と解釈した。それが東京で「再び日章旗翻る」と脚色された。戦闘中の報告だから事実誤認は止《や》むを得ない。

靖国神社の境内に展示された、市丸利之助少将が硫黄島で最期に臨みルーズベルト大統領へ宛《あ》てた遺書については、日英両文の手紙の写しを展示し、資料そのものに語らせるべきだろう。だが遊就館では死者への思いやりからか、主観的説明が付されている。「文書は発見され米国に打電されると、全米の新聞は翻訳文を一斉に報じた。内容は日本の大義名分を明らかにし米国の野心を厳しく指摘していた。この『ルーズベルトに与ふる書』は米国民に感動をもって読まれたものという」

これも失礼ながら、希望的観測に類した誇大報告である。米国民はそれほど感動したわけではない。主観に彩られた歴史認識は書き手の性格の弱さを示している。

第二次大戦そのものの解釈についても似た傾向が認められる。日本人が敵側が戦中に宣伝した歴史解釈に従う必要はない。というか従うことは間違いだ。連合国側は自分たちは正義の民主主義国家で、それが不正義のファシズム国家と戦ったと主張するが、それはプロパガンダだ。中ソが民主国であったためしはない。ただし相手の主張が間違いだからといって、軍国日本が正しく、日本軍部の対応が賢明であったとはおよそ言えない。軍は「敵ヲ知ラズ、己ヲ知ラナカッタ」。そんな日本が自存自衛のためにのみ戦さをしたとは言い切れない。過去は資料に即し事実を述べるに留《とど》めたい。

小泉首相と歴史の自覚

首相の靖国神社参拝は国のために戦う意味を再考させた。安倍政権は自衛隊員に国に殉じた場合どこに祀《まつ》られるのを願うか、その気持を尋ねるべきであろう。

日本は明治以来、西洋列強を範とし、かつ東亜侵略の敵として警戒し、国造りに励み、命を賭して戦った。日露戦の勝利は坂の上の雲が輝いた時である。米国が移民を禁止するや人口増の日本は大陸を志向した。軍部主導の満州国建設は国民から支持された。そして民族主義に目覚めた中国と衝突した。列強のパワーゲームで孤立した日本は、独伊ごときと同盟し、経済的に包囲され、戦い、敗北した。

一国の海外進出は、出るも引くも、政治的叡智《えいち》が必要だ。シンガポール陥落を機に、箍《たが》の弛《ゆる》んだ大英帝国を戦後解体したのは英国では労働党政権だ。昭和前期の日本にはその種の政治力が欠けた。軍部は既得権益維持の組織で、戦線は拡大した。大陸撤兵には世論の支持が首相に必要だ。だが五・一五事件で首相が暗殺された時、犯人を「純粋な青年将校」と新聞社会面は讃《たた》えた。軍法会議は死刑判決を下せない。その時から日本における軍部支配は不可避となった。

新聞は時の強者と戦わない。戦前は軍を批判せず、戦後は占領軍を批判しなかった。進んで強いものに巻かれる人は洗脳をも肯定する。占領下に東京裁判の提灯《ちょうちん》持ちをつとめた手前、新聞は占領後も「原爆投下を不問にした裁判は公平でない」と言えなくなり、勝者の史観の宣布にこれつとめた。「占領政策に有害」の烙印《らくいん》をおされたパール判事の判決書を、独立後に公刊した佐山高雄記者などを例外として、朝日新聞は今も外国製の歴史観を借りて論説を書いている。

軍事裁判が法律的外貌《がいぼう》をまとった戦争の継続である以上、事後法による法務死者を独立回復後の日本が戦死者と同等に扱ったのは理にかなっていた。ただし東京裁判の当不当とは別に、自問すべきは、なぜ我国は勝目のない戦争に引きずり込まれたか、内外の誰が引き込んだか、という複合的な問題の責任である。後者の判決は歴史が下すことであろう。

そのことで言い添えたい。戦争体験者の多くは昭和天皇が平和愛好者であり、昭和十一年、二・二六の造反を許さず、その際襲われた鈴木貫太郎とともに、昭和二十年八月、平和を回復されたことを知っている。明治憲法に欠陥はあったが、立憲君主として陛下はよく尽くされた。「命を捨てろ」といわれた時代に降伏を受諾して国民の命を守られたからである。ほかの誰に出来たか。終戦で命永らえた一人として日本に裕仁陛下がおられたことを私は感謝する。昭和天皇崩御に際し国民多数が哀悼を表したことこそ、歴史の判決ではなかったか。そう感じる私は、スケープゴートを求める人民裁判が我国で開かれなかったことを有難く、かつ誇りに思っている。

日本式ローマ字で世界に通用するか

日本語をローマ字で書く時、ヘボン式が広く用いられた。これは米国人宣教師のヘボンが『和英語林集成』第三版を出した一八八六年に採用した方式で、ローマ字綴《つづ》りの発音が英語本位なのが特色だ。日本の羅馬字会もその採用を提唱した。チは ti でなく chi と書く。しかし chi はフランス語ではシと発音するからフランス人は反対した。ヘボン式では拗《よう》音のキョは kyo だがジョは jo と綴る。オウなどは ō などと母音の上にマクロンの長音記号をつけ、かつオウはオーと同じとした。ただマクロン付きの字は普通タイプにない。日本人は長音を耳で区別するが、多くの外国人は区別できない。「おばさん」と「おばあさん」の差が耳でつかない。太田はオタでなくオオタだと言いたい日本人の中には Ota でなく Ohta とローマ字書きする人も出た。王選手も Ō でなく Oh とした。マクロンはどうも馴染みが薄い。ウェイリーは『源氏物語』の英訳の際は煩わしいこの記号を略した。

困るのは、本人のローマ字綴りと日本の役所の綴りが一致しない場合だ。証明書が役に立たない。本人は Fukuda のつもりでも小切手の宛名人が Hukuda では怪しまれる。日本語では視覚が聴覚より優先する。私たちは住所名前は漢字の字面で覚える。篠塚がシノツカかシノヅカかそんな区別は考えない。それが横文字書きを求められて Shinotsuka, Sinotuka, Shinozuka のはてどれかと迷う。

ヘボン式は標準式とも呼ばれ、西洋の日本研究者はこれを用いる。フランス人はかつて Tokio と書いたが、しかし近頃はそのフランス人も Tokyo と書く。事態はこれでヘボン式に統一化され、落着くかに見えた。

だがローマ字書きについてはヘボン式のほかに日本式、さらに訓令式がある。日本の教育界では実はそちらで教えている。新庄選手はかつて日本では Sinjyo とユニフォームに記した。五十音図の各行の子音字を一定にし、シは shi でなく si とするのが日本式なのだ。しかし米国で活躍するや、かの地の新聞は Shinjo とヘボン式で報じた。帰日後も Shinjo のままだ。松井もヘボン式の Matsui で活躍中だ。日本式ローマ字の Matui ではまずいのだ。

だが混乱は増す一方だ。というのは日本のローマ字習慣はいまや若者必携の電子辞書によって決定されるからだ。東郷平八郎を Togo で探せば、アフリカ西岸の共和国としか出てこない。電子辞書では Tougou と綴らねば出ない。電子辞書の広辞苑では Tokyo と引いても東京は出ない。Toukiyou とか Toukyou とか漢字に仮名を振る感覚で引かねばならない。私が寄稿するこの雑誌の e-mail で世界週報は shuho だが、syuuhou とか shuuhou で調べないと、カー・ナビも行先を教えてくれない。ローマ字教育が日本を世界に向けて発信する役に立たず、混乱を助長しているのは遺憾だ。

日本の国柄にふさわしい憲法を

聖徳太子「以和為貴」を憲法前文に

「和を以って貴《とうと》しとなす」

この聖徳太子の言葉を日本憲法の前文に掲げたい。和とは平和の和である。平和を尊ぶ日本の国家基本法の冒頭には、わが国古来の言葉で理想をうたい、伝統に根ざす和を尊ぶことで、国内をまとめたい。また和を尊ぶべきことを広く世界に訴え、かつ私たちの行動の指針としたい。和は和諧の和であり、英語の harmony であり、諸国民の和合である。

現在の日本にも不和はあろう。だがわが国が近隣諸国と比べ、和諧社会の理想にまだしも近いことは明らかだ。いや西洋諸国と比べても、平安な長寿社会といえよう。大和島根に住む人々が心中で和を以って貴しとする以上、これこそ日本国民が胸をはって主張できる、誇り得る理念であろう。米国の大新聞は、日本事情がよく分かりもせぬくせに、偉そうな説教を垂れたがるが、このような憲法改正なら文句のつけようもあるまい。

「以和為貴」は、聖徳太子が制定した日本最初の成文法の最初の言葉である。推古天皇十二年、西暦六〇四年に憲法十七条は制定された。外から仏教が伝来したとき内なる神道との対立が破壊的な抗争に及ぶことを危惧《きぐ》した太子は、憲法第一条で「和を以って貴しとなす」と宣言した。信仰や政治の原理を説くよりも先に、複数価値の容認と平和共存を優先した。太子は、支配原理でなく、「寛容」の精神をまず説いたが、このような国家基本法の第一条は世界史的に珍しい。

排除の思想、寛容の思想

大宗教は唯一神への信仰を求める。モーセの十戒は「わたしのほかに、なにものも神としてはならない」を第一条とする。しかし各宗教の神がそれぞれその基本原理を唱え、原理主義者《ファンダメンタリスト》にそれぞれに忠実に従うことを求めるならば、どうなるか。宗教的熱狂者がそれに盲従し、他者を激しく排除するなら、争いが絶えることはない。現に中近東ではキリスト教、ユダヤ教、イスラム教が猛烈な争いを続けている。西洋で和の思想が生まれたのは、同じキリスト教同士が、カトリックとプロテスタントとに分かれ殺し合った結果で、あまりに悲惨な流血への反省から、十七世紀になって平和共存の思想が宗教の外側から生まれたのである。寛容思想の歴史は新しい。

そんな一神教の世界では、ダンテが描くように、神の敵は容赦なく地獄に落とす。その点、日本人の考え方は異なる。八百万《やおよろず》の神の神道では、死者は区別せずひとしく祀る。善人も悪人も神になる。

「善き神にこひねぎ、悪しき神をもなごめ祭る」（本居宣長『直毘霊《なおびのみたま》』）。政治の次元では敵味方を区別する日本人だが、慰霊の次元では死者は区別しない。そんなお国柄、いいかえると国体であるから、天皇については国の永続性の象徴として、その宗教性にふさわしい儀式を執り行う大祭司の役を担う万世一系の立憲君主であることを憲法で明文化すべきであろう。

私たちは「智識ヲ世界ニ求メ」ねばならないが、だからといって憲法が外国語からの翻訳調であってはならない。また皇室を西洋王室になぞらえて役割を限定すべきではない。日本の国柄にふさわしい言葉でそのことを記したい。国家の基本法は、私たちが朗々と読みあげたくなるような文章――『五箇条ノ御誓文』のような言葉であることが大切だ。

敗北主義的平和主義と訣別し、積極主義的平和主義へ

現行憲法には「平和を愛する諸国民の公正と信義に信頼して」としらじらしいことが書いてある。だがそれだけでは「われらの安全と生存を保持」することはできない。ありていに言えば、敗戦国日本は「政府の行為によつて再び戦争の惨禍が起ることのないやうにすることを決意し」と詫び証文を憲法に入れることで、そしてあわせて米国の軍事的な傘の下にはいることで、米国と講和し、共産圏諸国の軍事的脅威から日本を護ってきた。それが歴史の現実だ。現行憲法は、平和主義の美名の下に、連合国が敗戦国日本に武装解除を宣言させたものである。もっとも敗戦後の日本人は軍部支配の一国国家主義よりも一九四六年憲法の平和主義を良しとした。私もその米国の庇護下で育った日本人だ。

だがそのような米国依存を前提とする「平和憲法」は、精神の自閉症を生みかねない。独立心を欠く国民は国際社会の現実を直視しなくなる。一党独裁の隣国が軍事力を増強する一方、米国が世界の警察官の役割を放棄したらどうなるか。核の傘は破れ傘とならないか。中国は日米同盟に楔《くさび》を打ち込み、国民を心理的に

も軍事的にもゆさぶるだろう。その際、日本はぶれずにすむか。政界にもマスコミにも産業界にも反日勢力に迎合する者がわが国にはいる。私たちが自助努力を怠り、いつまでも他力本願であっていいはずはない。

そんな敗北主義的平和主義と訣別《けつべつ》し、互いに助け合う積極主義的平和主義に改めたい。その際、その平和主義を伝統に即したものとすることで、日本の憲法を真に私たち自身の憲法に改めたい。文明間の宗教的対立、階級間の抗争よりも和を尊ぶ日本であり、和諧社会こそがこの国の古代からの理想であることをこの際はっきり宣言したい。そうすれば初めて国民各層の深い支持を得る新憲法となるのではあるまいか。

ニッポン人の忘れ物

二十世紀の相聞歌

『源氏物語』の訳者ウェイリーは来日したことはないが、女性とのつきあいがどこか平安朝風である。彼には十歳年上の愛人ベリルがいた。ベリルは一九〇一年にオクスフォードを出た、今でいうフェミニストのはしりで、時々ウェイリーを残して外国へ行ってしまう。それも他の男を連れて行ったらしい。

他方、ウェイリーに憧れた女性にニュージーランドから上京したアリソン・グラントがいた。この文学少女は彼とのはかない交際の後、ほかの男と結婚するが、第二次大戦中夫と離れウェイリーと逢瀬を重ねた。すると「解放された」はずのベリルが二十二歳下のアリソンに猛烈に嫉妬して呪いをかける。その様は葵上と六条御息所の確執などを思わせる。私がそう思うだけでなく彼らもまた「夕顔」などと口走っていたのである。

英京のスター女性のベリルは南海の果てから来たアリソンに向って「あなたはマオリ族ですか」などと失礼な質問をわざとした。ベリルの友人や高級知識人はとんまな答をするアリソンを黙殺する。彼女は日陰者となった。それでもウェイリーの愛情を信じて疑わなかった。それは彼が時々アリソンに美しい筆蹟の和歌を届けたからである。

瀬を早み岩にせかるる瀧川のわれても末にあはむとぞ思ふ歌はもちろん英訳されていた。そのような歌を受取った人なら、十二世紀の大和撫子に限らず、二十世紀の西洋女性も恋心をつのらすのは当然だろう。

ベリルは一九六二年ウェイリーの手厚い看護を受けて亡くなり、四年後にウェイリーも七十六歳で亡くなった。親戚友人はそこで驚いた。アリソンがウェイリー未亡人となっていたからである。ウェイリーは死ぬ一月前の病床で結婚していたのだ。世間はこれをスキャンダル視した。だがかつての文学少女も負けていない。アリソンはウェイリーとの愛の半生ともいうべき自伝を書いた。世間はその内容に嘘いつわりが多いと非難するが、私はウェイリーがポストに入れた相聞歌《そうもんか》を読むと、愛情の真実を思わずにいられない。和歌は西洋語に実に訳しにくい。だが次のような訳を読むと、訳者の気持が平安朝の昔もきながらに伝わるではないか。

Like the waters of a river
That in the swift flow of the stream
A great rock divides,
Though our ways seem to have parted
I know that in the end we shall meet.

日本人が忘れようとしていた恋の相聞が二十世紀中葉のロンドンでこうしてひそかに行われていたのである。

国際間の社交

一八九一年は明治二十四年に当るが、本稿執筆のちょうど百年前である。日本軍艦比叡はシドニーに寄港した。すると広瀬武夫少尉のもとに一封の英文が届いた。新聞で乗組員氏名に「ヒロセ」姓を認めたが、貴君は以前ニュージーランドで拙宅を訪ねた旧知の人ではないか「謹デ確報ヲ待ツ」という。武夫は驚いた。先年ウェリントンへ廻航したヒロセは兄だったからである。武夫は約束した日には「タトヒ猫降リ犬降ルノ天候タリトモ、必ズ」そのショー氏に会いに行こうと決心した。すると日曜ショーは大款待し翌日は艦まで土産を届けに来た。かねて攘夷家として知られた武夫が洋人と交際があるというので艦内で大評判になったが、『航南私記』（講談社）を読むと、武夫は家伝の日本刀を贈って好意に謝している。明治の軍人が憂国の士でありながら、国際社会における日本に思いをめぐらすようになったのは、このように個人的にも外国人と交際があったからだろう。武夫が後にロシアで貴族令嬢に愛され、旅順で戦死した時、その死を悼む手紙が交戦国から海を渡って届いたことは島田謹二氏の研究『ロシヤにおける広瀬武夫』で知られている。

ではなぜショーがそんなに親切だったのか。それは武夫の兄を乗せた軍艦が南洋へ航海した時も親善につとめたからである。ニュージーランドでは別れを告げるべく艦長は風波をついて一艇を陸に送った。そのボートがあるいは波頭に上り、あるいは波底に下って難儀していた時、陸から帆を張った船が波を破って快走して来る。その乗員が舷門に上って来た時、日本の将兵は驚いた。我方の好意に応え、惜別の意を表しに来た総員八名ことごとく妙齢の貴夫人令嬢だったからである。

武夫の兄勝比古の娘馨子は、武夫がシベリア横断に先立ち約束の切手を送った姪として知られる。その母春江は「私は交際は一流ですから」と言ったというが、多忙の夫に代り外国知人と英文の手紙で社交を続けた。ウェリントンの一家族には馨子と同じ年ごろの娘がいると知り馨子が結婚する時、花嫁が着たと同じ打掛を記念に贈った。それを持ってロンドンへ上京した娘こそ先に紹介したアリソン・グラントだったのである。そんな娘だから『源氏』の訳者ウェイリーに惹かれたのだ。「私には日本学者と結ばれる縁があったの」とアリソン・ウェイリー未亡人は住居を訪ねた私に黄の打掛をひろげて見せた。ヒロセが誰であるかを知る私は奇縁に心打たれた。

私たちは忘れがちだが、先輩が国際間の社交につとめてくれたからこそ日本は今の日本であり得るのである。

広瀬武夫の『航南私記』

近年の日本人が忘れたものに「洋行」がある。これは飛行機が発達し客船が捨てられたためだ。だが何日もかけて船で西洋へ渡る時、そこには非常な教育効果があった。外国人との交際もおのずと生じた。前回、広瀬武夫がシドニーで「タトヒ猫降り犬降ルノ天候タリトモ」必ず会いに行くと西洋人に誓ったと書いた。なるほど戦前の教科書に約束を守った人としてあげられた広瀬らしい、と思う読者もいるだろう。だが私には明治の海軍少尉のユーモアが面白い。あれは英語の熟語の it rains cats and dogs を漢文訓読体に直訳したからおかしみが出たのだ。広瀬が江頭少尉とトルコ浴場をためした節も滑稽だ。

「寝ルコト僅カ二三分、試ミニ摩一擦スルニ、汚垢ハヨヂレテコヨリノ如シ」。蒸風呂で湯につからぬ先からこの様だが、狭い軍艦の長旅の後だから無理もない。すると黒人が広瀬を木台にのせ「徐ロニ胸部ヨリ擦リ始ム。恰モ是俎上ノ肉、安達原ノ悪婆ガ妊婦ヲ劈キタル装置モカクノ有様ニヤト、互ニ顧ミテ一笑セリ。黒奴ノ汚垢ヲ擦スル手練又巧ニシテ、擦々声アリ。身体、四肢、睾丸、臀部ニ至ル迄洩スコトナシ。擦了ツテ再ビ石鹸ヲ取リテ洗一洗シ」後はシャワーで垢をことごとく流し去った。こんな健康な文章に接するとこちらまで「吾身ナガラモ吾身ニ非ラザル程、軽ヤカニ快キ」心地がする。

貧書生のころ夏イタリアを旅し、宿に泊っても風呂にはいれず、ごくたまに安い公衆浴場へ行った。といっても個室にバスがあるだけで三助はいない。積日の垢が浴槽に溢れて、体も洗ったが、その後汚れたバス・タブを洗うのに時間がもっとかかった。洗わないと恥しいくらい垢が出たのである。そんな私自身の思い出と重なるためか『航南私記』はなつかしい。

広瀬はシドニー第一のクラブに入る。紳士連は英国風で「食膳ノ美味モ、何トナク四方ノ厳粛ナルガ為、窮屈ナルヲ感ゼシガ、之ニモ屈セズ、腹一杯ニ喰込ミタリ」。この最終節の言いまわしにも笑いがある。

広瀬の濠洲でのトルコ浴場行きを読むと漱石の道後温泉行きの滑稽が連想されてならない。坊っちゃんは湯から上ると、周囲の目にも屈せず、団子二皿七銭食った。

明治は政治家も官僚も軍人も良き文章を書いた。電話がないだけ手紙も書き、日記や旅行記も記し、自己修養につとめたからだろう。広瀬の友人で漱石の友人でもあった参謀秋山真之も一代の文章家だが、からっとした笑いは広瀬の方が上である。

約束を守る

広瀬武夫ハロシヤカラ帰ル道デ、大ソウナンギナ所ヲ通ルコトニナリマシタ。ソノ前ニ武夫ハアル子供トロシヤノ郵便切手ヲミヤゲニ持ッテ帰ルヤクソクヲシタコトヲ思ヒ出シマシタ。ソレデソノ子供ニアテタ手紙ヲ書イテ、郵便切手ヲ入レ、ソレヲ自分ノ兄ノ所ヘ送ッテ、「モシ私ガ死ンダラ、コノ手紙ヲ子供ニトドケテクダサイ」ト頼ンデヤリマシタ。——

戦前、小学二年の時、私は修身でこの話を習った。父が洋行し私も切手を集めていた時なので子供心に印象が残った。武夫は明治三十四年十一月末、冬のシベリア横断に先立ち露都から姪の馨子にも手紙を書いた。「切手ハ、博士ペテルセンノ令嬢ガ、私ノタダ一人ノ姪ノ馨子チャンノ為トテ、集メテ呉マシタモノデス。私モ露西亜デ踏舞（ヲドリ）ヲ知マシタ。帰ッタラ教テ上マショウ。大層上手トハ誰モホメマセンケレドモ」と『広瀬武夫全集』（講談社）にある。武夫が旅順で戦死し、軍神と讃えられた時、心のこもった追悼の文を敵国日本の武夫の兄嫂春江へ寄せた人が文中の博士令嬢マリヤである。

春江もよく約束を守った。夫広瀬勝比古の遺言を守り、義弟武夫を敬慕する内外の人と長く交際した。大正四年馨子が広瀬末人少尉に嫁いだ時、花嫁の帯と同じ帯をウェリントンの旧知の令嬢に贈った。そのアリソン・グラントが後に『源氏』の訳者ウェイリーの伴侶となった経緯は前にふれた。

だがやがて日本は英米と敵対し、第二次大戦に敗れ、婿の末人中将は戦犯容疑で捕まるかと危惧された。インフレで財産は失せ生活は苦しい。馨子の次女はついに占領軍のクラブガールに応募した。採用の時“She is OK”と笑うアメリカ兵の声が耳に残った。世間は旧軍人の家族に冷たい。しかし今は亡き春江がその昔英文で交際した外国人は人情を忘れていない。朝鮮戦争に国連軍将校として出征したアリソン・グラントの息子が、伊豆の農家の離れで暮していた馨子を探し当てると、半世紀前の祖父と広瀬兄弟の思い出を語った。日本人記者が「広瀬中佐の姪いづこ」と無作法に上りこんで写真を撮ろうとすると、馨子はつと次の間に消えた。新聞に出たのは馨子が代りに差出した、夫が緒戦に勝利し帰還した際、記念に撮った紋服姿の写真であった。

約束を守るとは、人としての誇りを守ることである。故人との信義を忘れ自敬の念を捨てた日本人に、国際社会で対等のつき合いはあり得ない。日本は軍国主義でほろんだが、だからといって立派な軍人がいたことを忘れてはならない。

八十日間世界一周

西暦一八七二年は明治五年だが、そのころ八十日間で世界一周した人と八百日間で世界一周した人がいた。八十日間はもちろんヴェルヌの小説の主人公フォッグで、八百日間は岩倉使節団の一行である。大久保、木戸、伊藤等は明治四年十一月十二日に横浜を出帆、米国に長逗留し明治五年夏、英国に着いた。他方フォッグがロンドンを出るのは同年十月二日だから、彼は理屈の上では岩倉大使の和服姿を英京で見かけたかもしれない。両者は東西出発点こそ違え道程はそっくりで、風景描写もすこぶる似ている。ロッキー山脈に向うあたり、共に寝台車で目を覚ます。是非音読していただきたいが、使節団の久米邦武は『米欧回覧実記』に書く。

「是ヨリ山勢益々層複シ、鉄路ハ傾斜シ仰イデ上ル、気色甚ダ壮ナリ、此辺ノ山ハ疎々ニ樹アリ、岩石ヲ露シ、松樹ノ類多シ。鉄路迂回シ谿坂ヲ渡リ、時ニ高橋ヲ架シテ両山ヲ接連シ、山層層ニ出テ、シバラクノ間ニ六百尺ヲ上リ岩壑ノ下ニ至ル」

ヴェルヌは『八十日間世界一周』（川島忠之助訳）に書く。

「此時旅客ハ硝子窓ヲ透シテ眺ムレバ此辺ノ轍路《てつろ》線ハネバダ嶺《れい》ノ屈曲ニ従ヒテ築キシヲ以テ或ハ峨々タル峻嶺ノ半腹ニ沿ヒ或ハ千仭ノ絶壁ニ懸リ、急曲ヲ避ケテ故《ことさら》ニ迂回シ、深谷《しんこく》ニ入リテ出ル処ナキカト疑ハル復《ま》タ遠ク機関車ノ過グルヲ見レバ左右ノ号燈及ビ銀色ノ信鐘《しんしょう》閃々トシテ輝キ、排障器ハ突出シテサナガラ巨獣ノ疾走スルガ如シ」。その蒸気機関車が故障して山中で立往生するのまで両者はそっくりだ。ちなみにヴェルヌの川島訳が出たのは明治十一年六月、久米『米欧回覧実記』が出たのは同年十二月である。

だがこの小説と実記が相似る印象を与える最大の理由は、両者とも見事な漢文訓読体で書かれているからだ。表意文字と表音文字を組合せる漢字仮名まじり文は、目にも耳にも視聴覚的に訴える点、単なる表音文字の文章よりよほど印象が深い。

しかし敗戦後の日本人は漢文訓読体を忘れた。日本に和平をもたらした八月十五日の終戦の詔勅は、一億国民の心をとらえた日本文学史上に永く伝わる情理兼ね備えた文章だが、あれが漢文訓読体が放った最後の光芒だったという気がする。

その後、無教養の官吏は横着となり、官庁でも横書きの横行だ。能率も結構だが、安直は困る。今の官僚には模範とするに足る新しい文体がまだない。近年の日本人の「八十時間世界一周」の外国把握が、久米邦武、広瀬武夫、秋山真之といった明治人の正確な記述に及ばないのはそのためであろうか。

米国大陸横断鉄道

飛行機の発達で忘れたものに大陸横断の鉄路の旅がある。岩倉具視の一行とヴェルヌの小説の主人公が世界一周したのは同じ一八七二年だと述べたが、両者は開通してまだ四年の米国横断鉄道に乗って、共にロッキー山脈を越えて東へ進んだ。

「河上ニ始テ一群ノ小鳥飛翔ルヲ認ム、是ヨリ人境ニ入タルヲ覚ヘタリ。夕陽野ニミチテ、千里ノ黄草ハ茫トシテ寒烟ヲ生ジ、河水清クシテ時ニ瀬声ヲキク。青山ノ目ニ上ルナキモ、自ラ気色ノ愛スベシ。イハンヤ三日ノ間、無人ノ荒原ヲスギ、遼遠ノ漠野ヲ鑿空シ来リ、此嘱目ヲナシツツ、東方繁庶ノ境ニ達セントス。車廂穏カナルモ、転輪ノナホ渋キヲ覚フナリ」

これが久米邦武の『米欧回覧実記』の一節で、同じネブラスカの冬景色をヴェルヌの主人公フォッグはこう叙した。

「此辺ハ小藍河ノ支流、平原ニ縦横シタリト雖モ、ミナ積雪ニ没シ所在判ズベカラズ。タダ渺々タル銀世界ノウチ更ニ一物ノ眸裏ニサヘギルナク只タマタマニ寒樹ノ朔風ニソヨグヲ見ルノミ。絶テ村落ノ影ダニナシト又時々野鳥ノ食ヲ索メテ群翔スルアリ。或ハ飢ニ迫ツテ原野ヲ彷徨スル数隊ノ痩狼ガ、橇上ニ人影アルヲ認メ、疾走シテコレト競フアリ」

なんという両者の描写の一致だろう。こんな景色を眺めつつ私も一度汽車でゆっくり大陸を渡ってみたい。もっとも岩倉以下は大雪にはばまれてソールトレーク市で半月以上も立往生した。そこで「一夫七婦ヲ娶ル以上ニ非レバ天堂ニ上ルヲ得ズ」というモルモン宗に呆れたり興じたりしている点は両者全く同じである。汽笛一声汽車は停車場を離れようとする。その時走って最後尾の客車に飛び乗った男がいた。聞くと家庭争議にたえきれずに逃げ出したという。「辞ヲヒククシテ妻妾ノ数ヲ問ヘバ、モルモン先生ハ天ヲ仰ギテ嘆ジツツ『一婦ナリ、シカレドモナホ我ニハ餘リアリ』ト云ヒケリ」などという一節にはなんともいえぬ笑いがある。

久米はまた車窓から穴居住いのインヂヤンを見かけた。「米人地ヲ奪ヒシユヘニ土人ミナ怨憤シ、今ニ報復セントスルノ心タヘズ。嘯集シテ鉄道ヲ破砕シ、或ハ大石ヲ圧シ、種々ニ妨害ヲナシ、怒レバ毒矢ヲタバサミテ行旅ヲ射ルニ至レリ」

西部劇の世界がまだあったから、フォッグの汽車は蓄賊に襲われる。もし岩倉、大久保、木戸、伊藤の汽車がやられたら、明治の歴史はすっかり変ったに違いない。だがそんな大胆不敵な襲撃を仮定するのは人種偏見を助長する。新聞に書かれては困るという人もいる昨今である。

西国立志編

岩倉使節団が明治四年に米欧回覧に旅立った時、一行が持ちあわせていた西洋知識は主として福沢諭吉『西洋事情』とスマイルズ著中村正直訳『西国立志編』とから成っていた。後者は原題を自助論といい巻頭の一節「天ハ自ラ助クルモノヲ助クト云ヘル諺ハ確然経験シタル格言ナリ」という漢文訓読体の訳文の高らかな響きはすばらしい。**"Heaven helps those who help themselves" is a well-tried maxim** という原文よりも美しい。

一八五九年に英国で出た『自助論』は一八七一年すなわち岩倉使節団が出発する年に中村訳が出、明治の一大ベストセラーとなった。この本は産業化が進行し、中産階級がのびつつあった英国で、ミドル・クラスの人に自助努力をすれば成功し得る例を伝記の形で説いたものだが、蒸気機関の発明者ワットとか自動織機の発明者ヒースコートとかを語る第二編がとくに印象的である。それを読んでいただけに岩倉使節団も西洋の工場をあれほど丹念に視察したのではあるまいか。同じころ米欧を回覧した中国人の旅行記に久米邦武の筆になるような工場の綿密な記録が全く欠けているのは、その後の中日両国の近代化の遅速の差を知る者には、なにか示唆的である。清朝シナの士大夫は「君子ハ器ナラズ」と自負していたから、今の党幹部と同じで、自分で手を下して機械の仕掛を調べようなどとはしなかったに相違ない。それに対し実学本位の佐賀鍋島藩出身の漢学者の久米は、さながら彼自身がエンジニヤーのごとく技術の理解につとめ、かつ正確に記述した。それだから久米『米欧回覧実記』のマンチェスターやシェフィールドの記述に従って、いま棉布を作ろうとすれば棉布も出来、製鉄をしようとすれば鋼鉄さえも出来るのである。

「福ナル哉、今日ノ西国ノ民ヤ、古ノ帝王トイヘドモモッテ何ゾ及バンヤ」。維新前に渡英した幕府の儒者の中村は手放しで西洋産業文明を礼讃した。維新後に渡った岩倉や大久保も、日本が文明開化の道を進まねばならぬのは自明だと思った。

それにしてもスマイルズ『自助論』が、日本で英本国の四倍も売れた様は壮観である。当代切っての漢学者中村が、平明な漢文訓読体に訳したお蔭だが、それと同様、西洋文明をその細部まで具体的に把握できたのは久米邦武がやはり漢文訓読体で米欧回覧を実記したお蔭だ。

日本には、中国と違って、元々は外国語である漢文を訓読して外国文化を自己のものとするという知的訓練があった。それで中国よりも早く西洋文明も把握できたのだ。森鷗外の翻訳も文章もその線上に花開いた文学だ。

家庭のある国、ない国

二十世紀の後半に米英では女が外へ出、ホームがなくなり、家庭崩壊の進行とともに「楽しきわが家」もうたわれなくなった。ホームは本来、主婦がいてこそ楽しき我が家であった。妻が外に出、鍵っ子がテレビにかじりついている家がスウィート・ホームであろうはずはない。米国に家族はあるが家庭は少いといわれ出した。ホームはあっても少年院代りの「少年ホーム」や姥捨山の「老人ホーム」で、これではHome, Sweet Home の曲が受けるはずはない。

だが女性解放闘争の結果が家庭の消滅なら心淋しい。ハウスレスと違ってホームレスは住居を与えても救えない。戦後わが新聞の婦人欄はひたすら米国をモデルにしてきた。だが強姦・麻薬・犯罪といい、米国社会はいまや反面教師に思えてならないのである。

日本人は文部省唱歌に訳された「埴生の宿」が家庭讃歌ということをまだ憶えている。「はに」が黄赤色の粘土で「はにうの宿」が土にむしろを敷いて寝るような貧しい家だという意味は知らずともこの曲がSweet homeの讃歌だということは知っている。漢字の「家庭」はかつてはhomeの意味ではなかった。それが日本でも中国でも今ではその意味でしか使われなくなったのは、私たちが英米人のホームを美しく思ったからだろう。それだけに本国で歌われなくなったこの歌を台湾で聞いた時、私はなつかしさを禁じ得なかった。そしてその時こんなことを考えた。

「解放」という言葉に私はいつもまやかしを感じる。私が中国人だったら、大陸にいて解放軍に解放されたより、台湾や香港やシンガポールにいて今日の自由と繁栄を享受することをより幸福に感じるだろう。私が東欧の人だったら、ソ連軍に解放されたより、そんな解放軍から自由になれることをより幸福に感じるだろう。すくなくとも今日の日本の幸福は解放軍が来なかったお蔭だ。それと似たまやかしが女性解放闘争にもあったのではないだろうか。

結婚して二組に一組は七年後に離婚するアメリカは女性にとって前より幸せな国なのだろうか。また女性解放闘争の遺児とも呼ぶべき崩壊家庭の子供たちにとって幸せな社会なのだろうか。アメリカの経済不振の根底に家庭崩壊や教育水準の低さや犯罪や麻薬のあることがいわれている。あれでは労働者の能力が日本の労働者の水準に及ぶはずはない。米国の当局者は初等・中等の教育水準を引上げようとやっきだが、米国の家庭は日本の家庭ほどよかれあしかれ教育熱心ではない。子供の教育に熱心なのはユダヤ系と東洋系の母親だ。

「家斉うて後に国治まる。国治まりて後に天下平かなり」とは『大学』の句だが、昨今順調な発展をとげる東洋の中進国には「家」を重んじる国が多い。解放の宣伝に乗って、夫婦別姓にして、家庭不和になっても仕方がない。西洋が東洋の「家庭」を羨む時代がやがて来るかもしれない。

封建的家父長制

戦前の日本は重苦しかった。「地震、雷、火事、親父」といって、こわい親父は家の重圧を象徴していた。藤村や志賀などが繰返し描いたのも家族のしがらみと父子対立で、日本に「楽しき我が家」は無きがごとくであった。中国では巴金が、朝鮮では廉想涉が家の問題を取上げた。東洋には個人主義がないから暴君が出、専制になるのだ、ともいわれた。政治上の封建的家父長制は「解放」後は人民民主主義という新装をまとって中国や北朝鮮（朝鮮民主主義人民共和国）に現出した。シンガポールでもリー・カン・ユーは立派な国父だが、父ほど顔に緊りのない息子が政権を継ぐのだとするとやはり問題だ。

だがその東洋も変り出した。昨今の日本で親子の対立などもはや文学の主題にもならない。むしろ家庭における父親不在の方が社会問題と化している。家も国家も軽くなって結構だが、湾岸戦争が勃発してみると日本には軽い首相がいるだけで重みのある father figure がいないことににわかに気づかれる。日本人は「闘う家長」という存在を忘れたらしい。

同じく中国とは言っても台湾は変わり出した。蔣介石、蔣経国と二代続いたが第三代の総統は予想に反し、台湾生れ旧制台北高校・京都大学卒で米国留学の李登輝となった。台湾は経済的に繁栄するのみか言論・表現の自由化が新文化を生んでいる。疑う人は映画を見るがいい。社会的タブーや自己規制から自由な点は韓国よりもずっとのびやかだ。とくに侯孝賢監督の『悲情城市』で日本の旧制高校の歌を聞いた時、その真実性に心打たれた。台湾には日本語の存在に目ざとく神経を尖らせる自称愛国者は少いらしい。

一九四五年八月十五日から数年にわたる林家の生活を描いたこの映画は、ヴェネチアで大賞を取ったから、見た人は多いだろう。言論自由の点で驚くべきは、外省人の国民党軍による台湾人の虐殺事件がリアルに描かれていることだ。日本人が引揚げた後にはいった規律の弛んだ国民党軍について「犬去って豚来たる」と土地の人は言った由だが、一九四七年二月二十八日事件の後、国民党への憎悪に満ちた台湾のインテリが処刑される。その死刑直前あえて北京語の民族主義謳歌の曲を歌わず、旧制高校の寮歌を歌う。これは日本の寮歌祭で旧制オンチが寮歌をうたうのとは次元が違う。李総統の同期にも処刑された人はいたのだろうか。

だがそんな映画が台湾で公開され未曾有の入りと聞くと、台湾の表現の自由に敬意を表せざるを得ない。日本の大新聞は台湾を忘れたようだが、言論は自由であるはずだ。もっと特派員を送ってきちんと報告してもらいたい。

植民地化の功罪

私たち日本人は植民地主義を罪あるものと思いこんでいる。私もその一人である。しかしこの地球上で植民地化は過去においては必ずしも悪いことと思われていなかった。

白人が南北アメリカを征服したのは植民地を作るためだったし、ロシア人がシベリアへ進出したのもコロナイゼーションだった。世間は先住のインディヤンやツングース族の失地回復の要求に耳をかそうとしないが、一九九二年コロンブスの新大陸発見五百年祭には祝賀に賛成の声とともに反対の声もインディヤンから激しく出るにちがいない。

イギリスは七つの海を支配した帝国だったが、第二次大戦後は植民地を次々と手ばなした。それでもサッチャー首相はその過去について謝罪などしない。一九八八年九月の大演説で「西洋人が世界の各地を探検し、植民地化し、そして文明開化したその歴史はまことにすばらしい勇気と手腕の物語でありました。その植民地化の歴史に対して私はなんら謝罪する必要を認めません」と言ってのけた。

同じ植民地主義でも英国のそれは功のみが強調され、日本のそれは罪のみが強調されるのだとすると、はなはだ不公平だ。イギリスが中国に仕掛けた阿片戦争など酷いものだ。第二次大戦で日本軍が香港を落した時、躍り上った人は日本人だけではなかった。李香蘭出演の日本映画『阿片戦争』は日本軍占領下の中国でも上映されたが、林則徐の運命に涙した観客は日本人だけではなかった。中国人も東亜侵略百年の英国に対し怨みを抱いていたのである。

だがそれでもサッチャー女史は謝罪の必要を認めない。そしてその態度が正しいと思われる節も時にある。それというのはいま香港住民の多数は、英国系白人に限らず中国系も、大陸に返還されるよりは現状の方がましと思っているからである。植民地主義は清算され、香港は一九九七年中華人民共和国に返還されるが、私が香港の住民ならやはり現状の方がましと思うだろう。金があるなら返還前にカナダへ移民したいと思うだろう。そんな本音に接すると植民地化の功も考えざるを得ない。

一九五〇年夏、朝鮮半島で金日成の大軍が北から南に攻めこんだ時、私は日本は米国という軍事大国に占領統治されていて良かったと思った。かつて一ルーマニア人は独裁者の下での独立国より植民地の方がましと言った。私たちはどうやらそんな歴史の本音を忘れたようである。

衛星テレビと語学教育

湾岸戦争が日本人に教えたことは戦後日本の「進歩」勢力が説いてきた一国平和主義では日本は地球社会の一員としてもはや生きていけない、これからの日本は国際平和主義を奉じ、地球社会の秩序維持にも、金や人や知恵を出して、積極的に貢献せねばならぬ、ということだろう。そんな日本人の意識の変革には衛星テレビも一役買っているようだ。

湾岸危機は大学の入学試験の最中に地上戦に突入したが、大学教師の共通の話題はもはや日本の新聞の報道や社説でなくてCNNやABCニュースだった。国際関係論の教授に限らず語学の教授はたいてい直接英語で聞いている。「いや教師だけじゃありません。受験生も書取のヒヤリングの練習に衛星テレビを見てます」と英語の先生が言った。結構な話である。

しかし日本人が米国本位の国際ニュースばかり聞かされるのも健全でない。日本の立場から疑問に思う点もずばずば質問してくれる特派員が欲しい。その点、日本人ばなれしてるのがNHKの日高記者で、ワシントンの狭い部屋で大のアメリカ人と膝と膝を突きあわせて遠慮なく質問する様はたいそう面白い。ブロークンな英語も使うし、文法的な誤りもある。しかし相手との意思疎通が実にうまい。あれは日高記者が米国に永くて場数を踏んだ度胸のお蔭だろう。

だが興味深いのは、外国人も日本人も、英語はいまや国際語で、文法や発音の誤りはあろうと、どしどし意志を正確に表現できる方が大切だ、という認識がひろまりつつあることだ。日本語には冠詞がない。日本人は西洋語を話すと冠詞の使い方をどうしても間違える。しかし日本語で冠詞なしでも意志は通じるのだから、英語で冠詞抜きで話しても用は足りるのである。

しかし日本の受験生や大学生は言葉には過ちを許す許容範囲があることを忘れた。これは共通一次やマークシートの減点法のせいで、日本人は「間違えてはいけない」という意識を持ちすぎる。そのせいで気楽に話せなくなっているのである。

テレビ局では外国語の達者な記者が次々と登場し、海外帰国子女の活躍も目立っている。それに比べ不振なのは大新聞で、海外で記者会見の席上、日本人記者が外国語で突っこんだ質問をする様を見たためしがない。日本の大新聞の中に一国内でしか通用しない一国平和主義を奉ずる社があるのは、国内でしか通用しないサラリーマン記者の大集団を抱えてるせいではあるまいか。日本の情報空間の特殊性や閉鎖性はその辺に起因するのだろう。

「伏せ字」は消えたのか（没原稿に代えて）

××と伏せ字がなければ検閲がないのかといえばそんなことはない。読者の目に見えない形で検閲や表現の自己規制は行われている。一九九二年は人民中国では郭沫若の生誕百年で礼賛記事が新聞にたて続けに載った。しかし郭はオポルチュニストで、毛沢東が文化大革命を発動した時、真っ先に迎合した知識人として中国で心あるインテリからは毛嫌いされている。そんな郭の悪口は口コミでは聞かされるが『人民日報』には絶対に載らない。「『人民日報』なんてつまらない新聞だね」と言ったら中国の学生が、「新聞じゃありません、宣伝です」とずばりと言った。

そんな話を中国留学生にしていたら、「先生が羨《うらや》ましい。先生は日本の大新聞の悪口を活字にしても安全だけど、中国ではそんな事は口では言えても絶対文章には書けません」と言われた。書けるうちが花。それでこの連載の結びにこんな感想も率直に書かせていただいた。ただしそれは『平川祐弘著作集』だからこそ活字になるので、この『日本経済新聞』連載の「ニッポン人の忘れ物」の最終回の記事が実際はどうなったか。それについては『著作集第三十三巻に寄せて』を御覧願いたい。

日曜論壇

皇室外交と憲法

ご訪中延期を歓迎

天皇陛下のご訪中は、一九九二年五月までに決定しないところをみると、今年の秋にはないらしい。私は陛下がいつの日か皇后さまとご一緒に中国に行かれるとよいとは思うが、この一九九二年秋のご訪問が先送りになったことにはほっとしている。それというのは陛下のご外遊は、国民の大多数が両手をあげて賛成の場合にのみ実現すべきであって、自民党の内部ですら意見が真っ二つに割れているような今、無理にお願いして北京へ行っていただくことはないと思うのである。

一九七一年、昭和天皇が皇后さまとともにヨーロッパ七カ国ご訪問の旅にお出かけになった時、日本国民は、極左の少数を除いて、陛下のご旅行に賛成した。日本も経済復興をなしとげて国民の中にもヨーロッパへ遊びに行くものがふえつつあった当時だから、国民は陛下も一度骨休めに西洋へ感傷旅行にお出ましになって当然と感じたのであった。日本の庶民は昭和天皇ご夫妻がなにか私的なご旅行にお出かけになるように最初は受けとめたのであった。ところが実際ヨーロッパ七カ国をご訪問なさるとなると、特別機がアラスカのアンカレッジで給油する際、アメリカのニクソン大統領がわざわざワシントンからお出迎えに飛んで来た。防弾ガラスのついた車がやはり空輸されてくるという仰々しいことになった。

陛下と政治的発言

日本国憲法第四条には、「天皇は、この憲法の定める国事に関する行為のみを行ひ、国政に関する権能を有しない」と規定されていて、天皇は政治の外のお方であるはずである。それなのに、一九七五年の渡米の際のごあいさつや、全斗煥大統領来日の際の昭和天皇のお言葉や盧泰愚大統領来日の際の今の陛下のお言葉は次々と政治問題化した。

私は憲法学者でもなんでもないが、先の昭和天皇は太平洋戦争開始当時の日本の天皇だからワシントンでアーリントン墓地にお参りになり、「深く悲しみとする、あの不幸な戦争」とお言葉を述べられたのは人間としてきわめて儀礼にかなったことと考える。しかしいまの陛下までが外国の元首と会われるたびに政治的意味をもつ発言をなさらなければならない、というのは日本国憲法の精神から逸脱しているのではないか。

昨一九九一年、国賓として来日したオランダのベアトリックス女王は第二次大戦中、オランダ領東インドにいたオランダ国民が太平洋戦争に巻きこまれてたいへんな迷惑をこうむった、と宮中の晩餐会でスピーチをした。イギリスのエリザベス女王は来日したときこの種の苦情は言わなかったが、なぜオランダの女王は言ったのだろう。イギリスの女王にはイギリスの植民地支配も悪であったという自覚があったから言わなかったにちがいない。私はオランダ女王やその側近は近年の日本たたきに乗じて言い過ぎたのであって、インドネシアの人ならオランダの植民地支配を良しとしたオランダ女王の発言は聞き捨てならない、と感じたに相違ない。しかし宮中の晩餐会で日本の天皇にはオランダの女王の発言に反論する権能は与えられていないのである。また反論してはいけない以上、政治にまつわる発言はそもそも公式の場でなさっていただいては困るのである。

不可解な外遊推進

私は日本政府や外務省が天皇のご外遊を積極的に推し進めることを不可解に思う。この地球上には分断国家がある。その一方に親善訪問をなされれば、他方にそれだけ敵対感情が生まれるのは当然である。民衆から支持されない大統領や政府に向けて謝罪をすれば、今度は次の大統領に向けても謝罪することを要求される。

外国人は日本の天皇がほかの国の君主と同じようなものと思っている。戦前の旧憲法に規定された天皇と戦後の新憲法に規定された天皇の区別などほとんどだれも知っていない。その外国人や外国の政治家の日本天皇認識にあわせて陛下のご外遊をセットするのは非常な誤りではないだろうか。和辻哲郎は『国民統合の象徴』（昭和二十三年）の中で、憲法が天皇を「国民統合の象徴」という場合の「国民」とは、政治的共同体でなく文化的共同体であり、天皇は古来文化的共同体としての日本の象徴であった、という。私は天皇が京都にお戻りになり、国事行為は大幅に縮小して、皇室関係者にプライバシーが大幅に保障されるようになると良いと思う。

天皇家は万世一系という生命の永続性の象徴であることによって、日本人の永生を願う心のひそかなよりどころになっている。私はそのような天皇家のいやさかを祈る者なので、政治に利用されやすい「皇室外交」には疑問を抱くのである。

暗い夜、船が沈む時

船と運命を共に

暗い夜、船が沈む時、昔の西洋では屈強な男だけがボートに乗って逃げるのが当然視された。腕っぷしが強くなくては陸地まで漕ぎつけない。女子供は足手まといなのだ。「命あっての物種」でサバイバルがすべてに優先する。ボートに手をかけようとする女子供を海中にまた突き落としたというから野蛮なものだ。それでも後で罰されもしなかった。

「命ハ義ニヨリテ軽シ」。東洋の聖賢はこんな立派な事を口で言った。だがその義はもっぱら主君や主席にお仕えするためで、中国の士大夫も朝鮮の儒者も日本の漢学者も、船が難破した時、いかだの席を女子供に譲って死んだ、という故事を聞いたことがない。儒者の中には難船して自分だけ命拾いした人もいたろうが、塾へ戻り見舞客に礼をいうと、また聖典の講読を恭しく続けたのだろう。実際、徳川時代の船頭で難破した時、まず客を救って自分は船と運命を共にした、など聞いたことがない。

ところが一八五二年、英国の軍用船バーケンヘッド号がアフリカ沿岸で座礁した。

「女子供ヲ救エ」

の命令が出、数隻のボートはそれでいっぱいになった。司令官は「泳げる兵士は飛びこんであのボートにすがれ」と言おうとしたが、ライト大尉が「いや、そうしたらあの女子供を乗せたボートは転覆します」と制した。それで四百余人の兵士は甲板で直立不動の姿勢で突っ立ったまま船と運命を共にした。

この報が伝わるやイギリス朝野は感動した。事件は日本にも明治四年、中村正直の手で伝えられた。「ソモソモコノホカニ餘レル小舟一隻モナク、危難ノ逃ルベキ望ミアラズ。シカレドモ衆人心平ラカニ気静カニシテ、一声ノ怨言ナク一声ノ啼哭ナク、コノ一群ノ英雄、船ノ沈ムニシタガヒ波濤ノ中ニゾ葬ラレケル」。この『西国立志編』の一節は儒教道徳で育てられた日本人を感嘆させた。「身ヲ殺シテ仁ヲ成ス」の教えが文字通り実行されている、と思ったからである。

事件は小説化されてイタリアにもデ・アミーチスの手で伝えられた。『クオレ』の中の「難破」の少年がボートの最後の席を少女に譲って自分は死ぬ哀話がそれである。

日本男児の恥

一九一二年、当時世界最大の豪華客船タイタニック号が北大西洋で氷山と衝突して沈んだとき、女子供が助けられ感動を呼んだ。氷の海に飛びこんだ日本の男はボートに拾われ、蘇生するや必死にオールを漕いで感謝された。しかし帰国するや「なんで死ななかったか。日本男児の恥」と世間からたたかれた。それというのもスミス船長以下千五百人が船と運命を共にしたからである。ちなみに助けられたのは主として上級の白人婦人船客で有色人種や下等船客は銃で脅かされて女でもボートに近づくことは許されなかった。

Captain goes down with the ship. ヴィクトリア朝英国で生まれたこの格言は日本にも伝わり、第二次大戦ではイギリス東洋艦隊のフィリップス提督もマレー沖で旗艦と運命を共にしたが、日本海軍の艦長や船長はもっと多くの人が亡くなった。中には婦人を救命艇に引き上げたあと、席を譲って海中に飛びこんだまだ十八の乗組員もいた。「ボートは満員です。どうかご無事で。さようなら」

そのような船員魂が発揮されたのは第二次世界大戦中のわが国が一番だったかもしれない。

破られた掟

だが今の世界は様変わりしつつある。一九九一年夏、ギリシャ船オケアノス号がアフリカ沖で沈んだ際、総員退去命令を出すと船長は客より先にヘリコプターで脱出してしまった。海の掟が破られたのである。船長には船と運命を共にするどころか最後の客が退去するまで船に踏みとどまる法律的責任はない、という釈明だった。法律論が先行すると倫理は破れる。サロンで男女平等を雄弁に主張していたフェミニストの一女性評論家が船が沈むとみるや「レディーズ・ファースト」を叫んでいちはやくボートに乗り移ったという話も滑稽《こっけい》といえば滑稽だが、人間そんなものだろう。

それで私は九州の女子大学生百人にそうした場合どうするか聞いてみた。「男女同権をどうこう言ってる場合でない。女子供を優先して助けてほしい」が五十一人。「男女同じに扱うのに賛成」が三十六人。「ふだんは男女平等を主張するが、万一の場合はレディーズ・ファーストを叫んで上手に立ちまわる」が十三人。

「先生はどうします」と若い助教授に聞かれて「あなたのような美人になら席を譲る」と答えてごまかした。

日本人の宗教性

ご先祖様を拝む

日本人にはお墓詣《まい》りをする人が多い。お盆やお彼岸の時、お墓は清められお花が供えられる。韓国もご先祖を大切にする国柄だから、お彼岸の前後ソウル駅は帰省客でごった返す。韓国にはキリスト教徒がふえたが、だからといってご先祖様を拝むことをやめた人は少ないのではあるまいか。

アメリカで肉親が集まるのはクリスマスより十一月の感謝祭である。自動車事故が年間最多もこの日で、広い大陸に散らばっている親子兄妹が集ろうとして車を飛ばすからだ。だがそのアメリカでご先祖の墓詣りをする人は減った。離婚再婚で父にも母にも連れ子がおり、さらに実子が生まれると、異父母の子供たちはだれが自分の本当のご先祖様なのかもう見当もつかない。離婚再婚は本人にはそれなりの理由もあろうが、その子供たちにはつらい。家族という伝統的価値を重んぜぬ限り、米国の社会不安は今後も続くだろう。だが今のアメリカは（日本にはまだ訳語はないが）こうしたステップ・ファミリーが圧倒的に多い。この疑似家族（ステップ・ファミリー）は先祖を見捨てたし、先祖にも見捨てられたのである。

淋《さび》しい個人は宗教や教会にすがる。日曜、教会へ行く人が多いのでアメリカ人は宗教心が深いようにいわれる。しかし比較宗教学の方では人間の宗教心を測るのに種々の目安を用いる。墓参もその一つで、その指標で測ると、日本人は本人が自覚する以上にずっと宗教的なのだ。日本の宗教文化は、個人の良心本位の「罪の文化」でもなければ、世間の目だけを気にする、ベネディクトがいう「恥の文化」でもない。私たちの行為の規範は、いまは亡き父母やご先祖様に対し恥ずかしくないよう振る舞いたい、と心の隅で思っていることにある。それだけに死者の霊をきちんと弔うことは私的にも公的にも大切なのである。

神棚のない公団住宅

先日、中年の夫婦が公団住宅から引っ越したい、と言った。「このアパートにはテレビ棚はあっても神棚の空間がない。それが気になる」。敗戦後の日本は唯物論が盛んで、多くの人は無神論者のつもりでいた。建築家は団地やアパートを機能的に設計した。だが立派なカラーテレビを据えても、神棚や仏壇が置けない3LDKでは心に空虚が生じる。これからはゆとりのある国にふさわしく、設計者も施工者も、テレビ棚とともに神棚も考えてほしい。団地には建物だけでなく公園も、そして公園の一隅には神社のことも考えてほしい。団地には団地なりの鎮守の森がほしい。全国各地で唯物論的に都市化が進んだが、日本国中似たような運命をたどるのだろうか。

そのアメリカでも戦死者の墓は大切にされている。一九七五年、昭和天皇がワシントン郊外アーリントン墓地へ詣《もう》でたことで日米間の心のわだかまりはとけた。日本の首相も外国の戦死者の墓には必ず参拝する。歴史的にいって靖国神社は日本のアーリントン墓地に相当する英霊を祀《まつ》った聖地と思うが、なぜ日本の場合に限り自国の首相の参拝を「違憲」だと騒ぐのか私には不可解だ。アメリカだって憲法に政教分離の原則はある。だからといって新しく大統領に選ばれた人が就任式の際、キリスト教の聖書に誓うことを「違憲」と騒ぐ人はいない。ヨーロッパの米軍墓地には「十字架」が並んでいるが、大統領が墓参する時「公式参拝か」「供花料は国費か私費か」と質問する記者もいない。念のためにアメリカ人の同僚に質問したら「アメリカでもしイスラム教徒が大統領に選ばれたら、その人はコーランに誓えばいいのだ」と微笑した。イギリスも政教分離だが、女王も閣僚も戦死者追悼のキリスト教寺院のミサに出席した。ミサが無宗教であり得るはずがない。それというのも死者の鎮魂を祈ることは本質的に宗教的な行為だからである。

ハーンには理解

明治の日本は福沢諭吉はじめインテリに無神論者が多かった。宗教についてはキリスト教だけが高級で、神道のような多神教や仏教のような他宗教と平和的に共存する宗教は劣っているように目された。そんな調子であったから日本では自国の宗教をおとしめるのがはやった。戦後は唯物主義が風靡《ふうび》した。だが「宗教は阿片《あへん》だ」と主張した唯物論的社会主義は本家本元のロシアでは崩壊した。

西洋キリスト教文明だけが唯一の秀《すぐ》れたものではない。日本には日本人もよく自覚していない宗教性がある。その点に外国人としていちはやく気づいた小泉八雲ことラフカディオ・ハーンは熊本の自宅に（いまも伝わる）神棚を作らせた。『小泉八雲回想と研究』（講談社学術文庫）中の遠田勝氏の論文は、宣教師には理解できなかったハーンの神道理解を論じてアクチュアルな分析となっている。

身勝手な戦争の「正義」

「徳富蘇峰、評論家。名は猪一郎。肥後生まれ。蘆花の兄。同志社中退。一八八七年（明治二〇）民友社を設立、『国民之友』『国民新聞』を発行。初め自由主義的政論を発表したが、日清戦争以後、國権主義の鼓吹者となる。著『吉田松陰』『近世日本国民史』など。文化勲章。（一八六三―一九五七）」

これは新版の岩波書店刊『広辞苑』の記事である。名著『西欧世界と日本』（筑摩叢書）のサンソム卿は蘇峰を目して「日本歴史界の大御所」dean と呼んで敬意を表した。当然だろう。

だが、奇妙なことに『広辞苑』は敗戦後長い間、弟の徳冨蘆花の名は掲げたが、兄の蘇峰の名は出さなかった。文学者のみ尊重し新聞人を軽視したのか、というとそうでない。『東京日日』を発刊した福地桜痴、大正デモクラシーのチャンピオン吉野作造の名も出ていた。それなのに蘇峰の名は死後もずっと出なかった。

なぜだろうか。察するに戦後、左翼がのっとった岩波の編集部は「大東亜戦争」のイデオローグとなった蘇峰の名前は載せたくなかったのだろう。そしてこんな辞典類まで使って共産主義謳歌《おうか》をしたかったのだろう。以前の『広辞苑』の「人民日報」の項目を見ると「中国共産党華北区中央局機関紙。…一九四九年三月一日北京で創刊。その報道・社説は、上海の解放日報と並んで国際的に反響を生む」などと出ている。この最後の一節は左翼のゴマスリで、岩波もさすがに恥じたとみえ、現行の版では削ってある。

キプリングと蘇峰

歴史を五十年単位で振り返ってみよう。一七九三年イギリスの使節マカートニーが清朝を訪ねた時、乾隆帝は謁見《えっけん》はしたが英国を対等に扱おうとはしなかった。だが一八四二年、英中関係は逆転し、イギリスは香港を奪った。一八九八年には膠州湾をドイツに、旅順・大連をロシアに、威海衛・九龍半島をイギリス人に租借されるという中国の瓜分《かぶん》（分割）が始まった。十九世紀の末年はアメリカも帝国主義となりフィリピンを領有した。イギリスの国民詩人キプリングは蘇峰より二歳年下の人だが「白人の重荷」を詩に唱《うた》いあげた。The White Man's Burden というのは白人が黄人や黒人の重荷を背負って文明を地球上にひろめる、それが白人列強の植民地経営の使命なのだ、という宣言である。

蘇峰は熊本洋学校でジェーンズに英語をたたきこまれたから、英語の新聞雑誌に通じていた。キプリングが「白人の重荷」を唱えると、白人がこの世界をわが物顔に振る舞うことに反発し「白閥打破」を唱え「黄人の重荷」を明治三十九年『国民新聞』で主張した。それは日本が東洋の盟主となり他の黄人の荷を背負うべきだ、という主張であった。蘇峰はこうして大東亜戦争にいたる日本の理念的指導者となった。第二次大戦中、日本の多くの若者は戦争は東亜解放の義戦であると信じて戦った。そしてシンガポールが落ちた時、アジアの解放はなるかに思われた……。

東京裁判史観

だが一九四五年、日本が負けると日本人が抱いていた大東亜戦争の理念も誤りだとされた。蘇峰は戦犯容疑で自宅拘禁となり、論壇から追放された。同様に蘇峰流の大東亜戦争史観も追放された。それに代わって米英ソ中が善玉で日本が悪玉だった、という歴史観が流布された。その種の見方は東條首相以下を死刑にした極東国際軍事法廷でキーナン検事以下によって主張され、日本の左翼も唱和したが、東京裁判史観と呼ばれている。日本はナチス・ドイツの極東版だという見方だが、日本にはユダヤ人六百万人を計画的に殺害したような組織犯罪はなかった。当時の日本人は、東京裁判は勝者の裁判で、原爆投下も大中都市の無差別爆撃も不問に付し、日本側の残虐行為のみをあげつらうのを不公平に感じた。

しかし勝者のアメリカは日本のマスメディアをおさえていた。勝者が戦争の正義・不正義の解釈権をも手中にしたのだから仕方がなかった。

誤まった誇り

それでは「東京裁判史観」は不当だから「大東亜戦争史観」が正しかったのか、というとそうは言えない。私たちは東京裁判の価値判断に従うべきではないが、そのことは私たちが戦争にいたる日本の政策を正当化すべきだということを意味しない。蘇峰は西洋植民地主義の打倒を叫んだ。それは結構だ。だが蘇峰やその時代の日本人は日本が英国流の植民地を持つ帝国になることに誇りを持っていたのではなかったか。

日本の男にはナルシシストが多い。一部の保守派の人々は大東亜戦争は西洋植民地解放の義戦だったという。それでいてその日本が朝鮮に独立を与えようとしなかったことは見て見ぬふりをしてきた。肥後の男・蘇峰に限らずそんな手前勝手が私たちにはあったと思うのである。

「三四郎」の広い世界

漱石の青春小説

熊本人にとって夏目漱石はなんといっても懐しい作家である。明治二十九年から四年余り熊本五高の教授だったからだけではない。代表作『三四郎』の主人公が熊本の高校を出て東京の大学へ進む青年として描かれているからだ。九州の出身で東京へ上京したほどの人はどこかで自分を三四郎に擬《ぎ》していたはずだ。そして都会で出会った洗練された女性の誰かを美禰子《みねこ》に見たてていたはずだ。若い男女の気持は『三四郎』が書かれた明治四十一年も今もさほど変わっているわけはない。この青春小説を今日的見地から読み返してみよう。

巻頭、車中の光景から始まる。九州から山陽線に移って京大阪へ近づくうちに女の色が次第に白くなる、とは三四郎も面白い観察をしたものだ。肌の色で区別するのは差別だ、などと昨今ならフェミニストに漱石先生も指弾されるかもしれないが、三四郎は一面では大都会の文明に憧《あこが》れつつ、他面では黒い九州色の女に愛着も持っている。

能や歌舞伎に道行があり舞台装置として橋がかりや花道があるように、「三四郎」の第一章は熊本から東京への道行である。そこでは対照をなすいくつかの問題がたて続けに示される。男と女、故郷と都会、野暮《やぼ》と洗練、日本と西洋、書物の世界と現実の世界……。世間知らずの三四郎は大学に入って得意だが名古屋で行きずりの女と一緒に泊る破目になった。それでいて一言も利かず、体を固くして夜を明かす。別れぎわに女に、

「あなたはよっぽど度胸のない方ですね」

と言われてフォームの上へ弾き出された。これは中国語では、

「你是一個很没有胆量的人哪」
と訳すそうだ。藤村の『春』の主人公は滋賀の下宿で亭主が留守の夜、お内儀《かみ》に蚊帳の外から声をかけられて黙って震えていた。漱石はその『春』の次に同じく青春小説を同じく朝日に連載したので、自分も誘惑未遂の情景をもっと巧みに書いてみせたのだろう。

名古屋で女にどやされた三四郎は浜松でも車中に乗りあわせた広田先生から
「日本は亡びるね」
と冷水を浴びせられた。日露戦争に勝って一等国の仲間入りしたと思っていた三四郎は妙な気がした。田舎でこんな事を口にすればすぐ擲《な》ぐられる。わるくすると国賊扱いになる。だが日本に二十世紀の初頭からこれだけ自国を批判する自由のある知的空間を確保してくれた漱石のいたことは有難い。二十世紀の末年に「中国は亡びるね」とでも言おうものなら、大陸では公安にしょっぴかれるだろう。三四郎は「囚われちゃ駄目だ」の語を聞いて田舎にいた時の自分は卑怯《ひきょう》だったと悟る。この卑怯とは知的怯懦《きょうだ》をさしている。

地方から東京へ

東京の学生は昔も今も二種類だ。半数は地方出で下宿や寮住い。後の半数は親の家から通う都会児である。人は誰しも初めての上京を印象深くおぼえている。小説には二十三歳の三四郎の目を通して普請中の東京も大学生活も鮮やかに描かれる。教職を辞めた直後の漱石は教授連の悪口もつけつけ書いたが、東大を描いてこれほど生気躍動する小説はその後二度と出ていない。

童貞の青年にとり大都会が魅惑的で恐ろしいのは異性が美しく魔力を秘めている様に似ている。都会の孤独の中にほうり出された三四郎は淋しいだけ都会の令嬢美禰子に惹《ひ》かれた。この地方青年の目に映る美禰子は池のほとりに団扇《うちわ》を持って立つ姿も、病院の入口で透明な空気のカンヴァスの中に暗く浮ぶ姿も、広田先生の新宅に大きな籠を提げて現れる姿もみな美しい。ことごとく油絵になるポーズである。『三四郎』は風俗小説としてはもちろん、絵画小説としても抜群である。美禰子が立って箒で掃き、三四郎が馬尻《ばけつ》を持って四つ匍《ば》いになって後から拭く図など滑稽なしとしないが親しみが湧く。菊人形を見た後で二人が小川のほとりで秋空を見あげるあたり、淡い雲であり淡い恋である。欠点があるとするなら、この小説の恋があまりに淡くはかないことだろう。

次々と日本めざす

エリセエフは漱石に親炙《しんしゃ》した東大最初の外人学生で、ペテルブルクで教壇に立って日本学を講じたが、ロシヤ革命で逮捕され死刑を覚悟した。獄中この紅毛三四郎は漱石を読んで過したという。私は一九九二年秋、北京で『三四郎』を教えながらこの記事を書いている。これからの日本めざして韓国三四郎も中国三四郎も次々と上京するだろう。その昔アメリカで教えたら「中西部の田舎の高校を出た僕が初めて東部の名門大学へ上京した時の気持とそっくりのことが『三四郎』に書いてある」と言われて私自身びっくりしたことを思い出す。三四郎の世界は広い。日本よりも広いのである。

中国の漢奸と日本の友好分子

「同志」は軽蔑語?

ＮＨＫの外国語講座はなかなかの繁昌《はんじょう》で、中国旅行のために中国語を学習する人も多い。テレビだけでは物足りないので私は中国語の自習書も買った。そこには、

「中国に着いたら、思いきって『同志』（トンツィー）と呼びかけましょう」

と書いてあった。

「大陸は人民民主主義ですから、食堂の服務員に向かってブルジョワ的な『小姐』（シャオチエ）といった呼び方はしないでください」

とご丁寧に注意してあった。教科書も自習書も日中友好ムードにみちみちている。だが一九九二年秋、北京に着いて、

「同志！」

と呼びかけようとして中国人の大学生のガイドにたしなめられた。

「やめてください。同志と呼ぶなんて、いまの中国では相手を軽蔑《けいべつ》したことになります」

それでは食堂で働くお姉さんやおばさんを何と呼べばよいのか、とたずねると、なんとブルジョワ的だったはずの「小姐」だという。もっとも「小姐！」と呼んでも、給仕女はなかなか注文を取りに来ない。お互いのお喋《しゃべ》りに忙しくてお客のサービスはまだ良くない。人民中国では社会主義の統治が四十四年続いたが、人々はバスに乗るのに行列しない。我勝ちに人を押しわけて乗ろうとする。私はバスは遠慮してタクシーに乗ることにした。その時は「師傅（シーフ）」と運転手に呼びかける。なんだか偉そうな呼び名だが、かつては秀れた技能をもつ専門家を意味した師傅と呼びかければ、運転手から必ず会話を引き出すことができた。

警戒する周辺国

ソ連や中国で「同志」がすたれ、言葉が変わり出したのは改革開放で人々の感情が平和的に変わりつつあるからだろう。とはいえ中国は国家として依然として膨張主義的な面も持っている。中華の国の人々は他国の侵略や進出は大声で非難するが、自国は南沙諸島を占拠して平然としている。中国製の地図を見ると中国の国境線が南洋遠くボルネオ、マレーシア、ベトナムの海岸沿いに張り出しているから呆《あき》れたものだ。その

上、旧ソ連から航空母艦まで買うつもりというから、東南亜の諸国は中国を警戒する。その悪化した関係を修復しようと李鵬首相がベトナムを訪問した。ベトナムは「李鵬同志」と呼びかけたが会談は不調に終わったらしい。なるほど人間たがいに仲が悪いと表面を糊塗《こと》するために「同志」などと偽善的な呼び方をするようだ。一九九二年九月、日本共産党の宮本同志が百歳の野坂同志を追放したのはその好例で、中国でも大きく報道された。

言葉は変わる。台湾では大学の小使いさんも「先生（シェンシャン）」と呼ばれる。「先生」は今の中国語では「…さん」、英語の「ミスター」ほどの意味しかない。そんなものだから当の中国人自身が民国時代の中国文を誤解することもある。魯迅の『藤野先生』がそれで、大陸では中等教科書で習うので広く知られているが、日本語の「先生」を意味する「藤野老師」とは書いてないから、中国人は「藤野先生」は単なる「藤野さん」だと勘違いする。その証拠に北京で出た英訳本でも Mr Fujino となっている。だがあれは正しくは Professor Fujino とか Teacher Fujino とか訳すべきだろう。

現在の言葉の用法で過去の文章を読むと間違いが生ずるが、現在の価値観で過去を断罪すると恣意《しい》的な歪《ゆが》みが生じる。第二次大戦中の中国で孫文の遺志を継いで「日中友好」を説いたのは汪兆銘で、杉森久英氏の手になる伝記が雑誌『諸君！』に連載されている。だが汪兆銘の「和平政府」の後継者は日本の敗北後「漢奸《かんかん》」として処刑されてしまった。

真実を語れ

昨今の「日中友好」だってどう変わるかわからない。一九九二年十月二十三日、天皇陛下は楊尚昆国家主席の招宴の席上でお言葉を述べたが、それからまだ二月とたたぬ十二月八日朝、ＮＨＫテレビは弟の楊白冰政治局員が失脚し、兄の楊主席も政治的な活動を厳しく制限された、と信頼すべき筋のニュースを伝えた。

北京にいた私たちも驚いたが、東京の陛下も驚かれたろう。そのニュースの真偽はいまだ詳《つまびら》かでないが、憲法とは名のみで法治よりも人治優先のこの国ではいかにも起りそうな事件である。言葉はご都合次第で変わる。中国人の「漢奸」に相応する日本人の対外盲従分子の呼び名として「日奸《にちかん》」という語はない。なんといえば良いのかと聞いたら「うわべだけの笑顔やご機嫌とりのいわゆる日中友好分子と呼ばれる日本人の中にそういう人が多い」とのことだった。私たちは中国人に向かって「同志！」と呼びかけてまで媚《こ》びる必要はないのである。遠慮せずにもっと真実を語れば良いのである。

林健太郎氏の『昭和史と私』

精神史の分水嶺

戦後半世紀の日本精神史に名をとどめるに値する大学学長はだれだろうか。「一人あげよ」と言うなら、私は林健太郎氏の名をあげるに躊躇《ちゆうちよ》しない。それというのは一九七三（昭和四十八）年、氏が東大総長に選ばれたことが戦後日本の精神史の分水嶺《ぶんすいれい》であったからだ。あの選挙結果は単なる一学長の選挙としてより、日本の思想史上の方向転換として象徴的な意味があった。

『朝日新聞』や岩波ジャーナリズムの間では、林氏以前の東大総長の方がよほど人気は高かった。というか異常に高かった。戦前の日本人は「長門」や「陸奥」を誇りに思ったが、その戦艦が沈んだので、戦後の日本人は南原総長や矢内原総長を今度は文化国家の象徴として尊敬するかに思われた。その総長や学長たちは、信念からか学識からか、それとも曲学阿世《あせい》からか、いわゆる平和主義に賛同し、中には社会主義陣営に色目を使う人も現れた。政府の重大政策に盾つくことで人気も博した。吉田茂首相が自由主義諸国と講和を結ぼうとすれば、南原繁総長はそれに反対し、できもしない全面講和を唱えた。岸内閣が安保条約を改定しようとすれば、教授連は反対を声明し、安保闘争に理解を示した。そして大新聞の事大主義もいいところだが、卒業式の総長訓辞は総理大臣の施政方針演説なみに大きく報ぜられた。だが大河内総長が「痩《や》せたソクラテスになれ」と学生に向け言った、言わないというニュースが流れるに及んで世間もついに失笑した。そしてその大河内執行部の昭和四十三年、極左全共闘の学生の矛先が東大当局へ向けられた時、大学はにわかにおたおたした。あの一九六八年の学生紛争は、中国の紅衛兵騒動やコロンビア大学、パリ大学のいわゆる五月革命とも連動して発した騒ぎだろうが、日本でポジティブな意義があったとは私には一向に思えない。東大の全共闘系の運動が非人道的であることはその年の十一月、自治会学生が林健太郎文学部長を百七十三時間の長きにわたり軟禁することで世間へ知れわたった。その詳細は、その自治会学生たちに正面から反駁《ばく》し堂々論戦を交えた一女子学生のことにいたるまで、林氏の近著『昭和史と私』(文藝春秋)に鮮やかに活写されている。

常識への折り返し

この林氏の自伝ともいうべき本を読んで著者の運の良さに感心した。氏は昭和史のめぼしい事件、主な思想、クリティカルな転換期に自身立ち会い、いわば歴史の証人となっている。それだから林氏が「私」を語るとそれがそのまま「昭和史」となっている。自伝は昭和初年の新宿近辺の風俗を描いてなつかしい。だが日本軍部の陰謀はそのころに始まった。著者は東京裁判で示されたような史観に立って日本帝国を断罪するマルキストではもちろんないが、だからといって大東亜戦争は義戦だった、などと強弁する疑似愛国者では無論ない。山東出兵や満州某重大事件が語られるが、血気にはやる身内を罰せず甘やかしたことで軍部が日本を滅したのだ。自伝はまた戦前戦中の左翼の思想青年で一高講師であった著者が戦争を経て戦後「進歩的文化人」と論争を交えるにいたる経緯を淡々と語る。そんな林教授は大新聞でタカ派と呼ばれた。軟禁中

「東大封鎖解除のための機動隊出動要請に賛成。私の救出のための出動、無用。只今《ただいま》学生を教育中」と言った氏の勇気に世間は敬意を表したが、しかし一九七三年、東大総長に選ばれようとはご本人もゆめ思わなかったろう。私も二十年前林氏に投票した一人だが、意外な結果に民青系教授連が啞然《あぜん》とした表情をいまも思いおこすことができる。そんな大切な選挙結果を今度という今度は大新聞が小さくしか報じなかった。だがあの選挙こそ日本の知識人がマルクシズムや人民民主主義に愛想をつかしイデオロギーの呪縛《じゅばく》から解放され、常識に返りはじめた折り返し点だったのである。勉強不足のマスコミ関係者など、大学時代に習い覚えた思想区分でしか時勢を見ないから、いまだに「逆コース」などと憤っているかもしれないが。

行政官以上の何か

そんな林総長だからただ在職すればそれで良かった。なまじ国大協会長として共通一次などに賛同すべきでなかった。学長一個人の工夫で一大学の評判を次々と高めた点では亜細亜大学の衛藤瀋吉学長の方が手腕は上だろう。しかし大学の長たる者は行政官以上のなにかであってほしい。人生のそんな内奥の欲求にこたえたのがあのぶっきらぼうな林先生なのだ。昭和の精神史は不思議な波瀾《はらん》に富んでいる。この『昭和史と私』という好著はそのことを生き生きと伝えている。

平川先生は現代の横井小楠ではないのか

井上智重

かつて熊本日日新聞の夕刊に私はこんなことを書いている。

平川祐弘氏はわが国の比較文学・比較文化の第一人者だ。東西の歴史や文化ばかりでなく、世の政治や社会についても平川氏は論じ、発言する。学者センセイが、それも政治学者でないものがナマの政治を論じることに冷ややかなところがジャーナリズムにもある。シロウトではないか、というわけだ。そういう意見を吐く人に「では、横井小楠はどうなんだ」と唐突ながら、小生は思うのだ。

小楠こそ、幕末における比較文化の第一人者ではなかったのか。だからこそ、松平春嶽の政治コンサルタントになれたのではないか。小楠は儒者であり、漢学者であったが、漢学者というのも語学者だ。中国語を聞いても分からないし、話せないが、読めるのだ。漢詩も作れた。彼らは漢籍を通じ中国の政治史を学んだ。朱子学者だったが、小楠は堯舜の世の中国の理想国家を日本の新しい国体に求めた。その一方、彼は西洋事情にも通じていた。いわば、複眼の目でモノを見ることができるひとであったのだ。意外なことかもしれないが、中国では聖書なども翻訳されていた。漢籍を通じて、西洋事情を知ることもできたのだ。

平川氏の顔に小楠の顔がだんだん重なってくるぞ。もちろん、小楠のように酒癖は悪くはない。顔立ちもあんな渋柿のような顔をしていない。平川氏は少年のこころをずっと持ち続けている方だ。

平川氏が本紙夕刊に長期連載した「書物と私」が本になった。本の題名は『書物の声　歴史の声』、弦書房。とても美しく、品位のある本だ。挿絵は夫人の依子さんで、本紙連載に使われたものだが、装丁の毛利一枝氏と編集者の職人的腕が発揮され、見事だ。帯には、「177の書物の森に広がる歴史の小路へ」の惹句に続き、「学問、人間、文化の深淵を三点（日本。西洋・非西洋）の複眼で思索する愉しみに満ちた随筆集」とある。この言葉にこの本の魅力がすべて語られている。

「書物と私」は、この紙面の前身「ほんのコラム」欄に半年前まで6年3カ月続いた。この面の読者が一番愛読していただいたのではと思い、報告を兼ねて紹介した。ということで、今回も「昔新聞なめ読み」でなく、「読みながら書く」になってしまった。

（熊本日日新聞夕刊二〇〇九年十二月十七日）

この小文にいくらか注釈を加えさせてもらうと、横井小楠は熊本藩が生んだ幕末の思想家である。勝海舟に「おれは今までに天下で恐ろしい者を二人見た。横井小楠と西郷隆盛だ」と言わせしめた。坂本龍馬や由利公正に影響を与え、五か条の誓文には小楠の考えが色濃く反映されているといわれる。小楠は口が悪く、木戸幸允は「横井の舌鋒」と評した。このあたりも平川先生に似てなくもない。

「書物と私」は熊日夕刊の「ほんのコラム」欄に連載されたものだ。この欄は熊日の編集委員であった私が一人でつくり、楽しんだページである。先生にお願いする前はカラー紙面で「夕刊よみきり本のページ」と称していた。熊本の文化人を登場させる「私の書棚」をメーンにした時期が続き、登場させる人物も底をつき、それに代わるものとして八代亜紀の絵を隔週だが、一年間載せたこともある。八代はこの欄のために山荘に出かけ、絵を描いてくれた。本人の手で梱包され、宅急便で送られてきていたが、開くと油絵具のにおいがした。その絵に私がゴーストライターとなり、文章を添えた。

四月の紙面改編でカラー紙面を奪われ、モノクロ紙面となった。そこで本に関するコラムとエッセイだけの構成に変えることにしたが、それぞれ挿絵が欲しい。自宅の書斎に平川先生の依子夫人から年末いただいた版画の手作りカレンダーをかけていた。それを見て、「これだ」と思った。挿絵を依子夫人にお願いすれば、手間がかからない。平川先生にお願いしたいとずっと考えてはいたが、平川先生の文章の前に夫人の挿絵があった、というのもまた事実である。

平川先生の快諾を得たのは当然であった。条件は「依子にも画料を払うこと、依子のスクラップのためにも掲載紙は二部」というものだった。可愛く、イノセントで、評判もよかった。平川先生の若いころを描いたものもいただいた。蝶ネクタイをしめ、さわやかな美男子である。平川先生はいまも黒々とした坊ちゃん刈りで、司馬遼太郎氏から「あなたは苦労した顔をしていない」と言われた由。

この成功に気をよくし、半藤一利・末利子夫妻にも連載をお願いした。末利子さんには『夏目家の糠みそ』という好エッセイ集がある。タイトルは「今日も婦唱夫随」。文は末利子さん、挿絵はご主人の半藤先生。そのころ、半藤先生は大変な売れっ子で、あの忙しい中で次々と力作を送っていただいた。平川、半藤両夫妻の文と絵が同紙面に競い、「これ、熊日単独の企画?」と他紙の記者の間でも話題になった。挿絵画家として支払った謝礼は半藤先生も依子夫人も同額であった。

たまたま手元に残っていた平成十九年四月五日の「ほんのコラム」の紙面を見ると、五本のコラムから構成されている。「書物と私」「今日も婦唱夫随」のほかに放浪詩人高木護の「ゆっくりの道」、熊日OBの名コラムニストによる「佐野好古の眼。」、それに私の「トモさんの読みながら書く」。

「書物と私」で平川先生は、一高のドイツ語教授竹山道雄はナチの非人間性を指摘し「英仏側が勝てば、思考の自由は救われえるが、ドイツが勝てばそんなものはわれらから根底的に奪われ得る」と書いた、と書く。昭和十五年、日独伊三国同盟締結の直前である。勇気ある人だ。竹山は戦後の昭和三十年、日本が戦争に突入した経緯を『昭和の精神史』に書いて、諸悪の根源を「天皇制」に求める左翼唯物史観を批判する。竹山は昭和五十九年に亡くなり、日本近代史を専門とした子息護夫氏もその三年後、若くして亡くなった。その護夫氏の遺作集の『戦時内閣と軍部』を取り上げ、実質的で明晰、『昭和の精神史』を補完する一冊と平川先生は評価する。

平川先生にとって竹山道雄は岳父でその子息は義弟に当たる。依子夫人の挿絵は鎌倉の竹山家の客間で竹山の遺影と掛け軸が下がっている。掛け軸には「山静似太古　日長如小年」と書かれている。

半藤末利子さんは、戦時下の昭和天皇の肉声がつづられた小倉庫次侍従の日記が発見されたことを取り上げ、昭和天皇が国民を思う心と倹約精神の持ち主だったことに感銘している。倹約精神はいまの天皇皇后にも受け継がれていると、思う。挿絵は天皇陛下行幸の図。白馬に乗った天皇がお供を伴い二重橋を渡っているが、木の橋のように素朴である。

私は文字通り読みながら書いた。帯を読み、まえがきに目を通し、あとがきを読み、面白そうなところからページをめくりながら、書いた。私とすれば、「マグロの解体ショー」のつもりであった。このときは鳥居民著『近衛文麿「黙」して死す』を取り上げている。帯の惹句「誰が近衛を『殺した』のか？　木戸・ノーマン・都留は何を隠蔽したのか？」にひかれてだ。近衛への評価はさんざんである。八方美人で、腰が弱く、日中全面戦争を引き起こし、大政翼賛会の結成、三国同盟の締結、はては南部仏印駐屯と次々に致命的な失策を重ねているが、木戸幸一の罪もまた大きい。内大臣の木戸が天皇に向かい、陸相の東条英機を召し、中国撤兵に反対するのをやめたらどうかと優諚をいただいていたら…。木戸にはそれができる立場にありながら、しなかった。木戸の弟の娘婿は経済学者の都留重人で、木戸と同居していた。ハーバート・ノーマンは日本生まれで、父は宣教師、ハーバード大などで日本史を学び、昭和二十年九月から数カ月、マッカーサーの総司令部の対諜報局にいた。都留とノーマンはハーバードで兄弟のように親しくしていたという。

平川先生は先刻、それ以上のことをご存知で、にやにや笑いながら読まれたであろう。

平川先生の文章に「腹が立つ」とプンプンする読者が私の周辺にもいた。熊本アイルランド協会副会長の河上洋子さんもその一人。紀平悌子を支え、ご当人も熊本市議を一期だけした。腹は立つが、読まずにおれない。毎週木曜日の夕刊を心待ちされている感じでもあった。そうした読者がいつの間にか隠れファンとなり、支えてくれた。西洋の本や古典も出てきて、書かれている内容は高度でやさしくはないが、読者はちゃんとそれを読む力を備えている。簡潔な文章で、口跡もよく、明解で読みやすくもあった。決して晦渋ではない。切れ味は相変わらず、鋭く、「なんでああハッキリおっしゃるの」と聞かれたとき、「あの方は外国人です。人間関係など気にされず、ハッキリものをおっしゃる。外国人だと思って読まれたらどうです」と答えていた。しかし、平川先生ほど日本を愛し、日本の行く末を憂いておられる知識人はほかにあまり知らない。

外国人を相手にやっていくにはやはり〝武器〟が必要だ。それは言葉という武器だ。身についた知識であり、教養だ。憲法の第9条ではないが、最初からそれを放棄したら、守れるものも守れない。「第9条の9という字は鍵の形に似ていますね。あれで頭をロックすると、書いているものもつまんなくなる」と平川先生に話したら、「ハハハ…」と笑われた。大江健三郎のことを頭に浮かばれたかどうかは知らない。

平川先生に最初にお会いしたのはいつだったのか。

一九九一年、熊本でハーン来熊百年を記念するイベントが展開され、特別シンポジウムで平川先生も講演をされており、そのときかと思っていたが、ご挨拶した記憶がない。東大をやめてから太宰府近くの福岡女学院大学へ教えにこられたが、まるで菅原道真のような話だった。教えることが大好きな先生は、地方の育ちのいい女子大生たちに囲まれ、実に楽しい日々を送られ、大学の学内政治にかかわることなく、その間、海外の大学にも呼ばれ、のびのびと自分の仕事ができ、結果よしであったろう。

最初にお願いしたのは「日曜論壇」だったかと思う。月一回一年間だけだったが、一回目の原稿は毎日新聞から戻って来たものであった。正直にそう言われ、緊張した。「これは試されている」と思った。いくらか手を加えておられたようで、上司にも見せ、そのまま掲載した。どこからも苦情はなかった。文化部長となり、読書欄に「〇〇〇〇が読む」という大型書評をお願いした。衛藤瀋吉先生が福岡市のアジア賞を受賞されたときのパーティーに招待され、平川先生にお会いした。

半藤一利さんに「21世紀への伝言」という連日連載のコラムをお願いした。東京のみや通信社から全国の有力地方紙八社に配信され、三年間続いた。一九九七年一月一日から一九九九年十二月三十一日まで連載。その翌年一月一日から平川先生の「世紀の扉」が開始。みや通信の社長から「蔵が建ちました」と言われ、「次を引き受けてくれる先生はいませんか」と聞かれ、平川先生の名前を挙げた。半藤さんの後がまとして平川先生の「世紀の扉」が載り出したが、まず各紙の新聞社内部から読者の反発を恐れる声が出始めた。平川先生の言葉を借りると、「反体制」ならぬ「反大勢」がいけなかったわけだが、私も原稿をもらい、「これは」と思うものもあった。みや通信から配信前に原稿を送ってもらい、問題個所には対案を示し、書き換えていただいた。そのあたりについては、平川先生は柔軟であった。新聞社は面倒を厭うところがあり、三月の紙面改編期に合わせ、掲載中止を決めるところが続出、壮観なほどだった。最後まで残ったのは熊日と産経系の夕刊紙大阪新聞だけだった。『日本をいかに説明するか――文化の三点測量――』（葦書房）に一部が収められているが、珠玉の文章ばかりで、こんないい連載を途中でやめるとはなんとももったいない、といまでも思うのである。

いつだったか、産経抄で菊池寛賞を受賞された石井英夫さんに掲載紙を送るようにと言われ、送ったら、石井氏から「こんな勇気のある文章を掲載する編集者も偉いが、それを受け入れる熊日も立派です」というはがきをいただいた。

平川家に何度かお邪魔した。娘さん一家との二世帯住宅で、二階の玄関にあがった。梅雨どきで出て来た依子夫人は裸足だった。スリッパは履かれておらず、しっかりした足をされていた。お嬢さん育ちではあったろうが、妻として母としてきっちり生きてこられた方だな、と思った。竹山夫人（九十八歳で天寿）も同居され、レンタルビデオを鑑賞されるのが楽しみとかで、「岡田資中将を描いた『明日への遺言』に感銘を受けたようです」と依子夫人がおっしゃったが、その映画のことも本書でふれられている。

私はハーンの『怪談』をもとに夢幻能の台本を書いていただきませんか、とお願いした。能の台本でなく、夢幻能スタイルの演劇台本であった。『青柳』である。能、演劇、日舞による構成劇となり、熊本県立劇場と四谷区民ホールで上演された。その台本を読み、平川先生は詩人だと思った。

著作集では、弦書房版に載ってないものも含め二五五編収められている。まさに255の書物の森のなかを歩き、木々を揺らす風や鳥の鳴き声に耳を澄まし、平川ワールドに浸かり、歴史や文学ばかりではなく、日本の行く末にも思いをめぐらしていただきたい。

（くまもと文学・歴史館前館長）

私達への贈り物

小熊道郎

「平川君は正眼の構えで真っ直ぐに歩いていく人です」。

『和魂洋才の系譜』の出版記念会での芳賀徹氏のスピーチの一節です。私の向いの席で小堀杏奴さんが「父のことをこんな立派な本にしていただいて」と涙していました。

その一九七二年から四十五年、この自伝的エッセーを前にして改めてその言葉が思い出され、「比較文学比較文化史研究の王道」（本著作集第五巻　芳賀徹氏評）を毅然と歩んできた高潔の士を評してけだし至言であった、と感服します。

本書には、これまで平川先生を支えてこられた奥様の挿絵が随所に色彩りを添えています。どのスケッチからも、今にも先生がひょいと顔を出しそうな気配を醸して秀逸です。この『書物の声　歴史の声』刊行後の御夫妻をお招きしてのクラス会は、先生を讃える私のスピーチで始まり、「フレー、フレー依子」のエールを切って終ったのでした。

私達は、東大紛争による入試中止の翌年の昭和四十五年駒場に入学しました。前年助教授になられた先生が初めて担任した法学部経済学部進学予定者のクラスで、仏語も初歩から教えていただきました。真面目に学んで後日留学時に役立てた者もいましたが、私をはじめ、習ったということ以外もう何も覚えていない元の木阿弥組がほとんどです。それでも、先生の謦咳に接して二年の間知性と感性を訓練してもらったことがどれだけ大きかったことか。

満州事変の年に生を受け、戦時下で日本国の少年を代表してラジオ放送に登場した先生とは大違いで、私達は「戦争を知らない子供達」と歌われた団塊世代です。連合軍占領下で準備された憲法のもと、過去否定に偏したご都合主義の民主主義教育を受けてきたとの自覚もなく、当時の迎合的文化状況への危機感も持ち合わせない新入生達でした。先生の多数の著作を通して物事の見方を学ぶのは卒業後ですが、当時から既に教養学部報紙上やコンパの席上での、時流に阿る学内の風潮への鋭い批判は異彩を放ち耳目を驚かしていました。

今でも忘れないのは、安保反対のスト決議を行った旨を教官室で報告したときのひと言です。「授業を行う義務は私にあり、君達は受ける権利を有する。権利の放棄がストといえるのかどうか法学部でよく勉強したまえ」。正眼の構えから振り下ろされる正論の刃は教えの場でも鋭かったのです。以降、私達のクラスは平穏で、東大解体の叫び声で騒々しいあの混乱の中でも落伍者は少なかったのでした。今、皆それなりに人生を全うしつつあるのは、あの時先生の下で醸成されていた落ち着いた環境の御陰です。法学部を経てクラス仲間四人と共に鉄鋼会社に就職した私も、高度成長やバブルなどの経済変動の下で各種ビジネス体験を享受した後、先生が本書を執筆された福岡の地で古希を迎えて自適しています。

入学時に始まった学部横断ゼミに参加したことが、以後比較文学の書に親しむ契機となりました。先生に引率されて巡ったハーンや鷗外の跡を四十年以上を経て再訪しているのは私だけではありません。

先生をお迎えしての卒業後最初のクラス会は昭和五十七年でした。前年『小泉八雲　西洋脱出の夢』『東の橘　西のオレンジ』『中世の四季――ダンテとその周辺』が、翌年『平和の海と戦いの海』が刊行された頃で、社会人駆け出しの私達の様子は「東京大学の国際化」として『開国の作法』に収められています。唯の飲み会も先生の慧眼で三点測量され、社会事象として書物の中で甦るのです。「俺はもう読んだぞ」は、先生の著作を巡るこの頃からのクラス仲間内での自慢の種で、威張られたほうは今頃になって埋め合わせたりもしています。

『進歩がまだ希望であった頃』を届けてくださった翌々年は、天皇陛下が全斗煥大統領に統治期間を遺憾と表明された年でした。国際法務部門で米国との訴訟を担当したり人事部門で『大地の子』のモデルにもなった中国からの技術者受け入れに携わって海外に目を向け始めていた私は、価値観の相違から日韓両国間の係争が長期化する懸念をその折申し述べたのでした。「君があの時心配していた通りになったね」は、最近になって恩師から頂いた言葉の勲章です。

大学入学以降の私達の知の営みは、先生の著書の愛読とともに今に至っているのです。

この『書物の声　歴史の声』からは、自身が切り拓いてきた学問の世界とそこに至る道程の全てを語って聞かせよう、との先生の覚悟と気魄が伝わってきます。新聞連載ということならアランの『語録』も柳田國男の『故郷七十年』も凌いで、ということでしょう。

先生が確かな視点を結んで線を、線を組み合わせて面を、更に立体へと築き上げた知の空間。その中で私達は、次々と紹介される書物との出合いや再会を悦び、訪れた外国の地を懐かしみ、歴史上の人物達に拝眉して首を垂れるのです。人物描写は自身と周辺に及び、時に日常の些事をも活写してその生き様を彷彿とさせて、「真理は細部に宿る」を例証してみせます。

書物を介して、文化、社会、宗教、政治、歴史の諸相を端的に説明しながら私達を考察の深みに引き込んでいく力は、レトリックとか筆力とかの次元を超えて見事です。高みを極めた人の声は確信に満ちて力強く、時に優しく時には憤りを帯びて私達に自戒と猛省を促すのです。

各書物の特質は、書かれた背景、著者の文化的出自と担った立場を示しながら解き明かされ、更に時代と国境を超えて比較検討が加えられ、最終的には先生の知の系譜中に明快に位置づけられていきます。留学を重ねて複数外国語の習得に励み、東西の原典に挑んで「広げることで深くする」を誰よりも実践してきたコンパラティストの面目躍如の読書案内なのです。

歴史上の人物に対しても著者達に対してもそして自身に対しても、そのアイデンティティーを問う視線は一貫して厳しいけれど、祖国と故郷を思う人、先祖を敬う人、自己犠牲の人に寄せる心情は熱く、国際派ナショナリストを自認する先生の姿と重なっていきます。

本書の発する精気は読者の読書体験に働きかけて連想を喚起し、私達に質問と対話を促します。「先生、『自鳴鐘』に関連してですが、『海游録』を書いた朝鮮通信使、申維翰の日本観はいかがですか」、「リチャード・ハロランの『アジア目撃』はサンソムの史観と同根でしょうか」、「ヤングアダルトの良書には妖精やら竜やらが出てきて、ハーンの世界とも重なる気がしますが」などなど止まるところがありません。

喚起するのは質問だけではありません。藤田嗣治の画集やら李太郎の詩集やらも運んできて懐かしいことです。更には歌もです。マルセイユに向かう洋行の場面は「海は広いな大きいな」、ウィルソンセンターでの講演は「白馬童子」、市丸利之助には「空の神兵」でしょう。

「土地は個人の思い出で蘇える」は、世界各地に足を運んで、地理的移動が歴史認識を拡大することを実証し続けてきた人から発せられた名言です。「百聞は一見に如かず」もソウルの国立博物館訪問の中で使われると鮮烈に響くのです。私達は、彼の地での先生の奮闘努力に思いを馳せ、自分自身の海外体験などを懐かしみながら、土地とか場所とかが人に及ぼす不思議な力についても考えさせられるのです。彼の地での、ということでは、「私にも苦労はあった」を勝手に「私にも青春はあった」に読み替えて、パリでのアイリーンさん、ウィーンでのマリーアさん、ローマでのイレーネさんとの若き日の先生の巡り合いを想像してみるのも楽しいことです。

我が国の歴史認識と宗教の問題に立ち至って、先生の声が一段と厳しさを増すのは何故でしょうか。思うに、敗戦によってずたずたにされかけた日本の良き伝統、良き文化を再生するには先ず、何がどう変えられたのか、破壊者の動機と手口はどうだったのかを明らかにする必要があるでしょう。その上で、地質学者が断層を調査し、外科医が切断された血管を探して繋ぎ合わせていくような困難を伴う努力が必須でしょう。目に見えぬが故に一筋縄でいかない文化と歴史の次元で、これを営々とそして堂々と続けておられるのが平川先生だと思っています。

国のありようを論ずるに際して、一神教に強い懐疑を示し、多神教とその基層にあるアミニズムに共感する先生に私は外野席から喝采を送ります。欧州において、かつて尊崇の対象だった熊がノアの方舟から下ろされプーさんに貶められていく象徴操作の千年の歴史を見ても、国際法の父とも呼ばれるグロティウスにして、戦時下における非キリスト教徒婦女子の殺害を合法としていることからも、一神教の排他の本質は明らかだからです。

民族の永遠を祈る気持という基点を踏まえて皇室が続くことの意義を真摯に説く「天皇家のまつりごと」は、敬愛の念が光る文章を一段と輝かせて、声に出して読み、書き写しておくべき一文です。ここでの先生の真情は、仏語で『西洋人の神道観』を書かせ、天皇退位問題における有識者発言の見識へと一路に繋がっています。

この本は、私達日本人に、「私達は何者であるのか」と問う勇気をも喚起する『平川祐弘の声』なのです。

本書を読み終えて、改めて先生の軌跡を思い起こしながら考えます。いったい何が先生をして「反大勢」を貫かせ、かくも広く深い世界を切り拓く努力を続けてこさせたのでしょうか。

一粒の砂の由来を尋ねれば、地球生成の秘密に行き着きます。この稀有なる一人の学者の宿したマグマの所在を解明しようとすれば、先生の生きてこられた時代だけでなく、更に時代を遡って、日本人を育んできた文化の基層に踏み込んでの研究が欠かせないでしょう。本書を手懸りにした今後の取り組みが待たれるところですが、門外の徒の私としては取り敢えず、「正眼に構えて歩み続け、愚か者の跋扈するこの世に正道を示せ」との日本の神々の声が先生の背中を押し続けてきたに違いない、と理解しておきたいと思います。そのうえで、米寿を迎えようとして益々意気軒昂な先生の「そんなことを言っている暇があったら、少しは勉強したらどうかね」の声には、次の一文を奉って許しを請うことに致しましょう。

「基礎産業に身を置いて、海外との折衝機会などにも恵まれ、それなりに充実した人生だったと思っておりますが、仏語学習の頓挫は学生時代についての心残りです。

もし、百年後に生を得ることがあれば、今度は真面目に複数外国語を習得して、コンパラティストを目指します。拡散するイスラム文化を視点に加えるにはアラビア語も欠かせないでしょう。

順調にいけば博士論文は平川祐弘研究、タイトルは『日本における知の神々の変遷』とでもいたすつもりです。その頃は学者達が、本書の復刻版を手に『日本に生まれて本当に良かった』とフェスタに興じているかもしれませんね」。

（元教え子）

二〇一七年七月

著作集第三十三巻に寄せて
――井上智重さんと私――

本書第一部「書物の声　歴史の声」の構成

この巻は私の幼年時代の書物の思い出から始まる。読書生活の回顧は自ずと内外の学生生活、ついで内外の教授生活の物語となり、ついには老年時の対社会的発言にまでなった。本巻の主体をなす第一部『書物の声　歴史の声』の初出は『熊本日日新聞』木曜夕刊の連載で、二〇〇三年四月三日に始まり、二〇〇九年六月二十五日までの六年三ヵ月に及んだ。新聞紙上の社のコラム・タイトルは「書物と私」だったが、『書物の声　歴史の声』と題して単行本とし、福岡の弦書房から二〇〇九年末に家内の依子の挿絵も入れて出版した。その時は厳選主義の小野静男氏の編集で、全三百十四点から文章は百七十七点（うちミニコミ紙『せれね』などよそから拾った記事二点）、挿絵は九十点に絞った。それが本著作集第三十三巻第一部の底本というべき弦書房版である。

すると、活字にしたはずなのに、読み直したいと思うがその記事が私自身にも見つからないことがある。それは『熊日』には載せたが、書物にするとき落としたから、記憶が定かでなくなっていたのである。そんなことがあると、はずされた記事が日の目を見ないのが惜しくなる。それで決定版のこの著作集を編むに際して、題は『書物の声　歴史の声』と同じままにして、前回は定価をおさえる弦書房の意向で割愛した記事の中から、文章を七十九点、それ以外にも一点をまた拾いだしこの著作集版に加えることとした。

前回の選では随筆として出来が悪くて外された記事もあったろうが、中にはさしさわりのある内容ゆえに世間に対して気配りのよい小野さんが落としたらしい記事もある。だが、それこそ逆に刺戟的で面白い記事かもしれない。また他の平川著作と重なる内容もあり、反復を懸念して落とした記事もある。迂闊《うかつ》にそれをここで入れると老いの繰り言になる。その惧れなしとせぬが、書き方が別様で視角も別様なら重複といいえぬかもしれない。なお今回あらたに収録した記事には目次に＊印をつけた。『平川祐弘著作集』全体を通じてそんな新規参入記事に目を光らせる好事家もあるいはいるかもしれない。記事の並べ方は新聞発表の年月日順でなく、小野さんが前回単行本にした際に分けた三分類を踏襲し、今回の復活分も主題別に並べた中に適当に割り込ませた。

解説は、昨二〇一六年まで熊本近代文学館の館長を務めた、井上智重氏にお願いした。氏は館長就任以前は三十二年間（『佐賀新聞』時代を含めれば四十二年間）、二〇一〇年まで『熊本日日新聞』紙上にものを書き続けた記者である。その氏が私と依子に記事と挿絵の連載を依頼したから本書は生れた。ただしこれは第二子で、第一子はやはり『熊本日日新聞』掲載コラム記事を多く載せた単行本『日本をいかに説明するか』（二〇〇一年刊、『平川祐弘著作集』第三十巻所収）である。『日本をいかに説明するか』を単行本として出す際も、井上氏は出版は小野氏にと強く推薦した。私はその九州第一主義に服した。それで小野氏とは弦書房の前身の葦書房以来のこれまた長いつきあいである。お蔭で『書物の声　歴史の声』は家内の挿絵も数多く載せてもらえる贅沢ができたが、勉誠出版は今回さらに挿絵数点を新しく加えてくれた。こうして『書物の声　歴史の声』は私ども夫婦合作の書物となり九州で暮らした二人の形見となった。

本書第二部「伏字のない世界」の構成

そのほかにも読み返して面白い新聞連載記事はこの際第三十三巻第二部に収めることとした。その中に井上さんとの付き合いのおかげのものがある。井上さんとは、以前にも面識のないまま熊本のハーン関係の講演会などに招かれていたこととは思うが、『熊本日日新聞』との直接の関係は、私が福岡女学院につとめた一九九二年春からのことで「日曜論壇」に寄稿した。そのことはよく記憶している。なぜかというと、その秋、中国で教えていたとき、寄稿した関係で『熊本日日新聞』送って呉れたからである。天安門事件の後で鄧小平の権力基盤がまだ安定していない。そんな時期、在中国の日本人はクーデターが起りはしないかと懸念しており、正確な情報に餓えていた。私も長女もいつでも帰国できるよう飛行機の切符は手配しておいた。商社員たちは万一に備えて首都機場近くの北京市東北部に居を移した、西北部の友誼賓館に住む学者先生は取り残される、などとまことしやかなデマが流されたころである。中国にいて頼りになる中国についての情報源がＮＨＫテレビだったあの緊張の日々、もし『熊本日日新聞』が二、三日遅れであろうとも、毎日、北京日本学研究中心へ送られてきたならば、同僚で回し読みしたであろうが、そこは呑気な九州である。一月遅れで一月分まとめた『熊本日日旧聞』がどさっと届いた。肥後熊本の世は安らかであった。

その後一九九六年にも『熊本日日新聞』に「平川祐弘が読む」という欄で書評を書いた。

ほかに「弥次郎兵衛」の題でまとめたのは小学校の級友森川宗弘が主宰するミニコミ紙『せれね』に前世紀末以来頼まれるたびに寄稿したもの、「春夏秋冬」は『朝雲』に二〇〇五年四月二十八日以来、月に一度ほど一年間、「七十五字で書くエッセイ」は奈須田敬氏の『ざっくばらん』に依頼されるたびに寄稿した。「座標」は『世界週報』で二〇〇三年九月九日から三年近く二月に一度ほど寄稿した。それらの記事も取捨選択して掲載する。

日の目を見なかった原稿

「ニッポン人の忘れ物」は十二回で『日本経済新聞』の連載を一九九一年三月二十三日に終わった。その間の事情は「没になった原稿」として東大を去るに際して『比較文学研究』第六十二号に書き留めておいたのでここに再掲する。

前に私は一度だけ人の年譜と書誌を拵えたことがある。その時、ものを書く当人がもうすこし自分の著作についてきちんと整理しておけばよさそうなものを、と苦情を呈してその先生からたしなめられた。今度「退官に際し書誌を作れ」と編輯部からいわれ、亀井俊介氏からは「大学を去る際に過去の業績をきちんと整理するのは大切なことだ」と忠告された。そう言われて気がついたのは、私自身が自分の著作についてはすこぶる未整理だったということである。書誌を作るほどの大学者ではない、と思っていたためと、過去の整理より未来の仕事に気を取られていたためだろう。それで平川節子にワープロに打ちこんでもらって別掲の書誌を作製した。大仰なものになって恐縮である。整理の途中で二篇、掲載・不掲載でもめた記事があったことを思い出した。言論の自由との関係もあろうかと思うので、その経緯をここに述べておきたい。

一つは朝日新聞社の週刊朝日百科『世界の地理』で、一九八三年の夏「カナダ」について書いた時である。私はその前の年ヴァンクーヴァーにいた縁で執筆を依頼されたのであった。その時ゲラ刷りの段階で、

……しかし中国系の中でさらに東部カナダへ行く人も出てくる。ヴェトナムで共産政権の圧政に耐えかねて逃げ出した人々である。彼等はフランス語を解するから東部の町、モントリオールやケベックの

方が暮しやすいのだ……

という一節が抜かれ、「原稿の段階でレイアウトが決まっております。そのため行数の変動は」できかねます、という出版局事典編集室担当者、広瀬肇氏の手紙も添えられていた。『朝日新聞』には「べ平連」には肩入れはしたが、共産政権の圧政から国外脱出をはかったボート・ピープルに対しては見て見ぬふりをした人が多かった。社内にそんな雰囲気があったから右の一節もヴェトナムの新体制を批判するものと目され抜かれたのだろう。私は腹を立てて「東京都中央区築地5―3―2、朝日プラウダ新聞社御中」と表書きして抗議文を送った。するとある朝、

「私、朝日プラウダの広瀬でございます」

と笑いながら電話がかかってきた。もうレイアウトは決っていて変らない、と氏は言い張ったが、私も頑張ったので――もともと私は相手が指定した通りの字数内で原稿を書いたので、削られるおぼえはなかったのである――それで「モザイク社会の作る文化」は結局原文通り掲載された。しかしそのとき妙な気がしたのは、朝日に寄稿する多くの人の中で平川のように変更に抗議する人はほかにいない、と私の方が変人扱いされたことだった。それでも広瀬さんが自分から「朝日プラウダ」と名乗った時の笑いがなつかしい。

それでは新聞社の自己制限は朝日だけかというと困ったことにそうでない。一九九一年の初め私は『日本経済新聞』に「日本人の忘れ物」を十三回という約束で連載した。私はその最終回のためにこんな記事を書いた。

見えない伏字

戦後私たちが見かけなくなったものに伏字がある。戦前や戦中の印刷物や新聞には××と伏字があって「あ、当局の検閲にひっかかったな」と子供心に好奇心をそそられた。小林多喜二の『蟹工船』など左翼だから伏字が多いのかと思ったら猥褻で引っ掛かったらしい。戦後は伏字は表向きは消えた。では言論は自由になったか、といえば必ずしもそうではない。読者の目に見えない形で検閲や表現の自己規制が行われている。

昭和五十三年『毎日新聞』が「新聞を読んで」という欄を設けて部外者に批評を書かせた。ワシントンにいて執筆を頼まれた私は国務省の日本専門家で日本の新聞を読むのが掛りのモース氏を訪ねて「何新聞が正確と思うか」と率直にたずねた。氏は『日経』が日本の体制側の主張をはっきり伝えて面白い、同紙の堤特派員の書き方が米国側の意向を正確に伝えてる、と言った。それでその通り書いて九月十一日の『毎日』を見て驚いた。『日本経済新聞』は『x新聞』となり堤特派員はp特派員とされてしまった。xとかpとか私が書いたように見せかけた検閲で、伏字よりもたちが悪い。毎日の中尾特派員は「日本の大新聞は互いに褒めたり批判しないことになっている」とこの修正を説明したが、大新聞で他紙との相互批評がタブーなのは後進国か社会主義国の話だろう。

出版界にはほかにも左翼の自己規制が多い。岩波の雑誌や『朝日新聞』など韓国の強権政治は次々と批判したが、人間拉致の朝鮮民主主義人民共和国の批判には及び腰だった。社会主義中国は礼讃したが台湾にはいまなお特派員も送っていない。

それればかりでない。「盲」や「馬鹿」は差別語だから使わないでくれ「目が不自由な人」に書き換えてくれという。先日も漱石『夢十夜』の一節「どうも盲は不自由でいけないね」を「目が不自由な人は不自由でいけないね」に直されかけた。こんなチェックは作者の人格権を無視した「頭の不自由な」話だ。

憲法に定めた言論表現の自由は大切である。blind を差別語という英米人はいないだろう。また何が差別で差別でないかを特定の団体や組合が決めてよいはずはない。編集者や番組制作局が後難をおそれて原稿をチェックするのは言論の自由をそこなうものだ。抗議が来たら新聞社や放送局は弁護士を雇って黒白を争うべきである。

戦前の伏字は検閲が行われたことを示した点まだしも公正だった。いま公器を装う大新聞に伏字はないが、さればといって占領期以来の卑屈な自己規制が続いてないわけではない。

私が最終回にこんな記事を書いたのは連載の途中に言葉狩りに似た目にあって何度か変更を強いられかけたからだ。日経婦人家庭部の私の担当記者は岩田三代という人で、その人としめしあわせで最終回にこの記事を載せようとはかった。だが編集局の決定とかで没になった。没にするについて婦人家庭部長が拙宅に来るというので、家人に「そうだな、泣き落しに来るのだろうな」と予想を述べたら、はたして大の男がやって来て理窟も述べずぼろぼろ泣いて「おわびします。どうかお許しください」と言った。新聞の掲載・不掲載はそんな浪花節で決めるべきことではない。右の記事中のなにが不都合と思われて没になったのか、読者諸兄姉にお考えおき願いたい。

それ以外は私のもの書き生活で没になった原稿はなかった。東アジアの中で例外的に言論の自由な日本という国で学者生活を送れたことの幸福を、いま半生の書誌を拵えて、あらためてしみじみと感じる次第だ。

武藤康史氏がこれを読んで『週刊文春』「批評の細道」に書いた。「はっきり日本経済新聞社と名を挙げてこのようなことを書く平川祐弘はさすがに豪胆だ。私など……実名を挙げたりすると原稿料の稼ぎ場を減らすことになりゃしないかと、みみっちい心配を私などはするのであるが、大学教授のレーゾンデートルはここにこそあろう」。平川の態度は一見立派だが、それでは中央の大新聞で執筆機会を失なうではないか、それでもいいのか、と褒めつつも心配しててくれたように記憶する。依子は滅多に心配しない人だが「都落ちして九州へ。それもいいですが、勿体ないではありませんか」といった。これは後に述べる第二の就職に私が九州を選んだことをさすのではない。『日本経済新聞』で没になったと同様趣旨の記事を二年後の一九九三年三月二十八日『熊本日日新聞』の「日曜論壇」にようやく掲載することで日の目を見た。そのことを指して「勿体ない。なぜ全国紙の方と喧嘩なさったのです」と言ったのである。(内容が内容だから『熊日』編集部内でも掲載に際し問題になったとは今回、井上氏の解説で初めて知った)。

その後二〇〇〇年、私は四月から一年間、毎日四百字書くという連載コラムを引受け、全国の有力地方新聞数紙に配信されたが、最後まで載せたのは『熊本日日新聞』と大阪のやや妖しげな赤新聞だけで、途中で「差し障りがある」とかで次々と連載を打切られた。元日から三ヵ月で最初に打ち切ったのは『高知新聞』で本書にも収めた「グリーンピースとイエローピース」の話題に触れたためと推測する。土佐の新聞だから土地の伝統的な食文化を護持するのかと思いきや全くそうではなかった。一番長く続いたのは『徳島新聞』で、それでも六月末に切られた。何がどこでどう差し障ったのか。そちらのコラムは『平川祐弘著作集』第三十巻に収める『日本をいかに説明するか』に復元して収めるから御覧願いたい。その「世紀のとびら」のコラムの一体何が日本の目に見えぬ検閲に引っかかったか、将来の研究者は各紙の平川記事掲載ストップの時点から調べてみると、修士論文くらいは書けるであろう。その四百字コラムについてはその巻をお読みいただくことにするが、しかし私は自分が妙な妥協はせず、立場を変えなかったことを良しとしている。

反大勢の存在価値

ここ数年は同級生が集まる席でも、パリ会の席でも、皆さんがそんな意見になってきた。「如才なく立ちまわることをしなかった平川」が「処世術にたけた」同世代の人々との対比で酒席の肴とされる。その是非を云々する立場にないが、強いていえば、民主主義の信奉者として、政治的見解を含む自分の意見を右顧左眄《うこさべん》せずに述べてきたまでである。その昔、一高の駒場寮で社会科学研究会と称するがその実は共産党細胞のような部屋にはいってしまった。そこで私は河合栄治郎を読んでいて「せめて河上肇を読め」などと言われてしまった。そして共産主義左翼を是とする立場に対し率直な疑問を呈して上級生に「反動的」などと嗤われたこともあった。だがそのとき一緒に嗤った友人のFが亡くなり、夫人が当時の日記を見せてくれたことがある。そこには「平川は偉いものだ。わからないことはわからない、と笑われても平気で質問する」と書いてあり、意外でもあり、嬉しかった。左翼路線を突っ走って党からも追放された故人が、友人となって微笑みかけてくるような気がした。

そんな平川祐弘であり続けたからこそ二〇一四年五月発行の新潮新書『日本人に生まれて、まあよかった』で『朝日新聞』を批判し、同紙の吉田・植村誤報訂正事件に引き続き同年十月の『文藝春秋』で「朝日の正義はなぜいつも軽薄なのか」を述べることができたのであろう。勉誠出版から『平川祐弘著作集』の広告は『朝日新聞』にも載せますから、販売用パンフレットにある〈この比較研究者は、その豊かな体験と学殖ゆえであろうか、『朝日新聞』に代表される自称進歩的観念左翼に対し批判的である〉という言葉は消しましょうか」という申出であった。「いや、消さないでください、そこにも私の存在価値があるのだから」と答えた。そんな反大勢《はんたいせい》を貫いたからこそ八十代のいまでも第一線で書き続けることが許されるのではないか、とひそかに考えている。私は自分の意見が社会的に重みをもつなどとは以前は考えもしたことのない人間であったが。

二〇一六年十一月七日、私は「天皇の公務の負担軽減等に関する有識者会議」の第一回ヒヤリングの冒頭で、意見を申し述べたが、それは以前からの意見の延長線上にある。私は君主制の支持者だが、それはあくまで立憲君主制であって、天皇といえども法律を遵守すべきことは当然であり、天皇個人の考えには間違いもありうる以上、そのご発言についても「大御心」とか「承詔必謹」などの言葉を安直に使うべきではない、という立場である。

アルバムを繰ると、すでに一九九二年五月二十四日の『熊本日日新聞』に「皇室外交と憲法」と題して陛下の訪中が政治的に利用されることへの懸念を述べていた。そのとき元外務次官の方から殴り書きの字でお叱りをいただいたことも思い出す。そんな意見対立の中でのご訪中であつたから、陛下が上海からご帰国の際、沿道で中国の人たちが手を振るや「ご覧ください。陛下のご訪中は大成功でございます」と随行の訪中推進派の官僚は言い、陛下もそれをお信じになったであろう。だがはたしてそれが正しい中国認識であったか、どうか。これから先、天皇が譲位されて後、自由に外国へ行かれていろいろ御意見をお述べになれば、どういう風に相手に利用されることか。ヒヤリングの際に述べた私の意見はこの文の結びに掲げさせていただく。

私の福岡時代

話を東大時代に戻すと、職住接近であり、家事育児は妻にまかせ、全力を仕事に傾けたからとはいえ、自己の著作の中心部分が早く助手・助教授時代に出来上っていたことにわれながら驚く。教授時代ともなると、授業のない日でも駒場の研究室に立ち寄れば、必ず事務上の仕事が待ち受けうけていた。比較文学比較文化研究室生え抜きの者として助手勤務のとき以来ハウスキーピングの雑務をまかされた者と観念していた。行方昭夫教授が第二十九巻に書かれたほど私は学内ビジネスに適した者ではない。が精励恪勤したことは事実である。しかしそれだけに、最初の定年の後は、行政事務は御免蒙り研究教育に専念したい、と願っていた。

それというのは私は東大在職中、いつしか諸外国からしばしば招かれる身となっていた。一九七七年九月からはウィルソン・センター、一九七八年九月から一九七九年四月末まではプリンストン、一九八〇年一月から秋まではパリ第七大学、一九八一年秋から一九八二年四月まではヴァンクーヴァー、一九八八年の五月末から九月末にかけてなどがめぼしい長期外国出張で、私が外国からも学ぶが日本のことを外国に教える文化の対面交通を心得た二本足の学者だったからであろう。国内でも多くの大学から集中講義の招きを受けたが、国外からも多くの口がかかったのである。学内のフランス語教室同僚に対し、文部省の在外研究員の権利は譲るから、代りに自分が外国から招待された場合は出張を認めてくれというディールが認められたおかげで出来た国際交流であった。それでもローマの文化会館館長職などのオファーを辞退したこともあった。

そんな私は「東大をやめた後、半年外国出張を認めてくれるなら他の半年は二倍教えるから、そんな条件を承知してくれるなら、どこの大学でも教えに行きます」と学会などの席で冗談交じりに話していた。すると定年のまだ四年半前の秋、大学院設立に必要な人材を探していた福岡女学院大学が右の条件を承知してくれたのである。私を招きたいと声をかけてくれた大学はほかにいくつもあった。しかし授業と研究だけすればよい、教授会も出なくてよい、試験監督も入試の採点も、書類づくりも、行政事務は一切免除する、それで東大退職時と同じ給料を払う、という。先方としてはこうしておけば教授会で私が余計な発言をしないだけ好都合と内心踏んでいたのかもしれない。双方の利害が一致したおかげで、私は一九九二年、一九九五年、一九九八年は一学期ずつ北京日本学研究中心へ、二〇〇〇年は台湾の東呉大学へ、二〇〇五年は台湾大学へ教えに行くことが出来た。あのころは短期出張で一体何度外国と往来したことだろう。その学会では必ずきちんとペーパーを読んだ。

『熊本日日新聞』の井上智重氏

プリンストンの旧知の間でヒラカワの都落ちが格好の噂の種だったと笑ったのは私をマル号教授として福岡へ招くお膳立てをした小田桐弘子教授である。私が初めて日佐の福岡女学院大学へ講演に赴いた一九八七年十一月、短大の入口で私は靴をスリッパに履き替えて岩橋文吉学長に面会した。学長室の棚には私の著作がずらりと並べてある。なるほどこんな理解のある学長がいるなら悪くないな、と再就職の話は即決したが、後から聞くとずらりと並べたのは、小田桐さんが自分の蔵書を当日持参したまでのことであった。しかし私が同大学で快適な生活を送ることを得たのはひとえに小田桐女史のおかげである。プリンストンの噂話を聞いた時は「燕雀安《いづくん》ぞ鴻鵠《こうこく》の志を知らんや」と大袈裟な言葉を口にして笑った。著作こそが自分の勲章である、と自分を誡めていたのである。

こうして一九九二年から十三年間、私の羽田—福岡往復時代が始まったのである。女学院でどんな授業をしたかは当時の学生だった北御門（旧姓牧）智子さんが著作集第二十四巻『アーサー・ウェイリー『源氏物語』の翻訳者』に思い出を寄せている。宇治十帖のクラスが忘れがたい、として生まれる子に薫の名をつけるつもりという手紙を受取ったときは「紫式部の原文やウェイリーの英文が優れているからこそだ」と真に忝く思った。智子さんは高校のときから良い先生に恵まれて古文にも心を引かれていたのであった。

井上智重さんからは、その九州時代の前後二十数年ほどいろいろ恩恵を受けた。『熊本日日新聞』紙上や熊本での講演会に頻繁に登場する私は『熊日』読者には熊本人と思われていたほどである。甲斐京子さん、小野寺和子さんなど親しく文通させて頂いた。甲斐さんはついにお目にかからずに終わったが、本書の中に地蔵の挿絵やお手製の人形が形見に残されている。

井上夫妻とは天草へドライヴしたことなど忘れがたい。なにしろ井上夫人が「右！」というと井上運転手は左にハンドルを切ったりする。私が代りに運転したので四人は無事に生還した。ハーンの描写が思い出される、すばらしい青の世界で、光り輝く青い海がその日も虚空《こくう》と合して、電気溶接のような光輝を発していた。肥後の山々がそのきらめきの中で様々な角度を見せてそそり立っていた。ただそんな井上運転手と同行したために、後述の堀内大佐の白壁の生家の大きな椎の老木を見そびれたのは心残りである。

そんなご縁が有難いので、井上さんの『異《い》風者伝《ひゅうもんでん》』（熊本日日新聞社、二〇一二年）が出たときは、喜んで「解説」執筆を承知した。この本は近代肥後の歴史人物伝であるから全国読者向けに紹介するにはやや特殊かもしれない。しかし「書物と私」の愛すべき一点で、この本自体も異風者の手になる作であるのはまちがいない。しかもそこには井上さんと私どもの関係も、『書物の声　歴史の声』の成立事情も書いてある。それで私は「著作集第三十三巻に寄せて」を書くに際し、井上智重さんの本に寄せた私の「解説」を掲げさせていただく。

井上智重著『異風者伝』

『異風者伝』は幕末以来昭和にいたる熊本関係の異才を掘り出して『熊本日日新聞』紙上に編集委員だった著者井上智重氏が連載した『近代　肥後異風者伝』を中心に編まれている。一人について二段組みで平均五頁。たっぷりした内容で、九十五人を一冊にまとめた。新聞読者を念頭においた記者の筆致は軽くて読みやすい。が内容は丹念によく調べてある。日本の新聞の欠点は出典が明示してないことと、安直な決り文句がまぜられることだが、本書には新たに出典もつけられたから、後来の研究者はそれを手がかりに話の真偽を再確認できるだろう。註がつくからといって本が硬くなるわけのものではない。本書の類書を求めれば、司馬遼太郎の『街道をゆく』に似た語り口とでもいえようか。そんな風にいうと井上氏は照れてしまうかもしれないが。

そんな気楽に読める歴史人物伝の一冊である。といってもこの『異風者伝』は全冊を読み通すと、地方文化の厚みをずしりと感じさせる。熊本にはそれだけの歴史があったのだ。取り上げられた中には東京中央で活躍した学者政治家井上毅のような有名人もいる。しかし筆者は月並は書かない。自分流に先人を把握して、著者の頭でイメージを拵えてから書く。それだから人物像がはっきりしていて文章が生き生きと躍る。大学を出たばかりの池辺義象と『古事記』の国譲りの故事の話をしていて「汝がうしはける葦原の中つ国は、わが御子のしらさむ国」の「ウシハク」と「シラス」のニュアンスの違いに井上毅が飛びついた——そんな細部が憲法起草者の頭脳の内部まで伝えて、学問としてはともかく話としては面白い。

しかし面白いのは井上毅のような著名人だけでない。田舎名士や無名に近い人物も次々と拾い出して、それに意想外な光をあてている。小泉八雲ことラフカディオ・ハーンは熊本で『停車場にて』という作品を書いた。有名な話で広く知られている。警察官殺しの犯人を上熊本駅に護送してきた巡査が、改札口で犯人を殺害された警察官の遺族と対面させる。するといたいけな遺児にじっと見つめられた犯人がいたたまれなくなり、悔恨の情に駆られ「私は死にます。坊や、許しておくれ」と涙して土下座する。だがハーンは駅頭でこの光景を目撃したわけではない。新聞記事を基に書いた。そのことは丸山学の調査以来、研究者の間では知られている。だがこの犯人を遺族と対面させた巡査が実は幕末期に近藤勇をつけねらった肥後の剣客井上平太の晩年の姿であったのだ。私はこの書物で初めて知った。二〇〇〇年に『小泉八雲事典』（恒文社）を編集した際に私は「井上平太」の項目を設けて井上氏に執筆を依頼するべきだったと思った。

新発見というか珍発見もあった。私など『招婿婚の研究』など従来の婚礼史をくつがえす学問的著作のように聞かされてずっとそのように信じてきた。『源氏物語』の中の婚姻慣習については高群逸枝女史の研究は参考にしなければならないと思っていた。しかし井上氏が今回この本のために書き下ろした高群の小伝は高群はそんな書斎におさまるような身持ちの女ではないことをあからさまに書いている。いやはや型破りの女傑で断然異彩を放っている。要するに女学者などではないところが高群のすばらしさ、その人間的魅力なのだ。読んでいるうちに『招婿婚の研究』を褒めあげた内外の人々の滑稽さ加減が影絵のように浮かんでくる。高群逸枝は肥後が生んだ「異風女」の最たるものだ。

『異風者伝』は中身の豊かな人物評伝である。心温まる豪傑がおり、人間的に感動させられる。戊辰戦争後、奥羽の地方行政官となった熊本藩士野田豁通もその一人だ。祖母、母、姉妹は会津戦争の際に自刃して果てた柴五郎少年を給仕として雇い陸軍幼年学校に受験させる。合格まちがいなしと知るや野田は「良かごたるナァ」という。この言葉に柴は夢心地になる。この「良かごたるナァ」に野田の体温が感じられると著者は評する。

井上氏が取扱う人間の職種も気質もさまざまだが、来照寺出身の笠智衆の存在そのものが「日本」だったとか、俳優論としても先人のいい言葉を拾ってくる。商売で成功した女や失敗した男、満洲から引揚げたみじめな親子も語って本書は人間曼荼羅である。ダワ・サンボと呼ばれた戦争中チベットに潜入した日本人の伝など熊本は快男児を生む土地柄だった、とあらためて驚かされる。明治に石光真清がいたとするなら昭和にはそんな木村肥佐生がいたというべきで、われわれも日中友好の美名の下にチベットをけっして見捨ててはいけないのであろう。

一体、自県の人物群像をこれだけ鮮やかに語る書物をもちあわせている県は九州にほかにあるのか。いや日本にもどこの県にあるのか。しかもその種種雑多な肥後異風者を、一人の著者が描いているのだからたいしたものだ。かつてナンバー・スクールと呼ばれた第五高等学校があった熊本は、第七高等学校の鹿児島とともに、いやそれ以上に、傑出した西日本の文化的中心地であった。そんな熊本県は奇人に富み奇女に富む。それだからこそおのずと立派な一冊が生まれたのだともいえるが、井上氏のような奇特な新聞記者の広い目配りがなかったならば、過去の人物の何人かは永久に甦りはしなかったであろう。

著者の井上氏は一九四四年十二月に福岡県八女市に生まれた。一九六八年に『佐賀新聞』に入社、十年後に『熊本日日新聞』に移り文化面で重きをなした。井上氏は常に筆で勝負をした。昨今の中央の大新聞の記者は署名記事を一向に書かない。記者とは称するものの、その実は新聞社員という無個性のサラリーマンにしか過ぎない人が多い。

ところが井上氏は違った。すでに二十代から長い記事を書いた。歴史詮索の癖があり、話し出すと止まらない。そんな井上氏は、調べ出すと書きたくてたまらない。調べるとなるとそこは新聞社が背景にあるから機動力もある。時には米国までジェーンズやハーンを調べに行ったこともある。（もっともその時は大したものは見つからなかったらしい）。そのように見て感じて考える井上氏は史実にはこだわるがイデオロギーにはとらわれない。書斎派でないから面白い。世間から忘れられた人物を発掘し、上手にまとめて、記事にする。

その包容力の広さに敬服するが、感心するのは人物の描き方で、それは井上氏の人柄を反映してぬくもりがある。関係者にも喜ばれ、遺族は祖先が井上氏の手で顕彰されたことを喜ぶにちがいない。井上記事は左右を問わず読者に愛読されたのではあるまいか。当然ながら新聞購読者の広汎の支持がある寄稿者は、内部であろうと外部であろうと、社では尊重される。「狂気」と恐れられた国家主義者蓑田胸喜などに対してもーー私としては蓑田に限らず徳富蘇峰などに対してはもっときつい筆誅《ひっちゅう》を加えてもらいたいと思わないでもないのだが、ーーその描き方は残された家族の人々との関係もきちんと視野に入れており、温かい。そんな井上記者の筆致を遺族は徳としたことであろう。戦前の天皇機関説排撃論者も戦後の安保反対論者も、右と左で差があるようで、愚かな点では大差ない、と私なら冷やかしたいところだ。戦前の新聞が犬養首相を暗殺した者を「純粋な青年将校」と呼んだのと、戦後の新聞が国会に乱入しようとしたデモ隊員を「純粋な大学生」と呼んだのは、一見違うようでいて、実は似たような愚昧さ加減だったのではあるまいか。

しかし井上氏はそんな冷やかすような真似はしない。バランス感覚のある井上氏は蘇峰も書けば蘆花も書き、二人の植民地京城（ソウル）での出会いの場面をドラマティックに書いている。こんな寄稿で井上氏は熊本日日新聞の文化欄の名を高めた。退社後はその造詣にいかにも似合いの熊本近代文学館の館長となって次々と企画を立てては忙しく働いている。本書の中に『坊つちやん』のうらなりのモデルかといわれる浅井栄熙とか前田利鎌とかが登場する。前田は『草枕』那美のモデルとされる卓子《つなこ》の弟で、一高生の彼は晩年の漱石宅に出入りした哲学青年でもあった。今後、熊本近代館で展示すべき人物は本書の中にもう十分に出揃っている。

それにしても肥後の様々な先人を見つけ出して、その異風者の伝を次々と書いたその動機は一体なになのだろう。夕刊の「ほんのページ」の片隅の「トモさんのつぶやき」などから察するに、九州でも辺鄙な福島高校出身というよそ者の井上記者が、夫人の生まれの地の熊本に自分も住むべき座を確保したくなったからであろうか。そんな関係もあって、幕末以来の熊本の人物群像に次々と光をあてた。その成果であるこの『異風者伝』一巻は見事な読物である。四十余年の在職中の仕事をこんな風にまとめ得たことは文化記者として冥利につきる。けだし地方新聞、それも肥後もっこすという独立不羈の精神が底流している土地で、よき上司に恵まれたからこそあり得た幸運なのではあるまいか。

井上氏は温雅であるが正義の人である。オランダ領東インドでは、敗戦後、オランダ軍の手で日本軍の少なからぬ者が戦争犯罪人として刑死した。中には死罪に値する悪事を働いた者もいたろうが、そうでない者もいただろう。昭和十七年、日本軍が上陸するやオランダ軍はすぐ降伏し戦闘は少なかった。当然残虐行為も少なかったと考えるのが自然だろう。それにもかかわらず多数の処刑者が出たのはオランダ側の復讐と植民地からの独立を意図する現地のインドネシア人への見せしめのためでもあったと考えるのが自然だろう。ところが日本兵が処刑されたのは彼らが犯した残虐行為のためであるといいはる「正義派」の歴史学者が日本にもいる。「ミッション左翼」といわれる女子大学にもいる。そこでは当然のことのように東京裁判史観を奉ずる教員の発言権が強い。井上氏はそんな擬似正義的発言はまったく無視して、堀内豊秋海軍大佐のことを書く。セレベス島メナドでわが国初の落下傘降下作戦を成功させた隊長はメナドの軍事法廷で裁かれ銃殺された。「白菊の香を残し死出の旅つはものの後我は追ふなり」の辞世に「白菊とはパラシュートのことである」と井上氏は註している。氏が半藤一利氏に電話したら、大佐の生家の話が出て「庭の向うに白壁の蔵が輝いていて、大きな椎の老木があったな。なんとなく豊かで、こういうところで堀内大佐は育ったのだな、と思いましたよ」と返事があったという。その家のたたずまいを記すことで故人の人格を髣髴させる筆法が心憎い。最後に井上氏と私との縁はこうである。私は比較文学畑の人間で、徳冨蘆花の『不如帰』はロイドの英訳から の手で中国語に重訳された。林紓は北洋艦隊が敗北し中国で非難を浴びたことを海軍関係者として口惜しく思い、黄海の海戦における勇戦奮闘は敵側日本人の筆によっても描かれている、そのことを中国人に知らせたくて翻訳したと林紓は書いている。そんなエピソードをどこかに記した。すると井上氏はそんな歴史の裏側の些事にも注意する私に目を留めてくれた（そういえば井上氏の手になる徳冨蘆花小伝も小さなエピソードを積み重ねることで「いひゅうもん」蘆花という大人物を描いてる）。そして『熊本日日新聞』の連載を依頼したばかりか私の家内に挿絵を描くように手配してくれた。そういう点はよく気がついて神経質な井上氏だが、その家内の挿絵を一度ならず行方不明にして私をあわてさせた。しかし私たちは「そのうちに見つかるよ」と達観していた。見つかることは見つかったが、記事が掲載された後になってのことであった。それでも腹を立てもせず、私たちは井上氏を徳とした。そんな氏が熊本日日新聞社で長く活躍したのは、本人のお人柄と筆力と社の自由豁達な雰囲気のお陰だろう。

最後にその点にふれさせていただく。私の意見は反体制ではないが反大勢で、たとえば「文学界における大江健三郎と政界における土井たか子は並行現象で、戦後平和主義のヒロインは護憲を唱え北朝鮮の肩を持ち、国会議長まで昇りつめた。片や大江は時流に敏感で、文化大革命となれば紅衛兵、大学紛争となれば造反学生を持ち上げて、ノーベル賞まで昇りつめた。だが日本の文化勲章の方は拒んだ。そんな良心的ポーズは信用ならない」と一度書いたことがある。そんな私の見方も載せてくれたのが『熊本日日新聞』の論壇で、それは井上氏が「そういう見方もあっていいじゃないか」といってある覚悟をもって上司の了解を得てくれたおかげだろう。アンタッチャブルのようになっていた左翼の知的ヒーローは女子大生に向かって「自衛隊員のところへお嫁に行くな」といった。そんな職業差別的発言が大江氏に許されたのは、背後に氏を担ぐ大マスコミがあったなればこそである。だがたとえ一地方新聞であろうとも「大江氏は裸の王様ではあるまいか」という見方が一たび活字になると、共感の声は全国に拡まるものだ。こんな些事も存外大切なのではあるまいか。

私はそんな次第で二〇〇三年から毎週木曜『熊本日日新聞』夕刊に書物の思い出にことよせて自伝風回想を連載し二〇〇九年『書物の声　歴史の声』（弦書房）にまとめた。反時代的考察も述べることができて有難かった。私はその間『熊本日日新聞』に載る井上氏の人物群像をときどき横目で眺めて、木下道雄の伝などに心動かされたが、今回一冊にまとまった人物論を通読してさらに敬意のつのるのを覚えた。私は氏と知己になったことを生涯の幸福の一つにかぞえる。感謝の念をこめて解説の一文を草し、あわせて井上智重氏の一層の健筆を祈る次第である。

『夢幻能さくら』と『夢幻能青柳』

井上さんとはほかにもいろいろな関係がある。

私は二〇〇五年夏、ク・ナウカ・シアターの宮城聡氏の委嘱で『夢幻能オセロ』を執筆した（『平川祐弘著作集』第二十三巻宮城聰解説参照）。上野の国立博物館の日本庭園での上演が好評を博しＮＨＫのＢＳでも放映され、インドや韓国でも上演された。それでその脚本はこの著作集では第二十三巻『謡曲の詩と西洋の詩』に付録として収める。

井上さんはそんな私にさらに目をつけて「ハーンと漱石を登場させる能の脚本を書いてくれ。場所は熊本」という。それで書いたのが『夢幻能さくら』で、その決定稿は本著作集第十六巻『西洋人の神道観』に付録として収めてある。

その『夢幻能さくら』が『夢幻能青柳』と題名を改めて熊本県立劇場で二〇一一年十月、東京四谷の区民ホールで二〇一二年八月に上演されたのは、能の観世流シテ方が青柳という名にこだわったからである。脚本にはハーンの怪談『青柳の話』もとりいれてあるから、題名はそちらにすることもできた。熊本県は能役者だけではなく、日本舞踊、現代演劇の俳優も動員して『創作舞台青柳』なるものを構想した。それだものだから、先方の要望が井上さんを介して次々と伝えられ、私はそれに応じていろいろ手をいれた。それで上演時には題が桜でなく『夢幻能青柳』となったばかりか、台詞もだいぶ変わってしまったのである。そしてその公演用台本は公演パンフレットに英訳も併せて掲載された。台本と舞台の写真グラフは熊本の雑誌『公徳』二〇一一年二十一号にも載った。

しかし井上さんは最初の稿を改めさせたことを気にして「最初の原稿の方に実にいいところがありました」などという。熊本から上京した折りに藤原書店に出向いて季刊誌『環』二〇一三年春五十三号に私の最初の脚本の掲載方を了承させてしまった。あとで藤原書店の藤原良雄社長から「持ち込み原稿だから稿料は払いませんよ」といわれた時はいささか驚いたが、井上さんに平川原稿を持ち込まれて社長も当惑したのであろう。『環』に私は「あとがき」を付して事情を説明したが、井上さんがそんな心配はせずとも私は『西洋人の神道観』に付録として『夢幻能さくら』は収めることはできたのである。

そんなさまざまなつきあいの井上さんだが、とにかく長電話である。それも一方的に井上見解を喋る。熊本大地震の後も「震度7はさすがにすごい揺れ。それも二度。でも家はどうもありませんでした。近所にも『危険』の赤紙が貼られた家もありますが、皆さん、冷静。震源地は近いですけど、本震の翌日、水も電気も来ました。弁当屋さんが旗を振って客引きをしている。日本のインフラはすごい。報道陣がどっとやってきて、被災者を演じさせられている感じがしないでもないですね。県民はお利口さんで何と答えればよいかテレビ局側の意向を察して決まり文句で答える。みんな優等生です（憤慨口調）。しかし私の家のあたりはテレビ報道と違って被害もすくない。コンビニももう開いています」とやや興奮気味に喋る。その長電話が終わると、井上夫人の携帯から電話がはいって「主人のいうこと信用しては駄目ですよ。水道も出なかった。遠くまで汲みに行ったのはわたしです」などと低い声で訂正がはいる。

天皇の御発言と新聞世論と有識者会議

二〇一六年十一月八日も早朝に電話が鳴った。それは前日、首相官邸で開かれた「天皇の公務の負担軽減に関する有識者会議」に招かれ、私は十六人の専門家の一人として恐縮ながら意見を述べた。冒頭の陳述人であったためか、テレビに写った。朝刊を見た井上さんは新聞人らしく敏感に反応し、それぞれの意見が大きく出ている。平川意見が一番よろしい、説明が明晰で一貫しているといった。まだ新聞を見ていなかった私が「なぜそんなことがわかる？」と質問したら「提出された説明資料と終了後の記者取材に基いて記事を書いた。それを読めばわかる。情《じょう》に流されやすい世間と違って平川意見は理《り》が通っている。この件はその方向で落着《らくちゃく》します」といった。そうだと嬉しいが、井上さんは昔からはやとちりだから、どういうことになるかわからない。代議士など国民の八割が賛成だと聞けば、世論を大事にすると言えば聞こえはいいが、世論の数におそれをなして生前退位に異議を唱えはすまい。公然と反対はするまい。

だがその八割の賛成の内容とはなにか。国民の多数は「天皇陛下ご苦労さま」とお仕事とお年に同情したということである。それならばお休みいただくことが肝要で、公務を軽減し、ご高齢でお辛いのであれば摂政を設けるのがよい。その法律があるのに、どうしても退位されて、前天皇と現天皇に権威が二分される方がよいことがあるのだろうか。そこまで深く考えた上での八割賛成ではあるまい。だが困ったことに新聞はその先に生じる事態までは語らず、皇室もその先の事態は見通すことはせず、譲位ご希望のご発言と賛成多数を繰返し報道するのみである。まるでメディアの意向に添って天下を動かすことに意義を認めているかのようだ。このようなおよそ正確とはいえぬ世論調査の結果なるものを基にして、新聞テレビは政府以下を誘導しようとするが、この様は健全と言えるのか。はたしてこれでいいのか。

それで私が誤解されることのないよう、私が有識者会議で述べたことを、雑誌『正論』に依頼されて平成二十九年一月号の特集『「生前退位」でいいのか』に掲載した。なお十一月七日当日は二十分以内という時間制限で読まずに飛ばした『ル・モンド』記事部分も復元して、それらは第三十二巻に収録する。私は天皇家に深い敬愛の念を抱く者で、『書物の声　歴史の声』の中でも皇室にふれて「天皇家のまつりごと」以下すでに数点書いている。第三十二巻に限らずこの『平川祐弘著作集』第三十三巻にも、著者の対社会的発言も含まれる。その声にも意味があるのであろう。私の人生の末年の意見をこの巻末に収めるが、第二部冒頭に掲げた渡部昇一氏を悼む文章ともども、心ある読者の耳に届き、目にふれることを願っている。

平川意見　何が天皇様の大切なお仕事か――有識者会議に出席して――

ご発言は退位に直結してよいか

陛下の生前退位のご意向について八月八日「私はこう思う」という感想を求められた。それで「昭和天皇の喪が明けた平成二年、私は今上陛下のご即位をお祝いするNHKの番組に招かれたが、その折の座談で、学習院の古いご学友が「私は今年、定年退職なのに、陛下はこれからお務めなのだからご苦労さまですね」と極めて率直に言われたのが印象的だった」と述べた（産経新聞）。その即位から四半世紀、「陛下、お疲れ様でした。お休みください」と世間は感動し恐懼《きょうく》した。私もその一人だが、しかしそれで退位を認めてよいのか。報道はまずリークされ、テレビ放送となったが、異例の御発言と思う。戦後の歴代政権は皇統維持のために積極的に策を講じてこなかった。陛下としても私見を述べずにはおられぬご心境かと拝察する。多くの人は陛下に御同情申し上げ、その感情に流されたが、しかしお言葉を大御心《おおみごころ》とし、特例法で対応するのであれば限りなく憲法違反に近い。よくない先例ともなり得る。立憲君主制の日本の将来のためにいかがかと思う。

巷《ちまた》の反応は大様《おおよう》で「天皇様も年金をいただいてどこかの老人ホームにおはいりになるのかしら」などという。それには中学生も「中曾根さんだって総理大臣をやめたらお能を見に行くのにもお巡りさんがつく。陛下が普通のホームにはいれるはずはない」といった。世間は天皇様のお年とそのお仕事に同情したが、では退位後どうなるか、そもそも退位はありうるか、その先までよく考えてないのが実情だ。

十一月七日、有識者会議で意見を述べるよう私も招かれた。その日、ヒアリングの後、記者諸氏に囲まれたので、まずお願いしたのは、このたびの件については何が問題で、将来どんな事態になるか、様々な可能性や事の本質を新聞テレビはきちんと洗い出して世に示すことを先にしていただきたいということで、有識者会議関係者にも問題点を整理、明確化し、公開することをお願いした。『産経新聞』も平成三十年には大《だい》嘗祭《じょうさい》が行なわれるなどと先走った予測を流すより、もっと肝心な問題を論じてもらいたい。

天皇の役割で何が大切か

会議の席で私は比較文化史家として天皇の役割と役割の重要性のプライオリティーによって定まるべきお仕事の軽減について、世間が見落としがちな点を御注意申し上げた。

天皇は、日本の歴史上の存在で、大日本帝国憲法や一九四六年憲法で定義される以前から連綿と続いてきた。日本人もその長い歴史の中で、天皇様のことを感じ考えてきた。しかしこのところ新聞では、憲法の文言によって専ら論ぜられ、法学部出身者の解釈が前面に出るが、それだけでよいのか。天皇には国王（キング）という「世俗」secular の役割と大祭司（プリースト）という「聖」sacred の役割がある。天皇は伊勢神宮に祀《まつ》られた神々を皇室の祖神と仰ぎ神道の祀りごとをなさる宗教文化的伝統の継承者である。明治天皇は今の天皇より深く国政に関係したが、キングとプリーストのどちらを大切にされたか。およそ神事を先にし、他事を後にす、といわれるが、日露戦争の翌年に天皇にとり大切なことはなにかを歌に詠まれた。

かみかぜの伊勢の宮居《みやゐ》を拝みての後こそきかめ朝まつりごと

天皇にとり「まつりごと」とは「祭事」が第一で、天皇はまず神道の大祭司である。それだから「伊勢の宮居を拝みて」の後に「まつりごと」の第二である「政事」の面での仕事に国王として耳を傾ける、と申された。そこが大切で、万世一系の天皇は、神道の文化的伝統の中心的継承者であり、それゆえに権力がなくとも権威は保たれてきた。日本では権力は政権が握るが権威は天皇が保つ。この日本の制度は両者を一身に担《にな》わねばならぬ米国の大統領制より健全である。政治はとかく泥仕合になる。そのとき大統領がスキャンダルの泥にまみれれば国家の品位も地に落ちる。日本では首相が失脚し権力の座から転落しても天皇の品位と権威は変わらない。

天皇の有難さは何に由来するか

ではその権威というか国民にとっての天皇の有難さは何に由来するか。占領下に作られた現行憲法に万世一系の字がないから昨今の法学者は説明せず、官僚は言及せず、新聞もあまり報じないが、天皇が日本の象徴であるのは日本国民の永生の象徴でもあるからである。人は個人としては死ぬが民族は続く。一系の天子は代々民族の命が続くことの象徴で、だからこそ有難く尊い。またたからこそ皇統の維持が大切と天皇様はじめ多くの人が感じるのである。人は祖先の霊に祈ることにより祖先とつながる。いいかえると人は手を合わせる時、家族はじめ生きている人の安寧平和だけでなく亡くなった父や母や祖先のことも思い浮かべる。

皇室が国民統合の象徴であるとは生きている日本人だけの統合でなく死んだ祖先を含んだ上での統合である。伝統とは生者と死者からなるデモクラシーであり、それだからこそ私たちは心をこめて祈り故人の声に耳を傾けるので、天皇様は「続くことと祈ることとに意味がある」。それだから世俗の国事行為や公務はお歳とともに減らし他の方にできるだけ代行をお願いしたい。たとえばご旅行などは積極的になさらずとも天皇が皇居におられれば有難い。多くの人はそう感じるのではないか。

拡大解釈を絶対条件としてよいか

今の陛下は国民統合の象徴としての責務を、憲法に規定される国事行為だけでなく、各地で国民や国民の思いに触れる「旅」と表現された。そのご努力はまことに有難く忝《かたじけな》いが、外へ出て能動的に活動せねばならぬとは特に今の陛下に強いお考えであり、その陛下御自身で拡大した天皇の役割を次の皇位継承者にも引き継がせたいご意向にお見うけする。しかしこれは今の陛下ご自身の解釈による象徴天皇の役割を次の天皇に課することになるのではないか。

特に問題であるのは、その御自分で拡大解釈された責務を年をとると果たせなくなるといけないから元気なうちに退位して皇位を次に引き継ぎたいというお考えをテレビで述べられたことである。

それというのは代々続く天皇には優れた方もそうでない方も出られよう。体の強くない方が皇位につかれることもあろう。一部の学者先生が説くように行動者としての天皇とか象徴天皇の能動性ということも大切だろうが、その考え方にさかしらを感じるのは私だけだろうか。その方面に偏った象徴天皇の役割にこだわれば、世襲制の天皇に能力主義的価値観を持ちこむことになりかねない。それでは皇室制度の維持は将来困難になる。陛下がその種の責務を過度に自覚されて完璧《かんぺき》主義を御自身の信条とするのは有難いが、しかしその個人でお考えの完璧主義を守ることを前提として、それが守れない場合を想定して憲法にない生前退位を示唆されたのはいかがなものか。

摂政設置と退位で結果はどう違うのか

退位せずとも高齢化の問題への対処は可能である。高齢を天皇の責務免除の条件として摂政を認めれば、それですむ。皇室典範の摂政設置要件「天皇が精神、身体の重患、重大な事故により国事行為ができない場合」を加えるか、あるいは解釈を拡大、緩和して、摂政を置かれるのがよくはないか。

私が理解に苦しむのは陛下が摂政を置かれることにネガティヴなことである。裕仁陛下が皇太子であられた大正十年摂政となられた状況を昭和天皇は快くみておられず、今の天皇様は皇太子としてそのことをお聞きになったから、という説があるが、その真偽は別として、陛下の摂政についての個人的な否定的なお気持を現行の法律より優先して良いことか。それに今の陛下がご高齢になられ、新たに特別立法その他で譲位を認め上皇となられた場合と、摂政の宮を置かれた場合と、はたしてその二つから生れる結果に実質的に違いはあるのか。上皇とその周辺と新天皇とその周辺との関係が、摂政設置の場合の人間関係よりはたして良く行くかといえば、保証はない。法学士も宮中関係者も記者も『源氏物語』をきちんとお読みでないようで、それで考え違いをされるようだが、譲位しても仕事こそ減るが、さほど自由になれるものではない。紫式部はその辺をよく書いている。

天皇は続き祈ることに意味がある

元天皇であった方には、その権威と格式が伴う。そのために皇室が二派に割れるとか勢力争いが起きやすくなる。今でもその気配が皆無《かいむ》とは言えないが、配偶者の一族・実家が属する省庁とか企業とかの政治介入や影響も無視できなくなる。企業で社長が会長職に退いても次の社長と問題が生じる場合は多々ある。元天皇は一般市民になることはできない。それは私は子供が三人いる父親だが父親をやめるといってもやめることはできないのと同じで生涯の終りに至るまで父親であり続けることに変りはない。天皇様も天皇様であられたということをやめることはできない。しかしたとえ仕事ができなくなった年老いた親でも子が親を思う気持、親が子を思う気持に変りがないように、出歩くことの難しくなった陛下が在位のままゆったりとお暮らしいただきお住まいの中で「とこしへに民やすかれと」とお祈りいただく方が有難い。陛下と国民の相互の信頼と敬愛は変らないと思う。

いつの時代にも高齢化はあった。『源氏物語』の頃なら五十の年齢は今の八十で、近年は寿命も伸びたが、老衰の始まりもまた先に伸びた。超高齢化社会と特に強調することはいかがなものか。昭和天皇のご生涯が、後から振返ってお見事なのは、意見対立の中で退位せず、在位六十四年、わが国の敗戦と復興を二つながら御一身《ごいっしん》でまのあたりにされ天寿を全うされたことである。人間、八十代になお果たすべき仕事を持つのは大変だが、ある意味で幸せである。今の陛下のこの四半世紀はまことに充実した歳月であったと拝察するが、今回のご発言の結果、もし超法規に近い「今の陛下に限り」などという措置《そち》が講ぜられるならば、悪《あ》しき前例となることが心配である。百二十五代続いた皇統が内から崩れるようなことになれば、皇室を護持してきた国民のいままでの努力は烏有《うゆう》に帰《き》する。謹みて皇室の御安泰をお祈りする次第である。

【著者略歴】

平川祐弘（ひらかわ・すけひろ）

1931（昭和6）年生まれ。東京大学名誉教授。比較文化史家。第一高等学校一年を経て東京大学教養学部教養学科卒業。仏、独、英、伊に留学し、東京大学教養学部に勤務。1992年定年退官。その前後、北米、フランス、中国、台湾などでも教壇に立つ。

ダンテ『神曲』の翻訳で河出文化賞（1967年）、『小泉八雲——西洋脱出の夢』『東の橘　西のオレンジ』でサントリー学芸賞（1981年）、マンゾーニ『いいなづけ』の翻訳で読売文学賞（1991年）、鷗外・漱石・諭吉などの明治日本の研究で明治村賞（1998年）、『ラフカディオ・ハーン——植民地化・キリスト教化・文明開化』で和辻哲郎文化賞（2005年）、『アーサー・ウェイリー——『源氏物語』の翻訳者』で日本エッセイスト・クラブ賞（2009年）、『西洋人の神道観——日本人のアイデンティティーを求めて』で蓮如賞（2015年）を受賞。

『ルネサンスの詩』『和魂洋才の系譜』以下の著書は本著作集に収録。他に翻訳として小泉八雲『心』『骨董・怪談』、ボッカッチョ『デカメロン』、マンゾーニ『いいなづけ』、英語で書かれた主著に*Japan's Love-hate Relationship With The West*（Global Oriental, 後にBrill）、またフランス語で書かれた著書に*A la recherche de l'identité japonaise－le shintō interprété par les écrivains européens*（L'Harmattan）などがある。

【平川祐弘決定版著作集 第33巻】
書物《しょもつ》の声《こえ》　歴史《れきし》の声《こえ》

2017（平成29）年9月29日　初版発行

著　者　平川祐弘
発行者　池嶋洋次
発行所　勉誠出版 株式会社
〒101-0051　東京都千代田区神田神保町3-10-2
TEL：(03)5215-9021(代)　FAX：(03)5215-9025
〈出版詳細情報〉http://bensei.jp

印刷・製本　太平印刷社
ISBN 978-4-585-29433-7　C0095

東北近代文学事典

東北六県の近代文学の達成が一望できる待望の大事典、遂に刊行。豊かな文化風土をもつ東北地方ゆかりの作家・作品を集成し、東北から日本文学の豊穣を発信する。

日本近代文学会東北支部 編・本体一五〇〇〇円（＋税）

北海道文学事典

各地方ごとの文学的特色、アイヌ文学の世界、映画・テレビドラマ化された作品、民謡や歌謡曲に描かれた北海道など、多彩な項目で北海道文学の全貌を明らかにする。

志村有弘 編・本体四二〇〇〇円（＋税）

広島県現代文学事典

多彩な文学風土と深く複雑な歴史をもつ広島県にゆかりの深い文人、作品、雑誌を網羅。文学研究者、郷土史家、雑誌同人、必備の大事典。

岩崎文人 編・本体一二〇〇〇円（＋税）

福岡県文学事典

五木寛之「青春の門」、岩下俊作「無法松の一生」、松本清張「或る『小倉日記』伝」……。多くの名作を生み出した福岡の文学的土壌をあますところなく集成した大事典。

志村有弘 編・本体一二八〇〇円（＋税）

西洋列強の衝撃と格闘した
近代日本人の姿を、
学問的かつ芸術的に描いた
不朽の金字塔。